北京 BEIJING 顺义年鉴

2021 SHUNYI NIANJIAN

北京市顺义区党史地方志办公室 编

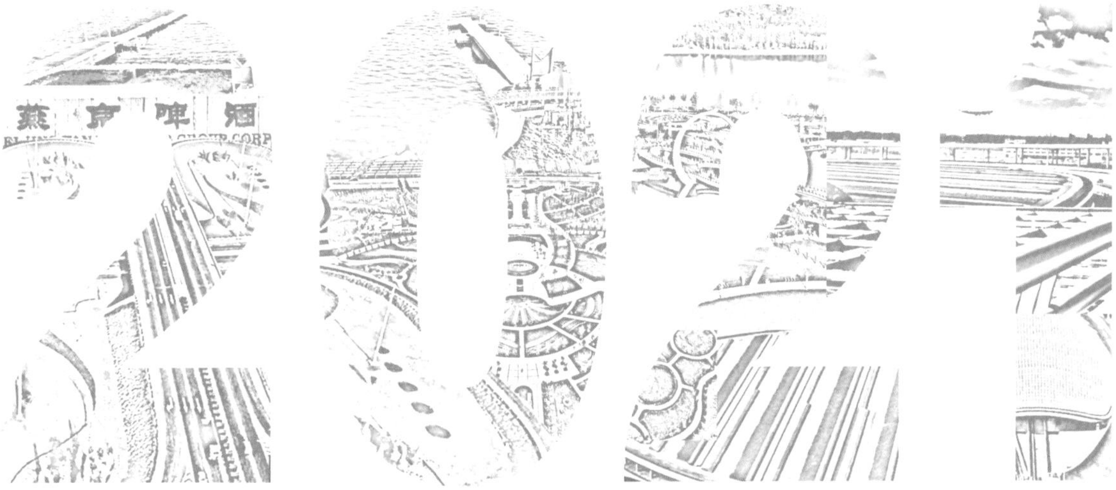

北京出版集团
北 京 出 版 社

图书在版编目（CIP）数据

北京顺义年鉴. 2021 / 北京市顺义区党史地方志办公室编. — 北京 : 北京出版社, 2021. 12
ISBN 978 - 7 - 200 - 16536 - 4

Ⅰ. ①北… Ⅱ. ①北… Ⅲ. ①顺义区—2021—年鉴
Ⅳ. ①Z521. 3

中国版本图书馆 CIP 数据核字(2021)第 137741 号

审图号：京 S（2020）030 号

责任编辑　杜冬梅
英文翻译　何艳艳
索引制作　刘书峰　许宏宇
封面设计　北京市顺平印刷厂
版式设计　品欣文化
责任印制　武绽蕾

北京顺义年鉴 2021
BEIJING SHUNYI NIANJIAN 2021
北京市顺义区党史地方志办公室　编
*
北京出版集团
北京出版社　出版
（北京北三环中路 6 号）
邮政编码：100120
网　址：www. bph. com. cn
北京出版集团总发行
新华书店经销
廊坊市佳艺印务有限公司印刷
*
889 毫米×1194 毫米　16 开本　42 印张　1165 千字
2021 年 12 月第 1 版　2021 年 12 月第 1 次印刷
印数　1—1000

ISBN 978 - 7 - 200 - 16536 - 4
定价：280. 00 元

《北京顺义年鉴》编辑部

主　编：焦庆海　金向东
副主编：费连荣　刘阿娜　徐士民　张东清　孙　颖
编　辑：兰　岚

特约撰稿人名录

（以姓氏笔画为序）

于　田	于金龙	于秋菊	马小梅	马姜月	王　凡	王　芳
王　珊	王　茜	王　艳	王　健	王　雪	王　超	王　静
王乐欣	王成效	王竹影	王金玲	王建军	王艳霞	王晓娜
王海微	王曼洁	王跃文	仇文君	邓玉荣	古立新	石燕斌
田　伟	田　凯	田　亮	田立娟	田晓蕊	史　超	史浩宇
付晓飞	冯长宝	司靖琛	毕桂榕	吕　婷	吕　滨	朱凤齐
朱文利	朱紫仪	乔砚潮	任　刚	任　敏	任立春	任永东
刘　杰	刘　京	刘　峣	刘　琳	刘　禄	刘子龙	刘东伟
刘亚民	刘明月	闫　旭	安　颖	许　坤	许冬梅	许立新
孙　勇	孙一凡	孙东立	纪　宇	苏建鹏	杜　鹃	杜宏伟
李　义	李　丹	李　佳	李　响	李　娜	李　倩	李文文
李玉磊	李龙旺	李永跃	李红燕	李希堃	李岩松	李建民
李春晓	李素香	李晓山	李爱民	李海飞	李海波	李楠楠
李新利	李颜宁	杨　艳	杨　颂	杨　朔	杨　超	杨凤跃
杨世云	杨宝刚	杨春勇	杨保华	杨炳彦	杨海红	杨雪莲
肖　钢	吴天强	何　森	余　蒙	邹慧男	辛郝新	汪忠德
沈西宁	宋宝来	张　旭	张　欢	张　虎	张　倩	张　祥
张　楠	张　瑾	张卫东	张卫华	张云阳	张云鹏	张文海

张正言　张立新　张庆玲　张宇聪　张明君　张明举　张岩森
张河洋　张春青　张梦培　张鸿君　张琳境　张智力　陈本林
陈东坡　陈立东　陈更硕　陈宝江　陈艳清　邵永振　邵洪生
武卫金　武红静　范佳佳　岳　章　岳　颖　周　锋　周　静
周　蕊　周立鹃　周莹蓝　周涵钰　郑若倩　单凤莲　单江玉
孟庆华　赵　扬　赵　旭　赵　欣　赵　涛　赵　翠　赵小梅
赵丽媛　赵跃新　赵德军　郝　爽　钟晓红　段云雁　侯　松
侯思曲　施薇薇　闻　遥　祝晓芸　贺丹丹　秦晓晋　袁　博
袁小明　袁金萍　耿鑫磊　贾　楠　贾刘玉　柴　虎　柴婉筠
徐国强　徐晓娜　高　娜　高晓鸥　高淑荣　郭子龙　郭丹青
郭安静　郭建杰　郭思晨　郭慧清　黄广民　黄水明　黄经纶
黄颖华　曹　进　曹珍珍　龚宝元　崔秋红　康爱军　董　军
董爱生　韩卓明　栗　树　曾海丽　甄　雨　虞海燕　鲍　静
鲍立红　蔡　杰　蔺国勇　廖　蕊　潘广伟　薛冬悦　穆鑫然
鞠佳佳　魏金辉　魏济江

编辑说明

一、《北京顺义年鉴》是一部由中共北京市顺义区委员会和顺义区人民政府主办、北京市顺义区党史地方志办公室主持编纂的地方综合年鉴。自2007年开始逐年编纂并公开出版，一年一卷，本卷为第十五卷。

二、《北京顺义年鉴》坚持以马克思列宁主义、毛泽东思想、邓小平理论、“三个代表”重要思想、科学发展观、习近平新时代中国特色社会主义思想为指导，坚持辩证唯物主义和历史唯物主义的立场、观点、方法，存真求实，全面、客观、系统地记述区域发展情况。

三、《北京顺义年鉴》以出版年号为卷次名称。本卷全面记述顺义区2020年政治、经济、文化和社会发展等各方面的基本情况和重大事件，记述时限为2020年1月1日至2020年12月31日。凡在本书中直书月、日的，均指2020年内的日期，文中“年内”指2020年。书中涉及其他年份的时间均标明年份。

四、《北京顺义年鉴》采用分类编纂体例，由类目、分目、条目组成。全书条目标题统一用黑体外加【】表示。本卷设有“区情概览”“专文”“特载”“大事记”“中国共产党顺义区委员会”“顺义区人民代表大会”“顺义区人民政府”“政协顺义区委员会”“纪检 监察”“民主党派”“人民团体”“法治”“军事”“临空经济”“经济管理”“农业与农村建设”“工业和信息化”“建筑业”“商务服务业”“旅游业”“生态环境”“交通 邮电”“城乡建设与管理”“应急管理”“科技”“教育”“文化”“卫生”“体育”“社会生活”“街道 镇”“荣誉”“统计资料”“附录”共34个类目。

五、文中除“民主党派”部分外，未标明党派的“市委”均指“中共北京市委”，“区委”均指“中共顺义区委”，“党员”均指“中共党员”，“党建”工作均指“中国共产党建设”工作。

六、入鉴的资料均由各撰稿单位确定专人撰写，并经主要负责人审核。部分资料由编辑部收集。主要数据和统计资料由顺义区统计局提供，部分资料由各相关部门提供。由于统计口径等原因，相关部门的个别数据与统计资料不一致，以统计资料为准。照片由各相关单位提供。

七、本年鉴的编辑工作得到各撰稿单位及各方面的大力支持。由于水平有限，对本书的疏漏之处及不足，恳请各界批评指正。

北京市顺义区行政区划图

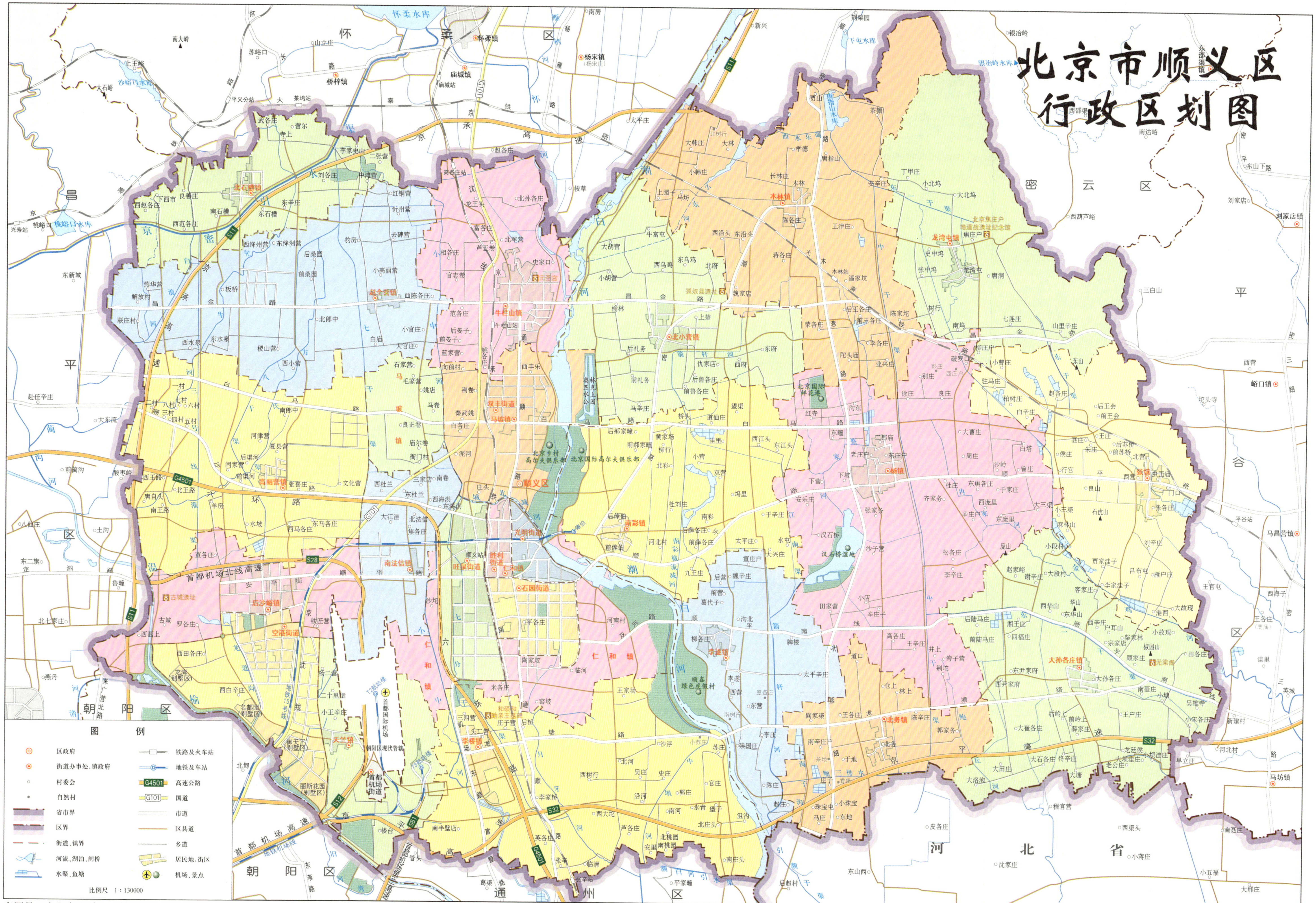

审图号：京S（2020）030号

资料截止日期：2019年12月

数说顺义

地区生产总值 1873.7 亿元

比上年下降 5.9%

第一产业增加值 15.7 亿元

比上年下降 13.7%

第二产业增加值 514.4 亿元

比上年下降 11.8%

第三产业增加值 1343.6 亿元

比上年下降 3.3%

一般公共预算收入 171 亿元

比上年增长 3.2%

一般公共预算支出 315.36 亿元

比上年增长 3.1%

农林牧渔业总产值 42.9 亿元

比上年减少 1.2%

社会消费品零售总额 562.5 亿元

比上年下降 11.8%

全区居民人均可支配收入 41803 元

比上年增长 4.6%

常住人口 1208018 人

比上年增长 3.55%

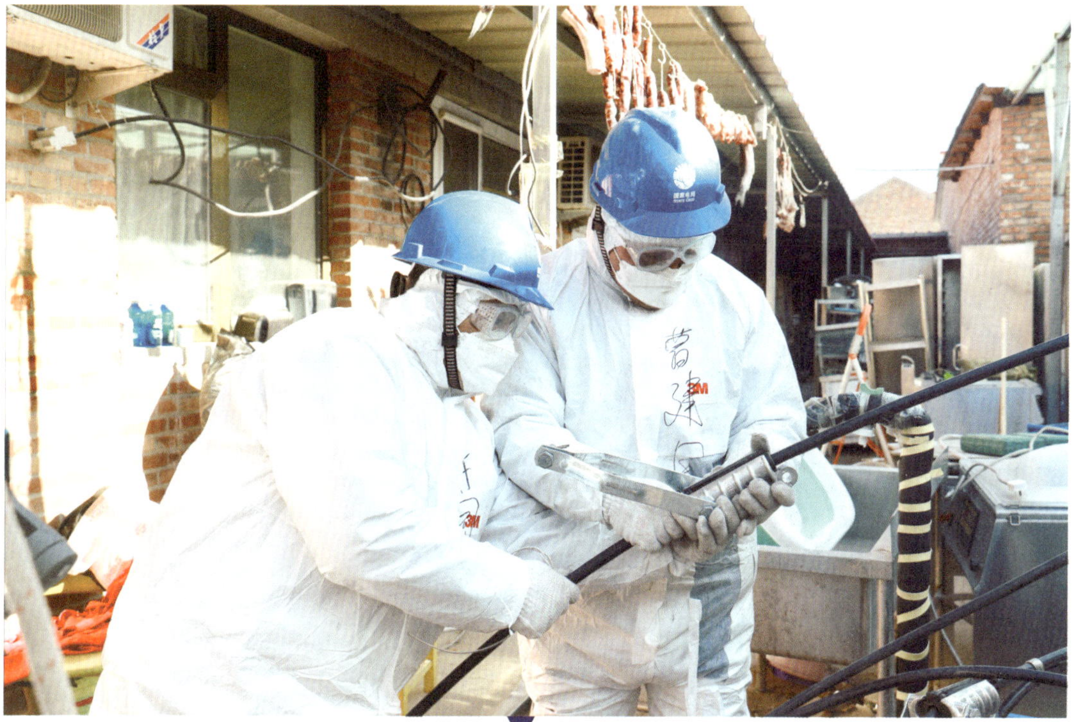

1月6日，国网北京顺义供电公司员工在防疫保障村开展低压线路切改工作（拍摄者：李超）

2月1日，北务公安检查站民警检查过往车辆（区公安分局供图）

2月6日，仓上一社区党支部为值守志愿者送上热饮（石园街道供图）

2月7日，顺鑫控股践行国企社会责任，为疫情防控捐款捐物（顺鑫控股供图）

2月10日，北京综合保税区工作人员在北京天竺综合保税区卡口开展疫情防控检查（保税区开发供图）

2月11日，区公安分局民警到社区检查疫情防控工作（拍摄者：姜淋）

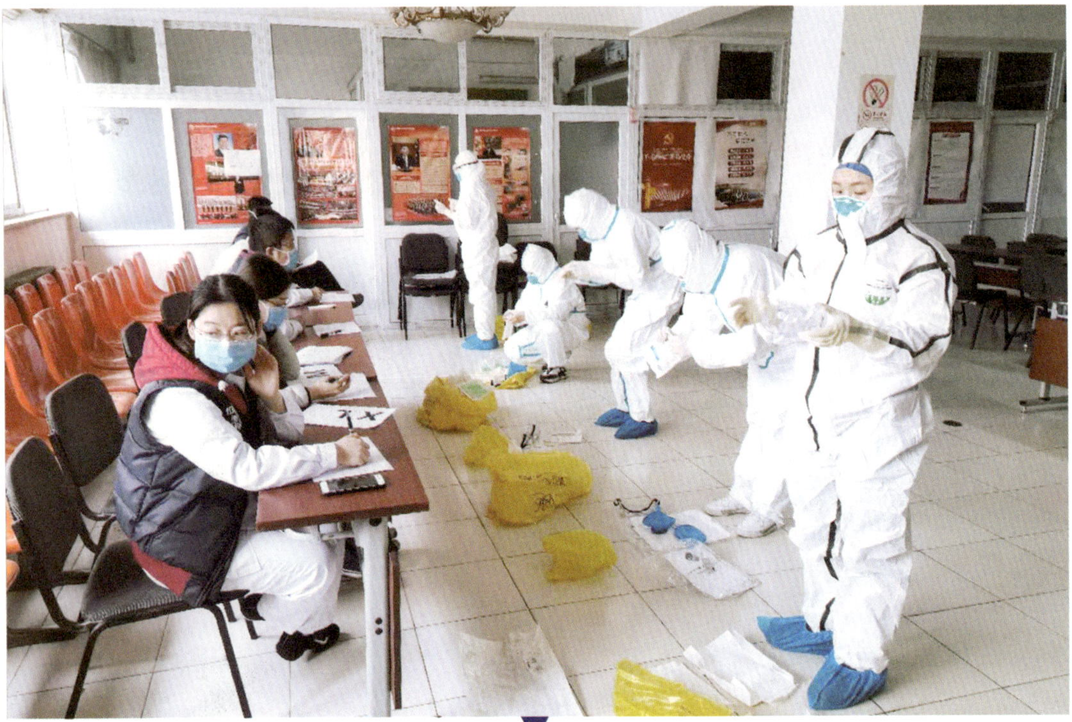

2月21日，为应对疫情，防控储备应急队员开展新型冠状病毒流调后备队员培训考核（区卫健委供图）

2月22日，木林镇长林庄村高清摄像头实时监控定位村内疫情防控状况（木林镇供图）

2 月 27 日，香蜜湾社区国际志愿者参与门岗值守（空港街道供图）

3 月 3 日，区交通局协调区内客运企业做好新国展入境人员集散点旅客转运工作（拍摄者：崔然）

3月10日，区法院响应区委关于推动机关单位干部下沉村、社区参与疫情防控工作的号召，选派下沉干警并成立临时党支部（区法院供图）

3月15日，天竺综保区开发管理有限公司员工支援新国展集散点防疫工作（综保区开发公司供图）

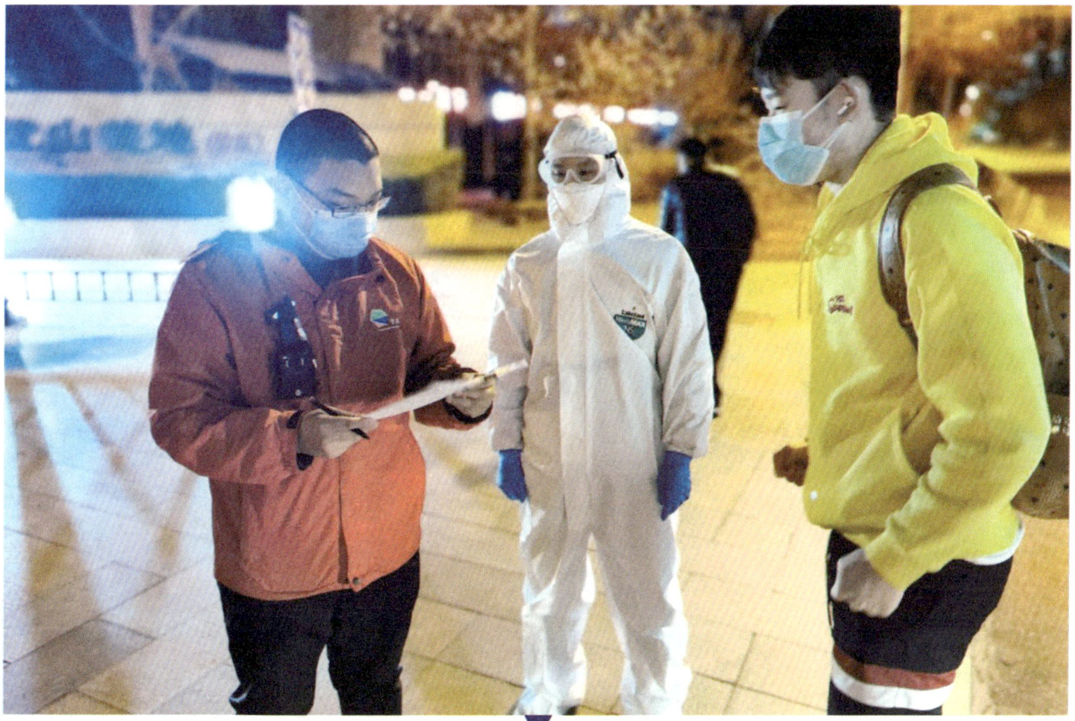

3月22日，区司法局工作人员在优山美地社区深夜坚守岗位（区司法局供图）

3月27日，区人防办党员下沉仁和镇锦悦嘉苑社区支援疫情防控工作（区人防办供图）

3 月 29 日，区委社工委民政局工作人员在北京西站核查在鄂返顺人员信息（区委社工委民政局供图）

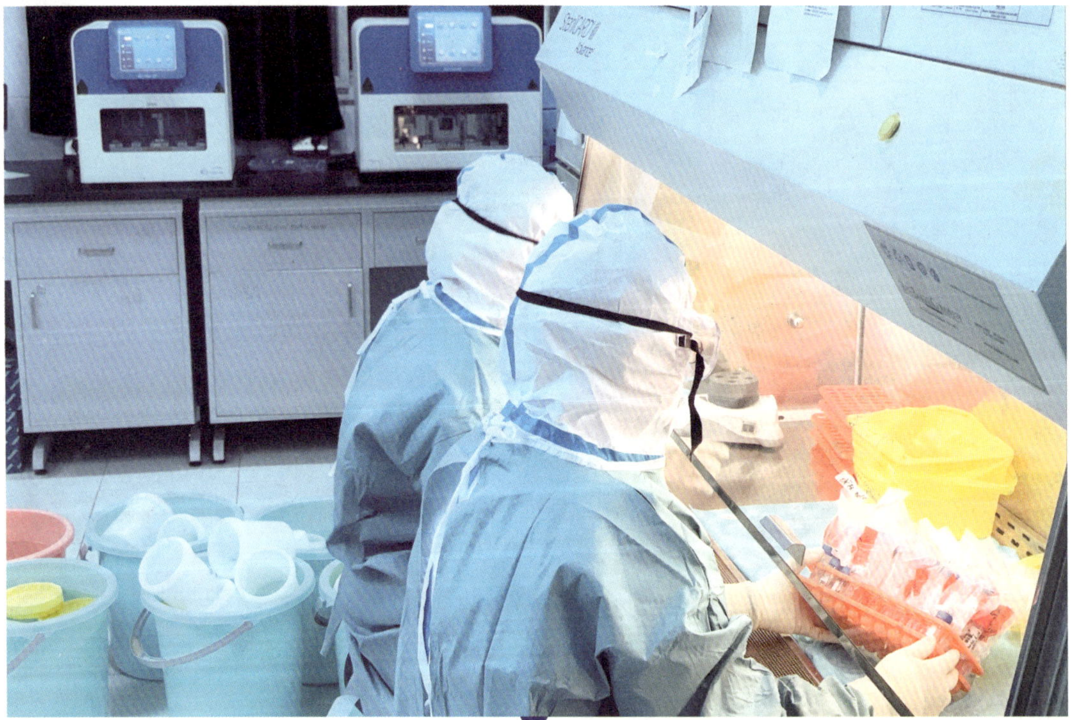

6 月，新发地市场疫情暴发后，区疾控中心检验组再次启动 24 小时无休流动班次应对大规模核酸检测工作（区卫健委供图）

6月16日，区疾控中心成立石门专班组对全区农贸市场开展每日核酸采样检测（区卫健委供图）

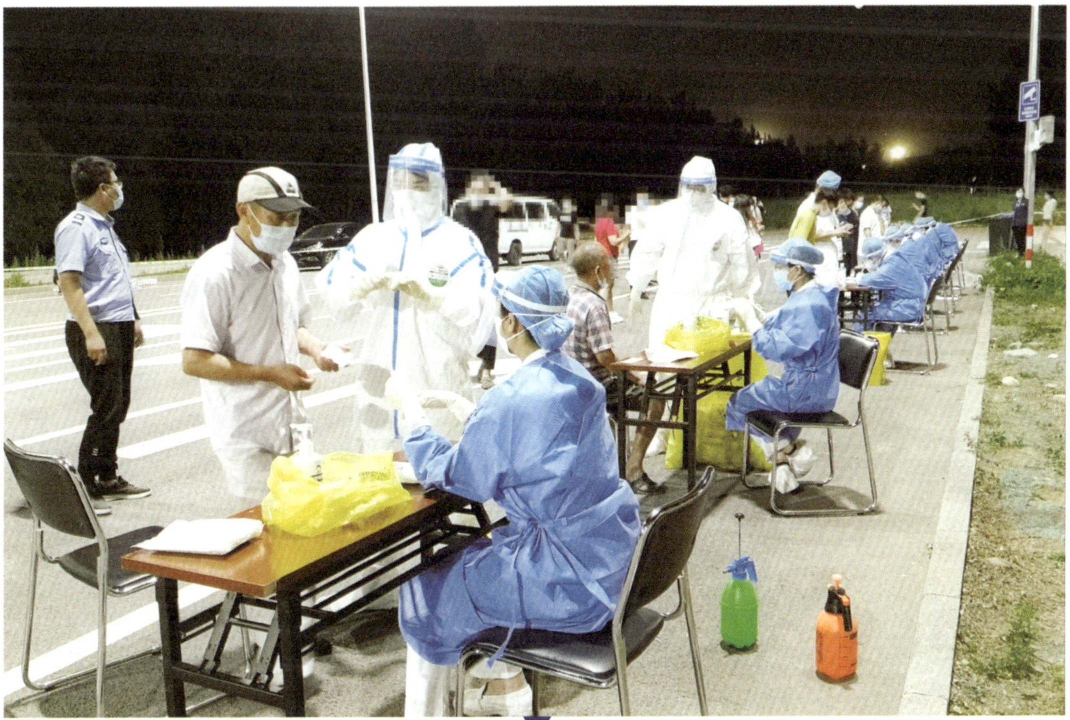

6月16日，顺义区李桥镇卫生院采集点的核酸检测工作（区卫健委供图）

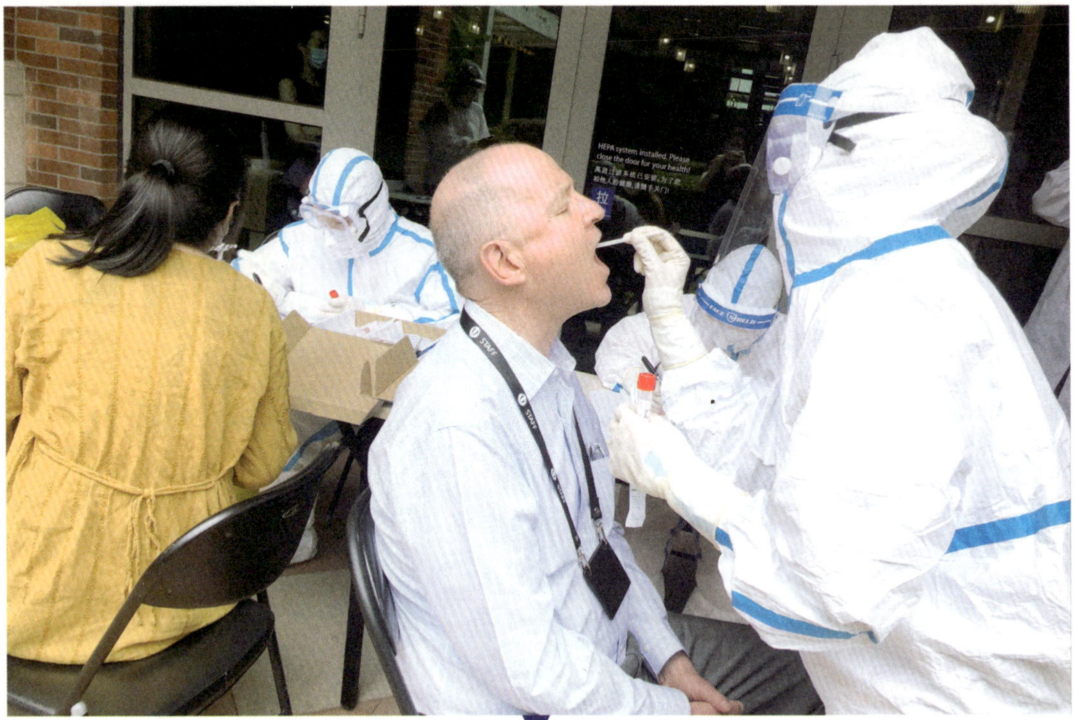

6 月 18 日，区疾控中心流调组成员对重点人员开展核酸检测采样工作（区卫健委供图）

6 月 18 日，石门市场防疫消杀（顺鑫控股供图）

6 月 26 日，高丽营镇党委为酒店集中隔离人员送上暖心粽子（拍摄者：李岚）

7 月 1 日，在后沙峪镇核酸检测采样点举办“七一”核酸检测现场宣誓（后沙峪镇供图）

9 月 1 日，南彩镇柳行小学六年级学生有序复学（南彩镇供图）

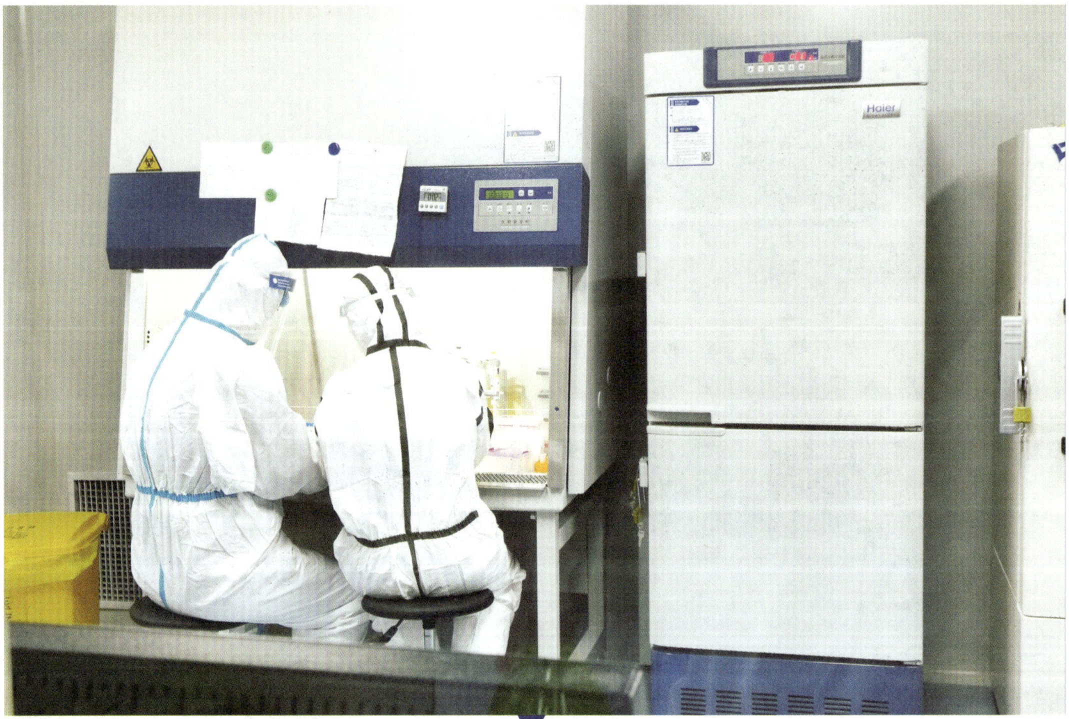

11 月 27 日，区精神病医院在临床基因扩增实验室正式首次开展核酸检测工作（区卫健委供图）

12 月，燕京啤酒集团的抗疫志愿者为封闭小区居民运送蔬果（燕京啤酒集团供图）

12 月 25 日晚，旺泉街道连夜开展核酸检测（旺泉街道供图）

12 月 27 日，区妇联到社区支援核酸检测点工作（区妇联供图）

12 月 28 日，区科协通过社区科普视窗进行防疫宣传（区科协供图）

12 月 31 日，南法信镇东海洪村包村干部对公共区域进行消杀（南法信镇供图）

年内，北石槽镇卫生院的医护人员连续工作 10 个小时，面部留下深深的口罩勒痕（北石槽镇供图）

年内，空港开发公司员工下沉社区参与疫情防控（空港开发供图）

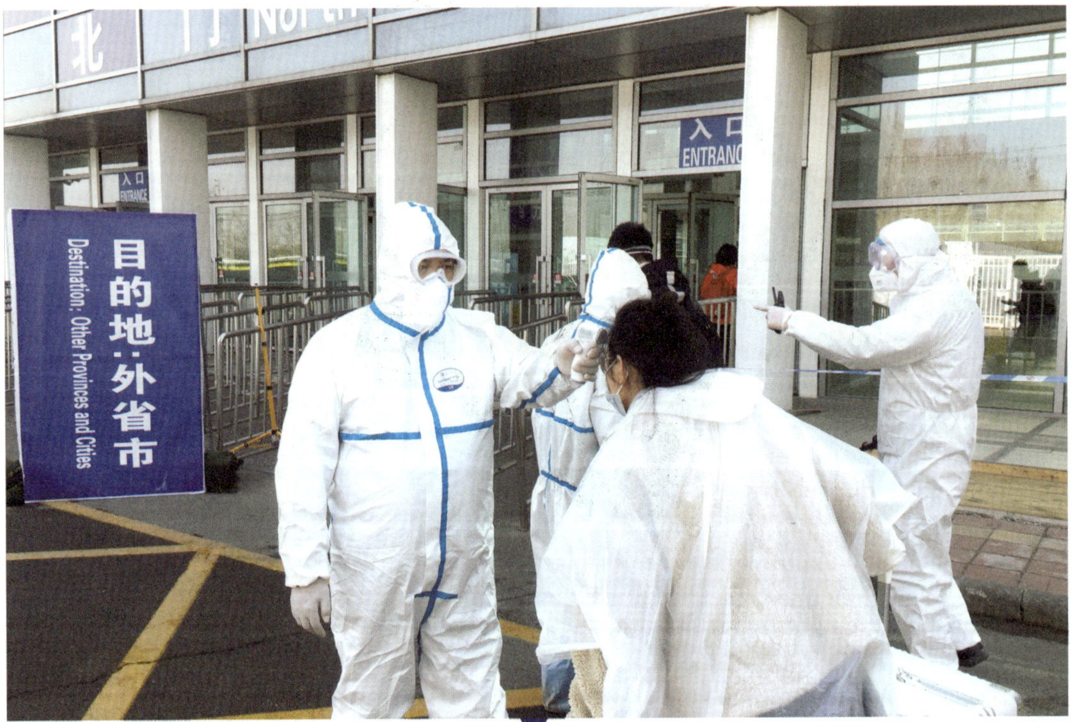

年内，空港开发公司员工支援新国展入境集散点（空港开发供图）

年内，区内企业防疫用品生产线（区经信局供图）

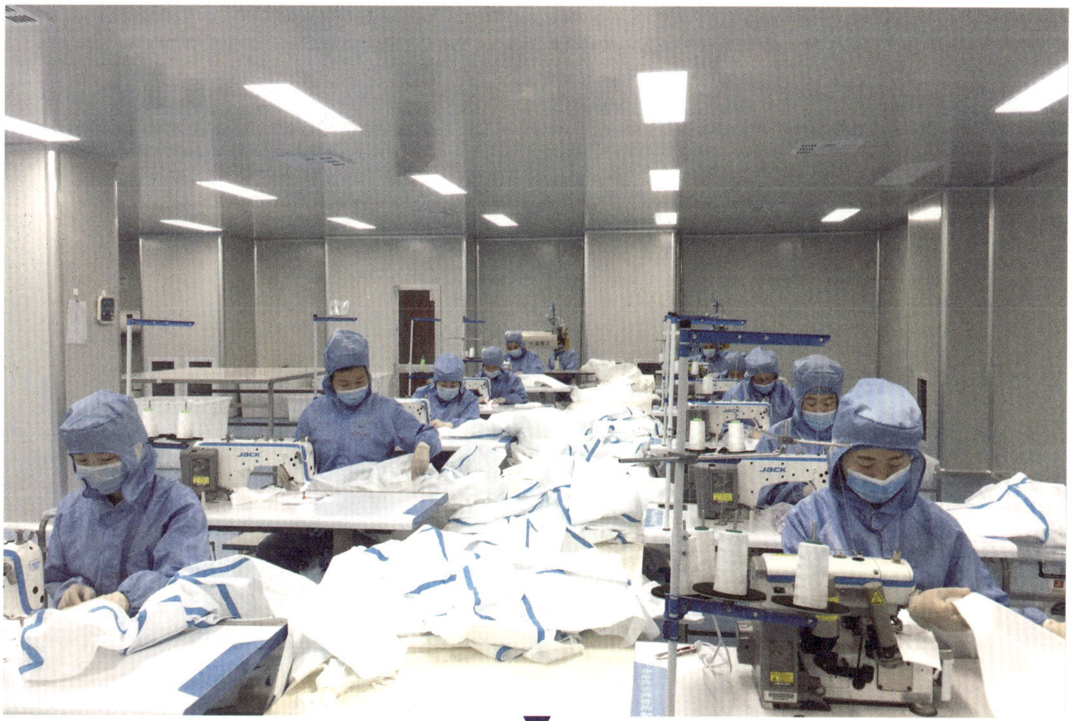

年内，区内企业迅速复工复产，进行防护服生产（区经信局供图）

年内，区统计局下沉干部白天值守为返京人员讲解政策（拍摄者：赵劲松）

年内，顺义城发支援北京西站顺义旅客接转工作（顺义城发供图）

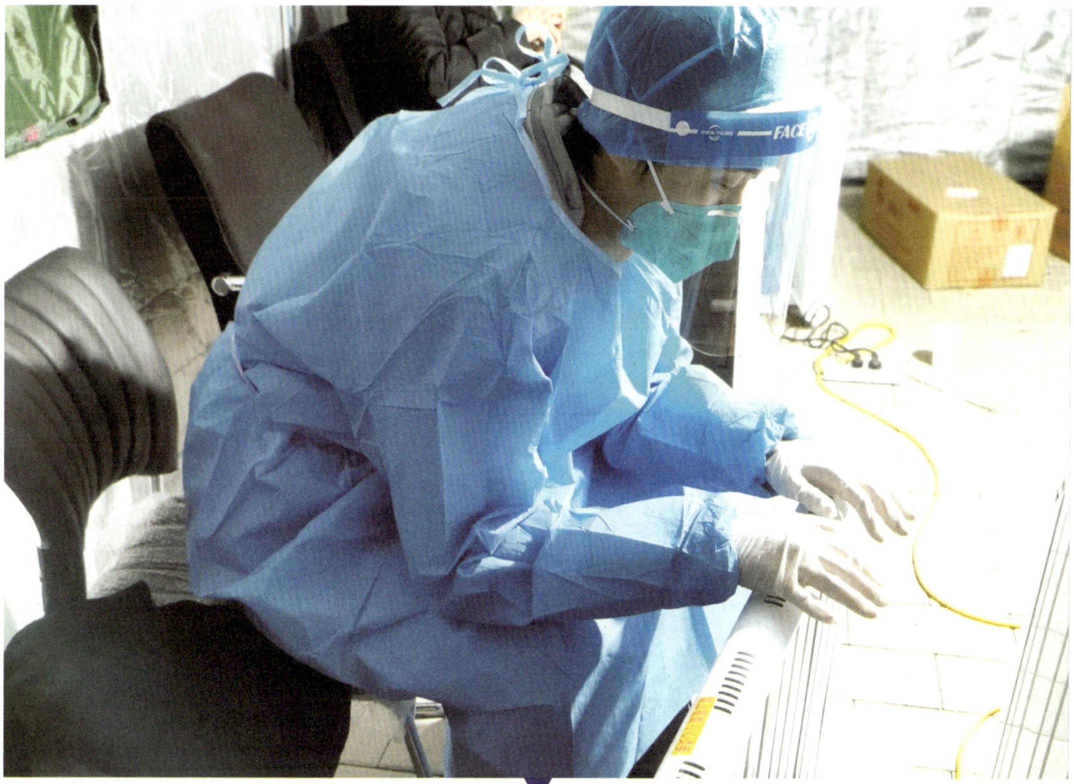

年内，区文旅集团志愿者支援社区核酸检测，志愿者仅能在休息的片刻坐在加热器旁取暖（区文旅集团供图）

年内，区政务服务大厅的疫情防控志愿者引导群众扫码登记入厅（区政务服务局供图）

年内，区财政局志愿者支援共建村疫情防控（区财政局供图）

年内，疫情防控期间，区政务服务局在政务服务大厅休息区座椅上张贴“保持安全距离”的提示（拍摄者：隋鑫睿）

目 录

区情概览

专 文

特 载

大事记

中国共产党顺义区委员会

顺义区人民代表大会

顺义区人民政府

政协顺义区委员会

纪检 监察

民主党派

人民团体

法　治

军 事

临空经济

经济管理

农业与农村建设

工业和信息化

建筑业

商务服务业

旅游业

生态环境

交通　邮电

城乡建设与管理

应急管理

科　技

教　育

文 化

卫　生

体 育

社会生活

街道　镇

荣 誉

统计资料

附 录

索 引

CONTENTS

The Construction Industry

Business Service Industry

Tourism

Ecological Environment

Traffic　Post and Telecommunications

Urban and Rural Construction and Management

Emergency Management

Science and Technology

Education

Culture

Medical and Health Care

Sports

Social Life

Street and Town

Honor

Statistical Information

Appendix

Index

区情概览

顺义区地处北京市东北部，面积1021平方千米。北接怀柔、密云，南接通州，东部与平谷接壤，西部与昌平、朝阳相连。全区下辖北石槽镇、北务镇、北小营镇、大孙各庄镇、高丽营镇、后沙峪镇、李桥镇、李遂镇、龙湾屯镇、马坡镇、木林镇、南彩镇、南法信镇、牛栏山镇、仁和镇、天竺镇、杨镇、张镇、赵全营镇19个镇和光明街道、空港街道、胜利街道、石园街道、双丰街道、旺泉街道6个街道办事处，共426个村民委员会、152个居民委员会。截至2020年底，有常住人口1208018人，比上年增加41413人，增长3.55%；有户籍人口662075人，比上年增加6769人，增长1.02%；有流动人口545943人，比上年增加34644人，增长6.78%。

年内，顺义区始终坚持以人民为中心的发展思想，统筹推进疫情防控和经济社会发展，主动服务首都“四个中心”功能建设，着力提高“四个服务”水平，认真抓好“三件大事”，坚决打赢“三大攻坚战”，全力以赴稳定经济增长，完成区五届人大六次会议确定的目标任务。

一般公共预算收入实际完成171亿元，同比增长3.2%，完成年初人代会批准的增长3%左右的收入目标，实现“十三五期间一般公共预算收入年均增速7%左右”的目标任务；规模以上工业总产值完成1449.0亿元，降幅持续收窄；社会消费品零售总额完成562.5亿元，同比下降11.8%；全区居民人均可支配收入41803元，比上年增长4.6%。

2020年国民经济和社会发展

疫情防控

年内，顺义区坚持人民至上、生命至上，疫情防控取得战略成果。区委、区政府密集调度，各属地、部门和国企通力协作，全面织密织牢疫情防控安全网。医护人员白衣执甲，公安干警逆行出征，社区工作者恪尽职守，新闻工作者以笔为枪，志愿者们无私奉献，1000余名国企职工主动请战，35000余名党员干部冲锋在前，日夜坚守疫情防控一线。

常态化防控精准科学。参与新国展集散点服务保障，做好港澳台及第三地抵京、外国航空公司机组、入境进京人员集中观察等重要任务，严格中高风险地区来顺人员管控。坚决防范新发地疫情传播风险，实现石门市场去零售业务和规范管理，加强冷链食品监管，确保关联病例“零发生”。从零构建物资保障防线，7天内实现口罩生产从无到有，日产量最高达到200万个。在全市最早实行民用口罩统一配发、配售，率先推行线上预约服务，累计发放口罩超过1000万个、消毒液400吨以上。实施“点对点”监测补货机制，严厉打击哄抬物价等违法行为。下达疫情防控资金3.7亿元，持续开展捐赠款物专项审计。

局部聚集性疫情处置高效。年底境外输入引发顺义区局部聚集性疫情后，全区立即进入紧急状态，采取最严措施，果断处置，第一时间对重点区域实施封控管理，全面进行环境消杀；迅速开展“人”“物”两线同查，追踪排查2000余名密接者，较短时间内锁定源头；大规模开展核酸筛查和重点人群复测，3天内完成全域全员检测，累计检测超过200万人次；迅速启用42家酒店7000余间客房，服务保障集中观察人员。有序推进疫苗接种工作。全面升级社会面防控措施，从严执行一级响应下的社区（村）防控指引，持续加强重点场所管理，倡导从业人员、学生留顺过节，暂停举办各类聚集性活动，坚决阻断疫情传播链条。

“两区”规划建设

年内，顺义区纳入中国（北京）自由贸易试验区国际商务服务片区建设，面积位居全市各组团之首，聚集规模以上项目370余个，储备重大项目170余个，30余项高水平开放政策先行先试。国家服务业扩大开放综合示范区建设全面启动，第三轮52项试点任务完成51项。迅速掀起“两区”建设热潮，以“产业开放+园区开放”为主线，明确“3+7+N”发展思路，落地试点政策17项、示范项目40个，新注册企业2552家，举办签约推介会和56场宣传推介活动，累计签约项目28个724亿元。

重大规划

《北京城市总体规划（2016年—2035年）》实施进展顺利，镇域、街区规划编制有序推进，杨镇、北石槽、大孙各庄镇域国土空间规划试点形成阶段性成果，新城2801试点街区成果上报市级审查，355个村庄规划编制完成并获得批复。坚持减量发展与拆除违建相结合，完成全年2平方千米减量任务。

《北京创新产业集群示范区（顺义）发展规划（2017—2035年）》正式发布，实施方案编制完成。《中德国际合作产业园发展规划》进一步完善，“起步区、拓展区”总体布局加快构建，中德智能制造产业协会组建完成，全球招募运营管理公司，博世、阿吉斯等12个项目签约落地。北京天竺综合保税区功能创新、空间规划取得阶段性成果，政策功能持续提升，新宜跨境电商产业园落地。《首都机场临空经济示范区总体方案》印发实施，北京空港型物流枢纽获批。新国展二、三期项目设计方案完成国际征集并通过市级审定，二期和三期部分地块实现供地。

经济建设

年内，在紧密对接落实《关于进一步支持打好新型冠状病毒感染的肺炎疫情防控阻击战若干措施》《进一步支持中小微企业应对疫情影响保持平稳发展若干措施》的基础上，靶向出台《顺义区进一步打好疫情防控阻击战支持企业“控疫情、稳增长”的若干措施》《顺义区进一步强化疫情防控责任落实全力支持推动企业复工复产的意见》，切实打好复工复产政策“组合拳”。围绕受疫情影响经营困难的中小微企业，精准靶向研究出台“打补丁”政策，编制普惠性政策汇编。政策惠及企业51514家次，约47.76亿元。

全区“五类”规模以上企业按期实现复工。在全市率先组建中小微企业金融服务专区，上线首个线上融资微信小程序和“顺易投融”手机App，协助2000余家中小微企业获得融资支持110亿元。区属国有企业为5674家中小微企业减免房租1.17

亿元，引导区内非国有产权经营用房业主为中小微企业减免房租超过1000万元。政府采购支持中小微企业产品服务5094.09万元，惠及企业111家。为企业解决员工住宿公寓1200套，帮助2000名远途员工返京。建立完善中小微企业数据库，入库企业51523户。

营商环境持续优化。举办3场营商环境“早餐会”，开展企业大走访活动，服务企业2700余家次，送出服务包253个。在全市率先设立政策兑现、中小微企业金融服务专区，全面实行“早晚弹性办、中午不间断、周六不休息”延时服务，推广电子证照核验应用，3000余个政务服务事项实现“不见面”审批，72个惠企政策线上智能申报兑现。完成世行和中国营商环境考核评价，每月开展企业满意度调查，覆盖企业394家，整改问题192条。

《顺义区智能制造三年行动计划（2020—2022年）》《顺义区关于支持智能制造加快发展的若干措施》出台，《顺义区国家高新技术企业倍增三年行动计划》持续推进，有国家高新技术企业1147家，双创基地24家，入孵项目600余个。技术合同成交额76亿元，同比增长16%；专利拥有量3906件，同比增长30%。国家智能汽车与智慧交通示范区顺义基地挂牌成立，国家工业互联网示范基地获批，世界智能网联汽车大会、HICOOL全球创业者峰会暨创业大赛、北京国际汽车展览会等重大活动举办。

新引进亿元以上项目137个，同比增长17%，创新举办重点项目“云”签约及政策发布活动，“口罩招商”获得市级肯定。北京奔驰顺义工厂建成投产，滴滴丰田、理想汽车总部基地正式运营，理工华创总部及研发中心落地，第三代半导体创新基地建成，6家企业签约入驻，中电科光电总部地块入市，航空发动机优异中心、中科航发实现生产。中关村医学转化基地引入项目38个，海高大厦引进项目23个，洪泰智造签约企业45家，埃米空间正式开园。

高端临空产业体系加快构建，易生科技、京纸E园等项目积极推进，华氏医药落地。金融业实现逆势增长，综合税收同比增长17%，新引进38家优质金融机构，募集规模501亿元的国开制造业转型升级基金落户，中科星图、莱伯泰科在科创板挂牌上市。重点商业项目加快建设，国泰升级改造全面启动，大孙各庄智慧物流园规划实施方案上报市级审批，祥云小镇成为北京网红“打卡地”。创新樱桃采摘旅游文化节举办形式，实现游客与顺义樱桃“云”对接。全力促进有效投资，140个重点工程开工。开展消费季活动，拉动消费18.8亿元。全力稳定外资外贸，实际利用外资7亿美元。

城市建设与服务

加快补齐河东地区短板，安排政府投资17.4亿元，占全区总量的58%，“百项工程”完工12项、在建30项、立项23项。市郊铁路通密线顺义和牛栏山站开通，R4线东延纳入全市轨道交通三期建设规划，宋梁路北延、顺平辅线和火沙路提级改造完工。完成棚改拆迁收尾项目6个，占全市总数的1/3，土地一级开发拔点39个、腾退土地65公顷，市政重点工程难点问题解决率超过75%。完成平原造林任务1380公顷（2.07万亩），启动温榆河公园一期建设，新建17个绿肺公园、23个口袋公园、44000平方米小微绿地。

“疏整促”专项行动提前超额完成全年任务，拆除违建511万平方米，新增便民设施44万平方米。扎实推进路侧停车电子收费改革。深入落实《北京市街道办事处条例》《北京市文明行为促进条例》，广泛开展爱国卫生运动，建立爱卫机构7265个。严格落实生活垃圾管理条例，厨余垃圾分出率24.4%，垃圾焚烧三期开工建设。完成疫情期间春节、两会等重要节点以及医院、封闭社区（村）、隔离酒店等重点部位的城市运行保障，安全处置涉疫重点管控生活垃圾3692吨。严格执行物业管理条例，组建区属物业服务集团。推进厕所革命，城市公厕品质提升30座、农村公厕达标改造464座，公厕等级达标率90%以上。

《推进顺义地区电力建设战略合作协议》签订，“2+2”输变电工程建设不断推进。完成10万户液化石油气入户安检及隐患排查治理。区属市政设施维护更加智能高效，完成2020年春节景观亮化等工作，维修路灯22000余次，修复破损路面53200平方米。持续优化动静态交通组织秩序，完成裕丰路等7条路侧停车电子收费路段改造。

生态环境建设

年内，顺义区PM 2.5年均浓度35微克/立方米，同比下降14.6%。参与国家、市级环境质量评价的监测主要河流有5条（潮白河上段、潮白河下段、城北减河、金鸡河、小中河），监测河长87.5千米，监测河流断面水质均符合规划水质类别要求，其中水质优良（Ⅰ～Ⅲ类）河流3条段，河长占比45.1%，比2015年增加45.1%；Ⅳ～Ⅴ类河流2条段，河长占比54.9%，比2015年增加37.2%；劣Ⅴ类河流0条段，比2015年减少82.3%。顺义区2个国家级考核断面、5个市级考核断面年平均水质全部优于考核标准。辖区内土壤环境质量总体良好，全区受污染耕地和污染地块安全利用率连续12个月保持100%。推进土壤详查和监测，完成3个经济功能区全部1050家企业的基本信息采集与筛查工作。开展食用林产品基地土壤及产品协同监测工作，完成全部100份土壤样品采集及1200份产品样品协同监测。

农业与农村城市化建设

农林牧渔业总产值428571.8万元，同比减少1.2%。其中农业153924.4万元，同比减少2.9%；林业101536.2万元，同比减少20.2%；牧业134952.9万元，同比增长3.8%；渔业3664.1万元，同比减少36.4%。农林牧渔业及辅助性活动34494.2万元，增长180.8%。粮食安全责任制深入落实，粮食播种面积8600公顷（129000亩）。

顺义区扎实推进“六个一批”精准帮扶措施，顺义区2486户4871人低收入农户人均可支配收入全部超过认定标准线（11160元），100%实现“脱低”，3个低收入村全部消除。低收入农户人均可支配收入18345元，同比增长14.5%。

打造顺义区舞彩浅山和运河湿地（顺义段）2条休闲农业精品线路，培育4个美丽休闲乡村，提档升级10个休闲农业园，改造精品线路沿线民俗接待户。投资1695万元，在全区16个镇新建连村路灯3000盏。投资1275万元，新建太阳能公共浴室15座。

科技　教育　文化　卫生　体育

“十三五”科技发展规划全面实现。1203家企业申报国家高新技术企业认定，同比增长30.9%；技术合同成交额76亿元，同比增长16.3%。新增开放型企业科协组织9家，7家企业获得市科协企业创新簇的认证，4家院士专家工作站通过市科协复审。全年利用“科普之春”“全国科技工作者日”“全国科普日”等品牌活动平台，开展科普活动130余场，辐射人群120万余人次。顺义区公民具备科学素质的比例为13.5%，比2015年的9.8%提高3.7%。

全年教育总投入74.62亿元，教育装备总投入8620万元。区教委辖属教育单位219个，经区教委审批的民办学校123个。招生33246人，毕业24098人，在校生113370人；教职工总数14688人。新建（新设立）幼儿园5所，撤并幼儿园3所，新建九年一贯制学校1所；新增中小学学位1080个，学前学位3110个，尹家府中心小学迁建、南彩第一幼儿园工程完工，光明小学教育集团成立。开展2020年学校教育满意度调查工作，幼儿园满意度综合得分92.7分，小学综合得分86.7分，中学综合得分87.1分。6所学校入选冰雪运动特色校名单，其中一类2所、二类2所、三类2所。

区文化中心实现对外开放，稳步推进全国文化中心建设；全区公共文化服务体系示范区建设达标水平大幅提高，镇街综合性文化服务中心、文化馆分馆、图书馆分馆建成率均达到100%，镇街文化中心平均达标率由43.66%提升至84%，综合效能由45.34%提升至84%；文化惠民活动精彩纷呈，“农村演出星火工程”演出361场，“周末场演出”42场，“百姓周末大舞台”演出50场。制定《顺义区大运河（潮白河）文化保护传承利用规划及五年行动计划》，成立潮白河文化研究会，收集潮白河相关图书上千册，对潮白河沿线21个不可移动文物进行考察考证，撰写考证论文30余篇共计30万字。以潮白河为主题进行文艺作品创作，创作《潮白河组曲》15首、主题文学作品6部、书法美术作品13幅、系列摄影作品近千幅；讲述潮白河苏庄闸桥故事的大型原创现代评剧《梦回洋桥》在全国地方戏演出中心完成首演。提前完成“加强潮白河沿线基层公共文化设施标准化建设”任务，潮白河沿线镇街文化中心建成开放。

全区有医疗机构794所。执业（助理）医师总数4132人（包括西医、中医、中西医结合），注册护士数3928人。编制病床数4253张。平均每千常住人口拥有执业（助理）医师数3.4人，注册护士数3.1人，实用床位数3.5张。各级各类医疗机构门诊661.02万人次，急诊447700人次，出院65200人次。《医疗卫生服务水平提升三年行动计划（2018—2020）》规定的六大方面34项任务中，完成或基本完成30项。

人均公共体育用地面积0.45平方米。投资916万元更新配建室外健身设施80处、建设健身步道1000米和健走步道4172米；建设多功能运动场地18片。开展群众赛事活动20余项，吸引30余万名来自全市各行各业的健身运动爱好者参与；挖掘传统体育项目，举办第十届“牛栏山杯”龙舟大赛、第十二届“赵全营杯”拔河比赛等一系列区级传统赛事。投入600余万元加强青少年体育和后备人才队伍建设，在全市范围内打造青少年体育联赛10余场，组织400多支队伍5000多名运动员参加20个大项的区级青少年体育项目联赛。优化后备人才培养机制，全年全区共注册2400余名运动员，其中冬季项目500余人，竞技项目增加到28个。

社会服务管理和社会保障

出台惠民政策8项，新建社会心理服务站点3个、养老服务驿站4家、社区协商示范点12个、楼门院治理示范点15个，支出民政资金12亿元。作为全市首个出台区级“村规民约、村民自治章程和居民公约”工作指导文件的区，制定出台《关于建立和完善村规民约、村民自治章程和居民公约工作的指导意见》。组建顺义区村和社区“两委”换届选举工作专班，制定《关于认真做好顺义区村和社区“两委”换届选举工作的实施意见》。《政府购买社会组织服务项目工作规划（2020—2022）》（顺社委字〔2020〕39号）《2021年政府购买社会组织服务指导目录》（顺社委字〔2020〕29号）出台。

高校毕业生就业率98.6%，有劳动能力和就业意愿的低收入农户劳动力100%实现就业，城镇登记失业率1.80%；立足“3+4+1”高精尖产业格局，加快高层次人才聚集，博士后科研工作站新增8家，建站总量44家；为96家用人单位引进非京生源高校毕业生326名，为247人取得积分落户资格，招录乡村振兴协理员37名。

全年社保基金总收入75.79亿元，总支出78.99亿元。扩大社保覆盖面，职工养老、失业、工伤保险参保人数分别为69.78万人、56.75万人、54.74万人，同比分别增长2.39%、2.46%、0.37%。完成社保待遇上调工作，其中全区企业退休人员基本养老金月人均领取额3672.55元，城乡居民基础养老金和福利养老金月人均领取标准分别为890元、815元，均高于全市统一标准60元。完成区属国企退休人员移交社会化管理工作。将因确诊新冠肺炎或因疫情隔离导致基本生活陷入困境的情形纳入临时救助范围，全年共救助49户89人，发放临时救助金24.2万余元，同比提高62.2%。建立临时备用金制度，为各镇街共下拨251万元设立临时备用金，全年共为6户12名困难群众发放先行救助金35800余元。

精神文明　民主法治建设

组织召开顺义区2020年精神文明建设暨创城工作推进大会。基本构建党委统一领导、党政齐抓共管、全社会广泛参与的创建格局，推动180项创城指标任务的落实。完善新时代文明实践基地管理制度。《顺义区新时代文明实践基地管理办法（试行）》《顺义区新时代文明实践基地补贴资金管理办法（暂行）》制定印发。审核通过首批共7类46家基地。加强新时代文明实践中心云平台建设。自7月云平台全面运行以来，共发布基层活动信息623篇，文明实践活动记录1333次，服务市民群众约30万人次。开展新时代文明实践志愿服务活动。全区25个新时代文明实践所、560个新时代文明实践站开展各类文明实践活动。全区692（比去年新增394）支志愿服务队依托月末推动日，开展志愿服务活动6000余次。利用“战‘疫’有我”志愿服务平台招募志愿者9000余人，服务时长超过53000小时。《顺义区爱国主义教育基地管理办法》《顺义区爱国主义教育基地工作联席会议制度》《顺义区未成年人思想道德建设工作实施方案（2020—2022年）》制定出台。推进未成年人社区活动阵地建设，家长学校、未成年人活动场所社区覆盖率100%。落实乡村学校少年宫三年行动计划，全年建设乡村学校少年宫6所。

区委依法治区办扎实推进依法治区各项工作。组织召开区委依法治区委员会第二次会议，研究部署2020年全面依法治区重点工作，审议通过《顺义区关于为统筹推进疫情防控和企业复工复产提供法治保障的意见》，并以区委依法治区委员会名义印发实施，统筹全区法治资源，在法治轨道上推进疫情防控、企业复工复产工作。组织召开区委依法治区办第三次会议，审议通过《区委全面依法治区委员会2020年工作任务台账》《顺义区关于落实〈北京市关于加快推进公共法律服务体系建设的若干措施〉实施方案》《关于开展2020年度全面依法治区法治调研的工作方案》《北京市顺义区法治工作重要决定和方案备案工作办法》。筹备编制《全面依法治区工作规划》，组织全区各单位开展重点领域法治调研。坚持以习近平新时代中国特色社会主义思想为指导，深入贯彻落实党的十九大以及十九届二中、三中、四中、五中全会精神，深入学习贯彻习近平总书记对政法工作、司法行政工作和视察北京重要讲话精神，全面贯彻新时代党的建设总要求。坚持党对司法行政工作的绝对领导，以党的政治建设为统领，以坚决打赢疫情防控阻击战为工作重点，以加强基层党组织规范化建设为主线，以强化纪律作风建设为抓手，以严格落实党建考核任务为目标，着力抓好党建各项工作，为新时代司法行政工作创新发展提供思想和组织保障。

专 文

顺义区消费领域开放发展策略研究报告

区委书记 高朋

加快消费领域开放发展，是融入新发展格局的着力点，也是北京推进国家服务业扩大开放综合示范区和自由贸易试验区“两区”建设的制高点，更是顺义区打造北京国际消费中心城市重要节点的突破点，加快提升区域经济能级的重要战略举措。

一、顺义区消费领域开放发展的基本认识

（一）消费开放发展的目的是顺应时代和国家战略发展需要

消费领域开放发展，是实现全面对外开放新格局的“着力点”。适应消费市场全球化趋势，消费领域开放发展有利于顺义区有效聚集全球消费资源，从而满足多元化、高品质的消费需求，有利于打造中国制造的品牌和文化展示窗口以及进入全球市场的通道，特别是充分借助北京市服务业扩大开放试点和北京市自由贸易试验区的优势，推动消费领域更深层次、更宽领域、更大范围的对外开放，争当全国消费领域开放发展的“试验田”。

消费领域开放发展，是深入推动全面深化改革的“突破点”。通过消费领域扩大开放激发改革动力，释放改革红利，将成为顺义区在优化营商环境、激发市场活力、创新市场监管、推进金融管理制度创新、深化对外投资管理体制等全面深化改革工作中的有力抓手。

消费领域开放发展，是构建“双循环”新发展格局的“切入点”。加快推动消费领域开放发展，可以催生消费新业态、新模式、新热点，不断提升消费感召力和吸引力，吸引全球高端要素聚集顺义，引领产业价值链向高端化、绿色化提升，实现产业转型升级。

消费领域开放发展，是实现“港产城”融合发展的“关节点”。随着国民经济呈现出由生产者主导向消费者主导、由生产推动到消费拉动的趋势性特点，以消费为纽带，把“港口空间”和人们的“生活空间”有机地融合起来，使空港为居民消费提供更加高端的载体以及更为广泛的选择可能，必将为推动港城融合、促进经济高质量发展创造新途径。

（二）消费开放发展的核心是市场、空间和环境三要素

消费领域对外开放的核心是消费市场、消费空间和消费环境三个维度的开放。通过不断加大消费市场的开放，催生新模式、新业态，培育壮大消费新增长点；通过开放消费空间，不断吸引全球高端品牌店、首店聚集，打造具有国际影响力的消费商圈，同时引导传统存量商业设施升级；通过消费环境的开放，推动由商品和要素流动型开放向规则等制度型开放转型，加快破解制约居民消费最直接、最突出、最迫切的体制机制障碍，为消费升级营造良好消费环境。

（三）消费开放发展的导向是形成“内、外”双向型消费开放节点

从特殊区位和发展导向分析，顺义区消费领域存在内向型和外向型两个层次的开放性质。内

向型即发挥北京市东北部中心的区位优势，不断成为周边区域消费资源、要素的配置和流动中心，成为周边地区大众消费力导向性的释放地；外向型即利用“第一国门”首都国际机场优势，把消费服务的空间边界扩张到全球范围，面向和服务全球消费者，不断促进消费回流和消费升级，最终将顺义区打造成为全球消费资源的配置中心、引领全球消费发展的创新高地。

二、顺义区消费领域开放发展的成效与不足

（一）顺义消费开放发展取得较好成效

消费规模基础较好。“十三五”时期，顺义区市场消费规模日益扩大。2015—2019 年全区社会消费品零售额呈现持续稳定增长，2019 年达到 506.1 亿元，位列全市第 6 位、平原新城第 1 位；2020 年受新冠肺炎疫情影响，与全市情况相似出现历史下滑。社零额占全市比重从 2010 年的 3.08% 升至 2020 年的 4.10%，消费对稳定顺义区在全市经济发展格局中的作用更加凸显。

消费结构不断优化。近年来，顺义区统筹利用全区特色资源，推动文化、体育、娱乐等资源与商业消费全面融合，服务性消费已经占到了总消费的六成，且呈现出快速增长趋势，消费新动能持续壮大，居民消费潜力不断被激发。2020 年全区实现服务性消费额 865.0 亿元，占全市服务性消费额的 5.7%，占全区总消费额比重达 60.6%。

消费设施日益完善。“十三五”时期，顺义区商业设施建设不断加强，总量增长较快。全区商业设施总建筑面积达到 386.2 万平方米，其中，大型商业设施（建筑面积 1000 平方米以上）58 家，共计 181.2 万平方米，占比 46.9%，与“十二五”末相比，增长了 20.8%。形成了以空港地区为主的临空高端消费圈、以老城区为主的传统综合消费圈、以新城区为主的商务时尚消费圈和以杨镇新市镇为主的河东新兴消费圈四大消费圈，消费空间格局功能更加互补，层次更加分明。

消费开放环境优良。国际高端要素聚集，依托首都国际机场和坚实产业基础，吸引了近万名外籍人士、10 万余名总部型高端人才聚集。营商环境持续优化，产业生态持续健康发展，城市整体布局设计，生态建设、基础设施建设较好，为后期服务业扩大开放和产业升级转换提供较好的基础。

（二）顺义消费开放发展存在的短板

消费集聚效应偏弱。流量人群的消费截流能力不足，首都机场年客流量超过 1 亿人次，新国展年客流量可达 400 万～500 万人，但目前港城未能充分融合，难以对庞大的机场及会展客群进行有效的消费截流，流量效应没有完全转化为区域消费增量。

消费规模相对较小。商业发展整体规模有待壮大，限额以上商业企业数量也偏少，仅占全区商业企业总量的 3% 左右。特别是受到疫情影响，两大龙头商业企业中免和日上收入下跌明显，机场免税零售短期内也处于低迷状态。文旅消费产业需要升级，虽然产品种类较全，但整体缺乏新产品、新业态，吸引力较弱。

消费内生动力不足。居民收入和消费支出不高，2020 年，顺义区人均可支配收入和人均消费支出，仅为全市平均水平的 60% 左右。居民人均消费支出结构有待优化，食品烟酒、居住和交通通信在人均消费支出中合计占比约 65.7%，低于全市平均水平，教育文化娱乐、医疗、保健消费合计占比 18.75%，与全市平均水平持平。

品质消费供给较低。全区大型、高端商业载体匮乏，超过 5000 平方米的大型商业设施共 25 家，仅占全市总量的 5%。同时，首店、新零售、体验店等创新型业态不够活跃，品牌聚集度较低。同时，消费业态品质不高、体验性较差，传统百货商场较小的空间和无亮点的装修并不能满足主力客群消费需求。

消费设施档次不高。整体商业氛围仍然相对不足，人均商业面积仅为 134 平方米，低于全市平均水平，成形的大商业综合体少，相对于北京其他区有万达、荟聚、大悦城等功能完善、吸引力较强的大型综合商业设施，还存在一定差距。同时，商业设施空间分布明显不均衡，顺义河西地区商业设施建筑面积占全区的 92%，经营面积仅占 84%，“东、西”两地区商业规模差距明显。

生活性服务业设施布局不合理，连锁化率仅为32.63%，低于全市连锁化率41%。

消费服务支撑较弱。公共服务配套不足，在交通设施、公共服务、消费环境等方面还存在较多短板，限制了消费潜能的释放和消费辐射力的增强。文旅资源周边商业配套不完善，受制于周边商业设施配套不完善等原因，潮白河沿岸、舞彩浅山区、河东民俗村等虽然具有发展文商旅融合的自然条件，但没有形成品牌效应和消费规模。全区星级酒店仅12家，五星级仅2家，与区域发展定位不相匹配，难以对区域外游客形成重复消费吸引力。

三、国内典型地区消费领域开放发展的经验借鉴

促进消费开放发展，国内外大中型城市依托自身区位优势和消费基础，在推进消费转型升级、新消费业态培育、营造良好消费环境等方面均积累了有益的经验，值得顺义借鉴。

（一）空港区成为消费开放发展的高地

综观国外消费中心城市空港区发展实践，消费领域开放模式有两种，包括直接影响型，像类购物中心化、机场景区化，注重打造综合的休闲与购物、娱乐一体的“航站楼MALL”；还有间接带动型，突出表现在工作、参观、访问、商务往来等人流对该地区交通、零售、餐饮、娱乐等行业的拉动作用。典型的例子有国外的荷兰史基浦，商业服务比较齐全、产业布局比较完善；新加坡的樟宜国际机场，具有与时俱进的商业规划、高新技术的深度运用、追求卓越的客户体验、文化与商业创新的融合；美国纽约的曼哈顿上东区，拥有喧嚣中静谧的中央公园、休憩式的风情商业街、顶级的生活配套设施等。具有很好借鉴意义的国内案例有香港的赤鱲角，主要做法是动线规划，管理科学；定位清晰，业态丰富；需求导向，创新服务。再如成都的双流机场，着力打造产业生态圈、建设国际空港消费中心。另外，海南海口机场发挥机场聚流优势，具有以人为本的服务理念、舒适便利的购物体验、不断释放的政策红利、差异化的服务定位。

（二）消费升级成为消费开放发展的前奏

从国外消费升级趋势看，法国和日本的高端市场消费路径具有典型性。法国巴黎是世界著名的时尚之都，高端市场的品牌来源主要有两种：一类为巴黎本土的国际化高端品牌，另一类为高端入驻品牌，像意大利名品Gucci、Prada，美国的CK，日本的Kenzo等。而日本文化消费升级主要表现在文化产业结构呈现数字化升级趋势，数字内容产业已形成了网络游戏、数字影音、数字动漫、移动服务、网络服务、数字教育、数字出版、工业设计与数字展示等跨行业产业领域。这些地区文化消费升级带来的最大启示是，政府文化管理从行政干预蜕变为宏观上的整体设计和导引，政府更多的是以“领航员”“仲裁者”“投资者”“保护人”的角色出现。

（三）新兴消费成为消费开放发展的标配

新兴消费是商业新的增长点。上海发起了品质消费行动，推行“三品”战略，即增品种、提品质、创品牌，为老字号、新字号、民字号搭建品牌创新合作平台，促进标准化生产和纯手工制作品牌协同发展，引入第三方评价机制，推动“上海品质”自愿性认证制度的建设和试点。广州夯实品牌基础建设，选择部分重点行业和重点产品，推动制定国内领先、国际一流的企业标准和行业标准，搭建都市消费工业“新品、名品、优品”发布平台，提升消费品有效供给能力和水平。重庆结合重庆文化、旅游特色，创新消费，解放碑商圈积极改变，将商旅文融合联动作为升级高品位步行街的主攻方向，把历史文化作为促进消费的核心资源，活化文旅资源，打造人文渝中、重庆记忆展示窗口。

（四）良好消费环境成为消费开放发展的支撑

自国家发改委等十部委发布《进一步优化供给推动消费平稳增长促进形成强大国内市场的实施方案（2019年）》以来，各地政府进一步优化消费环境，激发消费潜力。上海市出台了《关于进一步优化供给促进消费增长的实施方案》，要打造“南京路步行街信用商圈示范区”，发布“上海重点商圈商务诚信指数”，建立商务诚信“红名单”“黑名单”发布机制及信用信息修复制度

等。广州市发布了《广州市完善促进消费体制机制实施方案》，提出建立健全消费领域信用体系，包括完善消费领域信用信息共享共用机制、加强信用信息公开、健全守信激励和失信惩戒机制、推进消费者维权机制改革、加强重要产品质量追溯体系建设。

四、推进顺义区消费领域开放发展的路径探索

“十四五”时期，是顺义加快推进“两区”建设的关键期，再叠加争创北京建设国际消费中心城市的示范区，形成了顺义消费领域开放发展的“三区”叠加红利的窗口期、黄金期，迫切需要加快消费领域开放发展，着力提升消费供给水平，引领消费趋势、促进消费升级。

（一）发展思路和主要目标

1. 发展思路

突出集聚化升级，做强城市消费。围绕顺义新时期功能定位，把握重点平原新城建设的重大机遇，加强承接首都适宜功能，提升特色产业发展，加快集聚多元创新要素，完善城市基础设施配套和公共服务配套，提高全区城市人口集中度，整合空港区、老城区和新城区空间板块，形成联动融合发展，不断增强对区内外消费资源的集聚力和消费客源的吸引力，做强城市消费，打造首都东北部消费中心。

突出国际化升级，做大品牌消费。充分发挥顺义独特的首都口岸优势、服务业扩大开放政策优势，聚焦“国际化、品牌化、时尚化”，拓展全球消费价值链，着力落地国际一线品牌，举办国际时尚主题活动，集聚跨境电商新业态，做强入境旅游消费市场，吸引域外消费群体，在服务标准、市场规范等方面加强与国际接轨，建设北京国际消费中心城市的重要窗口区。

突出融合化升级，做实服务消费。充分挖掘顺义文化、体育、生态、景观等特色资源优势，通过整合联动和一体化开发，最大限度地激发出特色资源的经济社会效益，形成文体商旅的消费串联，创造出更多的消费体验场景和消费服务业态，推进商品消费和服务消费无缝融合，形成顺义消费 IP 品牌，打造知名的特色消费目的地。

突出全域化升级，做优消费网络。基于顺义河东河西消费设施布局不均衡、城乡消费设施差距较大的短板，以积极推动消费均衡布局、充分挖掘消费潜力为目标，按照优化存量、扩大增量、提升品质的思路，推进全区大型商业、文体设施的精准化补缺，促进城乡便民生活服务业的精准化补建，构建覆盖全域的品质化消费网络。

2. 主要目标

到 2025 年，顺义初步建成同北京“四个中心”功能相匹配、辐射北京东北部、展示“第一国门”形象的国际消费创新高地。北京服务业扩大开放综合示范区和北京自由贸易试验区政策全面落实，消费领域改革取得新突破，形成一批促进消费开放政策体系。全区消费环境明显改善，消费基础设施全面升级，居民消费意愿明显提升，商品消费和服务消费齐头并进，力争全区消费贡献度、业态创新度、品牌集聚度、时尚引领度、环境国际化迈上新的台阶。消费国际化特征全面显现，境外消费回流态势明显。

到 2035 年，顺义基本建成同国际一流的和谐宜居之都相适应、全面带动北京东北部、京津冀区域消费创新发展、展示社会主义强国首善形象的国际消费枢纽，初步成为过往游客必来的网红“打卡地”、国外游客必逛的国货“购物地”、国际顶尖品牌商品“首发地”、著名展览云集的国际“会展地”、展示首都特色的文化“聚集地”。消费领域改革取得决定性成果，系统完备、科学规范、运行有效的支撑消费全面开放的政策体系全面形成，各方面制度更加成熟、更加定型，消费各项指标达到国际先进水平，开放型、现代化国际消费中心城市特征进一步显现。

（二）工作举措和政策保障

1. 工作举措

聚集优质消费资源。依托空港国际免税城建设，打造个性化轻奢店、快闪店、精品店。着力延展消费链条，鼓励体验消费、顾问式消费、私人导购、购物管家、专属定制、品牌大使、仪式感消费等商品消费服务环节发展。在空港国际免税城等新建商业综合体，推出个性化品牌和服务，

推出商品的限量版或升级版，将商场打造成旅游景点、网红“打卡地”，鼓励引进定位技术、忠诚度计划以及各种App用于识别客户群。鼓励国际机场和港城城际合作，建立国际空港在线平台联盟。加快培育本土品牌，推进产品内外销“同线同标同质”，大力推动“中华老字号”创新发展。

建设新型消费商圈。参照国际先进经验和标准，打造新消费重点国际商圈或街区，争取建成1～2个在全国具有重要影响力和美誉度的国际级商圈或商业街区，拓展新型消费产业和各类生活性服务业发展空间，注入文化、时尚、创意、休闲、绿色等新消费元素和资源，促进消费产业和服务业加快集中集聚，提升国际消费城市主要功能区的发展能级。加快传统商圈升级改造，重点开展商业步行街改造提升工作，推动设施改造、品牌集聚、业态互补、错位发展，培育新型消费发展载体，围绕消费新增长点，培育具有专业化、特色化、规模化的新型消费市场；加快引入新业态、新品牌、新商业模式，促进传统商圈改造升级和打造“智慧商圈”，着力打造消费体验中心、文化时尚创意中心、产品和服务设计定制中心、消费业态和模式创新中心等新型消费载体。

推动消费融合创新。鼓励电信企业通过套餐升级优惠、信用购机等举措，促进5G终端消费，加快用户向5G迁移。鼓励商场、餐饮、娱乐等行业实施智能化改造、加快数字化应用，推广无感支付、无线支付等新型支付手段。完善社区服务，鼓励支持企业建设智慧物流终端、24小时无人便利店、智能微仓储等智能商业设施。鼓励企业提出新型营销模式，利用虚拟现实、可穿戴设备、人工智能、超高清视频等手段，开展直播电商、社群电商等商业模式。发展线上新经济，推行“无接触购物”直送直播模式，打造生活服务“防疫站”，实现社区“无接触购物”全覆盖。鼓励商场实施“无接触”改造。

打造消费时尚风向标。把握国际消费新潮流，塑造顺义整体国际形象“顺心顺义”，通过“机场对机场”等特定推广渠道，展开大规模海外推广活动，推动观光基础设施数字化及向非接触或远端型转型。对特定人群推出特定优惠，打造全域旅游、全域文化消费精品，注重小众消费、体验消费市场开发，比如可打造房车、星空、电影、亲水、厨艺、热气球、通用航空教学等体验消费品牌，延展过境客流在顺义平均停留时间和消费链条。适时启动顺义全域消费季，抢抓消费回补，重点打造“全域消费季”“夜享温榆河”“智造优品汇”“畅游乐享区”“自贸体验行”等。联合各行业协会、民间团体等，制作发布本地消费地图，打造“网红”商业地标和“打卡地”。

加强消费环境建设。打造更高水平国际化营商环境，在人才跨境流动方面，营造更加便利的出入境和生活居住环境，深化执业资质互认。在物品跨境通关方面，深入探索产业定制通关模式，打造“小自由贸易港”，重点在货物进出更加自由、关税政策更加优惠、通关监管更加高效等方面先行先试。在资金跨境融通方面，给予消费领域企业跨境融资支持，提升资金跨境流动的便利化水平。聚焦自贸试验区国际商务片区、天竺综保区、临空经济区等重点区域，推进离岸金融制度改革与创新政策集中投放。健全市场监管和消费维权体系，加强商品质量、食品安全、市场秩序综合监管和治理，打击侵权假冒行为，建立和完善商业商务安全信用体系，建立接轨国际的服务标准、消费者保障准则、知识产权保护等制度。

2. 政策保障

完善离境退税政策。积极在北京自由贸易试验区国际商务片区顺义组团开展“即买即退”试点，在自贸试验区范围内商业发达、商铺集中的区域设立离境退税集中退付点，符合条件的境外旅客在定点商户购物后，可持相关凭证至商场内的集中退付点当场领取相当于实退税款等额的人民币现金，促进旅客“二次消费”，扩大离境退税政策溢出效应。提升离境退税服务便利度，增强国际游客对具有中国特色、北京特色的商品和老字号产品的吸引力。研究退税标的物由货物向服务拓展，推进离境退税点布局完善，探索在国际免税购物城、自贸试验区设置在岸离境退税机构，方便国际游客。

争取建立数字人民币综合示范区。在自贸试验区内试点建立数字人民币生态体系，重点在无人驾驶汽车、物联网设备、工业互联网等领域拓展数字人民币应用场景，高效地满足公众在数字经济条件下对法定货币的需求，提高零售支付的便捷性、安全性和防伪水平，推动数字消费加快发展。

深化消费开放制度改革。放开免税店政策的部分限制条件，扩大免税店销售对象范围，扩大出境旅游后的入境市民，引导市民境外购物回流。深入实施离境退税政策，扩大离境退税商店覆盖范围。积极推动保税免税联动项目落地，落实好京津冀144小时过境免签政策，配合好通关服务改革。深化跨境电商制度改革，吸引更多产业链企业和高端资源进驻。

建立跨部门联动机制。适时设立顺义国际消费中心建设领导小组，加强对全区建设国际消费中心城市工作的统一领导和统筹协调，定期制订顺义国际消费中心行动计划，打造具有世界影响力的特色教育消费中心，发挥顺义国际化程度较高、国际学校聚集优势，依靠北京世界一流的教育水平和培训资源，研究顺义国际教育消费行动计划。

顺义区更高水平开放政策和制度研究

——基于建设具有国际竞争力的自由贸易区开放型产业体系

区委副书记、区长　龚宗元

在2020年中国国际服务贸易交易会开幕式上，习近平总书记宣布北京成为国家服务业扩大开放综合示范区。同时支持北京设立以科技创新、服务业开放、数字经济为主要特征的自由贸易试验区。由此，以服务业扩大开放综合示范区和自由贸易试验区为主要内容的“两区”建设，成为党中央和国务院赋予北京在构建新发展格局中的重大使命。在北京自由贸易试验区片区组团中，顺义组团面积达到28.5平方千米，占国际商务服务片区总面积的59%，是所有片区组团中最大的区域。因此，在北京市以首善标准推进“两区”建设的新形势下，基于建设具有国际竞争力的开放型产业体系，深入研究更高水平开放政策和制度将具有重要的实践价值和指导意义。

一、我国更高水平开放政策和制度的发展研究

所谓制度型开放本质上是一种“境内开放”，最根本的要求就是着眼于规则和制度层面，设计出既具有中国特色又能与国际贸易新规则相兼容的开放政策和制度，实施开放型经济的风险测试，建立与国际通行规则接轨的开放型制度体系。

（一）我国更高水平开放政策和制度发展趋势研究。改革开放至今，我国坚持全球自由贸易和多边贸易体系的原则，以构建高水平开放政策和制度为关键，把扩大开放与机制改革相结合，初步形成全方位、多层次、宽领域的对外开放格局。一是初步实现与国际经济贸易制度规则对接相融。2018年中央经济工作会议上首次提出“推动由商品和要素流动型开放向规则等制度型开放转变”。党的十九届四中全会提出“健全外商投资准入前国民待遇加负面清单管理制度，推动规则、规制、管理、标准等制度型开放”。2019年出台的《中华人民共和国外商投资法》明确指出“对负面清单之外的外商投资，给予国民待遇”。这标志着中国从“流动型开放”向“制度型开放”迈出了实质性步伐，以对外商投资实行准入前国民待遇加负面清单管理制度为重点突破，对标全球高标准贸易规则，在更大范围、更宽领域、更深层次上提高开放型经济水平，以便深度融入全球经济体系。二是从制造业领域开放向服务业领域开放扩展。近几年，我国服务贸易发展逐步加快，服务业市场不断开放，但总体发展水平和国际依然有差距。我国2019年服务贸易在对外贸易中的占比只有14.6%，同期世界平均水平为23.8%，同时还存在3000亿美元的逆差。此外，虽然我国服务贸易的结构在优化，但是与发达国家相比，以计算机信息服务、通信服务、金融服务为代表的现代服务贸易的比重仍然较低，缺少资本密集、技术密集、人才智力密集的高附加值服务产品。鉴于此，我国相继出台了一系列政策支持服务贸易发展，在保持制造服务、建筑服务等领域优势的基础上，放宽服务业市场准入，大力支持外

商在服务领域的投资，推动我国服务业扩大开放和服务贸易更加便利化发展。三是自由贸易区战略开创全球开放合作新局面。加快实施自由贸易区战略，是中国顺应全球经济发展新趋势所实施的新一轮对外开放的重要内容。2001年加入WTO以来，我国大力推动对外签署自由贸易协定，持续提升自由贸易区建设水平。2020年11月15日，东盟十国、中国、日本、韩国、澳大利亚和新西兰正式签署《区域全面经济伙伴关系协定》（RCEP）。这标志着，世界上人口最多、经贸规模最大、最具发展潜力的自由贸易区正式启航。RCEP签署后，我国已与26个国家和地区签署19个自由贸易协定，与自由贸易伙伴的贸易额占比由此前的27%扩大到35%左右。自由贸易区的签订将增强国际国内两个市场、两种资源的联通性，使我国更加有效地融入全球产业链、供应链、价值链，促进国际国内双循环，推动加快构建新发展格局。

（二）我国更高水平开放政策和制度创新成果梳理。由于目前我国经济发展水平尚不能完全达到全面开放，因此只能通过建立自由贸易试验区的方法，在试验区内围绕投资、贸易、通关、金融、人员等领域进行更高水平的政策开放和更深层次的制度创新，为国家签订自由贸易区提供托底经验。一是自由贸易试验区的概念辨析。自由贸易试验区(Pilot Free Trade Zone)既不是自由贸易区(Free Trade Area，FTA)，也不是自由贸易园区（Free Trade Zone，FTZ，在我国称为“海关特殊监管区域”，而是在FTZ的基础上，为FTA先行先试。FTA属于国际多边或多边开放贸易协定，是国家和国家之前签订协议后，围绕贸易自由、投资自由、资金流动自由、货物进出自由、人员就业和进出自由、数字经济的数据进出自由，在全国范围整体上推进国家贸易自由化、便利化。而自由贸易试验区则是在一个国家内部、某个地方的特定区域或在综合保税区，以在“零关税、零壁垒、零补贴”原则上，实施六个方面自由贸易活动的探索，试验免于全国性法律法规管理的可行性并进行风险压力测试的创新制度设计。二是自由贸易试验区的产生背景。近些年来，世界经济全球化一体化成效显著，更多国家选择通过加入区域经济一体化组织来提升本国的经济贸易福利。从外部环境看，美国近些年主导的TTP（跨太平洋伙伴关系协定）和TTIP（跨大西洋贸易与投资伙伴协议）就是广义上的自由贸易区。这两个跨地区多边贸易合作体系都将中国排除在外，削弱中国在国际贸易体系规则制定中的话语权。从内部环境看，近年来拉动国内经济增长的“三驾马车”发展情况并不乐观。无论从外部压力还是内在需求来看，中国需要通过在国内大力开展自由贸易试验区建设，在试验区内对高标准国际投资贸易新规则，创造高水平的开放政策和制度，先行先试、压力测试，进一步服务自由贸易区战略。三是自由贸易试验区的创新成果。各个自由贸易试验区将制度创新作为核心任务，在投资体制、贸易监管、金融改革、政府管理、营商环境等制度建设方面进行创新与探索，初步形成了与国际投资、贸易通行规则相衔接的基本制度框架。在贸易便利化方面，积极创新“一线放开，二线安全高效管住、区内货物自由流动”的货物监管模式，实施国际贸易“单一窗口”建设，推进口岸降本增效。在投资自由化方面，实行“准入前国民待遇”“负面清单”的外商投资准入管理模式，大幅放宽市场准入。在金融国际化方面，上海推出支持自由贸易试验区金融开放创新意见，率先创设了本外币为一体的“分类别、有管理”的自由贸易账户体系，将区内和境外的贸易投资通道打通。在政府职能转变方面，深入推进简政放权，深化“放管服”改革，推行“多规合一”，推动政府治理由事前审批到事中、事后监管转变，极大改善了自由贸易试验区营商环境。

（三）我国更高水平开放政策和制度创新实践研究。当前我国依托国家服务业扩大开放综合示范区、中国特色社会主义先行示范区等高能级对外开放平台，继续推动高水平开放政策创新和探索，可以为顺义构建开放型产业体系提供宝贵经验。一是北京市建设国家服务业扩大开放综合示范区。示范区方案重点从三方面推进新一轮服务业扩大开放综合试点：在放宽外资准入限制方面。优先在北京市允许跨国公司设立外商独资的财务公司，在有关区域允许外商投资文艺表演团体，鼓励外商投资成人类教育培训机构。在资金跨境流动便利方面。允许在北京全市范围内开展资本项目收入支付便利化的试点，探索开展本外币合一跨境资金池试点，在特定区域开展本外币一体化试点工作。给予在北京的中资机构海外员工薪酬结汇便利化政策等。在人才支持力度方面。外籍人员凭永久居留身份证可以开办公司或参股内资企业，对境外高端人才给予入出境便利。二是上海自由贸易试验区临港新片区经验借鉴。2019 年批复的临港新片区不是简单的原有自贸试验区扩区和政策平移，而是全方位、深层次、根本性的制度创新改革。包括三大特点：对标国际上竞争力最强的自由贸易园区。选择国家战略需要、国际市场需求大、对外开放度要求高但是其他地区尚不具备实施条件的重点领域，实施具有较强国际市场竞争力的开放政策和制度。被赋予了最大限度的自主创新权。临港新片区既是自由贸易试验区，同时又按照经济特区管理，在政策支持上具有自由贸易试验区已有政策全部适用和制度创新先行先试的优势，同时又具备经济特区一定的优惠政策。明确提出了产业主导方向。临港新片区明确提出要把实业与试验区的功能相结合，依托自身产业基础，着力突破制约产业升级在研发、设计、标准、供应链管理、品牌培育、营销等关键环节的制度性障碍，探索产业升级新路径和新模式。三是深圳中国特色社会主义先行示范区发展经验借鉴。2020 年批复的深圳建设中国特色社会主义先行示范区综合改革试点实施方案有三个方面的优势：实施“综合授权”改革。这是有别于此前改革试点通常实行的“一事一议、层层审批、逐项审核”的授权方式，是在中央改革顶层设计和战略部署下，以清单式批量报批的方式推动重点领域和关键环节改革。在营商环境方面。在全国统一负面清单基础上，放宽能源、电信、公用事业、交通运输、教育等领域市场准入，放宽前沿技术领域的外商投资准入限制。在构建开放型经济体制方面。支持以规则衔接深化粤港澳大湾区合作发展，完善法治领域跨境协作机制，扩大金融业、航运业等对外开放，推动构建与国际接轨的金融规则体系，以制度优势吸引全球高端要素集聚。

二、顺义区更高水平开放政策和制度面临的问题研究

在顺义区开放产业发展现状研究的基础上，从制度集成创新、促进开放型经济发展、开放基础要素等 3 个维度对不同问题进行梳理和总结，这些问题既有顺义自身存在的短板，需要针对性、精准化施策解决；又有全国自由贸易试验区发展中面临的普遍性难题，需要顺义依托自身特色资源，实施风险压力测试，探索改革创新路径。

（一）开放型制度集成创新需加快发力。中央要求自由贸易试验区把制度集成创新放在突出位置，但是制度集成创新涉及部门多、领域广，且顺义区面临行政层级较低、法律法规制约等因素，在制度集成创新体系建设、开放政策宣传推广、创新先行先试、跨境金融制度等方面还需加强力度。一是围绕开放型产业的制度集成创新体系尚未形成。依托北京服务业扩大开放综合试点，顺义区开放政策创新取得了一些成效，但总体上呈“微创新”状态，“碎片化”改革多，“系统性”改革较少，关于某一特定环节的改革创新较多，涉及特定领域全流程、全周期的集成创新案例欠缺。随着改革开放逐步进入“深水区”，对于风险压力测试、制度性改革创新、系统性集成创新等改革创新需求逐渐增多，“小修小补”式改革创新已经不能满足北京自由贸易试验区建设的要求。二是开放型政策宣传推广力度不够。部分企业反映开放型政策存在“难知晓”“难理解”“难享受”问题，申请政府项目、扶持资金时，需要从众多政策之中查找关键信息和准备申报材料，牵扯企业大量精力，增加了企业掌握政策、申请资金和享受政策优惠的难度，而委托中介机构，又增加了企业成本。另外，一些惠企的补助补贴分散在各个委办局、区职能部门的端口，缺少一个统一平台以供企业查询和对接，影响政策的落地见效。三是更高水平政策创新和先行先试力度仍需加强。相较于上海自由贸易试验区临港新片

区、海南自由贸易港而言，顺义区开放型政策“相互借鉴”式创新多，独创性创新少，政策先行先试力度不足。改革创新往往是先复制推广其他自由贸易试验区的创新经验，在此基础上展开改革创新，改革举措同质化现象较为突出，改革领域多集中于跨境贸易便利化、推动新兴业态聚集等方面，独创性改革创新案例较少。

（二）开放型政策和制度对开放型经济的促进需进一步加强。制度型开放是建设更高水平开放型经济新体制的重要举措，开放型政策和制度创新能够从资源优化配置、营商环境优化等角度促进开放型经济发展。顺义区在促进对外开放与科技创新融合、制造业与服务业融合发展、自由贸易片区内外统筹协调发展等方面，仍需努力探索开放型政策和制度对开放型经济促进机制。一是对外开放与科技创新融合不足。顺义区对外口岸和开放平台优势突出，尚未能充分利用首都中心地区科技创新资源优势，协同创新能力亟待提升。以航空产业为例，除试飞环节外，顺义区基本涉及了航空产业链的所有细分业态，但是顺义区航空产业的优势在于以航空运输为核心的服务链，制造链中的研发设计环节、航空发动机及核心零部件等高端环节是顺义区航空产业的短板。顺义区未来继续充分利用区位优势，探索创新区域合作模式，充分利用北京作为全国科技创新中心和航空航天创新资源聚集地的优势，提升创新资源配置利用效率，加速对外开放优势与科技创新资源的融合发展。二是制造业与服务业融合发展不充分。先进制造业和现代服务业融合是增强制造业核心竞争力、培育现代产业体系、实现高质量发展的重要途径。顺义区工业是首都现代制造业的主要战场和重要支撑。但是科技服务业发展相对滞后，产业集中度偏低，科技服务资源过度分散，科技服务业营业利润不高，缺少具有全国影响力的科技服务业品牌。未来顺义区需要通过进一步完善开放型政策，推动制造业与服务业融合发展，在制造基础上叠加服务，形成“制造+服务”的产业发展模式，实现差异化竞争，有效提高企业盈利能力。三是自由贸易片区内外统筹协调发展机制尚需探索。北京自由贸易试验区国际商务服务片区并未涵盖顺义区全部产业功能区，如何创造性地把北京自由贸易试验区的政策适用于科技创新产业功能区、中关村顺义园等，使自由贸易试验片区内外有机衔接、协同发力，是对自由贸易试验区探索者视野、胆略和智慧的考验，自由贸易试验片区内外统筹协调发展问题应未雨绸缪预作安排。

（三）更高水平开放基础要素需进一步提升。人才、资金、土地、配套设施等基础要素是构建开放型经济体系的必备要素，顺义区要进一步提升高水平开放基础要素的国际化、便利化水平。一是开放型人才基础储备尚需加强。顺义区开放型人才基础储备不足，开放型人才队伍综合素质与实施更高水平开放战略不相适应，思想解放不够，缺乏“敢于探脚试水”“敢于第一个吃螃蟹”的勇气；战略谋划能力不足，习惯于就区域论区域、就资源论资源、就项目论项目，对区域发展中的全局性、根本性、战略性问题谋划不够；传统的人才培养模式与开放型人才知识需求不匹配，培训的针对性不够强。二是土地集约利用政策急需优化。目前，现代服务业占顺义临空经济区经济总量已经超过90%，但是，顺义区重点产业功能区大多以工业区起步，工业用地占园区建设用地比重较高。以北京临空经济核心区为例，工业用地总规模为3849.9亩，占园区总建设用地的38.7%，而商务金融用地、多功能用地等适宜现代服务业聚集发展的土地仅2717.9亩，土地占比与现代服务业的经济规模不均衡，工业用地调整规划面临诸多困难，土地集约利用政策急需优化。三是国际化配套设施有待提升。顺义区常住外籍人士已经超过1万人，排名全市第三，对于国际化宜居宜业配套设施建设要求逐渐提升。一方面，相较于大兴国际机场规划的“五纵两横”综合交通骨干网络，首都机场周边交通体系建设明显滞后，服务于国际交往中心的机场核心功能需要进一步优化。另一方面，国际化生活服务设施需要进一步完善，符合外籍人士高品质要求的国际化配套居住设施、公共服务设施、医疗服务设施、教育服务设施等需要加快建设。

三、“两区”政策和制度对顺义区开放型产业促进的意义研究

“两区”建设聚焦7大方面提出110余项开放创新政策措施。这些创新政策与顺义区开放产业体系高度契合，将直接促进顺义跨境医疗健康、跨境金融、航空服务、文化贸易、数字经济等开放型产业实现突破，并将辐射带动区域主导产业创新发展。

（一）促进跨境医疗健康服务实现突破。《中国（北京）自由贸易试验区总体方案》提出简化国内生物医药研发主体开展国际合作研发的审批流程、加速急需医疗器械和研发用材料试剂、设备通关等，为顺义区打造国际医疗健康产业新高地起到了积极的推动作用。一方面，生物医药是研发全球化程度最高的产业之一，简化国内生物医药研发主体开展国际合作研发的审批流程，可以吸引一批具有国际水平的企业以及国内比较领先的企业在顺义发展，政策门槛的降低将加速更多新产品的研发和上市。另一方面，对临床急需且我国尚无同品种产品获准注册的医疗器械加快审批，保障临床需求将给患者带来切实的利好，也为发展跨境医疗健康服务创造了条件。未来可以围绕复杂疾病治疗、精密体检和医美整容等跨境医疗重点领域，吸引国外尖端医疗服务机构，探索在顺义区设立外商合资、独资的专科医院或综合性医院，通过进口国外高端医疗设备和精密检测仪器，引入专业领域国际一流医生，为国内外病人提供专业的跨境医疗服务。

（二）促进跨境金融实现破题。北京自由贸易试验区开展本外币一体化试点，将促进顺义区金融业对外开放再度深化，进一步拓展了国内企业投融资渠道，便利了国外投资者进入国内资本市场。同时，也对加快完善跨境资金监管体系、监管法律法规、跨境监管合作等方面提出更高要求。未来，顺义区应从促进跨境金融产品创新和培育跨境金融科技生态两个方面入手，实现跨境金融发展破题。促进跨境金融产品创新方面，要支持区内金融机构，提高人民币金融衍生产品研发能力，围绕国际结算、产品和服务定价、跨境电子商务等领域，扩大经常项下人民币跨境使用，鼓励自由贸易试验区内有条件的企业开发面向国际金融市场的投融资产品，打通离岸人民币对外投资渠道。培育跨境金融科技生态方面，依托区块链技术实现封闭式的跨境金融创新环境，实现跨境金融的大数据监管，在制度层面聚焦交易行为跟踪、标准化数据信息采集、金融风险大数据分析、金融危机压力测试等方面，打造科技赋能跨境金融场景应用示范区。

（三）促进航空服务做大做强。随着民航机队体量不断扩大，为有效降低库存航材总量以及富余航材的再利用，创新了航材共享，使保税航材在区内自由流转成为现实，大幅度降低航空企业成本。北京自由贸易试验区提出优化发展航空服务，推动北京首都国际机场和北京大兴国际机场联动发展，建设世界级航空枢纽。世界级航空枢纽的建设与地方经济活跃程度有着很大关系，这其中包括客运、货运流量以及产业创新等，顺义区航空服务产业将迎来重要机遇。方案提出多项具体措施，要优化航材保税监管措施，降低航材运营成本；试点开展公务机按照包修协议报关业务，将公务机所有人、运营人及委托代理公司纳入试点申请主体范围；对符合列目规则的航空专用零部件，研究单独设立本国子目。这些措施与顺义区航空服务产业发展方向高度契合，切实解决了航空服务产业发展过程中的痛点和堵点。

（四）促进文化贸易稳定提升。北京自由贸易试验区建设方案提出满足高品质文化消费需求，政策涵盖了文化贸易领域全产业链。一方面，促进文化产业功能的国际化，提出打造国际影视动漫版权贸易平台，探索开展文化知识产权保险业务，开展宝玉石交易业务，做强“一带一路”文化展示交易馆。另一方面，允许符合条件的外资企业开展面向全球的文化艺术品（非文物）展示、拍卖、交易业务，依托北京新国展和天竺综保区，该领域的对外资开放将吸引更多外资企业在顺义开展文化艺术品相关业务。另外，鼓励海外文物回流，积极研究调整现行进口税收政策，进一步给予支持，将会显著降低文物进口成本、扩大文物回流规模，也将加速促进海外流失文物的有序规范回流，有利于顺义区完善海外回流文物价格形成机制，建成海外文物回流交易市场。

（五）促进数字经济创新发展。北京自由贸易试验区总体方案提出，在创新数字经济发展环境方面，增强数字贸易国际竞争力，鼓励发展数字经济新业态新模式，探索建设国际信息产业和数字贸易港。未来顺义区应借势“两区”建设，积极打造成为具有全球影响力的数字经济和数字贸易先导区，积极寻求涉数字贸易政策突破，探索创制数据确权、数据资产、数据服务等交易标准及数据交易流通的定价、结算、质量认证等服务体系，规范交易行为。立足航空、跨境电商两个领域需求，结合国家解析节点“星火•链网”项目，争取开展航空、跨境电商两个领域的数据确权、交易、第三方认证相关试点。同时，结合新型基础设施建设，为有国际互联网数据传输业务需求的区域和企业构建专用通道。依托天竺综保区建设，吸引境内外运营商落地，建设更高等级的国际数据交互平台，建设国际数字贸易港，开展数据跨境流动试点。

（六）强化临空经济开放引领功能。包括天竺综合保税区、临空经济核心区、新国展、金马工业园在内的首都国际机场周边区域被纳入北京自由贸易试验区国际商务服务片区，重点发展数字贸易、文化贸易、商务会展、医疗健康、国际寄递物流、跨境金融等产业，打造临空经济创新引领示范区。这为强化顺义区临空经济开放引领功能，集聚国际临空产业创新资源创造了条件。有利于提高顺义区临空产业之间的黏合度，助推航空保税维修、航空培训、航材物流、航材贸易、飞机租赁、航空金融、公务机等航空生产性服务业发展，同时有利于推动优势产业链集群式发展。

（七）带动科技创新服务体系完善。北京集聚了4000多家地区总部和研发中心，风险投资累计金额在全球仅次于硅谷，拥有全国超40%的独角兽企业，具备打造具有全球影响力的科技创新中心的良好基础。北京自由贸易试验区总体方案通过优化人才全流程服务体系、强化知识产权运用保护、营造国际一流创新创业生态等3方面20余项措施，更大力度强化原始创新、技术创新和开放创新，这将促进企业加强研发投入，提升运营效率，提升总体竞争力；也有利于推动科技成果项目在顺义区内转化落地，形成一个完整的创新产业链，提高顺义区对全球创新资源的集聚和整合能力。

（八）促进制造业与服务业融合发展。服务业扩大开放是北京自由贸易试验区的主要特征之一，总体方案提出加快打造服务业扩大开放先行区的明确要求，以及深化金融领域开放创新、满足高品质文化消费需求、优化发展航空服务等3方面40余项措施，高标准建设好国家服务业扩大开放综合示范区。依托北京自由贸易试验区建设，顺义区将进一步加大改革的力度，提升现代服务业对先进制造业的带动作用，统筹推进货物贸易和服务贸易协调发展。

四、顺义区更高水平开放政策和制度促进开放型产业发展的对策研究

顺义区要以“产业开放＋园区开放”为重点，发展特色化开放型产业，研究特色化制度集成创新，打造更高能级对外开放平台，形成顺义区开放政策和制度创新主线，以配套设施、港产城融合发展、要素支撑等为基底，构筑顺义区开放型产业发展的基础优势。

（一）突出特色优势，发展特色化开放型产业。一是持续优化航空服务产业。依托首都国际机场，建设世界级航空枢纽，完善航空口岸功能，促进航空货运、航材维修、航空租赁等产业发展。依托首都机场的航空网络优势，重点发展药品制剂、医疗器械、高端零部件、高端生鲜产品等航空货运，打造全国性“医药品集散中心”和区域性“高端生鲜产品集散中心”等。优化航材保税监管措施，降低航材运营成本，优化保税维修模式，拓展航材共享业务，扩大航线维修、飞机发动机维修业务，打造维修水平最高、维修范围最宽国际航空维修基地。在企业注册登记、托管公务机业务开展、外籍驾驶人员工作居住等方面强化扶持措施，建设公务机航材保税共享平台和油料交易平台，扩大首都机场公务机运营规模，形成国际一流航空服务产业群。积极培育本地法人融资租赁公司，丰富本地金融体系，打造中国飞机及航材融资租赁中心。二是做优做强医疗健康产业。聚焦研发、贸易、应用三大核心环节，开创产学研用融集成、医疗健康产品研发生产与医疗健康服务一体化发展的产业组织新模式，构建国际化保税医疗健康产业发展基地。建立医药健康产业跨境研发合作平台，加速医药研发成果孵化转化进程，鼓励研发成果在国内外转化应用。开展跨境电商零售进口医药试点，加速急需医疗企业和研发用材料试剂、设备通关，拓宽医药、医疗设备产品进口来源，建立具有配置全球资源能力的现代药品流通体系，积极培育超大型跨国药品流通企业。支持设立国际研究型医院或研发病床，为有需求的患者提供国际化诊疗环境。三是提升文化贸易产业规模。强化国家对外文化贸易基地（北京）、国家文化出口基地平台功能，不断探索创新天竺综合保税区内国际高端艺术展品担保监管模式，支持文化艺术品保税展示、拍卖、交易业务，满足高品质文化消费需求。鼓励海外文物回流，优化文物艺术品进口付汇手续、文物进出境手续，优化入区鉴定、出区担保等功能。创新文物展示、交易模式，实现文物存储、物流、布展、结算等业务链条全程统包，引进第三方鉴定机构，开展文物艺术品鉴定、修复等新业态。四是鼓励发展数字贸易产业。聚焦医疗健康、文化科技融合、总部经济等关键领域，在做好安全管理的前提下探索开展跨境数据流通和交易业务。拓展影视制作、动漫制作、版权交易等领域的数字服务贸易，大力发展国际版权贸易，扶持具有中国特色的影视、出版、演艺、动漫、游戏、软件、网络文化等领域版权出口。探索建设在全国具有重要影响力的版权作品登记中心、版权综合交易市场和版权资本运作平台，促进实体和网上版权贸易交易活动。五是探索发展跨境金融产业。依托后沙峪金融商务区、马坡金融城、空港融资租赁产业园三大金融发展平台，为顺义区开放型产业发展提供金融服务，形成以跨境金融、离岸金融、产业金融、融资租赁为特色的开放型金融产业集群。突出数字经济时代特点，促进金融与文化创意、科技创新等产业融合，助力数字贸易、跨境电商、文化版权交易等现代服务业提质增效，在顺义区积极推广数字货币跨境支付等金融科技应用场景。六是促进商务会展产业发展。打造首都国际机场周边组团式会展综合体，加强与跨国制造商、贸易商和会展商的战略合作，筹办全球性的航材设备、机场装备、航空技术等航空保税展会和医疗展会、医疗器械展会等，开展文化、电子信息、高档食品等品牌产品展会。创新开展免税店业务，改进跨境电商海关监管手段，探索实现跨境电商体验店的现场交易功能，试点保税免税商品一体化海关监管模式。持续扩大整车进口，带动发展整车保税仓储、展示、贸易规模。

（二）围绕产业发展，研究特色化制度集成创新。一是贸易自由便利。进一步扩展航空器材包修转包区域流转试点政策适用范围，将关联航材延伸至起落架及其他重要航空辅材。探索以年度备案许可制或负面清单方式备案办理国内、国外航司“出口两用物项”许可证。支持按实际发票金额征收“交换式修理”航材关税，探索航空器材“交换修理”业务关税征收新模式。推动飞机免税期根据实际合同保修期限进行相应延长。积极打造临空国际免税城，探索实现“保税、免税一体化互联网＋实体”的销售模式，吸引国人境外消费回流。试点保税免税商品一体化海关监管模式。在首都机场附近设立保税展示店，创新保税免税联动的监管模式，将保税区内存放的商品完税销售，为消费者提供销售价、质量与免税店一致的商品。二是投资自由便利。支持在天竺综保区内设立宝玉石交易中心，有效促进宝玉石规范化交易，吸引带动宝玉石研发、设计、文化创新产业发展。允许在示范区内设立中外合资、中外合作和外商独资的文物商店或者经营文物拍卖的拍卖企业，引进外资以及国外文物拍卖企业的文物资源、运营理念和运作经验，促进文物回流。探索实施优惠税率政策。通过国家文化艺术口岸进口的艺术品、收藏品及古物，积极争取享受免征进口关税、进口环节增值税减免按 6% 的税率征收优惠政策。探索对医药健康、检验检测、航空维修、文化贸易等关键领域企业，自设立之日起5年内减免按15%的税率征收企业所得税，实施境外人才个人所得税税负差额补贴政策。三是跨境资金流动自由便利。探索适当放宽外资金融机构准入门槛。深化金融管理制度改革，提高对外开放水平，逐步提高境外投资者参与境内要素平台交易的便利化水平。开展本外币一体化试点。鼓励符合条件的中资银行开展跨境金融服务，支持有真实贸易背景的跨境金融服务需求。推动重点行业跨境人民币业务和外汇业务便利化。四是运输来往自由便利。允许零售出口采取"清单核放、汇总统计"方式办理报关手续，考虑放宽跨境服务贸易相关的资金和人才流动限制。优化跨境贸易营商环境，提升贸易便利化水平，对信用记录良好、追溯体系完善、申报批次较多的我市进口企业实行便捷通道举措。在国家市场监管总局支持下，对满足条件的企业，实施"自我承诺、自助填报、自动获证"的贸易便利化措施。积极争取允许在新一版"跨境电子商务零售进口商品清单"中扩大药品清单名录，探索建立北京试点清单，拓展跨境电商零售进口商品范围，丰富药妆、进口药品等产品内容。在天竺综保区围网监管范围内，允许信誉度较高的企业采用跨境电商模式进口部分安全性相对较高的、尚未纳入正面清单范围内的药械产品。五是人员进出自由便利。探索实行外籍科研人员入境不超过30天的给予免签，从首都国际机场过境前往第三国或地区且在首都国际机场停留不超过24小时的，允许中途乘专车往返自由贸易试验区并免除边检查验手续。争取持外国行医执照的外籍医务人员可免除办理外国医师短期行医许可证，由区内医疗机构聘请在自由贸易试验区内临时行医，在安全可控的同时提升外籍科研人员、医疗人员在自由贸易试验区短期执业的便利化程度，加快国际医疗健康、科技研发等产业发展。通过放宽外籍从业人员的行业、年龄、学历和工作经历的限制，加大力度引进高科技人才和技能型人才。推进持永久居留身份证外籍人才创办科技型企业方面享受国民待遇的政策，允许片区内持有"外国人永久居留身份证"的外籍人员创办内资公司。推动国际执业认证资质的互信机制建立。六是数据安全有序流动。探索创制数据确权、数据资产、数据服务等交易标准及数据交易流通的定价、结算、质量认证等服务体系，规范交易行为。探索开展数字贸易统计监测。开展跨境数据流动试点，扩大跨境支付、存储服务、增值电信业务、数字内容服务等数据服务市场准入。建设数字版权交易平台，带动知识产权保护、知识产权融资业务发展。

（三）加快园区开放，打造更高能级对外开放平台。一是加快天竺综保区改革创新升级。将天竺综保区作为首都外向型经济的重要战略性基础设施，全力推动高水平开放、高质量发展，在构建以国内大循环为主体、国内国际双循环相互促进的新发展格局中做出积极贡献。对接"两区"建设，进一步完善天竺综保区改革创新升级方案，发挥天竺综合保税区功能优势，将促进开放型产业发展放在突出位置，设立自由贸易账户，完善航空口岸功能，提高货物通关效率，打造集聚效应强的跨境电商产业群，着力构建国家文化交往、贸易与产业合作的平台与枢纽，积极打造全国唯一的以服务贸易为特色的综合保税区。二是充分释放临空经济核心区发展潜力。紧抓RCEP协议签署的重要契机，聚焦国际航空资源和高端服务功能集聚，提升临空经济核心区开放水平。"吸引国际航空资源聚集，形成航空总部集聚区。积极打造3+2+1"产业体系，重点发展航空航天产业群、口岸经济产业集群及商务会展产业集群，积极培育高端制造（含科技服务）和新兴金融两大新兴产业，推动制造业与服务业深度融合，打造具有全球竞争力的航空产业高地。依托航空港区位优势，加快推进临空国际免税城，新国展二、三期等项目，促进临空型消费格局加速形成。做好北京首都国际机场扩大包括第五航权在内航权安排相关配套支持。三是加快建设北京中德国际合作产业园。积极学习借鉴德国智造创新模式，聚焦新能源智能汽车、航空航天、智能装备、工业互联网等产业，广泛开展知识产权保护、标准制定、系统管理、人才培养等多领域合作，推动传统制造业升级改造，抢占全球高端产业发展制高点。围绕产业链龙头企业，集聚研发设计、中试、小试、测试验证、系统集成等科技服务平台，精准对接和服务科技创新类企业，推动高精尖产业发展。设立外国人出入境服务大厅和“一站式”便利服务特有政策，营造“类海外”发展空间。规划建设中德产业园商业服务中心，营造德国风情的生活环境，打造开放式街区商业中心。

（四）完善配套设施，营造“类海外”工作生活环境。一是提升交通基础设施水平。全面规划区域内交通基础设施体系，按照规划完成一系列重点推进实施基础设施升级改造项目，加快城际铁路联络线北延等轨道交通建设，提升重点项目周边交通，完善路面、绿化、路灯、信号标识设施，进行交通智能化改造升级、提升片区整体形象。鼓励绿色交通优先发展，构建设施齐全、层级多样、特色化的步行和自行车网络系统。二是加快国际人才社区建设。借鉴国际城市经验，按照步行优先、功能混合、促进人际交流的“小街区、密路网”街区模式，建设顺义区国际人才社区，打造层次化居住环境，布局与国际接轨的优质基础教育和高端医疗服务体系。制定社区邻里公约，鼓励国际人才积极参与邻里活动，促进互助资源共享。三是布局国际教育医疗设施。优化顺义区国际教育资源布局，确保满足国际人才的子女从学龄前到高中的教育需求，普及幼托机构，推进国际学校建设和本地教育国际化。深入欧美发达国家医疗健康服务体系特征，针对顺义区吸引国际高端人才的现实需求，从医疗设施国际化、医疗服务国际化等方面提升医疗服务水平。

（五）推进港产城融合发展，促进京津冀协同开放。一是充分发挥首都国际机场口岸优势。加快高水平空港型自由贸易片区建设，充分利用首都国际机场口岸和物流优势，不断夯实临空经济发展基础，提升临空经济规模质量，在我国临空经济转型升级发展过程中发挥示范引领作用。全力服务航空港，积极配合首都机场“再造国门”计划，助力首都机场打造世界级航空枢纽。充分发挥综保区独特的区位和政策优势，持续优化提升首都国际机场空港口岸功能。推动高端产业聚集，加强国际商务服务片区首都国际机场周边区域的整体规划，充分整合各项发展要素，促进土地空间高效集约利用，积极引进高端产业。二是强化自由贸易片区与非自由贸易片区之间辐射带动。支持顺义区内非自由贸易试验区片区的功能区，主动接受并服务自由贸易试验片区的发展，承接溢出效应，做好产业链配套，形成内外联动的发展格局。探索创建若干个自由贸易片区联动创新区，支持自由贸易片区与联动创新区之间试行建立统计指标、财税等分享机制；将片区邻近区域拓展为自由贸易试验联动发展区，按照“优地优用”原则，优先保障用地空间指标；创新跨区域合作模式，深化政府引导、企业参与、优势互补、利益共享的“飞地经济”合作。三是探索京津冀协同发展新路径。创新跨区域产业合作，积极引导顺义开放型产业创新链、供应链、产业链在津冀布局。重点依托天竺综保区，利用京津冀通关一体化功能，加强与京津冀港口、海关特殊监管区域合作，进一步拓展生鲜、整车、高精尖设备外贸渠道，构建服务首都的空海口岸体系。

（六）强化要素支撑，加强开放型产业发展基础保障。一是优化土地集约利用政策。探索将保护利用老旧厂房用地政策拓展到开放型产业领域，通过三方监管协议方式加强事中、事后监管。参照上海管理模式，转型升级单个项目，拿出15%的土地作为园区服务配套设施用地。在不改变原有土地性质、不变更原有产权关系、不涉及重新开发建设的，经评估认定并依规批准后，可实行按原用途和原土地权利类型使用土地的5年过渡期，过渡期内暂不对划拨土地的经营行为征收土地收益。二是整合优化开放型产业资金利用。创新金融支持产业模式，积极争取市级相关产业专项资金、产业基金支持顺义区开放型产业发展。加强区级统筹，促进顺义区相关产业支持资金形成合力，用于顺义区内各类开放型产业扶持、创新创业支持、人才引进培养、基础设施和公共设施建设等，加大对研发创新、技术改造、新产品应用等的支持力度，对重点产业领域核心团队给予奖励。三是完善开放型人才引进培育体系。引进高端智库、国际一流团队服务顺义区开放型产业发展，聘请国内外物流、贸易、金融、法律等领域的知名专家、企业家以及产业政策研究专家，提供咨询和技术支持。为重点开放型产业急需紧缺人才提供引进落户、居住、创业便利，打造更具吸引力的人才发展环境，培育国际化、专业化的管理运营干部队伍。积极引进和培养一批懂外贸、懂物流、懂管理的专业型人才，采取兼职兼薪、年薪制、协议工资制等多种分配形式，实行特岗特薪，打造具有国际竞争优势的人才队伍。

特 载

在区委五届十二次全会上的讲话

区委书记 高朋

这次全会是在我国开启全面建设社会主义现代化国家新征程、向第二个百年奋斗目标进军的历史性时刻召开的。我们以习近平新时代中国特色社会主义思想为指导，深入学习十九届五中全会精神，贯彻落实市委十二届十五次、十六次全会精神，以及蔡奇书记去年12月7日调研顺义讲话精神，全面总结了2020年工作，部署了2021年任务，审议通过了中共北京市顺义区委关于制定国民经济和社会发展第十四个五年规划和二〇三五年远景目标的建议。大家在讨论中提出了不少好的意见建议，统一了思想，凝聚了共识，振奋了精神，鼓舞了干劲，达到了预期目的。

刚刚过去的2020年，是顺义发展史上极不平凡、极不寻常的一年。面对突如其来的新冠肺炎疫情，我们坚忍不拔，众志成城，坚决筑牢疫情防控的铜墙铁壁，特别是12月以来我区发生局部聚集性疫情，成为首都疫情防控主战场，我们第一时间进入战时状态，全员参战，全力应对，迅速基本控制住疫情，取得阶段性成果。面对疫情给经济带来的严重影响，以及制造业深度调整，我们积极应对挑战，争分夺秒复工复产，全力以赴转型升级，统筹推进疫情防控和经济社会发展，一般公共预算收入保持较快增长，一批战略性产业项目布局落地，营商环境得到持续优化，经济高质量发展迈出坚实步伐；“七有”“五性”水平持续提升，市民服务热线成绩保持全市前列，民生服务保障水平不断提高，经济社会发展又取得了新的成绩。面对破坏极其严重、影响极其恶劣、教训极其深刻的王刚、林向阳腐败案件，我们深刻反思，深入剖析，采取措施，积极作为，大家都经历了一场思想的洗礼、党性的锤炼、作风的磨砺。全区“四个意识”进一步增强，理想信念进一步坚定，正确选人用人导向进一步树立，权力运行监督制约机制进一步完善，作风建设进一步加强，风清气正的政治生态得到有效修复。一年来我们遇到了很多的困难和波折，但任何一个地区在发展中也都会遇到一样的问题，不一样的是如何去面对。实践证明，只要我们努力拼搏，奋勇向前，敢于直面问题，勇于自我革命，就没有战胜不了的艰难险阻，就没有迈不过去的沟沟坎坎！

2021年是建党100周年，是“十四五”开局之年，也是我区落实市委部署要求，努力实现“平原新城看顺义”和“三个走在前列”目标要求的关键之年，全区上下要切实增强“开局”即“决胜”的意识，立决胜之志，下决胜之力，建决胜之功，奋力谱写全面建设社会主义现代化国家的顺义篇章。下面，就贯彻落实好这次全会精神，做好2021年各项工作，我再讲三点意见。

第一，立决胜之志，我们必须要有敢战必胜的坚定信念。实现“十四五”开好局起好步，以优异成绩迎接建党100周年，考验着我们的政治担当和能力水平，必须敢战必胜，做好答卷。

决胜“十四五”开局之年，我们使命在肩。市委为我们提出了“平原新城看顺义”和“三个走在前列”的目标要求。“平原新城看顺义”，从内涵来看，一方面看新城建设，另一方面看发展高地；从外延来看，就是各方面工作都要在平原新城中做标杆、当示范。“三个走在前列”，为我们推动“十四五”时期顺义高质量发展进一步指明了方向、提出了要求。我们要深刻领会市委对顺义工作的高度重视和希冀重托，拿出时不我待、只争朝夕的精神，在平原新城各项工作乃至全市各项重点工作中力争最上游、争当排头兵，做到发展思路着眼“走在前列”来谋划，发展布局围绕“走在前列”来展开，发展举措针对“走在前列”来制定，发展成果用“走在前列”来衡量，确保不辜负市委对顺义的殷切期望。

决胜“十四五”开局之年，我们机遇众多。“四个中心”功能建设的纵深推进为我们提供了持久支撑，我区在政治中心、文化中心、国际交往中心、国际科技创新中心功能建设中，均承担着重要职责使命，与首都发展紧密联系在一起，将在首都率先基本实现社会主义现代化的进程中实现自身高质量发展。“两区”建设为我们带来了强劲活力，“两区”是中央支持北京开放发展的重大政策，自贸区顺义组团面积居各组团之首，自贸区110余项政策基本均可以在我区实施，我区还有“第一国门”空港优势，将在全市构建新发展格局中，展现更大作为。创新产业集群示范区建设为我们注入了强大动力，这是北京建设国际科技创新中心的重大举措，北京市“十四五”规划建议也明确要深入推进顺义创新产业集群示范区建设，打造技术创新和成果转化示范区，给我区发展新能源智能汽车、第三代半导体、航空航天三大创新型产业集群提供了重要载体。首都重点平原新城建设为我们提供了广阔空间，北京市“十四五”规划建议明确提出持续提升平原新城综合承载能力，将平原新城打造成为首都发展新增长极，伴随中心城区适宜功能、产业和人口不断向平原新城疏解，各种优质资源正加速向顺义汇聚，为提高顺义城市建设和公共服务水平，优化顺义营商环境带来了重大机遇。总投资680亿元的首都机场“再造国门”计划为我们增添了发展引擎，其中“十四五”时期将完成投资200多亿元，加速首都机场提质增效，加快建设世界级航空枢纽，更加有力地带动我区临空经济转型升级，加快港产城融合发展进程。

决胜“十四五”开局之年，我们底气更足。经过近年来全区上下的勠力同心、矢志奋斗，当前我区在重大项目、产业发展、服务民生等各个方面都已取得了显著成绩。特别是奔驰新能源建成投产，第三代半导体联合创新基地建成投用，罗罗发动机正式签约，新国展二、三期项目用地挂牌入市，顺义“3+4+1”产业体系更加夯实，成功举办首届HICOOL全球创业者峰会、世界智能网联汽车大会、北京国际车展等具有全球影响力的国际性展会，积极争取了首都机场临空经济示范区、顺义创新产业集群示范区、中德产业园等发展平台，经济高质量发展已经蓄能起势；R4线东延纳入在编的北京市轨道交通线网规划，机场西四村棚改顺利完成，首都重点平原新城综合承载力加速提升；顺义的发展已经站上了新的起点，只要我们再接再厉，乘势而上，就一定能够迈入“快车道”、跑出“加速度”，推动高质量发展再上新台阶。同时，我们也要清醒地看到，全区发展还面临着“疫情影响下经济调整大、新城承载力不足、腐败案件影响恶劣”等困难，但这些问题只是暂时的，只要我们敢于应对，迎难而上，就一定能够实现全区社会经济的持续健康发展。

第二，下决胜之力，我们必须要有高标定位的工作举措。落实“平原新城看顺义”和“三个走在前列”的工作要求，必须高起点谋划，高标准推进，开拓进取、争创一流。这里重点强调六个“高”。

疫情防控要突出“高要求”。我区疫情防控工作成效，直接关系到首都防疫大局。岁末年初的疫情再次警醒我们，风险始终存在。要时刻保持高度警惕，坚持外防输入、内防反弹不放松，争分夺秒，全力以赴，切实抓好风险人群追踪管控、重点封控区域、集中观察点管理和社会面防控等各项工作，严防河北疫情输入，堵塞可能出现的各种漏洞，坚决遏制疫情扩散蔓延。

“两区”建设要突出“高水平”。这既是我们必须扛起的重大政治责任，也是推动全区产业转型升级的重大机遇。要进一步增强责任感和紧迫感，按照“3+7+N”的发展思路，积极研究争取含金量高的政策先行先试，努力实现更高水平的政策创新、制度创新。要瞄准全球顶尖企业，加强项目挖掘储备，引进一批符合我区发展定位的标志性、引领性、首创性项目，特别是外资、外贸项目，在航空服务、产业金融、文化贸易等方面率先突破，努力打造改革开放的“顺义样板”。

高端制造要突出“高能级”。市委提出，目前我市制造业占GDP比重只有11.4%，“十四五”时期要保持一定制造业比重。在北京市《规划建议》中明确指出，加快在顺义等新城打造具有国际竞争力的先进制造产业集群，并明确深入推进顺义创新产业集群示范区建设。市委对顺义制造业寄予厚望，我们要坚持智能制造、高端制造方向，以创新产业集群示范区建设为引领，围绕新能源智能汽车、第三代半导体、航空航天三大创新产业集群，想方设法引项目、扩产能、提效益，落实好智能制造三年行动计划，推动中德产业园加快形成新的增长点，力争全区制造业比重保持在30%以上，巩固全市制造业强区地位。持续夯实“3+4+1”产业发展格局，推动生产性服务业向价值链高端延伸，更好地服务高端制造。

新城建设要突出“高承载”。承接中心城区适宜功能产业和人口，是北京城市总规赋予顺义的职责使命，客观要求具有一流的综合承载力。要统筹存量与增量、传统与新型基础设施发展，滚动实施提高综合承载力三年行动计划，强化空间管控，完善基础设施，优化公共服务，提升生态环境，按照不低于中心城区和城市副中心的标准，加快补齐基础设施和公共服务短板，不断完善新城功能，提升新城品质，推动综合承载力一年更上一个台阶。

服务民生要突出“高质量”。2021年将全面建成小康社会，但小康社会不是现代化，是新生活新奋斗的起点。要坚持以人民为中心的发展思想，紧紧围绕“七有”“五性”补齐民生短板，下力气改进养老服务、普惠性幼儿园、基本便民商业服务等。用好“吹哨报到”，做好“接诉即办”，办好两件“关键小事”，不断增强人民群众的获得感幸福感安全感。

安全稳定要突出“高标准”。2021年是建党100周年，境外反华势力等必将借机滋扰，我区内部生产安全、消防安全、燃气安全、信访维稳等风险隐患依然存在。顺义作为中外瞩目的“第一国门”所在地，影响力、关注度越来越高，任何麻痹大意都可能产生较大的负面影响。要统筹抓好政治安全、意识形态安全、生产安全、消防安全、燃气安全等各类安全，有效应对社会稳定领域可能出现的风险挑战，全力营造和谐稳定的社会环境。

第三，建决胜之功，我们必须要有激情实干的过硬作风。任务越繁重，形势越复杂，越是要加强党对经济社会发展的全面领导，越是要激发干事创业的精气神，奋力开创首都重点平原新城高质量发展新局面。

要营造干事创业的好环境。压紧压实“两个责任”，全面落实“2+8+N”措施，坚决肃清孙政才、王刚、林向阳等案件恶劣影响，旗帜鲜明讲政治，增强“四个意识”、坚定“四个自信”、做到“两个维护”，不断坚定理想信念，树牢重实干、重实绩选人用人导向，严明纪律规矩，改进工作作风，一体推进不敢腐、不能腐、不想腐，坚持严字当头、全面从严、一严到底，推动全面从严治党向纵深发展，向基层延伸，持续净化重塑风清气正的政治生态，凝聚起决战决胜的磅礴力量。

要细化落地落实的路线图。围绕2021年各项目标任务，结合前期制定的意见、方案、措施、行动计划（2018年以来，区委共制定意见30个、方案71个、措施10个、行动计划8个），坚持任务项目化、项目节点化、节点责任化，把报告内容转化为具体任务，一件事情一件事情抓落实，一个节点一个节点向前推，发扬钉钉子精神扭住不放，确保各项目标任务圆满完成。

要锤炼攻坚克难的真本领。“十四五”时期形势复杂多变，矛盾叠加交织，困难无时不有。我们要保持本领恐慌意识，围绕“两区”建设、高端制造、新城建设、服务群众等方面，进一步强化学习实践、提升斗争本领、努力让自己多掌握几把“刷子”，多练就几门“功夫”，不断增强战胜困难的底气，解决问题的勇气。

要振奋激情实干的精气神。2020年，顺义发展经受了一系列严峻考验，大家任务重，困难多，压力大。但越是这样的时刻，越是对党员干部政治站位、素质能力、工作作风的重大检验，我们越是要振奋精神，奋发有为，把个人奋斗和顺义发展紧紧联系在一起，以新的担当、新的作风、新的业绩，应对挑战，肃清影响，向前奋进。

这里再强调一下，春节即将到来，要把握好时间节点和工作节奏，精心组织安排，做好相关筹备工作，确保区“两会”顺利圆满举行。始终绷紧安全稳定这根弦，扎实做好春节期间的各项服务保障工作，保障城市安全运行，确保全区政治安定、社会和谐。认真做好节日期间走访慰问、送温暖等各项民生服务保障工作，加大环境卫生、景观布置等工作力度，营造欢乐祥和的节日气氛，服务群众过好节。

各位委员、同志们，浩荡东风今又起，奋楫扬帆启新程。新起点需要新担当，新目标呼唤新作为。希望大家在新的一年里，以更加昂扬的斗志、更加坚定的信心、更加过硬的作风，创新实干，担当作为，务实勤勉地做好各项工作，为顺义经济社会的高质量发展，为顺义人民的幸福美好生活，做出新的更大的贡献！

政府工作报告

——在顺义区第五届人民代表大会第七次会议上

代理区长 龚宗元

各位代表：

现在，我代表顺义区人民政府，向大会报告政府工作，请予审议，并请各位政协委员提出意见。

一、2020年工作回顾

2020年，在习近平新时代中国特色社会主义思想的指导下，在市委、市政府和区委的坚强领导下，在区人大、区政协的监督支持下，区政府始终坚持以人民为中心的发展思想，统筹推进疫情防控和经济社会发展，主动服务首都"四个中心"功能建设，着力提高"四个服务"水平，认真抓好"三件大事"，坚决打赢"三大攻坚战"，全力以赴稳定经济增长，不退不让奋战重点任务，顶住了前所未有的压力挑战，推动经济社会保持稳中向好的发展态势，全力完成区五届人大六次会议确定的目标任务。

（一）坚持人民至上、生命至上，疫情防控取得战略成果

组织动员坚强有力。面对突如其来的疫情，在区委的坚强领导下，全区上下勠力同心、团结协作，坚决打赢疫情防控的人民战争、总体战、阻击战。区政府密集调度，各属地、部门和国企通力协作，全面织密织牢疫情防控安全网。医护人员白衣执甲，公安干警逆行出征，社区工作者恪尽职守，新闻工作者以笔为枪，志愿者们无私奉献，1000余名国企职工主动请战，3.5万余名党员干部冲锋在前，日夜坚守疫情防控一线。广大市民群众齐心协力，驻区企事业单位倾力支援，各条战线抗疫勇士临危不惧，全区上下拧成一股绳，形成联防联控、群防群控的强大合力。

常态化防控精准科学。全力参与新国展集散点服务保障，扎实做好港澳台及第三地抵京、外国航空公司机组、入境进京人员集中观察等重要任务，严格中高风险地区来顺人员管控。坚决防范新发地疫情传播风险，高效实现石门市场去零售业务和规范管理，全面加强冷链食品监管，确保关联病例"零发生"。从零构建物资保障防线，7天内实现口罩生产从无到有，日产量最高达到200万个。在全市最早实行民用口罩统一配发、配售，率先推行线上预约服务，累计发放口罩超过1000万个、消毒液400吨以上。实施"点对点"监测补货机制，严厉打击哄抬物价等违法行为。下达疫情防控资金3.7亿元，持续开展捐赠款物专项审计。

局部聚集性疫情处置高效。境外输入引发我区局部聚集性疫情后，全区立即进入紧急状态，采取最严措施，果断处置，第一时间对重点区域实施封控管理，全面进行环境消杀；迅速开展"人""物"两线同查，追踪排查2000余名密接者，较短时间内锁定源头；大规模开展核酸筛查和重点人群复测，3天内完成全域全员检测，累计检测超过200万人次；迅速启用42家酒店7000余间客房，贴心服务保障集中观察人员，有序推进疫苗接种工作。全面升级社会面防控措施，从严执行一级响应下的社区（村）防控指引，持续加强医院、学校、工地、公园景区、商场超市等重点场所管理，积极倡导从业人员、学生留顺过节，暂停举办各类聚集性活动，坚决阻断疫情传播链条。

（二）坚持战略引领、科学谋划，重大规划任务扎实推进

北京城市总体规划深入落实。分区规划实施进展顺利，镇域、街区规划编制有序推进，杨镇、北石槽、大孙各庄镇域国土空间规划试点形成阶段性成果，新城2801试点街区成果上报市级审查，355个村庄规划编制完成并获得批复。坚持减量发展与拆除违建相结合，圆满完成全年2平方千米减量任务。

"两区"规划建设全面开展。成功纳入中国（北京）自由贸易试验区国际商务服务片区建设，面积位居全市各组团之首，聚集规模以上项目370余个，储备重大项目170余个，30余项高水平开放政策先

行先试。国家服务业扩大开放综合示范区建设全面启动，第三轮52项试点任务完成51项，积极融入国家和首都发展战略。迅速掀起“两区”建设热潮，以“产业开放+园区开放”为主线，明确“3+7+N”发展思路，落地试点政策17项、示范项目40个，新注册企业2552家，成功举办签约推介会和56场宣传推介活动，累计签约项目28个724亿元。

重大产业发展规划高效推进。北京创新产业集群示范区发展规划正式发布，实施方案编制完成。中德国际合作产业园发展规划进一步完善，“起步区、拓展区”总体布局加快构建，中德智能制造产业协会组建完成，全球招募运营管理公司，博世、阿吉斯等12个项目签约落地。天竺综保区功能创新、空间规划取得阶段性成果，政策功能持续提升，新宜跨境电商产业园顺利落地。首都机场临空经济示范区总体方案印发实施，北京空港型物流枢纽成功获批。新国展二、三期项目设计方案完成国际征集并通过市级审定，二期和三期部分地块实现供地。

（三）坚持高位调度、综合施策，经济发展秩序加快恢复

经济运行迎难前行。第一时间成立六大专班，每日调度投资、财源建设、招商引资等重点任务，全力打赢稳增长保卫战，努力将疫情影响降至最低。初步预计，地区生产总值降幅持续收窄；一般公共预算收入实际完成171亿元，同比增长3.2%；规模以上工业总产值完成1400亿元，降幅持续收窄；社会消费品零售总额完成560亿元，同比下降12%；固定资产投资完成465亿元，同比增长1%，建安投资完成213亿元，同比略有增长；前三季度居民人均可支配收入同比增长4.5%，增速排名全市第一。

复工复产有序推进。全力支持企业控疫情、稳增长，出台“顺10条”“顺13条”，制定汽车、航空、文创等产业专项政策，惠及企业5万家次48亿元，复工复产综合指数排名全市前列。重点帮扶中小微企业渡过难关，实施区属国企房租减免计划，帮助企业融资110余亿元、减免房租1.2亿元。为企业解决住宿1200套，帮助2000余名远途员工顺利返京。全力促进有效投资，140个重点工程顺利开工。积极开展消费季活动，拉动消费18.8亿元。全力稳定外资外贸，实际利用外资7亿美元，排名全市第三。

营商环境持续优化。成功举办3场营商环境“早餐会”，开展企业大走访活动，服务企业2700余家次，送出服务包253个，切实为企业解难题、办实事。在全市率先设立政策兑现、中小微企业金融服务专区，全面实行“早晚弹性办、中午不间断、周六不休息”延时服务，大力推广电子证照核验应用，3000余个政务服务事项实现“不见面”审批，72个惠企政策线上智能申报兑现。圆满完成世行和中国营商环境考核评价，每月开展企业满意度调查，覆盖企业394家，整改问题192条。

（四）坚持创新驱动、深化改革，产业转型升级成效显著

创新发展生态不断完善。出台智能制造三年行动计划、支持智能制造加快发展的若干措施，持续推进高新技术企业倍增三年行动计划，国家高新技术企业达到1147家，双创基地达到24家，入孵项目600余个。技术合同成交额76亿元，同比增长16%；专利拥有量3906件，同比增长30%。国家智能汽车与智慧交通示范区顺义基地挂牌成立，国家工业互联网示范基地获批，世界智能网联汽车大会、HICOOL全球创业者峰会暨创业大赛、北京国际汽车展览会等重大活动成功举办，区域影响力不断提升。

“高精尖”项目加快推进。全年新引进亿元以上项目137个，同比增长17%，创新举办重点项目“云”签约及政策发布活动，“口罩招商”获得市级肯定。产业项目加速推进，北京奔驰顺义工厂建成投产，滴滴丰田、理想汽车总部基地正式运营，理工华创总部及研发中心顺利落地，第三代半导体创新基地正式建成，6家企业签约入驻，中电科光电总部地块成功入市，航空发动机优异中心、中科航发实现生产。重点平台建设扎实开展，中关村医学转化基地引入项目38个，海高大厦引进项目23个，洪泰智造签约企业45家，埃米空间正式开园。

服务业发展提质增效。高端临空产业体系加快构建，易生科技、京纸E园等项目积极推进，华氏医药顺利落地。金融业实现逆势增长，综合税收同比增长17%，新引进38家优质金融机构，募集规模

501亿元的国开制造业转型升级基金成功落户，中科星图、莱伯泰科成功在科创板挂牌上市。重点商业项目加快建设，国泰升级改造全面启动，大孙各庄智慧物流园规划实施方案上报市级审批，祥云小镇成为北京网红打卡地。创新樱桃采摘旅游文化节举办形式，实现游客与顺义樱桃“云”对接。

（五）坚持改善民生、凝聚民心，群众获得感进一步增强

精准帮扶工作成效显著。深入开展对口帮扶，助力5个受援地剩余贫困人口全部达到脱贫标准，第三次代表北京市接受国家脱贫攻坚东西部扶贫协作成效考核。提供帮扶资金1.3亿元，重点项目完工115个，采购、销售贫困地区农产品超过3亿元，结成帮扶对子400余个。强化低收入农户帮扶，通过购置物业开展增收项目，全力确保农户脱低不返低，前三季度低收入农户人均可支配收入13661元，同比增长13.5%，绝对值位居全市第一。

群众诉求办理积极高效。坚持民有所呼、我有所应，完善“日报告、周分析、月通报”机制，建立区、镇（街道）、村（社区）三级网上接诉平台。推动“接诉即办”向“主动治理、未诉先办”转变，开通市民热线系统，智能分析、及时解决群众诉求，全区解决率由年初的77%上升到92.1%，满意率从85.2%上升到92.2%，“三率”综合排名全市第五。积极回应群众期盼，49项民生实事高效完成。

“七有”“五性”水平持续提升。全力稳就业、保民生，帮扶1.3万名劳动力实现就业，连续9年获评全市充分就业区。强化公共服务资源供给，新增中小学学位1080个、学前学位3110个，尹家府中小迁建、南彩一幼工程完工，光明小学教育集团成立。友谊医院顺义院区主体结构封顶，区疾控中心完成迁址，区中医院迁建工程主体完工，公共卫生应急管理体系加快建设，全区定点医疗机构完成电子凭证结算验收。双丰丽园和家泰养老照料中心投入运营。1500户棚改年度任务提前超额完成，机场西侧四村项目完成住宅签约。樱花园小区房屋产权置换项目签约率达到53%，西丰乐村、柳各庄村回迁安置房实现开工，北河小区非宅拆迁顺利签约。粮食安全责任制深入落实，粮食播种面积达到12.9万亩。基本便民商业服务功能社区覆盖率实现100%。公共文化服务体系示范区加快创建，区文化中心对外开放，镇街综合性文化中心实现全覆盖。国家残疾人冰上运动场馆投入使用。持续融洽军政军民关系，连续5年被评为全国双拥模范城。

（六）坚持优化功能、提升品质，城市建设治理更加精细

生态环境建设成效显著。全力支持配合中央生态环保督察，开展30余项专项执法行动，降尘量同比下降16.3%，全市最好，PM2.5年均浓度下降到35微克/立方米，创历史最优，成为北京首个达到国家二级标准的非生态涵养区。深入开展水环境治理，105个村污水治理工程投入使用，2个国家级和5个市级考核断面全部优于考核标准，7个市级生态补偿断面扣缴补偿金同比下降78%。受污染耕地和污染地块安全利用率超额完成考核目标。扎实推进城乡环境建设，首都环境建设月检查、群众满意度调查持续位列发展新区前列。深入开展美丽乡村建设，全面加强农村人居环境整治，清理各类问题3万余处，长效管护机制基本建立。

综合承载力不断增强。加快补齐河东地区短板，安排政府投资17.4亿元，占全区总量的58%，“百项工程”完工12项、在建30项、立项23项。市郊铁路通密线顺义站和牛栏山站顺利开通，R4线东延纳入全市轨道交通三期建设规划，宋梁路北延、顺平辅线和火沙路提级改造顺利完工。完成棚改拆迁收尾项目6个，占全市总数的$^{1}/_{3}$，土地一级开发拔点39个，腾退土地65公顷，市政重点工程难点问题解决率超过75%。加快土地上市，5宗住宅用地成交，12宗用地正在挂牌或具备入市条件。完成平原造林任务2.07万亩，启动温榆河公园一期建设。

城市治理精细高效。深入开展互联网金融专项整治，加强重点行业检查。建立隐患整改全程大闭环机制，推动液化石油气、建设工程等领域专项治理，圆满完成重大活动和节日期间服务保障任务。“疏整促”专项行动提前超额完成全年任务，拆除违建511万平方米，新增便民设施44万平方米。扎实推进路侧停车电子收费改革。深入落实《北京市街道办事处条例》和《北京市文明行为促进条例》，

广泛开展爱国卫生运动，建立爱卫机构7265个。严格落实生活垃圾管理条例，厨余垃圾分出率达到24.4%，垃圾焚烧三期开工建设。严格执行物业管理条例，组建区属物业服务集团。

（七）坚持改进作风、提升效能，政府自身建设不断加强

思想政治建设持续强化。始终坚持以习近平新时代中国特色社会主义思想为指导，深入学习贯彻党的十九大和十九届二中、三中、四中、五中全会精神。牢记“看北京首先从政治上看”的要求，牢固树立“四个意识”、坚定“四个自信”、做到“两个维护”，坚决落实中央、市委市政府和区委各项决策部署。认真执行理论学习中心组学习制度，持续巩固拓展“不忘初心、牢记使命”主题教育成果，累计开展各类理论学习活动40余次。

党风廉政建设深入推进。严格履行“一岗双责”，坚决贯彻市、区两级警示教育大会精神，深刻汲取反面典型案例教训，引导党员干部筑牢思想防线。制订“行业清源”专项整治方案，全面推动社会治安、工程建设等重点行业领域突出问题治理。持续加强重点领域监管，规划自然资源领域问题整改率达到100%。公共资源交易平台正式投入运行，全区工程建设项目交易服务实现“一门受理”，292个政府采购和工程项目进场登记。坚持预算外追加财政资金审议及通报制度，确保资金安全规范使用。

法治政府建设基础更加夯实。自觉接受人大、政协监督，按时办结320件人大代表建议、政协委员提案，满意率均达到100%。审查文件和决策事项271个、政府合同6130件，开展纠纷排查5.5万次，调解纠纷2800余件，调解成功率98%。创新实行“云”端普法，开展主题宣传近200场。积极支持群团组织开展工作，民族宗教、国家安全、外事侨务、对台、新闻、档案、保密、气象、地震、民防、慈善、残疾人、红十字等工作取得新成绩。

一年来，面对错综复杂的外部形势、艰巨繁重的改革发展稳定任务，特别是新冠肺炎疫情的严重冲击，取得这样的成绩极为不易。这是市委、市政府和区委坚强领导的结果，是区人大、区政协监督支持的结果，是全区人民团结奋斗的结果。在此，我代表区政府，向辛勤奋战在各条战线的广大干部群众，向各位人大代表、政协委员，向各民主党派、各人民团体和各界人士，向驻区中央、市属单位、部队和企业，向所有关心、支持和参与顺义改革发展的同志们、朋友们，表示崇高的敬意和衷心的感谢！

总的来看，全区疫情防控与复工复产双线作战，经济社会发展各项工作扎实推进。但也要清醒地认识到，当前我区发展还存在一些问题和短板，比如：疫情防控形势依然严峻，“外防输入、内防反弹”任务艰巨，常态化防控措施需要抓实抓细；产业结构处于深度调整期，科技创新支撑产业发展驱动力不够，重点园区配套设施亟须完善；发展新动能还需大力培育，经济持续稳定增长的基础尚不牢固；改善民生与群众期待存在差距，优质教育、医疗资源供给还要持续丰富，物业管理、回迁安置等方面存在历史遗留问题；城乡治理还需更加精细，新型城镇化模式亟待破题，农村人居环境整治仍需深入，防灾减灾救灾和应急能力建设要不断加强；党风廉政建设和反腐败斗争任务艰巨，落实全面从严治党要求任重道远。面对困难和问题，我们有信心、有决心，不断夯实工作基础，加快补齐短板弱项，推动各项工作迈上新台阶。

二、2021年工作任务

2021年是中国共产党成立100周年，是我国现代化建设进程中具有特殊重要性的一年，也是我区落实“平原新城看顺义”的目标要求、做到“三个走在前列”、纵深推进全面从严治党的关键一年。做好全年工作，我们必须牢牢把握新发展阶段特征，时刻胸怀两个大局，努力在危机中育新机、于变局中开新局；必须牢牢把握新发展理念，紧扣高质量发展主题，扎实推进“十四五”各项重点任务；必须牢牢把握构建新发展格局要求，立足区域功能定位，找准融入双循环中的位置和比较优势；必须牢牢把握以人民为中心的发展思想，持续提升“七有”“五性”工作水平，切实增强群众获得感幸福感安全感；必须牢牢把握法治政府建设目标，始终坚持依法行政，积极推进治理体系和治理能力现代化。我们要迎难而上、抢抓机遇，以奋勇争先的闯劲、披荆斩棘的拼劲，奋力开创新时代顺义高质量发展

新局面。

2021年工作的总体要求是：坚持以习近平新时代中国特色社会主义思想为指导，全面贯彻党的十九大，十九届二中、三中、四中、五中全会精神和习近平总书记对北京重要讲话精神，深入落实市委十二届十五次、十六次全会和区委五届十二次全会部署，在区委的坚强领导下，坚持以优异成绩庆祝建党100周年作为全年工作的纲领，以服务首都发展为统领，以抓好常态化疫情防控为前提，以服务北京率先基本实现社会主义现代化起好步为目标，坚持以人民为中心的发展思想，落实“平原新城看顺义”的目标要求，服务首都“四个中心”功能建设，提高“四个服务”水平，树牢“第一国门”意识，严格履行全面从严治党主体责任，更加注重开放发展、创新发展，持续提高综合承载力，积极打造高质量发展新高地，努力在“两区”建设、高端制造、新城发展上走在前列，确保“十四五”开好局、起好步，以昂扬奋发的新担当为首都发展贡献顺义力量！

2021年全区经济社会发展的主要预期目标是：地区生产总值同比增长5.5%左右，规模以上工业总产值同比增长6%，社会消费品零售总额同比增长7%左右，一般公共预算收入规模与2020年基本持平，固定资产投资完成470亿元，全区居民人均可支配收入增长与经济增长基本同步，PM2.5年均浓度、单位地区生产总值能耗、二氧化碳排放达到市级要求。

（一）强化创新驱动发展，积极助力国际科技创新中心建设

持续完善创新创业生态。强化企业创新主体地位，发挥大企业领头羊作用，激发中小微创新企业活力，培育更多隐形冠军、独角兽和瞪羚企业。实施产业链“链长制”，研究制定“一链一策”重点产业链配套政策，完善产业项目全生命周期服务管理机制，加快推动形成龙头企业支撑、创新企业繁荣的产业发展格局，持续增强产业发展韧性。深化与“三城”对接互动，积极推进中关村顺义园创新发展，全面落实分园三年提升发展行动方案。积极搭建“政产学研用”平台，加快建设研发设计、测试等公共服务平台，发挥中关村医学转化基地、元航天汇等项目作用，促进更多科技成果转化。大力吸引创新平台和创新中心，推进高新技术企业倍增三年行动计划，力争国家高新技术企业达到1350家。抓好创业摇篮计划等政策落实，积极谋划新一轮产业支持政策。加快“高精尖”用地政策试点，推进标准化厂房建设，强化腾退空间资源利用，降低产业用地成本。完善园区配套设施，积极促进产城融合。深化国际人才社区建设，着力营造“类海外”环境。

坚持智能制造、高端制造方向。聚焦北京创新产业集群示范区建设，推动26项重点工作和59项任务落地实施，积极引进新能源智能汽车、第三代半导体、航空航天领域重点项目，全力打造具有国际竞争力的先进制造产业集群。大力发展新能源智能汽车产业，加快形成以电池、电机、电控为核心的全产业链，高水平办好世界智能网联汽车大会；做大做强第三代半导体产业，持续在材料、芯片、器件等关键技术上集中发力，推进第三代半导体产业投资基金设立，确保第三代半导体标准化厂房一期主体完工；依托中航产业园，积极推动重点项目落地，持续提升航空研发制造能力，加快打造现代化航天产业园。落实智能制造三年行动计划，确保30个项目实现转型升级。

推动服务业发展提质增效。促进先进制造业和现代服务业深度融合，不断提高“顺义智造”“顺义服务”竞争力，增强科技、商务、文化等生产性服务业核心竞争力。巩固提升现代金融发展优势，加快优质金融项目和机构聚集发展。积极推进“金融+制造”，全力打造首都产业金融中心、新兴金融集聚区。加快出台支持企业上市挂牌发展办法，全力推动企业上市进程，着力打造上市挂牌企业总部基地。做大做强“顺易投融”品牌，持续强化金融服务专区功能，不断增强金融支持实体经济能力。

（二）全面抓好“两区”建设，扩大高水平对外开放

充分发挥三大园区引擎作用。以天竺综保区为主阵地，突出保税功能优势，打造成为具有服务贸易特色的综合保税区。以临空经济示范区为主战场，服务首都机场“再造国门”计划，助力首都机场打

造世界级国际航空枢纽取得显著成效、航空服务业集群建设成为全国标杆。以中欧投资协定为契机，推出中德国际合作产业园双向投资升级行动计划，加快建设中德小镇、国际学校，打造中德经济技术合作先行示范区。

全力推动七大产业创新发展。优化发展航空服务，完善空港口岸功能和航空服务全产业链，支持扩大货运航权；探索发展跨境金融，推进离岸金融和融资租赁；鼓励发展文化贸易，推进国际艺术品交易和海外文物回流；大力发展商务会展，抓紧启动新国展二、三期项目建设，打造功能完善的组团式会展综合体；创新发展数字贸易，促进跨境电商、文化版权交易等跨境数据流动有序开放；着力发展医疗健康，支持开展跨境远程医疗等临床医学研究，打造全国领先的国际高端医疗服务新模式；完善发展国际寄递物流，加快空港型国际物流枢纽建设。

积极促进重点政策项目落地。出台“两区”建设工作方案和自贸区顺义组团实施方案，强化产业政策、空间资源和目标企业清单管理，大力实施“走出去”战略，更好利用国际国内两个市场、两种资源。加速推进85项政策、150个项目落地见效，全年新增市场主体2500家，实际利用外资不低于8.4亿美元，进出口总额增速不低于3%，新储备50个以上产业和平台项目，切实把政策红利、制度创新转化为发展势能。全力稳住外资外贸，积极引进全球顶尖企业和总部项目，扎实推进服贸会成果清单化、项目化落实，进一步提高投资贸易自由化、便利化水平。

（三）服务构建新发展格局，全力打造高质量发展新高地

持续增强经济发展韧性。深入落实中央经济工作会议精神，扎实做好“六稳”工作，全面落实“六保”任务，坚持扩大内需这个战略基点，持续增强发展内生动力。千方百计稳就业，促进高校毕业生、农村转移劳动力等群体自主创业、稳定就业。不断提高中低收入群体收入，扩大中等收入群体，促进农民增收，扎实推进共同富裕。促进消费结构提档升级，推动“首店经济”“夜经济”提级赋能，加快大孙各庄智慧物流园、空港一号、合景天汇等项目建设。增强投资增长后劲，安排政府投资项目120个，激发和带动社会投资活力。积极抓好财源建设，充分发挥财源专班作用，全力稳固存量，吸引培育增量。牢牢把握高质量发展根本要求，强化亩均税收导向，确保人均地区生产总值达到14.7万元左右、地均工业增加值达到1.85亿元/平方千米，提升经济体系整体效能，着力打造首都发展新增长极。

加快释放“五新”动能。强化新基建布局，大力发展数字经济，抓好5G基础设施建设和车联网项目落地，推动国家工业互联网标识解析顶级节点建设，加快工业互联网平台和项目引进。推进新场景建设，开展政企联合设计，打造特色场景项目。优化新消费供给，推广自贸区消费新模式，探索发展免税店等新业态，积极打造国际消费中心城市重要枢纽。持续扩大新开放领域，加快跨境电商等重点项目落地。促进新服务升级，加大AI人工智能、区块链应用力度，建设“秒批秒办”“智能客服”政务服务。

打造一流营商环境。全面落实北京营商环境改革升级版行动，不断提高市场化、法治化、国际化水平。优化12345市民热线企业服务功能，发挥企业“服务专员”作用，加大走访服务和承诺兑现力度。深化“放管服”改革，提高事中事后监管效能，有序推进“互联网+信用”监管，加快推进政务服务事项告知承诺制。加强数字服务、数字监管建设，持续优化“顺意办”App，整合接入1000个政务服务事项，实现业务“指尖”可办。

（四）深入落实城市总体规划，不断提升综合承载能力

认真抓好分区规划落实。加快推进镇域、街区规划编制，完善国土空间规划体系。扎实开展年度城市体检，持续抓好城市更新、城市设计，着力补齐城市发展短板，拓展高品质生活空间。深入实施责任规划师制度，不断提升镇街规划管理水平。落实耕地保护职责，调整优化30.6万亩耕地保护空间。

持续完善城市功能品质。积极承接中心城区适宜功能、产业和人口，扎实推进新城综合承载力提升三年行动计划，加快重点项目建设及23项指标提升，实施顺恒南大街等20项征地拆迁项目。加

快打造北京东北部交通枢纽，完成新国展—首都机场陆侧捷运工程手续办理，推进城际铁路联络线二期、R4线东延、M15号线东延、京密路提级改造等项目规划建设，研究制订轨道交通周边土地提升利用方案，积极推动产城、城乡融合发展。加快“批而未供”土地上市，全年供应土地95公顷。积极推动中心城区棚改定向安置房建设，扎实推进唐自头村、化肥厂家属楼等棚改项目，加快拆迁居民回迁安置和房本办理，确保前进村等安置项目开工建设，全力推进集体土地租赁住房建设。

扎实推动城市精细化治理。分级分类开展“疏整促”专项任务，统筹利用疏解腾退空间。保持拆违腾地高压态势，全年拆除违建392万平方米、腾退土地490万平方米，确保新增违建“零增长”，完成大孙各庄镇、胜利街道等7个镇街无违法建设创建任务。推动“雪亮工程”二期项目建设，加大智慧顺义无线网络推广和应用，持续更新智慧顺义地理信息平台并扩大应用范围。扎实开展交通拥堵治理，优化调整公交线网。完成剩余137千米道路照明工程建设。试点推进生活垃圾处理收费管理，更新配备垃圾分类桶1万余个。扎实推进物业管理三年行动计划17项重点任务，严格落实文明行为促进条例，认真践行“光盘行动”。

（五）更加突出绿色发展，全面加强生态文明建设

全力推进大气污染防治。持续开展“一微克”行动，深入抓好秋冬季污染防治，切实强化重污染天气应对。加大重型柴油车整治力度，持续巩固无煤化成果，扎实开展重点行业VOCs、餐饮油烟和扬尘污染源治理。完成年度氮氧化物、挥发性有机物减排任务目标，力争空气质量优良天数比率、重污染天数达到指标要求，确保降尘量完成市级考核任务。

着力改善水环境质量。持续加强饮用水源地保护，科学设置、管理入河排污口，基本消除劣Ⅴ类水体断面，全力防止黑臭水体反弹。强化源头治污，积极推进河渠道环境治理、小微水体及“清四乱”常态化整治，坚决查处非法侵占河湖空间现象。扎实推进农村治污一期工程建设，确保二期20个村实现开工。全面开展小东河等河道沙坑治理，加快潮白河、减河两岸景观设施提升。

全面提升城乡环境面貌。抓好土壤污染风险管理和生态修复，实施农用地分类管理，确保受污染耕地和污染地块安全利用率达到92%以上。围绕机场周边等重点区域，积极开展环境整治，扎实推进背街小巷环境精细化整治提升三年行动计划，持续加强脏乱点治理，确保检查成绩位列发展新区前列。全面启动国家森林城市创建，加快建设小微绿地和口袋公园，确保温榆河公园一期完成主体工程建设，全力完成1500公顷（2.25万亩）平原造林任务。

（六）着力提升“七有”“五性”水平，持续增进民生福祉

优化完善“接诉即办”机制。开通社情民意直通车，发挥社区网作用，建立线上线下“接诉即办”受理系统，推进智能热线和“热线+网格”平台建设。聚焦棚改拆迁、物业管理等重点领域，持续开展专项治理。加强大数据分析及规律性研究，强化源头治理、主动治理，全力做到“未诉先办”。完善市民服务热线评价考核机制，落实考核奖惩办法，开展“接诉即办”年度体检。强化宗旨意识，恪守为民情怀，办好民生实事。

不断丰富公共服务供给。落实教育发展“五优”战略，加快实施促进教育事业优先发展三年行动，推动义务教育优质均衡发展，新增中小学学位960个、学前学位1000个以上，力争后沙峪二小、向阳小学开工和胡各庄小学投用。积极创建国家健康促进区，加快友谊医院、北医三院顺义院区等项目建设。深化社会救助审批制度改革，加强养老服务队伍和设施建设，确保每万名老年人拥有护理员数达到72人。强化公共服务设施建设，基本便民商业服务功能社区覆盖率保持100%，完成无障碍环境建设整改任务1691处，促进“体育+文化”融合发展，推动大运河（潮白河）文化带建设，确保公共文化服务体系示范区通过验收，加快新城、空港地区体育场馆及后沙峪、杨镇等地区文化中心规划选址。积极创建全国文明城区。抓好冬奥会主物流中心建设。认真贯彻党的民族政策和宗教工作基本方针，保障妇女儿童合法权益，促进残疾人社会融合，加强国防教育、人民防空和双拥工作。

加快推动城乡区域协调发展。持续提高河东地区基础设施水平，加快实施木孙路、通怀路等重点道路工程，大力推动龙湾屯、大孙各庄再生水厂建设，力争实现南彩一小、杨镇中心幼儿园及小店分园改扩建等项目完工，积极推进区医院东院区及北小营、李遂、大孙各庄卫生院改扩建手续办理，实现木林卫生院开工。全面落实乡村振兴战略，大力发展科技农业，深入开展农民合作社质量提升整区推进工作，加快特色农产品优势区建设，积极培育特色产业村和“一村一品”示范村镇，办好2021年世界樱桃大会。持续开展农村人居环境整治，扎实推进第二批124个村庄美丽乡村创建。加快推动城镇化进程，探索低成本拆迁模式。加强脱贫攻坚与乡村振兴衔接，建立健全稳定脱贫长效机制。

（七）更好统筹发展和安全，坚决维护区域和谐稳定

从严抓好常态化疫情防控。坚持“外防输入、内防反弹”不放松，时刻保持高度警惕，压紧压实“四方责任”。强化直航北京国际航班机组、重点地区来顺人员闭环管理，严格进口冷链食品监管。全面筑牢社区（村）防控安全网，坚决落实院感防控措施，加强学校、市场、商超等重点场所检查，严防聚集性风险。继续做好重点人群核酸筛查和健康监测，安全有序推进疫苗接种。深入落实公共卫生应急管理体系建设实施方案，持续开展爱国卫生运动。加大宣传引导力度，提高市民群众自我防护意识。

积极防范化解重大风险。建立健全防范非法集资长效机制，加强网贷平台风险化解。深刻汲取生产安全事故教训，持续开展安全生产专项整治三年行动，强化危险化学品、建筑施工等重点领域隐患排查治理，扎实推动企业主体责任落实和评估融合试点，全力推进自然灾害综合风险普查，积极创建安全发展示范城市。加快推进消防救援站建设，力争年内实现全覆盖。严格落实食品安全监管责任，深入开展中药饮片等领域专项整治。落实生猪、蔬菜、粮油价格应急调控预案，保障市场供应、价格稳定。

全力维护社会面稳定。完善重大活动安全保障体系，围绕机场周边等重点地区，加强隐患排查整治，坚决完成各项服务保障任务。加快推进应急管理体系建设，强化应急值守和监督检查，提升预防和处置突发事件快速响应能力。聚焦棚改、拆迁、市政、劳资等重点领域，扎实开展信访矛盾纠纷排查化解。建立健全扫黑除恶长效机制，深入开展重点行业领域“行业清源”专项整治。

（八）提升政府工作效能，加快建设人民满意的服务型政府

严格落实全面从严治党要求。旗帜鲜明讲政治，牢固树立“四个意识”、坚定“四个自信”、做到“两个维护”，始终在思想上政治上行动上同以习近平同志为核心的党中央保持高度一致。持续强化警示教育，坚决肃清贪腐案件恶劣影响，积极配合案件办理，始终保持惩治腐败的高压态势。认真执行进一步构建亲清政商关系的工作意见，着力营造风清气正的政治生态。严格落实意识形态工作责任制，加强正面宣传，强化舆情应对。

深入推进法治政府建设。自觉接受人大、政协监督，认真办理人大代表议案、建议和政协委员提案。加强法治政府建设，持续增强党员干部法治思维和依法行政能力，认真抓好法治政府建设示范创建活动。坚持依法行政，严格规范执法行为，加大重点领域执法力度。强化法治宣传教育，全面启动“八五”普法，落实公共法律服务事项清单，不断加强标准化建设。

持续提升治理能力水平。以村（社区）“两委”换届为契机，进一步夯实基层工作基础。坚决反对形式主义、官僚主义，进一步精简文件和会议，下大力气为基层减负。牢固树立长期过“紧日子”思想，切实提高财政资金使用效益。持续完善公共资源交易平台功能，推动工程建设、政府采购等进场交易项目“应进必进”。持续深化国企改革，推动企业投资经营、资源配置向主业集中，加快推进剩余区属全民所有制企业完成公司制改革。

各位代表，万众一心加油干，越是艰险越向前。让我们更加紧密地团结在以习近平同志为核心的党中央周围，在市委、市政府和区委的坚强领导下，只争朝夕、不负韶华，加快建设“业强城优生活美”的首都重点平原新城，为北京率先基本实现社会主义现代化做出新的更大贡献！

大事记

1月

7日，顺义区文化中心顺义大剧院启用，大型民族歌剧《沂蒙山》完成开幕首演。

8日，顺义区文化馆北石槽分馆揭牌仪式举行，标志着顺义区首家数字文化馆分馆建成并投用。

17日，全市首批跨境电商线下自提店“优俏货”“科园信海”同时在北京天竺综保区内启动运营。

26日，华大集团研制的新型冠状病毒检测试剂盒和DNBSEQ-T7测序系统，通过国家药监局应急审批程序，成为首批获准上市的抗击疫情的检测产品。

2月

5日至12月31日，顺义区对受疫情影响较大的中小微企业停征特种设备监督检验费和定期检验费。

8日，北京市顺义区人民政府印发《顺义区进一步打好疫情防控阻击战支持企业“控疫情、稳增长”的若干措施》（简称“顺10条”），文件共4个方面10条内容。

14日，顺义区政务服务中心利用区块链技术实现身份证、结婚证、离婚证、户口本、驾驶证、居住证6个电子证照在政务服务中心综合窗口应用，办事者到政务服务中心不再需要携带证照原件，成为全市首家应用“区块链+电子证照”功能的区级政务服务中心。

17日，“顺义区便民网点口罩预约平台”上线试运行，首期在9家网点试行。

18日，顺义区在区级定点医院集中收治的3名新型冠状病毒感染的肺炎患者治愈出院。

同日，顺义区法院完成首次“线上”审判，用时仅20分钟。

同月，顺义区多部门联合发布《进一步强化疫情防控责任落实全力支持推动企业复工复产的意见》（简称“顺13条”）。

同月，《首都机场临空经济示范区总体方案》经北京市政府批复同意并正式印发。

3月

7日，顺义区已确诊的最后3名新冠肺炎患者从区医院治愈出院，顺义区所有10例确诊病例全部治愈出院。

9日，北京市在国际展览中心新馆设立机场入境人员专门集散点。

同日，顺义首例确诊新冠肺炎患者痊愈后，捐献400毫升康复期血浆，成为顺义区首位新冠肺炎康复血浆的志愿捐献者。

31日，区政务服务中心率先落地“区块链+主题场景”应用方案。包括5个企业场景和2个自然人场景。

同月，顺义区入选国家新型工业化产业示范基地（第九批），排名第1名。

4月

5日，北京国际鲜花港、奥林匹克水上公园2

家AAAA级景区开园迎客。

7日，北京市京顺机动车检测场新车检测、年检大厅全面复工开放，采取提前预约方式办理新车上牌和车辆年检业务。

22日，顺义区举行重点项目“云签约”及新闻发布会，涵盖智能新能源汽车、第三代半导体、航空航天、生物技术等多个领域的25个重点项目落户顺义，投资额达202.4亿元。发布《北京创新产业集群示范区（顺义）发展规划（2017—2035年）》。

27日，市公安局交通管理局顺义非机动车登记站迁址至区政务服务中心。

5月

4日，松美术馆恢复开放，全国援鄂医护工作者、志愿者凭有效身份证件及相关援鄂工作证明，可免费参观。

6月

6日，北京消费季之“品顺义·乐生活”活动启动。

15日，北京国际鲜花港蝶·恋花馆开馆。

23日，北京空港宏远物流有限公司成为北京2022年冬奥会和冬残奥会官方仓储设施独家供应商。

30日，市郊铁路通密线开通运营，在顺义区设有顺义站、牛栏山站，居民可使用市政一卡通乘坐。

同月，位于顺义区后沙峪镇空港工业B区的高效核酸检测北京实验室完成改造升级，检测能力提升至单日100000人份。

7月

8日，顺义区企业在科创板上市的第一股——中科星图股份有限公司首次发行A股并在科创板上市。

13日，顺义区中小微企业金融服务专区挂牌成立。

24日，北京儿童医院顺义妇儿医院母胎医学多学科门诊开诊。

27日，北京汽车股份有限公司、中国国际航空股份有限公司、江河创建集团股份有限公司、北京东方雨虹防水技术股份有限公司入围2020年《财富》中国500强排行榜。

31日，2020北京文创市集活动首站中粮·祥云小镇站开市。

同月，北京国际鲜花港花卉绿植分拨中心建成。

8月

8日，顺义区首个山水间无动力自然亲子乐园浅山·蜜塘奇妙乐园正式对外营业。

13日，顺义区光明小学教育集团成立大会举行。

18日，顺义区戏剧家协会、北京市凤翔艺术团联合打造的顺义区2020年文化资金扶持项目大型原创现代评剧《初心》首演。

26日，第十届北京国际电影节“首届游戏动漫电影单元展”行业论坛在唐自头影视拍摄基地举办。

同日，京沈客专顺义段主体结构施工全部完成。

同月，顺义区人民政府印发《顺义区智能制造三年行动计划（2020—2022年）》。

9月

1日，大孙各庄镇客家庄村出土一辽金石虎，距今有700多年的历史。

8日，全国抗击新冠肺炎疫情表彰大会在北京人民大会堂举行。顺义区杨力生、刘冰、白永波获全国抗击新冠肺炎疫情先进个人表彰，顺义新国展集散点现场工作组临时党委获全国抗击新冠肺炎疫情先进集体表彰。

9日，中国保税区出口加工区协会、北京天竺综保区管委会在北京国家会议中心联合举办首届中国综合保税区国际论坛。

12日，首届HICOOL全球创业者峰会在中国国际展览中心（新馆）举行，并为全球创业者大赛优胜项目颁奖。

15日，2020国家网络安全宣传周暨顺义新媒体联盟、网络安全联盟成立仪式在北京城市学院（顺义校区）潮白讲堂举行。

16日，首届“顺义工匠”选树活动系列挑战赛开启。

23日，顺义区与国网北京市电力公司就推进顺义地区电力建设签署战略合作协议。

同日，北京天竺黄花梨艺术馆开馆。

28日，顺义区举行中国（北京）自由贸易试验区国际商务服务片区挂牌仪式。区委书记高朋为中国（北京）自由贸易试验区国际商务服务片区挂牌并讲话，区委副书记、区长、北京天竺综保区管委会主任孙军民介绍国际商务服务片区基本情况。

同日，北京市电子竞技代表队赛训基地揭牌仪式在北京奥林匹克水上公园举办。

29日，顺义区召开“高精尖”产业政策及产业资源新闻发布会，启动《顺义区智能制造三年行动计划（2020—2022年）》。

同日，顺义区举行第三代半导体材料及应用联合创新基地落成仪式。

同日，北京市召开抗击新冠肺炎疫情表彰大会，顺义区共有40人获“北京市抗疫先进个人”荣誉称号，其中，张松建、田雅利、王学君、绳桂玲、丁威5人获“北京市优秀共产党员”荣誉称号；共有15家单位获“北京市抗疫先进集体”荣誉称号，其中区疾病预防控制中心党总支、天竺地区党委、双丰街道鲁能润园党支部、北京康仁堂药业有限公司党支部、大龙物业管理有限责任公司党总支5家集体获“先进基层党组织”荣誉称号。

10月

1日，顺义区第一家整村打造的精品主题民宿——享筑·伴山雅集主题民宿对外营业。

16日，顺义区首家运营的新建小区配建养老机构，位于顺义区西马坡中晟馨苑小区东侧的北京市顺义区家泰养老照料中心正式开业运营。

27日，顺义区召开建设国家服务业扩大开放综合示范区和中国（北京）自由贸易试验区国际商务服务片区首场新闻发布会。

11月

1日，顺义航天产业园综合研发楼开工奠基。

2日，国家服务业扩大开放综合示范区和中国（北京）自由贸易试验区国际商务服务片区顺义组团推介会召开。

12日，在2020世界智能网联汽车大会上，国家智能汽车与智慧交通（京冀）示范区顺义基地举行揭牌仪式。

21日，顺义区首张电子食品经营许可证书被北京宝意隆百货零售有限公司取得连锁超市梅香街店获得。

同月，全国首个残疾人冰上项目训练场馆竣工验收。该项目位于顺义区后沙峪镇天北路中国残疾人体育运动管理中心园区内，规划总用地面积18000平方米。

12月

5日，由北京市人民政府主办，市商务局、市文化和旅游局、市体育局和顺义区人民政府承办，北京冬奥组委文化活动部协办的“北京消费季—迎春消费月”启动活动在中粮祥云小镇举行。

同日，区志愿者联合会举办“仁和杯”顺义区第一届志愿服务项目大赛成果展示暨顺义区志愿服务发展交流会。

21日，区域首家甲状腺疾病诊治中心在顺义妇儿医院揭牌。

同年，顺义区 PM2.5 年均浓度为 35 微克 / 立方米，成为全市首个达到国家二级标准（35 微克 / 立方米）的非生态涵养区。

中国共产党顺义区委员会

▲ 9 月，2020 国家网络安全宣传周暨顺义新媒体联盟、网络安全联盟成立仪式举办（区委网信办供图）

▲ 11 月 6 日，《中国共产党北京市顺义区历史》（终审稿）专家评审会在北京市政务服务中心召开（区史志办供图）

▲ 年内，区委老干部局组织离退休干部学习贯彻市委区委“以案为鉴、以案促改”警示教育大会精神（区委老干部局供图）

▲ 年内，顺义区委党校联合大兴区委党校、通州区委党校，共同开展“聚焦‘用学术讲政治’打造基层党校精品课”教学研讨活动（区委党校供图）

综述

【概况】 年内，区委办切实强化“四个意识”，坚定“四个自信”，忠实践行“五个坚持”，牢牢把握“四最一中枢”的职能定位，以昂扬向上、奋勇争先的姿态，主动适应新形势下的新任务新要求，服务区委中心工作和全区经济社会发展大局。

（区委办）

【协调衔接工作有序开展】 年内，接待市委主要领导、市级部门领导到顺义区调研和参加活动 17 次；组织安排全区性各类会议 568 次；安排区委主要领导调研 97 次，其中问题类调研 76 次；建立《区委书记调研、活动、会议台账》《各镇、街道村（社区）基本情况台账》等台账 22 个，涉及民生、产业、疫情防控等 14 个领域，确保重大接待任务完成、重大活动开展、重要会议举办。

（区委办）

【划拨专项党费用于支持疫情防控工作】 年内，顺义区委划拨专项党费，用于支持新型冠状病毒肺炎疫情防控工作。专项党费采取分批推进的形式，首批共划拨 325 万元，采取“双配”模式，即配套物资、配套资金。

（区委办）

重要会议和活动

【“不忘初心、牢记使命”主题教育总结大会】 1 月 10 日，顺义区“不忘初心、牢记使命”主题教育总结大会召开。区委书记高朋主持，市委第六巡回指导组组长、市委第六巡回指导组有关人员、区领导孙军民等出席。区领导车克欣、周颖博，各相关单位主要负责领导，各镇、街道领导班子参加会议。

（区委办）

【统筹推进新冠肺炎疫情防控和经济社会发展工作部署会议】 2 月 24 日，顺义区召开统筹推进新冠肺炎疫情防控和经济社会发展工作部署会议，传达学习贯彻习近平总书记在统筹推进新冠肺炎疫情防控和经济社会发展工作部署会议上的重要讲话精神，传达学习贯彻市委十二届十二次全会精神和全市统筹推进新冠肺炎疫情防控和经济社会发展工作部署会议精神，对下一步工作进行再动员、再部署。区委书记高朋主持会议并讲话，区委副书记、区长孙军民，区人大常委会主任车克欣，区政协主席周颖博参加会议。

（区委办）

【全国两会服务保障工作动员部署会】 5 月 16 日，顺义区召开会议，传达学习贯彻中国共产党北京市第十二届委员会第十三次全体会议精神，部署全区公共卫生应急管理体系建设、常态化疫情防控和全国两会服务保障工作。区委书记高朋主持会议并讲话，区委副书记、区长孙军民，区人大常委会主任车克欣，区政协主席周颖博参加。

（区委办）

【中国共产党北京市顺义区第五届委员会第十一次全体会议】 7 月 31 日，中国共产党北京市顺义区第五届委员会第十一次全体会议召开。全会以习近平新时代中国特色社会主义思想为指导，深入学习贯彻党的十九大，十九届二中、三中、四中全会精神和习近平总书记对北京重要讲话精神，全面贯彻落实市委十二届十二次、十三次、十四次全会精神，总结上半年工作，部署下半年任务。区委书记高朋，区委副书记、区长孙军民，区人大常委会主任车克欣，区政协主席周颖博等出席会议，区人大常委会各委室主任，区政协各室主任，天竺综合保税区管委会各处室、中心负责人，各部委办局、公司、中心、人民团体党政正职，各镇党委书记、镇长、人大主席，各街道工委书记、办事处主任，全体区党代表参加。

（区委办）

【“两区”建设动员部署大会】 10 月 13 日，顺义区召开建设国家服务业扩大开放综合示范区和中国（北京）自由贸易试验区国际商务服务片区动员部署大会，传达学习贯彻北京市建设国家服务业扩大开放综合示范区和中国（北京）自由贸易试验区动员部署大会会议精神，研究部署全区建设国家服务业扩大开放综合示范区和中国（北京）自由贸易试验区国际商务服务片区整体工作。区委书记高朋参加会议并讲话。区委副书记、区长孙军民主持会议。区人大常委会主任车克欣参加。

（区委办）

【2020世界智能网联汽车大会】 11月11日，2020世界智能网联汽车大会在中国国际展览中心开幕。市委书记蔡奇宣布大会开幕。本次大会以“智能新时代车联新生活”为主题。市委常委、副市长殷勇主持，区领导高朋、车克欣、周颖博等，相关单位主要负责领导参加会议。

（区委办）

【全区“以案为鉴、以案促改”警示教育大会】 11月16日，顺义区委在区委党校召开全区“以案为鉴、以案促改”警示教育大会，坚持以习近平新时代中国特色社会主义思想为指导，深入贯彻落实党中央决策部署和市委工作要求，全面落实全市警示教育大会精神，深刻汲取违纪违法典型案件教训，坚持以案为鉴、以案促改，推动全面从严治党不断向纵深发展，持续净化全区政治生态。区委书记高朋参加会议并讲话，区政协主席周颖博、区有关领导、市纪委监委有关人员参加。同时，全区处级以上单位班子成员以视频会议形式参加大会。与会者集体观看警示教育片《迷局——顺义系列贪腐案警示录》和《消失的医保基金——顺义区木林镇卫生院系列案件警示录》。会议对上一年度警示教育大会以来受处分的干部逐一进行点名曝光，同时还曝光一批典型案例。

（区委办）

日常政务

【镇街、区直党（工）委书记抓基层党建工作述职评议考核会议】 3月18日，2019年度顺义区镇街、区直党（工）委书记抓基层党建工作述职评议考核会议召开。区委书记高朋，区委副书记、区长孙军民等出席。区委党建工作领导小组成员、各镇街党（工）委书记、专职副书记、各相关单位副书记、纪（工）委书记、分管组织和宣传工作的负责人、区委党建督导组组长、部分区“两代表一委员”参加会议。

（区委办）

【市委书记到顺义区检查企业复工复产、疫情防控工作情况】 3月24日，市委书记蔡奇先后到北汽集团北京奔驰顺义工厂、北京飞机维修工程有限公司，检查企业复工复产、疫情防控工作情况。市有关单位领导，区委书记高朋，区委副书记、区长孙军民随行调研。

（区委办）

【区委书记率顺义区代表团赴张家口市县、区对接对口帮扶工作】 8月17—18日，区委书记高朋率顺义区党政代表团赴河北省张家口市沽源县和万全区，就做好扶贫协作工作进行深入对接，进一步加快推进重点帮扶项目建设，切实做好各方面工作，不断巩固提升沽源县、万全区脱贫摘帽成果，坚决助力两地全面打赢脱贫攻坚战。在顺义区与沽源县扶贫协作工作座谈会上，沽源县与顺义区分别介绍双方经济社会发展情况和对口帮扶工作情况，顺义区向沽源县捐赠帮扶资金。

（区委办）

【顺义区教育工作座谈会】 9月4日，顺义区教育工作座谈会召开，就进一步推进全区教育事业更好发展进行座谈交流，听取教育领域专家和全区退休教师代表意见建议。区委书记高朋主持会议，区委副书记、区长孙军民参加。会议首先通报近年来全区教育工作发展情况。来自教育领域专家和退休教师代表就完善顶层设计、提升教育质量、抓好教师队伍建设、推动教育改革等教育重点、难点问题畅所欲言，并提出意见建议。

（区委办）

【镇街党（工）委书记会议】 9月14日，顺义区委召开镇街党（工）委书记会议，传达学习贯彻市委书记蔡奇参观HICOOL全球创业者峰会暨创业大赛展览展示区，并到顺义区调研国际人才社区建设讲话精神，动员全区党员干部振奋精神、凝心聚力，推动顺义经济社会高质量发展。区委书记高朋主持会议并讲话，区委副书记、区长孙军民，区人大常委会主任车克欣，区政协主席周颖博参加。

（区委办）

【全区领导干部会议】 12月1日，全区领导干部会议（传达中国共产党北京市第十二届委员会第十五次全体会议有关精神）召开。区委书记高朋主持，区领导车克欣、周颖博等出席，各相关单位负责人员，各镇、街道、功能区领导班子成员，村和社区党组织书记参加会议。

（区委办）

组织建设

【概况】 年内，深入学习习近平新时代中国特色社会主义思想和党的十九大，十九届二中、三中、四中、五中全会精神，全面贯彻新时代党的建设总要求和新时代党的组织路线，在毫不放松抓好疫情防控工作的同时，聚焦主责主业，狠抓工作落实，稳步推进组织、干部、人才及自身建设等各方面工作，不断提升组织工作质量和水平，为推动全区高质量发展、打赢疫情防控阻击战提供组织保障与干部人才支撑。

（区委组织部）

【党组织在抗疫一线发挥引领作用】 年内，牵头组建社区（村）防控组、入境进京人员接转工作组，成立临时党支部、设立党员先锋岗、开通“战疫有我”志愿服务系统，引导1000余名国企职工、3000余名机关干部、8000余名志愿者、28000余名在职党员奔赴一线、参与疫情防控。全区68000余名党员自愿捐款698万余元支持疫情防控工作。划拨专项党费525万元，为奋战在疫情防控一线的工作人员采购配送防疫物资。

（区委组织部）

【庆祝建党99周年系列活动举办】 年内，组织开展“共产党员献爱心”捐献活动，支持全区助老、助医、助学等慈善项目。开展走访慰问活动，为全区426个村149个社区，以及64家医疗卫生单位等基层党组织配发防疫物资。组织各级党组织书记讲党课，创新“线上+线下”“直播+党课”等形式，实现疫情期间党员“线上”归队，党课“云端”共享。

（区委组织部）

【“不忘初心、牢记使命”主题教育巩固深化】 年内，全面完成区级“8+2”专项整治任务，督促指导区属单位开展自查工作，将整改落实“回头看”情况纳入全区党建工作考核，推动责任落实。

（区委组织部）

【抗击新冠肺炎疫情表彰推荐】 年内，推荐在新国展集散点运行、入境进京人员接转、集中观察点服务保障、社区防控等疫情防控重大任务中表现突出的个人与集体。9月8日，全区3名个人获全国抗击新冠肺炎疫情先进个人表彰，1个集体获全国抗击新冠肺炎疫情先进集体表彰。9月29日，在北京市抗击新冠肺炎疫情表彰大会上，全区有40名先进个人、15个先进集体、5名优秀共产党员、5个先进基层党组织获得表彰。

（区委组织部）

【党建绩效考评体系持续优化】 年内，围绕“党建考核考党建、政治建设是主线、全面从严治党为重点、全区重点工作检验”4个方面，研究制定《顺义区2020年度党建工作考核实施方案》及考核内容，涵盖27条考核细则119个考点，推动考核更加“重日常、重实效”。

（区委组织部）

【村社区“两委”换届】 年内，起草《关于认真做好顺义区村和社区“两委”换届选举工作的实施意见》，提出“五全面、四提升、两优化、一保持”目标。督促指导镇街、村居同步组建工作专班，组织“全覆盖”“全流程”业务培训，实现上下联动、无缝衔接。开展2轮选情大摸排，实行清单管理、挂账督办、跟踪问效，将全区426个村、152个社区划分为“平稳推进”“重点突破”“集中攻坚”3种类型。严把人选资格条件关，完成2轮4985名现任村社区“两委”干部以及预测人选的审核工作和动态联审。

（区委组织部）

【农村发展党员违规违纪问题排查】 年内，建立区、镇两级工作领导小组，对4880名党的十八大以来农村发展党员和转入党员入党过程进行全面排查，梳理问题线索1558条，对涉及带病入党、异地入党等189条严重问题线索逐一甄别、研提意见，指导各镇分类审慎处置，提高发展党员工作质量。

（区委组织部）

【加强基层“带头人”队伍建设】 年内，制定《关于建立村党组织书记区级备案管理制度的实施细则（试行）》，规范资格审查、联合考察、会议决议全流程管理。建立选人用人正反两项清单，全面夯实基层“带头人”队伍建设。实施“头雁”计划，通过“科班”培养、学历教育、集中轮训等方式，培训农村后备干部761人，984名村“两委”干部和后备干部取得大专学历，基层干部队伍梯次配备进一步优化。

（区委组织部）

【基层党建水平全面提升】 年内，谋划基层党建述职评议考核，筹备全区党（工）委书记党建述职会，指导全区2502家基层党组织逐级开展党建述职，实现党建述职主体100%全覆盖。开展“国门讲堂、红领培优”党建培训，首次实现村（社区）、国有企业、“两新”组织等8个领域党组织书记以及党务工作者党建培训全面覆盖。

（区委组织部）

【党建引领物业管理工作】 年内，出台红色物业“3+X”专项行动方案、党建引领物业指引等“政策文件包”，健全区内195个小区台账，8月底在全市率先实现物业党组织覆盖率100%。开展区级“红色物业示范小区”评选工作，融合物业“红黑榜”机制，征集物业小区典型案例，突出典型示范、分类引领。

（区委组织部）

【党建引领垃圾分类工作】 年内，建立区委、镇街党（工）委、村居党组织三级联动机制，组织垃圾分类知识专题学习2000余场，将213个物业项目、281个社会组织纳入垃圾分类工作体系。开展“党员参与垃圾分类爱家行动”，制发工作指南，明确“6+4”责任清单[即全体党员“六项主体职责”，在职党员、社区（村）党员、离退休党员、流动党员“四类责任清单”]，在职党员实现100%“双承诺”“双报告”，参与“桶前值守”54000余人次。

（区委组织部）

【党群服务阵地建设】 年内，建设党群服务阵地32个，印发《党群服务中心（站）规范运营工作指引（试行）》，规范制度上墙、运营开放、功能布局。打造中粮商圈党建云空间、南法信红领智谷、中关村顺义园党群服务中心、海高大厦HICOOL管家等“红色地标”，上线预约平台，面向社会开放。

（区委组织部）

【“两新”组织基础建设夯实】 年内，举办党的十九届五中全会精神宣讲56场，覆盖1200余家“两新”组织、2500余人次。评选10个“两新”党建示范点，培育马坡镇琪舰消防工程有限责任公司“党建标”、园区非公企业红色共建等工作范本。

（区委组织部）

【社区(村)治理20条措施落地】 年内，研究制定《关于巩固社区（村）疫情防控成果 推进社区（村）治理工作方案》，明确20条具体措施、62项任务清单。

（区委组织部）

【“支部联合体”建设稳步推进】 年内，完善“5+5+X”工作模式，建立“集体议事协商、三项清单、双向交流互动、资源共享发展、基础工作保障”5个联动机制和“组织建设联系联动、不同领域优势互补、合力推动中心任务、创新基层治理体系、破解群众身边难题”5类联建内容，采取“试点先行、逐步铺开”的方式，推动“跨领域、跨星级”联建，实现以强带弱、整体提升。

（区委组织部）

【干部队伍建设】 年内，新录用公务员137人、选调生19人。完成第三期“梧桐工程—— 干部人才引进计划”全国选材，引进应届硕博毕业生123人。启动第四期“梧桐工程—— 干部人才引进计划”，先后走进北京5所高校举办推介会，600余名应届毕业生参加。统筹职务、职级两个序列，完成科级领导职务提拔任用116人、职级晋升1124人，处级领导职务提拔任用68人、职级晋升349人。加强与中央单位、外省区市干部双向交流，全年选派22名干部到中央、结对帮扶地挂职锻炼，并接收20名外派干部到顺义区挂职交流。持续提升“国门讲坛”品牌影响力，全年举办12期“国门讲坛”专题讲座，培训处、科级干部20000余人次。

（区委组织部）

【人才发展环境持续优化】 年内，承办首届“HICOOL全球创业者峰会暨创业大赛”，搭建“一体四级”服务体系，打造HICOOL管家服务平台，有序引导项目落地。启动“梧桐工程”人才服务专区建设，建立“一站式”人才服务体系，打造人才服务品牌。

（区委组织部）

【国际人才社区建设】 年内，研究制定《顺义国际人才社区建设实施意见》《顺义国际人才社区建设发展规划》，进一步理顺工作体制机制。持续完善国际人才社区基础配套设施，加强教育、医疗、住房等服务保障。举办“学中国风 共顺义情”系列文化活动，促进多元文化融合。

（区委组织部）

【组织工作信息化水平持续提升】 年内，加强组织工作正面宣传和舆论引导，提升“顺义组工”微信公众号影响力，年内推送信息298期1097篇，总阅读量近126万人次。

（区委组织部）

宣传教育

【概况】 年内，全区宣传思想文化工作坚持以习近平新时代中国特色社会主义思想为指导，贯彻落实党的十九大，十九届二中、三中、四中、五中全会精神，紧密围绕中心、服务大局，以贯彻落实《中国共产党宣传工作条例》为纲，以“全面建成小康社会”为主线，聚焦新冠肺炎疫情防控和“两区”建设宣传引导，全面推动文化企业复工复产，全力推进全国文化中心重点项目落地，社会思想舆论团结昂扬，市民文明素质和文化获得感显著提升，意识形态领域平稳有序，为加快建设“业强城优生活美”的首都重点平原新城提供坚强思想保障。

（区委宣传部）

【理论工作】 年内，区委理论中心组学习取得实效。坚持把学习宣传习近平新时代中国特色社会主义思想作为首要政治任务，制定出台《顺义区委理论学习中心组2020年学习计划》，围绕习近平总书记关于疫情防控和经济社会发展系列重要讲话精神、国家治理体系和治理能力现代化，组织区委理论学习中心组学习13次。区属二级班子理论学习渠道不断拓宽。做好“学习强国”App的推广使用工作，形成比、学、赶、帮、超的学习氛围。为全区党员干部配发《习近平谈治国理政》（第三卷）70000余册，发放《中国制度面对面》3000余册。初步形成全区“大宣讲”工作格局。围绕“决胜全面小康 决战脱贫攻坚”“众志成城 共抗疫情”两个主题做好故事挖掘、宣讲团组建、宣讲培训等工作，开展顺义区“战疫有我”主题百姓宣讲故事征集活动，共征集各类抗疫故事200余篇。组建顺义区“共抗疫情 决胜小康”百姓宣讲团，全区累计开展各类线上线下宣讲100余场，受众50000余人次。组织开展顺义区百姓宣讲骨干培训班4期。

（区委宣传部）

【疫情防控新闻宣传】 年内，牵头组建宣传舆论组。发布疫情防控权威内容，报道全区抗疫典型，营造群防群治的浓厚氛围。全区新闻媒体累计转发和自编疫情防控工作动态、个人防护知识等新闻信息8390条，在市级以上媒体刊登新闻4146条，向群众群发提示短信127169条。“北京顺义举办重点项目‘云签约’”“驻区企业洛娃集团加快复工复产”等5条新闻登上中央电视台《新闻联播》。社会宣传环境布置氛围浓厚。以“点对点”方式逐一通知并指导全区19个镇6个街道及相关单位按照“适当”原则布置标语口号。共悬挂横幅标语5257条，滚动播放宣传标语口号的户外大屏150个、电子显示屏241个，设置宣传栏516个，设置展板橱窗4452块，宣传折页（海报）50万余份，疫情防控宣传海报8000余张。编制完成《最美的样子·疫中有大义》防疫宣传画册，完整记录全区疫情防控阻击战历史全过程。

（区委宣传部）

【疫情防控舆论引导】 年内，有序应对涉疫舆情，会同相关属地及部门稳妥“降温”处置网络舆情10余起。建立“线索+核实+处置+反馈”闭环机制，建立人工检索+第三方支持模式的24小时网络舆情监测研判处置机制，广泛发动区属二级单位和自媒体平台收集网络舆情，共编发《舆情简报》253期、《微信专报》616期、《舆情提示》2177期。

（区委宣传部）

【意识形态工作】 年内，意识形态工作责任制进一步压紧压实。区委书记严格履行第一责任人职责，区委常委落实“一岗双责”。区委常委会共研究审议意识形态工作议题7次，区意识形态工作领导小组开展研判会商3次，通报意识形态工作情况3次，深入基层单位开展意识形态工作培训20余场，受众千余人次。意识形态工作防范措施进一步落实到位。在区委巡察中同步开展意识形态专项检查，现场巡察区属二级单位27家。认真分析35家党（工）委《党建工作述职报告》《总体情况报告》及全区各单位《2019年宣传思想文化工作暨意识形态工作总结报告》，形成专题分析报告，共性问题进行分类指导，推进意识形态工作责任制落实。

（区委宣传部）

【新闻宣传】 年内，媒体工作方式不断优化创新。起草制定《中共北京市顺义区委关于加强和改进党的新闻舆论工作的实施意见》。出台《顺义区疫情防控重大新闻报道发布流程》，理顺重大题材新闻报道发布流程步骤，刊发重大新闻报道40余篇。建立“一次采集、统一审核、多渠道发布”的新闻信息发布机制。重大主题新闻宣传提质增效。编制完成《顺义区扶贫支援宣传工作机制》《顺义区全面建成小康社会宣传报道方案》，邀请人民日报社、新华通讯社、中央电视台等40余家中央、市级主流媒体到顺义区调研脱贫攻坚工作，全年在各类媒体平台推出小康社会相关报道7424条。围绕全区“两会”“品顺义·乐生活”北京消费季、北京国际汽车展览会、HICOOL全球创业者峰会、“两区”建设推介、世界智能网联汽车大会、大运河文化南北对话论坛等重大活动、重点工作，提前谋划策划，组织召开主题新闻发布会、现场网络直播等10余场，参与收看人数超过1000万人次。

（区委宣传部）

【“四力”教育实践】 年内，持续加强和改进宣传思想文化系统干部教育培训工作，制定出台《2020—2022年顺义区宣传思想文化系统干部教育培训规划》《顺义区2020年宣传思想文化系统干部教育培训计划》，组织开展宣传思想文化系统干部集体培训2次。立足顺义改革发展全局，紧密结合制约工作的难点问题，研究制定《顺义区2020年宣传思想文化战线大调研实施方案》，组织开展全面建成小康社会“百城千县万村”调研活动。

（区委宣传部）

【党建引领工作】 年内，发挥区委宣传思想工作领导小组总体谋划、统筹协调、整体推进、督促落实作用，每季度召开全体会议，推动《中国共产党宣传工作条例》落地落实。在全市率先出台《关于认真贯彻落实〈中国共产党宣传工作条例〉扎实做好新时代宣传思想工作的实施意见》，明确工作职责，提出工作要求，为基层落实好《中国共产党宣传工作条例》（简称《条例》）提供根本遵循。对照《条例》内容，逐条逐项找差距、找短板，推动《条例》执行情况监督检查实现“四个纳入”，镇街级宣传思想工作领导小组全部组建完成，镇街层面宣传机构设置和力量配备得到加强，基层宣传思想文化干部的能力素质得到提升。

（区委宣传部）

【公共文化服务】 年内，公共文化服务体系示范区创建工作稳步推进，出台《北京市顺义区基本公共文化服务指导标准》等5个系列政策文件，镇街综合性文化服务中心、文化馆分馆、图书馆分馆建成率均达到100%，有村社文化室494个，覆盖率99.8%。推进顺义区实体书店发展工作，制定出台《顺义区支持实体书店高质量发展三年行动计划（2020年—2022年）》《顺义区支持实体书店高质量发展扶持资金管理办法》。截至12月，全区新增实体书店47家，较2019年度书店数量增长138%。结合七大传统节日，重点打造第四届北京顺义张镇灶王文化节、第29届北京国际燕京啤酒文化节、“月

圆京城 情系中华”中秋赏月诗会等品牌活动，全区共开展文艺演出、体育比赛、志愿服务、相亲交友、主题诵读等各类活动312场，参与群众860万余人次。

（区委宣传部）

统一战线

【概况】 区委统战部以贯彻落实《中国共产党统一战线工作条例》和中央、市委统战工作会议精神为引领，着力推进统战工作理论、机制、实践创新，构建大统战工作格局，提升履职尽责能力和水平，凝心聚力推动首都新发展。

（区委统战部）

【民主党派和工商联（商会）代表人士交流座谈会举办】 1月19日，区委统战部在顺义宾馆举办民主党派和工商联（商会）代表人士交流座谈会。介绍2019年各自工作的开展情况，提出2020年的工作思路，并传达学习区委五届十次全会精神。

（区委统战部）

【区委统战部承担行业防控办工作】 1月28日，区新冠肺炎疫情防控工作领导小组成立行业防控组，区委常委、统战部部长任组长，办公室设在区委统战部。行业防控组坚持外防输入，内防扩散的原则，开展巡查检查，加强行业指导督导，做好风险人员排查，抓好社会面防控，落实好全员核酸检测、重点人群疫苗接种、环境常态化检测试点、涉阳性货品处置等工作。扎实有序推进各行业防控。指导区内91家行政事业单位，工业、金融、建筑、农业等20个行业主管部门管理的2171家生产经营单位、287个建筑工地及21家航空公司、167家中央和市属驻顺单位严格落实防控“四方责任”，涉及各行业员工37.3万人。统筹抓好疫情防控和复工复产。推广北京健康宝，建立排查工作机制，加强风险人员管控，持续开展执法检查，做好工地、工厂、商务楼宇等重点领域防控。做好外防输入工作。加强机组人员服务保障，协调机组入住酒店15家，纳入防控范围内部公寓6个，累计服务机组人员近30000人，建立国际机组闭环管理机制，成立外航机组保障现场应急中心，强化外航防疫宣传指导，做好机场防控服务保障。

（区委统战部）

【市委统战部来顺义区调研指导统战工作】 9月9日，市委统战部常务副部长带领市委统战部党外干部处、综合协调处等相关处室领导来顺义区开展调研。会议通报区委书记月度工作点评会统战工作情况，并对全区加强统战社团建设工作及党外代表人士队伍建设情况进行深入了解。区委常委、统战部部长结合顺义区统战工作，重点围绕“加强统战社团建设”“加强党外代表人士队伍建设”等情况进行汇报。与会人员就如何做好统战社团工作以及加强党外干部培养和使用等方面开展交流座谈。市委统战部常务副部长肯定顺义区统战工作取得的成果，并就解决相关问题提出建议。

（区委统战部）

【组织抗美援朝70周年主题参观活动】 10月27日，组织各党派及工商联代表30余人开展“纪念中国人民志愿军抗美援朝出国作战70周年主题展”参观活动。

（区委统战部）

【组织观看电影《金刚川》】 10月28—29日，区委统战部依托“奋斗新时代 同筑中国梦”主题教育活动，分别组织民主党派、无党派、民族宗教界及非公经济代表人士100余人观看影片《金刚川》。

（区委统战部）

【党的十九届五中全会精神学习专题会召开】 11月13日，区委统战部召开专题会学习传达党的十九届五中全会精神。顺义区党外代表人士、无党派人士及非公经济代表等共计50余人参加学习。

（区委统战部）

【顺义区党外代表人士联谊会成立】 11月28日，顺义区党外代表人士联谊会成立。大会审议通过《顺义区党外代表人士联谊会章程（草案）》《顺义区党外代表人士联谊会第一届理事会选举办法（草案）》，选举产生第一届常务理事、会长、副会长、秘书长、监事、监事长。

（区委统战部）

【“统战大讲堂”活动举办】 12月4—5日，区委统战部组织为期2天的“统战大讲堂”活动。顺义区委统战工作领导小组成员单位，各镇、街、经济功能区统战工作主管领导，各民主党派班子成员，工商联副主席、执委，顺义区党外代表人士联谊会理事代表，统战部全体机关干部共计200余人次参加培训。

（区委统战部）

【十九届五中全会精神宣讲报告】 12月22日，区委常委、统战部部长作党的十九届五中全会精神宣讲报告。报告深刻阐述习近平总书记重要讲话精神的重大意义，系统梳理2035年远景目标和“十四五”时期的指导思想、主要目标、重点任务，深入分析市、区贯彻落实十九届五中全会精神的实践做法。强调要坚持首善标准，树牢“第一国门”意识，切实把党的十九届五中全会精神和市委十二届十五次全会精神转化为顺义高质量发展的生动实践；要深刻领会新形势下统一战线的重要地位作用；要坚持党的全面领导，动员各方面力量为实现“十四五”规划和2035年远景目标而团结奋斗。顺义区各民主党派、区工商联、区党外代表人士联谊会、部机关领导、干部50余人参加。

（区委统战部）

【中关村顺义园党外代表人士工作站挂牌成立】 12月28日，顺义区首家党外代表人士工作站——中关村顺义园党外代表人士工作站正式挂牌成立。

（区委统战部）

侨　务

【概况】 区政府侨办由区委统一战线工作部统一管理。年内，区委统战部深入贯彻党和国家的侨务方针政策，认真履行工作职能，坚持围绕中心、服务大局，坚持为侨服务、凝心聚力，全力推动侨务工作实现新发展，为助力区域转型升级贡献力量。

（区委统战部）

【两节期间归侨侨眷代表慰问】 元旦、春节期间，实施“四个一”工程（一次走访、一笔慰问金、一封慰问信、一张体检表），共涉及40户73名归侨、侨眷代表。

（区委统战部）

【2020年度侨务台账核实完成】 年内，全区共有侨界人士831人，其中归侨20人、侨眷187人、华侨20人、外籍华人227人、香港同胞376人、澳门同胞1人。有侨商33人，涉及侨资企业及其他单位33家。

（区委统战部）

【2020年度侨法宣传工作开展】 年内，联合全区25家属地，深入社区、村开展侨法宣传工作，发放涉侨法律政策指南25份、宣传手册300份、海报200张，学习贯彻落实《中华人民共和国归侨侨眷权益保护法》及北京市实施办法，引导广大侨胞依法维护自身权益。

（区委统战部）

【疫情期间关爱归侨侨眷】 年内，向全区归侨、侨眷发送短信提醒，号召侨界人士按照全市新型冠状病毒防控响应机制，加强个人防护，遵守防疫规定。

（区委统战部）

【全区困难归侨侨眷情况补查工作】 年内，经各属地确认，本年度全区无符合认定标准的困难归侨侨眷。

（区委统战部）

政策研究与改革

【概况】 年内，区委区政府研究室（区委改革办）围绕全区中心工作和重大任务，牢牢把握“以文辅政”“改革协调”职能定位，深度聚焦“文稿写作、调查研究、专家咨询、深化改革”四大主业，促进区委、区政府科学决策，助推全区经济社会与各项改革任务的发展。

（区委区政府研究室）

【文稿起草工作】 年内，发挥以文辅政职责。完成五届十一次、十二次全会报告、主持词、决议等会议材料和十九届五中全会书记宣讲稿等重要文稿的撰写工作。深入思考研究全区重点工作，完成常委会议题背景材料等文字材料100余篇，涵盖事关区域发展全局和群众关心关切的重点、热点、难点问题，为领导决策提供科学依据。完成区级议事协调机构领导讲话提纲20余篇，结合各议事协调机构承担的责任以及年度工作重点，提出开展好相关工作的意见建议。围绕今年区级重大活动和重点工作，撰写教师节大会上的讲话、促进教育事业优先发展意见等文稿。撰写区委主要领导“稳增长调结构，落实分区规划，推动‘十四五’时期高质量发展”专题调研的发言提纲及背景材料。

（区委区政府研究室）

【大调研工作格局巩固提升】 年内，聚焦区域发展的重点领域，突出抓好战略性、前瞻性课题研究。按照服务中心、服务决策的要求，牵头负责并完成书记、区长2020年度重点课题《顺义区消费领域开放发展策略研究》《顺义区更高水平开放政策和制度研究》；主动对接全区中心工作，按照区主要领导指示精神，完成《深入推进顺义区协管员队伍改革》《M15号线顺义站点周边区域城镇化的思路研究》《关于上海自贸区及临港新片区管理机制的研究报告》《北京国际合作产业园（中德园区）管理机制研究》《关于会展产业管理体制机制的研究》《新国展二、三期管理体制机制思路研究》等专题调研报告。严格落实领导干部带头调研、带头研究重点课题、带头联系基层等各项制度，强化看问题调研导向，进一步提高调研工作的指导性、针对性、可操作性。全年局级、处级两级领导围绕新冠肺炎疫情防控、复产复工、安全生产、基层治理等各项工作深入一线、开展下基层调研，其中局级领导调研2500余次，看问题调研1900余次，调研1320余天；处级领导（限委办局、中心、功能区、国企、镇街领导班子）调研98000余次，看问题调研76000余次，调研63000余天，调研的基础性地位进一步强化。加强调研统筹管理力度，实行课题分类管理，强化过程管控，实施全流程督促指导。年初征集局级、处级年度调研课题，制订年度调研计划，涉及中央、市委部署的重点工作，全区实际工作中的热点难点和突出问题等多个方面，有较强的客观性、针对性、可研性，年中进行督促督导，年底进行成果收集，全年收集调研成果158篇。

（区委区政府研究室）

【调研成果转化与平台建设】 年内，做好《顺义调研》刊发工作，对上报课题进行统筹汇总，建立2020年调研成果课题库，严格执行审批制度，全年编辑刊发《顺义调研》10期，凝练优秀经验向全区推广，刊发各类文章137篇，特别是在常态化防控阶段，刊发疫情防控专刊，将15家单位优秀经验做法凝练向全区推广。做好宣传推广工作，加大向市级刊物的推送力度，累计在《北京调研》《北京农村经济》《京郊调研》《北京工作》等市级刊物上发表调研33篇。加强宣传阵地管理，向区委办、区委组织部、政府办等主要单位报送信息71条；办好“顺义改革”公众号，全年完成图文编辑603篇，阅读总次数91.5万余次，覆盖总人数45.6万余人。开展以抗击疫情、复工复产、学习宣传党的十九届五中全会精神等为主题的活动8次。

（区委区政府研究室）

【牵头推进“街乡吹哨、部门报到”】 年内，强化顶层设计，以“36+N”为体系，在市级36项年度重点任务的基础上，创新15项区级自选任务，制定《顺义区2020年街道工作和“吹哨报到”改革实施方案及重点任务清单》，梳理51项年度改革任务，为各单位和属地提供路线图、时间表。强化统筹调度，认真履行专班办公室“中枢”职能，坚持区委书记、区长双挂帅，增补区领导改革召集人至5人，强化书记区长专题调度、召集人定期调度、专题改革随时调度、实际问题现场调度四级统筹推进机制，组织召开全区推进大会1次、深改委会3次、改革召集人会2次、区级联络员会4次。抓好督查督进，采用主责部门+镇街属地的“双评”模式，用好党建绩效考核倒逼激励机制，构建部门主动领哨和属地敢于吹哨的考核矩阵，定期开展改革督查，强化51项重点任务的进度完成及成果考量，本年度市级

36 项任务全部完成，区级自选 15 项任务除受疫情影响的 2 项顺延至 2021 年外，其余全部完成。开展改革培训，通过国门讲坛、处级干部培训会议等方式，在全区开展“吹哨报到”改革大培训工作，累计培训 10 余场次，受训 4000 余人次。强化宣传引领，利用改革专报、顺义区情、顺义组工等区级平台搞好改革宣传，向市委改革办、市委城工办和市委组织部等市级平台报送宣传材料。向市级报送各类信息 20 余条，《“一网通办”再升级 顺义政务“有态度、有速度、有温度”》《顺义区“接诉即办”常抓常新，三个“百分百”温暖民心》等多篇信息在“学习强国”、全市改革情况交流、《北京日报》等多级平台转载推送。

（区委区政府研究室）

◆3 月 24 日，顺义区 2020 年街道工作和“吹哨报到”改革第一次调度会召开（区委区政府研究室供图）

【全面深化改革各项任务纵深推进】 年内，统筹推进改革任务，制定《区委全面深化改革委员会 2020 年工作要点》，形成 51 项年度改革任务，凝练 26 项折子工程重点推进。召开深改委会议、专题会议 12 次，审议议题 20 个。持续抓好督查评估，谋划“十四五”时期改革任务，系统总结评估党的十八届三中全会以来开展的 200 余项改革任务、试点，形成《顺义区委深改委关于党十八届三中全会以来全面深化改革落实情况的评估报告》。“智慧顺义”改革稳步实施，将“多网”融合工作作为“智慧顺义”建设的启动性工程，划分四级网格 1999 个，组建 3833 人的专兼职网格员队伍，普查涉及 142 类城市管理部件空间，覆盖道路长度 1470 千米，初步形成具有城市级别特点的“全面覆盖、多网融合、一体化运行”的三级网格化城市管理指挥平台。

（区委区政府研究室）

【强化专家顾问智囊团作用】 年内，启动专家换届工作，聚焦区域发展需要，完成换届大会方案、确定第三届专家咨询委员会专家初步人选名单等工作。参与全区经济社会转型升级发展。利用专家自身社会影响、专业知识、行业地位等优势，助推全区各项事业发展，提升科学决策水平，特别是在课题调研过程中听取专家意见，在北京国际合作产业园（中德园区）机制建设等重要工作推进过程中，专家结合本区实际提出建设性意见，发挥专家决策咨询作用。组织专家调研座谈。邀请专家参与调研座谈，围绕自贸区建设、更高水平开放、更高质量发展等课题，邀请北京民生智库科技信息咨询有限公司、北京日盛钟鸣咨询有限公司等机构的专家为全区发展提出建设性意见，助力全区经济社会更高质量发展。组织专家建言献策。主动对接相关领域专家，借助专家智库力量，各类领域专家在全区产业发展、全会报告起草、“十四五”规划纲要等中心工作方面建言献策，征求意见人数 25 人次，收到各类意见和建议 70 条。

（区委区政府研究室）

机构编制

【概况】 年内，区委机构编制委员会办公室坚持以习近平新时代中国特色社会主义思想为指导，全面贯彻党的十九大，十九届二中、三中、四中、五中全会精神及市委、区委全会精神，落实“新城发展看顺义”的目标要求，树牢“第一国门”意识，进一步提高政治站位，突出党建引领，稳步推进乡镇机构改革、事业单位改革等重点改革任务，更加主动地服务“四个中心”功能建设，强化重点领域机构编制保障，多维度开展机构编制监督检查，完成全年各项工作任务。

（区委编办）

【乡镇机构改革全面完成】 年内，按照“赋权、下沉、增效”的原则和大部制、扁平化管理要求，统筹优化和综合设置乡镇各类机构，全面完成区级乡镇机构改革工作。按照权责一致原则，结合改革，将司法所、统计所、兽医卫生防检站等适宜镇（街）承担的职责和机构下沉镇（街）管理，共下沉政法专项编制100名、统计专项编制75名、事业编制93名。

（区委编办）

【事业单位改革试点稳步推进】 年内，研究制定《北京市顺义区事业单位改革试点实施方案》，巩固承担行政职能事业单位的改革成果，完成经营类事业单位改革，区分情况实施公益类事业单位改革，推进政事分开、事企分开、管办分离。着重优化事业单位布局结构，完善制度机制，提高治理效能，促进公益事业平衡充分发展。

（区委编办）

【综合行政执法改革】 年内，推进行政执法权限向基层延伸，将市、区有关部门承担的市容环境、扬尘治理、违建查处、河道管理等方面431项行政职权下放至街镇。调整各街镇执法队职能、机构设置，以各镇街名义开展执法工作，健全完善乡镇街道综合执法体制机制，共下沉行政执法编制345名。

（区委编办）

【围绕“七有”“五性”抓好民生保障工作】 年内，健全完善疾病预防控制体系，强化医疗卫生应急管理体系建设，调整优化区疾病预防控制中心机构设置，增加人员编制，提高应对新冠肺炎疫情等突发重大公共卫生事件的能力水平。加强接诉即办工作力量，为区非紧急救助服务中心（区接诉即办受理中心）增加人员编制，努力做到民有所呼，我有所应。围绕提升公共服务领域保障水平，创新用人机制，为中心血库、院前急救站点、博物馆、科技馆等核定人员额度。

（区委编办）

【提高重点领域机构编制保障能力】 年内，坚持瘦身和健身相结合，统筹好严格控制机构编制与满足事业发展的需要，为财源建设、科技创新、公共资源交易等重点领域提供机构编制保障。建立镇级周转编制，实现编制资源跨镇域动态调配使用。深化经济功能区管理体制改革，落实功能区管委会用人自主权，探索人员聘用制管理。

（区委编办）

【规范区属议事协调机构和临时机构设置】 年内，修订完善《北京市顺义区区属议事协调机构和临时机构管理办法》，严格遵循审批从严、运行规范、监管到位的原则，精简规范区属议事协调机构和临时机构。建立区属议事协调机构和临时机构管理台账，加强议事协调机构和临时机构设立、运行、调整、撤销的全过程规范管理。

（区委编办）

【区属议事协调机构和临时机构履职监督检查】 年内，根据《北京市顺义区区属议事协调机构和临时机构管理办法》要求，严格遵循从严审批、规范运行、监管到位的原则，监督检查区属议事协调机构和临时机构履职情况，同时加强议事协调机构和临时机构设立、运行、调整、撤销的全过程规范管理。

（区委编办）

【机构改革落实情况督查】 年内，为巩固全区机构改革成果，确保各项改革任务落到实处，印发《关于对2019年〈北京市顺义区机构改革方案〉落实情况开展督查工作的通知》，要求区委、区政府各涉改单位，对照本部门“三定”规定和督查落实内容进行自查，确保履职顺畅。

（区委编办）

【超审批权限设置机构等问题自查自纠】 年内，按照市委编办要求，组织全区各行政、事业单位开展超审批权限设置机构等问题自查自纠工作，重点检查是否存在擅自设置机构、超规格超职数配备领导干部、自行设置领导职务名称等问题，进一步严肃机构编制纪律，巩固机构改革成果。

（区委编办）

【二级单位借用人员有关问题整改】 年内，为进一步落实市委巡视反馈问题整改任务，规范用人单位对工作人员的使用与管理，组织相关单位召开整改工作推进会，并对重点单位进行实地走访，指导检查各相关单位整改情况。截至年底，各单位完成整改。

（区委编办）

【机构编制执行情况抽查】 年内，结合区属二级班子“一把手”选人用人情况进行离任检查工作，实地检查各单位的机构编制执行情况，重点检查是否存在超编进人、超职数配备领导干部、私设机构等问题。截至年底，共对区园林绿化局、仁和镇、李桥镇等11家单位进行检查，未发现违反机构编制规定的现象。

（区委编办）

【权力清单动态调整】 年内，按照市委编办通知要求，组织区发改委、区财政局、区城管执法局等多家单位对应调整顺义区行政职权事项，共调整2次，涉及118项事项，其中新增22项、取消13项、调出14项、整合20项、变更基本要素49项。

（区委编办）

【事业单位法人年度报告及公示信息抽查】 年内，为应对新冠肺炎疫情，采取措施，确保事业单位法人登记工作稳妥有序开展。一是将事业单位年度报告的截止时间由3月31日延长至5月31日。二是事业单位法人登记全面推行网上业务办理，疫情防控期间尽量减少面对面受理相关业务，全部采取网上申请、受理、审查及核准，通过EMS邮寄提交纸质材料和发放证书。三是抽取18家事业单位，采取实地核查、现场座谈、调查问卷及聘请第三方专业机构等方式，对登记事项和年度报告公示内容进行核实，对发现的问题要求事业单位限期整改。

（区委编办）

老干部工作

【概况】 年内，区委老干部局坚持以习近平新时代中国特色社会主义思想为指导，增强“四个意识”，坚定“四个自信”，做到“两个维护”，以老干部的口碑作为评价工作的标尺，坚持和完善离退休干部制度机制，发挥老干部工作制度优势，加强离退休干部政治建设、思想建设和党组织建设，提升离退休干部服务管理质量，组织引导离退休干部发挥优势作用，建立党建引领老干部工作向基层延伸的制度机制，引导老同志服务“四个中心”功能建设，提升“四个服务”水平，落实“平原新城看顺义”的目标要求，树牢“第一国门”意识，为顺义区“两区”建设、高端制造、新城发展建言献策，为打赢新冠肺炎疫情防控阻击战，持续推进区域治理体系和治理能力现代化，建设“业强城优生活美”的首都重点平原新城贡献老干部力量。

（区委老干部局）

【老干部工作成果】 4月，在2019年全市离退休干部统计年报工作审核中，被市委老干部局评定为优秀；11月，区关工委秘书长、退休干部孙绍东，被中国关工委、中央文明办评为“全国关心下一代工作先进工作者”。

（区委老干部局）

【老干部工作制度建设】 年内，将2020年定为“制度建设年”，加强老干部工作制度建设，推动老干部工作更好地融入服务国家治理体系和治理能力现代化进程。明确老同志政治学习、严肃党内政治生活、严守政治纪律和政治规矩等方面的要求，并落实到阅读文件、参加重要会议和重大活动、通报情况、形势政策教育等具体制度中。把学习贯彻习近平新时代中国特色社会主义思想作为根本任务，完善专题辅导、集中培训、巡回宣讲、支部学习等制度。开展全国、全市“双先”宣讲活动，引领带动全区老同志继续讲好中国故事、中国共产党故事、新时代中国特色社会主义故事，传承好党的优良传统和红色基因。采取专题调研、建言献策、结对帮带等多种方式，组织引导老干部们在贯彻新发展理念等工作中贡献智慧力量。支持老同志通过矛盾调解、宣讲教育、志愿服务等方式，参与社会治理、基层治理。突出离休干部这个重点提供更多个性化多样化亲情化服务，坚持“单位尽责、社会统筹、财政支持、加强管理”的原则，坚持和完善离休费保障机制、医药费保障机制和财政支持机制。通过健全党内关怀机制、推进志愿服务、纳入社会救助等办法。完善党建引领老干部工作向基层延伸的制度机制，与试点街道石园街道、旺泉街道建立老干部工作业务指导机制，细化属地老干部工作职责。

（区委老干部局）

【机关干部助力社区疫情防控】 年内，机关35名党员全部回社区报到，协助社区发放宣传单、电话联系巡查，向群众宣传防控信息和有关知识；协助社区开展摸排、登记工作，督促群众做好自身防护；帮助社区及时了解、反馈困难群众的生活需求，做好帮扶关爱工作，减少因疫情防控对居民群众带来的生活影响。在下雪天协助社区开展扫雪铲冰、环境整治等工作。

（区委老干部局）

【老党员助力疫情防控】 年内，顺义区老党员先锋队响应号召，协助所在社区做好新型冠状病毒感染的肺炎疫情防控工作，承担站岗执勤、防控知识宣传、人员信息排查、消毒杀菌等工作。旺泉街道设立“老党员雷锋岗”，提供本楼租户信息，协助社区排查流动人口进京、返京情况；石园北二社区的“老干部劝导队”，对社区内不戴口罩，聚众聊天、打牌等不文明现象进行劝导；石园东苑社区离退休干部党支部的部分人员，配合社区以“轮班制”的形式执勤站岗，除白天的正常执勤，每天晚上6点到8点半，还要再站一班岗；宏城花园社区设立“老党员先锋岗”，通过“1+N”即一位党员通过提供线索排查本楼N个熟人的方法，协助社区摸清每家每户动态。顺义区部分老干部、诗词楹联爱好者及老干部大学分校的师生们创作撰写近100首诗词、快板等作品，赞美奋战在一线的工作人员；顺义老干部朗诵艺术团，以“抗击疫情·众志成城”为主题，用微信群参加不见面的线上“空中诗会”活动，朗诵自编的诗歌。

（区委老干部局）

【全市老干部工作会议精神传达落实】 年内，区委老干部局第一时间通过“顺义老干部”微信公众号转发《北京市召开老干部工作会议》信息，传达至全区45个离退休干部党支部、10个老干部团队、92个老干部大学班级和97家涉老单位。在防疫特殊时期，区委老干部局充分利用网上自学方式，将会议精神贯彻到离退休干部党支部、团队、大学和老干部工作者中。

（区委老干部局）

【老干部当网上“党课”主播】 疫情期间，顺义区光明街道裕龙六社区通过腾讯会议直播平台，开展主题为“坚持坚守，确保疫情防控和社区治理双胜利”网上党课直播，社区离退休干部党支部书记倪挺明当起网上党课“主播”。

（区委老干部局）

【“防疫有我 爱卫同行”周末卫生日活动】 年内，顺义离退休干部参加“防疫有我 爱卫同行”周末卫生日活动。老干部们在全区45个离退休干部党支部分工行动，协助清理社区内的杂物；向居民分发《关注“生命全周期，健康全过程”》宣传折页，对疫情期间如何做好防护再次提出明确示范；参加补种补绿活动。老党员先锋队部分队员沿潮白河、减河进行环境清洁，捡拾清理路面及河道垃圾，对公园座椅、健身器材等设施进行擦拭消毒。

（区委老干部局）

【西辛第一社区主题党日活动】 年内，西辛第一社区党总支开展“同呼吸 共命运 心连心”——学习强国视频会议主题党日活动，活动通过微信平台和“学习强国”App相结合的形式开展，87名党员分为线上、线下两组在西辛第一社区党总支书记的带领下开展视频会议主题党日活动。向党员们介绍社区应对新冠肺炎疫情的应急举措，把疫情防控阻击战中党员的生动事迹融入主题党日的学习中，带领党员重温入党誓词。党员在家通过网络同步参加主题党日活动。党总支全体观看视频《习近平：坚决克服新冠肺炎疫情影响 坚决夺取脱贫攻坚战全面胜利》《地球同源 人类同心》。

（区委老干部局）

【老干部大学网上课程满足文化需求】 年内，顺义区老干部大学通过开展网上学习，满足老干部多元文化需求。在倡导自主学习、班级微信交流研讨的基础上，充分考虑线上、线下学习不同模式的特点和有效性，处理好线上教育与线下学习的关系，发挥网络平台在丰富老干部同志学习资源、组织管理、互动交流等方面的优势，与“北京乐退族”科技有限公司合作，链接推送97套1000多集网络课程；利用“顺义老干部”微信公众号，推送传统文化、实用技术、舞蹈健身、器乐演奏等课程和“初心讲堂”思教课程。

（区委老干部局）

【多措并举推进垃圾分类】 年内，区委老干部局推出3项举措，全力配合《北京市生活垃圾管理条例》实施，进一步做好垃圾分类工作。一是成立老干部局垃圾分类工作领导小组，下设办公室负责具体工作。各科室切实履行区域生活垃圾分类工作的主体责任，建立健全常态化工作机制，精心组织实施。二是夯实基础，推动强制分类制度落地。通过海报宣传、专项培训、考试等形式，将生活垃圾分类融入机关干部管理中，作为日常行为规范；配齐、配足生活垃圾分类收集容器与暂存空间，科学放置到相关点位，方便垃圾分类投放；探索设置智能垃圾回收系统，打通生活垃圾分类回收网络和再生资源回收网络通道，实现“两网融合”。三是创新机制，推动强制分类措施深化。推进无纸化办公、提倡重复使用、深入实施光盘行动，减少各类垃圾产生；探索实施物业服务＋分类服务的模式，加强生活垃圾源头分类，做好低价值可回收物的收运工作；开展机关党员回社区活动，协助社区组织开展生活垃圾分类，努力做好社区分类督导员、家庭分类示范员。

（区委老干部局）

【组织老干部观看战“疫”系列云党课】 年内，全区离退休干部党支部组织老干部观看学习区委党校推出的战“疫”系列云党课。讲师通过事例分析与理论结合的方式，讲解面对疫情，基层党支部哪些要及时转变，哪些要坚守不能变；通过党集中统一领导的显著优势、集中力量办大事的显著优势、以人民为中心的显著优势三个方面详细讲解疫情下中国特色社会主义制度的显著优势。

（区委老干部局）

【离退休干部党支部书记开展线上教学】 6月1—5日，顺义区部分离退休干部党支部书记开展为期一周的线上教学。此次教学采取集中学习＋线上自学＋线上分享讨论的方式进行，课程设置有学习贯彻全国两会精神、学习习近平总书记疫情防控系列重要讲话精神、开辟“中国之治”新境界——十九届四中全会总体精神解读、公共卫生应急管理与重大疫情防控、《北京市生活垃圾管理条例》辅导讲座等，并就“老党员如何坚守初心，在为民服务中不断锤炼党性”等话题交流探讨。

（区委老干部局）

【北京市离退休干部纪念中国共产党成立99周年座谈会暨“双先”表彰会召开】 6月28日，市委老干部局通过加密视频会议系统召开北京市离退休干部纪念中国共产党成立99周年座谈会暨“双先”表彰会，顺义区老干部艺术团、石园街道五里仓一社区离退休干部党支部、东兴一老党员义务指路队被评为北京市离退休干部先进集体；康澍、李宝祥、李维平、朱玉彩、赵松波被评为北京市离退休干部先进个人。宏城花园社区党总支、马坡镇党委党建办获得北京市离退休干部工作先进集体；李敬、申保国被评为北京市离退休干部工作先进个人。

（区委老干部局）

【离退休干部党支部学习培训班开班】 8月下旬至9月底，区委老干部局开展离退休干部党支部学习培训工作。此次学习培训采取各支部集中学习＋自学的方式，各支部结合实际情况开展。学习培训资料以支部为单位下发，主要内容包括《北京市生活垃圾管理条例》《北京市物业管理条例》《中华人民共和国宪法》《中华人民共和国民法典》《习近平谈治国理政》（第三卷）、习近平总书记在新冠肺炎疫情期间的系列重要讲话和视频资料专题解读等。此次培训的第一堂课是集中观看北京工业大学经济与管理学院崔铁宁教授的专题讲座《生活垃圾势在必行，我们一起行动吧》。老干部们随后自学《北京市生活垃圾管理条例》《北京市物业管理条例》，并进行交流研讨，召开“红色”力量引领“绿色”生活新风尚主题党日活动，签订《生活垃圾分类承诺书》。

（区委老干部局）

【区委五届十二次全会座谈会】 12月16日，区委书记高朋在老干部局主持召开座谈会议，围绕区委五届十二次全会报告及区委关于制定国民经济和社会发展第十四个五年规划和二〇三五年远景目标的建议，征求老干部意见。区领导张良、支现伟、张金玲参加。

（区委老干部局）

◆12月16日，区委书记高朋主持召开征求老干部意见建议座谈会（区委老干部局供图）

保密工作

【概况】 年内，顺义区委以做好疫情防控期间的保密工作和组织保密宣传教育年系列活动为主线，创新思路举措，全面提升党管保密、依法治密、创新驱动、综合防范能力和水平，确保国家秘密安全。

（区国家保密局）

【保密工作政治属性强化】 年内，严格落实区委常委会专题研究保密工作要求，区委常委会年初审议通过《区委保密委员会2019年工作情况和2020年工作安排》。区委书记高朋高度重视保密工作，多次在疫情防控领导小组会、镇街党工委书记会等会议中明确提出保密工作要求，并围绕保密宣传教育、疫情防控保密工作、互联网群组保密管理等做出批示6次。区委副书记、区委保密委主任张良主持召开区委保密委会议，传达中央、市委保密会议精神，听取保密工作汇报，多次研究部署保密工作任务。

（区国家保密局）

【疫情防控保密工作】 年内，区委副书记、区委保密委主任张良多次就疫情防控保密工作作出具体部署，要求区委保密办及时跟进疫情防控工作，确保疫情防控信息有序流动，个人隐私等信息得到合理保护。与区防控办紧密协同，从信息分类管控、安全传输、合理选择办公设备等角度部署疫情防控信息分类管理工作；开展区防控领导小组“一办十三组”专题保密教育培训；对防控工作领导小组成员单位开展走访调研，对发现的问题及时做出提醒，督促全区各机关、单位做好疫情防控期间各类信息分类管理工作。

（区国家保密局）

【保密科技与保密攻防技术展举办】 年内，举办为期28天的保密科技与保密攻防技术展，以文字、图片、音像视频和演示互动等形式，对现阶段党中央对保密工作的部署和要求、党和国家保密工作的历史、法律法规中的保密规定、典型窃泄密案件以及时下前沿保密技术进行集中展示。累计接待观展191场次，参观人数4122人，其中处级以上领导干部622人。

（区国家保密局）

【保密教育培训工作开展】 年内，与区委组织部、区委党校等单位合作，持续将保密教育纳入区级各项主体班次培训；把保密教育纳入党校、行政学院教学体系，列入教学计划。在疫情影响下，仍对处级、科级及组工干部专项培训班开展保密课程培训，参训人员300余人；持续坚持保密干部年度培训，分别于8月、10月对保密干部进行专业知识培训。

（区国家保密局）

【保密宣教新阵地拓展】 年内，以区行政中心和政务中心宣传大屏为引导，推动全区各机关单位利用电子宣传屏和宣传栏进行播放、张贴保密宣传资料；充分发挥主流媒体优势，在电视台、电台、新媒体公众号等宣传平台播放宣传教育片，强化市民国家秘密保护意识和保密素养；利用核心商业区城市大屏和100余块村居大屏播放保密知识宣传片；在军事单位周边及社区、企业、校园张贴宣传海报，分发宣传折页，进一步拓宽保密宣传教育覆盖面，全方位提高顺义区人民群众的保密意识和知识水平。

（区国家保密局）

区直属机关党建

【概况】 区直属机关工委是区委的派出机构，主要职责是领导所属机关党的工作，保证党的路线、方针、政策及区委的指示、决定和部署在区直机关的贯彻落实。负责制订所属机关党的基层组织建设规划，领导基层党组织搞好思想建设、组织建设、作风建设。负责宣传党的路线、方针、政策，对党员干部进行形势、任务教育及社会主义精神文明教育。负责所属机关党员干部理论学习与培训，做好所属机关干部队伍建设工作。负责所属基层党组织的建立、换届、任免等组织工作。领导区直属机关工委系统的机关党的纪律检查工作，领导所属机关纪检监察工作。组织机关干部开展文化、体育活动，丰富机关的文化生活。完成区委、区政府交办的其他工作。

（区直属机关工委）

【习近平新时代中国特色社会主义思想学习贯彻】 年内，认真学习贯彻习近平新时代中国特色社会主义思想。发挥理论学习中心组的领学促学作用，扎实抓好理论学习中心组6项学习制度，坚持用新思想武装头脑，分析解决实际问题，推进各项工作深入开展。召开《习近平谈治国理政》（第三卷）订购工作会，及时跟踪系统各单位购买情况，并要求各单位将《习近平谈治国理政》（第三卷）纳入党委（党组）理论学习中心组学习。向系统单位发放《党的十九届五中全会〈建议〉学习辅导百问》1500余册，要求党员领导干部、各机关党组织认真组织学习。全年开展系统单位理论学习中心组学习巡听旁听4次。

（区直属机关工委）

【意识形态工作责任全面压实】 年内，贯彻落实《顺义区落实党委（党组）意识形态工作责任制实施细则》要求，坚持做好会商研判、情况通报、风险防控、管控处置等工作，强化机关干部意识形态教育，压紧压实意识形态工作责任。区直属机关工委全年召开意识形态工作专题会2次，上报区委宣传部意识形态工作情况报告2次，召开意识形态和网络安全工作培训1次，召开意识形态工作情况通报会4次，更新意识形态工作台账4次，召开系统单位意识形态分析研判会4次。

（区直属机关工委）

【宣传总结机关党组织经验做法和先进典型】 年内，组织宣传系统各机关党组织在中心工作、重点任务中的经验做法和先进典型。其中，微信公众号推送55条，《机关工作简报》13期，涉及先进党组织32个、先进典型25名。全面做好系统单位2020年北京市劳动模范、先进工作者、模范集体和文明单位评选工作，向区总工会推荐先进工作者11名，模范集体3个；向区委宣传部推荐首都文明单位标兵13个、首都文明单位21个，其中区文旅局获得全国文明单位称号。推荐“首都精神文明建设奖”1人。工委宣讲团在区委宣传部组织的百姓宣讲汇讲活动中，获得团体第1名，先后到区委办、区政府办、区税务局开展3场巡讲活动，现场党员干部约260人聆听宣讲报告。编发《垃圾分类，机关党员带头先行》倡议书，认真做好垃圾分类的宣传引导。

（区直属机关工委）

【机关党建工作责任全面压实】 年内，建立“四级责任清单”，全面明确工作责任。工委、各单位党组（党委）履行机关党建主体责任；机关党委（含不设机关党委的总支、支部）在工委、单位党组（党委）领导下，负责组织推动本单位机关党建任务落实；其他各党支部落实机关党建工作具体任务。坚持目标导向，加强分类指导，强化沟通协调，落实《中共北京市顺义区委区直属机关工委与各单位党组（党委）沟通联系暂行办法》，深入系统单位开展机关党建专题调研。与新任职一把手、党建考核排名靠后、日常工作推动不力等单位就机关党建工作开展沟通，进一步压实机关党建责任。全年班子成员开展专题、问题调研45次，其中与一把手座谈15次。

（区直属机关工委）

【党建引领疫情防控阻击战】 年内，区直属机关工委履行行业防控组成员单位工作职责，第一时间成立区直属机关工委疫情防控工作领导小组，下发疫情防控工作方案，号召区直属机关各级党组织和广大党员干部认真贯彻落实中央、市委、区委决策部署。

区直属机关工委成立由11名暂在湖北党员组成的临时党支部，编发《致在鄂临时党支部全体党员的一封信》《倡议书》等。建立“潮白荆楚连，同心克时艰”微信群，及时传达相关工作要求，及时了解掌握在鄂党员干部情况。《北京日报》、湖北电视台、顺义网城、顺义组工等多家媒体相继报道临时党支部事迹。系统75个机关党组织5754名党员参与“抗疫聚力践初心”自愿捐款活动，累计捐款582112元。在疫情防控阻击战中，工委批复成立的新国展集散点现场工作组临时党委，荣获全国抗击新冠肺炎疫情先进集体，系统单位1名党员荣获全国抗疫先进个人;10名党员干部、3个先进集体荣获北京市表彰。

（区直属机关工委）

【模范机关创建】 年内，区直属机关工委深入学习习近平总书记在中央和国家机关党的建设工作会议上的讲话精神，贯彻落实区委对机关党建的工作要求，开展模范机关创建工作。制定下发《中共北京市顺义区委区直属机关工委关于开展模范机关创建的实施方案》，聚焦做好“三个表率”、践行宗旨意识的主要任务，牢牢把握全面提高机关党的建设质量的目标要求，坚持政治引领，进一步彰显政治机关属性，推动机关各项工作全面发展。

（区直属机关工委）

【“党员先锋岗”评选】 年内，区直属机关工委聚焦“围绕中心、建设队伍、服务群众”这一核心任务，制定下发《中共北京市顺义区委区直属机关工委关于进一步做好“党员先锋岗”评选活动的工作方案》，激发机关党员牢固树立“一个党员就是一面旗帜，一个岗位就是一份责任”的意识。通过“党员先锋岗”的评选，把党员的先进性落实在各个工作岗位上，进而全面推动本单位中心工作高效开展。以服务群众统揽机关党建工作，切实提升服务基层和服务群众的能力和水平，用服务群众的实际成效评价和检验机关党建的成效。

（区直属机关工委）

【机关党建工作制度不断完善】 年内，深入贯彻落实新修订的《中国共产党党和国家机关基层组织工作条例》（简称《条例》），调整部分工作程序，并将学习《条例》纳入党建考核，要求各单位党组（党委）、各机关党组织认真组织学习。建立机关党组织工作汇报制度、班子成员党支部联系点制度、定期研究机关党建工作制度等，通过建立上述工作制度，全面加强工委、系统各单位党组（党委）领导班子对机关党建工作的领导，切实提升机关党建工作水平。

（区直属机关工委）

【党员教育管理】 年内，严格发展党员流程，下发《顺义区发展党员工作指导手册》，做好发展对象考查政审等环节，坚决防止“带病入党”。全年发展党员105名，其中疫情防控一线发展党员1名。认真做好党内关怀，开展疫情防控工作慰问活动，区委组织部拨付50000元，工委配套拨付50000元，慰问系统15家在疫情防控一线表现突出的机关党组织。“七一”期间慰问系统21家党组织的30名生活困难党员。

（区直属机关工委）

【换届选举工作制度督促落实】 年内，严格执行机关党组织任期制度、换届选举制度。坚持早介入、严把关、重指导，主动与应换届的基层党组织联系，为换届工作打好基础。及时完善换届工作台账，通过提醒、指导等办法，结合疫情防控工作，及时调整部分机关党组织换届选举工作节奏，确保疫情期间换届选举工作不出问题。严把换届选举人选考查关。严肃换届纪律，严格工作程序，完成党组织换届25名书记、副书记廉洁自律考查。全年完成换届11家，暂缓换届6家，调整人选13家，成立机关纪委3家。

（区直属机关工委）

【党费和党建活动经费管理加强】 年内，全面梳理各机关党组织2019年度党费上缴情况和2020年度党建活动经费情况，及时下拨。加强经费的日常指导，确保各机关党组织的活动规范有效开展。以保密通知形式向系统各单位下达公示要求，通过会议传达、文件传阅等方式向基层党组织和党员公示市管、区管党费和工委党费收支情况。

（区直属机关工委）

【“双报到”志愿服务】 年内，区直属机关工委引导在职党员、机关党组织参与社区（村）疫情防控、垃圾分类等志愿服务。约500名机关党员干部分两批下沉社区（村），连续数月坚守疫情防控第一线。在职党员参与垃圾分类志愿服务6516人次，机关党组织回社区服务515次。全年在职党员参与志愿服务次数超过20000人次，机关党组织志愿服务、结对共建等活动1000余次。

（区直属机关工委）

【百姓宣讲活动】 年内，区直属机关工委组织开展百姓宣讲活动。6月中旬，机关工委下发百姓宣讲工作实施方案，各单位以不同形式组织初赛，并向机关工委推荐优秀宣讲员，共推荐宣讲员66人，收到宣讲稿件66篇。经对宣讲员和宣讲稿件审阅评定，筛选出30名宣讲员，进入复赛。8月14日，组织复赛。9月4日下午，组织决赛，12名从复赛中选拔出来的选手参加，系统各单位机关党组织书记聆听宣讲，由5名处级干部担任评委。宣传科多次与进入工委宣讲团的单位科室负责人协调，全力保障好宣讲员准备。最终，在区委宣传部组织的百姓宣讲汇讲活动中，机关工委百姓宣讲团（4人）在30多个单位中（含镇街），获得团体分第一名。机关工委百姓宣讲团先后到区委办、区政府办、区税务局开展巡讲活动，现场党员干部约260人聆听。

（区直属机关工委）

【“全民阅读·书香机关”阅读活动开展】 年内，开展“全民阅读·书香机关”阅读活动。按照“每月精读一书”的要求，开展荐书、评书活动。

（区直属机关工委）

【廉政宣传阵地建设】 年内，依托行政中心、政务中心餐厅，持续开展推进廉政文化进机关活动。3个餐厅每周播放警示教育片2次，每次90分钟，全年播放18部各类警示教育片，涉及3000余名机关党员干部。

（区直属机关工委）

【“一助一”工作】 年内，到各村调研“一助一”工作开展情况，入村指导。认真听取各村工作情况汇报，具体了解各村村庄建设、村企帮扶等情况。春节前夕，“一助一”办公室开展“送福下乡”活动，为浅山5镇（北石槽镇、木林镇、龙湾屯镇、张镇和大孙各庄镇）和区3个低收入村（南彩镇小营村、杨镇下营村和荆坨村）的低收入户送去米、面、油等价值137750元的慰问物资。借助“民主日”活动，加强调研促提升；精心编发简报，宣扬帮扶事例。

（区直属机关工委）

党校

【概况】 年内，区委党校始终保持坚定的政治定力，牢牢把握“党校姓党”的根本原则，增强“四个意识”，坚定“四个自信”，做到“两个维护”，校领导班子带领广大教职工，强基固本铸党魂，勠力同心战疫情，聚焦主业求突破，接续奋斗谋发展，完成以教学科研为中心的各项工作任务。

（区委党校）

【教育培训】 年内，区委党校完成处级干部理论进修班，新任处级干部任职培训班，组工干部培训班，梧桐工程培训班，党员发展对象培训班，“两区”建设专题培训班和市委宣传部培训班等各类班次10期，培训9900人次。承接顺义区对口协作河南省西峡县党务干部及各委办局培训班14期，培训学员2300人次。与组织部联合开办线上“国门讲坛”12期，培训13200人次。教师深入各委办局、镇街居，围绕学习贯彻习近平新时代中国特色社会主义思

◆年内，区委党校推出战“疫”系列云党课（区委党校供图）

想、全国“两会”、十九届四中和五中全会精神等宣讲110场次，受众超过20000人次。疫情期间，推出线上战“疫”系列云党课8讲，听众20000人次。

（区委党校）

【科研咨政】 年内，区委党校承担各类科研课题15项，2项市级课题获良好等级。其他课题均达到合格等级并顺利结项。完成征文论文6篇。5人参与区十四五规划和政协提案起草工作。完善“教员+学员”决策咨询机制，让学员带着问题进教室，联系实际做调研，教员学员共商出决策，通过理论与实践有机结合，提升科研咨政质量。主体班学员与教师共同完成咨询报告7个，学习体会31篇，区相关领导先后6次批示。

（区委党校）

【领导干部上讲堂】 年内，区委高度重视，加强对党校工作的领导，定期研究党校发展中重要问题。按照同级党委主要负责人到同级党校调研指导、参加重要活动或与学员座谈每年至少一次的要求，区委书记高朋在区委党校为全区党员领导干部和主体班学员宣讲十九届五中全会精神、开展警示教育。区委副书记、党校校长张良主持召开党校领导班子会，研究部署工作，定期听取工作汇报。区人大常委会主任车克欣、区委组织部部长张金玲深入党校调研“四史”（党史、新中国史、改革开放史、社会主义发展史）教育和教科研工作。区委宣传部部长贺亚兰、副区长徐晓俊对党校教学科研工作做批示、提要求。在党校召开的全市“两会”视频会议期间，区领导深入了解党校工作，给予指导。

（区委党校）

【疫情防控】 年内，严格落实疫情防控工作措施。完善疫情防控工作方案和应急预案，加强校园管控，落实教职工、学员和物业服务保障人员健康情况“日报告”“零报告”制度，做好健康提示、健康管理和公共场所通风消毒工作。严格外来人员登记、检测、管理以及排查等措施。确保校园、人员安全和各类教学、会务活动的实施。动员全体党员参加防疫督查，下沉社区支援抗疫，配合核酸检测、流调等工作任务，累计志愿服务550人次，9800余小时。

（区委党校）

【重要活动服务保障】 年内，区委党校牢固树立规范服务、高标准服务、安全服务的理念，发挥好组织协调、督促检查的作用。通过细化工作流程，建立协调配合机制，使各个服务保障部门高效顺畅运转，保证国家环保督察组、市委专项巡视组以及区委、区人大、区政府、区政协重要会议和活动以及全区各类会议和活动的进行。服务重大会议活动950场47000余人次。抽调骨干力量参与区换届选举、文明城市创建、纪检巡察、接诉即办等工作。

（区委党校）

党史工作

【图书捐赠活动开展】 年内，区党史部门多次开展史志图书向基层捐赠发放活动，向光明街道幸福社区、光明小学、顺义三中等单位发放史志资料500余本。

（区史志办）

【抗战史料搜集】 年内，区史志办深入挖掘整理抗战史料，完成杨镇、南彩、李遂、北务抗日战争口述史资料编辑整理工作。

（区史志办）

【“扶贫展览进校园、进社区”巡展活动开展】 9月下旬至11月底，围绕打赢脱贫攻坚战主题，开展“扶贫展览进校园、进社区”巡展活动。通过10张展板展示“顺义区扶贫协作工作开展情况”“对口帮扶亮点‘七个梦’”“对口帮扶3个省5个受援地区基本情况”。其中对口帮扶亮点“七个梦”充分展示顺义区在对口帮扶工作中取得的显著成效。巡展受众3000余人。

（区史志办）

【《中国共产党北京市顺义区历史》（终审稿）专家评审会召开】 11月6日，《中国共产党北京市顺义区历史》（终审稿）专家评审会在北京市政务服务中心召开。市委党史研究室、市地方志办相关人员，原北京市委党史研究室主任谢荫明，原中央文献研究室第一编研部副主任张素华，原中央文献研究室第二编研部副主任王双梅等有关领导和专家及编辑部人员参加会议。评审专家一致认为，终审书稿政治思想观点正确、历史资料翔实、地方特色鲜明、语言文字流畅、结构编排合理，客观反映1924—2012年党在顺义的光辉历程，是一部较为合格的地方党史著作。专家同时还对书稿的序言、参考文献的标注、资料的引用以及个别章节的标题等方面提出修改建议。最终，专家建议书稿修改后提交终审。

（区史志办）

【《中国共产党北京市顺义区历史》终审会召开】 12月15日，《中国共产党北京市顺义区历史》终审会在北京市政务服务中心召开。市委党史研究会、市地方志办副主任陈志楣代表市委党史研究室、市地方志办对党史基本著作做出通过终审验收的决定。

（区史志办）

网络与信息安全

【网络意识形态安全】 年内，贯彻落实《顺义区党委（党组）网络意识形态责任制实施细则》，将网络意识形态工作责任制纳入2020年全区党建工作考核评价体系，按照属地管理、分级负责和谁主管谁负责的原则，压实主体责任。每季度召开网络意识形态风险研判会，将各单位专题研判和网信部门综合研判结合，及时将风险隐患遏制在萌芽状态。进一步完善《顺义区网络舆情应对处置联席会议制度》，完善季度风险研判和重点舆情会商协调机制。会同区纪委机关、区政务服务局联合印发《关于回应市民诉求的联席工作机制》，建立市民诉求信息共享、共商研判、信息筛查核查督办、失职失责线索处置、核查督办情况月报等机制。印发《网信摘编》3本，《典型舆情案例集》《网络综合治理摘编》《网络安全和信息化规范性文件汇编》等共5000册。

（区委网信办）

【网络舆情应对处置】 年内，落实《关于加强网络舆情信息报送的通知》，指导各单位提升网络舆情信息共享和协同处置能力。充分发挥《促进顺义区新媒体规范发展的办法（试行）》作用，落实总编辑负责制，推动区属5家重点新媒体做好备案，建立常态化沟通联络机制。会同宣传部、公安等单位开展“清朗2020”“扫黄打非”“扫黑除恶—行业清源”等专项净网行动，清理网上不良信息。作为区“新冠防控”“平安顺义”“扫黑除恶”“扫黄打非”等15个领导小组成员单位，承担网络舆情监测和应急处置等任务，提供舆情应急预案、舆情监测报告125份。在“街乡吹哨、部门报到”活动中，开展调研和“领哨报到”，参与北石槽、木林、李遂、李桥等镇拆迁拆违风险研判会15次，为各属地提供监测服务保障。充分发挥“三报一提示”（舆情简报、微信专报、值班专报、舆情提示）网络舆情产品作用，采取纸质简报一日一报、微信值班专报一日两报、重点舆情微信专报、普通舆情提示等方式，为领导决策提供参考，为重点工作提供舆情服务保障，为群众诉求解难答疑，为基层单位舆情安全保驾护航。编发《舆情简报》285期，累计编发385期，值班专报690期，微信专报35期。

（区委网信办）

【网络与信息安全】 年内，区委网信办联合顺义公安分局下发《关于进一步推进网络安全等级保护工作加强关键信息基础设施安全保护的通知》，开展关键信息基础设施的摸排认定工作，依托专业技术力量对全区重要网站、关键基础设施系统进行安全防护，重大安保期间实施24小时实时监测，远程漏扫2300家次，发现69家网站存在安全隐患，均下发《限期整改通知书》责令其进行整改，及时修复安全漏洞。编发《顺义区网络与信息安全信息通报》20期，向全区通报网络安全风险情况和形势，提示各单位及时开展系统隐患排查和安全加固工作。出台《顺义区贯彻落实党委（党组）网络安全工作责任制实施细则》，突出网络安全责任体系和工作体系，明确细化党委（党组）领导班子、领导干部网络安全责任，配套制定工作细化指标，构建起完整的网络安全工作格局。

（区委网信办）

【国家网络安全宣传周活动】 年内，宣传活动覆盖全区机关、企事业单位120余家，大、中、小学校73所，参与群众150000余人次，发放宣传资料40000余份，张贴海报5000余张，利用辖区200余块LED大屏幕、公交车载电视进行宣传5000余次，宣传片、网上课题等视频播放量4000余次，组织参加在线答题和网络安全满意度调查10000余人次，举办专题培训讲座30余场，利用网站、论坛、公众号、微信朋友圈等宣传相关帖文1000余条。

（区委网信办）

【涉疫情重点单位网络安全专项整治】 年内，按照市级要求，转发《突发公共卫生事件个人信息保护规则》，有效保障疫情期间数据安全、落实个人信息保护责任。制定《顺义区涉疫情防控重点单位网络安全专项督导检查工作实施方案》，会同市公安局顺义分局等单位对全区涉疫情防控重点单位进行全面梳理，对10家涉疫重点单位开展实地和远程检查，下发限时整改通知书，敦促各涉疫重点单位落实整改。

（区委网信办）

【党政机关互联网邮箱管理】 年内，要求各单位开展邮箱摸排工作，建立邮箱台账，明确邮箱管理责任人，加强安全意识教育，杜绝弱口令，严禁利用电子邮箱传递、处理、存储敏感信息和涉密信息。经统计全区留用邮箱839个，停用79个，注销20个。

（区委网信办）

【国际人才社区网络建设】 年内，区委网信办采用“政府引导、企业建设、公众参与”的模式，鼓励企业利用互联网、大数据等新型技术手段参与网络平台建设，采用网站、App、微信、微博等多种平台，以线上和线下形式提供宣传、服务、社交等内容，实现国际人才融入顺义、留在顺义，打造共建共治共享的国际人才社区。

（区委网信办）

【“三位一体”的网络安全综合防护体系研究探索】 年内，从人、技术、制度3个方面综合考虑，通过举办宣传、培训等活动提升全区干部网络安全意识，培养储备安全技术人才；通过对辖区网站进行安全检测和安全态势通报，提升网络信息系统的安全防护等级；通过组织专家研讨论证，完善网络安全防护制度。共同形成集合“人、技、制”三位一体的网络安全综合防护系统。

（区委网信办）

【组建两个联盟，两个学院】 9月15日，顺义区组建两个联盟，两个学院。顺义新媒体联盟由区委网信办联合区委宣传部、区委统战部、市公安局顺义分局、区融媒体中心等7家单位共同发起，共同监管，共促成长。联盟实行公平、开放、自愿、融合、联动的组织机制，是非营利性公益联盟，成员单位全面遵守《联盟章程》，履行义务，享受权利。按照《联盟章程》要求，顺义新媒体联盟成员单位将强化统筹策划，坚持正面宣传，守好规矩底线，形成舆论合力。顺义网络安全联盟采用校地合作共建模式，由北京城市学院负责日常运行，区委网信办给予业务指导，属地企业及个人自愿加入，通过组织开展日常活动、专题活动、专项培训等，推动联盟健康发展，助力顺义网络治理，打造地域网络安全发展新模式。区委网信办联合属地高校北京城市学院，组建网络新媒体学院和网络安全学院，开展网络安全重点学科建设。其中，网络安全学院依托北京城市学院信息学部、大数据学院，北京市大数据人才培训基地建设，占地1000余平方米。

◆9月，顺义新媒体联盟、网络安全联盟正式成立（区委网信办供图）

顺义区人民代表大会

10月23日，人大代表在空港街道开展代表联系选民月活动（区人大供图）

12月17日，区人大常委会调研区检察院未成年检察工作情况（区人大供图）

12月27日，区人大常委会第三十四次会议召开，代区长龚宗元带领代表们进行《宪法》宣誓（区人大供图）

综 述

【概况】 年内，按照疫情防控期间的各项部署要求，区人大常委会会议均采取现场出席和网络视频出席相结合的方式举行。全年共组织召开人代会 1 次、常委会会议 8 次，开展执法检查 3 项、专题询问 1 项，听取和审议“一府两院”专项报告 22 项，开展视察、调研 16 次，做出决议决定 14 件，任免国家机关工作人员 56 人次，督办代表议案 3 项、建议 128 件，完成区五届人大六次会议确定的各项目标任务，有效推动“一府一委两院”工作的开展。同时，配合市人大做好相关工作。

（区人大常委会）

【党建工作】 年内，区人大常委会党组坚持围绕中心服务大局，把人大工作纳入全区工作大局谋划部署，注重将党建工作融入人大业务工作的各方面、全过程，深挖党建工作与业务工作的结合点，保证人大工作与区委决策部署同心同向、同步同行。严格执行向区委请示报告制度，向区委请示报告工作 31 次。充分发挥党组的领导作用，健全完善党组工作机制，召开党组会 21 次。严格落实意识形态工作责任制，切实守好人大机关意识形态阵地。

（区人大常委会）

重要会议

【区五届人大第六次会议】 1 月 6—9 日，区五届人大第六次会议在区委党校举行。会议表决通过《关于顺义区人民政府工作报告的决议》《关于顺义区 2019 年国民经济和社会发展计划执行情况与 2020 年国民经济和社会发展计划的决议》《顺义区 2019 年预算执行情况和 2020 年预算的决议》《关于顺义区人民代表大会常务委员会工作报告的决议》《关于顺义区人民法院工作报告的决议》《关于顺义区人民检察院工作报告的决议》。大会选举刘国强为顺义区监察委员会主任，张尚强为区五届人大常委会副主任，选举田庆江、朱新生、安国雨、李长勇、张国境、陈大鹏、邵宗有、范士永、岳国荣为区五届人大常委会委员，表决通过顺义区第五届人民代表大会各专委会名单。新当选的人员进行《宪法》宣誓。

（区人大常委会）

【区五届人大常委会第二十七次会议】 2 月 28 日，区五届人大常委会第二十七次会议在区行政中心召开。会议传达学习市十五届人民代表大会第三次会议精神及《北京市人民代表大会常务委员会关于依法防控新型冠状病毒感染肺炎疫情 坚决打赢疫情防控阻击战的决定》，听取和审议顺义区人大常委会 2020 年工作要点、区政府关于 2019 年推进法治政府建设情况的报告、区政府关于顺义区 2020 年预算调整方案的报告及区人大财经委的初审报告、区政府关于顺义区 2020 年为群众拟办重要实事项目安排情况的报告，并做出决议，审查和批准区政府 2020 年预算调整方案。会议表决通过有关人事任免，接受霍光峰辞去顺义区人民政府副区长职务的请求；任命刘洋为顺义区人民政府副区长，王雪岩为顺义区司法局局长；免去范士永区审计局局长职务。新任职人员的《宪法》宣誓环节待疫情结束后进行。

（区人大常委会）

【区五届人大常委会第二十八次会议】 4 月 28 日，区五届人大常委会第二十八次会议在区行政中心召开。会议通报区人大常委会组成人员 2019 年调研成果评审情况，书面审议区政府关于强化基层社会治理规范农村房屋租赁管理消除安全隐患议案办理情况报告的审议意见落实情况报告、区政府关于顺义区 2018 年度国有资产管理情况综合报告、顺义区行政事业性国有资产管理情况报告和顺义区行政事业性国有资产管理情况专项审计报告的审议意见落实情况报告、区政府关于全区加快推进美丽乡村建设工作情况报告的审议意见落实情况报告、区政府关于 2019 年平原造林工作开展情况报告的审议意见落实情况报告、区政府关于全区水污染防治工作开展情况报告的审议意见落实情况报告、区政府关于医疗卫生服务水平提升行动计划（2018—2020

年）落实情况报告的审议意见落实情况报告、区政府关于顺义区第三期学前教育行动计划（2018—2020年）工作情况报告的审议意见落实情况报告、区政府关于全区文化建设情况报告的审议意见落实情况报告。会前安排学法，北京航空航天大学公共管理学院教授詹承豫就我国突发事件应急法律体系的发展与完善做专题讲座。会议表决通过有关人事任免，任命梁斌为顺义区人民政府副区长，杨东伟为顺义区监察委员会委员，陈淑莉为区人民法院副院长，刘军为区检察院副检察长；免去单晓云区人民法院副院长职务，张右发、郑晶晶区人民检察院检察员职务。会议组织第二十七次、第二十八次常委会新任命的6人进行《宪法》宣誓。

（区人大常委会）

【区五届人大常委会第二十九次会议】 6月23日，区五届人大常委会第二十九次会议在区行政中心召开。会议听取和审议区法院关于开展扫黑除恶专项斗争情况的报告，书面审议区政府关于2019年推进法治政府建设情况的报告审议意见办理情况报告。会前安排学法内容，由中国政法大学民商经济法学院院长于飞就十三届全国人大三次会议表决通过的《中华人民共和国民法典》相关内容进行专题讲解。会议表决通过有关人事任免，通过关于接受郭文杰辞去北京市第十五届人民代表大会代表职务请求的决定，关于接受王子利、赵靖宇、张春和辞去顺义区第五届人民代表大会代表职务的决定；任命马强为顺义区发展和改革委员会主任，张春和为顺义区住房和城乡建设委员会主任；免去赵靖宇顺义区人大常委会双丰街道工作委员会主任职务，于长雷顺义区发展和改革委员会主任职务，赵洪涛顺义区住房和城乡建设委员会主任职务，金泰希顺义区科学技术委员会主任职务，薛祥顺义区人民法院审判员职务。新任命的人员进行《宪法》宣誓。

（区人大常委会）

【区五届人大常委会第三十次会议】 8月27日，区五届人大常委会第三十次会议在区行政中心召开。会议听取和审议区政府关于2019年决算草案的报告、2019年预算执行和其他财政收支情况的审计工作报告、2020年上半年预算执行情况的报告、2020年预算调整方案的报告、2020年国民经济和社会发展计划上半年执行情况的报告、2020年上半年加快全区协调发展重点推进河东地区建设议案办理情况的报告、区政府关于顺义区新冠肺炎疫情防控工作情况的报告、顺义区人大常委会执法检查组关于检查《北京市街道办事处条例》实施情况的报告，书面审议顺义区2020年上半年政府债务管理情况的报告。会后安排学法内容，由中国政法大学法治政府研究院副教授曹鎏就顺义推进法治政府建设必要性和路径问题进行专题讲解。会议表决通过有关人事任免，通过关于接受闫岩等辞去顺义区第五届人民代表大会代表职务的决定；接受赵长青辞去顺义区人民政府副区长（挂职）职务的请求；任命于宝鑫为顺义区卫生健康委员会主任职务；免去吕海燕顺义区人大常委会法制（备案审查）办公室主任职务，董杰昌顺义区卫生健康委员会主任职务。新任命的人员进行《宪法》宣誓。

（区人大常委会）

【区五届人大常委会第三十一次会议】 10月30日，区五届人大常委会第三十一次会议在区行政中心召开。会议听取和审议区政府关于2019年度预算执行和其他财政收支审计查出问题整改情况的报告、关于“强化基层社会治理规范农村房屋租赁管理消除安全隐患”议案办理情况的报告、区人大常委会执法检查组关于检查《北京市生活垃圾管理条例》和《北京市物业管理条例》实施情况的报告，书面审议区法院关于开展扫黑除恶专项斗争情况报告的审议意见办理情况的报告、北京市顺义区人民代表大会议事规则暂行规定。会议安排会前学法，由中国政法大学民商经济法学院教授陈景善，就营商环境的法治保障进行专题讲解。会议表决通过有关人事任免，通过区人大常委会关于接受刘洋等辞去顺义区第五届人民代表大会代表职务的决定，接受刘洋、黄永志、王雪岩、孟林辞去顺义区第五届人民代表大会代表职务的请求；任命徐晓俊为北京市顺义区人民政府副区长，武捷为北京市顺义区统计局局长，李刚为北京市顺义区市场监督管理局局长，赵海波为北京市顺义区园林绿化局局长，冯江全为北京市顺义区教育委员会主任，郭宇明为北京市顺义区人大常委会研究室副主任，胡泊为北京市顺义区牛栏山人民法庭庭长，宋万忠为北京市顺义区杨镇人民法庭副庭长；免去胡小兵北京市顺义区市场监督管理局局长职务，武捷北京市顺义区教育委员会主任职务，岳彩华北京市顺义区统计局局长职务，耿超北京市顺义区人民政府国有资产监督管理委员会主任职务，刘宏艳北京市顺义区牛栏山人民法庭庭长职务，胡泊北京市顺义区杨镇人民法庭副庭长职务，宋万忠北京市顺义区天竺人民法庭副庭长职务，张福荣北京市顺义区人民检察院检察委员会委员、检察员职务。新任命的人员进行《宪法》宣誓。

（区人大常委会）

【区五届人大常委会第三十二次会议】 11月17日，区五届人大常委会第三十二次会议在区行政中心召开。会议审查和批准区政府关于调整部分2020年国民经济和社会发展计划指标的议案、区政府关于顺义区2020年预算调整方案的报告，听取和审议顺义区第五届人大常委会代表资格审查委员会关于顺义区第五届人民代表大会代表资格的审查报告，审议通过区人大常委会关于补选顺义区第五届人民代表大会代表的决定补选工作方案、区人大常委会关于补选顺义区第五届人民代表大会代表的决定。会议安排会前学法，由中国政法大学法治政府研究院副教授曹鎏，就《公务人员政务处分法》进行专题讲座。会议表决通过有关人事任免，通过区人大常委会关于接受孙军民辞去顺义区人民政府区长职务请求的决定和关于接受冯江全等辞去顺义区第五届人民代表大会代表职务的决定；任命李慧哲为北京市顺义区人大常委会法制（备案审查）办公室主任，付全立为北京市顺义区人民法院副院长；免去胡国东北京市顺义区人民法院副院长职务，肖东梅北京市顺义区人民检察院检察员职务。新任命的人员进行《宪法》宣誓。

（区人大常委会）

【区五届人大常委会第三十三次会议】 12月22日，区五届人大常委会第三十三次会议在区行政中心召开。会议听取和审议顺义区2020年度城乡规划实施和土地资源管理情况专项报告，区政府关于五年以上未竣工项目推进情况的报告，区政府关于顺义区2019年度国有自然资源资产管理情况的专项报告，政府关于顺义区国有自然资源资产管理专项审计情况的报告，区政府关于区五届人大六次会议代表建议、批评和意见办理情况的报告，区政府关于顺义区优化营商环境工作开展有关情况的报告。会议书面审议区政府关于2019年度国有资产管理情况的报告，区政府关于顺义区提升农村人居环境，推进美丽乡村建设情况的报告，区政府关于人大代表视察全区“提升农村人居环境，推进美丽乡村建设”所提建议汇总办理情况的报告，区政府关于顺义区2020年度政府债务管理情况的报告，区政府关于顺义区2020年国民经济和社会发展计划上半年执行审议意见落实情况的报告，区政府关于顺义区2019年决算草案审议意见办理情况报告，区政府关于顺义区2019年环境状况和环境保护目标完成情况的报告，区政府关于实施《顺义分区规划（国土空间规划）（2017年—2035年）》工作进展情况的报告，区政府关于2020年上半年加快全区协调发展重点推进河东地区建设议案办理审议意见整改落实情况的报告，区政府关于区人大常委会执法检查组检查《北京市街道办事处条例》实施情况所提意见建议的落实情况报告。会议表决通过北京市顺义区人大常委会关于召开北京市顺义区第五届人民代表大会第七次会议的决定，区五届人大七次会议主席团和秘书长名单，区五届人大七次会议列席人员名单，顺义区第五届人大常委会关于通报表扬优秀代表、优秀建议的决定，区第五届人大常委会代表资格审查委员会关于补选代表的代表资格审查报告，区第五届人大常委会代表资格审查委员会关于区第五届人民代表大会第七次会议代表资格审查报告。讨论区人大常委会向区五届人大七次会议所作的工作报告。就“顺义区优化营商环境工作”开展专题询问。会议表决通过有关人事任免，依法补选李健为市十五届人民代表大会代表；任命屈敬贤为北京市顺义区人民检察院检察员；免去屈敬贤北京市顺义区人民法院审判员职务。

（区人大常委会）

【区五届人大常委会第三十四次会议】 12月27日，区五届人大常委会第三十四次会议在区行政中心召开。会议表决通过有关人事任免，任命龚宗元为顺义区人民政府副区长、代理区长，王洪涛为顺义区人大常委会胜利街道工作委员会主任，杜跃为顺义区人大常委会双丰街道工作委员会主任，刘晨光为北京市顺义区园林绿化局局长，王民为北京市顺义区审计局局长，蒙连胜为北京市顺义区人民政府国有资产监督管理委员会主任；免去李黎顺义区人大常委会光明街道工作委员会主任职务，赵海波北京市顺义区园林绿化局局长职务。新任命的人员进行《宪法》宣誓。

（区人大常委会）

议案办理

【代表建议办理】 区五届人大六次会议及闭会期间，共收到代表提出的建议128件。其中，城乡建设管理类61件，占比48%；社会发展类47件，占比37%；综合经济类17件，占比13%；法制建设类3件，占比2%。按解决程度划分，建议得到解决或基本解决，办理工作取得实效的有47件。已被政府职能部门列入工作计划，预计2～3年内可以解决或部分解决的有39件。受现行政策、法规以及财力、物力等客观条件的限制，目前难以解决，需待条件具备时再逐步解决的有42件。

（区人大常委会）

【信访工作】 年内，按照区委和区人大常委会党组关于新冠肺炎疫情防控工作要求，减少群众上访造成的流动聚集，保护群众生命安全，参照中央和国家机关群众来访接待场所暂时关闭的做法，在疫情高发期适时暂停接待来访群众，以电话接访、收取信访信件的方式接收群众反映的信访问题。全年共接待各类访情252件313人次。其中收到上访信件11件12人次，电话接访24件24人次，重复访222件268人次，信访量同比减少近$^2/_3$。按照类型划分为8类信访问题，其中法院执行难问题在近年的信访数量上居高不下。

（区人大常委会信访室）

代表活动

【新冠肺炎疫情防控】 年内，区人大常委会坚决贯彻习近平总书记关于提高依法防控能力、强化公共卫生法治保障的重要指示精神，大力宣传贯彻市人大常委会关于坚决打赢疫情防控阻击战的决定，及时调整充实年度工作计划，增加审议疫情防控工作情况报告和调研疾控中心建设情况等监督议题，及时审议预算调整方案报告，确保新增20多亿元政府债券及时足额投放。制定印发《致全区人大代表的倡议书》，各级代表或投身抗疫战场，或助力推进复工复产，或参与捐赠活动；区人大常委会各级领导先后152次深入一线，督导检查疫情防控和复工复产工作开展情况；机关51名党员干部分批下沉社区一线，与社区工作者一同参加疫情防控；区镇代表共捐款物近240万元。

（区人大常委会）

【人大代表家站建设】 年内，为进一步密切基层代表与群众联系，探索推动代表履职方式，区人大常委会制定印发《关于进一步加强人大代表之家、人大代表联络站建设的意见》，新编制印发《顺义区人大代表之家、人大代表联络站制度汇编》《顺义区人大代表之家、人大代表联络站建设标准》《顺义区家站统计台账》等配套制度文件，对全区家站建设进行全面部署和统一规范要求。截至11月，全区共建立人大代表之家25个，人大代表联络站225个，遍布全区6个街道、19个镇，实现“三个全覆盖”，即“工作平台”“履职平台”的全覆盖、市区镇三级人大代表的“参与全覆盖”和149个社区、426个村的“选区全覆盖”。

（区人大常委会）

【顺义团市人大代表活动情况】 1月3日，顺义团市人大代表在北京金茂怡生园酒店开展市十五届人大三次会议会前活动，会议传达蔡奇书记在市委十二届十一次全会上的讲话精神、市十五届人大三次会议大会秘书处各大组负责人第二次会议的有关精神和要求，通报顺义区经济社会发展情况，观看2019年顺义区人大常委会专题片《履职尽责　砥砺前行》。7月31日—8月7日，结合首都疫情防控形势和顺义区实际，顺义团市人大代表年中集中活动调整为向代表发送电子版学习资料，书面征求代表意见建议形式进行。11月5日，顺义团市人大代表开展市十五届人大四次会议前集中视察。代表们先后到天竺综保区泰达科技园·文创区、北京乐石文物修复中心有限公司、北京当红齐天国际文化科技发展集团有限公司和北京天竺黄花梨艺术馆4个点位进行视察。下午，代表们在座谈会上观看顺义区“两区”建设宣传片，听取顺义区一至三季度经济社会发展情况及“两区”建设情况汇报，听取市十五届人大三次会议顺义团议案、建议工作情况汇报。围绕视察专题，与会人员进行交流讨论，提出意见建议。

（区人大常委会）

【“万名代表下基层”活动开展】　1月29日，根据市人大常委会统一部署和疫情防控要求，区人大常委会及时调整“万名代表下基层”活动方式，就制定《北京市物业管理条例（草案）》《北京市文明行为促进条例（草案）》组织市、区、镇三级人大代表集中统一征求市民意见，调整为由各镇人大、人大街工委通知、组织所联系市人大代表和所属区、镇两级人大代表在家或单位自行研读有关材料，征求人大代表个人意见建议。各镇人大、人大街工委采取微信、电邮、短信、电话等多种“不开会、不聚集、不接触”形式，发挥微信群等“网上人大代表之家”平台作用，组织开展“万名代表下基层”活动和疫情防控工作。全区29名市人大代表、215名区人大代表、1005名镇人大代表全部参加征求意见活动，共征集汇总意见建议550条。

（区人大常委会）

【人大街工委工作研讨会召开】　5月27日、9月11日，区人大常委会在人大胜利街工委、人大双丰街工委分别召开2020年度人大街工委工作研讨会，围绕全区家站建设情况和区人大常委会《关于进一步加强人大代表之家、人大代表联络站建设的意见》（以下简称《意见》）落实情况开展实地调研和交流研讨。胜利街道工委书记、双丰街道工委书记分别和6个人大街工委副主任及相关人员参加研讨。与会人员重点查看家站规范后的制度上墙、代表信息公示、制度汇编等落实情况，听取家站负责人的情况介绍。研讨会上，大家围绕进一步做好家站建设和《意见》落实情况进行重点发言，介绍各自的好做法、好经验，并提出一些问题和建议。

（区人大常委会）

【代表培训】　9月2—4日，顺义区人大常委会在区委党校组织开展基层人大代表履职培训班。因疫情，此次培训采用腾讯会议集中授课方式，邀请市人大、中央党校以及中国政法大学等专家学者以及市级优秀人大代表，围绕人大履职业务知识、先进履职经验进行交流，对相关法律法规及十八大以来党的路线、方针、政策进行深入解读，共367名人大代表参加培训。9月15—17日和9月22—24日，区人大常委会分两期举办常委会组成人员及人大工作者履职培训班，邀请全国人大有关领导及中央党校、中国政法大学、国防大学等相关专家，围绕学习贯彻党的十九届四中全会精神、《习近平谈治国理政》（第三卷）、《中华人民共和国民法典》解读、人大监督工作、我国周边安全形势等方面做专题讲座，并进行交流研讨，共计126人参加培训。9月10日—11月10日，市人大常委会结合疫情防控要求，委托区人大常委会通过推送网络视频报告、文字资料的形式，举办“2020年市人大代表履职学习班（网上课堂）”。市、区、镇人大代表和人大工作人员共计53人参加学习，课程完成率100%。

（区人大常委会）

【“区人大代表联系选民月”活动】　9月，区人大常委会组织开展“区人大代表联系选民月”活动，围绕“三个条例”落实情况以及“三边”检查进展情况听取人大代表、选民和人民群众的意见建议。各人大街工委、镇人大依托家站和“市区镇三级代表联系组”，在以区人大代表为活动主体基础上，邀请市、镇代表参加，做到统筹考虑，合理安排，精心组织；围绕“五级意见建议收集反馈机制”，协助代表梳理选民和人民群众的意见和要求，及时向有关部门反映，做好工作协调和情况反馈工作，确保活动取得实效。截至10月底，市、区、镇三级人大代表3022人次参加“区人大代表联系选民月”活动，共组织开展座谈、调研、接待选民等活动527次，联系选民4263人次，征求各方面意见建议664条，答复解决413件。

（区人大常委会）

【区人大代表补选相关工作开展】 11月17日，区人大常委会召开区人大代表补选工作动员部署会，专门成立代表补选工作领导小组，下设代表补选工作办公室，办公室共分行政组、综合组、组织组等9个工作小组，涵盖区委办，政府办，区委组织部、宣传部，区纪委区监委等部门和单位，共同推动本次区人大代表补选工作依法有序进行。本次补选从11月17日至12月21日，12月19日为统一投票选举日。11月25日，区人大常委会召开区五届人民代表大会代表补选工作领导小组办公室工作推进会，审查组、综合组、行政组汇报相关工作开展情况，督查组汇报督查工作情况。12月1日，区人大常委会召开区第五届人民代表大会代表补选工作阶段会议，有补选任务的镇人大主席、人大街工委副主任和退役军人事务局相关负责人汇报前期工作开展情况，审查组通报“核对选民名单阶段”注意事项，综合组通报“提名推荐确定补选代表候选人阶段”和“投票选举和工作总结阶段”注意事项。本次补选工作依法完成19名代表的补选工作。

（区人大常委会）

专门委员会

【《北京市生活垃圾管理条例》《北京市物业管理条例》实施情况检查】 年内，按照市委、区委要求和市人大常委会统一部署，区人大常委会成立执法检查组，利用5个月左右的时间，与市人大城建环保委员会开展市区联动执法检查，全面系统地了解“两条例”在全区的实施情况，总结实施过程中的经验和不足。执法检查组充分发挥25个“人大代表之家”、226个“人大代表联络站”平台作用，组织代表视察、检查、调研、培训610次。全区1000余名市、区、镇三级人大代表参与社区治理，先后深入195个社区、近400个村、152个机关企事业单位、159个商超饭店公园、540个地铁或公交车站开展“身边、路边、周边”检查工作，提出加强和改进相关工作的意见建议300余条，参与率99%以上。《北京市生活垃圾管理条例》实施以来，全区厨余垃圾日均分出率由1.94%提升到15.72%，其他垃圾日均产出量由1358吨下降至1211吨。《北京市物业管理条例》实施以来，全区备案的195个普通住宅小区和政府直管小区，有物业服务覆盖的小区186个，物业服务覆盖率95.4%，党组织覆盖率实现100%；全区既有业委会13个，新增组建业委会（物管会）122个，组建率69.2%。

（区人大城建环保委员会）

【疾控中心建设情况调研】 5月19日，区人大常委会组织主任会议成员专题调研区疾控中心建设工作。区政府相关领导，区卫健委、疾控中心班子成员参加调研活动。与会人员实地察看区疾控中心新址建设及入驻准备、实验室设备安装调试等情况，听取卫健委关于疾控中心各项工作职能及完成情况汇报。座谈中，委员和代表们建议继续抓紧抓实抓细常态化疫情防控工作，结合顺义地区特点，加强全区公共卫生应急管理体系建设，健全完善联防联控、群防群控工作机制，进一步提高全区应对突发重大公共卫生事件的能力和水平。

（区人大教科文卫委员会）

【新高考改革背景下的教育质量提升情况调研】 5月26日，区人大常委会组织主任会议成员专题调研新高考政策背景下全区教育教学工作。区政府相关领导、市人大教科文卫体办、受邀教育顾问、区人大常委会相关委室主任、教科文卫委部分委员、市区人大代表和区教委、区教育研究和教师研修中心、部分学校相关人员参加调研活动。与会人员听取区教委汇报近年来顺义区基础教育发展现状，同时介绍当前顺义教育面临的挑战及应对举措，牛栏山一中、仁和中学、首师大附小校长分别介绍各自学校教育教学理念、特色及当前存在的问题。随后，市区人大代表与受邀教育顾问、区教委相关人员围绕如何在新高考政策背景下进一步提高教育教学质量进行交流探讨，并提出相关建议。

（区人大教科文卫委员会）

【镇人大主席联席会召开】 6月11日，区五届人大常委会召开2020年第一、二次镇人大主席联席会（因疫情合并召开），围绕听取全区疫情防控工作和“两条例”推进落实情况，进一步加强各镇街人大工作交流，落实落细相关工作。9月25日，区五届人大常委会召开2020年第三次镇人大主席联席会，会议围绕“提升农村人居环境，推进美丽乡村建设”主题，邀请北京市农业农村局村镇建设处相关负责人讲解北京市改善农村人居环境，推进美丽乡村建设有关精神和政策，区美丽乡村建设领导小组办公室和南法信镇、木林镇分别结合各自工作，介绍工作开展情况和取得的成效，与会人员进行交流。11月27日，区五届人大常委会召开2020年第四次镇人大主席联席会，会议邀请国家发改委经济研究所专家围绕党的十九届五中全会精神，解读中共中央关于制订国民经济和社会发展第十四个五年规划的建议，并就区政府“十四五”规划方案编制情况进行调研。

（区人大教科文卫委员会、城建环保委员会、农村委员会、财经委员会）

【文化中心利用情况视察】 7月24日，区人大常委会组织部分区人大教科文卫委委员、部分人大代表，视察顺义区文化中心建设工作，区委宣传部、区发改委、区文旅局等部门相关人员参加视察活动。代表们实地察看区文化中心影剧院、文化馆、博物馆、图书馆的建设情况，听取各场馆功能分区、项目进展、后续运营等相关情况介绍。随后召开座谈会，代表们听取区文旅局关于区文化中心建设和现阶段工作进展情况的汇报，就继续完善公共文化基础设施建设，大力加强公共文化服务社会化，广泛发掘区域优秀传统文化资源、提升公共文化服务效能，发挥好文化中心各项设施功能和作用提出意见和建议。

（区人大教科文卫委员会）

【《北京市街道办事处条例》实施情况检查】 7月28日，区人大常委会对《北京市街道办事处条例》（简称《条例》）实施情况进行执法检查，区人大常委会、区政府领导，执法检查组成员，区委社会工委区民政局、区委编办、区委区政府研究室、区政务服务局、区城市管理委主要领导和各街道办事处行政正职及相关单位主管副职参加。执法检查组实地检查双丰街道马坡花园第二社区和旺泉街道宏城花园社区有关社区议事、居民服务、垃圾分类管理、楼门治理等情况，了解旺泉街道“吹哨报到”、接诉即办、综合执法、宣传贯彻条例的有关情况。随后召开座谈会，区政府从坚持“赋权增能”，坚持“向下倾斜”，坚持“接诉即办”，坚持“问题导向”，坚持“党建引领”五个方面贯彻落实《条例》情况进行汇报。执法检查组对区政府和相关单位贯彻实施《条例》情况给予充分肯定，并结合实地检查情况，围绕街道办事处的职权职责、“七有”要求、“五性”需求、社区减负工作及疫情防控期间对社区的支持、贯彻条例与物业管理和垃圾分类管理工作统筹开展等，提出意见和建议。

（区人大社会建设委员会）

【保障房建设进展情况视察】 7月29日，区人大城建环保委组织部分区人大代表对顺义区保障性安居工程建设进展情况进行视察，实地察看沙坨村、临河村回迁房建设现场，考察工程进展，听取相关工作汇报。实地考察结束后，在项目现场召开座谈会，区住建委、仁和镇和科创集团、临河村相关领导分别汇报各自工作，与会代表结合日常调研中了解到的情况，就顺义区保障房建设工作提出加快建设、严把质量关、科学分析使用需求，同步配套建设生活服务设施等意见建议。

（区人大城建环保委员会）

【《北京市公园条例》落实情况调研】 7月31日，区人大常委会农村办组织召开工作调研座谈交流会，就《北京市公园条例》落实情况开展调研。区园林绿化局、区园林服务中心、长青林场主管领导参加。会上，首先听取区园林绿化局、区园林服务中心、长青林场总体情况、经验及特色的介绍，随后大家就落实“公园条例”目前存在的困难、今后工作计划及深入推进全区公园建设、发展等进行交流。代表和委员提出将目前公园建设工作存在的资金、土地规划、执法力度等方面的问题和困难向区政府反映，结合顺义实际，研究制定有效的办法加以解决。

（区人大农村委员会）

【“加快推进全区协调发展，重点推进河东地区建设”议案办理情况视察】 8月20日，区人大常委会组织区人大财经委委员、部分区人大代表开展“加快全区协调发展重点推进河东地区建设”议案办理情况专项视察。视察组先后实地察看通怀路道路工程、木孙路道路工程、舞彩浅山郊野公园一期建设工程、大孙各庄文体中心及风雨操场建设项目、南彩镇“提升”项目等河东地区重点项目。听取区发改委、顺义公路分局、区城市管理委、区绿管委、大孙各庄镇政府、南彩镇政府等相关政府部门负责人员就分管项目情况的工作汇报。代表们针对疫情常态化防控下的项目工期安排、建设周期较长项目存在问题、河东地区文化教育等公共设施配套情况等内容进行询问，政府相关部门对此进行现场解答。随后，召开座谈会，参会委员及代表与项目主管单位就河东项目实施效果、棚改回迁项目进展、河东规划布局、资金使用规范等问题进行交流讨论。

（区人大财经委员会）

【河长制工作落实情况调研】 8月26日，区人大农村委组织部分委员和代表，就全区河长制落实情况进行调研。调研组实地察看箭杆河前鲁村桥、潮白河东大桥下游左岸亲水码头、小中河首闸，听取北小营镇、南彩镇、南法信镇主管副镇长关于河长制工作落实情况的汇报及水务局主管副局长所作的全区总体情况汇报。委员和代表们指出要围绕美丽乡村建设，充分发挥水资源的生态作用，加强部门联动，形成合力，不断提升全区河道、水环境治理的法治化水平，提升人民幸福指数。

（区人大农村委员会）

【蓝天保卫战攻坚计划实施情况调研】 9月9日，区人大常委会组织区人大城建环保委委员、部分区人大代表和区生态环境局相关负责人员调研全区蓝天保卫战三年行动计划完成情况。调研组先后到马坡机动车排放检测点、区生态环境监测站实地考察，实地察看对车辆排放超标行为及时进行纠正和处罚、顺义大气污染监管综合指挥平台的使用情况等。随后召开座谈会，听取区生态环境局汇报《关于顺义区打赢蓝天保卫战三年行动计划工作完成情况的报告》。代表们针对全区扬尘污染治理任务较重、秋冬季重污染易发等问题，提出意见和建议。

（区人大城建环保委员会）

【科技成果转化工作情况视察】 9月15日，区人大常委会组织部分区人大教科文卫委员会委员，市、区人大代表，视察顺义区科技成果转化情况，区科委、区科协、区经信局等部门相关同志参加视察活动。代表们先后到中科星图股份有限公司和北京泓慧国际能源技术发展有限公司，实地察看企业科技成果转化工作，详细了解2家企业在数字地球产品研发和产业化，大数据云计算和人工智能等新一代信息技术应用，以及大功率磁悬浮飞轮储能技术转化方面的应用情况。随后，代表们听取区科委关于全区科技成果转化工作情况的汇报，就大力推动科技创新、优化营商环境、进一步做好科技成果转化工作提出意见建议。区人大教科文卫委员会与市人大教科文卫委员会科技专业委员围绕全区科技成果转化情况进行深入交流探讨，委员针对全区现状提出意见，并做出指导。

（区人大教科文卫委员会）

【“强化基层社会治理，规范农村房屋租赁管理，消除安全隐患”议案办理情况视察】 9月17日，区人大常委会组织区人大社会建设委委员、部分区人大代表对“强化基层社会治理，规范农村房屋租赁管理，消除安全隐患”议案办理情况进行视察。区委社会工委区民政局、区政法委、区城管执法局、区规自分局、区市场监管局、区农业农村局、区消防支队、区卫生健康委、区应急管理局、区住建委、区公安分局相关领导一同参加。代表们先后到仁和镇河南村和高丽营镇一村视察基层治理成效和物联网智慧管控系统建设等情况，随后召开座谈会，会上区委社会工委区民政局代表区政府从宅基地建设管理、消防安全隐患治理、出租房屋的智能管理、软法约束营造健康社会环境等方面报告议案办理情况。代表们就进一步提升完善基层社会治理体系和治理能力提出意见建议。

（区人大社会建设委员会）

【规范性文件备案审查工作情况调研】 10月16日，区人大监察和司法委员会组织开展规范性文件备案审查专题调研，区人大监察和司法委员会委员、区司法局局长、区人大法律顾问等一同参加。调研邀请中国政法大学法治政府研究院副教授曹鎏介绍中央对规范性文件备案审查的要求和其他地区先进经验。区司法局介绍2017年以来全区规范性文件备案审查工作情况、存在问题以及下一步的工作思路。区人大法制办通报2017年以来区政府报备的规范性文件和以区政府名义下发的规范性文件审查情况。区人大监察和司法委员会委员、法律顾问结合各自领域的相关工作和经验，从规范性文件合法性审查、适当性审查、审查程序等方面提出意见建议。

（区人大监察和司法委员会）

【“加快顺义区商业、服务业转型升级，提升人民群众生活品质”议案办理情况视察】 10月20日，区人大常委会组织区人大财经委委员、部分区人大代表、区商务局、南彩镇政府、空港街道办、旺泉街道办以及相关企业负责人员，前往南彩镇、空港街道、旺泉街道视察议案办理情况。视察组先后前往河东地区察看便民商业网点、河西地区商业转型升级项目、老城区商圈，视察南彩镇双营村博笛优选无人便利柜和京东末端配送柜设置使用情况，欧陆时尚广场商业设施升级改造后的高端零售、餐饮售卖、文娱教育等品牌设施的经营情况及万科便利蜂超市和旺泉街道商业布局情况。随后，视察组召开座谈会，听取区商务局“加快推进顺义区商业、服务业转型升级，提升人民群众生活品质”议案办理情况报告，从商业布局规划、企业帮扶、提升服务业品质、优化消费供给等方面汇报本年议案办理情况、存在问题及下一阶段工作安排。与会代表根据视察及前期调研情况提出意见建议。

（区人大财经委员会）

【“五年以上未竣工项目”推进情况视察】 10月27日，区人大常委会组织部分区人大财经委、教科文卫委、城建环保委委员及区人大代表和区住建委、区人力社保局、区体育局、区文旅局领导，前往太平村、前进村、劳动力实训基地和电子政务中心视察“五年以上未竣工项目”推进情况。视察组实地察看劳动力实训基地和电子政务中心项目建设情况，太平村、前进村回迁安置房建设情况。听取区住建委《关于顺义区五年以上未竣工项目推进情况的报告》。区人大常委会通过专题视察、调研、座谈、重大事项报告等监督形式，连续3年对“五年以上未竣工项目”进行跟踪督办，在政府及相关部门的推进下，项目取得阶段性成果。

（区人大财经委员会）

【提升农村人居环境，推进美丽乡村建设情况视察】 11月4日，区人大常委会组织区人大农村委员会委员及部分区人大代表对顺义区提升农村人居环境，推进美丽乡村建设情况进行工作视察。区农业农村局、区水务局、区园林局、区规自分局、区卫健委等相关单位的负责人员一同参加。委员和代表们到李桥镇南庄头村和张镇港西村，实地察看2个村人居环境及公厕、污水改造、街坊路新建修缮、村庄绿化等美丽乡村建设情况，并与镇、村干部群众进行交流，听取全区美丽乡村建设情况工作汇报。委员和代表们提出要进一步提高政治站位，建立长效管护机制，充分尊重农民主体地位，与区域产业发展、农民就业增收相结合等意见建议，确保农村人居环境整治工作任务目标全面完成。

（区人大农村委员会）

【营商环境推进情况专题询问】 12月22日，在区五届人大常委会第三十三次会议上，区人大常委会对全区优化营商环境工作开展专题询问。代表们围绕优化营商环境，采取一事一问、一问一答的方式进行，先后提出关于加快产业转型升级、扶持政策落地、加强配套服务、优化政务服务环境、推动科技创新、如何解决区内企业融资难、制定差异化政策7个问题，区发改委、区规自分局、区商务局、区政务服务局、区科委、区金融办等政府部门分别结合各自工作从发布的各项政策、推行的各项措施等方面进行解答。区人大常委会自2018年起督办全区营商环境工作，联合区政府通过走访调研、工作视察、座谈协调等形式，直面全区营商环境工作中的各种问题，狠抓“服务包”兑现和政策落实成效。

（区人大财经委员会）

【区检察院未成年检察工作情况调研】 12月17日，区人大常委会专题调研区检察院未成年人检察工作，区人大常委会、区检察院、区法院、区公安局、团区委主要负责人员，区人大监察和司法委员会委员及部分基层人大代表参加调研活动。代表们先后实地察看区检察院检察办案区、未成年人检察办案区、检察管理监督平台区、案件受理区、电子卷宗制作区的基础设施建设情况，详细了解区检察院案件办理工作和未成年人检察工作开展情况。座谈中，区检察院、区公安分局、区法院、团区委分别结合自身工作，介绍全区未成年人检察工作情况、未成年人违法犯罪情况、未成年人案件审判工作情况和未成年人保护工作情况。代表们建议相关单位加强联动、形成合力，创新普法形式，织密未成年人保护网，系统性、多角度、多层面继续加大未成年人保护工作，保护未成年人健康成长。

（区人大监察和司法委员会）

顺义区人民政府

11 月 20 日，区政府外事办举办领事保护进校园活动（区政府外事办供图）

12 月 10 日，区政务服务局举办营商监督开放日活动（区政务服务局供图）

12 月 27 日，区政府办督查科督查检查商超疫情防控情况（区政府办供图）

综述

【概况】 年内，区政府始终坚持以人民为中心的发展思想，统筹推进疫情防控和经济社会发展，主动服务首都“四个中心”功能建设，着力提高“四个服务”水平，认真抓好“三件大事”，坚决打赢“三大攻坚战”，全力以赴稳定经济增长，不退不让奋战重点任务，顶住压力挑战，推动经济社会保持稳中向好的发展态势，全力完成区五届人大六次会议确定的目标任务。

（区政府办）

【经济运行】 年内，地区生产总值降幅持续收窄；一般公共预算收入实际完成171亿元，同比增长3.2%；规模以上工业总产值完成1449亿元，降幅持续收窄；社会消费品零售总额完成562.5亿元，同比下降11.8%；固定资产投资完成480.5亿元，同比增长3.9%；建安投资完成212.8亿元，同比略有增长；人均可支配收入同比增长4.6%，增速排名全市第1名。

（区政府办）

【绩效管理】 年内，研究制定区政府绩效管理实施方案、实施细则，梳理市、区两级决策等重点工作及各单位主要职责，形成82家考评对象1100余条区级绩效任务；完成市级绩效任务自查，满意度、察访核验迎检等工作。

（区政府办）

【督查督办】 年内，共制发督查单142件；形成刊物114期；立项督办市、区两级折子实事、会议议定事项、领导调研、领导批示、群众反映重点任务1936项，均按要求落实反馈。

（区政府办）

【建议和提案办理】 年内，办理市十五届人大三次会议代表建议11件（主办2件、会办9件），市政协十三届三次会议委员提案8件（主办2件、会办6件）；办理区五届人大六次全会代表建议128件，区政协五届四次会议委员提案173件，全部建议、提案100%按期办复，代表、委员满意率100%。

（区政府办）

【文件办理】 年内，共接收国务院、市政府及市属各委办局来文3830件，接收处理区级单位报送合格公文3382件，办理区政府领导批示件10536余件，催办市级单位征求意见需按时限反馈文件2370余件，传阅中央、市委涉密公文2500余件，集中组织销毁涉密文件2次，到区邮政局发送机要信件160余次。

（区政府办）

【信息宣传】 年内，区政府政务信息系统共刊发《顺义区情》（普刊、专刊、专报）《舆情快报》《民声回应》《领导决策参考》等系列刊物1237期，涉及各类政务信息500余万字，获得区领导批示499条，批示率42%。上报市政府政务信息、舆情信息2000余条，被《昨日市情》《今日舆情》采用254条，其中《顺义区紧抓北京中德国际合作产业园建设契机打造制造业高质量发展新引擎》获得陈吉宁等多位市领导批示。高质量完成国务院办公厅及市政府办公厅约稿信息36篇，被采用9篇，其中《关于“双创”支持政策落地面临困难问题的分析》获得国办批示，实现顺义区政务信息国办领导批示“零的突破”。

（区政府办）

【疫情防控】 年内，区政府密集调度，各属地、部门和国企通力协作，全面织密织牢疫情防控安全网。医护人员白衣执甲，公安干警逆行出征，社区工作者恪尽职守，新闻工作者以笔为枪，志愿者们无私奉献，1000余名国企职工主动请战，35000余名党员干部冲锋在前，日夜坚守疫情防控一线。广大市民群众齐心协力，驻区企事业单位倾力支援，各条战线抗疫勇士临危不惧，全区上下拧成一股绳，形成联防联控、群防群控的强大合力。

（区政府办）

【常态化防控精准科学】 年内，全力参与新国展集散点服务保障，扎实做好港澳台及第三地抵京、外国航空公司机组、入境进京人员集中观察等重要任务，严格中高风险地区来顺人员管控。坚决防范新发地疫情传播风险，高效实现石门市场去零售业务和规范管理，全面加强冷链食品监管，确保关联病例“零发生”。从零构建物资保障防线，7 天内实现口罩生产从无到有，日产量最高达到 200 万个。实施“点对点”监测补货机制，严厉打击哄抬物价等违法行为。下达疫情防控资金 3.7 亿元，持续开展捐赠款物专项审计。

（区政府办）

【思想政治建设】 年内，始终坚持以习近平新时代中国特色社会主义思想为指导，深入学习贯彻党的十九大和十九届二中、三中、四中、五中全会精神。牢记“看北京首先从政治上看”的要求，牢固树立“四个意识”、坚定“四个自信”、做到“两个维护”，坚决落实中央、市委市政府和区委各项决策部署。认真执行理论学习中心组学习制度，持续巩固拓展“不忘初心、牢记使命”主题教育成果，累计开展各类理论学习活动 40 余次。

（区政府办）

【党风廉政建设】 年内，严格履行“一岗双责”，坚决贯彻市、区两级警示教育大会精神，深刻汲取反面典型案例教训，引导党员干部筑牢思想防线。制订“行业清源”专项整治方案，全面推动社会治安、工程建设等重点行业领域突出问题治理。持续加强重点领域监管，规自领域问题整改率 100%。公共资源交易平台正式投入运行，全区工程建设项目交易服务实现“一门受理”，292 个政府采购和工程项目进场登记。坚持预算外追加财政资金审议及通报制度，确保资金安全规范使用。

（区政府办）

【法治政府建设】 年内，自觉接受人大、政协监督，按时办结 320 件人大代表建议、政协委员提案，满意率均达到 100%。审查文件和决策事项 271 个、政府合同 6130 件，开展纠纷排查 55000 次，调解纠纷 2800 余件，调解成功率 98%。创新实行“云”端普法，开展主题宣传近 200 场。支持群团组织开展工作，民族宗教、国家安全、外事侨务、对台、新闻、档案、保密、气象、地震、民防、慈善、残疾人、红十字等工作取得新成绩。

（区政府办）

重要会议

【顺义区人民政府第二次全体会议暨顺义区政府党风廉政工作会议】 1 月 23 日，2020 年顺义区人民政府第二次全体会议暨顺义区政府党风廉政工作会议召开，传达市政府全会精神，部署 2020 年区政府重点工作，对区政府各项工作提出工作要求，区委副书记、区长孙军民讲话。

（区政府办）

【相关市场主体防疫工作专题研究】 3 月 3 日，区委副书记、区长孙军民主持会议专题研究全区相关市场主体防疫工作。强调一是要高度重视，进一步细化各社区（村）出入管理，利用“分色卡”“北京健康宝”等技防手段，全面、实时掌握相关市场主体从业人员居住、身体等状况，织密基层防控防线，切实“看好自己门，管好自己人”。二是要持续加大货运、快递物流行业监管力度，强化企业主体责任，动态掌握各分拨点、网点运行及人员住宿等情况，确保排查不留死角。针对各社区（村）、商务楼宇等部位，要通过施划专门区域、设置货架等方式，引导人员有序、分时领取快递，避免人员扎堆集聚。三是要通过“四不两直”、明察暗访等方式，细化各类“小门店”排查，明确防疫责任人，切实压实责任。要充分发挥“公示”等作用，紧盯问题整改，反复查查反复，确保疫情防控各项措施落实落细落小。

（区政府办）

【推进河东河西协调发展第一次全体会议暨第一季度会议】 3 月 19 日，2020 年顺义区推进河东河西协调发展第一次全体会议暨第一季度会议召开。区委副书记、区长孙军民参加会议并讲话。会上，区发展改革委、区城市管理委、区教委、市政控股公司分别围绕 2020 年河东建设工作方案，河东地区道路及市政配套工程建设和拆迁情况，河东地区教育学位资源配置及重点工程建设情况，河东地区供水、燃气总体规划布局及重点项目建设情况进行汇报。会议以视频形式召开。

（区政府办）

【教育相关工作研究会议】 4月7日，区委副书记、区长孙军民召开会议研究全区教育相关工作。强调一是要成立义务教育学位供给专班，统筹相关项目“拔点”工作，定期调度，加快推进选址、手续办理等工作。针对亟须推进解决的中小学项目，要建立台账，倒排工期，实行销账式管理。二是区规自分局、区发改委、区住建委等部门要主动向前一步，发挥专业优势，加快推进校园选址、手续办理、工程建设等环节。三是区规自分局、区教委等部门要着眼长远，按照分区规划，统筹住宅、产业区域划分，制定教育规划点位图，综合考量新建校园等问题。四是教委要提前谋划师资队伍、校园文化等软件建设，通过“内升外引”、学习外区先进做法等措施，推进全区教育高质量发展。

（区政府办）

【生活垃圾分类工作推进会】 5月9日，顺义区生活垃圾分类工作推进会以视频形式召开，对垃圾分类工作进行再动员，再部署，再推进。区委副书记、区长孙军民参加会议并讲话。会议传达市政府常务会关于生活垃圾分类工作有关精神，听取全区垃圾分类工作进展情况、存在问题和下一步工作措施以及小区物业单位落实垃圾分类工作情况和重点工作安排。

（区政府办）

【创建公共文化服务体系示范区部署会】 7月10日，顺义区创建公共文化服务体系示范区工作部署会以视频会议形式召开。会议通报全区创建公共文化服务体系示范区工作进展情况，对下一阶段工作进行再部署，再推进。区委副书记、区长孙军民参加会议并讲话，副区长李向英主持会议。

（区政府办）

【第四季度区政府重点工作攻坚部署会】 9月23日，2020年第四季度顺义区政府重点工作攻坚部署会召开。区委副书记、区长孙军民主持会议并讲话，区委常委、常务副区长支现伟部署2020年第四季度区政府重点工作。会议围绕抓好常态化疫情防控、全年重点指标及工作、稳增长、三大攻坚战、“疏整促”专项行动、优化营商环境、重点产业发展、“接诉即办”、“七有”“五性”、城乡环境建设、“十四五”规划编制等第四季度区政府重点工作进行安排部署，并就各项工作提出具体要求。

（区政府办）

主要工作和重大活动

【局部聚集性疫情处置】 年内，境外输入引发顺义区局部聚集性疫情后，全区立即进入紧急状态，采取最严措施，果断处置，第一时间对重点区域实施封控管理，全面进行环境消杀；迅速开展“人”“物”两线同查，追踪排查2000余名密接者，较短时间内锁定源头；大规模开展核酸筛查和重点人群复测，3天内完成全域全员检测，累计检测超过200万人次；迅速启用42家酒店7000余间客房，服务保障集中观察人员，有序推进疫苗接种工作，坚决阻断疫情传播链条。

（区政府办）

【北京城市总体规划深入落实】 年内，分区规划实施进展顺利，镇域、街区规划编制有序推进，杨镇、北石槽、大孙各庄镇域国土空间规划试点形成阶段性成果，新城2801试点街区成果上报市级审查，355个村庄规划编制完成并获得批复。坚持减量发展与拆除违建相结合，完成全年2平方千米减量任务。

（区政府办）

【“两区”规划建设全面开展】 年内，顺义区纳入中国（北京）自由贸易试验区国际商务服务片区建设，面积位居全市各组团之首，聚集规模以上项目370余个，储备重大项目170余个，30余项高水平开放政策先行先试。国家服务业扩大开放综合示范区建设全面启动，第三轮52项试点任务完成51项，积极融入国家和首都发展战略。迅速掀起“两区”建设热潮，以“产业开放+园区开放”为主线，明确“3+7+N”发展思路，落地试点政策17项示范项目40个。

（区政府办）

【重大产业发展规划】 年内，《北京创新产业集群示范区发展规划》正式发布，实施方案编制完成。中德国际合作产业园发展规划进一步完善,“起步区、拓展区”总体布局加快构建，中德智能制造产业协会组建完成，全球招募运营管理公司，博世、阿吉斯等12个项目签约落地。天竺综保区功能创新、空间规划取得阶段性成果,新宜跨境电商产业园落地。首都机场临空经济示范区总体方案印发实施，北京空港型物流枢纽获批。新国展二、三期项目设计方案完成国际征集并通过市级审定。

（区政府办）

【复工复产】 年内，《顺义区进一步支持打好疫情防控阻击战支持企业“控疫情、稳增长”的若干措施》（“顺10条”）和《进一步强化疫情防控责任落实全力支持推动企业复工复产意见》（“顺13条”）出台，制定汽车、航空、文创等产业专项政策，惠及企业50000家次48亿元，复工复产综合指数排名全市前列。重点帮扶中小微企业渡难关，实施区属国企房租减免计划，帮助企业融资110余亿元、减免房租1.2亿元。全力促进有效投资，140个重点工程顺利开工。开展消费季活动，拉动消费18.8亿元。全力稳定外资外贸，实际利用外资7亿美元，排名全市第3名。

（区政府办）

【营商环境持续优化】 年内，举办3场营商环境“早餐会”，开展企业大走访活动，服务企业2700余家次，送出服务包253个。在全市率先设立政策兑现、中小微企业金融服务专区，全面实行“早晚弹性办、午间不间断、周六不休息”延时服务，大力推广电子证照核验应用，3000余个政务服务事项实现“不见面”审批，72个惠企政策线上智能申报兑现。

（区政府办）

【创新发展生态不断完善】 年内，出台《顺义区智能制造三年行动计划（2020—2022年）》《顺义区关于支持智能制造加快发展的若干措施》，持续推进高新技术企业倍增三年行动计划，有国家高新技术企业1147家，双创基地24家、入孵项目600余个。技术合同成交额76亿元，同比增长16%；专利拥有量3906件，同比增长30%。国家智能汽车与智慧交通示范区顺义基地挂牌成立，国家工业互联网示范基地获批，世界智能网联汽车大会、HICOOL全球创业者峰会暨创业大赛等重大活动举办。

（区政府办）

【“高精尖”项目】 年内，新引进亿元以上项目137个，同比增长17%；创新举办重点项目“云”签约及政策发布活动；“口罩招商”获得市级肯定。产业项目加速推进，北京奔驰顺义工厂建成投产，滴滴丰田、理想汽车总部基地正式运营，理工华创总部及研发中心落地，第三代半导体创新基地正式建成，中电科光电总部地块入市。重点平台建设扎实开展，中关村医学转化基地引入项目38个，海高大厦引进项目23个，洪泰智造签约企业45家，埃米空间正式开园。

（区政府办）

【服务业发展提质增效】 年内，高端临空产业体系加快构建，易生科技（北京）有限公司、京纸E园等项目积极推进，北京华氏康源医药科技有限公司落地。金融业实现逆势增长，综合税收同比增长17%，新引进38家优质金融机构，募集规模501亿元的国开制造业转型升级基金落户，中科星图、莱伯泰科成功在科创板挂牌上市。重点商业项目加快建设，国泰升级改造全面启动，大孙各庄智慧物流园规划实施方案上报市级审批。

（区政府办）

【精准帮扶】 年内，深入开展对口帮扶，助力5个受援地剩余贫困人口全部达到脱贫标准，第三次代表北京市接受国家脱贫攻坚东西部扶贫协作成效考核。提供帮扶资金1.3亿元，重点项目完工115个，采购、销售贫困地区农产品超过3亿元，结成帮扶对子400余个。强化低收入农户帮扶，人均可支配收入 18345 元，同比增长 14.5%，绝对值位居全市第 1 名。

（区政府办）

【群众诉求办理】 年内，坚持民有所呼、我有所应，完善“日报告、周分析、月通报”机制，建立区、镇（街）、村（社区）三级网上接诉平台。推动“接诉即办”向“主动治理、未诉先办”转变，开通市民热线系统，智能分析、及时解决群众诉求，全区解决率由年初的 77% 上升到 92.1%，满意率从 85.2% 上升到 92.2%，“三率”综合排名全市第 5 名。

（区政府办）

【“七有”“五性”民生项目落实】 年内，全力稳就业、保民生，帮扶 13000 名劳动力实现就业，连续 9 年获评全市充分就业区。强化公共服务资源供给，新增中小学学位 1080 个、学前学位 3110 个。友谊医院顺义院区主体结构封顶，公共卫生应急管理体系加快建设，全区定点医疗机构完成电子凭证结算验收。1500 户棚改年度任务提前超额完成，机场西侧四村项目完成住宅签约。樱花园小区房屋产权置换项目签约率 53%，西丰乐村、柳各庄村回迁安置房实现开工，北河小区非宅拆迁顺利签约。粮食安全责任制深入落实，粮食播种面积达到 8600 公顷（12.9 万亩）。基本便民商业服务功能社区覆盖率实现 100%。持续融洽军政军民关系，连续五年被评为全国双拥模范城。

（区政府办）

【生态环境建设】 年内，降尘量同比下降 16.3%，全市最好，PM2.5 年均浓度下降到 35 微克 / 立方米，创历史最优，成为北京首个达到国家二级标准的非生态涵养区。深入开展水环境治理，105 个村污水治理工程投入使用，2 个国家级和 5 个市级考核断面全部优于考核标准，7 个市级生态补偿断面扣缴补偿金同比下降 78%。受污染耕地和污染地块安全利用率超额完成考核目标。扎实推进城乡环境建设，首都环境建设月检查、群众满意度调查持续位列发展新区前列。深入开展美丽乡村建设，全面加强农村人居环境整治，清理各类问题 30000 余处，长效管护机制基本建立。

（区政府办）

【综合承载力不断增强】 年内，加快补齐河东地区短板，安排政府投资 17.4 亿元，占全区总量的 58%，百项工程完工 12 项、在建 30 项、立项 23 项。完成棚改拆迁收尾项目 6 个，占全市总数的 $^1/_3$，土地一级开发拔点 39 个、腾退土地 65 公顷，市政重点工程难点问题解决率超过 75%。加快土地上市，5 宗住宅用地成交，12 宗用地正在挂牌或具备入市条件。完成平原造林任务 1380 公顷（2.07 万亩），启动温榆河公园一期建设。

（区政府办）

【城市治理】 年内，深入开展互联网金融专项整治。推动液化石油气、建设工程等领域专项治理。“疏整促”专项行动提前超额完成全年任务，拆除违建 511 万平方米，新增便民设施 44 万平方米。扎实推进路侧停车电子收费改革。深入落实《北京市街道办事处条例》和《北京市文明行为促进条例》，广泛开展爱国卫生运动，建立爱卫机构 7265 个。严格落实生活垃圾管理条例，厨余垃圾分出率达到 24.4%，垃圾焚烧三期开工建设。严格执行物业管理条例，组建区属物业服务集团。

（区政府办）

政务服务

【概况】 年内，区政务服务管理局筑牢疫情防控防线，围绕政务服务、市民服务热线等核心任务，锐意创新，稳中求进，各项工作取得实效。

（区政务服务管理局）

【疫情防控】 年内，选派业务骨干在新国展集散点搭建监控、视频会议等系统，保障指挥部信息化系统运行；严密做好区政务服务大厅疫情防控。63 名机关党员干部深入大厅重点点位，参与入厅检测、健康状态查询及信息登记，做好环境保障；助力基层防控工作，全体机关党员回社区参与一线防疫服务 200 余人次。

（区政务服务管理局）

【全领域无差别“一窗受理”】 年内，区政务服务中心整合企业无服务、城市运行和社会事务3个专区，共设窗口69个，其中无差别受理窗口38个，“综合出件”窗口4个。根据事项办理流程差异性，设置新企业开办、商标授权、水气热缴费等特殊功能窗口27个，实现政务大厅全领域1300余个事项100%无差别受理。

（区政务服务管理局）

【“顺意办”App建设】 年内，区政务服务管理局加速推进政务服务一体化“顺意办”App建设，接入1700余项区级、2000余项镇街级事项，100余个医疗、出行、房产等高频公共便民服务，率先开发完成“区块链+证照授权”，依托“顺意办”App实现“代办免证照”。

（区政务服务管理局）

【政务服务告知承诺工作】 年内，共推出17个部门的86项政务服务告知承诺事项，通过告知承诺方式压缩申报材料、优化审批流程、提高审批效率，实现136个材料的精简，压缩率为31%。为办事企业和群众办结48000件。

（区政务服务管理局）

【24小时智能自助文件柜服务】 年内，区政务服务管理局在区政务服务中心一层24小时自助服务区内投放智能自助文件柜，分为终端机、收件区和出件区，办事人员通过身份证识别、二维码扫描即可在收件区及出件区完成材料存取。办事人员投递材料后，后台系统第一时间将材料存取信息推送至窗口工作人员及办事交件人员。截至年底，24小时自助文件柜可受理涉及13个部门300项收件事项及8个部门79项出件事项的材料存取，实现24小时服务。

（区政务服务管理局）

【100个“办好一件事”主题事项】 年内，区政务服务局的“办好一件事”主题事项系统通过智能引导，将涉及多部门多事项的申请表单优化“去重”，生成“一件事”表单，同时采用区块链技术，自动调取申报人身份证、户口本等6类电子证照，实现“一套材料、一次申报、一次办好”，在全市范围率先实现100个“办好一件事”主题事项线上可办。

（区政务服务管理局）

【“接诉即办”】 年内，“12345”市民热线系统建成，共受理12345市民热线群众诉求260000件，“三率”综合成绩为94.1分，在16个区中排名第5名，形成专刊356期、周报49期、月报11期。

（区政务服务管理局）

【获评民心汇聚单位】 年内，区政务服务局获评2020年度人民网网民留言办理工作民心汇聚单位。全年共承办人民网地方留言板1480件（市级领导留言531件、区级领导留言949件），同比增长100%，均按期办结，其中区领导留言满意率在全市千人诉求量以上的单位中排名第2名。

（区政务服务管理局）

【政务公开信息公开】 年内，贯彻落实新《政府信息公开条例》，完成全区2020年政务公开全清单的调整更新和公布利用，共梳理政府信息公开事项3422条，受理信息公开申请913件。

（区政务服务管理局）

【政务网络和信息系统建设】 年内，政务外网互联网出口带宽提升至7G，提高电视电话会议及政务外网巡检频次，保证24小时监控备勤，实现网络安全零事故。

（区政务服务管理局）

【“不见面”审批】 1月31日以来，共推出“不见面”审批事项3000余个，实现全区77%以上事项“不见面”审批。同时，拓宽办理渠道，在“网上办”“快递办”“邮件办”“自助办”基础上，增加“咨询办”方式，专员线上“面对面”指导，线下“不见面”。截至年底，受理事项100余万件。

（区政务服务管理局）

【“区块链+电子证照”全市率先应用】 2月14日，区政务服务中心在全市率先应用“区块链+电子证照”，实现身份证、结婚证、离婚证、户口本、驾驶证、居住证6个电子证照在综合窗口应用。办事者无须携带证照原件，借助支付宝“北京通”小程序，通过人脸识别、二维码扫描完成电子证照授权后即可办理共计 103 项个人事项，累计精减材料 197 份，实现办事“减材料、少跑动、更安全”。

（区政务服务管理局）

【“区块链 + 主题场景应用”全市率先完成】 3 月 31 日，区政务服务中心在全市率先落地“区块链 + 主题场景”应用方案，首批包括“我要开进口食品超市”“我要开饭店”“我要开水果店”等 5 个企业场景和“新版道路运输从业人员资格证件换发业务”“办理医师变更执业注册业务”2 个自然人场景，通过区块链可信数据共享技术和电子证照应用，实现主题场景“提交一次材料、办好所有事项”。

（区政务服务管理局）

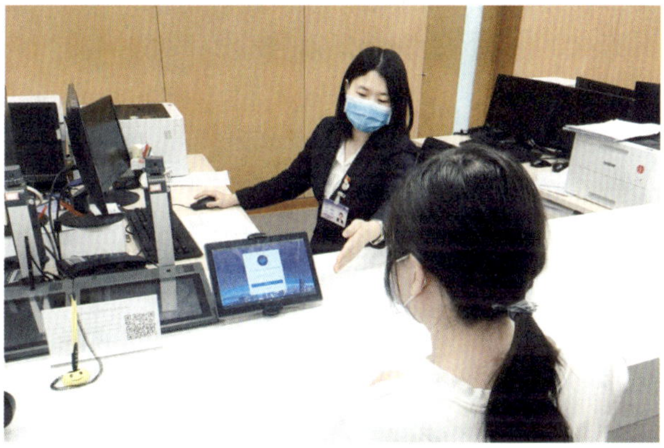

◆ 2 月 14 日，区政务服务中心在全市率先应用“区块链 + 电子证照”应用（区政务服务管理局供图）

【政务服务领域延时服务机制启动】 5 月，政务服务领域“早晚弹性办、午间不间断、周六不休息”延时服务机制启动。截至年底，区级大厅提供延时服务 66000 人次，推出结果文书免费寄递服务，提供服务约 7500 次。

（区政务服务管理局）

【公共资源交易中心运行】 8 月 17 日，公共资源交易中心正式投入运行。全区工程建设项目招标投标、政府采购、土地使用权等交易项目，实现进场登记、场地预约、专家抽取、开标评标等交易服务“一门受理”。截至年底，累计 1589 个交易主体完成信息注册，进场登记项目 372 个。

（区政务服务管理局）

【“政府信息主动公开全清单”动态调整发布】 8 月 20 日，对照 26 个领域基层政务公开标准化指引目录，组织全区 61 家单位开展“全清单”动态调整，并通过区政府网站向社会统一发布，此次调整后的“政府信息主动公开全清单”共涵盖 3469 条公开目录，将行政机关应主动公开的政府信息全部纳入，同时注明具体职责、业务事项、信息类别、内容标准、公开形式、公开时限等所有公开要素，实现底数更清、情况更明，为市民、企业获取政府信息提供更为标准、规范的检索指南。

（区政务服务管理局）

【“走向我们的小康生活”主题采访团来访】 9 月 9 日，央广网、北京日报客户端、千龙网等 30 余家网络媒体走进顺义区政务服务大厅，先后参观区政务服务中心综合受理专区、出入境专区、不动产登记专区、婚姻登记专区、税务专区、人力社保专区、公积金专区，采访团聚焦创新举措，用文字、图片、视频等方式，借助网络媒体平台展示政务服务改革变化，营造浓厚的宣传氛围，让企业、群众享受政务服务改革红利。

（区政务服务管理局）

【区政务服务中心增设 3D 智能室内导航服务】 9 月，区政务服务中心在南门、北门、西门及 4 号电梯厅 B2 层投放 4 台 3D 智能导航设备，增设 3D 智能室内导航服务。设备利用 3D 技术明确界定场地设置、窗口功能，办事群众可通过触摸屏选择目的地，查看 3D 结构及路线。同时，设备提供掌上引导服务，通过手机扫码将导航路线投射到手机端，实现实时查看路线、快速寻找窗口、精准导航服务。

（区政务服务管理局）

【顺义区政策兑现服务平台“web 端”正式上线】 9 月，区政策兑现服务平台“web 端”正式上线，企业可通过北京市顺义区人民政府网查找或直接登录顺义区政策兑现服务平台查看、申报涉及区财政局、区科委、区人力社保局等 9 个部门的 24 条惠企政策。

（区政务服务管理局）

【无障碍推动日活动】 10月16日，区政务服务管理局和区无障碍专班在政务服务中心共同举办“无障碍推动日活动”，特别邀请人大代表、政协委员和无障碍监督员、无障碍专家、残疾人、老年人代表组成监督体验团参加。

（区政务服务管理局）

【营商监督开放日活动】 12月9日，区政务服务管理局举办营商监督开放日活动。邀请营商监督顾问员、区政务服务中心入驻部门代表及媒体代表等20余人参加。代表们走进区政务服务中心各专区、24小时自助区，现场体验3D智能导航系统、智能自助文件柜、政策兑现平台等，近距离感受政务服务办事新模式。

（区政务服务管理局）

港澳台事务

【区台办开展涉台教育进校园赠书活动】 年内，为推进涉台教育进校园，丰富中小学生课外知识，进一步增强青少年爱国主义情怀，区台办开展涉台教育进校园赠书活动，向光明小学捐赠台湾儿童文学、台湾风土人情、历史人物传记、课外读物等相关书籍共计1721本。

（区委统战部）

【区台办开展涉台教育宣传进社区活动】 年内，开展涉台教育宣传进社区活动，投入相应经费，利用全区107块社区电子信息平台，重点宣传两岸和平发展远景及区内主要涉台活动宣传，丰富广大民众的涉台知识，全面了解中央对台相关政策方针。

（区委统战部）

【区台办开展双节走访慰问台胞台属及联谊活动】 春节期间，区台办开展台胞春节联谊活动，驻区台胞、台商、台生、台属共40余人参加；走访慰问台胞、台属及台资企业代表25家。通过走访、慰问、联谊，详细了解台胞台属在顺工作、生活情况，倾听他们对顺义区经济建设的意见和建议，并送去节日祝福。

（区委统战部）

【区台办开展“庆中秋·迎国庆”台胞联谊活动】 9月28日，区台办开展“庆中秋·迎国庆”台胞联谊活动，驻区台资企业代表、台胞代表40人参加。活动中介绍顺义区社会发展趋势及服务台资企业、落实惠台政策情况，代表区委、区政府向台胞致以节日慰问，增强台商、台胞对顺义区情的了解，加强相互沟通和交流，增进友谊。

（区委统战部）

外事

【第八期顺义区公共场所双语标识纠错】 年内，确立“第一国门”门户区和顺义国际人才社区重点区域为纠错主要范围，共排查双语标识6937条，其中纠错整改1716条。协调区卫健委、区商务局、区文旅局、区市政管委等行业主管部门及属地单位，严格遵循“谁设置，谁负责”的原则，按照酒店、体育场馆、商场超市、道路、小区别墅区、展馆、艺术馆、经济功能区、医院9大类场所，选取80余个点位，将行业主管责任和属地责任落实到位。发挥区融媒体中心作用，以顺义政务微信矩阵为平台，强化市民双语标识规范意识，每2个月策划1次外语标识“随手拍纠错”活动，评选举报外语标识错误的“纠错明星”，完成《随手拍纠错》栏目12期，累计纠错3000余条。

（区政府外事办）

【疫情防控涉外工作】 年内，下沉社区，实地指导疫情防控涉外工作。区政府外事办分3组前往社区指导疫情防控涉外工作，确保有外籍人员的社区全覆盖。切实抓住“内防扩散，外防输入”2个关键问题，了解疫情严重地区外籍人员返京情况和健康状况，指导属地对返京的外籍人员做好居家观察和生活必需保障。吃透政策，准确掌握疫情防控涉外尺度。与市级单位沟通对接，及时掌握疫情防控涉外政策调整变化，协助相关部门和属地妥善处置疫情涉外问题。通过印发多语种告知书等形式，引导涉外人员配合社区做好体温监测、居家隔离观察等工作。关注各属地涉外人员关于疫情防控的诉求和疑惑，做到迅速反应、及时关切，避免产生涉外舆情。强化宣传，做好防疫知识宣传和正面引导。发放中、英、日、韩、意5种语言的《居家观察同意书》《温馨提示》，印刷中、英、日、韩多语种宣传海报15000张、宣传册10000本。会同区委宣传部制作中英双语宣传片，宣传疫情涉外防控知识，引导辖区内涉外人员提高防护意识，配合防控工作。

（区政府外事办）

【助力企业复工复产】 年内，区政府外事办针对在顺义区实际经营企业的相关外籍人员来华开展必要的经贸、科技等往来需求，做好外籍人员来华邀请工作。为北京现代协调沟通70余名外籍高管和专业技术人员来华事宜；为空客中国、宝洁、北京飞机维修工程有限公司等企业精简批复流程，缩短办理时限；为裕京新世纪物业公司提供上门指导、当场办理等高效服务。针对企业日常咨询中遇到的特例或问题，建立工作台账，及时主动与上级部门沟通，专业细致地为企业答疑解惑，紧跟进度保证各项手续办理环环相扣，确保服务贯穿全程，政策落实到“最后一公里”。

（区政府外事办）

【助推中德产业园发展】 年内，建立沟通渠道。对标中德产业园建设需求，会同相关部门，多渠道开展国际产业促进，与德资机构、协会及企业等进行对接，推动产业项目落地。协助做好翻译工作。为中德产业园对接活动做好翻译保障，为宣传片、宣传手册和宣传展板等提供英文翻译，确保相关内容的准确性、统一性和规范性。创新开展活动。举办第一届“中德产业园杯”羽毛球友谊赛暨中德产业园及顺义“两区”推介会，邀请德国大使馆、德国弗劳恩霍夫应用研究促进协会和众多德资企业参加，由区经信局和商务局分别推介顺义区相关政策，同时以羽毛球友谊赛的形式促进各方交流和联系，为进一步合作打下良好基础。

（区政府外事办）

【APEC商旅卡宣传推广】 年内，共为全区6家企业11人办理APEC卡申请，顺义区累计申办510张。

（区政府外事办）

【服务保障HICOOL全球创业者峰会】 年内，结合HICOOL全球创业者峰会重点场所、道路，制订外语标识核查纠错工作方案，明确职责分工、细化工作流程、提升工作效能，完善峰会周边国际语言环境建设。在本年度开展的国际人才社区外语标识核查的基础上，确定将新国展、裕京花园小区、北京顺义国际学校3处重点场所，以及京密路、天北路、天柱东路、安华街等12条重点道路作为此次工作范围，共排查外语标识273块，发现不规范外语标识64块，督促行业主管部门落实整改，确保在峰会举办前将不规范外语标识全部整改到位。

（区政府外事办）

【第二届顺义区英语歌曲大赛举办】 10月24日，“传唱世界之声 乐动国门英姿”第二届顺义区英语歌曲大赛决赛在顺义区工人文化宫举办。此次大赛由顺义国际人才社区办、区外事办、区总工会、区教委联合主办，在经过前期初赛、复赛，20名选手进入决赛。决赛中，选手们被分为少年组、青年组、成年组3个组别，通过抽签决定竞演顺序，由评委和评审团根据选手们的“专业程度、舞台表现力、歌曲立意”进行打分投票，决出优胜。

（区政府外事办）

◆10月24日，第二届顺义区英语歌曲大赛决赛在顺义区工人文化宫举办（区政府外事办供图）

【领事保护进校园】 11月20日，安全防护专家走进北京新英才学校，向近300位计划出国的准留学人员及学生家长开展“领事保护月度大讲堂”活动，引导学生正确看待疫情影响，培养安全意识，避免跨境流动。本次活动除领事保护相关知识讲座外，融入海外公共安全风险分析、个人防护技能模拟演练等内容，并在现场播放宣传片和发放宣传品，将疫情下海外安全预警提醒和必要的紧急避险技能送到学生手中，加强准留学人员的风险防范能力。

（区政府外事办）

信访工作

【概况】 年内，围绕平安新城和平安顺义建设，区信访办完成全国及市“两会”、中国国际服务贸易交易会、北京国际汽车展览会（第十六届）、党的十九届五中全会等重点活动信访服务保障工作。

（区信访办）

【信访接待场所疫情防控责任落实】 5月13日，顺义区信访办邀请区卫健委对信访办接待场所疫情防控工作进行现场指导。通过会议沟通、实地察看、现场交流、开展演练的方式逐一对区信访办接待场所疫情防控工作进行分析和研究，逐步完善信访接待场所疫情防控举措，落实防控责任。

（区信访办）

【2020年信访系统业务培训会】 8月6日、11月27日，区信访办先后2次组织召开全区信访工作业务培训会。结合具体信访案例，就信访事项办理、答复、送达等环节和内容开展工作。

（区信访办）

政协顺义区委员会

1 月 5—8 日，中国人民政治协商会议北京市顺义区第五届委员会第四次会议召开（政协北京市顺义区委员会供图）

7 月 16 日，区政协五届十八次常委（扩大）会暨上半年全区经济社会形势通报会召开（政协北京市顺义区委员会供图）

▲10月28日，区政协委员视察仁和中学、首师大实验附小（政协北京市顺义区委员会供图）

▲年内，区政协委员徐冰奋战在抗疫第一线（政协北京市顺义区委员会供图）

综述

【概况】 年内，区政协始终把坚持和发展中国特色社会主义作为巩固共同思想政治基础的主轴，把加强思想政治引领、广泛凝聚共识作为中心环节，把统筹新冠肺炎疫情防控和全力聚焦全区中心工作履职尽责作为工作主线，召开全体委员会议1次、常务委员会议4次，组织常委、委员开展工作视察16次，通过座谈协商、提交提案、反映社情民意、专题调研、特约监督等多种形式就全区重点工作和人民群众关心关注的问题建言献策，全年共协调有关部门办理委员提案173件，向区委、区政府有关部门报送《协商意见》3期，提出意见建议88条，有效履行政治协商、民主监督、参政议政的职能；向区委、区政府有关部门报送《关于进一步加强和改进政协委员联系群众工作的思考》《关于我区法制化营商环境建设的思考》《以智能制造为引领，促进顺义制造业转型升级》《关于顺义区农民收入情况的调研》等专题调研报告，深入开展人民政协理论和推动区域经济社会发展的研究，各项工作取得新进展。

（政协北京市顺义区委员会）

【抗击疫情】 年内，区政协坚持人民为中心，各界政协委员为民履职，医疗卫生界委员坚持“5+2”“白+黑”连续工作模式，以高度的职业责任感，坚守在战“疫”最前线。以经济界委员为代表的各界委员为抗击疫情捐款捐物，为缓解物资紧缺等问题做出贡献。教育界及其他界别委员，通过参加志愿服务、开展心理疏导、开通网络授课平台等方式，用实际行动支援防疫工作。同时，各界委员围绕自身行业特点，深入调查研究，为党委政府有效抗击疫情提出意见建议；政协机关以身作则，始终贯彻落实市委、区委疫情防控部署要求，坚持将疫情防控常态化贯穿到政协履职全过程。区政协党组成员主动带队到镇街村居、卫生院、超市等点位开展疫情防控督导检查，到企业开展复工复产专项调研，累计督导调研80余次，向区委报送情况专报，助推改善防控措施和落实复工复产政策；机关党员干部开展志愿行动、踊跃捐款。

（政协北京市顺义区委员会）

重要会议

【区政协五届四次会议】 1月5—8日，区政协五届四次会议在顺义区委党校举行。会议审议区政协副主席单成刚代表常务委员会作的工作报告，审议区政协副主席郭振江代表常务委员会作的关于提案工作情况的报告；列席顺义区第五届人民代表大会第六次会议，听取并讨论政府工作报告，讨论其他报告；召开区领导与部分政协委员协商议政座谈会，形成81项协商意见；区政协副主席刘静作提案审查报告；审议通过政治决议。补选皮志杰、秦拥军为政协北京市顺义区第五届委员会常务委员会委员。会议期间共收到委员提案176件，经提案委员会审查予以立案173件。区委书记高朋，区委副书记、区长、天竺综保区管委会主任孙军民，区人大常委会主任车克欣参加开幕式。高朋在开幕式上讲话。区政协主席周颖博主持开幕式。区委副书记张良出席闭幕式并讲话。

（政协北京市顺义区委员会）

【区政协五届十六次常委会】 1月8日，区政协五届十六次常委会召开。审议通过《政协北京市顺义区第五届委员会常务委员会2020年工作要点（讨论稿）》。区政协主席周颖博就下一步如何贯彻好《常务委员会2020年工作要点》强调三点意见：一是要聚焦区委、区政府中心工作，围绕团结和民主两大主题，坚持建言献策和凝聚共识双向发力。二是要进一步完善工作机制，在推动政协事业创新发展、提高政协工作科学化水平中探索前进的道路。三是要发挥党建在政协工作中的引领作用，切实把党的领导贯穿于政协自身建设和履行职能的各方面和全过程。

（政协北京市顺义区委员会）

【区政协五届十七次常委会】 5月26日，区政协五届十七次常委会召开。因涉嫌违法，根据市委、区委建议，依照《政协章程》有关规定，撤销金泰希政协北京市顺义区第五届委员会委员资格，并提请区政协第五届委员会全体会议免去其副主席（不驻会）职务。因违法犯罪，根据区委建议，依照《政协章程》有关规定，撤销蔡海柱政协北京市顺义区第五届委员会委员资格。

（政协北京市顺义区委员会）

【区政协五届十八次常委（扩大）会】 7月16日，区政协五届十八次常委（扩大）会召开。区委常委、区政府常务副区长支现伟通报全区上半年经济社会发展情况和下半年重点工作安排。田新甲、刘京京、林金开3位常委结合自身所在行业特点，对顺义区下半年经济社会发展提出意见和建议。协商决定因年龄、工作原因，解长春、郭文韬不再担任政协北京市顺义区第五届委员会委员；因涉嫌违法撤销董丽清、方立勇、宋闯政协北京市顺义区第五届委员会委员资格，免去董丽清政协北京市顺义区第五届委员会常务委员职务；因年龄原因，李国印不再担任区政协社会与法制委员会主任、专委会工作四室主任；解长春不再担任区政协学习委员会副主任、研究室主任；郭小勇不再担任区政协研究室副主任；任命皮志杰为区政协学习委员会副主任、研究室主任，秦拥军为区政协社会与法制委员会主任、专委会工作四室主任。

（政协北京市顺义区委员会）

【区政协五届十九次常委（扩大）会】 10月28日，区政协五届十九次常委（扩大）会召开。区政协委员视察仁和中学、首师大实验附小，详细了解2所学校办学宗旨、规模、办学特色、师资队伍、校园文化等基本情况，区教工委书记冯江全通报顺义区教育改革创新工作情况。张华礼、臧晗、蒋莉、魏秋芬4位常委、委员对顺义区教育事业发展提出意见和建议。

（政协北京市顺义区委员会）

委员活动

【全区重大产业项目推进情况视察】 5月14日，区政协经济委员会组织本委委员及部分特邀委员以云视频方式视察北京国联万众半导体科技有限公司和有研半导体材料有限公司，为推动全区企业复工复产达产及经济高质量发展建言献策，区经信局就全区重点项目推进情况进行通报。

（政协北京市顺义区委员会）

【开斋节慰问】 5月24日开斋节，区政协民族宗教委员会联合区委统战部到牛栏山清真寺进行走访慰问。

（政协北京市顺义区委员会）

【垃圾分类专项民主监督活动云动员部署会召开】 5月26日，区政协组织全体委员召开垃圾分类专项民主监督活动云动员部署会。区城市管理委城乡环境建设管理事务中心副主任做《北京市生活垃圾管理条例》培训。号召全体委员进一步树立“垃圾减量和垃圾管理从我做起、人人有责”的观念，提升垃圾分类意识，当好垃圾分类的模范示范员、宣传员、监督员，营造人人参与氛围。

（政协北京市顺义区委员会）

【社会法治建设宣传情况调研】 5月28日，区政协社会与法制委员会组织委员以云视察方式对区宪法广场、马坡千亩森林公园环保主题公园、双兴东区法治文化乐园、李遂镇崇国庄村全生命周期普法公园开展调研。区司法局通报顺义区法治建设宣传情况。

（政协北京市顺义区委员会）

【《中华人民共和国民法典》学习培训】 7月8日，区政协学习委员会组织全体委员及机关干部，以网络形式，围绕《中华人民共和国民法典》开展学习培训。区政协常委、北京中同律师事务所执行主任作相关解读。

（政协北京市顺义区委员会）

【公共交通发展运行情况视察】 7月29日，区政协城建环保委员会组织本委委员，围绕“全区公共交通发展运行情况”，通过云视频方式对北京骏马客运有限公司发展历程展、后台车辆监控管理系统，澜西园公交场站的运营服务、车辆调度管理，以及北京骏马区域电动小客车公司经营管理情况进行视察。

（政协北京市顺义区委员会）

【公共卫生应急情况视察】 8月7日，区政协科教文卫体委员会组织部分委员，围绕“全区公共卫生应急情况”开展视察调研活动，到区疾控中心（新址）实地察看中心实验室检测能力建设情况并召开座谈会。区卫健委副主任作相关情况通报。

（政协北京市顺义区委员会）

【农民收入情况座谈会召开】 8月13日，区政协民族宗教委员会组织部分委员召开全区农民收入情况座谈会。区经管站通报全区近3年农民收入基本情况，区农业农村局从落实农业补贴政策、加强对村集体或合作社产业扶持、存在的问题和对策等方面通报促进农民增收情况。部分委员围绕发挥农民合作社示范带动作用与提高农民经营性收入做交流发言，提出意见建议。

（政协北京市顺义区委员会）

【教育改革与发展意见建议征集活动开展】 8月24日，区政协向18名教育界政协委员征集关于全区教育改革与发展的意见建议。委员们就政府对教育工作重视程度、教育管理行政化倾向、教学方向、教育改革力度、选人用人制度、教育布局分布情况、教育管理水平等教育重点、难点问题建言献策，并形成协商意见，报区委、区政府及有关部门参阅。

（政协北京市顺义区委员会）

【垃圾分类视察】 9月11日，区政协城建环保委员会组织本委委员，围绕“全区垃圾分类管理情况”到双丰街道泰和宜园实地视察垃圾分类投放、分类收集情况，听取相关负责人介绍垃圾分类工作经验做法；前往区生活垃圾处理中心，视察焚烧二期项目建设运行情况，并召开座谈会。区城市管理委员会作相关情况通报。

（政协北京市顺义区委员会）

【重点提案协商办理推进会召开】 9月23日，区政协提案委员会组织召开重点提案协商办理推进会，就《关于不断提升我区道路通行能力，切实缓解城市交通拥堵的建议》提案进行协商办理。委员们先后视察新顺街怡馨家园公交站慢行改造点位和俸伯桥智能交通信号灯点位，听取相关负责人介绍点位改造及作用发挥的相关情况，并召开座谈会。部分委员就不断提高提案质量、发挥办理实效、优化城市布局、完善城市功能、提升城市品位等方面提出意见建议。

（政协北京市顺义区委员会）

【农村产业融合发展情况视察】 9月28日，区政协民族宗教委员会组织部分委员围绕农村一、二、三产业融合发展，到房山区窦店村北京航天恒丰科技股份有限公司、北京窦店恒生牧业科技股份有限公司、窦店车业集团等企业进行现场考察。

（政协北京市顺义区委员会）

【北京冬奥会延庆赛区调研】 10月16日，区政协组织部分常委、委员及机关干部，围绕冬奥会筹办、冬奥会服务保障工作及促进冰雪运动发展主题，到北京冬奥会延庆赛区开展实地考察调研，了解冬奥会延庆赛区规划建设、竞速比赛结束区功能定位、施工进度以及赛区生态修复、河道治理等情况，并进行座谈交流。

（政协北京市顺义区委员会）

【中小企业健康发展座谈会召开】 10月23日，区政协经济委员会组织本委委员和部分民营企业委员代表，围绕“助推中小企业健康发展”召开座谈会，为促进全区经济高质量发展建言献策。区税务局、区财政局分别就全区“落实各项优惠政策减轻企业负担，不断提升服务效率和服务内涵”“不断优化营商环境，聚焦减税降费主题，稳步推动各项优惠政策落地”等工作情况作详细通报。

（政协北京市顺义区委员会）

【委员学习培训】 11月17—19日，区政协组织区政协常委、部分委员及机关干部，在顺喜山庄开展为期3天的脱产学习培训。培训期间，北京大学、中央党校等专家学者，分别围绕“一带一路”建设、中国改革发展重大问题、《习近平谈治国理政》（第三卷）解读、学习贯彻党的十九届五中全会精神、推动社会主义协商民主广泛多层制度化发展、大疫过后世界战略格局等主题进行讲解和分析。

（政协北京市顺义区委员会）

纪检 监察

▲2 月 13 日，区委第五巡察组在大孙各庄镇光大畜牧北京有限公司开展疫情防控监督工作（区纪委区监委供图）

▲3 月，中国共产党北京市顺义区第五届纪律检查委员会第六次全体会议召开（区纪委区监委供图）

5月11日，"兴正气家风 守清廉本色——监督触角进家庭"廉洁文化建设活动启动（区纪委区监委供图）

6月2日，区委第六巡察组巡察中关村顺义园期间，到第三代半导体及应用联合创新基地实地了解情况（区纪委区监委供图）

▲ 6 月 17 日，区委第二巡察组对顺商集团开展巡察期间，召开全组会议研讨巡察工作（区纪委区监委供图）

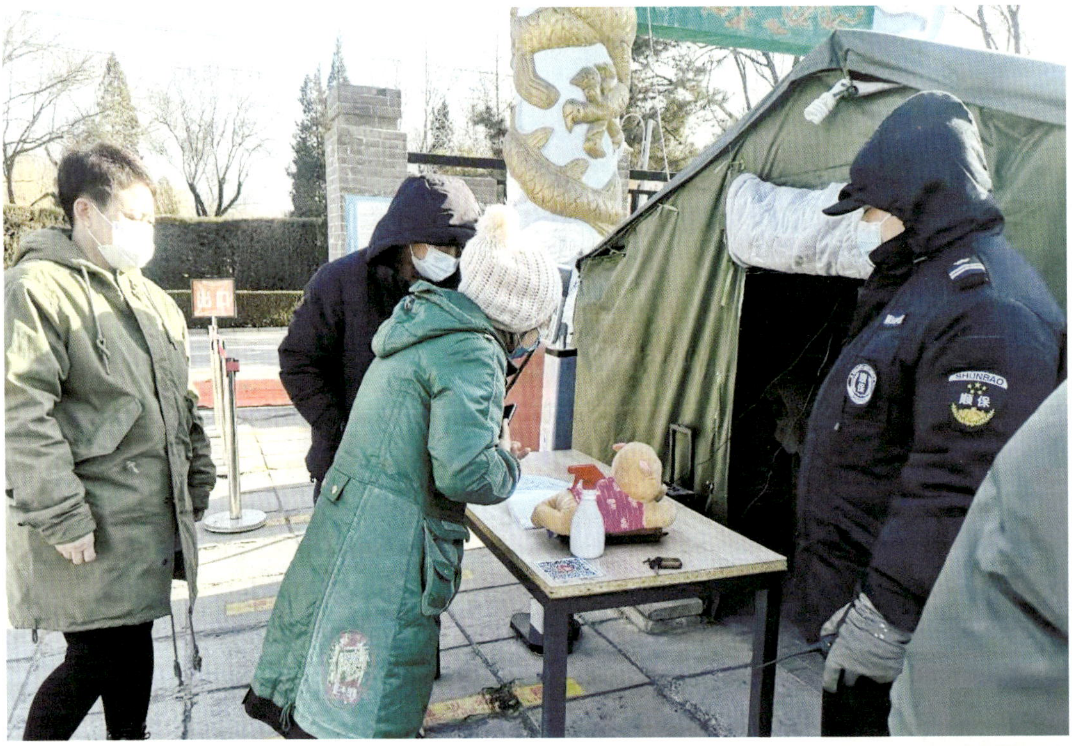

▲ 12 月，第八联合派驻纪检监察组实地走访顺义区卧龙公园，重点检查公园疫情防控工作开展情况（区纪委区监委供图）

▲ 12 月，第二联合派驻纪检监察组进驻 3 家酒店，对各项防控措施落实情况进行查看（区纪委区监委供图）

▲ 年内，“每月一警示”教育活动中，组织工作人员到区法院开展庭审旁听活动（区纪委区监委供图）

综　述

【概况】　年内，业务内信访举报849件次，越级访84批次，全区纪检监察机关立案312件，党纪政务处分277人次，移送司法机关5人，采取留置措施7人。

严把党风廉政意见“关口”，回复227批次10405人次，对6人提出暂缓或否定性意见。加强纪律作风建设，发送廉洁过节通知和短信提醒7000余条，查处违反中央八项规定精神问题56人。

突出区委巡察监督，开展3轮常规巡察，共巡察27个区属二级班子党组织及344个村（社区）党组织，共发现问题2122个，移交问题线索53个，覆盖率98.7%，实现镇（街）和村（社区）巡察全覆盖。

压实疫情防控监督政治责任，年初构建“1+N”监督体系，出动2907人次，检查点位4355个，督促整改问题859个，通报146次，制发提醒函93份，处理2人，助推517家规模以上企业复产复工，助力在全市率先实现“三清零”；结合疫情防控特点，年中常态精准监督；年底聚集性疫情发生后，检查点位1206个，查纠问题436个，问责党组织4个、相关人员19名。

（区纪委区监委）

【推动监督向基层延伸工作】　年内，区纪委区监委推动监督向基层延伸专项课题组分别对旺泉街道、天竺镇、李遂镇等6个街道、镇，河西片区、河东片区开展调研，并联合相关部委办局梳理制定村（居）小微权力清单171项、监督清单60项、“三务”公开清单45项，以“深化监督向基层延伸”为“1条主线”，建立镇（街）监督执纪协作片区、村（居）廉洁监督室“2种模式”，实现区、镇（街）、村（居）“3级贯通”，并以权力清单、监督清单、“三务”公开清单、廉政文化进村（居）作为“4点切入”。设置镇（街）协作区4个，立案10人，开展专项监督3个，查纠问题53个。25个镇街设置村居廉洁监督室561个、配置廉洁监督员342名。制定出台村居纪检委员管理规定、廉洁监督员管理规定、选任办法等制度。马坡镇、仁和镇试点推进，旺泉街道实行“六步法”推进监督向社区延伸，赵全营镇开展村级“三务”专项检查，推进村居监督全覆盖。

（区纪委区监委）

【党员干部回社区】　年内，区纪委区监委、区委巡察机构全体党员干部坚持回社区报到，并选派10名干部下沉天竺镇、推动在职党员回社区500余次助力战“疫”。

（区纪委区监委）

【民主日共建活动】　7月17日，区纪委区监委于“7·18”民主日前夕与“一助一”共建单位杨镇李辛庄村开展共建活动。按照疫情防控要求，此次活动以线上沟通为主。区纪委区监委通过电话沟通了解村内现状和存在困难，并宣传加强疫情防控不放松，随后为李辛庄村送去防疫物资、慰问用品，对卡口执勤的村工作人员进行诚挚的慰问和鼓励，并对村防疫卡口情况进行监督检查。

（区纪委区监委）

重要会议

【区纪委五届六次全会】　3月23日，中国共产党北京市顺义区第五届纪律检查委员会第六次全体会议以视频形式召开。会议传达学习十九届中央纪委四次全会、北京市纪委十二届五次全会精神，审议通过区委常委、区纪委书记、区监委主任代表区纪委常委会所作《砥砺初心　勇担使命　为决胜全面建成小康社会　开创首都重点平原新城建设新局面提供坚强保障》的工作报告。区委书记高朋出席会议并讲话。区委副书记、区长孙军民，区人大常委会主任车克欣，区政协主席周颖博，市纪委监委相关部门人员出席会议。

（区纪委区监委）

纪律检查和案件审理

【扫黑除恶专项斗争监督执纪问责】　年内，区纪委区监委以攻坚专班形式深入推进扫黑除恶“打伞破网”工作，制发《2020年扫黑除恶专项斗争监督执纪问责重点工作任务》等制度文件2份，召开专题会议或全区纪检监察系统推进会议10次，重点加强对扫黑案件、线索的研究调度和查办力度；完成“线索清仓”“案件清结”“行业清源”等“六清行动”任务和收官前的各项指标，截至年底，共针对涉黑涉恶腐败和“保护伞”问题立案50人，立案数在全市排名第2，处分48人、处分数在全市排名第1，制发纪检监察建议23份，推动“行业清源”；完成全国扫黑办和北京市两轮特派督导任务，并得到全国扫黑办第一特派督导组“思路清晰、措施具体、材料完备”的评价，两轮督导反馈共计15项问题全部立行立改。

（区纪委区监委）

【疫情防控工作专项监督检查】 年内，区纪委区监委、区委巡察机构跟进监督，统筹疫情防控监督工作。坚持“三快体系”，成立“三组一办”和检查组，制定信息共享机制，连续133天不间断报送日报500余份。根据形势变化，调整监督重点，制订社区防控、复工复产、机组人员、境外输入、建筑工地、院感防控、复工复产、复学复课等20个专项监督方案，组织开展监督检查30余次，起草相关情况报告26篇，向市纪委专题报告工作汇报10余篇，对接市纪委六室和八室，转办相关群众诉求问题线索82件，建立台账并督促核查进度，构建起“1+N”监督框架体系。

（区纪委区监委）

【工程项目招投标领域专项治理】 年内，区纪委区监委突出监督重点，通过派驻交叉、片区组协作等新模式，直接对区住建委、区城管委、杨镇、高丽营镇等9家重点单位351个项目开展监督检查，发现问题112个。强化日常监督，持续督促各单位在“长”“常”“细”上下功夫，堵塞制度漏洞，全面推进全区各单位招投标领域专项治理，综合运用“四种形态”系统推进招投标综合治理。本次专项治理完成对128家单位3745个项目的监督检查，发现问题98个。

（区纪委区监委）

【2022年冬奥会专项监督检查】 年内，区纪委区监委加强工作统筹，研究制订《2020年顺义区冬奥会监督工作方案》，重点对16家相关单位的冬奥工程、市政配套工程建设项目以及冬奥筹办、服务保障工作推进情况开展监督检查。一方面做实日常监督，疫情防控与复工复产两手抓两不误，以“四不两直”的方式开展监督检查。充分发挥派驻和场馆建设属地政府纪委“探头”作用，开展监督检查50余次。另一方面开展巡察监督，将冬奥会和冬残奥会服务保障工作情况纳入巡察重点，聚焦落实冬奥会筹办主体责任，深入巡察。发现2家单位2个问题，针对巡察问题整改开展监督检查6次，督促相关单位及时纠正，整改落实。

（区纪委区监委）

【扶贫问题专项监督检查】 年内，区纪委区监委会同区发改委摸清、完善“六张清单”内容，并监督发改委建立项目开工复工监督机制，督促区发改委针对项目清单建立详细台账，定期进行进度跟踪，摸清底数和情况。在人才援派方面，克服疫情影响，将任务会同区委组织部派分至各人才派出单位，5个受援地区17名援派干部、41名专业技术人才按期到岗。督促牵头单位落实好深入开展扶贫支援地区农副产品进批发市场、进商超、进机关等“七进”活动；监督区金融办号召金融机构、上市挂牌企业参与“万企帮万村”工作。

（区纪委区监委）

【规自领域整改工作专项整治】 年内，区纪委区监委全程监督，深化规自领域专项整改工作。规自领域4项重点任务（违建别墅、绿地认建认养及公园配套用房、浅山区违建、“大棚房”）全部整改完成，将砂坑治理、“拆违”工作、“农村乱占耕地”纳入监督内容中，监督范围从重点整治的5个镇，拓宽至全区25个镇街，共收集月报告和月报表882份，参加区级及以上专项治理会议17次，开展监督检查185次，专题调研17次。

（区纪委区监委）

【国资国企领域专项监督治理】 年内，区纪委区监委研究制订《关于区属国有企业专项监督治理的工作方案》，会同区国资委成立区属国有企业专项监督治理工作领导小组，对15家区属国企及下属企业开展专项监督治理。抽查北京顺义建设投资服务有限公司“三重一大”制度执行、人事任免制度、招投标手续等情况，区供销社公司选人用人情况，科创集团二级治宇园林绿化工程有限公司公车使用管理、招标采购项目、财务账目，顺义新城发展有限公司制度健全完善、公车使用管理等情况，顺商集团“三重一大”制度落实、选人用人等情况，北京市顺建工程有限公司专项治理工作部署落实情况，北京综合保税开发管理有限公司工作人员请销假制度等。各区属企业共发现4个方面10项358条问题，制定整改措施306条，整改完成267条，其余39条整改措施有序推进。

（区纪委区监委）

【人防系统腐败问题专项治理“回头看”】 年内，区纪委区监委向区人防办下发《关于持续深入推进人防系统腐败问题专项治理的工作方案》，联合区审计局、区财政局对区人防办相关工作进行专项审计和财政检查，要求区人防办进行自查自纠，并督促区人防办更新制度、推进工作。共发现6方面22个具体问题，截至年底，落实整改20项，2项推进中。

（区纪委区监委）

【节日期间“四风”问题专项监督检查】 年内，区纪委区监委系统梳理制度文件，形成“正负面清单”，在元旦、春节、清明、五一、中秋、国庆等节点前制发监督方案通知，组织开展专项监督检查5次，发送廉政短信7000余条，于节前对违反中央八项规定精神问题的典型案例进行通报曝光；充分利用信息化技术，运用“ETC”公车查询、电子底账管理系统等大数据平台查询违纪违规行为。

（区纪委区监委）

【防疫物资分发情况专项监督检查】 3月，区纪委区监委制订《关于对顺义区防疫物资分发情况开展监督检查的工作方案》，成立10个监督检查组对全区防疫物资分发情况开展专项监督检查。采取“四不两直”方式对全区25个镇街、临空经济核心区及所辖7家企业、中关村顺义园及所辖24家企业、3家委办局（区商务局、区供销社、区公安分局）共计61家单位防疫物资发放情况进行现场检查。针对检查发现的问题，及时向区物资保障组、社区防控组及行业防控组进行沟通反馈，并责成区相关部门进行督促整改。对照市物资保障组建立的日保障机制，将防疫物资分发情况纳入每日监督专报，上报区疫情防控工作领导小组。

（区纪委区监委）

【核酸检测点监督检查】 12月25日，区纪委书记、区监委主任带队到李桥镇、仁和镇、旺泉街道核酸检测点监督检查疫情防控工作开展情况，对3处核酸检测点的现场秩序维护、“一米线”落实、工作人员值守等情况进行监督检查，了解开展核酸检测的人员类别、工作流程、人员安排、物资保障及疫情防控措施落实等情况，看望慰问值守在一线的工作人员。

（区纪委区监委）

【二次核酸检测监督检查】 12月30日，区纪委书记、区监委主任到仁和镇河南村、顺义一中督导检查二次核酸检测及疫情防控工作开展情况，看望慰问奋战在一线的工作人员。

（区纪委区监委）

制度建设

【区纪委书记工作约谈会】 8月17日，区纪委组织召开2020年区纪委书记工作约谈会，对2019年度顺义区全面从严治党主体责任检查考核排名靠后单位以及在巡察和日常监督执纪中存在问题的单位，尤其是积压问题线索多、查办少的单位纪检监察组织负责人进行工作约谈。区纪委书记、区监委主任出席会议。龙湾屯镇、牛栏山镇、杨镇、高丽营镇、胜利街道、区供销社、驻区教委纪检监察组等7家单位纪检监察组织负责人及区纪委监委有关领导、相关部室负责同志参加会议。会上通报被约谈单位2019年全面从严治党主体责任检查考核情况以及各单位巡察及日常监督执纪中存在的突出问题，7 家纪检监察组织负责人做表态发言。

（区纪委区监委）

【“以案为鉴、以案促改”警示教育大会】 11月16日，区纪委区监委协助区委召开全区“以案为鉴、以案促改”警示教育大会。与会者集体观看警示教育片《迷局—— 顺义系列贪腐案警示录》《消失的医保基金——顺义区木林镇卫生院系列案件警示录》。会上对上一年度警示教育大会以来受处分的干部逐一进行点名曝光，并曝光一批典型案例。

（区纪委区监委）

反腐倡廉宣传教育

【“每月一警示”党风廉政教育】 年内，区纪委区监委建立《“每月一警示”党风廉政教育》制度，以“播、讲、看”形式，在镇街书记会上播放警示片7期，区纪委班子成员先后到区委党校、龙湾屯镇、团区委、区应急局、区委组织部、区政府办等单位开展纪法巡回宣讲16次，组织参观警示教育基地、旁听庭审现场，覆盖16100余人次。大孙各庄镇、张镇、光明街道开展“每月一警示”，北小营镇打造张堪文化馆廉政教育基地，李桥镇开展“十个一”宣传教育，北石槽镇分专题常态警示，加固思想防线。

（区纪委区监委）

【区纪检监察系统新任职处级领导干部宣誓仪式暨任职谈话会议】 4月26日，区纪委区监委组织召开顺义区纪检监察系统新任职处级领导干部宣誓仪式暨任职谈话会议，全区纪检监察系统11名新任职的处级纪检监察干部进行集体宣誓，其中4名新任职处级领导干部代表进行表态发言。会议由区纪委副书记、区监委副主任、区委巡察办主任主持，区纪委监委领导班子成员、各部室负责人、区委巡察办副主任参加会议，区纪委书记、区监委主任出席会议并讲话。

（区纪委区监委）

【“兴正气家风 守清廉本色——监督触角进家庭”廉洁文化建设启动仪式】 5月11日，区纪委监委和区妇联联合举办的“兴正气家风 守清廉本色——监督触角进家庭”廉洁文化建设启动仪式在马坡镇石家营村举行。市纪委市监委、区纪委区监委、区妇联、马坡镇相关领导和部分镇（街）纪（工）委书记、妇联主席、村（居）“两委”干部家属代表参加。启动仪式通过解读《2020年顺义区“兴正气家风 守清廉本色——监督触角进家庭”活动实施方案》、宣读助廉倡议书、“两委”干部代表发言、“两委”干部家属代表发言、向“两委”干部家属发放“助廉宣教包”3000余份，教育引导“两委”干部及家属营造清廉家风，强化家庭成员的廉洁意识，切实筑牢预防腐败的家庭防线。

（区纪委区监委）

【“兴正气家风 守清廉本色——监督触角进家庭”廉洁文化建设宣讲活动】 9月11日，2020年顺义区“兴正气家风 守清廉本色——监督触角进家庭”廉政文化建设主题系列宣讲正式启动。宣讲活动中，与会人员观看廉政警示教育片，区监委委员做题为“同修廉政课，涵养好家风”的廉政讲座。

（区纪委区监委）

【“兴正气家风 守清廉本色——监督触角进家庭”廉洁文化建设总结展示】 12月15日，顺义区纪委监委、区妇联在区委党校举办“兴正气家风 守清廉本色—— 监督触角进家庭”总结展示活动。市妇联党组成员副主席、市纪委监委第六监督检查室主任、驻市委宣传部纪检组副组长、市纪委监委宣传部文化处副处长，区委书记、区委副书记、区纪委书记区监委主任，区妇联主席出席活动，各镇街纪（工）委书记、各国有企业纪委书记、派驻纪检监察组组长，各镇街妇联主席、各区直妇委会主任、各镇街妇联专职副主席以及各村居“两委”干部家属代表等300余人参加活动。活动由“勤”“俭”“廉”“兴”4个篇章组成，展示推动党风廉政建设进家庭创新举措的成果，着力强化廉政文化浸润作用，在潜移默化中引导党员干部规范用权，让“清正廉洁”成为党员干部和广大家庭的行动自觉。

（区纪委区监委）

巡察工作

【区委第十轮巡察】 2019年11月25日至2020年1月21日，区委第一至第六巡察组分别对区委办公室、区政府办公室党组、临空经济核心区工委、空港经济开发有限公司党委和5个镇（龙湾屯、南彩、李桥、牛栏山、北小营）党委及139个村（社区）党组织开展巡察工作。本轮巡察工作发现问题1853个，提出意见建议155条，移交问题线索29个。

（区纪委区监委）

【区委第十一轮巡察】 4月25日至6月29日，区委派出6个巡察组对区生态环境局党组、顺商集团公司党委、科创集团公司党委、区农机中心党组、区种植中心党组、区经管站党组、区信访办党组、区委中关村顺义园工委进行巡察，对区体育局党组开展巡察“回头看”。本轮巡察共发现问题269个，提出建议76条，移交问题线索24个。

（区纪委区监委）

【区委第十二轮巡察】 8月14日至11月30日，区委派出6个巡察组对北石槽镇党委及其下辖16个村党组织、南法信地区党委下辖17个村（社区）党组织、赵全营镇党委及其下辖26个村（社区）党组织、后沙峪地区党委下辖3个社区（蓝尚家园社区、金地社区、金成裕雅苑社区）党组织、天竺地区党委下辖1个村（薛大人庄村）党组织、张镇党委下辖1个村（后苏桥村）党组织、旺泉街道工委及其下辖15个社区党组织、空港街道工委及其下辖20个社区党组织、光明街道工委及其下辖18个社区党组织、石园街道工委及其下辖15个社区党组织、胜利街道工委及其下辖19个社区党组织、双丰街道工委及其下辖15个社区党组织、北务镇党委及其下辖15个村党组织、杨镇地区党委下辖24个村（社区）党组织共9个镇（街道）党（工）委，205个村（社区）党组织开展巡察。本轮巡察结束后，实现对镇街党（工）委和村（社区）党组织全覆盖，整体覆盖率98.7%。

（区纪委区监委）

民主党派

▲ 年内，九三学社北京市委专职副主委李丽萍赴顺义区开展慰问调研工作（区委统战部供图）

▲ 年内，民盟顺义区支部、九三学社顺义区支社学习中共十九届五中全会精神报告会召开（区委统战部供图）

▲ 年内，农工党北京市委开展垃圾处理再生工作调研（区委统战部供图）

▲ 年内，顺义区党外代表人士联谊会一届一次秘书处会议召开（区委统战部供图）

综　述

【概况】 民主党派是接受中国共产党领导、同中国共产党通力合作的亲密友党，是中国特色社会主义参政党。年内，顺义区共有民主党派7个，人数558人。全区民主党派成员团结一致，为全区经济社会发展贡献力量。

（区委统战部）

民革顺义总支部

【参与疫情防控】 年内，民革顺义区总支部响应号召，以捐款捐物、社区执勤、谱写公益歌曲等多种形式，参与顺义区疫情防控工作。疫情初期，快速集结力量分别向湖北孝感地区和北京红十字会进行资金捐助。以总支委员李红为领队，10余名党员组成抗疫小分队支援社区防疫工作数月余。民革顺义总支委员、国家一级演员金郑建制作公益宣传片《天使的身影》。民革顺义总支委员、顺鑫农业鹏程食品总经理林金开为群众保障生活必需品供应，奋战一线。党员李景康为疫情重灾区发起捐款倡议。党员崔春红战斗在首都机场防输入抗疫一线。党员霍佳对支援世界各地防疫物资进行防疫检测。党员李长英、蔡春申、张军伟依靠个人力量支援社区财力物力。党员著名音乐人阿罗（罗成哲）、青年音乐制作人罗奕钧（罗成哲之子）和国家一级演员、著名歌唱家李殊（罗成哲之妻），与百名著名演艺人员共同出演由新华社新媒体中心拍摄的抗击疫情宣传片《挺住，武汉》。党员诗人蒋平通过诗歌歌颂白衣战士、宣传抗疫精神。党员张启惠、李红、崔春红、王晟、许竟婧、金郑建、胡庄庄荣获“民革北京市委抗击新冠肺炎疫情先进个人”表彰。

（区委统战部）

【开展调查研究撰写学术论文】 年内，民革顺义区总支部主委张涌森围绕重点课题开展调查研究所撰写的《共同发力，做好凝聚共识工作》专题学术论文，被收录在北京市人民政协理论与实践研究会的“学习贯彻党的十九届五中全会精神发挥人民政协凝聚共识职能作用”主题研讨论文集中。

（区委统战部）

【建言献策】 年内，民革顺义总支部积极建言献策，区政协五届四次全会以来，林金开的《关于加强我区养殖粪污/废弃物资源化利用的建议》、崔春红的《关于加快我区科技创新与投融资体系建设的建议》获优秀提案奖；王磊的《关于加快清理民办教育机构力度的建议》获提案鼓励奖民革顺义总支部党员中共有政协委员10人，其中政协常委4人。共提交提案17件，其中民革党派提案9件。

（区委统战部）

【清明祭奠马占山将军】 4月12日，民革顺义区总支部委员、社会服务专委会主任李红以及总支部委员、祖统工作委员会主任金郑建代表民革顺义总支部，在万安公墓为马占山将军扫墓。

（区委统战部）

【疫情防控工作总结会召开】 5月31日，杨镇镇政府和民革顺义区总支部联合召开民革顺义区总支部疫情防控工作总结会。民革顺义区总支部副主委张启惠汇报民革顺义总支部近3个月的疫情防控工作。民革市委秘书长蒋耘晨对支援抗疫一线的工作表示充分肯定，并对总支部参与的各项疫情防控工作给予高度评价与支持。区统战部副部长吕建超高度赞扬民革顺义区总支部快速响应统战部号召，积极参与抗疫工作。杨镇镇政府党委副书记杨吉印对民革顺义区总支部支援杨镇社区疫情防控工作表达感谢，并代表杨镇镇政府向参加社区执勤的民革党员们颁发荣誉证书。

（区委统战部）

【走访调研顺义数圣集团】 10月中旬，为统筹推进疫情防控和企业复工复产工作，顺义总支部实地走访调研顺义数圣集团，就如何做好企业复工复产工作交流经验和做法，为政府科学进行疫情防控提出意见建议。

（区委统战部）

民盟顺义支部

【红色国学经典系列讲座】 年内，民盟顺义支部举办红色国学经典系列讲座，采取线上与线下相结合的形式，由雷大川博士主讲“联俄政策及其国际关系分析”、张隆隆讲师主讲“生命的意义——基于善恶边界问题的探索”。

（区委统战部）

【助力新冠肺炎疫情防控】 年内，支部及成员个人在疫情防控期间捐款共计71200元；陆军杰向浙江普陀医院捐赠800个N95口罩；顺义区书法家协会主席贾文龙赋诗作词宣传疫情防控的先进人物，鼓舞大家的抗疫必胜信心，还组织会员们向顺义区红十字会捐款84100元，捐赠防疫书法作品多幅；顺义区美术家协会主席魏宗安，征集美术作品306幅，在顺义旅游等微信公众号进行宣传，有4位美协会员4幅作品被顺义区博物馆收藏。魏秋芬、王志、刘立伟、梁福兰和刘宗宝参与社区疫情防控工作。王志参与12315疫情防控心理咨询热线的服务工作。

（区委统战部）

【参与社会活动】 年内，民盟顺义支部部分盟员参与“慈善童行之开学礼”捐赠活动，共捐款2025元。陈小燕博士在北青社区报—北青直播节目中，举办“放射治疗知识”讲座。医生焦顺成作为援藏医疗队队员支援西藏，在西藏自治区尼木县人民医院工作1年。贾文龙参加《北青社区报》主办的北青社区“党员社区笔会”直播活动。

（区委统战部）

【学习贯彻中共十九届五中全会精神报告会举办】 12月19日，民盟顺义区支部联合九三学社顺义区支社共同举办学习贯彻中共十九届五中全会精神报告会，邀请北京工业大学耿丹学院党委书记白志强作专题解读报告。

（区委统战部）

民建顺义总支部

【建言献策】 年内，民建顺义总支部积极建言献策，区政协五届四次全会以来，民建顺义总支共提交提案22件，涉及社会发展、环境保护、经济发展等多个方面，其中4件获顺义区政协五届四次全会优秀个人提案、1件获党派优秀提案。

（区委统战部）

【参与社区疫情防控】 年内，民建顺义总支部组织多名党派成员与区人大常委会等单位携手共同走进义宾、佳和宜园、蓝尚家园等基层单位，为社区工作人员提供口罩、酒精等防疫物资及爱心午餐等。

（区委统战部）

【为防控新冠肺炎疫情捐款捐物】 年内，民建顺义总支部主委王庆国动员会员参与公益活动，联系协调各方，帮助顺义区政府从国外采购防护口罩270余万只。支部参加民建北京市委组织的“万众一心，助力防控”捐款活动，会员及会友捐款56300元用于购买医用防护口罩；会员侯皓楠向龙湾屯镇政府捐献KN95口罩100个，通过武汉慈善总会捐款2000元，同时以个人名义发起捐款，36小时内累计募捐8412元；会员欧阳继华通过北京市青少年发展基金会、中华思源工程扶贫基金会等途径捐款3000元；会员刘京京除通过顺义支部捐赠5000元外，还参与中国企业家木兰汇捐款10000元，累计筹集32万元，购买医用手套，捐给湖北省。

（区委统战部）

【助力复产复工】 年内，民建顺义总支部贯彻落实国家、北京市政府等下发关于疫情期间推动企业发展的文件精神，通过捐款捐物、到企业走访等方式帮助企业建立疫情防控协调机制；同时还会同区工商联、企促会等各方抓好协同服务，为企业复工复产提供线上政策解读、法律问题分析等工作。

（区委统战部）

【法律宣讲活动】 年内，民建顺义总支部协同顺义区司法局、工商联、律协等相关机构为区内的中小微企业提供“线上+线下”法律服务；结合《中华人民共和国民法典》的出台，举办系列宣讲活动。

（区委统战部）

【消费扶贫】 年内，民建顺义总支部持续助力推动“我在内蒙古有只羊”等内蒙古精准扶贫公益项目，与区发改委、区商务局、企促会等多家单位共同促成与西藏自治区尼木县续迈乡续迈村的对口帮扶工作。

（区委统战部）

【赴河北沽源开展对口帮扶活动】 6月，民建顺义总支部会同区工商联组织会员企业赴河北省沽源县开展对口帮扶活动，考察消费扶贫项目、召开座谈会、开展对接慰问，3家会员企业与贫困村签订“万企帮万村”帮扶协议，1家会员企业向贫困村捐款50000元。

（区委统战部）

【2020中国民营企业500强峰会】 9月10日，民建顺义总支部会同区工商联、顺义企促会组织会员企业举办以“弘扬企业家精神，激发市场主体活力”为主题的2020中国民营企业500强峰会。

（区委统战部）

【顺义区线上消费扶贫电商平台启动】 9月，民建顺义总支部会同区工商联、企促会等单位启动顺义区线上消费扶贫电商平台，活动当日共有36家会员企业代表到现场参与活动，6家企业代表现场与供货平台签署产品购买协议。

（区委统战部）

民进顺义支部

【助力抗击新冠肺炎疫情】 年内，民进顺义支部开展名师录制公开课活动，供全区中小学学生学习。为顺义区农村基层单位、四川省阿坝地区捐赠价值50余万元的物资。

（区委统战部）

【“春联万家”活动】 1月5日，民进顺义支部携手凯昆社工所，在顺义区龙湾屯镇丁甲庄村举办“春联万家”活动，书法家为村民撰写春联、“福”字，提前送去新春祝福。

（区委统战部）

【助力国家扶贫攻坚】 3月，民进顺义支部通过“线上+线下”的销售模式，帮助因为疫情产品滞销的海南果农。8月25日，为内蒙古赤峰市巴林左旗碧流台镇三道井子村未脱贫残疾人提供人民币22600元精准扶贫资金。9月6日，联合北京吉奥金禾农业发展有限公司，在市区联动消费扶贫月暨顺义区线上消费扶贫电商平台，扶贫支援河北省张家口市万全区、内蒙古自治区巴林左旗地区农产品50000元，助力受援地区打赢脱贫攻坚战。9月10日，为青海省玉树藏族自治州曲麻莱县贫困学生捐赠价值26800元过冬棉服100套。

（区委统战部）

农工党顺义总支部

【中医节活动】 年内，农工党顺义总支部联合北京京顺医院开展第七届主题为“药食同源 膳待自己”中医节活动，邀请北京东直门医院、中国中医科学院、北京中医医院顺义医院的专家出诊。

（区委统战部）

【助学活动】 年内，农工党顺义总支部多名党员参加助学活动，为内蒙古自治区凉城县家庭困难的学生送去关怀，帮助他们继续完成学业。党员唐细忠坚持做好“希望工程圆梦行动”，坚持每年资助河北北方学院100名家庭贫困、品学兼优的大学生圆梦大学，共惠及900人次。

（区委统战部）

【参与疫情防控工作】 年内，农工党顺义总支部党员肖雪、孙凤英、王洪杰等一批党员舍小家顾大家，坚守一线。党员唐细忠、王伟、张海峰、吴军达、葛民军等为抗击疫情捐款捐物15.8万元。党员郭峰在北京市抗击新冠肺炎疫情表彰大会上获得先进个人荣誉称号。支部党员上报市委疫情防控工作建议5篇，上报抗疫信息5篇。

（区委统战部）

【支部换届】 9月底，农工党顺义总支部举行支部换届大会，投票选举产生新一届总支班子成员，于宝鑫当选新一任党主委。农工党北京市委副主委李亚兰、秘书长江欣和区委统战部常务副部长王振林参加换届大会。

（区委统战部）

【老年社区义诊活动】 11月19日，农工党顺义总支部第二、三支部联合到东方太阳城顺欣阳光医院开展“关爱老人”义诊活动。累计接待义诊咨询70人次，发放宣传材料100余份。

（区委统战部）

致公党顺义支部

【为抗击新冠肺炎疫情捐款】 3月3日，支部主委吴宏武一行为张镇党委送去支部党员及家属捐赠的43100元现金和字画一幅，助力张镇打赢疫情防控阻击战。

（区委统战部）

【党员培训】 11月7日，顺义支部2020年“致公智慧大讲堂第三讲”开讲。邀请致公党顺义区支部党员、律师卢明生解读《中华人民共和国民法典》，讲解生活中的法律知识。致公党市委宣传处处长、致公党顺义区支部部分党员和党外人士近20人到会。

（区委统战部）

九三学社顺义支社

【参政议政】 年内，九三学社顺义支社积极参政议政。区人大五届四次全会以来，社员代表提交建议2件。区政协五届四次全会以来，社员共提交政协提案10件，其中姚宏程的《关于解决通州区至顺义区夜间公共交通资源不足的建议》获优秀提案奖。政协五届一次全会以来，支社社员共提交政协提案11件。

（区委统战部）

【捐款捐物献爱心】 年内，九三学社顺义支社组织47名社员和积极分子通过王选基金会向武汉抗疫专项基金捐助12000余元。社员黄强协调促成企业通过王选基金会向北京市延庆区医院和四川省青川县卫生健康局捐赠干式荧光免疫分析仪（AFIAS-6）2台、降钙素原测定试剂盒等近30余万元的医疗设备。

（区委统战部）

【助力疫情防控】 年内，九三学社顺义支社动员社员下沉社区助力疫情防控工作。13名社员和积极分子利用休息时间在11个社区参与值班值守等疫情防控工作。

（区委统战部）

【参与医疗咨询】 3月底，九三学社顺义支社落实九三学社北京市委工作安排，动员医疗领域社员报名参与远程诊疗咨询服务在线医疗。赵学刚、尉进茜、袁烁、张红利、王新等社员报名参加市委统战部搭建的远程诊疗咨询服务工作，受到市委统战部表彰。

（区委统战部）

【调研学习】 8月29日，九三学社顺义支社组织社员38人前往朝阳区超级蜂巢5G直播基地调研学习，了解“直播带货”拍摄场景及基地运行状况，学习直播背后的大数据技术应用和纵深产业链知识，同时学习制作新媒体内容、传播正能量的方法技巧。

（区委统战部）

人民团体

6月底，区妇联会同区教委，对全区家长学校建设情况进行实地检查（区妇联供图）

9月10日，区妇联带领10个镇街妇联干部实地走访“美丽街巷”（区妇联供图）

11月21日，顺义区科学小记者活动走进中国科技馆，小记者们零距离感受航天模拟器（区科协供图）

12月27日，区妇联到社区支援核酸检测点工作(区妇联供图)

年内，区青联开展“发挥顺义青联力量 助力文化中心建设”主题活动(区青联供图)

年内，团区委组织召开“五四”青年代表座谈会

顺义区总工会

【概况】 年内，区总工会带领全区各级工会组织深入学习贯彻习近平新时代中国特色社会主义思想，特别是习近平总书记关于工人阶级和工会工作的重要论述、视察北京重要讲话精神，认真落实区委五届十一次全会和市总工会十四届二次全会确定的目标任务，紧扣疫情防控和经济社会发展，以保持和增强政治性、先进性、群众性为主线，全力推动全区工会工作不断迈上新台阶。

（区总工会）

【疫情防控】 年内，按照区委、市总工会工作安排，进一步加强组织领导，成立工会疫情防控工作领导小组，全区各级工会干部下沉社区参与防控；加大资金投入，全区各级工会累计投入752万余元，购买防疫物资，对医疗、公安、民政、环卫等系统防疫一线职工累计慰问15.9万人次，为8名受疫情影响导致困难的职工提供12000元救助；加强教育引导，通过“顺义工会”微信公众号发布官方信息，注重舆情监测和收集，宣传疫情防控一线人员先进事迹，推动形成团结一心、同舟共济的良好社会环境。

（区总工会）

【支持企业复工复产】 年内，针对企业复工复产，组织14家企业140名职工开展最低工资标准调整问卷调查；加快政策支持，印发《关于进一步支持企业复工复产保障职工权益的若干举措》；落实“四方责任”要求，推动各单位各部门建立健全防控工作责任制和管理制度，严格执行防控措施，落实好复工复产职工防护。向临空经济核心区工会、综保区工会、中关村顺义园工会、区招待所工会等单位拨付110万元新冠肺炎专项资金；投入80万元助力中小微企业复工复产；宣传“新冠肺炎纳入保障责任范畴”“两年内全额返还小微企业工会经费”等政策，全年共返还工会经费1334万余元，涉及小微企业712家。

（区总工会）

【劳模评选】 年内，以5年一次的劳模评选为主线，以劳模精神、劳动精神、工匠精神为引领，通过选劳模、评劳模，加大劳模宣传力度，充分结合疫情防控工作，运用各级融媒体和工会自媒体平台，拍摄先进人物事迹，组建劳模宣讲团，在全社会营造“学习劳模、尊重劳模、崇尚劳模、争当劳模”的氛围。劳模推荐评选过程中，注重向一线职工和为抗击疫情做出重大贡献的医护人员倾斜，向高精尖产业劳动者倾斜，聚焦重大事件、重大活动、重点工程，突出反映营商环境改革的显著成效，全区2人获全国劳动模范称号，43名个人和6个集体获北京市劳动模范、先进工作者和模范集体称号。

（区总工会）

【职工文化建设】 年内，以“最美劳动者”为主题，采用“线上”方式开展书法、美术等一系列适应疫情且职工喜闻乐见的文体活动，吸引10000余名职工参与；开展“月圆京城 情系中华”单身职工交友活动，吸引全区各机关、企事业单位200余名单身职工参加；组织开展首届职工象棋比赛，来自全区16支代表队的64名选手参与；依托“送服务进基层”，开展职工瑜伽培训，600余人次参与。

（区总工会）

【垃圾分类助力创城建设】 年内，以“助力垃圾分类，顺义区各级工会在行动”活动为依托，在职工中开展垃圾分类宣传引导活动。全区各级工会组织先后开展知识讲座、“小手拉大手”亲子活动等垃圾分类系列主题实践236场，覆盖职工22351人次。通过“顺义工会”微信公众号，线上开展“垃圾分类我参与随手拍”“垃圾分类升级挑战赛”等特色活动。

（区总工会）

【产业工人队伍建设】 年内，发挥职业技能竞赛在技术人才培养中的引领示范作用，选树“顺义工匠”。投入22.3万元开展顺义区中式烹调、工程试验工职业技能竞赛，来自46家企业的154名职工参与。投入9.4万元开展酿酒工、电工、工程测量工、焊工、数控机床操作工5个工种的第一届“顺义工匠”选树活动系列挑战赛，32名技术能手擂台比拼，5名“顺义工匠”脱颖而出。向市总工会推荐顺义区 3 个职业（工种）4 名“北京大工匠”人选。

（区总工会）

【“互联网 +”职业培训模式】 年内，区总工会探索“互联网 +”职业培训模式，助力产业工人素质提升。陆续推送 57 个线上学习平台的 400 余种职业（工种 / 专业）教学课程，供广大职工学习参考；与北京城市学院合作开展平面设计师、计算机辅助设计、电子商务师、三维设计师 4 个工种的线上技能培训，306 名职工取得相应技能培训证书。

（区总工会）

【技能导向激励机制】 年内，《顺义区总工会经济技术创新工作三年助推计划实施方案（2020 年—2022 年）》制订实施，共为 24 名在各级技能竞赛中获奖职工、190 名取得等级证书职工、10 个区级创新工作室、28 个区级创新成果等单位和个人发放助推资金 32.69 万余元；为 382 名职工发放技能培训助推学费 39.78 万余元。

（区总工会）

【和谐稳定劳动关系构建】 年内，区总工会充分发挥集体协商机制作用和协调劳动关系三方机制作用，做好疫情期间集体协商工作指引，规范协商程序、加强履约监督；围绕疫情期间薪酬福利待遇、支付方式调整、防控措施等方面，开展意见征集，培育疫情期间集体协商典型案例；举办集体协商工作培训班；在建制 100 人以上企业中开展以企业内部自我评估为主、二级工会与市级集体协商指导员现场验收为辅的质效评估工作，增强针对性和实效性。全年完成 100 人以上企业规范化建设 5 家，50 人以上企业规范化 4 家。

（区总工会）

【厂务公开民主管理】 年内，区总工会指导全区各企事业单位以职代会为基本形式，在党委统一领导下开展厂务公开工作，全区国有企、事业单位建制率 100%，非公企业建制率 80%。实施《深入推进百人非公企业职代会规范化建设三年行动计划（2019—2021）》，按照“巩固职代会成果，推进职代会规范化建设，提高会议质量”的工作思路，在非公百人建会企业中开展职代会规范化建设，做到领导支持、职工代表结构符合规定、会议程序规范。截至年底，非公企业职代会规范化建设共完成 30 家。

（区总工会）

【多措并举筑牢安全生产和劳动保护防线】 年内，区总工会建立健全安全生产群防群治组织网络，178 家企业工会建立劳动保护监督检查委员会，劳动保护监督检查员 2849 人，基本实现镇、街道、经济功能区及公司等二级工会全覆盖。与区应急局联合开展安全生产社会监督职工志愿者招募活动，111 名企业一线职工加入志愿者队伍。以线上线下相结合的方式，组织 10000 余名职工开展“安康杯”知识答题系列活动，深入高丽营镇夏县营村棚户区改造建设、北师大附属实验中学新建项目等工地开展“送安全”活动，向户外劳动者宣传职业病防治法、安全生产法等相关法律法规，慰问高温作业一线职工，强化安全意识，发放安全生产资料 10000 余份。与区卫健委联合开展“筑职业健康防线，守职工安全健康”主题视频征集活动，开展“尊法守法·携手筑梦”法治动漫微视频作品征集活动，共择优推荐 13 个优秀作品。

（区总工会）

【整合资源促进劳动关系和谐稳定】 年内，区总工会进一步完善劳动争议调解六方联动机制，在区劳动人事争议仲裁院办事大厅设置调解服务窗口，拓宽化解劳动争议的渠道，整合各方资源，形成相互协作配合的工作合力。制订《顺义区总工会“接诉即办”工作机制实施方案》，及时有效回应职工诉求，提升工会组织服务质量。开通线上法律服务通道，及时为职工提供法律咨询、法律援助等服务，快速化解疫情期间的劳动关系纠纷，通过法律服务热线为 1656 名职工解答劳动法律问题，提供 1210 次公益法律援助，涉及工资、保险补偿金等共计 6935.71 万元。落实好“吹哨报到”工作机制，配合属地政府妥善处理 19 起群体劳动争议案件，为 1198 名被拖欠工资的农民工发放补偿金 2944.59 万元。

（区总工会）

【职工阵地建设】 年内，区总工会在高新技术园区、商务区、高端服务业及文化创意产业中选取单位建立示范职工之家，4 家非公企业建设为市级示范职工之家。全区新建职工之家 41 个，建设职工暖心驿站 300 个，拨付支持资金 277 万元。先后组织开展 10 场公益大讲堂、16 场读书沙龙等特色活动，占全市总数的 15%。将职工书屋建设与职工之家、工会服务站建设协同推进，推荐“北京市工会职工书屋示范点”3 家、“便利型职工阅读站点”1 个、“劳模书架”2 个。

（区总工会）

【多元、精准服务】 年内，区总工会坚持需求导向，全年共投入 233 万元“送温暖”，投入 265 万元“送清凉”，惠及各行各业职工 98000 余人次。开展“暖心伴考”线上志愿服务活动，聘请专业心理咨询师为考生和家长提供心理咨询服务；开展心理服务项目助推，投入 65900 元择优为 11 个职工心灵驿站配发专业心理设备；通过参观体验、培训交流等形式开展职工心理服务示范推广活动，区市场监管局、区疾控中心、区委社工委区民政局、区纪委监委等 16 家单位 400 余名干部职工报名参与，满足职工心理健康服务需求。全年面向全区工会会员开展 46 个特色服务项目，涉及健身、家政、娱乐、知识讲座等多个领域，服务项目验证 29511 人次。

（区总工会）

◆6 月 11 日，区总工会全面启动“送清凉”活动（区总工会供图）

【职工帮扶与慰问】 年内，区总工会向在档困难职工 69 人次发放日常生活补助 31000 元，通过“顺义区职工专项温暖基金”为 63 户因病致困职工家庭送去救助金 54 万元，职工互助保障帮助 2170 人次得到保险赔付 281 万元。为 354 名全国和市级劳模发放慰问金 75.6 万元，为 88 人次大病、低收入劳模发放 60.67 万元慰问金和慰问品。通过双创中心、“832”等平台购买 726400 元农副产品，助力打赢脱贫攻坚战。

（区总工会）

【工会队伍建设】 年内，坚持党工共建机制，夯实工会组织基层基础。推进“双沟通”常态化机制，通过建立“一企一档”的方式，对未建会百人以上单位形成连续跟踪记录，实现沟通全覆盖。加快推进职工个人入会发展进程，非全日制等形式灵活就业职工、未建立工会组织的企业职工，通过申请加入所在地街道（乡镇）、开发区（工业园区）、现场入会、网上入会、热线入会等方式加入工会组织。全年新建会非公企业 30 家，累计开展不同规模的职工沟通会 65 场，企业沟通会 24 场，新发展会员 6632 人。

（区总工会）

【工会系统党的建设】 年内，以党的政治建设为统领，把全面从严治党要求落实到每名党员。严肃党内政治生活，坚持民主集中制，严格执行党组会工作规则和决策程序，推进党支部规范化建设。深入落实市区警示教育大会精神，通过警示教育会、民主生活会等形式，以案为鉴、警醒反思、改进工作。巩固“不忘初心、牢记使命”主题教育成果，不断完善 6 项内控制度。加强工会经费审计监督，对全区 115 家二级工会进行年度审计，对 25 名离任工会主席开展经济责任审计，对 50 家基层工会进行抽查复核审计，严格落实审计回访和审计整改督查制度，确保问题切实整改。印发《工会经费使用管理 100 问》（修订版）手册，开办全区财务经审工作培训班，做好顺义区工会第五次代表大会筹备工作，全面加强工会自身建设。

（区总工会）

共青团顺义区委员会

【概况】 年内，团区委坚持以习近平新时代中国特色社会主义思想为指导，围绕区委、区政府和团市委各项要求部署，为落实好“一个目标”“三个走在前列”凝聚广大青年共识，统筹推进疫情防控和全年重点工作，着力提升组织力、引领力、服务力和大局贡献度，完成年度各项任务。

（团区委）

【疫情防控】 年内，第一时间发布全团“行动令”，广泛做好社会动员，利用“战‘疫’有我”志愿服务平台招募志愿者9000余人，参与到社区检查登记、体温检测、城市运行等各项志愿服务中，服务时长超过63000小时。为志愿者做好保障，制定志愿者工作指引，为志愿者提供人身意外险，筹集发放志愿者防疫物资4批次共计16.2万余元。机关党支部组织开展“我在‘疫’线学雷锋”主题党日活动，全体机关干部将党员回社区（村）和青年疫情防控志愿服务结合起来，先后选派5名机关干部参加区疫情防控工作领导小组下设的分组工作，支援新国展入境人员集散点和核酸检测工作。开展“战‘疫’有我 青春在‘疫’线闪光”系列采访等活动，发布抗击疫情和复工复产微信公众号文章186篇，总阅读量15.2万余人次，其中46篇被人民网、中青网、今日头条等媒体转发报道。

（团区委）

【青少年思想引领】 年内，贯彻落实“青年专家讲理论+团干部讲政策+青年榜样讲事迹”三位一体青年讲师团计划，着力构建“大宣讲”工作格局。以“青春在战‘疫’中绽放”为主题，组织参与一线抗疫的医护人员、公安民警、社区工作者等20名青年，组建青年宣讲团，开展6期云宣讲和1期线下宣讲，开展7期“绽放战‘疫’青春，坚定制度自信”主题团课宣讲。结合“五四运动101周年”“抗日战争胜利75周年”“一二·九运动85周年”等重要时间节点以及党的十九届五中全会等重要会议召开，开展学习座谈、交流研讨、参观实践、红歌比赛等主题团队活动。

（团区委）

【宣传工作】 年内，累计推送微信公众号文章902条，阅读量131.2万人次。微博方面，根据重点工作安排、时间节点，设置不同话题，提高阅读量，微博粉丝共41776人，全年推送微博2081条，阅读人数86.7万余人。加强“青春顺义”微信公众号等团属媒体阵地的管理，坚持党性原则和团媒本色，在青年身边宣传党的声音，切实维护本领域意识形态安全。

（团区委）

【社会领域建团】 年内，持续推进社会领域建团，全年新建团组织494家，覆盖快递、物流、物业、安保、房产中介等各行业，其中楼宇、商圈新建团组织28个，开展线上线下活动30余场。

（团区委）

【联系服务青年工作】 年内，青年汇开展青年群体活动超过1116场，覆盖思想引导、城市融入、文体健康等八大类型，开展社会服务项目58个，扶持培育青少年自组织89个，累计服务青年达20000余人次。以“社会治理　青春先行”为主题，开展国际青年互动交流。主动与区政务服务局沟通对接，精准施策推动市民热线12345反映的青少年诉求解决，建立按月分析报告机制。

（团区委）

【青年创新创业服务】 年内，组织开展青年劳动力（大学毕业生）网络专场招聘会5期、青年就业指导空中课堂4期、创新创业特训营网络课堂活动4期，完成“创青春”创业沙龙线上活动9期。开展以文创产业和高精尖产业为主题，开展“走进企业，共赢未来”高校学生走进企业游学实践活动2期。

（团区委）

【助力脱贫攻坚】 年内，为河北省沽源县团委和万全县团委援建“爱心图书角”4个，购置课外图书8007册，惠及710名建档立卡户家庭青少年。开展“我的青春为爱下单”消费扶贫直播带货活动，开展“坝上农场主”认领活动，开展“助力脱贫攻坚 情暖美丽沽源”走进沽源活动，团区委、区青联组织青联委员、基层团干部开展走进沽源考察交流活动。就“万企帮万村”工作进行深入对接，在高山堡乡寄宿制小学举行“爱心棉衣”捐赠仪式。开展“我在北京有个家”助学帮扶活动，为西藏尼木青少年学生筹集助学款356000万元。开展“好书伴成长”为新疆维吾尔自治区和田地区中小学生捐赠汉语图书活动。

（团区委）

【落实全团带队职责任务】 年内，组织召开顺义区少工委第二届二次全委扩大会，增补区少工委第二届全委会委员，审议通过《顺义区关于深入贯彻落实党建带团建、队建 加强少先队工作体制机制建设的工作方案》《中国少年先锋队北京市顺义区委员会工作规则》等制度性文件，制定加强少先队工作体制机制建设任务14项。加强辅导员队伍建设，将少先队辅导员培训纳入团干部培训整体计划，开展全区大队辅导员、少工委委员专题培训。开展少代会现场观摩活动，完善学校少工委建立及分批入队工作。

（团区委）

【保护未成年人合法权益】 年内，定期增补调整法治副校长，实现全区74所中小学校全覆盖，围绕《中华人民共和国民法典》、女生自护、被害预防与临界预防等主题开展讲座58场次，覆盖青少年及家长5500余人次。持续打造“青春顺义·阳光伴我行”品牌，开展区级项目25场次，服务困境青少年363人次。持续做好重点青少年群体的维权工作，个案帮扶60人，入户跟踪服务353人次。落实未成年人司法保护制度，全年跟踪服务涉罪未成年人110人次。充分发挥希望工程工作站作用，为25名青少年发放助学金5.5万元。

（团区委）

【青少年关爱活动】 年内，开展“同舟共济，青春偕进”关爱帮扶受新冠肺炎疫情直接影响的青少年特别行动，为全区19名符合条件的低保重残家庭青少年进行爱心捐助，共接受捐助金额1.9万元。开展“青春顺义·圆梦微心愿”主题活动，通过面向各镇街低保低收入户家庭青少年、残疾青少年、进城务工青年及其子女以及留守儿童征集“心愿”的方式，共征集“微心愿”244个，争取区级慈善资金55886元。开展“希望之星1+1一家亲——我在北京有个家青少年助学帮扶项目”，通过市青基会向西藏自治区尼木县贫困学生捐赠帮扶资金38.5万余元。

（团区委）

【团员青年参与社区治理】 年内，组织全区29家社区青年汇37名社工作为应急小分队成员定期参与社区执勤、疫情防控等工作，开展青少年安全防护等活动70余场，1100余名青年参与。开展“我为社区献一策”活动，超过320名青年参与，收到青年书面建议301条。组织广大团员青年回社区开展“五大青年行动”，广泛动员社会力量开展“垃圾分类桶前值守行动”志愿服务，招募志愿者7000余人，开展集中宣传、垃圾分类小游戏、守桶护桶等活动1200余场次，总服务时长8万余小时。

（团区委）

【重大活动服务保障】 年内，发动广大团员青年参与“两会”安保志愿服务，协助属地排查整治消除各类安全隐患，严防各类安全事故发生。服务大型赛事，组织青年志愿者完成HICOOL全球创业者峰会、北京车展、智能网联汽车大会等志愿服务保障任务，招募志愿者700余人，累计服务时长1.2万小时。

（团区委）

【文明城区创建工作】 年内，按照测评体系指标任务，征集创城材料，对照标准逐条修改完善。按照实地考察点位表，建设完成志愿服务站点361个，并为每个站点配备统一标识、药箱、海报和志愿服务记录手册。

（团区委）

【2020年共青团工作会】 4月10日，顺义区共青团2020年工作会召开。会议传达2020年全市共青团工作会议精神，总结顺义共青团2019年工作，并对2020年工作任务做出部署。各单位共青团工作主管领导、团组织负责人和团建督导员参加，区委副书记出席并讲话。

（团区委）

【“五四”青年座谈会】 4月28日，以“最美的青春最好的未来”为主题，召开顺义区各界青年代表座谈会，来自各领域各战线的 11 名青年代表参会。区委副书记出席并与青年交流。

（团区委）

【垃圾分类示范引导活动】 5 月 6 日起，团区委在 29 家社区青年汇设立 33 个“分小萌”垃圾分类志愿服务示范引导站。累计青年志愿者 4000 余人次参与活动，服务时长超 7000 小时，五期垃圾分类积分兑换活动吸引 7500 余户居民参与。

（团区委）

【文明路口引导行动“百日大战”】 7 月 27 日，与区委宣传部联合开展顺义区文明路口引导行动“百日大战”。实践活动中，区创城办介绍顺义区文明路口引导行动“百日大战”工作开展情况；团区委向广大市民和志愿者发出文明路口引导行动倡议，倡导大家争做交通文明行为的践行者、路口文明秩序的引导者、公共环境卫生的维护者。

（团区委）

【区少工委二届二次全委扩大会】 8 月 5 日，团区委联合区教委、区少工委组织召开顺义区少工委二届二次全委扩大会。区委副书记出席并讲话。会上，传达全国第八次少代会会议精神以及北京市贯彻落实部署会会议精神，对区少工委第二届委员会委员进行增补，审议通过《顺义区关于深入贯彻落实党建带团建、队建 加强少先队工作体制机制建设的工作方案》《中国少年先锋队北京市顺义区委员会工作规则》等制度性文件，听取区少工委年度工作报告，并对下一阶段重点任务进行部署。

（团区委）

【青年交友联谊活动】 8 月初、10 月底，以“爱满京城，相约幸福”“秋收农情，邂逅幸福”为主题，开展顺义青年线上线下联谊活动，服务区域适龄青年超过 400 人次。

（团区委）

【区志愿者联合会第二次会员代表大会】 8 月 28 日，顺义区志愿者联合会第二次会员代表大会召开，来自全区各界 189 名会员代表参加，大会审议通过《顺义区志愿者联合会第一届理事会工作报告和财务报告》《第一届监事会工作报告》《北京市顺义区志愿者联合会章程（修订草案）》，选举产生顺义区志愿者联合会第二届理事会、第二届监事会。区委常委、宣传部部长当选为联合会新一届会长。

（团区委）

【“垃圾分类环游记”活动】 9 月 20 日，“垃圾分类环游记”活动启动，活动由顺义团区委联合区委组织部、区委社会工委区民政局、区城市管理委员会共同举办，以环保专列进社区的概念形式，在社区开启垃圾分类环游之旅。活动先后走进马坡镇佳和宜园等 4 个社区，覆盖居民超过 20000 人，其中包括外国居民近 300 人。“垃圾分类环游记”活动，设置五大环节，通过宣讲、参与、体验、互动、场景模拟的方式，陪伴居民完成垃圾分类“认知—掌握—投放—习惯”的成长路程。

（团区委）

◆ 年内，团区委组织青年志愿者完成 HICOOL 全球创业者峰会志愿服务保障任务

【共青团思想政治理论培训班】 10 月 20—22 日，2020 年顺义共青团思想政治理论培训班举办。区直属团组织负责人、团建督导员、少先队名辅导员和内蒙古自治区科左中旗、河北省沽源县基层团员青年代表共 130 余人参加。培训班围绕“忠诚干净担当”和“坚定理想信念、心系广大青年、提高工作能力、锤炼优良作风”的团干部队伍建设要求，聚焦学习贯彻习近平新时代中国特色社会主义思想，突出团干部党性和初心教育，注重结合共青团

主责主业，提升团干部政治能力、理论水平、综合素质，开阔团干部视野格局。政治理论学习方面，围绕学习领会习近平新时代中国特色社会主义思想，邀请中央团校、区委党校教师专题讲授习近平总书记关于青年工作的重要思想和《习近平谈治国理政》（第三卷）。共青团基础团务知识方面，邀请团市委基层组织建设部干部围绕团组织建设、团员发展、北京共青团线上系统运用等方面工作，讲政策、讲业务、讲方法、讲要求，进一步明确形势任务、把握政策要求，推动落实基层团组织建设工作重点任务。党风廉政建设方面，邀请区纪委监委党风室干部进行“深入落实中央八项规定精神，驰而不息纠治四风”专题讲述。国际形势方面，聚焦当前国际形势与中国对外战略选择，邀请区委党校老师作专题辅导。

（团区委）

【“青春在战‘疫’中绽放”主题宣讲活动】 11月19日，区委宣传部、团区委在区委党校联合开展“青春在战‘疫’中绽放”主题宣讲活动。宣讲会上，8位青年讲师团成员分别讲述在战“疫”一线的青春奋斗故事。各领域200余名青年代表现场参与活动。

（团区委）

【区青年工作联席会议第一次全体会议】 11月27日，顺义区青年工作联席会议第一次全体会议召开，青年工作联席会议办公室汇报制订《顺义区“十四五”时期青少年事业发展规划》工作进展情况。

（团区委）

【顺义区第一届志愿服务项目大赛】 12月5日，“仁和杯”顺义区第一届志愿服务项目大赛成果展示暨顺义区志愿服务发展交流会在顺义宾馆举办。“仁和杯”顺义区第一届志愿服务项目大赛于10月底正式启动，项目征集涉及脱贫攻坚、环境保护、文明实践、关爱少年儿童、为老服务、阳光助残、卫生健康等12个志愿服务领域。在为期1个多月的大赛活动中，共有57个志愿服务项目通过专家评审、路演答辩等方式进行角逐，最终20个志愿服务项目脱颖而出，共评选出一等奖2个，二等奖6个，三等奖12个，获得项目扶植资金和专业指导培训。

（团区委）

【党的十九届五中全会精神宣讲活动】 12月22日，团区委在北京工业大学耿丹学院举办“青春新征程 奋进十四五”党的十九届五中全会精神宣讲活动，耿丹学院师生300余人现场参加活动。

（团区委）

顺义区妇女联合会

【概况】 年内，区妇联始终坚持以习近平新时代中国特色社会主义思想为指导，全面贯彻落实中央决策、市委部署和区委要求，紧扣全面建成小康社会、收官“十三五”规划各项重点任务，纵深推进全面从严治党，统筹抓好疫情防控和妇女事业发展。

（区妇联）

【篮球冬令营活动】 1月13—17日，区妇联组织开展为期5天的“篮球冬令营”活动，共有40余人参加。

（区妇联）

◆1月13—17日，区妇联组织篮球冬令营活动（区妇联供图）

【“十四大”妇女代表联系制活动】 1月14日，顺义区、石景山区30余名市级妇女代表到顺义区顺美服装、北京华美丽服饰等企业参观调研，通过了解妇联工作阵地增强直观感受，激发妇女代表履职尽责的精神动力。

（区妇联）

【新冠肺炎疫情防控】 2月1日起，区妇联落实疫情防控措施，带领广大家庭做好居家防疫。开展线上“妇女之家”课程230余场，开展线上“儿童之家”活动150余场。为医务人员家属“代买送物”，为隔离中的婴儿接力输送母乳、参与核酸检测点服务保障，全体人员下沉社区一线参与防控150余天。

（区妇联）

【线上庆祝三八妇女节】 3月8日，区妇联开展线上“庆三八”活动。开展致敬“她”力量系列宣传，发布系列短视频11个，展示“三八红旗”奖章获得者和“三八红旗”集体的巾帼风采。

（区妇联）

【寻找“最美家庭”活动】 3月，常态化寻找“首都最美家庭”活动正式启动，顺义区将抗击疫情表现突出、实践垃圾分类、创建美丽庭院等因素纳入推荐评选体系。年内推荐上报19户家庭参与评选，其中10户家庭获得首都“首都最美家庭”荣誉，3户家庭获得全国级荣誉。

（区妇联）

【“美丽街巷”创建活动】 4月1日，区妇联召开在线视频部署会，“美丽街巷”创建活动正式启动。创建工作领导小组利用“三下三上”专业工作方法，按照有主题、有机制、有队伍、有载体、有活动的“五有”标准，打造区级“美丽街巷”10条，选树“美丽农家”622户。

（区妇联）

【“4·15”国家安全教育日普法宣传活动】 4月13—15日，区妇联组织开展“4·15”全民国家安全教育日集中普法宣传活动，线下发放宣传资料3000余份，线上参与知识竞答活动1000余人次。

（区妇联）

【“六一儿童节”主题活动】 5月30日—6月7日，区妇联组织开展“陪伴·童行”第十五届家庭亲子游戏云挑战活动，全区100余组家庭参与。联合区红十字会和爱心企业举办“关爱·童行 —— 助力成长”助学活动，为浅山五镇60名贫困在校学生提供救助金、书籍以及生活用品。

（区妇联）

【垃圾分类“家”行动】 5月，区妇联发布《垃圾分类“家”行动倡议》，同时面向广大妇女和家庭开展“云”端接力承诺活动。为2753户家庭发放、粘贴垃圾分类小贴士，同时发挥“儿童之家”阵地的作用，组织开展讲座、亲子活动等，推动“条例”内容和垃圾分类知识进家庭。

（区妇联）

【婚姻家庭类普法宣传活动】 6月，组织全区基层妇联干部、部分妇女群众线上观看《中华人民共和国民法典：开启中国法制新时代》系列节目，重点对新修订的婚姻家庭类内容进行学习和宣传，1000余人参加在线学习。

（区妇联）

【巾帼“云”带货活动】 6月，区妇联创新宣传方式，推出巾帼“云”带货系列微视频8期、“光盘行动、拒绝浪费”系列视频6期。妇联干部、“顺意姑娘”等出镜为家乡特色农产品代言。

（区妇联）

【基层家长学校建设实地检查】 6月28—29日，区妇联会同区教委随机抽查北务镇仓上村、牛栏山镇先进村等家长学校建设情况，现场提出整改意见和时限。7月30日—8月3日，再次对部分镇街进行抽查，促进家长学校规范化水平提升。

（区妇联）

【精准脱贫工作】 7月，依托北京市中国儿童少年基金会项目，区妇联捐赠资金10万元，支持内蒙古自治区巴林左旗100名贫困妇女开展手编技能提升培训。借助巴林左旗笤帚苗种植、加工、制品产业链优势，推动妇女致富增收。

（区妇联）

【《中华人民共和国民法典》普法宣传启动仪式】 8月11日，区妇联在宾馆会议中心举办“巾帼普法 法润万家”《中华人民共和国民法典》普法宣传启动仪式，市妇联、区委宣传部、区司法局相关领导、基层妇联干部等80余人参加启动仪式。会议对《中华人民共和国民法典》学习宣传工作做出部署，宣传讲师团开展专题讲座，并对婚姻家庭热点问题进行普法解读。

（区妇联）

【百姓宣讲活动】 8月，百姓宣讲活动在妇联系统正式启动，征集主题宣讲微视频71个，宣讲主题涵盖疫情防控、垃圾分类、女性成长和奋斗故事等题材。线上展示优秀宣讲视频34个，播放量12万余次。

（区妇联）

【社会化服务项目】 8月，区妇联“共·享家”“儿童之家”等社会化服务项目正式进入线下实施阶段，全年为基层输送环保、健康、安全、文化、亲子活动等各类服务课程1300余场。

（区妇联）

【“美丽街巷”观摩交流活动】 9月10日，区妇联带领首批参与创建“美丽街巷”的10个镇妇联干部开展实地走访。月底，组织妇联干部30余人前往房山区观摩学习“美丽庭院”创建优秀经验和做法，进一步拓展工作思路。

（区妇联）

【推进妇女儿童“十四五”规划编制】 10月27日，顺义区妇儿工委全委（扩大）会议召开，部署“十三五”终期评估和“十四五”规划编制工作。此前，线上征集到关于妇女儿童发展建议20余条。

（区妇联）

【区级示范“儿童之家”选树】 10月，区妇儿工委办评选出2020年度区级示范“儿童之家”25家。

（区妇联）

【农村妇女发展项目申报】 10月，区妇联落实各项扶持政策，为9个“妇”字号基地、1个协会组织申报京郊妇女发展项目10个，获得扶持资金200万元。

（区妇联）

【区级特色“妇女之家”首次选树】 11月2—5日，区妇联对基层“妇女之家”开展实地踏查工作。在评选12个区级示范“妇女之家”基础上，首次评选出特色“妇女之家”6个。

（区妇联）

【“巾帼建功”选树活动】 11月17日，区妇联制定下发《关于表彰2020年度“巾帼文明岗”和“巾帼建功”标兵的决定》，全区112个岗位获得顺义区“巾帼文明岗”荣誉称号，111名女性获得顺义区“巾帼建功”标兵荣誉称号。

（区妇联）

【公益律师法律咨询活动】 11月24日，区妇联组织开展“公益律师法律咨询活动”，公益律师为来访对象开展一对一法律问题咨询，为妇联工作人员指导纠纷化解工作，基层妇联工作人员、公益律师等10余人参加。

（区妇联）

【村企共建】 11月，区妇联动员结对企业与结对村积极沟通，按照实际需求开展扶贫工作，对接贫困县3个，贫困村8个，捐赠资金60000元，捐物折款70000元，所有企业均完成协议签订和扶贫工作。

（区妇联）

【“12·4”国家宪法日宣传活动】 12月1—7日，区妇联组织开展“12·4”国家宪法日暨宪法宣传周系列宣传活动。全区660余支巾帼亲情服务队、8000余名队员在广场、社区周边发放知识手册、图片折页等宣传材料，受众人数10000余人。

（区妇联）

【廉政家风总结展示活动】 12月15日，“兴正气家风 守清廉本色——监督触角进家庭”总结展示活动在区委党校进行，300余人参加。系列活动于5月启动，年内发放“助廉宣教包”3000余份、发布克俭勤廉家庭典型事迹40余篇、线上展出倡廉作品300余件，开展廉政宣讲、参观廉政教育基地、去法院旁听庭审等多项实践活动。

（区妇联）

【贫困妇女儿童专项帮扶】 12月，区妇联启动困难妇女儿童信息采集、救助各项工作，全年争取各级项目资金760000余元，帮扶救助妇女儿童600余名。联合区红十字会，首次开展专项帮扶工作，为30名贫困女童募集捐款15万余元，为56名高考贫困单亲母亲筹措救助资金10万元。

（区妇联）

顺义区科学技术协会

【概况】 年内，区科协坚持以习近平新时代中国特色社会主义思想为指导，全面落实党的十九大和十九届二中、三中、四中、五中全会精神，围绕区委区政府中心工作，认真履行科协“四个服务（为科技工作者服务、为创新驱动发展服务、为提高全民科学素质服务、为党和政府科学决策服务）”的职责定位，在“提升区域公民科学素质”和团结带领广大科技工作者科技创新、科学抗疫、科技扶贫中，取得显著成效。利用“科普之春”“全国科技工作者日”“全国科普日”等品牌活动平台，开展科普活动130余场，辐射人群120余万人次（含参与“顺义提素”竞答和“北京市公民科学素质大赛”网上竞答人次）。围绕“助力企业科技创新和区域高质量发展”，为企业科协和科技工作者提供服务。新增开放型企业科协组织9家，7家企业获得市科协企业创新簇的认证，4家院士专家工作站通过市科协复审。

（区科协）

【科普宣传】 年内，区科协荣获“全国科普日优秀组织单位”称号。《党建引领 助力改革 聚焦靶心 发挥职能》和《盯紧三农供需资源 建强都市型现代农业示范基站 扮靓科技服务品牌》在中国科协微信公众号“科协改革进行时”上刊登，《盯紧三农供需资源 扮靓科技服务品牌——顺义区都市型现代农业示范基站工作情况》在《北京科协》第四期刊载，《为创新驱动发展服务 助力企业提升创新能力——顺义区科协助力企业创新驱动工作初探》调研报告获顺义区优秀调研并在《顺义调研》上登载。

（区科协）

【科学助力疫情防控与复工复产】 年内，利用“科普中国”、院士专家等平台与人才的资源优势，科学助力疫情防控与复工复产和脱贫攻坚。为社区和农村送科学防疫科普挂图、宣传折页、专刊杂志等共计21760份。在“顺义科普365”“顺义科协”微信公众号开辟《科学防疫》专栏，每周推送疫情防控知识和法律法规。利用覆盖社区的科普LED视窗宣传疫情防控知识，协助社区（村）“两委”做好疫情期间的人员排查和心理疏导工作，下发“抗击疫情 科普先行——致顺义区科普中国信息员的一封信”，发动1600余名科普中国信息员主动投入“抗疫战场”，传播科学防疫知识消除公众恐慌，科普中国信息员累计传播关于疫情防控的信息6000条次。开启应急科普行动，在“顺义科协”微信公众号《互动竞答》栏目，推出疫情防控线上答题活动，累计31527人次参与。为区内69家企业科协推送“天翼云会议”服务平台，为企业在疫情期间，免费提供最多300人同时参与的“5G+4K”高清云视频会议服务系统。邀请北京市政协委员、北京市优秀律师为全区科技工作者讲授《疫情防控常态下的劳动用工三十问》。结合低收入村（荆坨村）需求，开展健康、农事生产等讲座。

（区科协）

【顺义区公民具备科学素质比例13.5%】 年内，北京市公民科学素质抽样调查结果显示：2020年顺义区公民具备科学素质的比例13.5%，比2015年的9.8%提高3.7%，超额完成北京市纲要办公室对顺义区下达的“到‘十三五’末公民科学素质达到12%”的目标任务。

（区科协）

【区“科普中国”资源推广落地项目实施】 年内，“科普云”科普资讯累计下载25858条次；依托北京市顺义区绿港智慧社区发展中心在区内各社区、村建设的电子宣传屏以及“顺义科协”“仁和营商”“绿驿张镇”“魅力南彩”等微信公众号和微博平台，对全区公民进行“科普中国”信息资源精准推送，累计传播274956余次；在“科普中国”网上注册的信息员1666人，位列北京市区级注册榜第一。

（区科协）

【“顺义提素行动”实施】 年内，围绕“顺义提素行动”项目总体目标，开展多项活动。在科协公众微信号上开设“提素互动竞答”，全年累计7000余人参与。在顺义电视台A3段投放科协公益广告宣传片900余分钟。在人员流动性大的地下通道投放科普宣传灯箱4块。辑印《文明创城 顺义区全民科学素质手册》6万册，通过25个镇、街道科协发放到家庭。实施“乡村振兴战略基层科普人才培养”项目。组织“顺义区公民科学素质大赛”线上、线下活动。为基层科普专（兼）职工作者订阅《科技生活》刊物96份。

（区科协）

【市科协基层科普行动项目实施】 年内，顺义区2家单位北京市顺义区新之路公共事务创新技术服务中心、北京美施美生物科技有限公司获得市科协、市财政局实施的“北京市科协2020年北京市新时代文明实践基层科普行动”项目资助，金额为29.17万元。

（区科协）

【区级科普经费项目实施】 年内，顺义区科普经费项目资助单位31家，资助金额为336万元，用于加强基层科普设施建设，支持基层高质量开展科普活动。

（区科协）

【“枢纽型”社会组织建设】 年内，区科协管理指导的科技类社会组织15家。区科协以“理顺管理体制、扩大组织覆盖、充分发挥作用”为工作目标，坚持以党建引领社会组织业务工作，坚持组织体系与工作体系双加强、双促进，引导科技类社会组织参与疫情防控、垃圾分类及文明城市创建等社会公益服务活动，全年组织公益活动289项。

（区科协）

【企业科协组织、“创新簇”建设】 年内，新增开放型企业科协组织9家，分别为北京鼎新时代科技有限公司、北京葫芦娃生态农业有限公司、北京嘉景生物科技有限责任公司、北京力达康科技有限公司、北京顺乾汽车测试技术有限公司、中航新大洲航空制造有限公司、鼎点视讯科技有限公司、北京江河幕墙系统工程有限公司、北京绿多乐农业有限公司；7家企业获得市科协企业创新簇的认证，分别为：中设设计集团北京民航设计研究院有限公司、北京力达康科技有限公司、北京六合宁远科技有限公司、北京江河幕墙系统工程有限公司、鼎点视讯科技有限公司、北京绿多乐农业有限公司、北京福道威光仪器技术有限公司。

（区科协）

【科技人才服务工作】 年内，组织、推荐的8名顺义区科技工作者获评“第二十四届北京优秀青年工程师”称号，2家企业优秀青年科技工作者主持的项目获得“2020年北京市科协金桥工程种子资金”资助项目。

（区科协）

【顺义区乡村振兴战略基层科技人才培养项目实施】 年内，根据调研顺义区农业人员技能短板和提升需求的成果，实施乡村振兴战略基层科技人才培养项目。一是精准遴选，推送150部技能培训课程。二是结合疫情防控形势，利用“顺义科协”微信平台，开设《顺义乡村振兴惠农空中课堂》直播专栏，共开展线上、线下活动共15期(线上10期，线下5期)，线上与专家互动问答50余条，收看学员27000人次。

（区科协）

【“三下乡”活动】 1月19日，市委政法委、市科协，区委政法委、区科协、南彩镇等单位联合在顺义区南彩镇后俸伯村村委会举办文化、科技、卫生“三下乡”活动。活动现场发放宣传手袋200余个，春联、“福”字、窗花200余幅，文化和科普宣传书籍300余本。

（区科协）

【顺义区第二十二届“北京科普之春”】 4月17日，顺义区第二十二届“北京科普之春”通过“空中课堂”启动。邀请北京市农林科学院蔬菜研究中心研究员陈春秀以“春季设施果菜类栽培管理技术”为主题，围绕果菜类定植后温湿度调节、水肥一体化管理技术、果菜类生理障碍、常见病虫害防治等方面在线指导顺义农事科技生产，4100余人次在线观看。

（区科协）

【青少年科技活动】 5月4—5日，以“发现·创新·责任”为主题的第40届北京青少年科技创新大赛决赛，通过“云端问辩”的线上方式在北京科学中心举办。区科协联合区教委，组织牛栏山一中、仁和中学、李桥中学3所学校5个项目参加终评，最终获得一等奖2项、二等奖3项、专项奖3项。“少年同行，共战疫情”科幻画获得一等奖31幅、二等奖82幅、三等奖138幅，来自牛栏山一中的4幅战“疫”优秀科幻画作品在“首都科普”微信公众号进行专题展示。

（区科协）

【“两聚三精”助力企业创新发展服务活动】 5月21—22日，区科协利用中关村天合科技成果转化促进中心、北京老科学技术工作者总会（简称“老科总”）的科技创新资源，组织开展“两聚三精”助力企业创新发展服务活动。5月21日上午，在顺义区科技馆召开企业需求调研座谈会。区科协、中关村天合转促中心、老科总负责人以及航空、农业、水利等方面的专家与顺义区科协精选的3家重点企业进行座谈交流。座谈中，顺鑫农业、牵手果蔬、汉飞航空、潮白环保等企业负责人分别介绍各自的基本情况、技术需求和发展面临的问题。与会专家和各企业负责人进行交流研讨，并针对企业提出的技术问题进行解答，为企业今后的发展出谋划策。5月21日下午及5月22日，区科协带领中关村天合转促中心、老科总以及相关专家分别前往汉飞航空、牵手果蔬和潮白环保3家企业走访调研，实地了解企业情况，查看各企业的生产制造车间，并就当前面临的问题进行进一步的深入交流。

（区科协）

【全国科技工作者日活动】 5月29日，区科协组织开展主题为“科技为民　奋斗有我”的5•30全国科技工作者日“线上科技创新服务讲堂”直播活动，全区16000余名科技工作者参与线上直播活动。直播中，区科协主席向全区广大科技工作者送上节日祝福和问候，并希望通过此次活动使科技工作者能够有所感悟、有所启发、有所收获。中关村第一代企业家朱希铎，市政协委员、北京市优秀律师和中国疾控中心营养学首席专家赵文华受区科协邀请，分别从科技创新、法律服务、营养与健康3个方面，为科技工作者作讲座。

（区科协）

【顺义区科学小记者活动】 7月11日，由区科协主办的主题为“智慧伴生活，科学伴成长”2020年顺义科学小记者首场活动，采取线上直播“云课堂”的形式开启。北京科技报社记者赵天宇为小记者们讲课，从“做过记者的名人”和“著名的记者”故事讲起，延伸到新闻的特点与新闻的属性，进而谈到科技新闻在当今时代的重要性。全区10余所学校的中小学师生以及来自“科学加”App直播平台的观众共计5000余人次在线观看直播。年内，组织小记者线上培训9期，线下活动2场，发文50余篇。

（区科协）

【“全国科普日”活动举办】 9月18日，由区科协、区科委、区教委共同主办的2020年顺义区全国科普日主场活动暨第38届学生科技节在顺义数字科普展示馆启动。市科协、区科委、区科协相关领导，各纲要办成员单位及中小学校师生代表共计80余人参加活动。全年顺义区全国科普日围绕“决胜全面小康 践行科技为民”主题，采取传统与现代、线上与线下、参观与体验相结合的方式开展。科普日期间，各镇、街道围绕科普日主题，结合新冠肺炎疫情防控形势和自身特点，组织开展相应的基层科普活动。

（区科协）

◆ 9月18日，顺义区全国科普日主场活动举办（区科协供图）

【公民科学素质大赛】 11月28日，2020年顺义区公民科学素质大赛在顺义区数字科普展示馆举办。本次决赛专门邀请中日友好医院预防保健科高级健康管理师肖志云、中国科学院国家天文台研究员郑永春、中国科学院生态环境研究中心研究员刘晶茹分别就新冠病毒、酸汤子、“天问一号”、垃圾分类等题目做现场解答。6支决赛代表队分别在“勇往直前”“眼疾手快”“科学联想”“扭转乾坤”4个环节角逐，题目涉及绿色环保、前沿科技、营养膳食、疫情防控等多方面。后沙峪镇、大孙各庄镇、杨镇代表队获顺义区公民科学素质大赛三等奖，天竺镇、马坡镇代表队获二等奖，李遂镇代表队获一等奖。顺义区仁和镇、牛栏山镇、李桥镇、光明街道、南彩镇、北石槽镇获优秀组织奖。截至11月中旬，吸引近7000名顺义区公众（累计答题711930人次）参与“顺义区互动答题”和“北京市公民科学素质大赛”网络答题活动。在北京市公民科学素质中，顺义区代表队获得三等奖，顺义区科协获得组织奖。

（区科协）

顺义区青年联合会

【概况】 年内，区青联团结凝聚全区各族各界青年，围绕中心、服务大局，开拓创新，拼搏进取，为落实北京城市总规赋予顺义的功能定位、助推顺义高质量发展做出应有的贡献。

（区青联）

【参与新冠肺炎疫情防控阻击战】 年内，区青联委员累计提供7000余份防疫志愿者保险、2.5万只医用防护口罩、7万余元青基会捐款，并以各种形式亲身参与疫情防控，包括直接参与疫情处理和病毒检测；保障防疫物资运送，组建爱心志愿服务车队；创作抗疫时事作品；开展法律公益服务，助力企业复产复工；参与基层执勤站岗等。

（区青联）

【区青联助力文化中心建设专题会议】 1月14日，“发挥顺义青联力量 助力文化中心建设”专题会议在顺义宾馆会议中心召开，区青联主席、团区委书记，团区委副书记，区青联三届常委和文化文艺体育界别全体委员参会。参会委员围绕主题进行交流发言，区青联主席、团区委书记进行总结讲话。

（区青联）

【垃圾分类示范引导志愿服务】 5月，组织区青联各界别委员代表，到石园北三社区青年汇“分小萌”垃圾分类志愿服务示范引导站，参与垃圾分类示范引导志愿服务。

（区青联）

【区青联学习全国“两会”精神会议】 6月3日，组织区青联各界别委员开展全国政协十三届三次会议、十三届全国人大三次会议精神学习。区青联经济金融界别、科技创新界别、教育卫生界别、文化文艺体育界别、公共管理与政法界别、民宗侨与社会组织社会中介界别、青少年事务界别171名委员采取线上线下等方式参加学习。

（区青联）

【直播带货扶贫活动】 6月7日，区青联、团区委联合区发改委、区商务局、北京顺鑫控股集团有限公司共同举办“我的青春为爱下单”直播带货活动，直播吸引40000余名观众，获赞288000个，销售河北、内蒙古等对口帮扶地区农产品价值57800元。

（区青联）

【“万企帮万村”帮扶活动】 6—10月，区青联、团区委组织开展“万企帮万村”帮扶活动项目。动员顺义区三合生社会工作事务所、顺义区胜利同行社会工作事务所、顺义区80后义工社、灏奇心理工作室、扬州市江都区园林工程有限公司北京顺义分公司、北京骏马客运有限公司、中同律师事务所、北京顺腾律师事务所8家社会组织、民营企业参与帮扶项目。

（区青联）

【为和田地区捐书活动】 8月，区青联、团区委联合开展“好书伴成长”为新疆和田地区中小学生捐书活动。全区78家直属团组织、23所中小学校、29家社区青年汇及社会各界爱心人士为新疆和田小朋友捐书3.98万册。

（区青联）

【区青联三届三次常委（扩大）会】 9月4日，顺义区青联三届三次常委（扩大）会召开，30名委员参会。会议组织学习习近平总书记贺信精神和全国青联十三届委员会精神，委员代表结合会议精神学习进行交流发言。

（区青联）

【开展沽源对口帮扶活动】10月30—31日，区青联、团区委开展“助力脱贫攻坚 情暖美丽沽源”青联委员走进沽源活动，一行12人赴河北省沽源县开展考察交流。帮扶组召开交流座谈会，实地调研沽源“坝上农场主”认种计划，到二道渠乡头道渠村慰问建档立卡户家庭及青少年，为高山堡寄宿制学校学生赠送“爱心棉衣”和爱心捐款。

（区青联）

【区青联学习党的十九届五中全会精神会议】11月10日，顺义青联各界别组委员学习座谈会召开。会议学习传达党的十九届五中全会精神，部署“希望之星1+1一家亲——我在北京有个家青少年助学帮扶项目”，组织委员为北京“十四五”规划建言献策。

（区青联）

【建言“十四五”规划活动】11月，组织区青联委员开展“青年建言‘十四五’共绘北京新蓝图”建言活动。经济金融界别、科技创新界别、教育卫生界别、文化文艺体育界别、公共管理与政法界别、民宗侨与社会组织社会中介界别、青少年事务界别7个界别20余名委员代表，提交“十四五”规划建言24条。

（区青联）

【助学帮扶募捐活动】11—12月，区青联、团区委组织开展“希望之星1+1一家亲——我在北京有个家青少年助学帮扶项目”。活动开展以来，青联委员带头，青年企业家、社会爱心人士和广大青年，募捐帮扶资金385000元。

（区青联）

◆ 年内，区青联学习全国青年十三届全委会精神工作会召开

顺义区工商业联合会

【概况】年内，区工商联拥有企业、团体、个人会员863家，覆盖全区19个镇。

（区工商联）

【深化理想信念教育】年内，区工商联联合区委党校，组织开设非公经济人士理想信念教育培训班，以“五星红旗迎风飘扬”为主题对广大非公经济人士开展时事政治、国防安全、周边环境等课题教育。

（区工商联）

【围绕疫情防控 做好宣传引导】年内，区工商联第一时间发出关于助力打赢疫情防控攻坚战的倡议书，及时传达北京市、顺义区关于做好复工复产工作的通知精神，引导企业参加关于复工复产困难情况的调研。

（区工商联）

【发动企业承担社会责任】年内，区工商联发动民营企业向疫情严重地区捐款捐物，从事医疗物资生产、物流运输、设施基建的企业迅速恢复生产，助力武汉抗疫；组织企业向区医疗物资储备中心捐赠大批医疗防护物资，向一线医务人员和社区值守人员捐赠大批生活慰问品。疫情期间，共有5家民营企业参与抗疫工作，50余家企业捐款捐物，捐款2000余万元，防护口罩30000余个。会员企业（北京振邦）员工获得“全国抗击新冠肺炎疫情先进”表彰。

（区工商联）

【围绕企业发展 助力复工复产】年内，区工商联组织开展线上政策宣讲。根据调研汇总的企业需求，组织3次复工政策宣讲网络直播活动，解读北京市复工复产人保政策。与区应急管理局共同组织民营企业安全生产政策培训；组织4轮优化营商环境政策宣讲直播活动，邀请区住建委、市场监管局11个部门讲解新版优化营商环境政策。

（区工商联）

【法律服务】 年内，区工商联联合区司法局、顺义区律师协会成立顺义区民营企业商事调解中心，组建中小微企业律师服务团。疫情期间，连续组织11期“复工复产 法律护航”网络直播，为企业在疫情期间有序经营提供法律指导。启动民营企业产权保护社会化服务体系建设工作，联合顺义区检察院开展民营企业走进检察院“开放日”活动，帮助会员企业了解相关法律程序、法律知识。

（区工商联）

【科技创新服务】 年内，区工商联联合区科协组织开展“线上科技创新服务讲堂”活动，中关村第一代企业家朱希铎，市政协委员、律师和中国疾控中心营养学首席专家赵文华博士，分别从科技创新、法律服务、营养与健康3个方面，为非公领域科技工作者作讲座。全区16000余人次参与线上直播活动。

（区工商联）

【引导企业深入参与精准扶贫】 年内，区工商联动员非公经济人士履行社会责任，在主席会、常委会、执委会上对精准扶贫工作和低收入村帮扶工作进行再宣传再动员，对积极参与的民营企业予以表扬。认真筹划精准扶贫对口帮扶工作，新发动2家会员企业，1个社会组织参与对口帮扶工作。截至10月底，区工商联牵头的9家民营企业和1个社会组织，均完成与贫困村的协议内容，帮扶工作取得初步成果。开展消费扶贫工作，协调会员企业免费协助区政府开发线上销售平台，联合区发改委、区商务局、区企促会组织线上、线下消费扶贫活动两场，现场累计购买贫困地区产品77万余元。联合区残联开展“我在内蒙古有只羊”认购活动，认购100余只，成为扶贫工作典型案例。

（区工商联）

法治

▲ 1月10日，顺义公安分局交通支队开展春运宣传（拍摄者：赵亭超）

▲ 3月30日，区委全面依法治区委员会第二次会议召开（区司法局供图）

▲ 4 月 15 日，区委政法委开展国家安全宣传日活动（区委政法委供图）

▲ 5 月 19 日，顺义公安分局民警检查寄递物流企业（区公安分局供图）

7月1日，顺义公安分局民警到企业宣传全民反诈工作（拍摄者：赵亭超）

8月3日，顺义公安分局民警在云南边境携警犬开展工作（拍摄者：康国强）

10月1日，顺义公安分局民警在北京国际车展执勤（拍摄者：赵亭超）

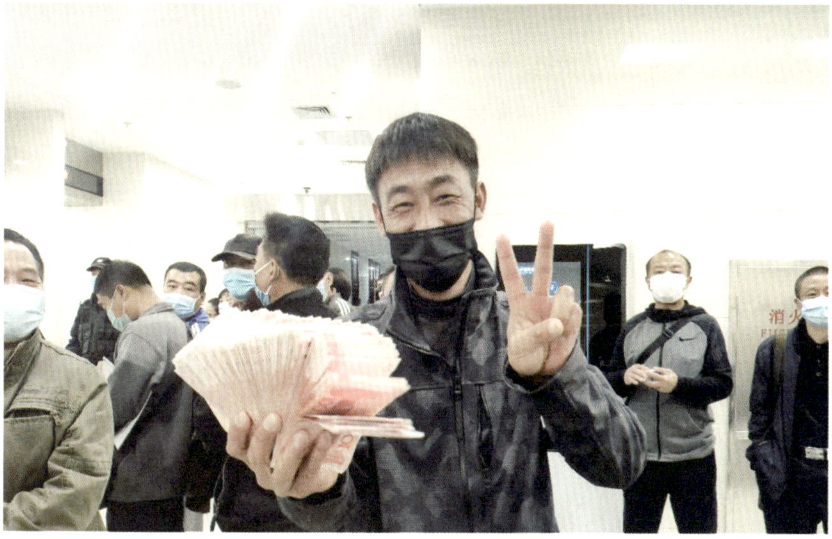

11 月 25 日，区法院为 107 名快递司机发放被拖欠工资（区法院供图）

11 月 26 日、27 日，顺义区共 24 家单位参加顺义区“12•4”国家宪法日宪法知识竞赛（区司法局供图）

11 月 27 日，北京市社区矫正“以案为鉴、以案促改”集中教育整顿活动推进会召开（区司法局供图）

政法与综治

【概况】 年内，全区政法系统深入学习贯彻党的十九大和十九届二中、三中、四中、五中全会精神以及区委五届十一次会议精神，坚持以习近平新时代中国特色社会主义思想为指导，落实中央、市委、区委政法工作会议部署，增强“四个意识”，坚定“四个自信”，做到“两个维护”。以基层基础和制度建设为主题，以防控疫情为重要任务，以确保区域政治社会大局持续稳定为目标，以扫黑除恶专项斗争、市域社会治理现代化试点、政法队伍教育整顿为牵引，为全区经济社会发展创造安全的政治环境、稳定的社会环境、公正的法制环境、优质的服务环境。

（区委政法委）

【社会大局持续稳定】 年内，牢固树立总体国家安全观，开展“4•15全民国家安全教育日”宣传活动，全面加强安全体系化建设。完成全国“两会”、中国国际服务贸易交易会、中秋节、国庆节等重要时期的维稳安保任务。按照“常态化”“不扰民”“保安全”“防反弹”的要求，坚持维稳安保和疫情防控并重。全力守住反恐防恐底线，防范宗教渗透活动，严厉打击邪教活动。提升外围防线防控等级，调整充实专职铁路护路联防队，加强铁路沿线巡逻值守，确保铁路运输畅通安全。

（区委政法委）

【矛盾纠纷多元调解】 年内，按照“预防为主、源头治理”的工作原则，协调区信访办等部门围绕城市管理、劳动社保和农村农业等10类重点隐患，组织开展矛盾纠纷排查工作。加强人民调解规范化建设，吸收退休法官、检察官、律师等法律工作者参与到矛盾纠纷调处工作中来，落实培养机制，组织人民调解员岗前培训和分级培训，不断提升调解员综合素质和调解水平。坚持点线面联动推进，健全调解组织网络，实现调解网络全覆盖，全区人民调解组织共调解矛盾纠纷2211件，调解成功2145件，调解成功率97%。

（区委政法委）

【扫黑除恶专项斗争】 年内，以北京市扫黑除恶专项斗争第一特派督导组、全国扫黑办第一特派督导组督导顺义问题整改工作为抓手，坚决彻底推进“六清”行动，切实做到线索“清仓”、逃犯“清零”、案件“清结”、伞网“清除”、黑财“清底”、行业“清源”。深入谋划“六建”工作，制定《顺义区落实常态化推进扫黑除恶“六建”工作的若干措施》，并将各单位构建扫黑除恶长效机制、推进“六建”工作情况、整改工作成效纳入平安建设考核，作为考核评价领导班子和领导干部的重要依据。

（区委政法委）

【基层社会治理】 年内，进一步强化责任落实，组织召开区委平安顺义建设领导小组2020年第一次全体（扩大）会议，全面部署全区平安建设工作。建立健全全区、镇街、村居三级上下贯通、各部门齐抓共管、联动融合的平安建设工作体系。结合深入推进党建引领“街乡吹哨、部门报到”改革，推进“平安街道”“平安社区”建设。加强治安形势复杂地区的村（社区）综治中心建设，着力解决一批群众关心的热点难点问题。推进市域社会治理现代化试点工作，研究拟定《顺义区关于开展市域社会治理现代化试点工作的实施方案》，为整体工作划定时间点、路线图和任务书，夯实平安顺义建设基层基础。

（区委政法委）

【社会稳定风险评估】 年内，深化重大决策社会稳定风险评估工作，建立健全安全稳定突出风险评估预警机制，坚持将评估作为重大决策事项的前置程序和刚性门槛，做好矛盾源头预防，为全区100余家单位出具278份审查意见，做到应评尽评。

（区委政法委）

【落实疫情防控措施】 年内，按照《顺义区新冠疫情防控工作应急预案（试行）》文件要求，成立社会稳定组，坚持每日会商，5个外围检查站和20个外围乡村卡口全部启动一级查控勤务，启动环京护城河工程，坚持“等级不降、标准不减”，落实“逢车必查、逢人必核、逢人必测”措施，把各类安全隐患排除在外围。成立中转入境人员工作组，做好首都机场3号航站楼14日内从国内其他口岸入境进京人员的接转工作，坚决守住防范境外疫情输入的第一道关口。成立区政法系统疫情防控工作专班，每日摸排政法系统各单位人员返京情况、出差（离京）人员情况、入境人员情况。

（区委政法委）

【政法系统党的建设】 年内，研究制定《顺义区委政法委2020年度关于深化落实全面从严治党主体责任的工作方案》《顺义区政法系统2020年党建工作要点》全面从严治党责任清单、党风廉政建设责任书，全力履行好管党治党责任。加强制度层面指导力度，进一步实现政法系统各级党组织干有方向、做有标尺、评有依据。组织开展政法系统基层党建述职评议考核，强化对各基层党组织工作检查力度。强化党建引领，充分发挥党组织战斗堡垒和党员先锋模范作用，统筹安排好疫情防控和政法领域各项工作。

（区委政法委）

【政法队伍建设】 年内，制订《顺义区政法系统“以案为鉴、以案促改”教育整顿工作方案》，开展政法系统党员干部纪律作风整顿工作，深化全面从严治党主体责任落实。制订《顺义区政法系统人才培养和政治轮训三年实施方案》，为加快建设更高水平的平安顺义、法治顺义提供组织保证和人才支撑。

（区委政法委）

【法治建设领域改革】 年内，按照区委改革办总体部署和法治建设领域改革专项小组工作安排，统筹协调，加强同各成员单位的联系，大力推进法治领域改革，全面推进民事诉讼程序繁简分流改革、深化执法办案信息化建设、持续推进全面依法治区等重点改革任务均有序开展。

（区委政法委）

【积极开展政法宣传工作】 年内，配合中央、市级优势媒体开展政法宣传工作，向市政法信息中心投稿，报送新媒体信息593条，采用309条，采用率52%。参加第四届“三微比赛”、政法优秀新闻作品的征集等活动。以“平安顺义”微信公众号为窗口，让广大群众更多地了解和参与平安顺义建设，“平安顺义”微信公众号共编发推送文章384篇。

（区委政法委）

◈ “平安顺义”微信公众号

【城乡接合部地区重点村整治】 年内，深入推进城乡接合部地区安全隐患综合整治工作，5个镇19个市、区两级重点挂账地区共拆除侵街占道违法建设291处，涉及面积4.9万余平方米；共清理存在安全隐患的出租房屋2394间、拆除出租房屋773间、停租出租房屋1621间；督改出租房屋内消防等安全隐患6597处，督改治安隐患163处，督改其他隐患223处；共疏解流动人口24761人，完成疏解任务量的113.2%，完成全部计划任务量。

（区委政法委）

【治安重点地区整治】 年内，明确整治重点，及时确定重点地区名单，明确市、区、镇三级挂账社会治安重点地区整治标准，召开整治工作部署会，协调属地、公安等部门，研判形势，分析原因，采取有效措施对突出问题进行整治，市、区两级挂账治安重点地区涉及的16个突出问题均达标，达标率100%。

（区委政法委）

公 安

【概况】 年内，顺义公安分局积极应对常态化疫情防控，持续打击黑恶势力，推进打防管控、基层基础、规范执法等主责主业，确保全区社会大局持续安全稳定。刑事拘留2681人，治安拘留5563人，破案4483起，百警刑拘、百警治拘排名全市第1；百警破案排名全市第3；各项基础工作排名市局前列。3年内相继启动专项52个，打掉涉黑涉恶等有组织犯罪团伙110个，刑事拘留621人，查获涉案资金近100亿元。八类、九类案件破案率保持在90%以上。围绕涉众型等经济犯罪开展专案打击，刑事拘留341人，追赃170万余元；破获“环食药”领域案件17起，打击处理涉毒人员105人。依托DNA等技术破获命案积案5起；自主构建以证据溯源及人员落地为一体的电信诈骗类案件分析取证模式，助力侦破多起案件并在全市推广。围绕高丽营、后沙峪等城乡接合部治安复杂地区集中攻坚打整，打掉黄赌窝点522个，拘留3803人，同比上升78.5%。依法查处路面各类交通违法20.1万起，122报警、交通事故、伤亡和财产损失情况均同比大幅下降。完成35项重点练兵项目；开展3期90人次的战“疫”先锋评选活动，1个集体荣立集体二等功，29名个人荣获战时功奖；受理解决群众投诉3700余件，提示纠正问题340余件，下发“督察通知书”“督察提示单”105份。启动维权机制121次，打击处理违法犯罪嫌疑人112人，发放“维权正名通知书”8次。

（顺义公安分局）

【疫情防控】 年内，5个外围检查站、20个乡村卡口保持一级查控勤务，累计盘查检查车辆348万余辆、人员681万余人，劝返、分流疫情警示信息人员112000余人次。实现全区279个小区、359个村庄100%封闭管理，保障18处涉疫社区（村庄）的安全稳定。针对年底区内出现多点散发病例的严峻形势，第一时间进入战时状态，投入警力2650人次，累计完成全区370个检测点、170余万人次的核酸检测工作，确保全覆盖不遗漏。统筹各方力量落地核查涉疫人员62000余人，核查率、隔离率、管控率均达到100%。落实属地管理责任，协助入境转运外交、直航、港澳台入境人员2186批9148车71000人，坚决守住防范境外疫情输入性风险的第一道防线。侦办涉疫案件42起，打击处理43人，高效处置3起全市重点关注的妨害传染防治罪案件，及时回应舆论关注，确保全区防疫秩序始终良好。

（顺义公安分局）

【情报收集研判及舆情管控】 年内，全面加强情报收集研判及舆情管控工作，对580余名发布煽动性、过激性言论人员落地核查、见面教育，上报各类舆情信息820余件，发现违法有害信息20000余条，发布提示性、宣传性帖文2700余篇。启动“7+X”舆情处置机制11次，撰写新闻口径17次。牵动处置樱花园、平各庄、柳各庄等各类群体上访89批次2980余人次，严密做好优胜教育、蛋壳公寓等利益受损群体教育稳控，未引发不良影响。

（顺义公安分局）

【反恐防恐】 年内，重新核定全区反恐重点目标451处。应用《中华人民共和国反恐怖主义法》，进行行政处罚10起、罚款14万余元。组织开展全区反恐防恐宣传，26名群众获得市、区线索奖励。

（顺义公安分局）

【违法建筑拆除】 年内，拆除天竺地区岗山路42号院14处面积73550平方米的违建。启动“公安清人、消防查封、规自认定、城管拆除”联动执法模式，对全区1400万平方米的2329个涉隐库房类违法建设分类、分批整治，拆除429个123.4万平方米。

（顺义公安分局）

【执法主体能力建设】 年内，执法主体能力建设持续加强，先后处置介入各类敏感案事件100余起。借助公检联席平台，累计批准逮捕627人，移送起诉1665人。全年行政案件快速办理752人；依托“执法办案中心+案管组”两级监督管理体系建设，审查重点警情33000余件，发现各类执法问题13000余件，问题量由少至多排名全市第2。政法办案智能管理系统应用质量稳居市局前3名。

（顺义公安分局）

【“放管服”改革持续深化】 年内，全年共审批市外进京户口919件，受理居民身份证54000余件、出入境证件17000余件，办理车务手续81000余件。承办市局派单5676件。

（顺义公安分局）

【扫黑除恶专项行动】 年内，顺义公安分局将扫黑除恶作为“头号工程”“一把手工程”，集全警之力专班推进，相继成立专项52个，打掉涉黑涉恶等有组织犯罪团伙110个，刑事拘留621人，查获涉案资金近100亿元。“5·15”和“6·19”专案作为2起重点案件，累计抓获犯罪嫌疑人202人，缴财22亿余元，被市委制作成《迷局——顺义系列贪腐案警示录》专题片，在全市范围内进行警示教育。

（顺义公安分局）

【指挥系统综合保障能力提升】 年内，顺义公安分局注重勤务指挥体系建设，深入推进110接处警专项整治，理顺指挥、处置权限，全面规范接处警等警务管理工作，全局出警平均速度由15.4分钟提升到7.7分钟，110警情反馈合格率100%。推进22个派出所指挥室升级改造，全部达到市局验收标准。着眼全局中心，扎实落实调研、保密、公务用枪、警力抽调等基础工作。

（顺义公安分局）

【重大活动和会议安保任务】 年内，顺义公安分局围绕“五个严防，四个确保”的工作目标，坚持全警参战、聚焦聚力、以面保点，5月9日进入安保决战决胜阶段，1900余名警力全部停休、各级领导24小时值守岗位，确保“两会”安保警卫点、线，社会面的绝对安全。完成十九届五中全会、第十六届北京国际车展等重大活动安保任务，车展共投入警力23000人次，接待观展人员40.5万余人次。

（顺义公安分局）

【“智慧警务”建设】 年内，顺义公安分局依托区“雪亮工程”“智慧顺义”等项目建设，完成1545个高清摄像头、562个智能卡口施工建设，全区重点区域、重要部位视频监控覆盖率100%。联网整合重要部位1145张高清图像，采集人脸、人体、车辆、手机MAC等数据12亿余条，支撑实战部门、派出所成功抓捕在逃、涉案人员48人。完成619部新增移动警务终端配发、应用培训及1786个国密级数字证书替换工作。完成118个基础型小区（村）建设，共安装智慧门禁系统334套、车辆道闸199套、高清探头782个、人脸识别系统153套、车辆识别系统122套。

（顺义公安分局）

【“平安2号”专项行动】 年内，顺义公安分局自开展2020“平安2号”行动暨打防管控夏季攻势以来，刑事立案同比下降16.1%，刑事破案1250起，刑事拘留850人，治安拘留2299人。其中打掉涉黄窝点51个、涉赌窝点18个，非法生产、储存危险物品窝点14个，刑事拘留12人，行政拘留597人。

（顺义公安分局）

【打击涉气类危爆物品违法犯罪】 年内，顺义公安分局联合区消防、城管、应急等部门，启动液化石油气用户“建台账、查隐患、抓整改、保安全”专项工作，累计收缴气钢瓶12000余个。共侦破涉气涉危爆类案件49起，查处违法人员68人，收缴各类气钢瓶222个、危险化学品9390.3千克。

（顺义公安分局）

【疫情防控指挥部建设】 年内，市公安局在中国国际展览中心（新馆）成立疫情防控指挥部，顺义公安分局负责实地踏查现场，协调相关部门架设专网链路，回传视频，开通无线通信系统，协调区信息中心、承建公司在新国展登录厅、落客区、中转区、登车区等重要部位补点建设高清监控摄像机及红外测温摄像机26个，为各级领导决策指挥提供科技支撑。

（顺义公安分局）

【阵地宣传】 年内，顺义公安分局充分发挥外宣作用，广泛利用媒体开展阵地宣传，联系《北京晨报》《北京青年报》《法治进行时》、顺义电视台等12家市级、区级主流媒体，对分局专项行动、突出典型案例、优秀公安民警进行宣传，共刊发分局相关报道337篇，“双微”平台共发布微博1317条、微信715条。

（顺义公安分局）

【空港派出所辖区人员调整】 年内，顺义公安分局完成对空港派出所管辖区域、人员编制的调整。调整后空港派出所人员增编17人，现有民警43人；管辖区域由原来的6.2平方千米增加到22.11平方千米。

（顺义公安分局）

【森林公安管理体制调整】 年内，顺义公安分局按照市局统一部署，成立专项工作领导小组和5个工作组，全面推进落实森林公安体制调整工作。12 月 22 日 24 时起，顺义区森林公安从区园林绿化部门正式划转至顺义公安分局，相关工作正式启动。

（顺义公安分局）

【打造顺义公安宣传品牌】 年内，顺义公安分局拓展创新宣传渠道，打造宣传品牌，组织有相关特长的民警、文职辅警和民警家属，自主创作主题歌曲《武汉春色》《英雄无悔》，并制作歌曲海报、MV 视频。歌曲被学习强国、中国警察网、团市委北京青年、今日头条、市局正警事儿、优酷视频等主流媒体采用。

（顺义公安分局）

【“断卡”反电诈专项行动开展】 年内，顺义公安分局在公安部开展的“断卡”专项行动中，针对涉电诈类重点案件，发现线索 26 条，涉及犯罪嫌疑人 179 名。全年处置技术拦截预警线索 19884 条，发送短信宣传提醒 27014 条，直接避免经济损失 800 万元。破案 496 起，刑事拘留 190 人，逮捕 14 人，追回赃款 110 万余元，止付账号 106 个，办理资金返还案件 42 起，涉及返还资金 360 万元。

（顺义公安分局）

【寄递物流安全管理】 年内，顺义公安分局治安支队指导派出所对辖区内的物流寄递网点进行检查、暗访活动，形成沟通机制，并牵动邮政管理部门对人员密集的圆通、申通快递代收点开展检查、联合检查，同时要求代收点收派员严格落实“三项制度”，内部安全防范、消防安全，确保寄递渠道绝对安全。全年共出动力量 3126 人次，检查单位 3126 家次，其中货运企业 1414 家次、快递企业 1712 家次，发现并整改问题 92 件，函告主管部门 26 件。

（顺义公安分局）

【预防煤气中毒安全管理】 年内，顺义公安分局预防煤气中毒工作结合全区实际，严格督导检查，狠抓工作落实，累计出动各种检查力量 31.5 万余人次，入户检查 118.7 万余户次，签订责任书 17.2 万余份，整改隐患 2758 处。

（顺义公安分局）

【“净网 2020”专项行动】 年内，顺义公安分局重点围绕持续深化网上违法犯罪打击、强化网上违法有害信息治理、督促网络运营单位落实网络安全义务三个方面开展打击整治。共协助破获涉网各类案件 181 起，抓获违法犯罪嫌疑人 1674 人，经情报会商工作共发现刑事治安线索 4944 条，核查公安部转递情报线索 37 条，清理（含处置、屏蔽）违法有害信息 18.69 万条，处罚违法违规互联网单位 38 家次，关停违法账号 42 个。

（顺义公安分局）

【处突专业队伍打造】 年内，顺义公安分局反恐怖和特巡警支队围绕“训练服务实战”理念，以基础格斗术、基础射击、单警战术、处置群体性事件、战术小组等为基础，每人每日训练不低于 4 小时；围绕刀斧砍杀应对、排爆、5 人攻坚突击抓捕、群体性事件处置等科目，累计组织开展 77 次演练。

（顺义公安分局）

◈9 月 2 日，顺义公安分局民警参加防爆处突演练（拍摄者：赵亭超）

【第七次全国人口普查】 年内，顺义公安分局组织各镇、街道、人口普查办开展核准辖区实有人口底数工作，做到户不漏人，人不漏项，登记项目无差错，实现户籍人口、流动人口、散居社会境外人员、人户分离人口、废弃地址、门楼牌、集体户口管理七类登记全面更新，完成户口整顿专项工作。

（顺义公安分局）

【出租房屋管理】 年内，顺义公安分局按照《北京市公安局推行出租房屋“旅店式”管理意见》，依托“北京市居住证”微信公众号“自主申报”系统，组织户籍派出所推行出租房屋自主申报即时登记工作，强化房屋出租人管理责任，实现出租即时登记，停租即时核销的管理措施。出租房屋主自主申报出租房屋信息38812户，完成率44.7%。登记备案出租房屋72000户，覆盖全区出租房屋总量的98.3%。开展宣传防范18000余次，走访出租房屋105.7万余间，检查流动人口136.7万余人，督促整改隐患134000处，三类可防性案件立案同比下降68.9%，110街头类警情同比下降14.1%。

（顺义公安分局）

【押解转运至看守所新址】 1月16日，顺义公安分局组织警力700名，武警300名，保安协警200名，分3个批次将750名在押人员从看守所旧址转移押解至新址。

（顺义公安分局）

【“4·15”反恐宣传活动】 4月13日，顺义区反恐办会同区委政法委、区国安办领导在区国安局开展全民国家安全教育日宣传活动，共发放各类宣传资料、海报、纪念品3000余份；同时，组织全区各相关单位最大化发动从业人员和市民群众参与“北京反恐”微信公众号在线反恐知识答题闯关活动，累计发动区内1.9万余人参加答题。

（顺义公安分局）

【普通高考安全保卫工作】 6月，顺义公安分局按照“平安高考”工作要求，集全警之力开展工作，对高考实施全程安全监管，为考生及家长提供全方位服务，为广大考生和群众营造良好环境。累计投入警力452人次、辅警544人次、保安204人次、警车199 车次参与各项安全保障工作。

（顺义公安分局）

【发挥DNA电子物证实验室作用】 7月，顺义公安分局电子物证实验室正式运行，共收取检材22件，硬盘71块，手机及其他151件；非接触类犯罪勘查取证369跳，apk分析获取有效信息50案，直接破案3起，抓捕犯罪嫌疑人23人。DNA实验室全年共接检各类案件1718案，检材7520件，比中犯罪嫌疑人97人，破案149起。

（顺义公安分局）

【交通专项清整行动】 8月5日，顺义公安分局交通支队出动16车组，警（辅）80人，以4个重点地区道路为重点区域，以22时至24时为重点时段，组织开展非法改装车集中夜查清整行动，共现场查获非法改装车违法8起；8月21日上午，交通支队会同法制支队等部门，开展“分虫”违法扰序专项打击行动，现场共抓获涉嫌扰乱单位秩序13人。

（顺义公安分局）

【拘留所工作】 12月1日，顺义公安分局拘留所新址完成改造正式启用，主要负责收拘顺义、怀柔、密云、平谷4个区的被拘留人员。2月13日，顺义公安分局拘留所17名支援朝阳分局拘留所民警正式撤回，完成对朝阳拘留所的支援工作。

（顺义公安分局）

【国家宪法日集中宣传活动】 12月4日，顺义公安分局以“讲宪法学训词弘扬法治精神”为主题，在光明街道裕龙花园6区组织开展“12·4”国家宪法日宣传活动。活动中，面向社会群众发放法律宣传材料，法制支队组织开展宪法宣誓。

（顺义公安分局）

检 察

【概况】 年内，顺义区人民检察院（简称顺义检察院）受理审查逮捕案件595件839人，审查起诉案件1200件1495人，依法批准逮捕434件568人，提起公诉1087件1306人。追捕漏犯9人，追诉漏犯59人，其中56人获法院有罪判决。对经审查认为不构成犯罪的依法不起诉4人，对证据不足的依法不批准逮捕171人、不起诉60人。深入推进认罪认罚从宽制度实施，认罪认罚案件适用率86.64%，提出量刑建议被法院判决采纳率99.63%。深入推进“扫黑除恶”专项斗争。 服务“六稳”“六保”，打击破坏金融管理秩序犯罪，办理非法吸收公众存款案件42件84人，追回赃款800余万元。打击扰乱市场秩序、侵犯知识产权等犯罪，批准逮捕76人，提起公诉78人。继续开展经济犯罪领域撤案监督专项活动，监督公安机关撤案3件3人。审查区纪委区监委移送贪污贿赂犯罪案件5件5人，依法提起公诉3件3人。向区纪委区监委通报党员、公职人员涉嫌犯罪案件20件，移送涉嫌违法违纪线索2件。首次受理区纪委区监委移送公益诉讼线索2件。持续推进高检院关于防治校园性侵害“一号检察建议”的落实，与区教委建立督导检查等协作机制，切实维护校园安全和未成年人合法权益。践行新时代“枫桥经验”，着力化解重复信访和信访积案。受理群众来信319件，来访406批832人，电话、网络信访863件。开展“十进百家、千人普法”“宪法宣传周”等法治宣传活动37次，受众10000余人。

（顺义检察院）

【主动服务疫情防控】 年内，落实落细疫情防控措施，在做好本单位疫情防控工作的基础上，选派30余名干警下沉社区参与疫情防控工作。依法办理社会舆论高度关注的黎某妨害传染病防治案，加强对看守所等特殊场所监管安全的监督，加强对外籍犯罪嫌疑人指定居所监视居住的监督，对社区矫正对象离京返京情况开展专项检察，确保防疫履职两不误。

（顺义检察院）

【法律监督】 年内，监督公安机关立案34件35人，监督撤案46件49人，对侦查活动提出书面纠正意见10件。审查一审裁判文书1084份，按照第二审程序提出抗诉案件4件。开展驻看守所检察275天次，社区矫正监督检察28次，针对刑罚执行中存在的问题提出书面纠正意见8件、检察建议3件，相关问题得到整改。办理羁押必要性审查案件118件，对不需要继续羁押的犯罪嫌疑人建议变更强制措施45人。办理民事诉讼监督案件33件，向上级院提请抗诉3件，上级院均提出抗诉，法院采纳检察机关意见，裁定撤销原判，发回重审。办理行政执行活动监督案件4件，探索行政争议实质性化解，参与办理一起业主反映强烈的住宅小区内违章建筑案，促使问题得到妥善解决。审查公益诉讼线索17件，其中行政公益诉讼立案15件，发出诉前检察建议11份。以农村村居环境治理为切入点，针对违规收纳建筑垃圾和生活垃圾等问题，向属地政府发出诉前检察建议，督促清理固体废物29000余吨。开展“公益诉讼守护人民群众美好生活”专项活动，聚焦农村集中式供水水源井违规供水问题，发出诉前检察建议，推动改善农村饮水质量；依托“12345”便民服务热线，针对群众反映突出的铁路沿线火车噪声污染问题，与行政机关协同发力，推进环境噪声治理。开展服刑人员违规领取养老金问题专项监督，挽回国有财产损失19万余元。办理全市首例新能源汽车充电站运营安全领域公益诉讼案件。联合北京军事检察院对烈士纪念设施保护管理情况开展调查，发出诉前检察建议，捍卫英雄烈士荣誉与尊严。

（顺义检察院）

【自觉接受外部监督】 年内，就“未成年人检察工作情况”向区人大常委会作专题汇报。对4件拟不起诉案件、1件民事诉讼监督案件开展公开听证。邀请部分民营企业代表参加“服务‘六稳’‘六保’护航民企发展”主题开放日活动。保障律师执业权利，接待律师840人次。依托“两微一端”新媒体平台，发布检察信息1300余条，阅读量90余万人次。

（顺义检察院）

【扫黑除恶收官】 2020年是为期3年的扫黑除恶专项斗争收官之年。2018年以来，共办理市委政法委、市检察院督办的涉恶案件22件103人，追捕追诉涉恶犯罪嫌疑人19人，追加犯罪事实12起，上述案件均办结，提起公诉的涉恶案件均得到法院有罪判决。

（顺义检察院）

【报告获区委书记批示】 年内，顺义检察院向区委报送的《关于2019年刑事案件办案情况的报告》《关于我院荣获第七届“全国先进基层检察院”称号的情况报告》《近三年顺义区村干部涉嫌经济犯罪情况报告》获区委书记高朋肯定性批示。

（顺义检察院）

【获评优秀精品案件】 年内，顺义检察院办理的潘某某等人生产、销售不符合安全标准的食品案等三件案件获评“全市检察机关2019年度经济犯罪精品案件”；办理的付国栋诈骗、抢夺案获评北京市检察机关轻罪案件检察2019年度优秀精品案件。

（顺义检察院）

【4岗4人获奖】 年内，顺义检察院4个办案组在区“巾帼建功”创建活动中被评为“2019年顺义区‘巾帼文明岗’”，4名同志被评为“2019年顺义区‘巾帼建功标兵’”。

（顺义检察院）

【入选重罪检察人才库】 4月17日，顺义检察院一名检察官入选首批全国检察机关重罪检察人才库。

（顺义检察院）

【普法合作座谈会】 5月29日，顺义检察院与区教委法治中心就未成年人检察工作开展座谈会暨检察开放日活动。

（顺义检察院）

【与区法院召开联席会】 6月2日，顺义检察院与区法院召开联席会。双方就涉众型经济犯罪案件在法律适用、证据标准、司法审计、工作衔接等方面存在的重点、难点问题进行交流。

（顺义检察院）

【加强纪检监察机关工作衔接】 6月11日，顺义检察院与区纪委区监委就纪法贯通、法法衔接工作召开座谈会。双方就进一步加强纪法贯通、法法衔接工作，深化职务犯罪提前介入、线索移交、案件移送、案件审查等方面机制建设展开深入交流并形成一致意见。

（顺义检察院）

【提升办案质效工作部署会】 7月6日，顺义检察院召开全面提升刑事办案质效工作部署会。相关领导部署全面提升刑事办案质效相关工作。检察长出席会议并对统筹推进各项工作落实提出明确要求。

（顺义检察院）

【提升非法集资案件办理质效专题座谈会】 7月7日，顺义检察院与顺义公安分局、区法院就提升非法集资案件办理质效召开专题座谈会，进一步贯彻落实市院关于全面提升刑事办案质效工作部署，深化与公安、法院在办理刑事案件工作中的协作共识。

（顺义检察院）

【“一号检察建议”落实】 8月12日，顺义检察院与区教委召开推进校园安全建设座谈会并就预防在校生性侵害问题建立合作机制。

（顺义检察院）

【依法行政专题授课】 8月18日，顺义检察院应邀就行刑衔接工作机制为区依法行政专题研讨班授课，全区43家行政执法单位及各镇、街道主管执法、法制工作的负责人参加会议。

（顺义检察院）

【获评全国先进基层检察院】 10月14日，在全国基层检察院建设工作会议暨第七届全国先进基层检察院表彰大会上，顺义检察院被高检院授予第七届“全国先进基层检察院”称号。

（顺义检察院）

【公众开放日活动】 10月28日，顺义检察院举办“服务‘六稳’‘六保’护航民企发展”公众开放日活动。区工商联主要领导、区政协委员以及民营企业家代表9人参加活动。

（顺义检察院）

【党务工作者培训班】 11月2—4日，顺义检察院举办为期3天的党务工作者培训班，39名党务工作者参加此次培训。

（顺义检察院）

【举行公开听证】 11月19日，顺义检察院对张某某寻衅滋事案等3起案件开展拟不起诉公开听证。区人大代表、区政协委员、人民监督员等6人受邀作为听证员参加听证。

（顺义检察院）

【法治副校长工作】 11月25日，顺义检察院与团区委、区教委等单位召开法治副校长工作座谈会。会上，检察长受聘为顺义区第五中学法治副校长。

（顺义检察院）

【未成年劳动者权益保护】 11月27日，顺义检察院与区人力社保局就未成年劳动者合法权益保护工作召开联席会，并移送一起非法雇用童工案件线索。

（顺义检察院）

【入选典型案例】 11月，顺义检察院办理的冯某等3人寻衅滋事案和李某某贪污案入选高检院发布的涉农检察典型案例。

（顺义检察院）

【法治宣传获佳绩】 12月9日，顺义检察院在北京市检察机关“十进百家、千人普法”主题活动评选中取得佳绩，其中3人获评先进个人，3个团队获评先进团队，13项普法活动获评精品普法活动。

（顺义检察院）

【获评模范集体称号】 12月22日，在北京市劳动模范、先进工作者和人民满意的公务员表彰大会上，顺义检察院第一检察部获评“北京市模范集体”称号。

（顺义检察院）

法院

【概况】 年内，区法院以习近平新时代中国特色社会主义思想为中心，深入贯彻党的十九大和十九届二中、三中、四中、五中全会精神，紧紧围绕“努力让人民群众在每一个司法案件中感受到公平正义”的目标，坚持服务大局、司法为民、公正司法，充分发挥审判职能，主动融入抗疫大局，全面加强自身建设，各项工作取得新进展新成效。全年受理各类案件37771件，同比下降18.4%；审结35391件，同比下降23.6%；结收比100.2%，结案率93.7%。自疫情发生以来，区法院落实“双联系”“双报到”制度，成立下沉社区临时党支部，持续开展“接力倒班，合力抗疫”志愿服务活动，选派干警下沉增援社区防控工作。区法院获评“全国文明单位”。牛栏山法庭获评“北京市三八红旗集体”，牛栏山法庭党支部“法官工作室”工作法和“红网格法庭”案例分别获评北京市政法系统首届“优秀党支部工作法”和北京法院党建工作示范创新案例。区法院1名同志被评为“全国法院先进个人”“北京市先进工作者”“首都最美巾帼奋斗者”，1名同志被评为“全国优秀法官”，1名同志被评为“北京市审判业务专家”。“微信群发表不当言论名誉侵权案”先后入选人民法院大力弘扬社会主义核心价值观十大典型民事案例和最高法院第25批指导性案例，2篇案例分别入选最高法院《民法典新规则案例适用》和涉食品安全民事纠纷典型案例。

（区法院）

【依法治区支持促进】 年内，区法院受理行政案件684件，同比下降16%，其中拆违类案件321件，同比下降20%。依托行政争议化解中心，实行案前调解，编写29类行政争议便民提示，妥善解决行政相对人实际诉求，经区法院协调和解撤诉的案件149件。持续推进行政机关负责人出庭应诉，全年行政机关负责人出庭应诉率58%，同比增长11%。发布行政审判白皮书，为区内50余家行政机关开展线上培训，助推政府依法行政能力提升。

（区法院）

【服务保障“平原新城”发展建设】 年内，区法院保障重点项目有序推进，妥善处理海南中和集团征地补偿系列案件，实质性化解40余公顷（600余亩）土地腾退补偿纠纷，为冬奥会道路管线配套工程等4项目顺利施工清除“最后一公里”障碍，案例入选北京法院为北京冬奥会筹办提供司法保障优秀案例。妥善审理涉拆除“农业种植大棚房”违法建设而引发的43起行政赔偿纠纷，有效保障“疏整促”专项行动开展。审结温榆河河道占地侵权案，遏制以看护为名占用河道土地的非法行为，腾退18.67公顷（280亩）河道土地，助力温榆河环境秩序整治升级。

（区法院）

【依法打击刑事犯罪】 年内，区法院审结刑事案件1121件。妥善审结“12·3”燃气爆炸事故案，遏制安全生产责任事故的发生。远程开庭并宣判曲某假卖口罩诈骗案，审结全市首例涉境外输入病例黎某妨害传染病防治案，切实维护好人民群众健康安全。严惩危害食品药品安全等涉民生领域犯罪案件

14件18人，保障老百姓“舌尖上的安全”。严惩破坏市场经济秩序犯罪，审结非法吸收公众存款等犯罪案件24件，涉及投资人3000余人，涉案金额10亿余元。严惩危害群众生命财产安全犯罪，审结故意杀人、抢劫、强奸等暴力犯罪案件49件58人。严惩涉敲诈勒索、寻衅滋事等恶势力犯罪，吕某等6人恶势力团伙强迫交易案入选北京法院第十七批参阅案例和北京法院为“疏解整治促提升”专项行动提供司法保障优秀案例。持续加大财产刑事执行力度，受到中央扫黑除恶督导组的充分肯定。针对社会治理薄弱环节和行业管理漏洞，发出司法建议，落实“一案一建议”目标，并实现回函率100%，打好扫黑除恶收官战。

（区法院）

【服务法治化营商环境】 年内，区法院审结涉公司治理和股东权利纠纷案件503件，引导市场主体信守法治规则，建立适应现代企业制度要求的公司法人治理结构，促进民营企业做大做强。审结破产案件21件，引导“僵尸企业”有序退出市场，助推供给侧结构性改革。出台《充分发挥审判职能支持疫情防控和复工复产的意见》，运用调解、执行和解等方式妥善化解因疫情引发的矛盾纠纷，引导各方共担风险、共克时艰。针对企业复工复产现金流紧张等困难，开通涉疫情重点案件绿色通道，仅用3小时就为参与小汤山医院改建工程的当事人依法解除房屋查封，帮助其办理银行贷款，助力抗疫医院改建工程顺利推进。预判疫情期间首都机场涉租金类纠纷多发的趋势，提前介入，促成300余家企业与首都机场就租金问题初步达成共识。

（区法院）

【服务“六稳”“六保”】 年内，区法院首次发布《劳动争议案件审判白皮书》，助推构建和谐稳定的劳资关系。为确有困难当事人发放司法救助金260余万元，对一名身患癌症的急困当事人提供先行救助5万元。开展“六稳”“六保”工作专项执行行动，为涉民生案件开辟绿色通道，年内执结涉民生案件1544件，发放案款9600余万元。在“双十一”期间，在确保物流企业正常派单的同时，将107名快递小哥的600余万元工资款执行到位。

（区法院）

【巩固“基本解决执行难”成果】 年内，区法院受理执行案件13434件，同比增长5.1%。用好用足强制执行措施，有财产可供执行案件的法定期限内执结率99.3%。加大失信惩戒和拒执打击力度，纳入失信被执行人名单6893人次，限制高消费7667人次，限制出境63人次，实施司法拘留18人次，以非法处置查封、扣押、冻结的财产罪追究2人刑责。为破解疫情期间异地财产处置难题，在全国首创异地执行财产“翼”处置模式，有效整合淘宝网旗下遍布全国的司辅机构资源，将异地财产处置过程中的辅助性事务委托当地的司辅机构办理，异地财产处置时间缩短2/3以上，相关经验做法获得最高法院充分肯定并入选北京法院第二届司法改革“微创新”优秀案例。着力解决疫情期间财产变现难，通过“VR+直播带货”等新形式进行财产拍卖，拍卖成交金额2.8亿元，溢价率118.1%，为当事人节省佣金899.7万元。

（区法院）

【推进诉源治理】 年内，区法院坚持把非诉讼纠纷解决机制挺在前面，创新发展新时代“枫桥经验”，打造诉源治理顺义模式，民商事案件量同比下降35.9%，相关调研成果得到市委书记蔡奇批示肯定。围绕基层司法需求，构建法院版“接诉即办”工作机制，依托12368诉讼服务热线，对来自基层党委政府等治理主体的各类司法需求，实行“一号受理”“接诉即办”，提供精准司法服务。就养殖业清退的情况，立足如何分割赔偿款项等争议焦点，及时开展走访调研、风险研判，提供法律指导意见，促成100余名村民与养殖户就清退补偿达成一致意见。分析20年来物业纠纷的发展变化并形成调研报告，推动出台全区物业纠纷诉源治理的实施意见，明确物业公司和业主权责，物业纠纷收案数下降80%。

（区法院）

【推进两个“一站式”建设】 年内，区法院打造一站式多元解纷和诉讼服务中心，建成集立案、诉讼服务、信访接待等多种功能于一身的立案诉服大厅。健全多元解纷机制，形成普通案件前端快调速审、疑难复杂案件后端细审精判的审判工作新格局，运用“多元调解＋速裁”机制结案14997件，21%的民事法官化解77%的民商事纠纷。疫情期间，推进司法审判“云模式”，在线立案5118件，民商事案件电子送达43518次，线上开庭9497件，开庭总时长9100小时，保障审判执行工作“不停摆”。推进民事诉讼程序繁简分流改革，简易程序适用率74.6%，小额诉讼程序适用率12%，简易程序、小额诉讼程序适用率合计同比增加9%，独任制适用率95.5%，同比增加18%。

（区法院）

【接受人大及社会各界监督】 年内，区法院利用线上渠道加强与代表的日常联络沟通，通过云端对话快速回应代表委员诉求，邀请代表委员线上旁听案件、调研座谈、参加新闻通报会，在特殊时期实现代表委员与法院的良性互动。就扫黑除恶专项斗争等重点议题向区人大常委会作专题汇报，主动听取意见建议。依法接受检察机关法律监督，召开法检联席会议，邀请检察长列席审判委员会会议。认真落实《中华人民共和国人民陪审员法》，会同司法行政机关选任150名人民陪审员，首次组成“3名员额法官+4名人民陪审员”形式的7人合议庭审理案件，充分发挥陪审员监督司法的作用。

（区法院）

【司法宣传】 年内，区法院公开审判流程信息21000条，直播庭审7960场，上网裁判文书26000份。开展“法律十进”“法庭开放日”和“京法巡回讲堂”等普法宣传活动100余次，召开典型案例新闻通报会10次，全区超30000余人次参与其中。深入田间地头、农家炕头开展“巡回法庭进乡村”活动，“零距离”贴近人民群众，现场审理相邻关系、赡养等常见纠纷，发挥个案裁判的社会价值引领作用。顺应融媒体发展大势，打造“顺法一分钟”和“小朱说法”抖音号2个短视频普法阵地，累计点击量超7000万次。

（区法院）

◆11月25日，区法院为107名快递司机发放被拖欠工资

司法行政

【概况】 年内，区司法局坚持以习近平新时代中国特色社会主义思想为指导，围绕区委区政府中心工作和司法行政机关“一个统筹、四大职能”工作布局，坚持以防控新冠肺炎疫情为首要任务，充分发挥司法行政职能优势，在抓好疫情防控、助力企业复工复产、统筹推进法治建设、强化普法与依法治理、完善公共法律服务，化解矛盾纠纷等各方面均取得较好的发展，为地区经济发展和社会和谐稳定提供法治保障。

（区司法局）

【党建工作】 年内，区司法局坚持以习近平新时代中国特色社会主义思想为指导，深入贯彻落实党的十九大以及十九届二中、三中、四中、五中全会精神，深入学习贯彻习近平总书记对政法工作、司法行政工作和视察北京重要讲话精神，全面贯彻新时代党的建设总要求。坚持党对司法行政工作的绝对领导，以党的政治建设为统领，以坚决打赢疫情防控阻击战为工作重点，以加强基层党组织规范化建设为主线，以强化纪律作风建设为抓手，以严格落实党建考核任务为目标，着力抓好党建各项工作，为新时代司法行政工作创新发展提供思想和组织保障。

（区司法局）

【行政执法协调监督】 年内，协调推进镇街执法改革，制订任务分解方案，推进执法权交接，制定行政执法责任制和行政执法 3 项制度 2 个意见，组织司法所法治培训，编写《司法所法治业务工作手册》。优化行政执法考评体系，进一步加强行政执法队伍建设，加强执法人员资格和证件管理。推进行政执法三项制度，完善顺义区行政执法公示专栏，对 22 家委办局，25 个镇街开展案卷评查。对 3 项制度落实不到位的单位，按照“一单位一清单”的方式督促整改。

（区司法局）

【社区矫正管理】 年内，全区在管社区矫正对象 289 人，电子监管 256 人，排查确定社区矫正重点人 0 人；刑满释放人员 1373 人，排查确定刑满释放重点人 2 人。累计开展社会调查和居住地核实 327 人次，接收社区矫正对象 244 人，解除 236 人；累计接收刑满释放人员 296 人，解除 310 人。给予社区矫正警告 6 人次，依法提请撤销缓刑建议 2 人次，发现余漏罪情况 1 人次。完成对全区 25 个镇街 233 个社区评议小组考核及补贴汇总发放相关工作，累计完成社区评议 3957 人次，发放补贴经费 119.6 万余元。累计完成“两委”候选人资格联审 3 批次 3200 余人次。为 7 名特困“两类”人员发放人道救助金 4100 元。为 1 名心理障碍社区矫正对象提供心理干预和咨询辅导。

（区司法局）

【普法与依法治理】 年内，召开守法普法协调小组扩大会议 2 次、制发红头文件 11 件、督办文件 5 件，守法普法部门联动、协调配合工作机制更加健全。充分运用云课堂、普法播报等线上方式，以《中华人民共和国宪法》、《中华人民共和国民法典》、疫情防控等为主题，以国家工作人员、青少年为重点，以国家安全日、“扫黑除恶”等为节点，制作专题宣传片 48 部、开展各类宣传活动 400 余场次，发放宣传品 31 万余份。组织 60 个市级民主法治示范村自查自评，细化 5 个全国民主法治示范村管理，完成 1668 名“法律明白人”选拔培训，筑牢基层法治基石。向区政府常务会专题汇报“七五”普法完成情况，完成“七五”普法收官工作。依托局公众号整理刊发信息 753 篇，区局级以上刊物刊发 137 篇。

（区司法局）

【人民参与 促进法治】 年内，全区人民调解组织调处纠纷 2864 件，调解成功 2806 件，调解成功率 98%。开展涉疫情、涉企矛盾纠纷专项排查化解，推行“线上调解”和“线下调解”相结合的方式，实现疫情期间矛盾纠纷化解“不打烊”。专项活动中，走访排查企业 703 家，调解因复产复工导致的矛盾纠纷 9 件；加强诉调对接，与法院联动合作，落实特邀调解制度，出台北京市顺义区人民法院、北京市顺义区司法局《特邀调解组织和特邀调解员选任办法》和《特邀调解名册管理办法》，推动“特邀调解 + 司法确认”体系形成；会同区法院、顺义公安分局完成人民陪审员选任工作，选任人民陪审员 150 名。

（区司法局）

【公共法律服务】 年内，制订出台《顺义区关于落实〈北京市关于加快推进公共法律服务体系建设的若干措施〉实施方案》，指导全区统筹推进公共法律服务体系建设。探索设立双丰街道马坡花园第二社区公共法律服务室试点，推进全区三级公共法律服务实体平台建设进程。以“七有”“五性”工作为契机，加强对区法律援助中心、龙诚公证处、25 个镇（街）公共法律服务站法律咨询办理情况的督导检查，提高网络协同调度平台使用率。强化法律援助工作督导，扎实做好特殊群体法援专项宣传和法援案卷评估，抽取法援案卷 123 件，合格率 99.2%。持续规范司法鉴定行业监管工作，落实疫情防控四方责任，督促各鉴定机构和鉴定人防控措施落实到位。开展深化司法鉴定机构和司法鉴定人“以案为鉴，以案促改”集中教育专项整顿，针对梳理出的 7 项问题进行集中整改。全年开展各类线上线下讲座 415 场，现场法律咨询 53082 人次，“12348”电话咨询约 17638 人次，各公共法律服务站点开展专项服务活动 374 场次，发放各种宣传材料 47400 余份，受理司法鉴定案件 43 件。

（区司法局）

【法律援助】 年内，法律援助中心严格落实区、局关于疫情防控各项措施，根据疫情防控实际情况，强化规范管理，一手抓疫情防控，一手抓法律援助服务，在做好疫情防控的同时有效保障人民群众的合法权益。全年受理法律援助案件662件，其中民事法律援助案件264件，刑事法律援助案件398件，开展刑事案件认罪认罚975件。解答来电来访法律咨询56841人次。

（区司法局）

【律师工作】 年内，全区有律师事务所46家，社会执业律师199人，实习律师29人，公职公司律师25人，完成律师类行政许可、备案服务事项72件；公职公司律师备案服务审批7件，现场检查律所46家，律师执业情况检查342人次，办理行政处罚1件。

（区司法局）

【村居法律顾问工作】 年内，全区村居法律顾问累计服务5035天，开展现场普法活动1598场，法治讲座1712场，发放宣传资料148526份，提供法律咨询6039人次，代写法律文书204件，提供法律援助253件，参与纠纷调解1538件，参加解决信访突发事件40件，举办调解人员培训1518场，村（居）工作人员培训1416场，修订村规民约96件，提供法律意见和建议992件。全区570个村（居）委会与25家律师事务所签订结对服务协议，实现区内村居法律顾问配备率100%。

（区司法局）

【公证工作】 年内，办理公证3652件，收取公证费2660477.77元。其中，国内民事2347件，国内经济382件；涉外民事878件，涉外经济28件；涉港澳17件。为11个村42人次办理劳动力转非自谋职业协议书公证。其中日常办证收费2643677.77元，拆迁收费16800元。办理经济案件涉及标的额约210亿元，接待来访人数约9000余人，电话咨询12600余个。

（区司法局）

【行政复议】 年内，区政府受理行政复议案件461件，同比增长31.7%。其中审结380件，通过调解、双方和解后终止审理134件，维持66件，撤销具体行政行为129件，确认违法34件，驳回复议申请10件，不予受理5件，责令履职2件。通过撤销、确认违法等方式直接纠错的案件比例为45.2%。接待咨询1106批次800余人次，其中当面咨询610批次，电话咨询496批次。咨询事项涉及镇政府及城管拆除违法建设429件，公安交通管理类411件，信息公开78件，治安处罚26件，其他162件。

（区司法局）

【行政调解】 年内，顺义区行政调解委员会参与拆除违法建设、信息公开、工伤死亡、治安处罚、交通处罚等纠纷调解，调解成功117件。各行政调解工作室共调解行政纠纷2600余件，调解成功1200余件。

（区司法局）

【行政应诉】 年内，办理以区政府为被告的诉讼案件142件，涉及信息公开、养殖场腾退、征收补偿安置、拆除违法建设等行政管理领域，全部在法定时间内准备完答辩状及相关手续。组织相关单位工作人员旁听区法院审理的行政应诉案件2次；举办行政应诉培训会，以“行政机关应诉实务与技巧”“败诉典型案件”“行政机关应诉注意事项”为主题邀请专家律师及法官进行授课，以提升行政机关工作人员依法行政和应诉能力。常务副区长等3位区领导作为区政府负责人出庭应诉3起行政诉讼案件。

（区司法局）

【专项公共法律服务活动】 年内，利用妇女节、全国助残日等重要节点，开展专项维权宣传互动，对农民工、妇女、残疾人、老年人等特殊群体进行专项帮扶。全区各公共法律服务站点开展专项服务活动374场次，现场提供法律援助咨询服务447人次，发放各种宣传材料47400余份，开展各类线上线下讲座415场。

（区司法局）

【疫情防控普法宣传】 2月4日，区司法局会同区妇联、区残联、区教委、区城管委、区住建委打造疫情防控普法联盟，以“线上+线下”“内宣+外宣”形式推出“云课堂”、线上法律知识竞答、普法播报、《顺义时讯》法律知识问答等系列活动，40000余人在“云课堂”学习、10万余人参与知识竞答、

《疫情防控 顺顺说法》10集宣传片累计播放10000余次，以法治方式引导群众坚定信心，依法支持配合疫情防控工作。

（区司法局）

【中小微企业律师服务团成立】 2月10日，组织20名执业律师成立中小微企业律师服务团。3月19日—4月24日，举办“复工复产 法律护航”网络直播课12期，4000余人次在线学习观看。

（区司法局）

【《社区矫正法》学习宣传】 3月1日—6月30日，发放《社区矫正法》单行本3000册、《社区矫正法释义》230册、设计制作宣传折页27500份、宣传海报400份至各镇街司法所。设计制作《社区矫正法》普法短视频，并协调在全区100余块电子屏上集中循环播放。组织相关科室、镇街司法所、村居委会工作人员450余人次，参加《社区矫正法》主题视频培训、学习研讨等活动。联合阳光中途之家，创办社矫网络培训《社区矫正法》宣传专刊，以每周一期的形式，通过微信将宣传专刊发送至全区250余名社区矫正对象手中。

（区司法局）

【疫情防控期间矫正帮教工作视频会议召开】 3月10日，司法局组织召开疫情防控期间矫正帮教工作视频会议，区司法局相关领导、驻区矫正干警领队、社区矫正管理科负责人、各镇（街道）司法所所长、矫正干警50余人参加会议。会上通报各司法所在矫前社会调查、电子监管及社区矫正对象请销假工作中存在的突出问题，并进一步细化疫情防控期间矫正帮教各项工作要求。

（区司法局）

【刑满释放人员返京衔接安置】 4月9日，按照《关于进一步做好刑满释放人员疫情防控工作的通知》文件精神，在前期与湖北省武昌监狱多次沟通协调的基础上，区司法局、胜利街道义宾北社区，与驾车抵达的湖北省武昌监狱干警一道，按照新冠肺炎疫情防控期间在外省服刑的北京籍刑满释放人员衔接安置“三防”和“十二必须”工作要求，现场办理人员交接手续，查验相关法律文书及健康体检材料，完成武汉解封后顺义区首例在湖北省武昌监狱服刑的顺义籍刑满释放人员胡某返京衔接相关工作。

（区司法局）

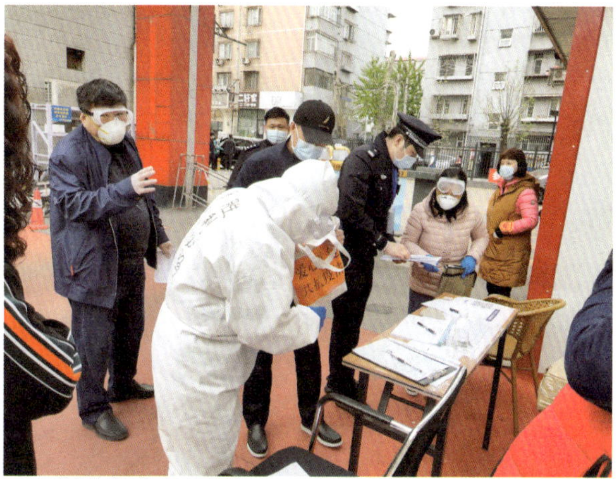

◆4月9日，区司法局完成武汉解封后顺义区首例在湖北省武昌监狱服刑的顺义籍刑满释放人员胡某返京衔接相关工作（区司法局供图）

【开展“助企惠民春季行动”】 4月13日，《顺义区司法行政系统复工复产公共法律服务“助企惠民春季行动”方案》制订出台，从助企、惠民两方面17项具体工作，推动企业复工复产。全局组织46个走访调查组，走访助企80余人次。

（区司法局）

【守法普法协调小组召开第二次会议】 4月20日，区委全面依法治区委员会守法普法协调小组组长贺亚兰主持召开小组第二次扩大会议，传达中共北京市顺义区委全面依法治区委员会第二次会议精神，通报全区新冠肺炎疫情防控守法普法工作情况，审议《2020年北京市顺义区普法依法治理工作要点》《北京市顺义区普法责任制清单（第二批）》《顺义区学习宣传贯彻〈中华人民共和国社区矫正法〉实施方案》《顺义区国家工作人员旁听庭审工作方案》《中共北京市顺义区委全面依法治区委员会守法普法协调小组2019年工作总结》。

（区司法局）

【全国“两会”维稳安保视频会议召开】 5月15日，为进一步做好2020年全国“两会”期间维稳安保各环节工作，全力维护全区社会和谐稳定大局，区司法局组织召开全国“两会”维稳安保动员部署工作视频会议，局领导、局机关各科室负责人，各镇（街道）司法所所长、矫正干警70余人参加会议。会上部署司法局2020年全国“两会”期间维稳安保工作任务，区司法局局长作动员部署讲话，对全国“两会”维稳安保工作开展提出新要求。

（区司法局）

【全国“两会”维稳安保实地督察】 5月25日，为确保2020年全国“两会”期间全区社会安全稳定，无隐患、无事故、无不和谐因素，由局领导带队到石园、旺泉2个重点司法所，就全国“两会”维稳安保工作开展情况进行实地督察。重点检查司法所“两类”人员教育管控、扫黑除恶“六清（线索清仓、逃犯清零、案件清结、伞网清除、黑财清底、行业清源）”行动、矛盾纠纷排查化解以及内部安全防控等工作的开展落实情况，听取司法所所长的工作汇报，与相关工作人员座谈交流，并查看相关工作记录及档案材料。

（区司法局）

【扫黑除恶“六清”行动视频会议召开】 5月27日，按照市、区两级扫黑除恶专项斗争领导小组（扩大）会议精神和扫黑除恶“六清”行动工作部署，司法局组织召开扫黑除恶“六清”行动动员部署工作视频会议，局领导、局机关各科室负责人，各镇（街道）司法所所长、矫正干警70余人参加会议。会上部署司法局扫黑除恶“六清”行动工作任务，区司法局局长对扫黑除恶“六清”行动工作开展提出新要求。

（区司法局）

【“牢记‘五条例’法与你同行”线上有奖竞答活动】 6月1—5日，为更好地宣传贯彻《北京市生活垃圾管理条例》《北京市物业管理条例》《北京市文明行为促进条例》《北京市街道办事处条例》《北京市机动车停车条例》5部法规，引导广大群众学习并践行生活垃圾分类、倡导文明行为、规范停车等和生活密切相关的法律法规，区司法局围绕“五条例”宣贯这一主题，依托“顺义普法”微信公众号平台开展“牢记‘五条例’ 法与你同行”线上有奖竞答活动。本次活动依托“五条例”规定，精心筛选百姓生活经常遇到的情况，拟定50道试题，涵盖“物业管理新规来了，哪些行为将受罚”“生活垃圾分类怎么分？怎么罚？”“应该遵守哪些文明行为规范？哪些不文明行为将被重点治理？”等多方面法律知识，通过抽取红包、设置排行榜等奖励措施和健康竞争机制，5天时间吸引49501人次参与。

（区司法局）

【《中华人民共和国民法典》学习宣传系列活动】 6月28日，司法局打造“高点谋划+统筹部署”“搭建平台+创新载体”“围绕中心+落实责任”三项措施立体式《中华人民共和国民法典》宣传格局，以116期《中华人民共和国民法典》解读、百问百答、在线访谈为主脉全方位推出宣传片、线上竞答、普法讲座、主题漫画普法宣传册等多形式宣传活动，实现学习宣传广泛覆盖。11月2日，区司法局局长做客顺义网城在线访谈演播室，围绕《中华人民共和国民法典》部分亮点内容和全区相关学习宣传进行介绍。

（区司法局）

【“七五”普法总结验收暨《中华人民共和国民法典》学习宣传推进工作会召开】 8月4日，区委全面依法治区委员会守法普法协调小组组长主持，区法院、区教委、区妇联、区市场监管局、光明街道、杨镇主管领导就本单位“七五”普法开展情况进行汇报，司法局对《中华人民共和国民法典》学习宣传进行再部署，会上成立区《中华人民共和国民法典》学习宣传讲师团。会议要求增强做好普法依法治理的紧迫感、使命感，总结“七五”普法成功经验，高质量抓好 “八五”普法规划编制，同时要加强《中华人民共和国民法典》宣传力度，推动《中华人民共和国民法典》宣传常态化。

（区司法局）

【《法治日报》刊登稿件3篇】 8月19日，《法治日报》以《根据流量确定普法点位 区分群体选择普法内容 北京顺义精细化布局实现“七五”普法精准化》为题，系统介绍顺义区精准化普法工作成果；8月31日，区委书记发表署名文章点赞推广全区普法亮点；12月4日，《法治日报》第二版刊发顺义区宪法宣传成果，其融媒体同步播出说“宪”视频。

（区司法局）

【开学第一课活动】 9月1—30日，区司法局联合区教委开展“与法同行 守护少年的你”开学第一课活动，为学生代表发放交通安全小黄帽和法治宣传笔袋，律师张雪霞以案释法，就常见的交通安全法规与学生们进行面对面交流，全区48所小学校安全教育主管领导参加活动，累计为全区小学生发放交通安全小黄帽15000顶，法治宣传笔袋50000个。

（区司法局）

【监所视频会见】 9月16日，为保障木孙路建设相关占道拆迁及工程进度，区司法局联合木林司法所、龙城公证处，充分发挥司法行政职能作用，利用视频会见系统，为顺义籍在良乡监狱服刑罪犯高某提供线上拆迁商谈及公证服务。

（区司法局）

【党员集中教育培训】 9月27日—11月11日，按照《中国共产党党员教育管理工作条例》相关要求，区司法局邀请市委党校、区委党校教授围绕全面从严治党、党纪党规解读、《习近平谈治国理政》（第三卷）解读、意识形态、突发事件应对与处置、《中华人民共和国民法典》精神解读、党支部工作实务、党章等内容开展专题讲座。局机关、矫正干警、律师行业19个党支部的党员，300余人参加培训。

（区司法局）

【司法鉴定行业集中整顿教育工作】 11月5日，制定出台《顺义区司法局关于进一步深化司法鉴定机构和司法鉴定人“以案为鉴，以案促改”集中教育整顿活动实施方案》《顺义区深化“以案为鉴，以案促改”集中教育整顿重点问题对照检查表》，召开动员部署会，细化工作任务。经自查，全区6家鉴定机构梳理出存在问题7项，全部整改完毕。

（区司法局）

【《宪法》宣传主题活动】 11月8日—12月17日，突出国旗、国徽、国歌等国家标识宣传，制作国庆献礼法治宣传片，将《中华人民共和国宪法》宣传与健康生活、冬奥会筹备、文化建设、公益服务等相结合逐项推出知识竞赛、马拉松挑战赛、残疾人冰雪嘉年华、书画笔会、农民工法律服务等主题活动，国庆期间《法治日报》微博播出顺义区献礼片。

（区司法局）

【常务副区长出庭应诉】 11月19日，常务副区长支现伟作为区政府负责人，线上出庭区法院开庭审理的一起行政诉讼案，区司法局局长作为代理人参与案件开庭。区司法局副局长及相关部门负责人旁听案件审理。

（区司法局）

【集中督察谈话】 12月1—25日，依据《顺义区司法局社区矫正“以案为鉴，以案促改”集中教育整顿活动实施方案》，严格落实集中教育整顿活动包片包干督察工作，由主管局领导、干警领队、矫正科长分别带队，深入25个镇街司法所开展社区矫正风险点排查，严格对照8项重点内容与全体社区矫正工作人员开展谈话教育，落实拒腐防变预警机制，梳理建立专项工作台账，并与全区130余名社区矫正工作人员签订《拒腐防变承诺书》，着力推动被包干单位问题隐患“清零”，坚决杜绝违法违纪问题发生。

（区司法局）

【拟任命人民陪审员随机抽选工作】 12月17日，全区开展拟任命人民陪审员的随机抽取仪式，从全国统一的选任系统中的232名正式候选人中，随机抽选出150名拟任命人民陪审员，包括通过随机方式产生的120人和通过个人申请及组织推荐方式产生的30人。

（区司法局）

【人民调解员业务骨干培训】 12月17日，全区人民调解业务骨干培训会举办，全区各级人民调解组织骨干人民调解员、专职人民调解员260余人参加，培训会采用视频方式进行。

（区司法局）

法治政府建设

【依法治区】 年内，区委依法治区办扎实推进依法治区各项工作。组织召开区委依法治区委员会第二次会议，研究部署2020年全面依法治区重点工作，审议通过《顺义区关于为统筹推进疫情防控和企业复工复产提供法治保障的意见》，并以区委依法治区委名义印发实施，统筹全区法治资源，在法治轨道上推进疫情防控、企业复工复产工作。组织召开区委依法治区办第三次会议，审议通过《区委全面依法治委员会2020年工作任务台账》《顺义区关于落实＜北京市关于加快推进公共法律服务体系建设的若干措施＞实施方案》《关于开展2020年度全面依法治区法治调研的工作方案》《北京市顺义区法治工作重要决定和方案备案工作办法》。筹备编制《全面依法治区工作规划》，组织全区各单位开展重点领域法治调研。

（区司法局）

【法治政府建设】 年内，制订《顺义区2020年学法计划》，组织区政府常务会会前学法4次，专题法治讲座2次，依法行政专题研讨班2期。起草《北京市顺义区人民政府关于2019年推进法治政府建设情况的报告》，办理区人大常委会关于法治政府建设报告的审议意见，聘请中国政法大学开展对全区法治政府建设评估工作，开展法治政府建设示范创建活动。

（区司法局）

【规范性文件和合同审查】 年内，对314件区政府文件和上会审议的决策事项进行合法性审查，提出意见建议260余条。在区政府依申请公开答复的法律审核工作中对185件答复进行法律审核。参与本市地方立法活动，按时完成《北京市野生动物保护条例（草案送审稿）》《北京市燃气管理条例（修订草案送审稿）》等16个法规、规章征求意见工作，提出修改意见5条。重大合同审核备案工作，共事前审核各类政府合同7381件，提出意见建议9099条，并对报送备案的1819件合同进行备案审查。

（区司法局）

【推进依法行政工作领导小组（扩大）会议】 6月4日，区司法局组织召开推进依法行政工作领导小组（扩大）会议。会议审议通过《2020年顺义区推进法治政府建设工作要点》《2020年度区政府依法行政考核指标任务分解方案》《2020年顺义区法治政府建设示范项目创建工作方案》，对全年法治政府建设工作做出部署。区委常委、常务副区长支现伟副组长主持会议，区委副书记、区长孙军民组长作总结发言。

（区司法局）

【区委全面依法治区委员会执法协调小组召开第二次会议】 8月20日，区委全面依法治区委员会执法协调小组召开第二次（扩大）会议。会议传达区委全面依法治区委员会第二次会议精神和区委全面依法治区委员会办公室第二次、第三次会议精神，听取执法协调小组2020年上半年工作总结和下半年工作安排，通报顺义区1—7月行政执法情况，审议通过《顺义区关于在各镇、街道落实行政执法责任制的工作意见》《顺义区关于在各镇、街道进一步推行行政执法三项制度的指导意见》《执法协调小组承办依法治区2020年任务台账的工作清单》3个文件。

（区司法局）

军事

10月8日，区人防办执法人员现场查阅施工图纸（区人防办供图）

10月8日，区人防办执法人员现场检查钢筋绑扎（区人防办供图）

年内，区人防办在汛期开展防汛隐患排查（区人防办供图）

顺义区人民武装部

【概况】 年内，区人民武装部深入贯彻习近平强军思想和新时代军事战略方针，以实际行动落实习近平主席视察卫戍区重要讲话精神，团结带领全部官兵和职工严自身抓党建，盯矛盾解难题，重统筹聚合力，压责任促落实，认真履行“五部（应急应战的指挥部、地方党委的军事部、后备力量的建设部、同级政府的兵役部、军民融合的协调部）”职能。狠抓疫情防控，推动国防后备力量建设提质增效、转型升级。民兵队伍应急能力显著提升，双拥共建工作取得新的成果，国防后备力量建设呈现协调发展、科学进步、与时俱进的良好态势。

（区人民武装部）

【深化理论武装】 年内，以习近平新时代中国特色社会主义思想特别是强军思想铸魂育人，按照“一分三定”要求，深入学习习近平主席重要指示和党中央、中央军委的重大决策、重要法规、重要会议精神等内容。组织参加“北卫大讲堂”，区人民武装部领导带头上党课，在卫戍区新时代人武部建设研讨暨民兵工作会议等各类会议上作交流发言。

（区人民武装部）

【推进战备工作落实】 年内，完善战备基础建设，及时修订战备方案、补充战备物资，协调地方政府做好装备预征预储工作。7—8月，协调驻区部队以及地方应急、水务、气象等部门，召开防汛任务部署会，研究制订防汛方案，编发《民兵参加防汛抢险知识手册》，实地勘察9个防汛险工险段，搞好军地对接，明确任务分工，确保遇有紧急情况拉得出、用得上、起作用。10月，编发《顺义区森林防灭火知识手册》，供军地应急力量学习训练。11月，组织学习《北京卫戍区团以上单位作战（战备）值班工作规范（施行）》，促进全部人员应急应战能力提升。

（区人民武装部）

【紧贴实战练兵】 年内，学习贯彻军委开训动员令，拟订年度训练计划，完成冬季适应性训练、首长机关自训和民兵参加疫情联防联控行动。组织74名基层专武干部和编兵企事业单位民兵工作负责人集训、32名民兵骨干进行高炮分队专业训练、700余名基干民兵和专武干部进行轻武器实弹射击训练，现役官兵参加卫戍区年终军事考核和等级评定合格率100%。

（区人民武装部）

【社会面征兵宣传】 年内，确立以大学生为征集主体的工作思路，提前到城市学院和耿丹学院进行调研，确定大学生征兵奖励标准。在运用传统宣传形式基础上，把征兵宣传由“面对面”向“键对键”拓展，调动适龄大学生应征入伍的积极性。区委书记高朋，区委副书记、区长龚宗元多次参加征兵工作会议，研究部署征兵工作。

（区人民武装部）

【兵役登记】 年内，全区适龄男青年报名2034人，上站795人；适龄女青年报名325人，上站76人。

（区人民武装部）

【征兵工作】 年内，在征兵工作中，区人武部坚持做到“三严（严把关口、严格监督、严守底线）”，对体格检查、政治考核、学历审查等重要环节，加强监督检查，坚持择优定兵、集体定兵，切实做到合格有理、淘汰有据、廉洁征兵。设立区廉洁征兵监督举报电话，重新统计区和镇（街）廉洁征兵监督员信息，在向每一名上站体检青年发放廉洁征兵监督卡的基础上，进一步健全廉洁征兵“零报告”制度，严防违规违纪问题发生。全区大学生新兵占比征兵总数的92.61%，超额完成北京市征兵任务，做到零退兵。

（区人民武装部）

【疫情防控】 年内，区人民武装部多措并举抓好疫情防控：一是建立组织机构和运行机制。二是加强人员和营区管控。三是预先购置防护口罩和酒精等防疫物资。四是制订疫情处置预案方案。五是提前储备工作、生活必需品。六是加强对疫情防控措施落实情况的监督检查。七是协调解决驻区部队疫情防控中的矛盾问题。八是全力支持配合地方做好疫情防控工作。此外，及时下发通知，要求民兵参与疫情防控工作。截至年底，全区共动用民兵202616人次参加疫情防控，主要担负社区和村庄进出人员检查、测量体温，协助公安民警设卡检查进京人员及车辆，加强首都机场和新国展周边道路卡口及重点部位巡查等任务。随时做好支援地方处置突发情况的准备。

（区人民武装部）

【双拥共建】 年内，全区共安置转业干部和士官24人，其中干部13人、士官11人；为138名自谋职业随军家属发补助金600余万元。协调区政府投入专项经费2000万元解决驻顺部队的实际困难。本着“地方所需、群众所盼、部队所能”的原则，驻区部队采取“一助一”“一助多”“多助一”的形式，参加抢险救灾、植树造林、扶贫帮困、义务献血、环境整治、重大活动安保执勤等任务。

（区人民武装部）

【各类人员政治考核】 年内，先后组织核心涉密人员、密码工作人员、重要岗位人员、民兵执勤人员进行专项考核和定期考核共计430人次。完成青年学生报考军队国防院校及征集新兵的政治考核任务。

（区人民武装部）

【全国“两会”安保任务】 全国“两会”期间，全区动用民兵400余人次，协助公安民警共检查进京车辆24.3万余辆、进京人员36.5万余人，查控上访人员17名、吸毒人员2名。

（区人民武装部）

【新兵入伍欢送会】 9月8日，新兵入伍欢送会召开。区委、区人大、区政府、区政协主要领导出席会议，区征兵工作领导小组成员，各镇、街道办事处党委书记、武装部长、干事，高校征兵工作主管领导和具体负责人，领兵部队代表，优秀现役军人家属，入伍新兵及家长约500人参加会议。会上对数十名优秀现役军人进行表彰，顺义区领导为受表彰的优秀现役军人家庭代表和入伍新兵代表佩戴光荣花。区委书记高朋讲话。

（区人民武装部）

人防建设

【概况】 年内，区人防办深入贯彻落实党的十九大，十九届三中、四中、五中全会精神和习近平新时代中国特色社会主义思想，坚持落实从严治党，以把市人防办、区委、区政府决策部署落到实处上为重点，深入巩固“不忘初心、牢记使命”主题教育成果，持续抓好人防系统腐败问题专项治理，严格按照目标要求，深化改革创新，切实抓好支部建设，不断提高应急指挥保障能力，严格责任落实，扎实做好人防工程安全生产管理，着力提升人防工程建设审批和人防宣教、法制宣传的工作力度，始终把“以人为本、人防为民”作为服务宗旨，不断提升人防建设发展新水平。

（区人防办）

【应急保障】 年内，实施视频会议联调31次，视频会议保障18次，短波通信、海事卫星电话、北斗通信、IP调度电话各8次，800兆集群通信7次。全年测试时间3970分钟。按照《北京市人防系统2020年度通信业务日常训练实施方案》和《京津冀人防无线通信网协同训练实施计划》，开展训练9次。参加市人防办组织的应急移动指挥车驻地培训4天。全年应急移动指挥车在全国“两会”等重要时间节点备勤86天。完成顺义区航港国际防空袭高点建设项目，并将全区现有人防“高点”纳入区级“雪亮工程”平台。

（区人防办）

【全市“国防教育日”防空袭警报试鸣工作】 年内，巡检区属防空袭警报器3次。完成2020年“清明节”全国性哀悼防空袭警报鸣放任务。完成“全民国防教育日”防空袭警报试鸣工作，全区警报器鸣响率100%，统控率100%，演习现场向市人防办主会场传输机场周边高点监控图像，图像清晰、传输顺畅。

（区人防办）

【社区人防建设】 年内，在6个街道、2个镇选取26个社区开展社区人防建设工作。配置安装人防应急亭20个，应急亭内配置灭火毯、防毒面具、多功能应急钳等物品 19 种；为 9 个社区设置人防宣传栏；在 6 个社区开展防空防灾知识宣教培训活动，受教 180 人次；成立社区人防组织，每个社区组建人防志愿者队伍，并为志愿者队伍配置手摇警报器、头顶灯等 7 类物资。

（区人防办）

【人防知识进校园】 年内，在顺义五中、顺义十二中、顺义三中开展防空防灾知识技能普及教育进校园学习用具试点工作，重点教育对象为初中二年级学生，经过试点经验和研发推动进一步开发中小学全年龄段适用课程教育资源包，教育内容紧密结合《关于进一步加强中小学防空防灾教育的实施意见》中规定的：战争灾害与平时灾害的防护、核化生武器及其防护、人防工程与个人防护器材、应急技能与急救措施、防护综合训练等。在顺义十二中对全校 1100 名学生开展防空防灾知识和技能培训，并组织开展防空疏散掩蔽演练。带领顺义十二中 70 名教师、顺义三中 110 名学生和教师走进安全体验馆开展体验活动。

（区人防办）

◆ 年内，区人防办开展人防知识进校园活动（区人防办供图）

【人防宣传教育活动】 年内，以重要时间节点宣教活动为契机，利用人防及社会资源，开展人防知识的宣传教育工作。10 月 29 日，区人防办送服务到街道、社区，在光明街道滨河第二社区组织开展防空防灾知识宣传教育活动。一是开展知识普及服务，主要讲授人民防空基础知识、镇（街道）人防建设的重要性与人民防空措施等。二是开展技能培训服务，包括绷带、三角巾的使用，个人简易防护器材制作、创伤救护、止血包扎等。三是开展人防宣传服务，发放人防知识宣传品。人防志愿者、社区居民和居委会工作人员参加活动。

（区人防办）

【法制工作】 年内，审核重大合同 64 份，备案 16 份。组织专题法制培训 2 次。全年进行行政执法 485 次，完成行政处罚案卷 5 件。完成市、区两级行政执法案卷评查工作，成绩良好。为 16 名具有执法资格的人员更换新的执法证，组织 4 名工作人员参加行政执法证资格模拟考试。

（区人防办）

【人防工程规划审批】 年内，坚持依法审批，着重体现人防工程的战备效益、社会效益和经济效益。战时功能按照区域统筹、功能配套、补齐短板的原则，主要规划人员掩蔽工程和专业队工程；平时功能定位，综合考虑社会公益性的需求，主要规划汽车库、文体活动等便民设施，全面体现人防工程战时防空，平时服务的总体方针。

（区人防办）

【结建工程监督检查】 年内，认真做好人防工程建设项目质量监督管理。按照市人防工程监督管理工作的总体安排，加强人防工程施工过程事中、事后监管，对重点部位、重要节点的钢筋绑扎、密闭套管预留、门框和吊钩预埋等工序进行监督检查，共质监在施项目 50 个，确保顺义区人防工程依法、依规建设。配合市人防质量监督站，完成 14 个历史遗留问题项目竣工验收和备案工作。

（区人防办）

【人防工程维护】 年内，根据《顺义区 2018—2020 年人防工程维护维修计划》，对部分人防工程的防护和防化设备设施进行维护、维修。按照规定对维修项目进行财政预算评审，通过公开招标选定监理和施工单位，按时完成施工任务，于 11 月 26 日完成结算评审等工作，确保人防工程完好率达标，实现人防工程的战备效益。

（区人防办）

【行政审批制度改革】 年内，按照市、区两级的工作部署，顺义区全面开展“多规合一”协同平台建设项目修建人民防空防护工程标准审查工作，本年度顺义区人防办许可建设项目45个，缓缴易地建设项目23个，缩短建设项目的建设周期，减轻建设单位的资金压力。

（区人防办）

【“疏整促提升”地下空间专项行动】 年内，牵头推进地下空间专项行动，对机场周边“五镇两区一街道”人防工程进行消防安全隐患排查治理120次，保持全区地下空间散租住人和经营性宿舍的动态清零。

（区人防办）

【人防工程平时开发利用】 年内，开发利用地下空间，做出平时使用人防工程批准39项，提供人防车位7680个，完成区级民生实事项目，缓解市民停车难问题。完成人防工程口部房公益便民开发利用试点1处，强化人防公益属性。

（区人防办）

【人防工程安全管理工作】 年内，一是推进地下空间安全专项整治三年行动，组织召开工作推进会，梳理编制“目标任务清单”“目标隐患清单”，实现挂账隐患销账率100%。二是开展“消除事故隐患，筑牢安全防线”主题安全宣传咨询日筹备彩排活动，向群众发放宣传品400余份，现场解答政策问题20余次。三是组织工程使用单位500余人次开展安全生产在线直播培训3次，推动落实生产经营单位主体责任。四是开展冬春季火灾防控、可燃物清理等各类火灾防控工作，全年辖区人防工程未发生消防安全事故。五是摸排重点防汛工程点位160处，早期工程6处，消除防汛隐患34处；签订《顺义区人防工程安全使用管理责任书》1200余份；组织防汛抢险队备勤23次，排水清理作业4次，进行防汛封堵、抽排积水4次，防汛实战演练2次。六是做好辖区人防工程新冠肺炎疫情防控工作。强化“四方责任”，坚持“三防”“四早”“九严格”，指导使用管理单位做好人防工程清洁消毒、通风工作。关停封闭用于宣教中心、社区活动的人员密集场所人防工程11处，精准有效落实好各项常态化防控措施。

（区人防办）

【人防工程应急保障工作】 年内，一是完成2020年全国“两会”和节假日期间全区人防工程风险管控和安全服务保障任务，实现全区人防工程零事故目标。二是组织开展防汛应急抢险演练2次，以及人员疏散、初期火灾扑灭等一系列消防应急演练活动。三是完善应急物资库建设，完成视频监控系统建设。

（区人防办）

临空经济

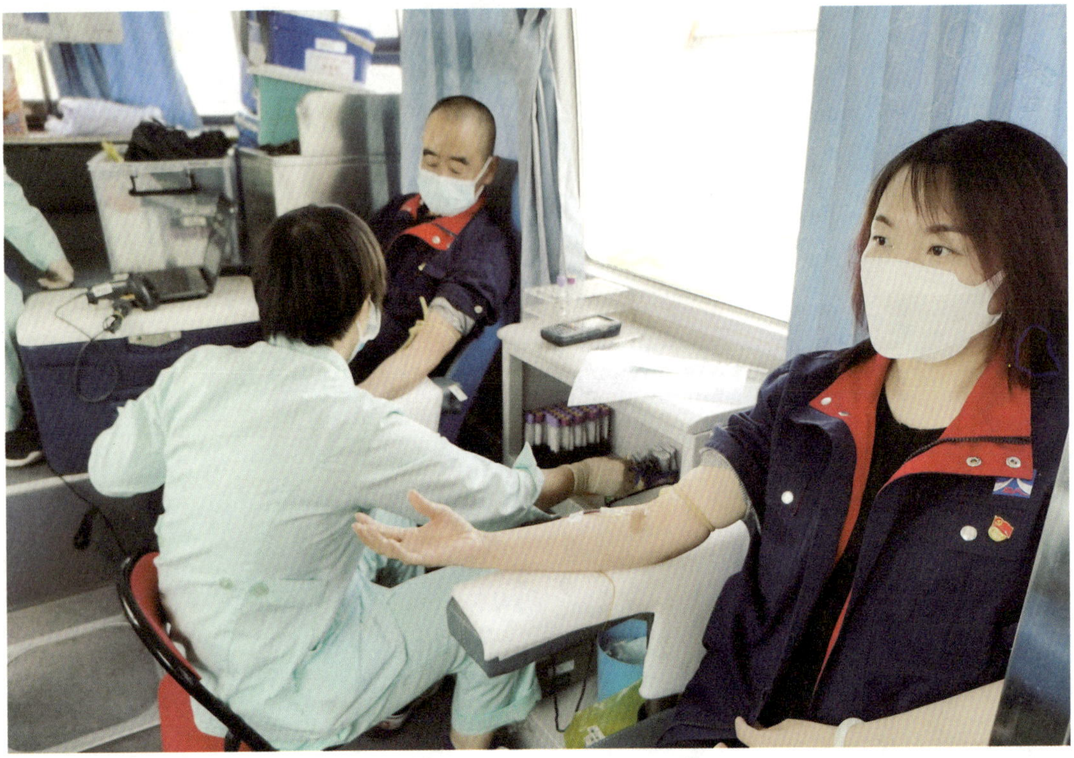

▲5 月 18 日，空港开发公司开展公益献血活动（空港开发公司供图）

▲6 月 6 日，综保区跨境电商体验中心商户参加北京消费季活动（综保区开发公司供图）

▲ 9月8日，空港中心组织协调相关部门与樱花园小区居民代表商谈解决百姓热点话题（空港中心供图）

▲ 11月2日，国家服务业扩大开放综合示范区和中国（北京）自由贸易试验区国际商务服务片区顺义组团推介会（临空核心区供图）

▲ 年内，北京天竺综合保税区主卡口（天竺综保区供图）

▲ 年内，机务人员进行地面指挥（天竺综保区供图）

年内，空港开发公司开展扫雪铲冰作业（空港开发公司供图）

年内，综保区开发管理有限公司开展两场三点项目海关商品查验（综保区开发公司供图）

北京天竺综合保税区

【概况】 年内，天竺综保区管委会深入学习贯彻十九届五中全会精神和习近平总书记视察北京重要讲话精神，贯彻落实市委十二届十五次、十六次全会精神和蔡奇书记到顺义调研指示精神，强化党建引领，统筹推进疫情防控和创新发展，保障第一国门货运口岸和园区安全平稳有序运行，进一步实现高速度增长、高水平开放、高质量发展、高效率通关服务，规划建设取得新的成果，为加快建设首都对外开放新高地提供有力保障。园区企业全年实现营业收入585.0亿元，同比增长31.1%；实现利润101.7亿元，同比增长13.9%；完成属地税收20.0亿元，同比增长16.3%。园区保税功能区实现进出口值621.8亿元，同比增长3.0%；口岸操作区保障国际货邮吞吐量500000吨，占全市空运总量的95%以上。在本年度开展的海关总署2019年度综保区发展绩效评估中位居“A”类。

（天竺综保区）

【安全高效通关助力全球疫情防控】 疫情初期，全国大部分防疫物资由园区口岸企业进口。要求并监督口岸相关部门、企业不得截留进境防疫物资；设立绿色通道，实现通关零延迟。持续加强口岸操作区疫情防控工作，落实落细各项防控措施，确保万无一失。引导口岸服务企业调配运力，一级货站货邮吞吐量降幅远低于国际航班缩减幅度，国际快件中心吞吐量同比正增长。发挥医药产业优势服务疫情防控，科园信海公司提供6000平方米低价仓储库房储备全市疫情防控急需物资。SMC生产的气动元器件是呼吸机关键零部件，助力全球防疫设备生产，英国驻华大使致函代表英国政府表示感谢。

（天竺综保区）

【高水平开放进一步实现】 年内，牵头完成北京自贸试验区顺义组团申报工作，组团面积28.5平方千米。天竺综保区全部纳入北京自贸试验区范围，牵头或参与顺义“两区”建设1/3的任务量，逐步打造具有服务贸易特色的综保区。进一步深化园区创新升级方案，新实现跨境电商进口医药产品、生物制品检测代抽样、卡口智能化监管、按库位分类监管、跨境电商企业对企业出口5项政策功能创新，其中4项是全国唯一、1项是全国首批试点。主办中国综保区国际论坛，进一步提升园区在国内外知名度。

（天竺综保区）

【高端服务业服务贸易企业加快集聚】 年内，德国HA大药房、德拜（北京）医药科技有限公司、北京华氏康源医药科技有限公司、博乐德艺术空间、懋隆文化等一批重点项目入区，新宜跨境电商产业园项目开工建设，罗罗飞机发动机维修项目签署框架性协议。“保税免税相衔接”试点实施，销售规模近30亿元并创新纳入社零额统计。跨境电商进口医药产品实现200000单，货值3000万元。增值税一般纳税人试点企业40家，实现内销收入150亿元，同比增长62%，强化园区国际国内连接点功能作用。

（天竺综保区）

【高效率通关与企业服务】 年内，一般贸易、保税贸易进口整体通关时间比全国平均水平分别快约30%、50%，进出园区卡口实现“秒放行”。落实落细疫情防控措施，园区企业、建设项目第一时间实现复工复产，其中整车项目和冬奥主物流中心场馆项目分别是政府投资类和非政府投资类首个复工项目。提前储备充足防疫物资，为复工复产提供保障。一企一策打通原材料、产品进出口通关渠道，解决用工困难；落实《北京市人民政府办公厅关于进一步支持打好新型冠状病毒感染的肺炎疫情防控阻击战若干措施》《顺义区进一步打好疫情防控阻击战支持企业“控疫情、稳增长”的若干措施》等政策，兑现资金近亿元。统筹抓好疫情防控和安全生产、综治维稳和环境治理工作，确保园区安全平稳运行。

（天竺综保区）

【园区规划建设】 年内，5个在建工程有序推进，其中冬奥主物流中心场馆、航港转运中心项目完工，整车进口检测业务用房和药检楼项目、经纬跨境电商保税仓项目、国家对外文化贸易基地二期有序推进。国家对外文化贸易基地三期、新宜跨境电商产业园等项目启动。园区规划范围调整一期0.46平方千米具备验收条件，二期范围涉地三村棚改工作加快推进。园区空间规划、功能创新规划、“十四五”规划形成成果，街区控规工作启动。二、三区联络光缆改造完成，智能卡口系统改造工程启动。

（天竺综保区）

【首届中国综合保税区国际论坛】 9月9日，中国保税区出口加工区协会、北京天竺综保区管委会在北京国家会议中心联合举办首届中国综合保税区国际论坛。论坛以“新机遇、新动能、新跨越”为主题，旨在搭建国内外开放区域的交流合作平台，拓展服务贸易新业态、新模式，为全球抗疫背景下稳外贸、稳外资提供更为有力的支撑，助力综保区建设成为新时代全面深化改革开放的新高地。论坛分为嘉宾致辞、主旨演讲、发言推介、圆桌对话4个环节，邀请国内外商协会、国际自由贸易区、国内综保区、80余家海关特殊监管区域管理机构、各领域知名企业代表参会。区长孙军民从区域概览、产业集群、政策创新、营商环境、临空区域融合发展、未来发展方向等方面对天竺综保区进行推介，并邀请各位企业家到顺义、到天竺综保区考察做客、投资兴业。

（天竺综保区）

北京临空经济核心区

【概况】北京临空经济核心区毗邻首都国际机场、天竺综合保税区，紧邻中国国际展览中心新馆，是北京六大高端产业功能区之一。吸引20多个国家和地区的3300余家企业入驻，其中总部企业63家，央企、国企分支机构127家，外资企业230余家，高新技术企业100余家，33家世界五百强企业投资项目87个。形成临空指向性的航空服务、口岸贸易、商务会展、科技服务、新兴金融和文化旅游六大产业发展格局，全面构建高端临空产业体系。

（临空核心区）

【主要经济指标】 年内，临空核心区有缴税企业2014家，1—12月实现属地税收95.7亿元，一般公共预算收入24.9亿元，工业总产值202.8亿元；固定资产投资完成36.3亿元，同比增长25.3%。

（临空核心区）

【招商引资】 年内，临空核心区引入注册企业168家，累计注册资本346.97亿元。其中铁世德铁路投资有限公司、北京中交粤兴路桥基础设施股权产业投资基金合伙企业等亿元以上规模企业22家，北京浚达环保实业有限公司、北京华大蛋白质研发中心有限公司等3000万元至亿元企业19家；新吸引企业929家，新增注册资本约69亿元，完成央企注册14家，其中中铁3家、中交7家、中航4家，累计注册资本101.29亿元。

（临空核心区）

【服务业扩大开放及机场片区申报】 年内，临空核心区推进北京市第四轮服务业扩大开放综合示范区及北京自贸区相关筹建工作，拟定《临空核心区“两区”建设工作方案》《“两区”建设专班组建方案》《“两区”建设拟推广政策清单》，梳理完成辖区管理范围内土地资源存量情况及各服务配套设施分布情况。与中国航空集团有限公司、首都机场集团公司签署“共同推进两区建设备忘录”，与星空联盟亚太办、顺丰速运等分别签署战略合作协议。召开示范区“两区”政策推介暨企业诉求调研座谈会，向中国航空集团有限公司、首都机场集团公司等重点企业征集创新诉求37条。

（临空核心区）

【规划建设和城市运行】 年内，临空核心区“再造国门”项目成立工作专班并制订《“再造国门”项目专班工作实施方案》，西跑道大修工程于10月20日完工；加快推进《首都机场周边安全发展综合提升三年行动计划（2019—2022）》；顺义新城街区控规编制有序推进，2801街区控规深化方案取得编制成果和专家审查意见，准备上报市政府审议，2902街区正在对接中德产业园空间需求细化布局方案。基础设施3年提升一期7条道路完成设计。中德产业园起步区打通断头路开工建设。地理信息产业园一期11个地块中6个地块取得楼宇不动产权证，二期10号地块建设工程规划许可证办理中，9A、9B

地块完人防工程补建中。

（临空核心区）

【优化营商环境】 年内，临空核心区依托“1+1+N”服务机制和“临企通”智慧服务平台，推进“早餐会”、领导走访等20余项台账诉求事项办理进展，联企直通车本年度走访100家重点企业，解决诉求79条。大力服务首都机场集团公司、中国航空集团有限公司等重点企业，召开对接会议38次。制定并落实航空企业奖励政策《顺义区进一步强化疫情防控责任落实全力支持推动航空企业发展的若干措施》（简称“顺航10条”），完成26家企业的政策兑现资金5966.18万元。精准对接央企服务工作，成立央企专班，共对接中铁、中交等央企项目旗下企业20家，解决诉求20余项。通过临企通智慧服务平台“在线提交、线下受理、服务热线”等多渠道方式，实现对企业投资发展诉求归集和处理结果反馈的工作闭环，初步达到更加高效、精准的服务企业目标，塑造“有求必应，无事不扰，办事不见面，诉求零距离”的企业服务新体验。经过半年的运营，累计访问1700余人次，页面浏览量5800余次，开放企业账号997个，发布信息88条，包含园区动态和重要通知38条，产业政策相关信息33条，对企服务内容17项，接收企业服务咨询电话75个，处理在线服务咨询12条，70%以上的企业诉求在3小时内得到解决和答复。

（临空核心区）

【服务保障工作】 年内，临空核心区检查生产经营单位2596家次，发现安全隐患2912项，全部整改完毕。完成“两会”“两节”等重大活动期间安全保障工作。先后组织412家企业召开网络招聘会11场，助力8616人就业；调解劳动矛盾纠纷54起，金额485万余元。加强环保工作，对辖区废气、废水企业，施工工地开展督查检查，全年PM2.5年均浓度41微克/立方米。完成防汛各项工作。妥善解决便民电话969件。

（临空核心区）

【对外宣传】 年内，临空核心区发挥微信公众号宣传阵地作用，围绕党的建设、疫情防控、优化营商环境、安全生产等工作共发布微信公众号信息750条。在新华社、人民网、《北京日报》《北京青年报》、北京电视台等国家级、市级主流媒体刊登临空核心区各类信息127条，在《顺义区情》《顺义信息》等区级重要刊物累计发稿146篇，在顺义电视台播出新闻6条，在《顺义时讯》刊登23篇次（其中直接报道19篇次）、顺义网城刊登32条。

（临空核心区）

【助力创建全国文明城区】 年内，临空核心区助力顺义区创建全国文明城区，完成国门、物流基地及空港B区7条道路89个点位的宣传栏小品设计、布置工作；建立20个创城建筑围挡台账，定期巡视，并对破损围挡及时更换；向创城办报送工作信息30条，其中《顺义区创城工作简报》采用22条。

（临空核心区）

【垃圾分类】 年内，临空核心区利用网格管理机制，入企宣传，建立园区企业垃圾分类微信工作群，实时普及垃圾分类相关知识，确保全覆盖、无遗漏。邀请北京榜样张义标拍摄公益宣传视频，并通过微信公众号、企业员工培训、张贴垃圾分类宣传手册、设置分类垃圾桶、设立广告牌等形式开展宣传，扩大参与度和覆盖面。临空核心区城管执法队对各垃圾分类责任主体的垃圾桶配置、分类等情况进行执法检查，督促企业单位、食堂、餐馆、超市等严格按照《北京市生活垃圾管理条例》规定落实主体责任，做好垃圾分类工作。

（临空核心区）

【精神文明工作】 年内，在公众号开展战“疫”榜样临空云宣讲活动4期，共宣讲8人先进事迹；组建临空核心区宣讲团，4名宣讲员代表临空核心区参加顺义区“共抗疫情 决胜小康”百姓宣讲比赛，并获得区级优秀宣讲团荣誉称号，其中北京空港航空地面服务有限公司刘云帆入选成为区级宣讲团成员。

（临空核心区）

【助力顺义“两区”建设】 年内，围绕热点话题，借助3场“两区〔国家服务业扩大开放综合示范区和中国（北京）自由贸易试验区〕”建设新闻发布会及推介会，临空核心区主要负责人向新闻媒体介绍首都机场临空经济示范区发展优势、产业布局和下一步工作重点。

（临空核心区）

【疫情防控】 年内，临空核心区以机关党组织为核心，划分条块精准落实疫情防控工作，做到密织“四张网”、紧守“三底线”、确保“四到位”，日常排查“不打烊”，开展“地毯式”摸排，138名机关干部全员下沉疫情防控第一线，分类指导园区企事业单位、商住小区、楼宇、建筑工地疫情防控和开复工工作；建立核酸检测采样点，免费为小区居民、企业职工开展核酸检测，确保职工生命健康安全和企业正常生产经营。

（临空核心区）

【《首都机场临空经济示范区总体方案》印发】 2月，《首都机场临空经济示范区总体方案》（简称《总体方案》）经北京市政府批复同意正式印发。《总体方案》明确首都机场临空经济示范区“国家对外开放重要门户区、临空经济创新发展引领区、国际化港城融合发展示范区”的战略定位，科学规划“一港一带三组团（一港即首都空港，一带即温榆河生态带，三组团即空港组团、综保区组团、国门组团）”的功能布局，重点发展“航空服务、口岸贸易、商务会展、科技服务、新兴金融和文化旅游”六大主导产业。

（临空核心区）

【2020年重点招商项目“云签约”】 4月22日，顺义区举行2020年重点招商项目“云签约”仪式，此次签约活动采用“网络云签约及视频同步转播”的形式，参加签约仪式的部分项目方所在地与顺义主会场和临空核心区分会场实现“屏对屏”签约。临空核心区在主会场完成易生科技高端医疗产品生产基地项目、中国铁工建设有限公司和中铁云网信息科技有限公司3个项目的签约，在临空核心区分会场完成京纸E园项目、优讯时代（北京）网络技术有限公司项目等6个重点招商项目的签约。9个项目总投资额61亿元，涵盖生物医药、智慧城市建设、信息服务、科技服务、生态环境等领域。

（临空核心区）

◆ 4月22日，顺义区重点项目云签约及新闻发布会举办（临空核心区供图）

【为航空相关企业兑现资金】 6—11月，根据《顺义区进一步强化疫情防控责任落实全力支持推动航空企业发展的若干措施》，为26家航空相关企业兑现资金约5966.18万元。

（临空核心区）

【3家入区企业上市】 7月28日，临空核心区入区企业中科星图股份有限公司在科创板上市，股票代码为“688568”。9月2日，北京莱伯泰科仪器股份有限公司在科创板上市，股票代码为“688056”。11月18日，优客工场（北京）创业投资有限公司与特殊目的收购公司（SPAC）OrisunAcquisitionCorp.联合宣布完成合并，优客工场通过SPAC的方式正式登陆美股，并成为“联合办公第一股”。

（临空核心区）

【第二届“空中丝绸之路”国际合作峰会】 9月8日，临空核心区举办第二届“空中丝绸之路”国际合作峰会。本次峰会以“聚合空中丝路临空大产业、共建航空经济合作新平台”为主题，与国内外临空经济关联机构共同商讨后疫情时代与新国际形势下中国航空关联产业发展面临的机遇与挑战，围绕多个热点话题进行深入研讨，分享应对思路和方案，国内外300余家机构、500余名嘉宾参会。同期发布《中国临空经济发展指数2020》，多个国际合作项目集中签约、发布。

（临空核心区）

【临空核心区被纳入中国（北京）自由贸易试验区】 9月21日，国务院印发《中国（北京）自由贸易试验区总体方案》。9月24日，中国（北京）自由贸易试验区正式揭牌。9月28日，北京市朝阳区政府、通州区政府和顺义区政府举办中国（北京）自由贸易试验区国际商务服务片区挂牌仪式。临空核心区管委会主任、工委副书记出席会议，并与入驻企业签约。北京自贸区的实施范围119.68平方千米，涵盖科技创新、国际商务服务、高端产业3个片区，其中国际商务服务片区48.34平方千米，包括北京CBD 4.96平方千米、金盏国际合作服务区2.96平方千米，城市副中心运河商务区和张家湾设计小镇周边可利用产业空间10.87平方千米，首都国际机场周边可利用产业空间28.5平方千米。北京临空经济核心区隶属国际商务服务片区顺义组团，纳入北京自贸试验区面积约为8.25平方千米。

（临空核心区）

【"德云社"及关联企业集体落户】 10—12月，"德云社"及关联企业相继落户临空核心区，打造具有顺义特色的文化品牌。临空核心区通过"腾笼换鸟"，引入"德云社"项目，聚焦打造文化品牌与区域资源相结合的典范，推动社会效益与经济效益实现双赢。

（临空核心区）

【"两区"政策推介暨企业诉求调研座谈会】 11月，由北京临空经济核心区主办的首都机场临空经济示范区"两区"政策推介暨企业诉求调研座谈会在海高大厦召开。旨在为区各相关单位和企业之间搭建对接平台，展示"两区"建设为首都机场临空经济示范区带来的新机遇，让企业对"两区"政策有所了解，推动示范项目及创新制度落地。北京临空经济核心区管委会、区商务局、区金融办、天竺镇、后沙峪镇、南法信镇、李桥镇、高丽营镇、空港街道、新国展办等区职能部门和首都机场临空经济示范区属地各位领导，以及罗兰贝格管理咨询公司的全球合伙人和30余家区内重点企业代表参加会议。北京临空经济核心区管委会副书记、主任从首都机场临空经济示范区整体建设发展的角度讲述"两区"建设带来的新机遇，天竺综合保税区政策法规处处长就"两区"建设中贸易投资自由化便利化开展情况进行讲解，罗兰贝格管理咨询公司的全球合伙人为在座企业就各领域的关联政策进行重点解读，中国银行首都机场支行业务部主任为大家介绍自贸区金融相关政策，国航、机场集团、中航材、日上免税店等30余家区内重点企业代表进行座谈交流。

（临空核心区）

【入选空港型国家物流枢纽】 11月，国家发展改革委、交通运输部联合印发《关于做好2020年国家物流枢纽建设工作的通知》，发布2020年国家物流枢纽建设名单。规划布局统筹协调首都国际机场、北京大兴国际机场双机场空间布局，打造"双场一体"的国际空港物流枢纽体系。2个片区合计规划面积为10.3平方千米。顺义片区由北京市空港物流基地和天竺综合保税区组成，规划面积6平方千米。其中，北京空港物流基地规划面积2.8平方千米；北京天竺综合保税区涵盖口岸区、保税区、国内区以及综合配套，共计3.2平方千米。2个片区将采取"政府支持+管委会管理+投资公司建设"的建设运营模式，由顺义区政府、大兴区政府分别指导北京空港经济开发有限公司、航港发展有限公司以及北京新航城控股有限公司，开展相关基础设施建设。

（临空核心区）

空港建设管理与服务

【概况】 年内，北京空港建设管理服务中心（简称空港中心）坚持以习近平新时代中国特色社会主义思想为指导，围绕北京市"四个中心"功能建设，落实区委、区政府各项决策部署，不断提高"四个服务"水平，为服务区域高质量发展而创造良好环境贡献力量。

（空港中心）

【专班运行解决噪声问题】 年内，为做好樱花园小区飞机噪声治理有关工作，区委、区政府成立由区委书记、区长任组长的解决樱花园小区飞机噪声影响问题工作领导小组，领导小组办公室设在空港中心。办公室发挥统筹协调作用，做好领导小组会务保障、首都机场对接协调、信息收集报送、工作任务分办督办、文字材料撰写报送、居民代表维稳等工作，确保产权置换项目有序推进，保障樱花园产权置换签约和新址地块非住宅搬迁工作的完成。

（空港中心）

【机场汛期安全保障】 年内，为应对汛期复杂态势，空港中心作为首都机场外围排水保障分指挥部牵头部门，完成机场外围防汛任务。汛前，查勘重点部位、建立工作机制、召开专题会议，强化分工，明确任务。主汛期，保持与首都机场防汛办的通信畅通与信息共享，及时关注小中河、机场公三泵站、温榆河、机场雨水调节池、机场外围各排水沟渠等重点部位的排水情况，与分指挥部各成员单位合作，应对多次强降雨过程，确保首都机场安全度汛。

（空港中心）

【樱花园产权置换攻坚】 年内，樱花园产权置换工作进入攻坚阶段，涉及相关产权置换诉求大幅增多，空港中心通过成立专班、建立“三次和四级反馈”机制等措施，对收到的便民服务交办单迅速处理、及时反馈，接诉即办。在樱花园产权置换工作启动后，协调隔声窗维修单位做好樱花园小区隔声窗的维修、维护工作，保障樱花园产权置换工作进行。同时，党组书记调度“接诉即办”工作情况，确保问题得到有效解决。

（空港中心）

【疫情防控】 年内，空港中心落实单位主体责任，在空港国际商务中心大厦开展疫情防控工作。春节期间，受区政府委派，在位于机场办公区内由空港中心监管的空港国际商务中心大厦开展疫情防控工作。按照大厦防控部署，深入各入驻单位逐家摸排，落实双楼长防控措施和防控物资、防控宣传、安全保卫、园区出入口关卡设置等工作。支援新国展集散点。3月10日起，根据市、区新冠肺炎疫情防控工作需要，空港中心成立5人工作小组，连续29天支援新国展入境集散点，为全国各省市入境入京人员及北京市各区工作人员提供餐食保障服务，每日为新国展50余个部门所有人员提供近1400份餐食保障。

（空港中心）

◆3月，空港中心5人工作小组为新国展集散点工作人员分发工作餐（空港中心供图）

北京综合保税区开发管理有限公司

【概况】 北京综合保税区开发管理有限公司前身为北京综合保税区开发管理中心，注册资本4.8亿元，由区国资委出资37.5%、区国资中心出资62.5%，是国资委一级监管企业，同时受天竺综保区管委会管理。经过10年的发展，综保区开发公司形成公共服务平台、园区物业管理、仓储物流、跨境电商平台4个业务板块。

（综保区开发公司）

【中小微企业租金减免政策落实】 2—4月，综保区开发公司为12家中小微企业减免租金共计263.72万元，其中2月减免租金850600元，3月减免908200元，4月减免878400元。

（综保区开发公司）

【疫情防控】 年内，综保区开发公司党委领导班子第一时间成立疫情防控领导工作小组，下设疫情防控工作组，制订工作方案。综保区开发公司党委牵头，处级领导干部带领全体中层干部和业务骨干，参与综保区园区各卡口疫情防控值守。为做好境外输入疫情防控工作，开发公司响应区委号召全力配合区委组织部门抽调任务，选派1名处级干部带领13名党员干部职工，支援新国展入境人员集散点服务保障工作，坚持24小时在岗在位，严防境外输入风险。与此同时，做好疫情防控物资储备，为综保区防疫工作提供后勤保障。

（综保区开发公司）

【对口帮扶】 年内，综保区开发公司落实对口帮扶工作，疫情期间保持与帮扶地区的沟通交流，了解复工复产情况和脱贫工作进展。公司党委向内蒙古自治区巴林左旗、河北省张家口市沽源县各拨付20万元帮扶资金；党委领导带队前往两处受援地就对口帮扶工作进行座谈交流，并追加专项帮扶资金11万元。全年累计拨付帮扶资金51万元，采购双创中心扶贫农产品价值122.4万元。

（综保区开发公司）

【跨境电商保税备货项目】 年内，跨境电商货物仓储管理中心与5家跨境电商企业签订合作协议，截至年底，共计进口跨境电商货物318批次792628件商品，出区总票数119336票，销售额72769289元。同时，为促进电商快速发展，开展“线下自提”“网红带货”等新业务模式。

（综保区开发公司）

【“两场三点”项目】 年内，在“两场三点（进口肉类、冰鲜水产品指定查验场和进口食用水生动物、水果、植物种苗首都机场口岸指定查验点）”项目运营基础上，综保区开发公司开展冷链分拨业务，接待多家有合作意向企业现场调研考察及合作洽谈。全年有6家签约企业入驻。其中厦门熙鱼进出口有限公司实现实地开展业务，共计进口17批海鲜，货值289243美元。

（综保区开发公司）

【运维保障服务项目】 年内，综保区开发公司坚持做好运维保障服务工作。一是中标2021年综保区园区物业管理、绿化养护服务项目和2021年综合服务平台物业服务项目。二是为跨境电商体验中心租户提供综合物业服务，全年有39家企业签订物业服务合同。三是为顺义区外国人出入境服务大厅提供保安、保洁等服务，并签订为期10年的物业服务合同。四是为顺义海关天竺办公区提供专业的设备维护、安全保障等物业管理服务。五是负责开发公司办公楼及所辖两个监管库（自建库一期、二期）的物业服务，服务面积28443平方米。六是为机场海关南、北区查验库、保税备货库、两场三点办公区等提供保安、保洁等综合物业服务。

（综保区开发公司）

【跨境电商体验中心集聚发展】 年内，跨境电商体验中心共有42家单位入驻，其中包括1家服务保障单位（制卡中心）和41家企业。全年综保区开发公司与13家企业签署房屋租赁合同，其中管委会扶持企业5家，招商企业4家，虚拟注册企业4家，租赁面积总计1792.02平方米，全楼入驻率97%。入驻企业涉及展览展示、航空服务、国际物流、便利超市等行业，企业销售的产品产地涉及美国、德国、阿根廷等多个国家。为推动入驻企业发展，综保区开发公司组织商户参加“京范儿”北京消费季活动，展销进口红酒、母婴用品、化妆品等200余种商品并参与淘宝直播。此外，综保区开发公司协助“北京优俏货网络科技有限公司”与“科园信海（北京）医疗用品有限公司”2家企业，开展北京首批跨境电商线下自提项目，突破原有经营模式，消费者可直接在店内选购进口商品，下单后清关信息自动发送至海关，数分钟内可完成清关。

（综保区开发公司）

◆6月6日，跨境电商体验中心商户参加北京消费季活动（综保区开发公司供图）

北京空港经济开发有限公司

【概况】 北京空港经济开发有限公司（简称空港开发公司），注册资本18800万元，是区国资委一级监管企业。空港开发始终以深耕临空经济、建设空港新城为职责，以成为产业、企业融合发展的国企典范为方向，推动公司高质量发展。年内，空港开发及所属公司共44家，其中二级公司11家、三级公司29家、四级公司3家，业务涉及城市更新、房地产开发、建筑施工、楼宇物业服务、镇街物业服务、政务物业服务、供暖服务等领域。

（空港开发公司）

【疫情防控】 年内，严格落实疫情防控“四方责任”，坚决做到防疫保障“四个到位”。人员第一时间到位，迅速建立疫情防控工作机构，制定防控工作应急预案和相关规定。先后组织350余名党员干部成立志愿者队伍，支援空港街道多个社区、金马工业区、临空经济核心区以及北小营镇后礼务村和北府村的疫情防控工作；紧急抽调26名志愿者支援新国展入境集散点。资金物资到位，公司工会联合会确保防寒防疫物资供应到位。宣传引导到位，加强正面舆论宣传引导，普及疫情防控知识，先后通过网站、微信公众号等各类宣传平台发布防疫科普知识和防控动态140余条；设立疫情防控志愿者榜样专栏，通过微信公众号共发布先进报道17期榜样人物90余人。反应处理到位，12月23日，顺义区新出现1例新冠肺炎感染者，所属北京天竺空港物业管理有限公司第一时间配合感染者居住的莲竹花园小区核酸检测点搭棚通电，担负起封闭楼门、居民垃圾回收、公共区域消杀工作。12月26—31日，顺义区开展全民核酸检测工作，所属北京空港物馨科技有限公司紧急抽调2000余人，应急保障车3台，对后沙峪镇、天竺镇、杨镇政府核酸检测采集点进行全面保洁消杀，使用消毒液300余千克，清理现场垃圾1吨以上。

（空港开发公司）

◈ 年内，空港开发公司员工支援社区防疫消杀工作（空港开发公司供图）

【脱贫攻坚和对口帮扶】 年内，空港开发公司定期召开工作推进会，做好各项扶贫任务。为西藏自治区尼木县和内蒙古自治区科左中旗2个对口扶贫村及顺义区14个“一助一”帮扶村拨付帮扶款195万元；购买牛羊肉制品、粮食等扶贫产品270.1万元；办理扶贫爱心卡2746张。

（空港开发公司）

【重点项目建设】 年内，空港开发公司克服疫情不利影响，自建项目和施工项目相继复工17个，复工人员约2700人。国门商务区科研配套集体职工宿舍项目分三个标段抢抓施工进度，一标段1#～6#楼施工至地上3层结构，二标段筏板基础施工完成75%，三标段筏板基础施工完成40%。中德大厦项目主体及二次结构施工完成，外幕墙装修完成80%，室内机电安装完成85%，室内装修完成10%，室外小市政工程完成50%。整车进口检测项目1#楼和地下车库二次结构完成。国际免税城项目完成地块控规编制初稿和项目初步设计方案。空港研发创新园B区项目主体结构封顶，工程进度完成87%。金隅空港项目完成竣工验收。北广科技项目竣工。

（空港开发公司）

【为企业减免租金】 年内，空港开发公司认真落实区国资委《关于抓好中小微企业帮扶政策落实工作的通知》精神，为102家中小微企业减免租金约1443万元。

（空港开发公司）

【垃圾分类活动】 年内，空港开发公司成立工作领导小组，建立工作队伍，开展“月末清洁日”“垃圾分类积分换购”“儿童节垃圾分类”等系列活动。公司共有660人参与社区垃圾分类宣传讲解和“看桶、守桶、护桶”志愿服务。

（空港开发公司）

【降雪天气应对】 年内，所属公司提前做好应急作业准备，应对2次突发降雪天气，连夜启动扫雪铲冰应急预案，对所辖12个乡镇、20余条市政道路，区行政中心、政检大楼等12个服务项目进行积雪清扫，共撒布融雪剂290余吨，出动撒布机等工程车27车次，派出扫雪作业人员1500余人次。

（空港开发公司）

【公益行动】 年内，组织系统内员工开展无偿献血活动，共100余名干部职工参与，献血7000毫升。疫情期间，空港开发公司带动全系统889名职工进行捐款活动，累计捐款64282元。

（空港开发公司）

【军民共建走访慰问活动】 年内，空港开发公司为顺义区消防支队空港支队、大孙各庄镇南聂庄村、武警北京总队执勤第七支队送去冰鲜肉共计500千克、小麦粉8000千克，藜麦米1500千克、大米1764千克；所属物馨科技有限公司向部队赠送6台多功能教学一体机。

（空港开发公司）

【公司荣誉】 年内，空港开发公司所属北京空港蓝天文化传播有限公司、北京空港物馨科技有限公司、北京天竺空港物业管理有限公司获选北京市市级行政事业单位2020—2022年度物业定点服务单位；所属北京航济国际物流有限公司通过“北京市2020年度第一批高新企业”认定，并获得“高新技术企业证书”；所属北京天竺空港物业管理有限公司、北京空港天友技术服务有限公司通过北京市顺义区安全生产协会安全生产标准化三级达标企业评审工作，并获得 “安全生产标准化三级企业”证书。

（空港开发公司）

经济管理

1月17日，顺义区税务局2019年岗位建功表彰大会召开（区税务局供图）

5月26日，顺义区首张非税收入电子缴费凭证出具（区财政局供图）

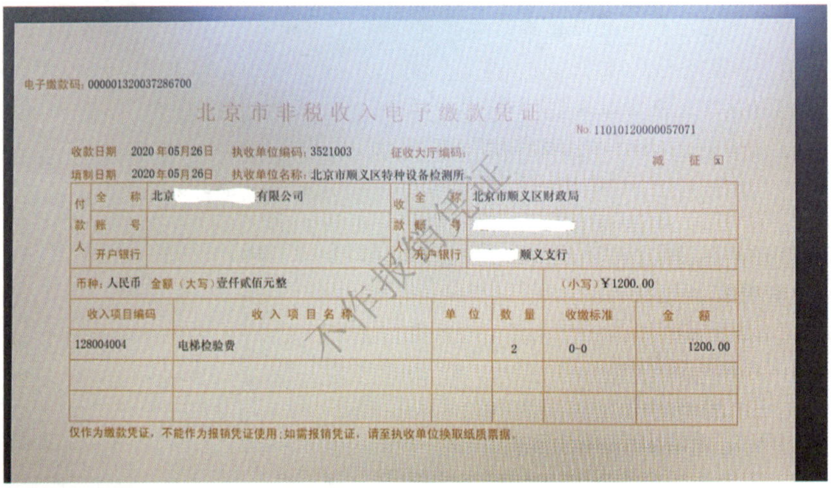

电子缴款码：000001320037286700

北京市非税收入电子缴款凭证

No. 11010120000057071

收款日期 2020年05月26日 执收单位编码：3521003 征收大厅编码：

减 征 ☒

填制日期 2020年05月26日 执收单位名称：北京市顺义区特种设备检测所

付款人	全称	北京[redacted]有限公司	收款人	全称	北京市顺义区财政局
	账号			账号	[redacted]
	开户银行			开户银行	[redacted]顺义支行

币种：人民币 金额（大写）壹仟贰佰元整 （小写）￥1200.00

收入项目编码	收入项目名称	单位	数量	收缴标准	金额
128004004	电梯检验费		2	0-0	1200.00

仅作为缴款凭证，不能作为报销凭证使用；如需报销凭证，请至执收单位换取纸质票据。

不作报销凭证

6月29日，区烟草专卖局开展疫情期间市场检查（区烟草专卖局供图）

7月23日，区烟草专卖局与市场监管局联合召开北京市电子烟市场专项检查行动部署电视电话会议（区烟草专卖局供图）

9月，区金融办在2020年中国国际服务贸易交易会上举办“2020全球PE论坛”（区金融办供图）

9月4—9日，区金融办参展2020年中国国际服务贸易交易会金融服务板块(区金融办供图）

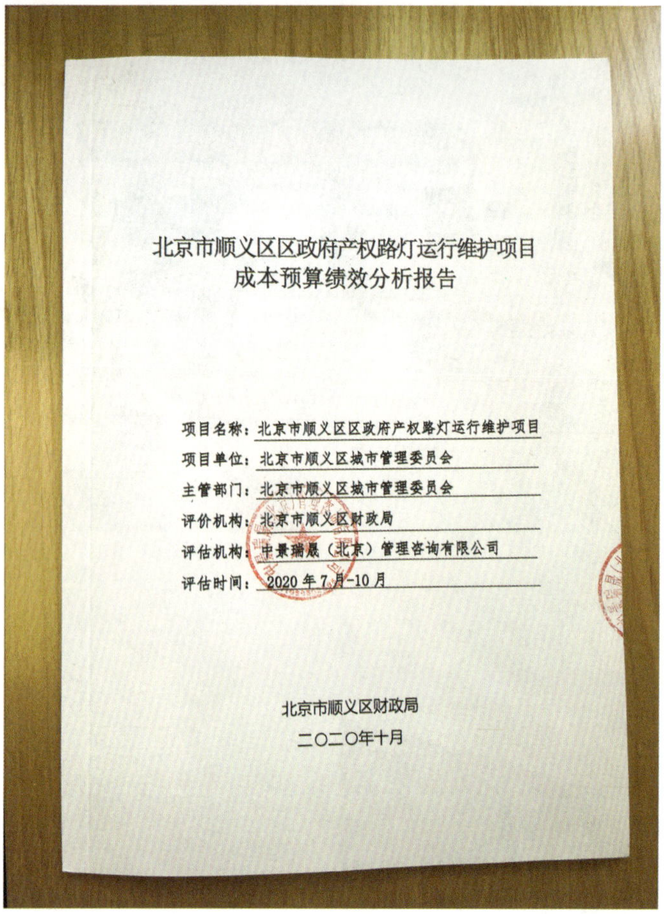
北京市顺义区区政府产权路灯运行维护项目
成本预算绩效分析报告

项目名称：北京市顺义区区政府产权路灯运行维护项目
项目单位：北京市顺义区城市管理委员会
主管部门：北京市顺义区城市管理委员会
评价机构：北京市顺义区财政局
评估机构：中景瑞晟（北京）管理咨询有限公司
评估时间：2020年7月-10月

北京市顺义区财政局
二〇二〇年十月

10月，顺义区首个成本绩效分析项目完成评估（区财政局供图）

年内，区审计局深入乡镇开展疫情防控资金审计（区审计局供图）

经济社会发展与经济调控

【概况】 年内，面对新冠肺炎疫情的冲击和国内外风险挑战明显上升的复杂局面，全区坚持以习近平新时代中国特色社会主义思想为指导，全面贯彻落实党的十九大和十九届二中、三中、四中、五中全会精神，深入学习贯彻习近平总书记视察北京重要讲话精神，坚持稳中求进工作总基调，坚持新发展理念，深入践行高质量发展要求，扎实做好“六稳”工作，全面落实“六保”任务，统筹推进疫情防控和经济社会发展取得显著成效，地区生产总值降幅逐季度收窄，决胜全面建成小康社会取得决定性成绩。

（区发展改革委）

【防疫物资保障】 年内，面对新冠肺炎疫情，顺义区从零构建防疫物资保障防线，迅速建立防护口罩生产线近100条，7天内实现防护口罩生产从无到有，日产量最高达到200万个。在全市最早实行民用防护口罩统一配发、配售，率先推行线上预约服务，累计发放防护口罩超过1000万个、消毒液400吨以上。下达疫情防控资金3.7亿元，实施“点对点”监测补货机制，强化物资增储。中国国际货运航空有限公司、北京康仁堂药业有限公司等20家企业被列入疫情防控重点保障企业市级名单。构建首都国际机场防疫物资“绿色通道”，确保防疫物资通关“零延时”。安德医智科技有限公司“新型冠状病毒感染肺炎CT影像人工智能快速辅助诊断”产品应用到全国130余家新冠肺炎患者定点收治医院。

（区发展改革委）

【复工复产】 年内，在紧密对接落实《关于进一步支持打好新型冠状病毒感染的肺炎疫情防控阻击战若干措施》（简称“京19条”）和《进一步支持中小微企业应对疫情影响保持平稳发展若干措施》（简称“京16条”）的基础上，靶向出台《顺义区进一步打好疫情防控阻击战支持企业“控疫情、稳增长”的若干措施》和《顺义区进一步强化疫情防控责任落实全力支持推动企业复工复产的意见》，切实打好复工复产政策“组合拳”。动态更新行业防控指引，实现主要行业和重点领域全覆盖。强化重点商务楼宇管控，明确“双楼长一城管”、签订“两责任一承诺”、推行“两检查一反馈”，建立全覆盖、无死角、无盲区的工作机制。全区“五类”规模以上企业按期实现复工。中小学、幼儿园实现全学段线下开学，高校到校学生约2万人。

（区发展改革委）

【援企纾困措施加快落实】 年内，围绕受疫情影响经营困难的中小微企业，研究出台“打补丁”政策，编制普惠性政策汇编。政策惠及企业51514家次、约47.76亿元。在全市率先组建中小微企业金融服务专区，上线首个线上融资微信小程序和“顺易投融”手机App，协助2000余家中小微企业获得融资支持110亿元。区属国有企业为5674家中小微企业减免房租1.17亿元，引导区内非国有产权经营用房业主为中小微企业减免房租超过1000万元。政府采购支持中小微企业产品服务5094.09万元，惠及企业111家。为企业解决员工住宿公寓1200套，帮助2000名远途员工返京。建立完善中小微企业数据库，入库企业51523户，自监测以来缴纳社保、纳税状态正常企业稳步增长。

（区发展改革委）

【稳就业力度不断加大】 年内，全区深入落实市区两级援企稳岗政策，累计兑现资金39.27亿元。创新“线上直通”就业服务模式，举办招聘会90余场，发布就业岗位41124个。其中，现场招聘会举办12场，累计268家企业提供岗位5462个，参会人员1736人，初步达成意向1159人次。开展以训稳岗、一次性技能培训、企业新型学徒制培养等职业技能培训，完成培训184100余人、发放补贴9484.55万元。实施“一群一策”帮扶，2924名应届高校毕业生实现就业2876人、就业率98.4%。动态监测企业裁减员风险，促进城乡劳动力就业13181人，帮扶城乡困难劳动力就业8323人。城镇登记失业率控制在2%以内，前三季度全区居民人均可支配收入同比增长4.5%、增速排名全市第1名。

（区发展改革委）

【稳增长保卫战全面打响】 年内，区委、区政府主要领导部署，成立经济增长“六大专班”，组建“疫情防控下稳增长工作群”，从1月27日开始建立投资、组收、招商引资、政策落实等日报、周报机制，切实加强各领域经济运行监测分析。研究制订《全力以赴决战四季度打好打赢稳增长保卫战工作方案》，从稳定行业支撑、强化政策支撑、夯实需求支撑3个方面安排部署15项四季度稳增长任务。建立重点行业重点企业增产增收帮扶台账，每日汇总全区各部门、各属地服务企业及稳增长成果情况，形成工作简报20期，各领域支撑经济增长80%的重点企业落实新增产值（营收）31.23亿元。

（区发展改革委）

【新基础设施建设加速布局】 年内，《顺义区关于支持智能制造加快发展的若干措施》出台，深入实施《顺义区智能制造三年行动计划（2020—2022年）》。工业互联网标识解析国家顶级节点（北京）上线试运行二级节点20个，累计标识注册总量32.21亿个，解析量10.17亿次，接入企业4297家。编制《顺义区5G基础设施专项规划》，全区累计交付5G基站1500个、开通1383个。国家智能汽车与智慧交通示范区顺义基地挂牌成立。中德国际合作产业园高水平编制规划方案，全球招募运营管理公司，组建中德智能制造产业协会，西门子、博世等企业的12个项目签订入区协议。机场西侧四村棚改、杨镇中心区棚改、首都国际机场临空经济区配套基础设施等4个项目新增地方政府专项债137.16亿元。投资增长保持“双正”，1—11月固定资产投资、建安投资分别增长2.4%、2.6%。

（区发展改革委）

【科技应用新场景不断丰富】 年内，研究落实全市应用场景建设工作实施方案。建立自动驾驶全封闭及开放道路测试场景、美团AI在顺义公开道路落地无接触配送场景。率先推进政务服务领域区块链应用场景，初步搭建一体化政务服务平台“顺意办”App，开发完成“区块链＋电子证照”模块，实现6类常用电子证照“刷脸”应用；完成“区块链＋证照授权”模块，实现电子证照一键授权。利用“创想空间”科技成果体验馆，展示新技术和新产品50项。

（区发展改革委）

【新消费新业态培育壮大】 年内，北京消费季之“品顺义·乐生活”系列活动中，组织重点电商企业开展直播带货15场，开展祥云小镇户外艺术季、农民丰收节等特色活动153场。5期消费券重点向餐饮、景点门票、消费扶贫产品等板块倾斜，直接带动消费3.49亿元。支持鼓励汽车销售企业加大惠民力度，累计销售汽车7873辆，拉动消费15.29亿元。首都机场整车进口口岸高端整车进口规模超过300辆，总投资4亿美元的新宜跨境电子商务产业园项目落地。北京卫视大型文化旅游体验节目《我的桃花源》推出顺义特辑，北京国际鲜花港、北京享筑繁星主题帐篷酒店、中粮祥云小镇入选“2020首届北京网红打卡地”。

（区发展改革委）

【新服务举措持续深化】 年内，优化营商环境“9+N”3.0版主责类任务全部完成。完成世界银行和中国营商环境考核评价，开展企业满意度月调查，覆盖企业394家，整改问题192条。举办营商环境“早餐会”3场，开展企业大走访活动，累计走访服务企业2700余家次。完善服务包制度，增设“服务专员”，累计向企业送出服务包253个，499条诉求办结率90%。公共资源交易平台正式上线，1374个交易主体完成信息注册，292个政府采购和工程建设项目进场登记。推出政务服务告知承诺事项81项，实现材料精简139个，压缩率35%，办结36000件。3000余个政务服务事项实现办理环节“不见面”，覆盖率77%。

（区发展改革委）

【开放新高地加快打造】 年内，中国（北京）自由贸易试验区国际商务服务片区正式挂牌，其中首都机场及周边区域组团面积达28.5平方千米，居全市之首。服务业扩大开放第三轮52项试点任务完成51项。梳理数字经济先导区、高端产业集聚区（简称“两区”）建设85项制度创新清单，以“产业开放＋园区开放”为主线，明确“3+7+N（发挥北京天竺综保区、临空经济核心区、中德产业园3个开放平台的主体作用，重点围绕航空服务、跨境金融、文化贸易、商务会展、数字贸易、医疗健康、国际寄递物流7个产业开放发展，N就是在多个领域全境推进服务业开放、先行先试）”开放发展格局，落地试点政策17项、示范项目40个，新注册企业2552家，举办签约推介会和56场宣传推介活动，签约项目28个724亿元。全国首创跨境电商进口药品试点业务正式落地，免税保税相衔接试点规模近22亿元，实现全市首票跨境电商B2B出口业务。国际人才社区加快建设，外国人出入境服务大厅正式受理永久居留权、出入境签证等业务10000余例。推进全市首座海高大厦建设，入驻全球高层次人才23名，创办企业29家。

（区发展改革委）

【“高精尖”经济结构加快构建】 年内，《北京创新产业集群示范区（顺义）实施方案》编制完成。立足“3+4+1（“3”即重点聚焦新能源智能汽车、航空航天、第三代半导体三大创新产业，“4”即发展临空经济、产业金融、商务会展、文创旅游四大现代服务业，“1”即推动制造业向智能制造转型升级）”产业体系，新引进亿元以上项目137个。北京奔驰顺义工厂建成投产，滴滴丰田、理想汽车总部基地正式运营。全国首个聚集全产业链的第三代半导体材料及应用联合创新基地正式建成。航空发动机基础与应用、航天产业园姿轨控等项目开工建设。北斗国星、赢合控股总部基地等项目加快洽谈落地。丰桔出行总部正式入驻环普国际科创园，兆丰产业基地细胞基因工程获立项批复。临空经济加快转型，星空联盟亚太区签约，国际免税城项目二级设计初步完成，京纸E园项目加快推进。大孙各庄智慧物流园建设稳步推进，盒马、京东广能项目纳税5400余万元。世界智能网联汽车大会、HICOOL全球创业者峰会暨创业大赛、5G中高频产业技术创新论坛、北京国际汽车展览会等重大活动举办。服贸会顺义文化服务板块线上、线下参展企业53家，展品400余件，文化产业项目签约金额10亿元。新引进规模501亿元的国开制造业转型升级基金等优质金融机构38家，中国保险资产管理业协会金融科技实验室揭牌落地。新增上市挂牌企业18家，中科星图、莱伯泰科相继登陆科创板，理想汽车在纳斯达克上市。

（区发展改革委）

【科技创新生态持续优化】 年内，国家高新技术企业倍增三年行动计划成效显著，全区国家高新技术企业总数达1147家。发明专利拥有量3906件，增长30%；技术合同登记成交额76亿元，增长16%。首都科技条件平台协助9家单位申请创新券217.3万元，15个项目入围全市高精尖科技服务业项目储备库。中关村顺义园获批“第三批中小企业创新创业升级特色载体”，医学工程健康产业化基地被认定为北京市创业孵化示范基地，第三代半导体众创空间和中科睿芯智能研究院被评为中关村硬科技孵化器。洪泰智造（顺义）中心主体装修工作完成，签约企业45家，总注册资本达1.96亿元。埃米空间（顺义）新材料培育加速基地正式开园，签约企业21家，申请专利84项，授权专利29项。

（区发展改革委）

【“十四五”规划编制】 年内，全面开展“十三五”规划纲要总结评估，主要指标目标总体能够如期实现，重大战略任务如期完成。深入开展重大问题研究，系统梳理全区短板弱项，将薄弱环节纳入“十四五”规划统筹考虑。将学习贯彻习近平总书记视察北京重要讲话精神、落实《北京城市总体规划（2016年—2035年）》和《顺义分区规划（国土空间规划）（2017年—2035年）》、落实新发展理念、推动高质量发展贯穿始终，加强组织领导和全过程管理，统筹编制“十四五”规划纲要、专项规划。开展28项前期研究课题，高质量完成规划纲要编制，同步推进38项专项规划编制。坚持开门编规划，开展公众建言和针对性社会调查，收集到社会各界建议356条，有效问卷3000余份，面向驻区重点企业，专家学者、老干部、人大代表、政协委员等召开多场建言座谈。

（区发展改革委）

【三大攻坚战】 年内，助力5个受援地区全部脱贫摘帽，剩余4000余名贫困人口全部达到脱贫标准。市区两级重点项目完工115个，累计提供各类帮扶资金1.3亿余元（含捐物折款），第3次代表北京市接受国家考核。线上消费扶贫电商平台、线下3家消费扶贫分中心及石门市场等共同助力，受援地农产品进京销售超过3亿元。扎实落实“六个一批”精准帮扶措施，前三季度全区低收入农户人均可支配收入13661元、增长13.5%，绝对值位居全市第一。持续推进“一微克”行动，开展餐饮、汽修等专项执法行动30余项，淘汰国Ⅲ排放标准老旧汽油车1856辆。PM2.5年均浓度35微克/立方米，创历史最优，是全市首个达到国家二级标准的非生态涵养区。完成平原造林任务1380公顷（2.07万亩），新城生态休闲公园、兴裕城市森林等正式对外开放。全面落实“河长制”，实施“清管行动”，新建污水管线56.9万米。全区小微水体整治完成524处、验收销账率91%，2个国家级、5个市级考核断面全部优于考核标准。受污染耕地和污染地块安全利用率超额完成考核目标。深入推进互联网金融、打击非法集资等工作，加大金融机构风险排查。

（区发展改革委）

【协同发展扎实推进】 年内，“疏整促”专项行动提前超额完成全年任务，其中治理违法建设达到“场清地净”标准406.92万平方米。疏解一般制造业企业26家、建设提升便民商业网点167个、棚户区改造“拔钉子”6个，均位列全市第一。全区常住人口总量控制在130.1万人以内。承接中心区功能疏解，东城区定向安置房实现结构封顶。新国展二、三期项目设计方案完成国际征集并通过市级审定，部分地块实现供地。着力完善北京东北部路网，宋梁路北延、顺平辅线提级、火沙路提级工程完工，天北路北延、六环路南环出入口改造项目开工建设，市郊铁路通密线顺义站和牛栏山站开通，京沈客专开通运营。R4线东延、M15号线东延纳入北京市轨道线网三期建设规划。落实与昌平区结对协作框架协议，完成结对学校合作交流等4项市级重点实事任务。国家残疾人冰上运动比赛训练馆投用，新增5所北京2022年冬奥会和冬残奥会奥林匹克教育示范学校。

（区发展改革委）

【城乡区域协调发展】 年内，《分区规划》逐步落地实施，北石槽、大孙各庄、杨镇国土空间规划试点形成阶段性成果，355个《村庄规划》编制完成并获得批复。责任规划师制度全面实施，原行政中心用地城市设计试点形成阶段性成果。落实城乡建设用地减量发展要求，完成全年2平方千米的减量任务。加快补齐河东地区短板，安排市区政府投资17.37亿元，“百项工程”竣工12项、施工在建30项、立项23项、手续办理44项。持续推进农村人居环境整治和美丽乡村建设，完成乡村公路大修82千米，105个村污水治理工程投入使用，北务镇、李遂镇、牛栏山再生水厂配套污水管网全线贯通。农村公厕、户厕改造完成436座6488户，新建太阳能公共浴室15座、连村路灯3000盏。

（区发展改革委）

【“七有”“五性”】 年内，顺义区连续第9年被评为北京市“充分就业区”，城乡居民基础养老金和福利养老金月人均领取标准均高于全市统一标准60元。尹家府中心小学迁建和南彩一幼新建工程完工，光明小学教育集团成立，新增中小学学位1080个、学前学位3110个。北京昭德麦可林国际医院及陆道培医院完成登记注册，民办医疗机构床位总数增长42.78%。友谊医院顺义院区、区妇幼保健院改扩建工程主体结构封顶，区中医院迁建工程主体完工，疾控中心及卫生监督所迁建工程投入使用。首批2家新建小区配建养老机构双丰丽园、家泰养老照料中心投入运营。1500户年度棚改任务提前超额完成，机场西侧4村棚改项目住宅拆迁实现100%签约，樱花园小区房屋产权置换签约率53%。6个老旧小区治理二期（电力工程）全部完工，惠及10000余户居民。基本商业便民网点城市社区服务功能覆盖率100%。区文化中心对外开放，25个镇街综合文化中心全部建成投用、硬件达标率100%，村社综合文化室建有率99.8%。

（区发展改革委）

【社会治理创新】 年内，党建引领“吹哨报到”改革进一步深化，建立区、镇街、社区三级网上接诉平台，推动“接诉即办”向“主动治理、未诉先办”转变，上线市民热线系统，共受理12345市民服务热线群众诉求26万件，“三率”平均成绩94.1分、排名全市第5名。贯彻落实保障农民工工资支付条例，压实“根治欠薪”三方责任。高标准开展安全发展示范城市创建，构筑安全监管、风险防控、应急救援、重大活动保障“四大系统”，形成“123456”安全发展城市创建工作有效做法。深入开展扫黑除恶专项斗争，打掉6个恶势力团伙和1个黑社会组织。严格落实粮食安全区长责任制和“菜篮子”区长负责制，完成粮食播种面积8600公顷（12.9万亩）。全区重点食品安全抽检合格率、药品抽检合格率均达99%以上。

（区发展改革委）

【城市精细化治理】 年内，智慧顺义加快建设，无线网络全覆盖项目基本完工。建成网格化城市管理指挥平台，“多网”融合平台受理城市管理案件31万余件，结案率超96%。严格落实《北京市生活垃圾管理条例》，厨余垃圾分出率24.4%，桶站提升、车辆涂装、驿站建设完成率均为100%。垃圾焚烧三期工程开工，全区生活垃圾示范片区覆盖率100%。物业“三率”显著提升，物业服务覆盖率、业委会（物管会）覆盖率、党的组织覆盖率分别为95.4%、90.3%、100%。完成顺和路等7条路侧停车电子收费路段改造，试点启动祥云小镇周边道路改造提升和马坡美丽汇停车场停车位错时共享。深入落实《北京市街道办事处条例》和《北京市文明行为促进条例》，广泛开展爱国卫生运动，建立爱卫机构7265个。实施安全生命防护工程253.76千米、小型疏堵工程14项，覆划交通标线14.1万平方米。

（区发展改革委）

财 政

【概况】 年内，区财政局坚持以习近平新时代中国特色社会主义思想为指引，全面落实中央、市委市政府和区委区政府关于做好新时期经济工作的各项决策部署，统筹推进疫情防控和经济社会发展工作两手抓、两不误，工作成效体现在7个方面：一是在“财源建设”方面，财政收入实现逆势增长。二是在“统筹财力”方面，重点支出得到有效保障。三是在“政策支撑”方面，推动实现更高质量发展。四是在“绩效管理”方面，财政运行迈向提质增效。五是在“财政监管”方面，财政资金更加安全高效。六是在“党建引领”方面，队伍建设更加坚强有力。七是在“行政运行”方面，机关效能得到大幅提升。

（区财政局）

【一般公共预算收入】 年内，全区财源建设绩效考核在全市各区排名中位列第二。一般公共预算收入完成171亿元，同比增长3.2%，完成年初人代会批准的增长3%左右的收入目标，实现“十三五期间一般公共预算收入年均增速7%左右”的目标任务，连续5年完成市对区绩效考核中关于财政收入的考核任务。

（区财政局）

【一般公共预算支出】 年内，全区一般公共预算支出完成315.36亿元，同比增长3.1%，连续5年完成市对区绩效考核中关于财政支出的考核任务。

（区财政局）

【财政存量资金盘活】 年内，全区盘活存量资金195.9亿元，盘活存量进度90.5%，连续5年完成市对区绩效考核中关于盘活财政存量资金的考核任务。

（区财政局）

【债券资金争取】 年内，争取债券资金137.16亿元，保障机场西侧四村、杨镇棚户区改造项目和樱花园小区房屋产权置换项目等按期推进。

（区财政局）

【直达资金100%支出】 年内，争取到抗疫特别国债、特殊转移支付等直达资金11.49亿元，有效补充“六稳”“六保”资金需求，同时加强部门间支出协调调度，提前1个月完成市级下达年度支出100%的目标任务，确保直达资金惠企利民效应得到充分发挥。

（区财政局）

【疫情防控资金足额保障】 年内，提前下达并追加区对镇一般性转移支付资金2亿元，总体规模达到5亿元。在年初预算安排街道机动经费的基础上，总体追加街道疫情防控资金0.5亿元，切实保障属地防疫资金充足。全年累计下达区级疫情防控资金4.15亿元，全力确保不因经费问题影响疫情防控工作开展。

（区财政局）

【企业复工复产全力推动】 年内，落实《北京市人民政府办公厅关于进一步支持打好新型冠状病毒感染的肺炎疫情防控阻击战若干措施》《顺义区进一步打好疫情防控阻击战支持企业“控疫情、稳增长”的若干措施》等市区两级政策，累计兑现复工复产政策资金3亿元，安排各类消费补贴资金6950万元，为全区经济复苏、消费回暖提供财政保障。

（区财政局）

【区域经济转型发展顺利推进】 年内，围绕本区创新型产业集群和制造业高质量发展创新引领示范区建设、“3+4+1”的产业发展体系建设等重点工作，全年投入各类产业扶持资金10.19亿元，投入市、区两级“疏解整治促提升”专项行动资金9.91亿元。

（区财政局）

【基本民生保障】 年内，在教育、医疗卫生、公共服务、城市建设等民生保障方面共投入资金193.07亿元，占比全区支出的85%。

（区财政局）

【一般性支出和非重点支出压减】 年内，牢固树立过“紧日子”思想，在安排年初预算时一般性支出较2019年减少1.49亿元，压减3.2%；区本级一般公共预算支出中非重点项目支出较年初减少31.67亿元，压减12.3%，超额完成市级一般性支出和非重点项目支出分别压减3%和10%的目标任务。

（区财政局）

【财源建设机制建立健全】 年内，《关于进一步促进财源建设和收入管理工作的通知》《顺义区财源建设工作评估办法（试行）》《关于进一步加强财源建设工作的方案》印发，将各属地财源建设与收入管理工作完成情况纳入政府绩效考核体系。《顺义区企业走访服务预警挽留工作机制》建立，全面构建起“走访服务沟通—发现线索预警—积极对接挽留—企走事留清查—结果通报考核”的闭环服务机制，稳固区域内存量税源、避免重点税源企业流失。

（区财政局）

【绩效管理改革深入推进】 年内，聚焦预算单位拟新增且无明确政策依据的15个预算项目，实施2021年预算项目事前绩效评估，涉及财政资金0.73亿元。首次将年度预算重点支出项目纳入绩效评价，同时将年度下达的直达资金纳入绩效评价范围，全年共选取13个项目，涉及资金2.32亿元，被评价资金量占全区中央直达资金总额的20.27%。选取道路清扫保洁、政府产权路灯运行维护服务和政府投资项目成本管控等专题开展成本绩效分析，迈出全区成本绩效分析第一步。参考市对区级财政运行绩效评价体系，研究建立镇级财政运行综合评价指标体系。

（区财政局）

【镇域协调均衡发展】 年内，结合近年来各镇经济发展形势和主体功能定位，重新核定镇级基本需求，使区镇、镇间财力分配更加合理。《北京市顺义区财政局关于有效应对新冠肺炎疫情影响压减一般性支出切实加强“三保”工作的通知》印发，坚决兜牢“三保”底线。《关于建立招商引资经济利益分享机制的意见》完善出台，促进属地间资源均衡分配。

（区财政局）

【财政评审质效提升】 年内，《关于顺义区财政投资评审范围的规定》印发，明确评审范围，优化评审效能。全年共接收评审项目2912项，同比增长68.13%；审核完成2666项，同比增长75.63%；审结率91.55%，较上年提高3.91个百分点；审核资金142.65亿元，审定资金125.75亿元，平均审减率11.85%。

（区财政局）

◆5月27日，区财政局为区卫健委机关及区中医院进行财政项目评审业务培训（区财政局供图）

【会计监督职责依法履行】 年内，共审批通过并下发代理记账许可证书47家，信息变更26家。严格落实检查人员持证上岗要求，年度执法量352件。

（区财政局）

【非税收入网上缴费正式上线】 年内，顺义区非税网络缴费电子化业务启动，北京市顺义区特种设备检测所作为全区首批试点单位，开具首笔非税收入电子缴费凭证。

（区财政局）

【国有资产管理强化】 年内，连续第二年对全区383家行政事业单位开展资产清查，首次将自然资源国有资产向人大常委会“报账”。

（区财政局）

【财政性资金借款清理】 年内，根据《2020年财政性资金借款清理工作具体实施方案》，分类分批分步推进财政性资金借款清理工作，全年累计清理财政性资金借款17064.55万元，收回财政性资金借款7785.8万元。

（区财政局）

税　务

【概况】 国家税务总局北京市顺义区税务局，主要负责顺义区税收、社会保险费和有关非税收入的征收管理工作。年内，区税务局以习近平新时代中国特色社会主义思想为指导，全面贯彻党的十九大和十九届二中、三中、四中、五中全会精神，以中央经济工作会议要求为指引，坚持稳中求进工作总基调，立足新发展阶段，贯彻新发展理念，构建新发展格局，坚持系统观念，不折不扣落实顺义区委、区政府各项部署，统筹疫情防控和税收工作，落实减税降费，助力“六保”“六稳”，优化营商环境，为稳定区域经济发挥重要作用。

（区税务局）

【组织收入】 年内，累计完成各项税费收入495.1亿元，其中区级收入122.3亿元，完成市、区两级下达的全年收入目标。主动向区委、区政府汇报客观情况，争取支持，全力推动财税共担，合力保证地方级收入；全年完成12个土地增值税项目清算，累计清算入库19.7亿元，同比增长170%，创历史新高；争取免抵调库指标32.7亿元，风险防控入库23.1亿元。

（区税务局）

【疫情防控】 年内，先后投入168万元用于防疫物资采购、重点场所消杀和隔离人员安置，1370余人次干部驰援社区一线，多名干部参加顺义区整体疫情防控工作。严格落实离（返）京审批（报告）制度。针对办税服务厅等一线服务窗口，切实做好“非接触办税”，实现256项涉税事项“非接触式”办理，占全部业务90%以上，网上申报率98%以上。有效应对12月23日办税服务厅紧急突发密接情况，迅速疏散在厅纳税人并妥善安置干部职工，利用3天时间完成940名干部职工、助征人员及劳务派遣人员核酸检测且结果均为阴性；落实敏感区域全覆盖消杀，及时做好闭厅公告说明和窗口业务衔接。

（区税务局）

【减税降费】 年内，多次召开党委会议专题研究减税降费工作，压实减税降费层层落实机制；借助门户网站、微信、京税通、视频直播等途径宣传政策、推送服务，覆盖60000余户纳税人；组织开展减税降费监督检查3次并立查立改；主动走访21户涉税专业服务机构，开展优惠政策专题宣传；跟进减税降费效应分析助力复工复产，分析报告先后获市领导批示1篇、区主要领导批示7篇。

（区税务局）

【营商环境】 年内，持续开展便民办税春风行动，创新打造19个自助办税服务厅实现属地“全覆盖”，累计办理业务66万余件；免费发放税务UKey5400余户，为纳税人节约成本160余万元；44596户企业入驻“京税通”平台，入群户数占比全市第二；延时服务累计接待13538人次，办理业务16166件；“服务包”解决大企业难点痛点问题31个；人工接听68473次热线；“银税互动”合作银行拓展至8家，为1199户企业提供信用贷款124亿元。

（区税务局）

【税源管理】 年内，全面落实“三项制度”，统筹开展执法督察和内部审计，持续推进依法治税；完成个税综合所得首次汇算，为16.8万人办理退税1亿元，19000人办理补税1.2亿元；推行增值税专用发票电子化试点扩围工作；实现企业社保费征收职责划转；加强国际税收管理，组织非居民企业入库税款21.7亿元；加快出口退税办理进度，全年核准退税23亿元、免抵32.7亿元；做好财源建设，对接区域财源建设工作，发挥税源建设工作专班作用，完善与区财政、市场监管等部门的联合工作机制，做好工作清单任务落实。做好迁入税源的全流程快速服务，联合属地部门做足迁出税源的提前预警、挽留工作。组建电子税务局业务运维专班，研发升级40余个数据分析模型，以大数据助推税源管理质效不断提升。

（区税务局）

【法治建设】 年内，坚持精确执法，将法治建设融入税收工作全过程，强化执法督察，不断提升依法执政能力和水平，营造良好的法治环境。着力提高精确执法思维，从制度规则、执法规范、普法宣传、干部学法、法治文化等方面精准发力，有法必依、执法必严；加强业务规范，提升业务素质，强化业务培训，避免随意性执法和粗放式执法，全面提升精确执法能力和水平。细化行政执法公示，按照“谁执法谁公示”的原则，加强事前、事中和事后公开，完善税收行政执法信息公示平台，提高行政执法透明度；优化执法全过程记录，对照执法事项清单做好文字和音像记录，做到执法全过程留痕和可回溯管理；严格重大执法决定法制审核，修订审核标准，明确审核范围和内容，有效发挥把关作用，确保重大执法决定合法有效。着力关注税收执法重点领域和重要环节，及时补充完善内控风险点及防控措施，建立更加完善、更加精准的制度防线、流程防线、信息防线、监督防线；深化税收执法督察，加大专项执法督察力度，找准执法的突出问题、薄弱节点，严格过错考核，严肃违法追究，严密防范执法风险。

（区税务局）

【安全保密】 年内，牢固树立新国家安全观，坚持全面抓好平安建设，严格落实党管意识形态要求。坚持“党管保密”原则，开展安全生产月、应急宣传进万家、保密宣教展等系列活动，加强保密和国家安全宣传教育。

（区税务局）

【荣誉肯定】 年内，获得市税务局主要领导肯定性批示3次、区主要领导肯定性批示5次，荣获“国务院大督查通报表扬”“北京市模范集体”“首都绿化美化花园式单位”“北京市三八红旗奖章”等区级以上集体和个人荣誉13项。

（区税务局）

【疫情防控企业专项帮扶行动】 4月，区税务局启动疫情防控企业专项帮扶行动。主动问需，贴心服务。对辖区20户疫情防控重点保障物资生产企业开展摸底调查，构建对接服务机制，逐户了解企业复工、经营情况，建立企业台账，个性化定制服务措施，全力支持防控产品的生产销售。政策上门，精准服务。成立“党员先锋服务队”，线上为企业开展针对性政策辅导，详细讲解支持防护救治、支持物资供应、鼓励公益捐赠等各项税费优惠政策。快速响应，加速服务。按照“安全办”“快速办”原则，拓展“非接触式”退税，开通绿色办税通道，提速推进政策落实；利用京税通、钉钉、咨询热线等载体，及时解答纳税人疑问，做到“有问必答，有惑必解，有难必助”。

（区税务局）

◆5月19日，顺义区税务局开展远程培训助力企业复工复产（区税务局供图）

【全面问需调研持续优化营商环境】 5—6月，区税务局结合日常征管工作，历时1个月时间，面向全区4200余户2019年入库税额超过30万元企业逐一开展问需调研，通过电话沟通、微信交流、日常到所问需等形式，围绕政策落实、规范执法、便捷服务、信息化建设、廉洁自律等方面征询纳税人、缴费人意见建议。通过问需调研，共汇总四大类10余项问题及建议。

（区税务局）

金融管理

【概况】 年内，顺义区新增国开制造业转型升级基金等优质金融机构38家，总数达380家。截至12月底，全区各银行实现存贷款余额4249.7亿元，同比增长7.4%；新增中科星图、莱伯泰科等上市挂牌企业21家，累计达到111家，全区金融业实现创新发展。

（区金融办）

【线上融资平台搭建】 年内，为帮助中小微企业在疫情期间加速融资对接进程，减少线下见面审批次数，区金融办特别开发在线融资平台，于3月上线“顺义区小微企业金融综合服务平台”，9月上线“顺易投融”手机App和微信小程序。截至年底，小微金服平台共计32家金融机构上线74款产品，注册企业351家。“顺易投融”手机App及微信小程序有25家区内金融机构上线90款金融产品，注册企业18家，在线达成贷款495万元。

（区金融办）

【北京市融资（金融）租赁聚集区】 年内，北京市融资（金融）租赁聚集区机构数量翻一番，全区融资租赁机构及相关SPV公司总数达93家，总数较去年同期增长超1.3倍。对外融资租赁规模创新高，实现规模534.04亿元，有效支持区内外航空、汽车等产业持续发展。全年新设近40家SPV项目公司重点开展飞机、车辆、新能源设备等租赁业务。

（区金融办）

【“顺易投融”系列对接会】 年内，结合疫情期间区内企业融资需求，举办线上、线下融资对接活动12次，利用“顺易投融”平台效益，针对不同企业性质召开专场融资对接活动，邀请区内银行、基金、小贷等多类型金融机构参与。全年吸引40余家金融机构参加，累计路演企业65家，累计送计融资需求91.5亿元，达成融资2.29亿元。

（区金融办）

【5家企业帮扶巴林左旗5个村捐款25万元】 年内，区金融办动员区内金融机构及上市公司参与扶贫工作，北京农商银行顺义支行、北京和风若水企业管理有限公司、北京引航创业投资有限公司、北京金至科技股份有限公司、星际互娱（北京）科技股份有限公司5家金融机构及上市公司与内蒙古自治区巴林左旗三胜村、大庙村、横河子村、苏木哈布齐拉村、东风村结对，通过在线方式达成帮扶协议，以捐助爱心款项的形式，每家企业捐款50000元，累计捐款25万元。

（区金融办）

【新引进优质金融机构38家】 年内，区金融办新引进优质金融机构38家，注册资本合计174.59亿元，基金募集规模合计572.96亿元。全区金融机构总数377家。

（区金融办）

【多层次资本市场顺义板块持续壮大】 年内，通过政策引领，优化企业上市发展环境，鼓励区内及区外优质上市资源聚集，全区上市挂牌企业家数稳步增长。全年新增中科星图、莱伯泰科2家企业科创板上市；理想汽车集团美国纳斯达克上市；引进区外优质新三板挂牌企业21家，全区上市挂牌企业总数累计118家。拥有100余家拟上市企业，在途上市企业中拟主板或中小板上市1家、拟创业板上市9家、拟科创板上市7家、拟新三板升层企业4家。上市企业利用资本市场实现直接融资1833万元。

（区金融办）

【商业银行一级支行新增3家】 年内，区金融办与招商银行、平安银行、上海银行沟通对接，在顺义区设立一级支行。10月以来，3家银行顺义支行先后开业。同时，上海银行、招商银行与顺义区签约，申请推动在北京自贸区顺义组团新设分行，为临空经济、汽车产业、跨境电商、商务会展等重点领域提供特色化金融服务。全区有驻区银行34家，总行性质的村镇银行1家，其他33家支行，其中国有银行7家、股份制银行12家、城市商业银行9家、政策性银行1家、外资银行3家、农商行1家。

（区金融办）

【墨盛资产管理公司注册资本到位全部对外投放】 年内，墨盛资产管理公司进入集中投资期，注册资本到位4亿元并全部对外投放。公司为高盛旗下外商独资专注于不良资产管理的专业投资机构，于2019年9月27日落户顺义区，系全市首家投行背景不良资产管理机构。

（区金融办）

【应急打非】 年内，制订《2020年顺义区“守住钱袋子 幸福千万家”防范非法集资宣传月宣传方案》，集中开展线上宣传活动2次；制定印发《顺义区非法集资举报奖励办法》，同步上线微信举报小程序，提高群众参与度；利用大数据监测系统开展每月线上监测，监测风险企业118家，对风险企业实行台账管理；调整下发《顺义区打击非法集资和非法证券经营活动工作协调小组成员单位调整及职责分工》，加强部门协调联动、综合治理，同区公安分局、区市场监管局、区税务局及属地开展联合检查10次，召开风险企业会商会5次；按照“三率”要求处理各类投诉300余件，约谈高管36次，采取有效手段防控企业风险；对北京云商汇金投资管理有限公司和北京旺泰融诚金融信息服务有限公司2家未失联僵尸类P2P网贷平台，开展清理摸排工作，向区政府提交清退请示，并报备市局。

（区金融办）

【扫黑除恶】 年内，多次召开党组会议，紧扣三年行动目标，对扫黑除恶工作进行部署，传达中央、市、区扫黑除恶相关会议精神；以“六清（线索清仓、逃犯清零、案件清结、伞网清除、黑财清底、行业清源）”“六建（建立健全源头治理的防范整治机制，建立健全智能公开的举报奖励机制，建立健全打早打小的依法惩处机制，建立健全精准有效的督导督办机制，建立健全激励约束的考核评价机制，建立健全持续推进的组织领导机制）”为抓手，制定《2020专项工作要点及措施》《“五位一体”工作指引》《专项整治方案》，逐步形成长效机制。每季度对辖区内企业、商务楼宇进行排查，梳理冒烟指数在40分以上的风险企业，及时掌握情况、研判风险、转办处置；通过市金融局转办、12345便民电话、群众来访、电话投诉等渠道，将风险企业涉黑涉恶线索收集纳入日常监管；将扫黑除恶工作与行业监管紧密结合，在融资性担保公司、小额贷款、典当行、商业保理与融资租赁公司现场检查工作中，重点关注企业是否存在涉黑涉恶情况。

（区金融办）

【安全生产检查】 年内，开展安全生产专项整治三年行动检查，重点开展消防、有限空间、燃气液化气、安全生产主体责任规定等专项整治工作。其中，针对液化石油气领域，对驻区金融机构逐一排查液化石油气罐使用情况，排查农村商业银行、中国银行、银座村镇银行和鑫顺担保公司等21家液化石油气罐使用网点，其中19家网点停止使用液化石油气罐并更改为电设备。检查金融机构79家，发现问题14个，全部整改完毕。截至年底，检查重点金融机构331家次，存在问题41家，全部整改完毕。按照安全生产“党政同责、一岗双责”要求，将安全生产工作列入重要议事日程，共召开8次安全生产工作会；聘请专家开展安全生产培训会4次，重点培训安责险、安全生产主体责任、消防、用电、有限空间等知识；开展安全生产宣传，结合安全生产月、有限空间周，组织开展线上问卷答题、微信推送知识、张贴海报等活动。

（区金融办）

【开展创建全国文明城区】 年内，结合创建全国文明城区工作，先后召开创城工作部署会7次，召开2次培训会对创城指标进行解读，提炼、细化14条金融行业检查标准；按照检查标准，通过领导带队与责任科室检查相结合，通过日常检查、集中检查方式，对全区范围内153家银行及网点开展“全覆盖”式检查，实际检查银行及网点266家次，发现并整改问题153家次；发放海报200份，志愿手册60份，标识50个；各银行制作海报500份。

（区金融办）

【疫情防控检查】 年内，坚持领导带队与责任科室日常检查相结合，针对重要节日、重要时点如五一、端午、“新发地”疫情、年底顺义疫情等，领导带队、各科室全部参与，集中开展检查工作，对全区208家金融机构开展“全覆盖”式检查3次，针对12月顺义疫情，对高丽营镇、南法信镇、光明街道等地区金融机构开展集中检查1次。截至12月31日，累计检查金融机构1344家次，出动人员1080人次，发现存在问题349家，完成整改349家。

（区金融办）

【无障碍建设专项行动】 年内，建立金融办无障碍建设组织机构，制订《顺义区金融服务办公室无障碍环境建设工作方案》，组织涉及的56家银行网点，填报无障碍环境建设信息管理系统，建立要素台账，做到应建尽建。组织人员实地检查银行无障碍环境建设工作，重点对银行语音文字提示、低位柜台、无障碍坡道等必上账项目进行检查，全年共检查银行100余家次，上账问题44项，涉及银行网点24家。

（区金融办）

【后沙峪金融商务区建设】 2月，《顺义区后沙峪金融商务区建设实施方案》制订出台，全年统筹调度汇总12次，组织后沙峪镇、区城管委、区规自分局等相关成员单位加快建设，系统推进。国开制造业转型升级基金、华杉瑞联基金管理有限公司等17家金融机构于年内先后落户后沙峪金融商务区，累计聚集北京人寿、墨盛资产管理公司等大型金融机构76家。

（区金融办）

【支持中小微企业政策制定出台】 5月，根据疫情期间中小微企业融资难题，结合本区实际情况，制定出台《北京市顺义区关于促进中小微企业持续健康发展的金融支持办法（试行）》（顺金融发〔2020〕2号），面向全区名单内重点中小微企业，从贷款贴息、担保补贴、担保奖励、银行和担保机构风险补偿、引入产业或创投基金奖励、上市挂牌奖励六方面，扶持中小微企业，助力企业纾难解困。

（区金融办）

【金融服务专区设立】 7月，由区金融办牵头，在“线下”设立顺义区中小微企业金融服务专区，为企业提供“一站式”融资服务，集中多家银行及政策性担保机构，现场咨询，现场办理，增加企业的选择空间，为企业融资提供便利。全年金融服务专区入驻金融机构17家，累计接待1240人次，有16家中小微企业获得贷款融资3669万元。

（区金融办）

◆ 7月，区金融办创新设立中小微企业金融服务专区（区金融办供图）

【2020年中国国际服务贸易交易会】 9月4—9日，区金融办以“首都产业金融中心、北京新兴金融聚集区、首都离岸金融发展先行区”为主题，参展京交会金融服务板块。顺义金融展区面积133平方米，通过“1+1”形式，即1个金融服务成果展——全面展示顺义金融产业发展成果和未来发展规划、1场高端主题论坛——2020全球PE论坛，搭建“展示、交流、合作、宣传”四大平台，全方位、多维度展示顺义金融产业的蓬勃发展和未来展望。展会期间，对外发布展区、PE论坛相关稿件近20篇，人民网、《北京日报》、今日头条、顺广传媒等20余家媒体报道。截至年底，新华网单篇宣传稿浏览量超32.6万人次。

（区金融办）

【民航机场系统首家融资担保公司落地】 12月16日，首都机场集团公司新设首都机场（北京）融资担保公司完成工商注册，公司为中国民航机场系统首家融资担保公司。项目注册资本5亿元，主要围绕贷款担保、票据融资担保、项目融资担保、信用证担保等融资担保开展业务。

（区金融办）

【吉林省政府出资投资公司落户】 12月22日，北京京九方圆投资有限公司完成工商注册，公司股东穿透后为吉林省财政厅，注册资本1亿元，资金来源为经营收入和股东增资，公司业务主要围绕引导基金业务和自营投资业务。

（区金融办）

统 计

【概况】 年内，区统计局党组紧紧围绕区委、区政府中心工作及市统计局重点工作任务，坚持提升统计服务这一根本宗旨，不断创新服务方式方法，切实履行统计调查、统计分析和统计监督三大职能，开创统计工作新局面。

（区统计局）

【第七次全国人口普查】 年内，顺义区第七次全国人口普查领导小组全面统筹28个街乡级普查机构、565个社区（村）级普查机构，完成普查前期准备和普查登记各项工作。

（区统计局）

【信息分析写作常态化工作机制】 年内，区统计局开展月度信息分析，逢月度报表、季度报表结束后，必撰写统计分析；逢专项调查、实地调研、区领导提要求，必撰写分析报告。全年各级媒体部门采用信息分析共601篇，其中国家级5篇、市级362篇、区级234篇，获得领导批示76次。

（区统计局）

【统计法治建设】 年内，深入贯彻落实中央相关文件精神，开展防范统计造假专项整治工作。全年完成执法检查351家。

（区统计局）

【推进统计所改革工作】 年内，按照全市统一部署，根据《北京市顺义区乡镇机构改革实施方案》要求，顺义区25个镇街统计所划归属地管理。区统计局从统计管理体制改革高度，全面谋划人、财、物、事，以“精”字诀落实市、区改革任务，推进统计所改革各项工作。精研实际，以高度的政治责任感推进改革工作。区统计局结合统计工作职责、统计重点工作、队伍实际情况，综合区委组织部、区委编办意见及镇街承接情况，以确保统计队伍总体稳定、统计职责有效衔接、统计工作提质增效为目标，多轮推敲，制订《北京市顺义区统计局乡镇（街道）统计所改革工作方案》。精密组织，统筹协调全面推进改革工作任务。根据《北京市顺义区统计局乡镇（街道）统计所改革工作方案》，此次改革涉及体制调整、编制配备、人员划转、资产划拨、职责分工五项工作任务。成立改革工作专班，提前梳理划转干部档案、工资介绍信、社会保险及住房公积金基数等材料，核对、确认固定资产，形成转移交接清单，确保划转交接工作稳妥有序。精准对接，确保改革工作取得预期成效。组织召开干部职工动员部署会，讲清政策，讲明纪律。召开统计所改革工作镇街部署会，将《北京市顺义区统计局乡镇（街道）统计所改革工作方案》《划转人员名册》及《北京市街道、乡镇统计工作规范（试行）》一并下发镇街，确保镇街在承接编制和人员的同时承担起统计工作职责，确保统计职责衔接顺畅、统计工作有条不紊。局队班子成员分工负责，在改革全程中对接镇街，协调推进各项工作。

（区统计局）

【夯实金融业统计基础】 年内，区统计局“四个聚焦”确保数据质量。聚焦专业制度修订数据质量控制办法。区统计局修订《金融业统计数据质量控制办法》，确保其与最新工作形势和要求相适应，明确基本单位管理和维护、数据采集、数据审核、数据评估等各阶段工作要求。针对重点指标漏报审核，在市级控制办法的基础上，新增“固定资产”“实收资本”等12项指标审核要点。聚焦风险防控落实质量评估制度。牢固树立风险防控意识，严格遵照《金融业统计业务流程及风险点防控》，压实防范惩治统计造假责任；修订完善对统计所的金融业年定报数据质量考核办法，利用局队自主开发的“智慧统计业务管理平台”，与传统平台、人工审核方式互为补充，审核评估年定报数据；按季度召开金融业数据质量评估审核分析会暨业务培训会，多维度印证数据变化，深挖原因，把握大局。聚焦新增单位提高培训针对性。针对年度内新增金融业企业，在传统整体培训的基础上，以新企业、新问题、新要求为导向，对新企业明确告诉应该干什么、怎么干，该报什么、什么时候报、数据从哪里采集、哪些指标容易漏报，对新问题有针对性指向性地讲解，对新要求有重点有实例地明确及强调。聚焦调研走访了解源头“活情况”。坚持每月对不少于10家的金融业企业开展调研走访工作。围绕“促进金融业高质量发展”的主题，通过实地调研、集中座谈会、电话等方式，深化对企业实际经营情况的了解，掌握源头“活情况”。在调研过程中着力发现问题，通过撰写统计报告的形式及时向区委区政府反映情况，切实助力企业解决“堵点”“痛点”。

（区统计局）

【做好生态环境治理群众评价调查】 年内，“三确保”做好生态环境治理群众评价调查。“抓老”“察新”，确保调查全面客观。区统计局认真总结上一年调查重点及经验，及时了解老问题的新表现，察觉新出现的问题，对调查方案进行补充调整。本次调查依然覆盖顺义区全部行政区域，调查点为上年抽取的村（居）委会，样本量为600份。“身入”“心至”，确保结果真实准确。区统计局一方面要求调查员做到“身入”调查点。此次调查采取随机拦截不记名方式，由调查对象现场填写问卷，每名调查员均需严格遵守调查原则，一对一进行问卷调查，实地了解情况。另一方面要求调查员做到“心至”调查中。在调查员培训中，对问卷内容进行逐题、逐项分析讲解，确保每名调查员对问卷的结构、问题、选项熟记于心。调查时，要求每名调查员要耐心、细心地与调查对象进行交流记录，听基层群众谈真话、讲实话、说心里话，确保结果真实准确。“上真”“下实”，确保分析准确到位。对调查问卷进行系统性梳理，坚持一切从实际出发，求真务实，撰写调查报告，推进调查成果转换。

（区统计局）

【疫情期间服务业规模以下企业抽样调查】 年内，“坚持一个原则”强化统计服务。牢固服务意识，利用好各类交流软件，定期发布统计知识、需填报报表及截止日期，并且制作规模以下统计平台填报指南微信，使企业更快捷、更清晰地使用统计联网直报平台填报报表，及时传达疫情期间政府颁布的各项惠企政策；树立责任意识，密切关注规模以下企业经营情况、企业复工时间、复工后生产经营状况、企业的办公形式、存在困难及需求等，对受疫情影响较大的企业，做好记录跟进。“做好两手准备”夯实数据基础。联系企业核对经营地址，为企业邮寄规模以下服务业抽样调查统计报表制度、统计联网直报平台操作指南；建立全部抽样企业微信群，通过建群的方式发布规模以下企业培训PPT、电子版制度和联网直报填报指南等材料，企业通过微学习、微互动的方式了解报表填报重点、难点及易错指标，同时采用在线问题解答及电话沟通等方式，加强与企业沟通联系，确保统计工作稳步推进。“加强三级联动”坚守数据质量。与市局和统计所沟通联系，建立三级联络机制，充分发挥统计效能。

（区统计局）

【参与全区疫情防控】 1月25日起，从科室、统计所选派骨干到区新型冠状病毒疫情防控工作领导小组办公室工作。在参与全区防控战“疫”的同时，组建顺义区统计局志愿服务队，从机关科室抽调工作人员深入一线，点对点协助高丽营镇开展社区（村）疫情防控工作；局党组向党员干部发出战“疫”倡议，动员全体党员利用业余时间投身居住地疫情防控工作。28个统计所包村（居）人员全部下沉到村社区，参与疫情防控工作。

（区统计局）

【第五届顺义樱桃采摘旅游文化节统计监测工作】 5月26日—6月30日，顺义区举办以“顺义樱桃·初夏‘食’光”为主题的第五届北京顺义樱桃采摘旅游文化节。区统计局围绕此次文化节主题，针对“云采摘”“云评选”“云聚屏”的全新活动形式，突出文化旅游、特色农业等主题，通过网络平台、新媒体等多种方式关注活动亮点；加强与区文旅局、区宣传部相关科室的横向沟通，建立长效联动机制，全面实现信息共享，及时了解顺义区文化旅游的发展特点，掌握特色活动对旅游文化节的促进作用。

主动关注新媒体运营情况，实时了解樱桃采摘文化节动态，掌握新媒体宣传效果；安排专门人员与活动举办方建立沟通，重点关注新媒体平台阅读量、销售收入变化情况，及时掌握第一手资料，确保监测结果及时、准确。加大对全区旅游景区复游复商情况的监测与分析，依托联网直报平台，严格统计数据审核评估，做到监测流程清晰、规范，监测数据真实、准确；结合调研信息与监测结果，加强旅游统计分析，及时形成统计分析成果，提出合理化建议，充分发挥统计预警职能。

（区统计局）

【加大统计执法检查力度】 11月，区统计局加大统计执法检查力度，服务全区稳增长工作。严格执行“双随机一公开”制度，截至11月24日执法检查企业348家，确保数据真实准确反映经济发展水平，为区委区政府、行业主管部门调度经济提供翔实依据。查处迟报行为，对迟报单位加强统计普法宣传，保障统计资料及时性、完整性。执法与服务并重，将执法检查与业务指导相结合，让企业感受顺义温度，与行业主管部门形成合力优化营商环境稳存量。

（区统计局）

审 计

【概况】 年内，区审计局完成审计项目67项，出具审计（结果）报告181篇，移送问题线索6个，做出行政处罚1项，查出违规金额4914万元，管理不规范金额3803万元，非金额计量问题194个，提出审计建议158条，上报信息279篇，被采用245篇次，向社会公布审计结果22篇。

（区审计局）

【区委审计委员会会议】 年内，召开区委审计委员会会议2次，审议通过《顺义区2020年度审计工作要点》《顺义区2020年度审计项目计划（草案）》《顺义区领导干部经济责任审计和自然资源资产离任审计工作规划（2018—2022）》，书面审议《顺义区2018年度预算执行和其他财政收支审计查出问题整改情况的报告》《顺义区行政事业性国有资产管理情况专项审计报告》《顺义区2019年审计工作情况》。听取《顺义区2019年度预算执行和其他财政支出情况审计报告》《顺义区2019年度预算执行和其他财政收支审计查出问题整改情况报告》。

（区审计局）

【预算执行审计】 年内，2019年度区本级预算执行和其他财政收支情况审计、部门预算执行审计以及大数据审计完成。在区本级预算执行审计中对“四本预算”进行全覆盖，运用大数据审计的方式，对84家一级预算单位进行全覆盖，并选取19家单位进行现场审计，首次开展6项镇级预算执行审计。共查出违规问题金额3449万元，管理不规范问题金额1876万元，非金额计量问题81个。

（区审计局）

【经济责任审计】 年内，完成处级领导干部的经济责任审计21项。重点关注领导干部贯彻执行党和国家、市委市政府、区委区政府重大经济方针政策及决策部署、遵守有关法律法规、重大改革任务推进、有关目标责任制完成、预算执行和财务管理等情况，查出违规问题金额1385万元，管理不规范问题金额1927万元，非金额计量问题58个。

（区审计局）

◆ 年内，召开李遂镇党政领导干部经济责任审计进点会（区审计局供图）

【领导干部自然资源资产离任审计】 年内，根据《领导干部自然资源资产离任审计规定（试行）》，完成全区7项自然资源资产离任（任中）审计，重点关注生态文明建设政策措施落实情况、遵守资源环境法律法规情况、资源环境重大决策情况、相关目标任务完成情况、相关监督职责履行情况等，查出违规问题金额48万元、非金额计量问题31个。

（区审计局）

【重大政策落实跟踪审计】 年内，根据国家审计署和北京市审计局统一安排部署，按季度开展重大政策落实跟踪审计，重点关注减税降费、三促进（促进就业优先政策落实、促进财政资金提质增效、促进优化营商环境）、支持民营经济发展、新增财政资金直达基层直接惠企利民等有关政策措施落实情况。

（区审计局）

【专项审计（调查）】 年内，聚焦民生保障、政策落实、国有资产和重点资金，完成顺义区应对新冠肺炎疫情防控资金和捐赠款物专项审计、区级基层治理预算资金投入和使用绩效情况审计、“疏整促”专项行动落实情况审计、杨镇棚户区改造专项审计、农村污水治理工程项目投资建设和管理情况审计调查、北京市顺义区国有资本经营管理中心经营情况专项审计调查、养老和救助等重点民生保障资金绩效审计等，查出违规问题金额32万元、非金额计量问题24个。

（区审计局）

【内部审计工作】 2月20日，《审计局关于贯彻落实〈北京市内部审计规定〉的意见》出台。3月9日—4月20日，开展主题为“新时代内部经济责任审计的思路与方法”内部审计理论研讨；4月9日，《2020年内部审计工作的指导意见》出台。4月15日—11月13日，指导北京顺义建设投资服务有限公司审计部对其所属3个下属公司财务收支情况开展内部审计，有效促进“两张网”监督合力的形成。5月18日—9月30日，区临空经济核心区管委会根据内部审计工作形势任务需要，委派内审人员到区审计局进行为期半年的脱产“以审代训”学习，促进内部审计工作由委托审计向自主审计转变。5月20日—6月20日，组织185个单位1150名内审人员参与《北京市内部审计规定》知识问答活动。8月18日—9月30日，开展对区属10个行政事业单位内部审计工作专项检查。8月27—28日，组织373名内部审计人员观看北京市内部审计协会举办的内部审计人员在线直播培训。9月1—15日，组织区属15个国有企业，对本级及下属二、三级企业2020年1—8月安全生产费用提取和使用情况进行内部审计调查，形成内部审计调查报告。开展《内部审计人员网络后续教育平台》注册学员网络学习工作，截至年底，全区678名人员登录内部审计人员网络后续教育平台系统进行学习，累计完成有效学时18904个。

（区审计局）

市场监督管理

【概况】 年内，区市场监督管理局以“抓改革、优环境、保安全、提质量、重维权”为主线，坚持“两手抓、两不误”，在全力做好疫情防控的同时，全面落实各项重点工作任务，努力营造让辖区群众安全放心的消费环境、有利于高质量发展的竞争环境、有利于激发市场主体活力的监管环境，全区市场监管领域疫情防控工作取得阶段性成效，监管水平再上新台阶。

（区市场监管局）

【疫情防控】 年内，严格监管、严厉惩戒，有力维护市场秩序。累计对“五类”之外市场主体开展防疫执法检查7.7万户次，查办疫情相关案件404件，罚没款59.6万元。开展食品抽检7000余批次，发放智能体温计1000余个。高效接办涉疫举报投诉1300余件。强力实施市场防疫。累计完成消杀各类市场主体11.1万户，组织快递、美容美发等行业相关从业人员核酸检测151.2万人，完成重点企业从业人员疫苗接种2442人，张贴消杀指引和经营规范等32000份，进行消杀技能培训30余次。

（区市场监管局）

【精准帮扶推进复工复产】 年内，累计为亿都川服装等16家企业办理防护口罩等经营项目增项。落实各项减免政策，帮助企业纾困解忧，累计对916

家企业停征、减免特种设备检验费、计量检测费410.34万元。

（区市场监管局）

【“接诉即办”剔除挂账】 年内，区市场监管局成立“接诉即办”专班，以“分转、调度、统计、分析、协调”为统领，推进“接诉即办”工作。全年共接收12345市民热线工单共申报需剔除工单2879件，其中涉及疫情类工单461件，申报挂账工单1170件；其中解决440件，其余730件有承诺办理方案。

（区市场监管局）

【规范档案交接实现资源共享】 年内，区审计局累计完成数字化企业档案112285户（含注、吊销企业档案）561316卷10384867页，同比分别增长12.3%、17.1%和15.8%。累计完成个体开业、注销、吊销登记档案归档分别为37677户、35300户和33696户，同比分别增长2.3%、2.5%和0.5%。累计接收文书档案2263卷、案件档案17430卷、会计档案4233卷、动产抵押档案1613卷、实物档案830件、声像档案384件5.66G，同比分别增长9.2%、4.9%、3.2%、2.8%、2.5%、3.1%。

（区市场监管局）

【年度各类市场总量】 年内，全区共有各类市场主体116803户，同比增长5.42%，注册资本总额15532.82亿元，同比增长9.92%。其中内资企业78246户，注册资本15255.8亿元，同比分别增长8.3%和10.1%；外资企业1620户，同比减少0.86%，注册资本201.11亿元，同比增长0.65%；个体工商户36576户，同比增加0.01%，资金数额26.6亿元，同比增加0.25%；农民专业合作社251户，同比减少0.4%，资金数额4.16亿元，同比减少0.27%；外国企业代表机构30户，同比减少25%；外商投资企业办事处8户，与去年同期户数相同。

（区市场监管局）

【市场主体发展情况】 年内，新设立市场主体10398户，同比减少11.84%，注册资本总额1550.12亿元，同比增长61.27%。新设市场主体中内资企业9453户，同比减少13.23%，注册资本1547.05亿元，同比增长65.68%；外资企业80户，同比减少41.18%，注册资本1.06亿元，同比减少93.12%；个体工商户836户，同比增长11.17%，资金数额0.78亿元，同比减少9.76%；农民专业合作社5户，同比增长150%，资金数额154.67万元，同比减少48.44 %。

（区市场监管局）

【登记制度改革实施以来市场主体情况】 年内，全区共新增各类市场主体73796户，同比增长7.49%，注册资本11545.03亿元，同比增长13.35%。其中内资企业61079户，同比增长12.55%，注册资本11427.31亿元，同比增长13.52%；外资企业781户，同比减少0.38%，注册资本55.85亿元，同比减少3.37%；外国企业代表机构14户，同去年同期户数相同；个体工商户11788户，同比减少12.49%，资金数额15.02亿元，同比减少8.98%；农民专业合作社70户，同比减少13.58%，资金数额2.43万元，同比减少4.13%。

（区市场监管局）

【有形市场】 年内，全区有形市场共有69家，其中，现经营的有45家，停业的24家。45家经营的有形市场包括：批发市场和零售市场31家，汽车交易市场4家，家居建材市场5家，旧货市场2家，花鸟鱼虫市场1家，钢材市场1家，小商品市场1家。市场商户总数约5785户。

（区市场监管局）

【网上登记及全程电子化】 年内，共受理全程电子化登记业务13690件，通过E窗通平台新设立企业9026户。自告知承诺制实施以来，办理企业通过告知承诺制提交的设立登记9060件，变更、备案、注销等登记21965件，个体登记7562件。

（区市场监管局）

【营商环境优化】 年内，为深入贯彻落实党中央、国务院关于深化“放管服”改革、优化营商环境的决策部署，落实《北京市优化营商环境条例》，市市场监管局于本年度内相继出台《市场主体登记告知承诺制度实施意见（试行）》《关于进一步推进市场主体登记便利化优化营商环境的实施办法》等一系列政策，在推行告知承诺制、支持“一照多址”、允许企业多址经营、推行集中办公区、放宽经营范围核准等方面推出众多利好措施，赋予企业更多的自主权。年内，区市场监管局协助法院完成股权冻结215件，限制登记38件。主动屏蔽不符合《北京市新增产业的禁止和限制目录》的企业咨询、申请450余户。处理政务中心“顺手办”156件，“投诉即办”政府便民电话工作交办单492件。

（区市场监管局）

【市场疏解】 年内，完成动产抵押登记98件，其中初始登记83件，融资金额1869757101元，完成变更登记9件、注销登记6件；解答动产抵押申请人电话咨询23人次。金融办线索转办单17件，核查涉及违法企业47户；制作《2020年顺义区金融企业台账》，登记辖区金融企业550户。

（区市场监管局）

【企业年报】 截至6月30日，全区应参加2019年度年报的企业69563户，已报65814户，年报率94.61%。

（区市场监管局）

【经营异常名录】 年内，共将3918户企业列入经营异常名录，异常名录移出2936户，共将23户个体工商户标记为经营异常状态，个体异常状态恢复352户；依据《严重违法失信企业名单管理暂行办法》的规定，对被列入经营异常名录届满3年仍未履行相关义务的371户企业列入严重违法失信企业名单，共有10户企业申请移出严重违法失信企业名单。

（区市场监管局）

【广告监管】 年内，全区有传统媒体广告发布者4家，分别是顺义区电视台、顺义区广播电台、中国航空传媒有限公司、中国汽车报社有限公司，共涉及传统媒体12个，其中电视频道1个、广播频率1个、报刊媒体10份，实际存在广告业务的传统媒体是9个。监测广告15285条。共处置违法广告线索728条，办结违法广告案件60件。

（区市场监管局）

【燃气质量督导】 年内，完成全区10家液化石油气充装站、14家换瓶站、96家燃气灶具及相关产品经销单位开展完成认领检查数据摸排。对全区所有流通领域在营液化石油气充装站、换瓶站完成3轮合计19组燃气质量监督抽查，19组检验结果均为合格；完成对仁和镇、马坡镇、杨镇、赵全营镇、北务镇、张镇、南彩镇、李桥镇8个地区合计17组34件燃气灶具产品质量监督抽查，经检验判定质量合格8组，质量不合格9组立案处罚。

（区市场监管局）

【企业标准公开】 年内，贯彻落实《中华人民共和国标准化法》，强化企业标准化主体责任，督促辖区内企业做好产品标准自我声明公开工作，执法人员深入企业，鼓励企业通过企业标准信息公共服务平台公开执行标准。共有138家企业累计公开标准640项，涵盖产品2751种。

（区市场监管局）

【双随机抽查工作】 年内，共完成49批次双随机抽查任务，抽查主体11881户，其中公示信息隐瞒真实情况弄虚作假10户、通过登记的地址无法联系884户，均被列入经营异常名录，不配合检查情节严重的3户。区市场监管局分别与区属相关部门开展跨部门抽查12批次，共抽查经营主体189户，抽查未发现违法行为，抽查结果在顺义网城公示。

（区市场监管局）

【商品抽检与质量监管】 年内，完成市市场监管局产品质量监督抽查任务493组，其中生产领域100组、流通领域393组；开展完成区市场监管局产品质量监督抽查任务140组，依法查处生产、销售质量不合格产品的违法行为。共办理生产、流通领域产品质量类行政处罚案件167件。

（区市场监管局）

【消保维权】 年内，共接收各渠道的投诉举报信息27197件，其中接收12345转办单16238件，12315系统接收10861件，12331系统接收98件。退单6891件。预付费问题1946件，其中教育培训974件、健身及游泳馆256件、餐饮126件、其他590件；食品质量问题3436件；产品质量问题732件，反映内部人员不作为、乱作为144件。“接诉即办”工作占比57.82%，全局各类信息100%按时办结。及时统计，撰写《新冠肺炎疫情投诉举报信息日报》342期，《“接诉即办”周报》66期，《投诉举报信息统计月报》12期。发布消保类、“接诉即办”等工作指导15篇。

（区市场监管局）

【知识产权工作】 年内，全区新增北京市知识产权示范企业5家，北京市知识产权试点企业42家。国家知识产权示范企业3家，国家知识产权优势企业5家，北京市知识产权示范企业22家，北京市知识产权试点企业124家。全区有效注册商标57551件，新增注册商标8951件。提示注册商标权利人292家，办理续展96件。

（区市场监管局）

【促进与保护项目资金支持】 年内，全区对156家申报促进与保护项目资金主体，予以1083.395万元资金支持，其中专利授权788万元，通过贯标的知识产权试点单位、示范单位认定100万元，为区内产业发展提供优质服务的知识产权服务机构资金30万元，专利侵权纠纷产生的合理费用65.395万元，鼓励企业购买知识产权服务100万元，全部发放完毕。

（区市场监管局）

【食品安全监管持续强化】 年内，出台《顺义区关于深化改革加强食品安全工作的分工方案》，建立区、镇街两级食品药品安全统筹协调机制，进一步巩固食品安全示范区创建成果。持续开展餐饮业品质提升工作，全区130家餐饮服务单位和金宝天阶商业中心获评品质餐饮示范店和阳光餐饮示范街，截至年底，全区有品质餐饮示范店650家、阳光餐饮示范街14条。坚决整治网络餐饮服务、农村食品、保健品、校园及周边等食品安全突出问题，开展各类专项检查26项，食品抽检合格率99.07%。

（区市场监管局）

【严格药品安全监管】 年内，以风险防控为目标，紧盯源头，针对无菌产品、国家组织集中采购和使用中选药品、儿童用药和特殊管理药品等高风险生产企业实施重点检查，全区在产药品生产企业、215家医疗机构检查覆盖率100%。落实药品零售企业分类分级机制，促进药品零售企业规范化管理，完成分级评定检查401家次。实施“两品一械”抽检618批次。

（区市场监管局）

【食品（含保健食品）、药品、化妆品和医疗器械抽检】 年内，共抽检食品（含保健食品）、药品、化妆品和医疗器械样本15456件，检测完成15420件，不合格样品135件，合格率99.12%。其中食品14707件，检测完成14671件，不合格样品131件，合格率99.11%。市抽和区抽发现的不合格样本结案43件，罚没款699264.11元。药品抽检674件，检测完成674件，合格率100%。医疗器械共完成市区两级监督抽检20件，检验完成20件，不合格1件，合格率95%。化妆品完成抽检55件，检验完成55件，不合格3件，合格率94.55%。

（区市场监管局）

【疫情防控餐饮服务】 年内，对全区50家各类疫情防控相关人员入住酒店及相关供餐餐饮单位检查1358家次，酒店周边食品经营单位970家次，检查集体用餐配送单位42家次，保障疫情防控接待酒店等供餐290912人次。

（区市场监管局）

【食品疫情监管】 年内，累计对3860家恢复营业单位开展监督检查；累计发放《单位食堂新型冠状病毒感染的肺炎预防控制指引》1309份，《新型冠状病毒感染的肺炎流行期间餐饮服务单位防控指引》3249份，《群体性聚餐管控通知》3874份，《北京市顺义区新型冠状病毒疫情防控期间小规模食品经营者防控工作提示书》2067份；张贴“疫情防控期间本店不承接群体性聚餐，不加工售卖野生动物及其制品，坚决落实疫情防控相关措施”提示4008份。

（区市场监管局）

◆6月14日，区市场监管局检查餐饮企业水产品进货情况（区市场监管局供图）

【大型活动保障】 年内，完成多项大型活动的食品安全保障工作，包括十三届全国人大三次会议和全国政协十三届三次会议、2020北京文创市集顺义祥云小镇站保障、HICOOL全球创业者峰会暨创业大赛保障、2020第十六届北京国际汽车展览会服务保障，以及重要领导工作调研服务保障工作。全国“两会”期间，2家食品供应企业累计供应食品7种，共计56471.5千克，监督发货车次21车次，开展监督抽检11件，检测均合格，保障12025人次参会人员和驻地工作人员的用餐安全。车展期间，出动保障人员481人次，检查市场经营主体444户次，开展食品快速检测113件次，检查电梯43部次，检查宣传册、广告画面271处次，保障供应餐食121942份。联合区城管局检查食品经营单位178户次。展会期间未发生食品安全事件，市场秩序平稳有序。

（区市场监管局）

【特殊食品安全监管】 年内，全区共有特殊食品经营企业2771家，其中含保健食品经营的有2364家、含婴幼儿配方乳粉经营的有390家、含特殊医学用途配方食品经营的有17家。共检查保健食品生产企业21家次，特殊食品经营企业5004家次，双随机检查任务完成37件。开展宣传活动19次，发放宣传材料1803份。

（区市场监管局）

【严守特种设备安全底线】 年内，开展以液化石油气充装、移动式压力容器使用、特种设备生产许可证后续监督检查为重点的城市安全隐患治理，对不符合发展规划的9家液化石油气充装单位停产停业，注销充装许可证并落实去功能化拆除工作，完成馨港庄园70部电梯风险评估。发挥职能优势，及时对电梯、锅炉和压力容器等特种设备开展筛查和检验，消除安全隐患，全年共检验特种设备14000台、压力管道13000米，确保特种设备在有效期内安全运行。着眼基层执法人员特种设备安全监管能力提升问题，组织全局208名执法人员开展为期3天的培训，并全部取得B类特种设备安全监察证书。年内，完成检验电梯8824台，厂内机动车1633辆，起重机械371台，锅炉内检228台，外检302台，压力容器787台，压力管道13610米，各类阀门检验2086只。共为916家企业办理特种设备检测费停征手续，共计停征检测费410.34万元。

（区市场监管局）

【特种设备安全生产监管】 年内，全区内共有快开门式压力容器使用单位76家，在用快开门式压力容器195台，全局出动执法人员12人次，对12家使用单位开展现场检查。完成30台快开门式压力容器的定期检验。采取多种措施推进液化石油气充装单位隐患排查治理。

（区市场监管局）

【计量器具检验】 年内，共检定强检计量器具21677台件。辖区经营主体计量器具条码使用率100%，统一信用代码使用率100%，实现两码使用全覆盖。继续使用北京市强制检定计量器具公共服务系统，网上审核、受理、电子证书等网上办公系统工作，既方便企业计量检定工作，又实现少跑路减环节的营商环境优化，同时也对强检计量器具实行严格的审查制度。要求本所工作人员严格按照工作时限要求完成检定工作，全年未出现一例工作延误事件。

（区市场监管局）

【严保产品质量安全】 年内，突出重点，强化非医用口罩、液化石油气、超薄塑料袋等产品质量监管，开展产品质量监督抽查796组，立案查处质量违法案件229件，产品质量风险得到有效控制。切实做好北京市政府质量奖组织申报工作，组织8家企业现场参与培训，1家企业进入现场评审阶段。开展多参数监护仪、加油机等计量比对，共检定强检计量器具14744台件。

（区市场监管局）

【缺陷产品召回】 年内，依据国、市抽检情况，结合全区实际，对涉及重大危险的汽车、儿童玩具、燃气灶具等产品企业情况，建台账，勤检查，确保不出现问题。完成5家企业的召回工作监督检查。

（区市场监管局）

【汽车“三包”争议调解】 年内，共接到并处理“三包”争议425件，全部进行处理。依托属地执法力量，以双随机一公开为平台，对辖区内4S店进行调查摸底工作，全面了解《家用汽车产品修理、更换、退货责任规定》实施情况，以及商家在实际工作中遇到的疑难问题等，为日常监管打好基础。完成46家4S店的日常监督检查。开展家用汽车“三包”争议处理专项培训，邀请国家缺陷产品管理中心三包部专家，就《家用汽车产品修理、更换、退货责任规定》的最新要求、严重安全性能故障判断指南、汽车“三包”责任争议处理要素进行讲解，同时将家用汽车“三包”争议调解下放到基层市场所，以属地力量加大处理力度，提升处理满意度。

（区市场监管局）

【物价检查】 年内，共办理各类价格举报投诉1173件，主要涉及商超、停车场、电价、供暖、医疗、餐饮、物流等行业。案件办结率100%。行政处罚15件，处罚金额123550元，退赔款20300元。对群众反映强烈的转供电主体加价行为进行责令整改，累计抵扣金额540167.82元。

（区市场监管局）

【价格收费秩序整治】 年内，组织开展防疫物资、涉企收费、教育收费、网络交易诉求突出问题、知名医院等机构被冒牌问题、清明节市场价格、高档白酒和月饼7个重点领域的专项检查。重点组织开展春节、“3•15”、五一、十一等重大节假日和北京国际鲜花港菊花展、国际汽车展览会等大型活动期间的市场价格检查，提高应急反应和处置能力，防止市场价格异动。加强对大型商场超市、农贸市场、停车场、房地产市场等重点行业和敏感区域的抽查，严肃查处利用促销、打折、优惠等手段实施价格欺诈的价格违法行为。重点加强民生领域的价格行为监管，对不按规定明码标价、虚构原价、误导性标价等价格违法行为进行严厉处罚。对疫情期间供求不平衡、节日紧俏等导致的市场价格波动时启动价格监管预警，严防出现串通涨价，哄抬物价等价格违法行为。

（区市场监管局）

国有资产监督管理

【概况】 年内，区国资委认真贯彻落实市、区两级决策部署，毫不松懈抓好疫情防控，全力以赴推动经济增长，在服务区域经济社会发展上勇于担当、主动作为，认真抓好“三件大事”、坚决打赢“三大攻坚战”，以提质增效、高质量发展为目标，认真履职尽责、奋力攻坚克难，各项工作都取得成效。

（区国资委）

【防控措施落实到位】 年内，通过制订完善的疫情防控工作方案和应急预案，建立健全防疫信息和复工复产日报机制，梳理细化重点地区、重点人群工作台账，确保防疫措施落细落实。区国资委疫情防控督导检查组全年共出动352人次，检查点位221个，对企业措施落实不到位现象，督促企业立行立改，确保区属国企疫情“零发生”。

（区国资委）

【帮扶政策】 年内，区属国企带头履行社会责任，帮助中小微企业渡过疫情难关，缓解经营困难，出台《顺义区支持和鼓励非国有产权经营用房业主疫情期间减免中小微企业房租的实施细则》，对符合要求的中小微企业减免租金、延长合同期限。累计为5671户中小微企业减免2—4月房租共计1.18亿元。出台《促进顺义区国有企业与中小微企业融通创新发展制度》文件，为困难企业平稳度过疫情防控及未来发展提供支撑服务。

（区国资委）

【经济运行加快恢复】 年内，区属国企坚持统筹疫情防控和经济发展，率先推动复工复产，抢抓项目工期进度，努力把疫情影响降至最低。截至年底，区国资委系统监管企业资产总额1408.8亿元，负债总额803.9万元，全年累计完成营业收入602.9亿元，所有者权益总额604.9亿元，同比增长0.6%。自5月起，企业利润总额等经济指标降幅持续收窄。全年共11家企业实现盈利，6家企业全年营业收入同比实现增长。

（区国资委）

【复工复产】 年内，顺义建工、市政控股等企业以市、区重大工程项目建设为“牛鼻子”，全年共111个建设项目开工。顺义科创集团利用园区楼宇资源优势，加大招商引资力度，引进无人驾驶、人工智能、第三代半导体等领域的高精尖企业25家。顺义新城发展有限公司完成土地一级开发591900平方米。

（区国资委）

【风险防控】 年内，区国资委制订《加强国企银行账户管理、防范资金风险的工作方案》，指导企业合理优化融资结构，提高资金风险防范意识。牵头成立工作专班，稳步开展救助资金回收退出工作，嘉寓股份4亿元纾困资金全部按期收回。深刻吸取顺义区液化石油气爆燃、“11•28”建筑业高坠和石门市场火灾等安全事故教训，开展重点领域安全稳定隐患专项整治“回头看”行动，严格落实企业安全稳定主体责任，筑牢安全生产工作防线。

（区国资委）

【国有资本布局结构不断优化】 年内，为有效解决老旧小区物业管理难题，发挥国有企业在提升城市精细化治理、改善居民生活环境等方面的保障作用，整合国企物业资源，物业服务公司组建方案经区委常委会审议通过，物业板块组建运营加快推进。按照强化统筹，分步推进的原则，逐步理顺大龙控股、顺义建投所属企业产权关系，实现企业管理层级、产权层级链条有效统一。大力推动企业提质增效，加快“僵尸企业”清理工作，梳理摸排堵点难点，全年完成71家“僵尸企业”清理注销。

（区国资委）

【现代企业制度加快完善】 年内，燕京集团公司制改制方案获批，国资中心改制工作正式启动，监管一级企业层面加快形成公司法人治理结构。为进一步激发国有企业发展动力，按照区委区政府深化政企分开、政资分开工作要求，起草《顺义区国有企业公司制改革工作方案》，建立全区各行政事业单位、镇街、国资监管全民所有制企业工作台账，改革工作有序推进。

（区国资委）

【混合所有制改革】 年内，制定《顺义区国有企业混合所有制改革操作指引》，进一步明确混改工作要点，规范企业操作流程。支持顺义科创下属企业北京中技克美谐波传动股份有限公司与国创投资引导基金、国华军民融合产业发展基金以及航天502所达成合作意向，通过探索混改模式和路径，为混合所有制改革积累经验。

（区国资委）

【企业投资全过程监管】 年内，以区属国有企业年度投资计划为抓手，加强企业投资全过程监管，对投资项目，严格审核备案材料、依法履行决策程序。对执行情况，坚持投资计划季度报告制度。年底，对10家企业20个投资项目开展投资后评价检查。

（区国资委）

【发挥考核激励作用】 年内，按照企业分类和功能定位，继续完善企业负责人综合考核指标体系，激发企业“一把手”干事创业工作动力，并将区委、区政府重点工作、市委巡视整改任务等工作纳入企业负责人综合考核，督促企业有效完成国有资本保值增值任务。

（区国资委）

【基础管理夯实】 年内，进一步加强企业财务决算审计和预算编制的准确性、科学性，推动企业构建以预算管理为导向的内控管理机制。扎实开展国有资产产权管理，经区政府审议，明确鑫浩投资中心名下行政事业单位使用土地、房屋作为企业经营性资产。对3家上市公司国有股权合理持股比例进行核定，完成6家企业部分国有资本划转社保基金工作，进一步规范企业国有资产评估行为，建立健全监管企业土地房产管理机制。

（区国资委）

【服务区域经济社会发展】 年内，为缓解疫情造成的区域经济压力，11家企业上缴国有资本特别收益9.62亿元，充分发挥国有经济支撑作用。国资中心降低企业融资成本，通过委贷方式将资金重点投向完善城市功能、做好民生保障、提升城市承载力等领域。顺义科创举办世界智能网联汽车大会和HICOOL全球创业者峰会，大龙控股全力做好2020北京国际汽车展览会外围保障，文旅集团周密服务入园国家队日常训练和赛事筹备，以实际行动为打造顺义品牌，践行“三个走在前列”目标要求贡献国企力量。

（区国资委）

【助力脱贫攻坚】 年内，区属国企以首善标准持续抓好产业、就业精准扶贫，落实“5+5+N”结对帮扶模式，加大消费扶贫、智力支援力度，全年拨付帮扶资金609.8万元，顺鑫控股向西藏自治区尼木地区援派3名技术人才。为推进内蒙古自治区巴林左旗、河北省沽源县产业帮扶产品加快推广，顺义商业、区供销社设立消费扶贫分中心，畅通对口帮扶地区特色农产品销售渠道，销售特色农产品8141.5万元。

（区国资委）

【政治建设】 年内，持续推进不忘初心、牢记使命常态化、制度化，国企基层党组织书记、党务工作者、党员培训实现全覆盖。严格落实意识形态预测研判制度，定期开展情况通报和专项检查，筑牢意识形态安全防线。积极培育发展企业文化，3家企业评为首都文明单位标兵，6家企业评为全区文明实践基地。制定2020年党建工作要点和任务清单，明确五大部分21项任务和58个具体措施，层层落实基层党建主体责任。定期召开统战会议，学习传达上级精神，全力维护统一战线团结稳定。组织开展254名基层党组织书记述职评议，完善基层党组织建设12类台账，持续开展专项整治，构建有部署、有落实、有督导、有考核的党建工作闭环。强化国企中层干部监督管理，完成中层干部备案209人次；协助开展第三期“梧桐人才”招聘工作，为区属国企累计招揽高学历人才233人。

（区国资委）

投资促进与服务

【《顺义区促进中介机构招商引资实施办法》出台】 年内，为充分调动中介机构服务顺义区招商引资工作的积极性，加快引进符合区域产业定位的项目落地，区投资促进服务中心印发《顺义区促进中介机构招商引资实施办法》，并拟定印发《顺义区促进中介机构招商引资实施办法申报指南》。组织开展2020年度申报工作，经审核，3家中介机构引入的4家企业申报材料通过，申报项目均为引进的单个项目，为“瞪羚”企业总部申请一次性奖励，合计奖励资金200万元。

（区投资促进服务中心）

【《顺义区支持和鼓励非国有产权经营用房业主疫情期间减免中小微企业房租的实施细则》出台】 年内，为落实《北京市人民政府办公厅关于应对新型冠状病毒感染的肺炎疫情影响促进中小微企业持续健康发展的若干措施》，区投资促进服务中心会同区财政局共同印发《顺义区支持和鼓励非国有产权经营用房业主疫情期间减免中小微企业房租的实施细则》。鼓励26家非国有产权经营用房业主为73家中小微企业减免房租，总金额1039.03万元。

（区投资促进服务中心）

【服务专员队伍建设】 年内，区投资促进服务中心建立“服务专员”专业化队伍，更新完善服务包工作机制；通过实地走访、电话、微信、邮件等形式与企业建立沟通渠道，累计服务市级央企19家、市区平台重点企业264家，解决企业诉求近200次，主要涵盖公共服务、行政审批、融资及财税支持、扩大业务等几大类内容。

（区投资促进服务中心）

【12345 便企服务热线】 年内，12345 便民服务热线新增加便企服务功能，区投资促进服务中心充分利用 12345 便企服务热线工作机制，解决企业经营中遇到的与政府服务、政策制定等相关问题。面对新冠肺炎疫情给企业的生产经营带来的影响，投促中心发挥企业热线职能，针对企业复工复产中遇到的问题和困难，第一时间派单至相关主责单位办理，为企业排忧解难。全年共接办热线 63 件。

（区投资促进服务中心）

【云签约活动】 4 月 22 日，由区政府主办、区投资促进服务中心承办的“顺义区重点项目云签约”活动举办。活动设有 1 个主会场、5 个分会场、2 个远程签约点，采用网络云签约及视频同步转播方式进行项目签约，签约 25 个重点项目，投资额 202.4 亿元。此次签订入区协议的 25 个项目聚焦顺义区重点发展的智能新能源汽车、第三代半导体、航空航天、生物技术等多个领域，涵盖央属企业、日资企业、德资企业、中美合资等多种形式。本次活动受到中央电视台、北京电视台等数十家主流媒体报道。疫情期间，顺义通过多种渠道开展招商洽谈对接，开展“不见面”招商活动，促进项目落地。

（区投资促进服务中心）

【政企对接座谈会活动】 5 月 8 日，由区投资促进服务中心、区金融办、南法信镇人民政府联合主办，北京中关村信息谷资产管理有限责任公司承办的“顺义·中关村信息谷创新中心政企对接座谈会”举办。本次活动旨在“搭建政企对接平台，赋能科技企业发展”，为企业“找人、找钱、找资源、找市场”，减少疫情所带来的损失。北京盛开互动科技有限公司、北京优尔伯特科技创新有限公司等 12 家科技企业以及 11 家金融机构、服务机构参加。在企业推介交流环节，中科希达（北京）科技有限公司、北京尚隐科技有限公司等 12 家科技企业负责人先后发言，介绍企业发展、产品特色，表达落地需求，提出发展困难，并就智慧城市建设、跨越电商、投资基金等问题与政府部门、金融机构、服务机构进行交流。

（区投资促进服务中心）

【“HICOOL”项目考察】 9 月 10 日，区投资促进服务中心联合海高协会组织“HICOOL”重点参赛项目考察活动，共有 10 家涉及新能源、新材料、智能装备、医药健康等领域的项目代表参加。

（区投资促进服务中心）

【招商引资专题培训】 9 月 28 日，区投资促进服务中心联合区发改委、区金融办、区经信局、区规自分局共同主办“2020 顺义区招商引资专题培训”活动，全区各镇、功能区主管招商引资工作的 80 余人参加。通过案例分析、技巧分享、政策解读等形式，夯实顺义区招商引资人员的专业技能和综合知识，把招商引资怎么谈判、怎么落地、顺义区“3+4+1”（“3”即重点聚焦新能源智能汽车、航空航天、第三代半导体三大创新产业，“4”即发展临空经济、产业金融、商务会展、文创旅游四大现代服务业，“1”即推动制造业向智能制造转型升级）是什么等内容学懂学通。

（区投资促进服务中心）

【顺义行活动】 11 月 25 日，由北京市投资促进服务中心、顺义区人民政府共同举办，区投资促进服务中心承办的“驻京行业协会及会员企业顺义行”活动举办，活动旨在帮助在京行业协会及会员企业了解顺义区“两区”建设、推介顺义区营商环境和重点投资项目。活动邀请中航仁光科技控股集团、中国航空工业技术装备工程协会、大众汽车（集团）、博信基金等 20 余位企业代表参会。

（区投资促进服务中心）

【医疗健康领域推介会】 12 月 8 日，区投资促进服务中心联合区卫健委、区市场监管局、北京天竺综保区等多家单位举办“顺义区医疗健康领域招商推介”活动。活动邀请医疗机构及医药企业 50 余位代表参会，通过解读自贸区在医药领域相关政策，了解企业对自贸区的政策需求，推动行业主管部门针对企业需求细化自贸区相关政策，为企业发展提供便利；共享市场资源、汇总数据信息，推进科研成果转化，助力医疗健康产业发展。

（区投资促进服务中心）

国有资本经营管理

【概况】 年内，顺义区国有资本经营管理中心（简称区国资中心）以“至诚演绎非凡、致信服务社会、至爱构建和谐”为企业宗旨，以“促进区域经济发展，实现国有资产保值增值”为企业目标，主营业务涵盖投资、融资、担保、基金管理四大板块。国资中心完成营业收入5.59亿元，实现利润总额2.89亿元，缴纳税金1.27亿元。

（区国资中心）

【投融资业务】 年内，区国资中心坚持滚动投放原则，发挥国有资本资源优势，提升融资能力，债权资金重点投向提升市容环境、完善城市功能、服务民生保障、增强城市承载力等领域，为区属国有经济主体提供资金支持。全年新增债权投资10.7亿元，对外债权投放期末余额53.81亿元，全年滚动投放资金72.01亿元。坚持“已投定融”原则，完成信贷融资13.2亿元，与13家银行开展授信合作，融资授信余额126亿元。

（区国资中心）

【担保业务】 年内，区国资中心担保业务围绕“立足小微，创新发展”的工作主线，做好区内中小微企业融资担保业务。全年国资中心所属2家担保公司商业类担保累计在保22户，在保余额12690万元；“创业贷”累计在保39户，在保余额1360万元。对因疫情影响，导致生产经营困难的企业，国资中心快速采取措施，积极与企业沟通，协调银行共同做好续保、续贷工作，累计为16家在保企业调整还款计划，支持企业正常运转。此外，国资中心2家担保公司获批11家银行准入，共计授信金额57.5亿元，满足担保业务开展所需授信额度。在疫情平稳时期，选派多名业务专员，入驻顺义区金融服务专区，为企业提供“一站式”融资咨询服务。全年累计为80余家企业提供担保贷款咨询服务。

（区国资中心）

【基金管理业务】 年内，区国资中心下属顺义金融控股公司实际代持财政资金15.4亿元，投出资金12.8亿元。先后向北京顺义创新产业发展基金、北京顺义投资基金有限公司（顺义区首支政府引导基金）出资，累计对外投资项目21个，其中区内项目16个，实际吸引各类资本投资顺义资金总额304亿元。

（区国资中心）

【风险管控】 年内，区国资中心建立完善的业务管理制度和风险防控制度体系，在贷前评审、贷中风险管控、贷后检查、不良项目追偿上设立有效监管机制，实现业务开展与风险防控相互独立、相互促进、分权制约的管理目标。国资中心全年出具稽核意见125份；成立律师办公室，提高国资中心法务工作水平，从源头对合同进行风险把控，提高业务风险防控措施的有效性。

（区国资中心）

【对口支援】 年内，区国资中心同内蒙古自治区巴林左旗富河镇富河沟村，张家口市万全区北沙城乡周家河村、沽源县长梁乡兴隆堡村和沽源县长梁乡村签署对口帮扶协议，国资中心累计向4个受援地提供帮扶资金136.04万元，主要用于受援地产业项目发展、农产品运输等，带动30余户建档立卡户稳定脱贫；累计提供公路、党建活动室等的建设资金36万元，签订各类农产品采购合同价值250万元；累计捐赠电脑、图书、棉被等物资折合金额12.04万元。

（区国资中心）

【“一助一”工作】 年内，为助力新农村建设，区国资中心分别为南彩镇后郝家疃村及张镇麻林山村提供20万元和12.4万元帮扶资金，主要用于南彩镇后郝家疃村基础设施改造，张镇麻林山村村民饮用水水质改善等方面。年初，国资中心领导开展走访慰问活动，为4户低保户、特困户送去春节慰问金及慰问品。疫情期间，与帮扶村加强沟通，了解掌握疫情对困难户生活造成的影响，确保疫情防控和帮扶工作两手抓、两不误。

（区国资中心）

烟草专卖与管理

【概况】 北京市顺义区烟草专卖局（公司）（简称区烟草专卖局）隶属北京市烟草专卖局（公司），实行“统一领导、垂直管理、专卖专营”的经营管理体制，主要负责顺义区的卷烟经营和市场管理工作。年内，销售卷烟57400箱，同比增长2.88%；实现利税3.90亿元，同比增长3.84%。

（区烟草专卖局）

【市场监管与行政许可】 年内，查处各类违法案件179起；查获各类违法卷烟425.83万支，其中假私卷烟818500支；协办网络案件2起，刑事拘留4人，判刑6人；全区许可证数量3168个。

（区烟草专卖局）

【物流寄递环节涉烟监管】 年内，针对新形势，紧密联系区公安、邮政、交通、市场监管局等联合执法单位，增强协作机制的操作性和实效性，对辖区内物流场站、分拨中心、配送站点进行全面摸排检查，提高物流寄递环节打击精准度。

（区烟草专卖局）

【行政许可“一网通办”持续推进】 年内，为深化“放管服”改革，顺义烟草依托“互联网+政务服务”建设，将行政许可业务从实体政务大厅向网上办事大厅深入推进，同时深入落实邮寄送达、网办申请指导、线上线下“好差评”及午间不休息、周末可预约的便民服务举措，进一步提高行政服务质量及工作效率。

（区烟草专卖局）

【疫情期间营销和配送服务保障】 2月，采用多种方式确保疫情期间营销服务工作安全、高效。制作H5“疫情防控期间卷烟销售与配送服务指南”，做好对零售客户的信息宣传，借助互联网做好订货、结算等销售指导。疫情期间配送工作有序进行，配送员全部佩戴口罩、手套、护目镜，每送完1户都要用消毒液擦手消毒，货物交接时和客户保持2米安全距离，全程做到和客户无接触送货。

（区烟草专卖局）

◆2月21日，疫情期间区烟草专卖局实行卷烟无接触配送（区烟草专卖局供图）

【节后复工复产市场调研】 3月，为有效把握市场状态，做好节后市场调研，利用微信、QQ、电话等方式摸排返京客户动向，逐一核实未返京客户情况，收集客户节后销售和当前卷烟库存、零售价格等市场信息，为销售工作的调整提供决策依据。

（区烟草专卖局）

【帮扶离鄂返京零售户复市经营】 4月，严格落实各项防疫措施，帮助在鄂零售户返京复市开展卷烟经营工作。提醒客户按照市委市政府及属地社区防疫工作管理规定要求及时通过App、小程序等平台，按程序进行返京申报与确认，加强服务指导，做好对接。对有延续办理许可证意愿的零售客户做好许可服务工作，收集客户服务的需求，在确保安全的前提下指导客户有序订烟，提供差异化物流配送及仓储服务。并有针对性地开展普法宣传工作。

（区烟草专卖局）

【“绿篱”专项行动】 4月1日至7月31日，按照市烟草专卖局《关于组织开展“绿篱”专项行动的通知》要求，在严格遵守各项疫情防控要求下，结合辖区特点，制定有力对策、深化执法协作、加强分类监管、灵活监管模式，落实堵通道、控物流、查市场、打重点，有力遏制真烟异常流动，保障卷烟市场平稳良好运行。

（区烟草专卖局）

【与区市场监管局联合开展电子烟市场专项检查行动】 7月10日至9月10日，区烟草专卖局与区市场监督管理局开展电子烟市场专项检查行动，旨在落实北京市电子烟市场专项检查行动部署电视电话会议精神。围绕互联网、实体店和自动售卖机三大领域共同制定电子烟重点问题清单，全面清理互联网电子烟售卖，全面强化对实体店的监管，切实保护未成年人身心健康。专项行动共出动执法人员159人次，检查实体店89户，开展联合执法1次，约谈电商平台1家。

（区烟草专卖局）

【《顺义烟草零售客户规范经营告知书》发放】 8月，客户经理借助H5电子宣传指南以案说“法”，将近期出现的违法违规典型案例及处罚措施进行线上宣传，同时，在走访市场过程中，向辖区所有零售户发放新版《顺义烟草零售客户规范经营告知书》，引导客户诚信、守法、规范经营，确保卷烟经营秩序规范平稳，保证零售客户合法利益和获利水平。

（区烟草专卖局）

【校园周边售烟点治理】 10月，区烟草专卖局加强与区教委的沟通协调，更新学校名录信息，完善顺义区在册幼儿园、中小学校、少年宫信息名录，对照最新名录开展校园周边售烟点排查，严格落实实地核查，确保新办不予许可，到期不予延续。

（区烟草专卖局）

【党员志愿服务队助力疫情防控】 12月29日，区烟草专卖局启动重大事件应急动员机制，党组书记靠前指挥，组建党员志愿服务队，19名党员每日10人次轮换下沉顺义区高丽营镇五村配合开展信息收集、宣传引导、核酸检测服务保障等工作，助力疫情防控管理工作。

（区烟草专卖局）

农业与农村建设

3月25日，区种植中心技术人员在顺义区南彩镇东江头村开展墒情监测（拍摄者：刘佳伟）

6月15日，区种植中心农科所技术人员在北小营镇东府村开展小麦肥料利用率试验的采收工作（拍摄者：张静）

▲ 6月15日，区种植中心在北务镇小珠宝村引进黄皮西瓜新品种（拍摄者：徐茂）

▲ 2020年冬，区经管站调研前陆马蔬菜产销专业合作社考察大棚等基础设施建设情况（区经管站供图）

年内，顺义区农民丰收节一景（区农业农村局供图）

年内，区农机监理所监理人员在蔬菜大棚内检查设施农机安全生产情况（区农机服务中心供图）

年内，长青林场开展森林防火杨、柳絮湿化作业（区农业农村局供图）

年内，顺义区六马猪场竣工投产（区农业农村局供图）

三秋期间，北京兴农天力农机服务专业合作社的玉米青饲料收获机在田间作业（区农机服务中心供图）

三夏期间，北京兴农天力农机服务专业合作社的小麦收割机在田间进行小麦收割和秸秆粉碎还田作业（区农机服务中心供图）

农村工作概览

【概况】 年内，顺义区紧跟国家战略，深入推进乡村振兴战略，统筹推进新冠肺炎疫情防控和农业农村改革发展稳定各项工作，“三农”领域各项重点任务实现稳中有进。农业供给持续提升，美丽乡村建设成效显著，低收入农户全部实现脱低。农林牧渔业总产值428571.8万元，同比减少1.2%，其中农业153924.4万元、同比减少2.9%，林业101536.2万元、同比减少20.2%，牧业134952.9万元、同比增长3.8%，渔业3664.1万元、同比减少36.4%，农林牧渔业及辅助性活动34494.2万元、增长180.8%。

（区农业农村局）

【低收入农户精准帮扶收官】 年内，顺义区扎实推进“六个一批”精准帮扶措施，从产业、就业、教育、医疗、住房等方面持续开展帮扶工作，加强低收入村产业项目带动作用，推进低收入“引智帮扶”项目，重点关注边缘户和返低风险户，巩固精准帮扶成果。截至年底，顺义区2486户4871人低收入农户人均可支配收入全部超过认定标准线（11160元），100%实现“脱低”，3个低收入村全部消除。根据统计数据显示，本年度顺义区低收入农户人均可支配收入18345元，同比增长14.5%，绝对值连续4年位居全市首位。

（区农业农村局）

【粮食安全区长责任制和“菜篮子”区长负责制】 年内，完成粮食播种面积8600公顷（129000亩）、产量52000吨，蔬菜播种面积5133.33公顷（77000亩）、产量245000吨，完成市级任务，均位列全市第3名。生猪存栏95000头，年度任务超额完成，位列全市第1名。

（区农业农村局）

【北京市休闲农业“十百千万”畅游行动】 年内，打造顺义区舞彩浅山和运河湿地（顺义段）2条休闲农业精品线路，培育4个美丽休闲乡村，提档升级10个休闲农业园、改造精品线路沿线民俗接待户。支持全国“一村一品”示范村北小营镇前鲁各庄村以特色产品张堪水稻为主题，通过挖掘农耕文化、宣传品牌、发展产业融合等方式，实施村庄特色产业提升行动。

（区农业农村局）

◈ 顺义区“一村一品”示范村——前鲁各庄村（区农业农村局供图）

【留白增绿】 年内，完成任务地块565宗、任务面积85.11公顷农业领域的留白增绿工作。对拆违腾退土地中涉及永久基本农田和新增耕地的地块进行现场核验，确保待移交地块土地平整、无垃圾和渣土，恢复任务地块的种植条件；引导农户、村集体适时开展农作物种植活动；根据林田生态整体布局和地块实际情况，因地制宜实施复种复绿。

（区农业农村局）

【粮食安全】 年内，以粮食安全为底线，落实各项农业支持保护政策，开展耕地质量等级监测，加大保护性耕作等绿色技术应用，加快推进高标准农田建设，实现粮食高产稳产。全年粮食播种面积达到8600公顷（129000亩）、产量52000吨。其中，夏粮播面近4200公顷（63000亩），产量23000吨，占全市1/2，绝对值位居第一。

（区农业农村局）

【人居环境整治和美丽乡村建设】 年内，作为农村人居环境整治三年行动的收官之年和美丽乡村建设取得重要进展的关键之年。在5月、8月两次全市人居环境整治核查中，顺义区均位列全市第5名；顺义区第一批美丽乡村验收任务通过率120%，位列全市第2名。农村改厕基本完成、生活垃圾收运处置体系日益完善、农户生活污水得到有效管控，各镇、村长效管护制度进一步制度化、常态化。

（区农业农村局）

【食用农产品合格证制度试行】 年内，顺义区作为“国家农产品质量安全县”，推进食用农产品合格证试行工作，制订《顺义区2020年试行食用农产品合格证制度实施方案》（顺农发〔2020〕12号），截至年底，全区规模主体以上和145家散户生产主体全部试行食用农产品合格证制度。探索创新试行模式，推广“合格证+追溯码”模式，有102家企业实行“带证上市，带码销售”。

（区农业农村局）

【菜篮子产品“三品”产量覆盖率85%】 年内，制发《2020顺义区农产品“三品一标”工作实施方案》，推进全区“三品”认证工作。全年顺义区共有菜篮子“三品”认证产品1316个，其中种植业1180个，渔业108个，畜牧业28个。截至年底，顺义区菜篮子产品“三品”产量覆盖率85%。

（区农业农村局）

【可持续渔业生态健康养殖】 年内，开展水产健康养殖示范创建，发展生态健康养殖模式，推广中草药免疫、生态防控措施，加快推进水产养殖用兽药减量行动。开展中草药替代化学制剂鱼药，鱼药的精准使用，微生态制剂的推广，利用水生植物进行水质改良的鱼稻共生系统等多项试验示范推广工作。创建健康养殖示范场10个，试验示范面积110余公顷，在实现减少用药量35%的基础上，继续努力推进此项工作。同比降低化学药物使用量7%。

（区农业农村局）

【“科技+农业”加快推动】 年内，安排建设农业科技示范基地6个，通过技术集成示范基地增产增收5%以上。持续推进“百名农业专家兴顺工程”，聘请专家77名，打造科技示范服务平台，提升农技推广服务效能。支持把课堂开到田间地头，鼓励农民通过“半农半读”方式就近就地接受职业教育和技能培训，累计培训农民2169人。实施高素质农民培育项目，累计培育高素质农民80人。

（区农业农村局）

【违法行为查处与立案】 年内，区动物卫生监督所按照“精细梳理、精当分责、精准实施、精确考核”的“四精”管理模式，压实责任，打击违法、保护合法，狠抓违法行为查处工作。全年共开展执法检查6914个次，人均执法量181个次，超额完成市区两级执法考评指标。开展查处违法行为并立案123起，罚没款107300元。

（区农业农村局）

【检疫许可】 年内，严格落实《签约兽医辅助支撑下的官方兽医检疫实施方案》，结合非洲猪瘟防控要求，按程序出具检疫证明。全年产地检疫动物2071.5296万头/只，其中生猪91699头，禽2061.8888万只，牛2647头，羊593头，其他动物1469头/只；屠宰检疫动物183.2379万头/只，其中生猪99700头，禽156.28万羽，全年未发生重大动物源性食品安全事件。

（区农业农村局）

【无害化处理】 年内，共监督无害化处理病死和死因不明的动物102.225万头/只、动物产品54.63吨。

（区农业农村局）

【快速检测】 年内，在动物源性食品源头监管中，加强快速检测工作，检测瘦肉精与药残9515份，委托第三方检测192份，配合上级单位采样488份。

（区农业农村局）

【专项整治】 年内，开展违规调运生猪、农资打假、狂犬病防控专项执法、药物饲料添加剂退出、农产品质量安全监测、利用网络销售活动等专项整治12次。

（区农业农村局）

【重大动物疫病防控】 年内，扎实做好非洲猪瘟等重大动物疫病、布病等人畜共患病防控工作，严格落实免疫、监测、流调、应急准备等各项防控工作。

全区累计开展重大动物疫病免疫653.2万头/(只/次),监测及送检畜禽样品113600份,组织非洲猪瘟、布病、牛结节性皮肤病等区级网络培训5次、培训639人次,发放疫苗数154.91万毫升/头份、各类免疫标识134800枚、消毒药120.31吨、防护物资315200个/套,驱虫动物数量99500头/只,消毒面积1527.16万平方米,灭鼠场户829个,灭鼠面积121.95万平方米。全年全区未发生区域性重大动物疫情。

(区农业农村局)

【农村地区村庄冬季清洁取暖】 年内,实施优质燃煤替代工程,共配优质燃煤15200吨。健全清洁取暖设备的长效运行管护机制。依托19个镇级“煤改清洁能源”售后服务中心,建立热线电话服务、快速响应服务、服务质量回访、应急抢修保障、备品备件保障等机制,通过提前谋划、提前部署、提前行动、落实日常维修服务等措施,做好村民供暖保障工作。

(区农业农村局)

【农村基础设施建设】 年内,投资1695万元,在全区16个镇新建连村路灯3000盏,解决村民夜间出行难题。投资1275万元,新建太阳能公共浴室15座,解决村民冬季洗澡难题。对村庄内未硬化的街坊路进行新建和已硬化的街坊路中破损处进行修缮,由各镇政府主导组织实施,改善村民出行条件。

(区农业农村局)

【全国动物检疫大比武】 9月10日,区动物卫生监督所的彭海龙,在2020年第三届全国农业行业职业技能大赛(动物检疫检验员)决赛中,获大赛个人三等奖。

(区农业农村局)

农业机械化

【概况】 年内,本着一手抓新冠肺炎疫情防控,一手抓农业机械化发展的原则,顺义区农机服务中心(简称区农机中心)多项服务初步实现转型升级。农业机械化水平健康发展,重要农时机械化作业全面完成,主要农作物秸秆实现禁烧,秸秆综合利用率稳步提高,新的农机购置补贴政策继续推进,农机新技术引进示范成功,农机安全生产未发生重特大事故,农机合作社参与公益活动,农民丰收节再次成功举办。

(区农机中心)

【农业机械化总体水平】 年内,农机总动力19.6万千瓦,拥有种植、养殖、农产品初加工等各类农机装备20800台(件);拥有各级各类农机社会化服务组织及农机专业户72家,其中农机作业组织(户)52家,农机维修及供应户20家;拥有各类农机从业人员2140人。小麦生产全过程机械化水平继续保持100%,玉米生产全过程机械化水平趋于100%;小麦、玉米两种主粮综合机械化质量稳步提高。

(区农机中心)

【重要农时机械化作业】 春耕期间,投入各种重耙、深松、旋耕等机具800余台(件),完成1400公顷(21000亩)春玉米播种,全部实现免(少)耕作业;三夏期间,投入小麦联合收割机、玉米免耕播种机及其他机具1000余台(件),完成4186.7公顷(62800亩)小麦收割和4933.3公顷(74000亩)夏玉米免耕播种,免耕播种率继续保持100%;三秋期间,投入玉米谷穗收获机、玉米青饲料收获机、小麦播种机和犁、耙、松、旋等机具1200多台件,完成玉米机收6200公顷(93000亩)和冬小麦播种5253.3公顷(78800亩),玉米机收率97.9%。

(区农机中心)

【粮食作物秸秆禁烧及综合利用】 春耕期间,1400公顷(21000亩)越冬秋茬地内残留的玉米秸秆及根茬,利用重耙、旋耕、深松等农机化技术实现粉碎还田,实现肥料化,综合利用率保持100%;三夏期间,4186.7公顷(62800亩)小麦产生的秸秆,利用粉碎还田和打捆技术,全部实现肥料化、饲料化和商品化,综合利用率继续保持100%;三秋期间,6333.3公顷(95000

亩）玉米产生的秸秆，其中6266.7公顷（94000亩）实现粉碎还田和带穗青贮收获，基本实现肥料化、饲料化和商品化，综合利用率98.9%，未发生秸秆焚烧事件，实现周年禁烧目标。年内，承担北京市季节性裸露农田扬尘抑制项目，完成小麦玉米秸秆粉碎还田暨免（少）耕播种作业4133.3公顷（62000亩），每公顷补贴1050元（70元/亩）。

（区农机中心）

【蔬菜园区废弃物循环利用】 年内，镇、村、园区和中标企业合作，回收蔬菜废弃物3521.5公顷（52823.3亩）119743吨，涉及16个镇，制成有机肥15966吨，产生有机质6213吨，区财政补贴资金10821460元。

（区农机中心）

【农机购置补贴】 年内，继续落实北京市“自主购机、定额补贴、先购后补、区级结算、直补到卡（户）”的农机购置补贴政策。享受补贴政策的农机服务组织（户）28家，补贴机具35台，机具总额9812591元，享受补贴资金1915964元，其中中央补贴1348500元，市级补贴567464元。补贴机具包括大中型拖拉机16台、青饲料收获机5台、打捆机2台、秸秆粉碎还田机1台、喷灌机3台、农用北斗终端2台、田园管理机1台、自走式喷杆喷雾机2台、旋耕机1台、铧式犁1台、免耕播种机1台。

（区农机中心）

【农机从业人员培训】 年内，80名拖拉机驾驶员经过培训后，取得驾驶资格证书；线上培训农机安全生产和使用“北京农机”App购机人员471人；线下复训三夏、三秋农机驾驶员144人；田间培训农机操作及保养人员200人。

（区农机中心）

【农机安全生产】 年内，完成农机安全监理行政许可事项1625件，其中拖拉机、收割机检验1061件，其他事项564件；培训农机监理人员及农机驾驶员284人（次），开展田间农机安全生产检查2100台（次），检查农机维修网点82家（次），处理各种违章违规行为为76次。全年未发生重特大农机安全生产事故。

（区农机中心）

◆ 年内，区农机中心工作人员对农机户购置的补贴拖拉机进行核验（区农机中心供图）

【农机新技术引进示范】 8月，利用北京市秸秆综合利用重点区创建项目支持资金，为北京兴农天力农机服务专业合作社、北京鑫利农机服务专业合作社、北京万顺旺农机服务专业合作社补贴购置大型青饲料玉米压捆裹包机各1台，机械型号MP2000-X。三秋期间投入使用，完成933.3公顷（14000亩）青饲料玉米压捆裹包作业，打捆31000包，每包重约850公斤；10月，区农机推广服务站投资40万元引进绿植废弃物多功能处理机1台，主要用于农村枯枝落叶、垃圾杂草等处理，实现资源化利用。年内，完成粉碎处理绿植废弃物10万立方米。

（区农机中心）

【农机合作社公益活动】 9月4日，赵全营镇北京兴农天力农机服务专业合作社向内蒙古自治区通辽市科左中旗敖包苏木五家子嘎查村捐赠农机具5台，价值15万元。捐赠的农机具包括雷沃谷神收割机1台、黄海金马-300拖拉机2台、播种机1台、旋耕机1台。10月，赵全营镇北京兴农天力农机服务专业合作社被国家粮食和物资储备局、农业农村部、教育部、科技部、全国妇联五部门联合确定为“全国粮食安全宣传教育基地”。

（区农机中心）

【农民丰收节】 9月22日（秋分）至10月18日，顺义区第三届农民丰收节在兴农天力农业园举办。活动由赵全营镇北京兴农天力农机服务专业合作社主办，北京兰泊湾农业发展有限公司、北京欧菲堡国际酒庄、北京箭杆河边农业科技发展专业合作社、北京鲜花港投资发展中心协办。主题为“庆丰收，迎小康”。活动内容包括成果展示、农产品产销对接、对口帮扶、农业科普体验和娱乐活动等。活动主要分为南北两大区域，南区主要是向日葵花海，并搭配农作物景观，重点营造“葵花朵朵向太阳，全国人民心向党”主题；北区侧重丰收成果和顺义区非遗文化特色展示。

（区农机中心）

种植业

【概况】 年内，粮经类作物收获面积11200公顷，总产量6925.4万千克，总产值1.6亿元，同比分别增长9.8%、11.6%、33.3%。蔬菜播种面积7800公顷，同比减少2.57%；上市总量61368.96万千克，同比增长5.9%；销售收入145667.75万元，同比增长1.57%。粮经类作物中，小麦收获面积4300公顷，平均单产373千克，总产2424.5万千克，产值5430.9万元；玉米收获面积6700公顷，单产429千克，总产4332.9万千克，产值10399万元；经济类作物（白薯、豆类、花生）种植面积124.09公顷，总产168万千克，产值512.2万元。

（区种植中心）

【疫情防控】 年内，成立以顺义区种植业服务中心（简称区种植中心）党组书记为组长的疫情防控领导小组，加强中心系统内部管理。中心系统党员干部开展回村（社区）报到疫情防控志愿服务1100余次，组织74名党员干部参与党支部所在社区（村）出入口值守1000余小时。7名干部响应区委组织部号召，参与社区执勤防控志愿服务140天。结合职能，开展相关防控工作，对全区蔬菜生产、供应情况进行统计，报送统计表29期，确保疫情期间蔬菜供应；检查设施农业领域和肥料、农药生产及销售领域开工复工、安全生产、疫情防控等方面情况；对全区春耕生产、蔬菜生产以及农药、种子、肥料生产和经营单位进行调查，梳理全区农业生产及农资供应遇到的问题和困难。

（区种植中心）

【农情监测】 年内，开展农作物苗情、墒情、病虫草鼠害监测，全年监测127次，提出科学合理的生产管理建议及病虫草鼠害防控指导意见31篇，指导春耕、三夏、三秋等关键农时的生产。全区粮菜作物病虫草鼠害发生面积109000公顷次，防治面积162500公顷次。

（区种植中心）

【农业信息调查统计】 年内，统计上报农业农村部、北京市相关粮经作物、蔬菜信息10类275次。包括春白地面积及播种计划统计，春耕、三夏、三秋生产进度统计，粮经作物种植档案统计，农业农村部农情调度数据管理系统、农情基点信息，北京市物价监测信息采集系统和蔬菜品种、面积、产量、价格等生产信息监测，北京市农资价格监测网和农业综合统计信息采集系统、蔬菜生产情况统计、农产品产地市场信息监测统计等。

（区种植中心）

【新品种新技术试验示范】 年内，依托叶类蔬菜、西甜瓜和食用菌3个北京现代农业体系综合试验站，与北京市蔬菜研究中心、北京市农业技术推广站等部门合作，建立顺沿特菜基地、地源遂航基地、赵家峪基地、绿富农合作社、松各庄瓜菜合作社、兴农鼎力合作社6个示范基地，开展新品种新技术示范展示。全年开展国内外优质瓜菜新品种示范100余个，蜂授粉技术、新型滴灌带节水灌溉、瓜果类蔬菜生物防治技术等示范10余项。

（区种植中心）

【科技培训】 年内，受疫情影响，采取线下、线上相结合的形式培训农民1671人次，培训内容包括农作物病虫草鼠害防控技术、生产栽培技术以及农药、肥料、种子相关知识等。

（区种植中心）

【蔬菜种苗产业】 年内，全区有集约化育苗场13家，提供各类种苗2800多万株，育苗种类包括番茄、大椒、茄子、西瓜、甜瓜、黄瓜、生菜、花椰菜等。以北务镇、杨镇、李桥镇等为主的500余个育苗户，提供嫁接西瓜、甜瓜、番茄等种苗700余万株，解决本地农民蔬菜生产用苗问题。

（区种植中心）

【百名专家兴顺工程】 年内，聘请中国农业科学院、中国农业大学等10余家单位35名专家，落实合作项目40项。西甜瓜国家团队首席专家许勇研究员与区种植中心合作，在顺义西瓜主产区，继续选取有种植经验及带动作用的种瓜大户，扩大高品质、高产、耐裂中型西瓜新品种“京美”“京嘉”系列西瓜大面积示范推广，春季全区甜王类西瓜种植达到80%以上。武占会、刘明池研究员基于抗病品种、嫁接模式、封闭无土栽培模式的设施蔬菜化肥减施技术模式在顺义组织推广；刘文革、张万清等专家就新品种方面开展工作；曹坳程等专家从药物处理方面就番茄根结线虫、黄瓜根结线虫开展相关项目合作；李洪岭、曾建波等专家分别就番茄长季节栽培、西甜瓜丰产优质等开展工作。

（区种植中心）

【农业面源污染控制】 年内，围绕农业生态环境安全和农产品质量安全的目标，开展农田节药、节肥工作。全区完成菜田增施有机肥面积3412.6公顷，每亩补贴有机肥1吨，共计补贴商品有机肥51189.121吨，全区17个镇248个村5690多个主体参加项目实施。建立废旧地膜回收网点20家，回收废旧地膜200吨，兑换新地膜200吨。采购发放生物农药和高效低毒低残留农药10.033吨、全降解黄板942468张，累计减少化学农药纯量1230千克；背负式蓄电池超低容量喷雾机40台，农药利用率比常规器械提高20%，达到50%；回收农药包装废弃物958.6万个39.61吨，全部销毁。截至年底，全区化肥利用率41.2%，测土配方施肥技术物化落地率98%；农药利用率45.2%，统防统治覆盖率48.56%，绿色防控覆盖率77.1%。

（区种植中心）

【粮田增施有机肥试点】 年内，在全区重要水源地选取重点镇，在全市率先试点探索粮田肥料统配统施社会化服务，覆盖粮田1294.69公顷（19420.36亩），每亩补贴有机肥1吨。

（区种植中心）

【绿色防控】 年内，针对主要农作物重点推广应用绿色防控产品，对绿控产品进行补贴，全区5200余个蔬菜生产主体享受补贴，覆盖菜田3247公顷，开具病虫诊断处方3万余条，全区菜农享受补贴资金2063.14万元。

（区种植中心）

【设施蔬菜标准园提升】 年内，组织北京顺沿特种蔬菜基地、北京丰顺恒农业科技发展有限公司、北京绿富农果蔬产销专业合作社、北京北郎中诺金蔬菜种植专业合作社4家单位开展创建，4家基地共完成133公顷基地创建提升，在温室大棚基础设施改造、环境控制功能提升、水肥一体化设备升级、精准喷药机械配置、农业物联网设备应用、标准园管理技术制度体系建设、种植过程可视化监测管理系统等各方面均有所提高，使园区综合生产技术水平总体提升。

（区种植中心）

◆2月26日，李桥镇北京顺沿特种蔬菜基地种苗生产（拍摄者：徐茂）

【多功能ZHI保机示范】 年内，组织实施“2019年顺义区多功能ZHI保机示范项目”，在全区31家标准化园区共配备新型多功能ZHI保机155台，产品融合植保机、殖保机、值保机、智保机，集杀菌、除虫、加热、除臭、防疫等功能于一体。

（区种植中心）

【农产品质量安全监管】 年内，对蔬菜基地开展“双随机”抽查与日常检查101次，针对发现的问题提出具体整改意见。组织6家基地开展无公害首次认证、55家基地复查换证、1家基地扩项认证，全区种植业无公害认证基地95家，认证率74.5%。推荐5家基地参选北京市优级标准化基地，8家基地进行复评。加大全区蔬菜农药残留抽检力度，农业农村部级、北京市级抽检425个样本，区级抽检速测16674个样本，34种农药残留定量抽检462个样本，合格率均100%。

（区种植中心）

【农业执法】 年内，对农药、种子、肥料等种植业投入品质量进行监管。检查农资生产、经营和使用单位986个次，抽检农资样本70个，立案5起，罚没款25800元；责令限期改正4起；责令10个农药经营单位下架不合格农药产品24种249.92千克，货值金额6297元。

（区种植中心）

【植物检疫】 年内，签发产地检疫合格证66批次14种作物183.73公顷（2756亩），未发现检疫性有害生物；签发调运检疫证书192批次，调运种子106900千克。

（区种植中心）

【草地贪夜蛾防控】 年内，按照“早谋划、早预警、早准备、早防治”的要求，制订《顺义区2020年草地贪夜蛾防控预案》，召开2020年草地贪夜蛾监测部署暨培训会部署防控工作；建立区镇两级监测点339个，发放诱捕器及诱芯422套，加强监测；印发宣传彩页7000份，每户1份；发放防控药剂苏云金杆菌、甲维盐各4.5吨，一旦发现幼虫马上防治。全年累计诱捕草地贪夜蛾成虫9头，未发现幼虫危害。

（区种植中心）

国有林场

长青林场

【概况】 年内，长青林场党组不断提高政治站位，严格落实四方责任，全面落实党建工作责任，为疫情防控工作做出应有贡献。全面优化林木绿地管护资源，更加精准施策，完成补植补造工作。经过多方努力，长青林场正式成为顺义区森林防火成员单位，在森林防火工作中发挥更大的积极作用。为使滨河森林公园配套设施更加完善，提高城市竞争力，增加公园休闲指数，全场职工献计献策，力争把公园建设成集休闲、景观、健身为一体的最佳去处。

（长青林场）

【平原生态林养护】 年内，按照《北京市平原生态林管护技术导则》等文件要求编制全年养护方案，每月对管护工作进行检查验收，促使高标准完成补植补造、林木修剪、有害生物防治、浇水、除草、涂白、林地保洁及枯枝死树清理等平原生态林养护工作。同时林场“生态林养护”App线上管理系统正式运行，全场117个生态林小班管护内容全部上传并逐级审核，录入工作日志6989条，实现网上全过程监管，提升养护精细化管理水平，监管效率大幅提升。

（长青林场）

◆ 年内，长青林场平原生态林养护工作中开展有害生物防治

【林业生态建设】 年内，长青林场共计栽植优良观赏常绿树种白皮松997株、国槐1100株、银杏83株、油松70株，面积3.4公顷（51.04亩）。生态建设不断完善，落实平原造林地块面积13.15公顷（197.2亩）。同时通过抚育管护，提高林场森林覆盖率，林分郁闭度更加合理，生态环境有效改善，绿化美化程度明显提高。

（长青林场）

【新冠肺炎疫情防控】 年内，长青林场严格按照疫情防控的各项工作部署要求，传达疫情防控管理措施，全场职工与林场签订《疫情防控承诺书》，配合组织部抽调人员赴防控一线，明确上岗人员义务及自我防护要求。制订《滨河森林公园新冠肺炎疫情防控工作预案》《滨河森林公园新冠肺炎疫情常态化防控工作方案》以及法定节假日期间的疫情防控工作方案。

（长青林场）

【城镇绿地等级提升】 年内，通过不断丰富公园植物景观配置，加大公园基础设施建设和加大公园精细化运营管理力度等方式，提升顺义新城滨河森林公园绿化景观建设。9月11日，依据《北京市城镇绿地分级分类办法》，北京市园林绿化局组织园林专家对顺义新城滨河森林公园核心区48公顷（720亩）绿地进行质量等级评定，由二级绿地提升为一级绿地。

（长青林场）

【森林资源保护】 年内，长青林场收回合同到期承包户3户，共计7.19公顷（107.78亩）。完成林地围网建设1496延米，大门40平方米，围挡592.7平方米。

（长青林场）

【森林消防防火】 年内，长青林场加大安全投入，结合林场实际，发挥森林消防成员单位主责，制订《森林防火工作预案》《防汛工作预案》，添置必要的消防器材，做好防火、防汛的各项准备工作。

（长青林场）

【安全生产责任制落实】 年内，依据《中华人民共和国安全生产法》的规定，建立健全各项安全生产责任制，层层签订《安全责任书》。共签署《安全责任书》4份、《森林防火责任书》16份、《防汛责任书》4份、《交通安全责任书》48份。

（长青林场）

【服务国际人才社区建设】 年内，围绕区委区政府制定的国际人才社区工作，针对顺义区“一环一心多节点”的建设特点，林场发挥自身优势，做好环境保障、植树造林、绿化养护工作。提升京密路两侧（金马中路至温榆河段）的环境建设及绿化美化工作水平，优化生态环境，满足国际人才在顺义休闲旅游娱乐的需求。

（长青林场）

北大沟林场

【北大沟林场森林防火设施改造工程】 8月，北大沟林场森林防火设施改造工程完工，建设内容包括改造更新防火步道、瞭望塔、防火水系，新建平台及桥梁工程，新增15处防火监控，并对现有监控机房设施进行改造升级，总投资约1918万元。于2019年10月15日开工。

（区发改委）

【2020—2021年度森林防灭火应急演练】 11月20日，顺义区森林防火指挥部在北大沟林场组织开展2020—2021年度森林防灭火应急演练。采取区镇联动、周边支援的方式，模拟龙湾屯镇龙爬山发生森林“火情”。接到“火情”报告后，区森林防火指挥部调动龙湾屯镇半专业森林消防队赶赴现场。森林消防队员到达火点后，迅速展开扑救。由于现场风力较大，火势未得到有效控制，区森林防火指挥部随即调动区属第一、第二专业森林消防队和木林镇、张镇、大孙各庄镇、北石槽镇半专业森林消防队伍，先后赶赴火场增援，扑救火点火势。经过全体队员20余分钟的奋力扑救，“山火”被扑灭。副区长、区森林防火指挥部指挥，区森林防火指挥部成员单位及各镇相关负责人参加。

（区融媒体中心）

农村经济管理

【概况】 年内，区经管站党组坚持以习近平新时代中国特色社会主义思想为指引，深入贯彻党的十九大和十九届四中、五中全会及习近平总书记视察北京系列重要讲话精神，落实“乡村振兴战略”的目标要求，认真做好全区农村经济管理各项工作。

（区经管站）

【土地确权登记颁证】 截至年底，共发放证书70173份，发证率96.48%。收回信息错误和有争议证书840本，证书更正工作进行中。区经管站合同科张建国获评农业农村部“全国农村承包地确权登记颁证工作先进个人”。

（区经管站）

【家庭承包合同与农村集体经济合同管理】 年内，清理出暂缓确权颁证的村中应签未签承包合同1524户，全部整改完毕。三资管理平台全区共登记管理农村集体经济合同12457份，合同总金额702709万元。问题合同1945份，全部整改完毕。审核通过村级经济合同293份，其中农用地3.33公顷（50亩）以上或者建设用地0.67公顷（10亩）以上的合同36份，特殊用途类合同257份。

（区经管站）

【农村集体资产清产核资】 年内，开展2019年度农村集体资产清产核资，清查单位530家，镇、村两级资产总计249.13亿元，其中镇级53.39亿元、村级195.74亿元；负债总计85.56亿元，其中镇级42.6亿元、村级42.96亿元；所有者权益163.57亿元，其中镇级10.79亿元、村级152.78亿元。村级集体土地总面积为85513.34公顷（1282700亩），其中农用地61100公顷（916500亩），占总面积的71.45%；建设用地24366.67公顷（365500亩），占总面积的28.5%；未利用地46.67公顷（700亩）。

（区经管站）

【农经统计分析和专项监测】 年内，统计单位561家，共涉及农户数148000户，农村集体经济资产总额307.6亿元，集体经济总收入41.3亿元，农民人均所得27872元，劳动力就业率95.8%。

（区经管站）

【产权交易平台建设】 年内，全区农村产权交易项目累计挂牌56宗，成交48宗（包括2019年结转6宗），总成交额7387万元。挂牌、成交共涉及全区11个镇，比去年增加3个。成交项目数量较去年同期增长29宗，增长率153%。

（区经管站）

【农村集体经济审计监督】 年内，组织19个镇的集体经济审计部门，对2019年村级公益事业专项补助资金管理使用情况、村级组织主要负责人经济责任、镇村集体企业财务收支情况进行审计，审计金额3726967万元。对审计中查出的问题，要求各镇建立整改台账逐条整改，通过抽查跟踪进行监督指导。

（区经管站）

◆1月，区经管站对南彩镇农村集体“三资”管理情况进行督导检查（区经管站供图）

【农村集体经济组织登记证书变更换发】 年内，贯彻落实农业农村部和市农业农村局相关文件及通知精神，原由各区政府负责发放并加盖公章的《北京市农村合作经济组织登记证书》，统一调整为由各区农业农村局负责发放、农业农村部统一监制、市农业农村局统一印制的《农村集体经济组织登记证》，并加盖公章，具体工作按全市统一部署同步推进，换证工作全部完成。

（区经管站）

【农民合作社质量提升整区推进】　年内，出台《顺义区农民合作社示范社考核评定办法》，通过培育农民合作社，推动区域内合作社由点到面的全面发展、合作社之间的联合发展、合作社与其他新型经营主体间的融合发展；举办2期共220人次参加的农民合作社整区推进质量提升业务培训班，对理事长、理事、财务负责人进行集中培训。为有带动作用的示范社拍摄宣传片，宣传合作社品牌，发挥优秀合作社示范引领作用。

（区经管站）

新农村建设

【开展冬季清洁取暖工作】　年内，在仁和镇河南村实施优质燃煤替代工程。共配送完成15199.5吨，保障用煤村民温暖过冬。进一步建立健全清洁取暖设备的长效运行管护机制。依托19个镇级“煤改清洁能源”售后服务中心，建立热线电话服务、快速响应服务、服务质量回访、应急抢修保障、备品备件保障等机制，通过提前谋划、提前部署、提前行动、做好日常维修服务等措施，确保17万余台设备正常运行。落实电价和气价补贴政策。做好取暖季“煤改电”峰谷电价电费补贴、“煤改气”气价补贴用户新增和调减核定、补贴发放工作。

（区新农办）

【美丽乡村建设】　年内，建设太阳能公共浴室15座，解决农村冬季老百姓洗澡难的问题。新建连村路灯3000盏，解决农村连村路路段夜间无路灯照明问题。指导各镇推进农村地区村址内街坊路新建和修缮工程。2019年项目共计完成修缮道路316条176950平方米，新建道路27条31117平方米，完成整体进度95.4%。2020年项目有3个镇进入施工阶段（龙湾屯镇、北石槽镇、南法信镇），完成道路48条44207平方米，其余各镇均处于招标阶段，完成整体进度5.4%。

（区新农办）

【做好农村能源设施管理】　年内，做好1座沼气站和300座太阳能公共浴室日常管护和安全监管，确保设施安全运行，动态运行率98.5%，满足农户用气、冬季沐浴需求。开展顺义区“两气”工程安全隐患排查治理工作，达到消除安全隐患的目标。实施李桥镇王家常村太阳能公共浴室升级改造工程，探索多能互补新模式。加强农村能源新技术、新成果的宣传力度。指导各镇村做好农村路灯维护工作，方便村民夜间出行。加强沼气站和太阳能公共浴室管理人员培训，共培训1000人次。

（区新农办）

【传统村落保护发展】　年内，通过加强统筹和调度，督促、指导龙湾屯镇加快焦庄户村传统村落规划编制进度。区规自分局正在组织专家对焦庄户村传统村落保护发展规划进行修改完善。

（区新农办）

【绩效考核项目完成情况】年内，完成区政府为群众拟办重要实事6项。在农村地区安装连村路路灯3000盏，进度符合预期，按期完成。在区级绩效整改工作中，其中加强煤改电售后服务，进度符合预期，按期完成；完善煤改电政策落实机制，进度符合预期，按期完成。

（区新农办）

【“接诉即办”】　年内，共承办12345热线电话26件，解决10件，未解决16件，未解决原因为没有相应政策、不符合资金拨付条件和无理诉求。典型类群众诉求为：申请“煤改电”设备、索要工程款。接待群众上访11次，均妥善处理、安抚，未发生重大舆情风险。

（区新农办）

工业和信息化

▲ 5 月 13 日，燕京 U8 点亮上海双子塔（燕京啤酒集团供图）

▲ 5 月 19 日，中国航信、顺鑫控股产业扶贫战略合作签约仪式举行（顺鑫控股供图）

年内，区经济信息化局开展智能咨询诊断服务（区经济和信息化局供图）

年内，鹏程猪肉完成终端零售市场布局（顺鑫控股供图）

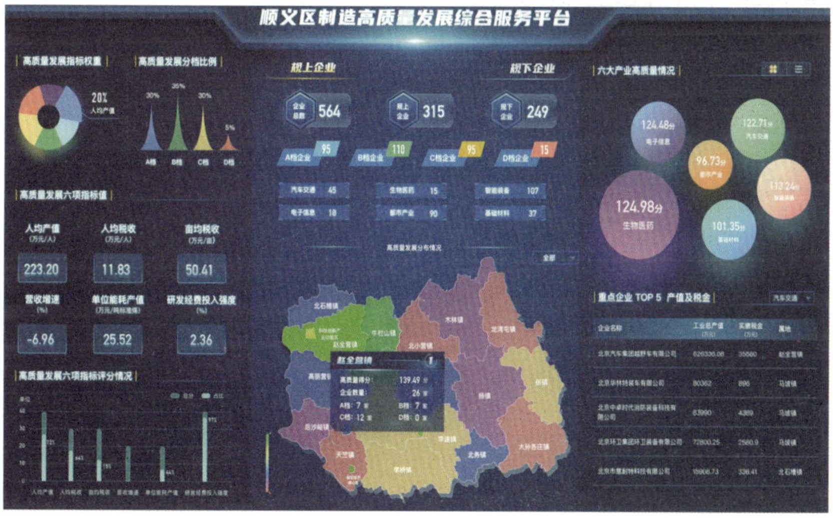

年内，区经济信息化局着力建设“企业画像”信息综合服务平台（区经济和信息化局供图）

年内，顺鑫控股产品参展服贸会（顺鑫控股供图）

年内，中德智能制造产业协会成立（区经济和信息化局供图）

年内，燕京啤酒联合北京烹饪协会等单位开启“玩转京城美食 嗨吃龙虾节”（燕京啤酒集团供图）

经济和信息化

【概况】 年内，区经济和信息化局党组始终坚持以习近平新时代中国特色社会主义思想为指导，深入贯彻党的十九大和十九届二中、三中、四中、五中全会精神，严格落实中央和市、区对疫情防控和经济运行的各项工作部署，在做好疫情防控的前提下，有序推动工业和软件信息企业复工复产，加快北京创新产业集群示范区（顺义）建设，推进重点项目落地，着力打造高精尖经济结构。

（区经济和信息化局）

【疫情防控】 年内，成立防控工作领导小组，组建7个专项10个工作组，建立动态台账，实现358家规模以上工业和软件信息服务企业全覆盖，解决各类问题200余项。加强防疫物资生产企业保障，累计为全区提供防护口罩3500万只、消毒液1500吨。加强企业物资保障，协助43家企业购买测温枪620余把，为北汽集团协调购买防护口罩60000只、防护面罩1000个、消毒液500公斤，为北京奔驰汽车有限公司、北京现代汽车有限公司、北汽越野车有限公司等企业提供测温仪500个、消毒液1000公斤，为SMC等重点企业解决近2000名远途员工返京交通问题和住宿公寓1200余套。严格落实《顺义区进一步打好疫情防控阻击战支持企业“控疫情、稳增长”的若干措施》《进一步强化疫情防控责任落实全力支持推动企业复工复产的意见》等多项政策，发布防疫政策扶持申报指南，加快补贴政策兑现，减轻企业压力。

（区经济和信息化局）

【主要经济指标】 年内，完成工业总产值1449.0亿元，全市占比7.2%，总量排名第4名。实现工业重点企业固定资产投资64.1亿元，同比增长73.2%；完成建安投资24.6亿元，同比增长30%，完成率在主要投资承载区排名第1名。

（区经济和信息化局）

【六大产业产值】 年内，受疫情和国际复杂形势等多方因素影响，六大产业均受到不同程度影响。汽车与交通设备企业53家，累计完成工业总产值592.1亿元，占比40.9%，同比下降17.7%，拉低工业增长7.7个百分点；装备企业121家，累计完成工业总产值277.3亿元，减量15.6亿元，同比下降5.3%，拉低工业增长0.9个百分点；都市企业94家，累计完成工业总产值225.1亿元，减量29.8亿元，同比下降11.7%，拉低工业增长1.8个百分点；基础材料企业53家，累计完成工业总产值229.6亿元，增量10.3亿元，同比上升4.7%，拉升工业增长0.6个百分点；生物医药企业18家，累计完成工业总产值63.2亿元，减量3.6亿元，同比下降5.4%，拉低工业增长0.2个百分点；电子信息企业21家，累计完成工业总产值61.8亿元，减量25.7亿元，同比下降29.4%，拉低工业增长1.6个百分点。

（区经济和信息化局）

【重点项目调度】 年内，围绕北京创新产业集群示范区和中德产业园建设，强化产业链招商，加快补齐产业链短板，“口罩招商”获得市级肯定。奔驰新能源汽车项目四大工艺车间建设完成，9月28日正式投产。理工华创完成总部和工程研究中心迁址。300亩封闭测试场投入运营，美团、滴滴等企业落户自动驾驶板块，美团、毫末等无人配送业务在顺义覆盖15个小区。第三代半导体材料及应用联合创新基地竣工验收，迪希埃分子束外延项目建成投产。航空发动机优异中心、中科航发、汉飞航空等项目开始试生产；中航发动机基础与应用、航天产业园姿轨控等项目开工建设。博世创新中心签订三方协议。理想汽车、中电科光电总部基地等项目加快落地。中科星图、莱伯泰科在科创板挂牌上市。

（区经济和信息化局）

【创新产业集群示范区建设】 年内，顺义区加快推动北京创新产业集群示范区建设。《北京创新产业集群示范区（顺义）发展规划（2017—2035年）》正式发布，《北京创新产业集群示范区（顺义）发展规划实施方案》制订出台。

（区经济和信息化局）

【中德产业园建设】 年内，编制形成《北京中德经济技术合作先行示范区总体方案（2020—2035年）》，确定20平方千米的发展核心区域。完成产业园运营管理公司全球招募，启动设立柏林、慕尼黑、法兰克福3个主要经济和产业城市海外联络处招标，组建完成中德智能制造产业协会。西门子、博世、SAP、阿吉斯等19个项目签订入区协议。起步区40万平方米国际会议会展中心和一期10万平方米公租房投入使用，48万平方米国际人才公寓开工建设，中德大厦即将投入使用；拓展区10万平方米商业综合体一期启动建设。

（区经济和信息化局）

【智能制造转型升级】 年内，制订出台实施《顺义区智能制造三年行动计划（2020—2022年）》及其配套措施。为加强对企业综合指标的动态追踪、数据统计和研究分析，完成顺义区规模以上工业企业智能制造综合情况调查工作。启动区内30家重点制造业企业智能制造咨询诊断，组织区内重点制造业企业参加国家级智能制造标杆企业培训。工业互联网产业加速发展，截至年底，上线试运行二级节点20个，标识注册总量32.21亿，解析量10.17亿次，接入企业4297家。入选工信部第九批国家新型工业化（工业互联网）产业示范基地。

（区经济和信息化局）

【助力中小企业发展】 年内，24家双创基地有入驻企业1200余家，累计取得知识产权2000余项，获得国家高新技术企业称号93家。完成《顺义区创业摇篮计划支持政策实施办法》修订，支持64个中小企业项目进行产业结构调整和优化。“创客北京创新顺义”2020中小企业创新创业大赛举办，3个项目获得北京市级二等奖。推荐中关村顺义园获评“第三批国家级中小企业创新创业升级特色载体”，获得国家支持资金5000万元。

（区经济和信息化局）

【智慧城市建设】 年内，5G基础设施建设加快推进，本年度全区5G基站建设任务共计717个，100%完成任务；全区累计交付5G基站1500个，累计开通1383个。着力挖掘5G在车联网行业领域的深度应用场景项目，“智慧顺义”无线网络全覆盖项目建设8326个AP点位，覆盖八大场景，累计注册人数逾17万人，提供服务逾1亿人次。建设应用“智慧顺义”基础地理信息平台，更新建设31个委办局，共155个专题图层，为区城管委、区综治办等多家单位提供地理信息服务。“雪亮工程”二期建设有序推进。

（区经济和信息化局）

【信用体系建设】 年内，完成顺义区公共信用信息平台培训并进入试运行，累计归集各类信用数据约68万条，“双公示”数据公示准确率100%。全面落实优化营商环境城市信用监测工作，年度排名全市第5名；完成企业行政处罚信用修复758次。组织开展公益性信用修复培训会，举办“信用进商圈”“信用进园区”等诚信建设万里行主题实践活动。

（区经济和信息化局）

【一般制造业疏解】 年内，《一般性制造业疏解退出及疏解空间再利用奖励暂行办法》印发实施，疏解退出一般制造业企业26家，完成率104%，提前超额完成年度任务。累计疏解退出319家，累计完成量全市第2名。疏解腾退空间426.33公顷（6395亩），年用电量可减少13180万千瓦时，年用水量可减少91万吨，年大气污染物排放可减少607吨。曲美家居、安泰科技空港新材分公司入选绿色工厂，首钢冷轧入选绿色供应链。推动腾退用地再利用，吸引宝马研发中心等高精尖项目12个。

（区经济和信息化局）

【营商环境优化】 年内，做好清理拖欠民营企业中小企业账款工作。本年度累计清偿1460.27万元，累计清偿比例67.5%。“早餐会”企业服务包涉及全局159家企业249个诉求，全部制定专项服务措施，其中解决企业诉求222个，27个推进中。做好“12345”市民服务热线办理。“一把手”研究落实专题会议8次、现场调度解决问题3次，便民电话响应率100%。开展“全国两会安全服务保障”“消防安全隐患攻坚整治”等安全生产专项行动6次，指导企业安全生产工作424家次，整改各类安全隐患223项，行业内企业未发生安全生产事故。

（区经济和信息化局）

【世界智能网联汽车大会】 11月11—13日，以“智能新时代 车联新生活”为主题的2020世界智能网联汽车大会在中国国际展览中心（新馆）举办。大会采用“线上线下结合”模式，展览面积共4万平方米，参展商120余家，参展车辆140余辆，观展总人数约5万人次。举办主论坛、主题峰会等重点活动15场，线下参会人数控制在400人，线上直播观众累计500万人次。发布《智能网联汽车技术路线图2.0》《顺义指数：智能网联汽车产业发展指数报告（2020）》《中国汽车基础软件发展白皮书1.0》等多项成果。形成《智能网联汽车测试互认推进路线图》。大会期间，北京第3个自动驾驶车辆封闭测试场——“国家智能汽车与智慧交通（京冀）示范区顺义基地”正式揭牌。

（区经济和信息化局）

◆ 顺义区生物医药产业（区经济和信息化局供图）

北京顺义科技创新集团有限公司

【概况】 年内，北京顺义科技创新集团有限公司（简称顺义科创）作为产业促进类平台公司，在坚决做好疫情防控的前提下，统筹抓好企业复工复产、重大项目建设、招商引资等重点工作。截至年底，顺义科创实现营业收入7.01亿元，同比增长66.6%；资产总额104.78亿元，同比增长4.2%；净资产68.51亿元，同比增长2.0%，累计上缴税金0.7亿元。

（顺义科创）

【把疫情防控作为头等大事】 年内，顺义科创严格按照“三方、四早、九严格”的要求上下联动、多措并举，开展防疫相关工作。周密部署疫情防控措施。成立疫情防控工作领导小组，制订下发《新型冠状病毒感染的肺炎防控工作方案》《新型冠状病毒感染的肺炎疫情突发应急处置预案》，全面安排疫情防控工作。严格加强集团内部防控。启动“零报告”制度，建立离京、返京人员信息台账，组织全部员工进行核酸检测，确保将防控工作落到实处。践行国企担当、履行社会责任。顺义科创共计组织341人次的党员及青年骨干分5批支援社区疫情防控一线及新国展集散中心。加强防疫物资储备，强化后勤保障。截至10月底，顺义科创共计投入141.25万元，储备疫情防控物资，为复工复产提供保障。

（顺义科创）

【区域产业发展战略深入落实】 年内，顺义科创持续聚焦区域产业定位，加大招商引资力度，提升科技金融服务能力，为全区产业发展培育更多的优质项目。精准有效开展招商引资。利用公司楼宇资源，新引进无人驾驶、人工智能、第三代半导体等领域的高精尖企业25家。精准施策服务入区企业发展。加强政策支持，为34家中小微企业减免租金420万元，助力其渡过疫情难关。加强与合作基金的合作，引导更多优质项目落户。

（顺义科创）

【精研谐波产品、助力“嫦娥登月”】 年内，“嫦娥五号”探月过程中，XBS-32型谐波减速器经受住月球表面超低温、高真空、强辐射等极端环境的考验，运行稳定，为探月任务的完成提供保障。2010年，中技克美开始承接中国探月工程项目，为多款航空器提供谐波减速器。2015年，顺义科创受航天科技集团五院总体部的委托，为“嫦娥五号”飞船研制XBS-32型谐波减速器用于返回器舱盖驱动。

（顺义科创）

【智能网联汽车测试场成为本市第3个自动驾驶封闭测试场】 年内，顺义科创推进智能网联汽车测试场项目建设。10月30日，智能网联汽车测试场通过专家组验收论证，可作为北京市自动驾驶车辆封闭测试场使用。顺义智能网联汽车测试场成为继国家智能汽车与智慧交通（京冀）示范区海淀基地、亦庄基地之后，北京市第3个自动驾驶车辆封闭测试场。11月12日，国家智能汽车与智慧交通（京冀）示范区顺义基地揭牌。截至年底，基地5G信号实现全覆盖，可通过V2X、高精度地图及定位、云控平台等前沿技术为智能网联汽车的研发、测试、验证、评价提供支持和服务。

（顺义科创）

◆11月12日，国家智能汽车与智慧交通（京冀）示范区顺义基地揭牌（顺义科创供图）

【重点工程建设完工】 年内，顺义科创高效推进第三代先进半导体产业标准化厂房一期工程建设。项目为2020年市区两级重点工程项目，由顺义科创负责建设。12月30日，第三代等先进半导体产业标准化厂房项目主体结构封顶。项目于6月1日正式开始施工，建设用地33000平方米，建筑面积74000平方米，共包含13个单体工程，总投资4.28亿元。主要围绕光电子、电力电子、微波射频三大应用领域，建立产业工艺平台、封装测试平台、可靠性检测平台、科技服务平台四大基础平台。

（顺义科创）

【垃圾分类】 年内，顺义科创响应贯彻《北京市生活垃圾管理条例》，坚持目标导向、科学谋划、循序渐进，推进垃圾分类工作开展。宣传推广，扩大影响。集团及所属企业多种形式开展宣传推广活动。线上通过微信公众号、微信群、OA软件发起号召；线下通过橱窗宣传、发放宣传手册及倡议书、组织现场垃圾分类指导等活动普及相关知识。监督检查，抓细落实。集团领导以“四不两直”方式检查所属企业及在管社区生活垃圾分类落实情况。现场解决难题、限期整改问题。确保各单位抓紧抓实抓细垃圾分类工作。加强组织，严格考核。集团成立垃圾分类领导小组，对所属企业垃圾分类工作小组建立、宣传培训工作、收集容器配置、分类指导员配备、垃圾清运协议等方面进行全面考核，并开展内部通报。实时跟进，确保成效。自生活垃圾分类工作开展以来，集团所属企业共组织内部相关知识培训62次，发放、张贴宣传材料12456份，配备垃圾分类指导员154人，购置垃圾分类收集容器547个，签订垃圾清运协议17份。实时跟踪督促所属企业整改落实情况，确保问题整改到位。

（顺义科创）

【企业员工支援疫情防控】 2020年底，顺义区出现多点零星散发病例。12月26日，30名顺义科创集团员工志愿者集结，配合空港街道的10余个社区、写字楼、商户点位，协助对70000名群众开展核酸检测。12月28日，30名顺义科创员工组成第二批志愿者队伍支援杨镇下营、田家营等6个检测点，配合各村开展核酸检测工作。为全面落实社区一级防控要求，严格做好社区出入管控，12月30日，顺义科创响应组织部号召，第三批10名志愿者赴西辛南区支援社区防疫工作。

（顺义科创）

【“百家重点实验室进千家企业”资源对接活动】 11月25日，首都科技条件平台顺义工作站2020年度“百家重点实验室进千家企业”资源对接活动在顺科大厦举办。活动由市科委和首都科技条件平台顺义工作站共同指导，顺义科创、北京师范大学科技集团和北京市顺义区企业发展促进会主办，中科睿芯双创街承办。旨在推动创新驱动发展战略，营造“政府鼓励创新、社会支持创新、企业勤于创新”的发展环境，40余家顺义区企业参与活动。首都科技条件平台作为国家科技基础条件平台指导下的北京地方科技条件平台，建设包括研发实验服务基地、领域中心和区县工作站的服务体系，跨部门、跨领域整合仪器设备、科技成果和科技人才3类科技资源，提供测试检测、联合研发及技术转移等服务。

（顺义科创）

首安工业消防有限公司

【概况】 首安工业消防有限公司（简称首安）是中国首家专业从事工业消防安全的高新技术企业，总部位于北京，在全国20多个省份及海外设有分支机构或子公司，主要技术与管理人员均拥有博士、硕士学位。首安基于自有核心技术产品、以工程总承包为主要服务形式，为钢铁冶金、电力工业、核能核电、航空航天、市政设施、隧道交通、石油化工、洁净厂房、数据中心、物流仓储、军工、酿酒等众多领域的工业企业及特种建筑提供消防安全解决方案。首安自主创新的三大核心系统产品——工业火灾探测报警系统、消防安全网络化监控指挥系统、自动灭火系统获得多项国际发明专利和近百项国内发明专利；公司荣获国家企事业知识产权试点单位、北京市专利示范单位等荣誉称号。以优质高效的总包服务、广泛应用的核心产品和持续增长的突出业绩，首安连续5届蝉联“中国消防行业十大民族企业”首位。

（首安）

【工程业绩】 年内，首安在轨道交通、洁净厂房、市政设施、物流仓储、数据中心、钢铁冶金、电力工业等各行业领域，签订并实施的重点项目有：京东方重庆第6代 AMOLED（柔性）生产线项目消防系统工程；徐州城市轨道交通3号线一期工程项目火灾自动报警及气体系统工程；实施太原地铁2号线、青岛地铁2号线、郑州地铁3号线等轨道交通重点项目消防工程；广东太平岭核电厂一期工程1# 2#机组全厂消防灭火系统；深能河源电力2×1000MW火电机组全厂特殊消防系统工程；马鞍山市博望区地下综合管廊及新314省道（博望大道）市政化改造项目消防系统工程；首钢京唐高强钢酸洗生产线及新增中厚板、MCCR 电缆隧道区域消防工程；广西防城港钢铁基地项目（一期）消防系统项目；河钢产业升级及宣钢产能转移项目全厂消防联网报警控制系统工程；北京未来科学城智慧城市运行中心消防系统工程；苏宁山东大区运营中心及智慧物流云项目消防工程；苏宁冀东、桂北智慧电商产业园消防工程；东莞市中堂燃气热电联产项目消防工程；杭州越秀八百里项目机电工程、宜家北京四元桥店消防改造工程等。海外市场方面，签订并实施孟加拉巴瑞萨350MW燃煤机组全厂消防系统工程、菲律宾 GNPD2×660MW 燃煤机组全厂消防系统工程、马来西亚关丹联合钢铁集团公司全厂消防EPC总承包二期工程、伊拉克哈法亚GPP项目、印度尼西亚米拉务2×225MW 燃煤发电项目消防产品等。

（首安）

【产品研发动态】 年内，电子产品研发方面，完成SL-M6000火灾报警系统与SL-M5000火灾报警系统联网方案及通信卡的研发工作，完成SL-M6200气体灭火系统与SL-M5000火灾报警系统联网方案及通信卡的研发工作，完成智慧消防安全管理系统在宏晟电热公司300MW机组主控楼消防系统及马钢股份公司铁前区域的成功部署。在灭火产品方面，完成ZSFM65-1.6SL、ZSFM80-1.6SL、ZSFM100-1.6SL、ZSFM150-1.6SL、ZSFM200-1.6SL型雨淋报警阀的贯标升级、型式试验与自愿性认证工作，开展ZSCFD1T-20-25-SL型消防电磁阀的研发工作，开展JPS1.6-32/40型消防软管卷盘的研发工作。知识产权方面，继续做好国际、国内专利的维护工作，按国家知识产权局和北京市知识产权局的要求提供复核资料，继续保有“国家知识产权优势企业”和“北京市知识产权示范企业”称号。

（首安）

【标准规范编制起草】 年内，作为参编单位，参与国家标准《核电厂常规岛设计防火规范》《火灾自动报警系统设计规范》《细水雾灭火系统技术规范》的局部修订工作以及深圳市地方标准《市政电缆隧道消防与安全防范系统施工及验收规范》《城市综合管廊消防系统技术规范》的编制工作。起草《国家物资储备消防技术标准 通用仓库》《国家物资储备消防技术标准 成品油库》《国家物资储备消防技术标准 火炸药库》《国家物资储备消防技术标准 储备棉库》的推荐性行业标准的项目建议书、草案并完成立项申请。

（首安）

【资质与荣誉】 年内，公司取得“机电工程施工总承包三级”资质。通过国家级高新技术企业复审。

（首安）

北京顺鑫控股集团有限公司

【概况】 北京顺鑫控股集团有限公司（简称顺鑫控股集团）是集生物酿造、营养肉食、安全农品、生态建筑、科技种植等产业于一体的综合性大型企业集团，拥有1个国家级非物质文化遗产（北京二锅头酒传统酿造技艺），6个中国驰名商标（顺鑫、牛栏山、鹏程、牵手、宁诚、小店）、9个省级著名商标（顺鑫农业、牛栏山、鹏程、牵手、宁诚、小店、华灯、鑫大禹、佳宇）。年内，顺鑫控股集团完成各项生产经营、做好保供稳价守好首都“菜篮子”、完成重大活动供应服务保障任务、稳步推进北京冬奥会供应筹备工作，各产业板块资产总额346亿元，销售收入330亿元，利润总额6亿元，上缴税金27亿元，先后获“2020全国国企管理创新成果一等奖”“2020创新发展实力企业品牌”“中国企业精准扶贫50佳案例（2019）奖”“中国制造业500强”等荣誉称号。

（顺鑫控股集团）

【全国“两会”供应保障】 年内，顺鑫控股集团所属鹏程食品服务保障、疫情防控两手抓，出动服务保障人员412人，为15家酒店供货154车次，提供生鲜产品53个品项26275千克，供应熟食产品4个品项879千克，完成全国“两会”期间猪肉食品供应任务。顺鑫石门市场确保全国“两会”期间市场安全形势稳定，落实24小时实名制巡查看护措施，安排94个保安队执勤岗位，出动消毒人员80余人次、电动消毒喷雾车20余车次，使用消毒液190千克对市场内进行消毒作业，对市场商户1519家3252人进行实时信息台账更新，做好市场疫情防控工作。

（顺鑫控股集团）

【防疫工作部署】 年内，顺鑫控股集团印发《新型冠状病毒肺炎疫情防控工作实施方案》，成立疫情防控工作领导小组，形成以集团党委书记、董事长为组长，下设疫情防控办公室和6个工作组的防疫组织体系。先后制定《新型冠状病毒肺炎疫情防控工作实施方案》《关于做好企业复工疫情防控工作的实施方案》《新型冠状病毒疫情防控工作应急预案》《元旦、春节疫情防控工作方案》等方案，为各企业落实疫情防控措施提供制度遵循。组织召开领导小组专题部署会28次，领导小组办公室例会132次，下发领导小组办公室文件68个，开展疫情防控、复工复产、冷链食品监督检查163家次。

（顺鑫控股集团）

【市场防疫稳供】 年内，顺鑫石门市场完成市级储备蔬菜2000吨、区级储备蔬菜1000吨、鸡蛋45吨、方便面480000包的储备任务；市场内采取分区分片网格化管理，8个小组分管19个大厅，利用网络、监控等信息化手段，对各区域实时开展疫情防控监控工作。

（顺鑫控股集团）

【“爱心助农”行动】 年内，顺鑫石门市场“爱心助农”行动在木林镇贾山村、张镇麻林山村等30多个村镇地区开展滞销农产品收购，主动了解乡镇农户蔬菜滞销情况，第一时间组织市场内商户与菜农对接采购、在市场内灵活设立专售摊位、介绍河北等地大型采购商，多渠道畅通菜农蔬菜销路，共帮助销售滞销农产品500余吨。

（顺鑫控股集团）

【捐赠玉米种子扶贫扶智】 年内，顺鑫控股集团为内蒙古自治区科左中旗宝龙山镇133户建档立卡贫困户送去玉米种子助力春耕，并通过入户培训指导加优势品种支持的形式，帮助建档立卡户和其他农户转变旧式种植模式，提高农业知识水平和技术水平，助力困难农民增产增收脱贫致富。

（顺鑫控股集团）

【猪肉终端零售市场布局】 年内，顺鑫控股集团所属鹏程食品新增3家直营店、44家稻香村冷鲜肉专柜、11家正大优鲜冷鲜肉专柜，新增商户655个，实现生鲜销售91664.71吨，销售额35.56亿元。

（顺鑫控股集团）

【垃圾分类】 年内，顺鑫控股集团组织开展垃圾分类专题会4次，开展垃圾分类专项检查2次，下发红头文件6个，发放宣传海报600余份，组织全体员工参加垃圾分类线上有奖竞赛答题活动，组建近450人的志愿者服务队伍，建立垃圾分类日常考核评价机制，动员各级党组织和广大党员在垃圾分类工作中做表率、走在前，带动广大群众提高垃圾分类意识。怡馨家园二区被评为北京市首批生活垃圾分类示范小区。

（顺鑫控股集团）

【租金减免】 年内，疫情形势稳定后，顺鑫控股集团第一时间实现所有在建项目复工复产，并快速落实租金减免1974.44万元，惠及中小微企业（含个体工商户）2384户。

（顺鑫控股集团）

【捐款捐物助力抗疫】 年内，顺鑫控股集团向顺义区卫生系统捐款捐物约250万元，其中现金100万元，体温计2000支，消毒液6000箱；向6个街道办事处捐款捐物约418万元，其中现金300万元，体温计3000支，消毒液4000箱；以旗下牛栏山酒厂名义，通过湖北慈善总会向湖北捐款1000万元；以旗下鹏程食品分公司名义，向顺义区红十字会捐款200万元；向顺义区密接人员隔离点、社区（村）志愿者、民政系统、教育系统、卫生系统、公安系统捐赠包括防疫物资、保暖物资、新鲜水果在内的价值581万元的物资；扶贫支援和疫情防控工作相结合，根据结对地区疫情防控需求，向内蒙古自治区科左中旗红十字会捐赠价值约10万元的疫情防控物资。

（顺鑫控股集团）

【志愿服务助力抗疫】 年内，顺鑫控股集团先后抽调2041余人次到新国展、区疫情防控工作专班、村及社区开展近4个月的疫情防控志愿服务。

（顺鑫控股集团）

【科研创新】 年内，顺鑫种业研究院在全国不同生态区建立新品种展示中心11个，品种鉴定试点26个，标志着顺鑫玉米研发已具有全国主要玉米产区不同生态类型的产品筛选和展示能力。

（顺鑫控股集团）

【农业项目中标】 年内，顺鑫控股集团中标多个农业项目。其中，顺鑫石门市场中标北京市商务局生活必需品储备项目——政府蔬菜储备；顺鑫种业中标顺义区冬小麦良种更新小麦采购项目；1月16日，中灌顺鑫华霖承接磐石市烟筒山镇“高标准农田”建设工程土壤改良项目；4月30日，中灌顺鑫华霖承接吉林市昌邑区农业农村局左家镇“高标准农田”建设工程设备供应与安装业务；4月，顺鑫种业研究院承接农业农村部全国农业技术推广服务中心“转基因作物多点鉴定与综合评价”项目；6月，顺鑫种业研究院与北京市农林科学院玉米中心分子育种组共同承接“基于全基因组选择的预测育种服务平台的构建与应用”项目；11月10日，中灌顺鑫华霖承接山东高标准农田示范项目和水肥一体化项目。

（顺鑫控股集团）

【工程项目中标】 年内，顺鑫控股集团中标多个工程项目。其中，3月24日，顺鑫绿洲中标顺义区2020年平原重点区域造林绿化工程龙湾屯镇、北石槽镇、李桥镇、杨镇一标段、后沙峪镇共5个标段；3月30日，顺鑫绿洲中标朝阳区2020年平原重点区域造林绿化工程十八里店乡项目；5月13日，顺鑫绿洲中标顺义区白马路绿化提升工程（一标段）施工项目；6月19日，顺鑫设计院、顺鑫天宇、建科发展组成联合体中标吉林现代农业产业化示范基地EPC+0项目；8月7日，顺鑫天宇中标顺义公安分局升级改造交通支队综合执法大厅项目（施工）；8月17日，顺鑫绿洲中标温榆河公园朝阳段一期项目园林景观工程（六标段）施工项目；8月20日，顺鑫绿洲中标通州区张家湾公园建设工程（三期）

一标段（施工）项目；10 月 30 日，顺鑫天宇中标北京市顺义区大孙各庄镇柴家林村等 13 个村土地整治项目；11 月 20 日，顺鑫天宇中标顺义区双丰街道无障碍改造项目；11 月 21 日，中灌顺鑫华霖承接吉林省双辽市 2019 年农村用户厕所改造工程的设计及设备供应业务。

（顺鑫控股集团）

【科技信息项目中标】 年内，顺鑫控股集团中标多个科技信息项目。其中，6 月 15 日，顺鑫控股集团所属福通互联集团中标农业农村局投入品监管平台项目；7 月 29 日，顺鑫控股集团所属福通四维科技有限公司中标北京市公安局顺义分局高清图像平台系统运行维保项目，为顺义辖区内高清图像平台系统的软件、硬件、数据、通信网络和基础环境设施提供维保服务。

（顺鑫控股集团）

【智慧农业项目合作】 年内，顺鑫控股集团中标多个智慧农业项目。其中，7 月 15 日，顺鑫控股集团所属福通互联与内蒙古自治区农业产业化发展指导中心签署“内蒙古农牧业全产业链农畜产品区块链追溯存证建设”战略合作协议，重点承担内蒙古农牧业全产业链农畜产品区块链追溯存证建设的技术支持、技术指导和技术培训；7 月 28 日，顺鑫控股集团所属福通互联与华为技术有限公司签署“鲲鹏联合创新实验室”合作协议，共同把握好数字化、网络化、智能化发展机遇，打造从田间到餐桌的全产业“智慧 +”解决方案，进一步实现用科技赋能食品产业发展，筑牢食品安全防线；8 月 30 日，顺鑫控股集团所属福通互联与中国信息通信研究院签约成为第二批“智能 + 学院”合作伙伴，共同助力产业复合型人才培养。

（顺鑫控股集团）

【农业产业项目合作】 年内，顺鑫控股集团与多家单位进行农业产业项目合作，其中，4 月 13 日，顺鑫控股集团与福建三锋投资有限公司签署合作框架协议，围绕产业升级、智慧农业、市场数字营销等领域开展战略合作；顺鑫农业与陕西省汉中市城固县签订生猪养殖项目合作协议，拟投资建成现代化原种猪场和繁育示范场，为中西部地区生猪产业发展提供优质高产的种猪资源；7 月 31 日，顺鑫供应链公司与威海蓝色海域海洋食品股份有限公司签约，就拓展特色农产品销售模式、开拓产品销售新思路开展合作，同时威海蓝色海域海洋食品股份有限公司正式入驻顺鑫特色农产品展厅；8 月 7 日，顺鑫农品与河北亚雄现代农业股份有限公司签订战略合作协议及蔬菜基地合作协议，围绕农产品种植、加工等领域开展合作；8 月 26 日，顺鑫农品与丹东丹义达商贸有限公司签署战略合作框架协议，在基地建设、产品开发、市场拓展方面初步达成合作意向。

（顺鑫控股集团）

【实用新型专利】 年内，鑫大禹申请通过实用新型专利 4 项，分别是混凝土养护用热循环系统、河道治理及水体生态修复治理系统、管道搅拌沉沙混合器、沟槽支护装置。顺鑫天宇申请通过实用新型专利 5 项，分别是轻便的门窗洞口卷帘围栏防护装置、楼梯便携式折叠可搭接周转使用的护栏 1 种、用于安装预制钢筋砼楼梯临时周转吊移楼梯支撑系统、建筑除尘垃圾管道 1 种、半自动集水箱沉沙处理装置专利 1 种。中灌顺鑫华霖申请通过实用新型专利 10 项，分别是水利工程用放淤闸门 1 种、农业灌溉用可调节式板闸 1 种、用于农渠灌溉区的板闸 1 种、可控制水位的闸门 1 种、升降式闸门 1 种、可调节流量的板闸 1 种、水渠用平板式闸门 1 种、智能闸门控制平台、测控一体化闸门 1 种、智能闸门专利 1 种。

（顺鑫控股集团）

【企业荣誉】 年内，顺鑫控股集团获得多项荣誉称号。1 月 1 日，《2020 中国上市公司市值 500 强》榜单出炉，顺鑫农业以第 428 名的成绩入选榜单，是第一家入榜的顺义区企。1 月 11 日，在国务院发展研究中心指导的“第十八届中国企业发展高层论坛”上，顺鑫农业入选中国企业评价协会发布的《2019 中国企业社会责任 500 优报告》榜单，并获评“股东权益样板企业”。6 月 1 日，根据中证指数有限公司发布的《关于调整沪深 300 和中证香港 100 等指数样本股的公告》，顺鑫农业首次入选沪深 300 指数样本股名单。9 月 9 日，在首届中国国际绿色食品与绿色金融论坛发布《2020 中国食品绿色信用指数 TOP50 报告》中，顺鑫农业名列第 29 位。9 月 28 日，在“2020 年中国 500 强企业高峰论坛”上，顺鑫再次入选“2020 中国制造业企业 500 强”，位列 259 名，较 2019 年上升 17 位。12 月 19 日，在中国企业管理研究会、创新世界周刊和国企管理编委会联合主办的“2020 年全国国有企业科技创新成果”颁奖典礼上，顺鑫控股以“北京顺鑫控股集团有限公司科研创新体系建设实践”为题申报的创新成果获一等奖。12 月，顺鑫控股集团在中国食品安全大会上荣获“第十八届中国食品安全大会安全管理十强企业”“2019—2020 食品安全诚信单位”“2019—2020 年食品安全管理创新十佳案例”。

（顺鑫控股集团）

【鑫源牧场智慧养殖项目实施】 1 月 4 日，顺鑫控股集团所属鑫源食品鑫源牧场智慧养殖项目正式实施，开展繁殖信息、疾病信息、牛群信息等日常信息登记存档工作，形成全方位、系统化牛只档案。

（顺鑫控股集团）

【“2020 顺鑫年货节”活动】 1 月 5—13 日，顺鑫控股集团举办“2020 顺鑫年货节”，首次尝试新媒体直播电商销售形式，汇集顺鑫旗下鹏程食品、鑫源食品、顺鑫牵手、创新食品 4 家公司的产品形成年货礼盒，在淘宝、快手双平台同步直播，高峰期超过 25 万名观众同时在线收看。

（顺鑫控股集团）

【顺鑫爱心牧场项目启动】 1 月 10 日，顺鑫控股集团正式启动“心・源——我在草原有头牛”暨顺鑫爱心牧场项目，以内蒙古自治区锡林郭勒盟正蓝旗牧业资源为依托，以顺鑫控股集团所属鑫源食品为载体，探索推广消费者出资认养安格斯小牛犊，在贫困户寄养，于线上交易的新型经营方式，实现将城市家庭安全绿色食品的消费升级需求和农村家庭寻求产业发展的脱贫需求相连接。

（顺鑫控股集团）

【取得生产经营许可证】 1 月 15 日，顺鑫京科种业取得农作物种子生产经营许可证。

（顺鑫控股集团）

【疫情防控志愿者临时党支部成立】 2 月 4 日，顺鑫控股集团党委成立疫情防控志愿者临时党支部，党委副书记担任临时党支部书记，搭建党委联系支部、支部联系支委、支委联系党员、党员联系职工的四级工作体系。在临时党支部领导下，志愿者历时 183 天，协助各社区完成疫情防控工作。

（顺鑫控股集团）

【党员捐款助力抗疫】 2 月 27 日，顺鑫控股集团党委组织全体党员开展“抗疫聚力践初心”自愿捐款活动，1060 名党员捐款 89023 元。

（顺鑫控股集团）

◆ 2 月，顺鑫控股为顺义区疫情防控捐款捐物（顺鑫控股集团供图）

【“福心相助”疫情防控平台上线】 3 月，顺鑫控股集团所属福通四维公司研制的“福心相助”疫情防控平台正式上线，通过人脸拍照识别和红外体温监测二合一采集的方式，缩短检测时间，减少执勤人员与出入人员近距离接触，同时实现系统后台自动完成信息确认及测温信息录入流程，快速记录人员健康情况，形成人员健康轨迹，建立安全可控的防疫数据库。

（顺鑫控股集团）

【疫情防控债发行】 3 月 6 日，顺鑫农业发行 5 亿元 2020 年度第一期超短期融资券（疫情防控债），该融资券创 2017 年以来华北地区 AA+ 主体评级超短期融资券最低发行利率。

（顺鑫控股集团）

【克隆种公牛成功培育】 4 月，顺鑫控股集团所属种牛研究院通过体细胞克隆技术获得顶级安格斯克隆种公牛犊牛 2 头，健康状况良好，发育正常。

（顺鑫控股集团）

【线上营销新渠道开拓】 6 月 10 日，顺鑫控股集团首次尝试以母品牌开设电商平台，搭建“鑫惠购”微信商城平台；11 月 20 日，顺鑫旗舰店正式入驻天猫平台，推出多款产品限时特价活动。

（顺鑫控股集团）

【数字新媒体传播】 6 月 15 日，顺鑫控股集团以抖音短视频、微信服务号为突破口，开辟全新线上宣传渠道，打造顺鑫专属新媒体社交平台，通过推出《小墨说“鑫”闻》《鑫生活》《鑫动》《鑫路》等短视频栏目，完善官方抖音生态，传递企业信息、树立品牌形象。

（顺鑫控股集团）

【顺鑫石门市场启动“批零分离”】 7 月 3 日，顺鑫石门市场正式启动“批零分离”业务，推进落实“聚焦一级批发、实施批零分离”整体转型升级方案，上线“石门市场出入通”小程序，实行卖家注册制和买家会员制，实现车流、人流量快速下降 31%，并做到货品及人员来源可查、去向可追，严防疫情输入。

（顺鑫控股集团）

【连线央视财经频道共话北斗应用】 7 月 11 日，顺鑫控股集团所属福通互联参加央视财经频道《对话》栏目专题节目《北斗是怎样炼成的》，重点介绍福通互联集团利用北斗技术赋能现代智慧农牧业发展、研发符合中国农业产业特点的技术产品、改造升级传统农业的工艺流程与商业模式等内容。

（顺鑫控股集团）

【中标科技冬奥项目】 9 月 22 日，由国家食品安全风险评估中心牵头、顺鑫农业等 9 家单位参与的国家重点研发计划“科技冬奥”重点专项“冬奥会食品供应链有害因子智能化快筛技术和预测预警技术研究”获得科技部批准立项。

（顺鑫控股集团）

【北京人寿保险股份有限公司顺义支公司成立】 9 月 28 日，顺鑫控股集团发起筹建的北京人寿保险股份有限公司正式成立顺义支公司。

（顺鑫控股集团）

【牛栏山酒厂第三十八届菊展开幕】 11 月 2 日，顺鑫控股集团所属牛栏山酒厂“赏菊花盛宴、品牛栏美酒”第三十八届菊展开幕，此次菊展共展出 300 多个品种 2000 余盆菊花。同时，牛栏山酒厂“廉政清风驻牛酒 凝心聚力抗疫情”第四届廉政文化书法绘画摄影展开幕，此次书画展共展出 72 幅作品，并邀请 10 位书法大师进行点评。

（顺鑫控股集团）

【“国家级农业产业化龙头企业”称号】 11 月 19 日，顺鑫石门市场首次入选由农业农村部、发展和改革委、财政部、商务部等 8 部委共同认定的农业产业化国家重点龙头企业名单。

（顺鑫控股集团）

【家禽企业成立】 11 月 23 日，天鸿食品公司成立，初期甄选整鸡、分割品、生品、基础及深度调理品四大类产品加快布局家禽产业，以北京市场为出发点辐射京津冀，增强肉食产业协同互补，提升顺鑫“大农业”产业优势。

（顺鑫控股集团）

【牛栏山十二生肖酒拍卖】 12 月 21 日，顺鑫控股集团所属牛栏山酒厂参加由中国收藏家协会和阿里拍卖联合主办的“福在牛年·2021 首届中国陈年白酒收藏展暨老酒精品拍卖会”，牛栏山十二生肖酒以展会最高价 168.5 万元拍出。

（顺鑫控股集团）

【博士后科研工作站成立】 12 月 22 日，顺鑫控股集团所属鹏程食品博士后科研工作站成立，赵希桐博士入驻，工作站主要研究挖掘影响猪肉质量的遗传标记并应用于鹏程种猪的选育工作，提高猪肉品质加强市场竞争力。12 月 15 日，经北京市人力资源和社会保障局批准，顺鑫控股集团所属福通互联获批设立中关村科技园顺义园博士后科研工作站分站。

（顺鑫控股集团）

【国家体育总局训练基地肉类食材供应】 12 月 29 日，中国奥委会（国家体育总局）指定北京顺鑫农业股份有限公司供应牛肉、羊肉、猪肉等肉食产品，承担国家体育总局 34 家国家队训练基地运动员肉类食材的供应保障工作。

（顺鑫控股集团）

北京燕京啤酒集团公司

【概况】 年内，北京燕京啤酒集团公司（简称燕京啤酒集团）完成啤酒总产销量 353 万千升，实现营业收入 109 亿元，利润总额 4.3 亿元，燕京啤酒及其子品牌价值 1937.21 亿元。年内，燕京啤酒集团获评“2020 年度产品创新典范企业”。

（燕京啤酒集团）

◆ 年内，燕京啤酒集团获评“2020 年度产品创新典范企业”（燕京啤酒集团供图）

【落实国企责任驰援疫情防控】 年内，燕京啤酒集团第一时间响应上级组织号召，先后派出疫情防控志愿者 300 人次，参与搭建临时防灾棚，服务光明街道社区居民核酸检测工作；集结 12 支小分队进入河南村封闭小区支援。通过北京市红十字会、北京市顺义区红十字会、湖北省宜城市红十字会、湖北省仙桃市红十字会等途径为抗击疫情捐款捐物共计 1350 万元。其中以现金形式捐款 1200 万元，以现金及医疗物资、饮用水等实物混合形式向医院捐助 150 万元。

（燕京啤酒集团）

【燕京啤酒品牌价值 1325.82 亿元】 8 月 5 日，第 17 届“世界品牌大会暨中国 500 最具价值品牌发布会”在北京召开。燕京啤酒以 1325.82 亿元的品牌价值上榜。旗下漓泉啤酒品牌以 209.26 元、惠泉啤酒品牌以 158.19 亿元、九龙斋品牌以 157.29 亿元、雪鹿啤酒品牌以 86.65 亿元同时上榜。

（燕京啤酒集团）

【燕京啤酒参加北京烹饪协会活动】 8 月 8—16 日，由市商务局主办，燕京啤酒集团联合北京烹饪协会、东城区商务局、簋街商会等单位共同举办的“玩转京城美食嗨吃龙虾节”活动在簋街启动。活动以簋街餐饮街、华熙 LIVE·五棵松和万丰餐饮街为轴心，集合生麒麟新天地、怀柔万达广场、顺义祥云小镇等商圈美食街区，整合全市餐饮业促消费优惠和内容，以嗨吃龙虾节、京菜美食节等主题，聚焦各业态餐饮，助力行业提振信心，服务市民消费。

（燕京啤酒集团）

【燕京八景亮相盒马鲜生】 8 月 28 日，燕京八景精酿系列啤酒以“八景上鲜，境游燕京”为主题，在盒马鲜生主办的“盒马嗨啤周”精酿展活动中亮相。燕京八景精酿系列啤酒正式上线盒马鲜生，标志着燕京啤酒发力电商新零售领域。

（燕京啤酒集团）

【北京国际燕京啤酒文化节】 9 月 19 日，第 29 届北京国际燕京啤酒文化节在顺义中粮祥云小镇开幕。作为顺义区消费季活动的一部分，此次啤酒节顺应常态化疫情防控要求，采取分散办节的原则，全面创新活动形式，深入市区搭建 20 余座啤酒花园和户外深夜食堂，举办多场社区美食嘉年华，并携手阿里生活本地生活、饿了么平台共同打造线上大促活动，覆盖全区 300 家优质餐饮商铺。

（燕京啤酒集团）

【燕京六款产品获 2019 年度“青酌奖”啤酒新品】 10 月 29 日—11 月 2 日，第十五届中国国际酒业博览会在四川泸州国际会展中心举行。燕京 U8、西山晴雪世涛、卢沟晓月琥珀爱尔、燕京 10 度足协杯定制拉格、玉泉趵突派对 IPA、燕京 10 度足协杯定制白啤 6 款产品获评 2019 年度“青酌奖”啤酒新品。

（燕京啤酒集团）

【获评“大国工匠”“工匠之星”】 11月3日，在中国酿酒网、《中国酒业》杂志、酒通社举办的2020首届中国酒业工匠论坛暨工匠之星颁奖盛典上，燕京啤酒总部的王莉娜、燕京惠泉的程仁为获评“大国工匠”，燕京金川的杨玉林、燕京赤峰的王显杰、燕京三孔的岳鹏获评“工匠之星”。

（燕京啤酒集团）

【燕京啤酒获2020中国特色旅游商品大赛金奖】 11月，在由中国旅游协会、四川省文化和旅游厅、乐山市人民政府共同举办的2020中国特色旅游商品大赛中，由北京市文化和旅游局指导，北京市旅游行业协会组织，顺义区报送的“燕京啤酒·燕京八景精酿啤酒系列”获金奖。

（燕京啤酒集团）

【燕京啤酒“种子计划”公益活动走进苏州校园】 12月18日，“燕京啤酒2020中国足协杯年度公益行动——种子计划进校园”活动在苏州工业园区方洲小学举行。在足协杯委员会和冠名赞助商燕京啤酒联合倡议下，足协杯种子计划于2014年启动，每场比赛向主场赛区的足球重点学校捐赠100个足球，7年来累计捐赠足球43000个，全国共计2087所学校从中受益。

（燕京啤酒集团）

【精准帮扶对口支援地区】 年内，与内蒙古自治区巴林左旗十三敖包镇、花加拉嘎乡签订结对帮扶协议，提供资金、物质帮扶折合51.8万元。选派干部到内蒙古自治区巴林左旗十三敖包镇、花加拉嘎乡和西藏自治区拉萨市尼木县进行挂职锻炼。7月，响应团区委组织的2020年“好书伴成长”活动号召，为新疆维吾尔自治区和田地区的中小学生捐赠100套汉语图书。

（燕京啤酒集团）

建筑业

3月起，京顺机动车检测场持续推进复工复产，全力检验北京市积压待检车辆（顺义市政控股供图）

年内，大龙供热公司完成低氮改造，实施“冬病夏治”，保障辖区达标供热（顺义市政控股供图）

▲ 年内，开展“清管行动”，完成所辖区域 10990 处雨水箅子清淘，疏通 271 千米雨污管线（顺义市政控股供图）

▲ 年内，投入400余万元为南彩镇小营村建成20座果蔬大棚（顺义市政控股供图）

▲ 年内，妥善应对“8·23”强降雨，保障城区平稳度汛（顺义市政控股供图）

▲ 年内，完成 2020 北京国际汽车展览会服务保障（顺义市政控股供图）

综述

【概况】 年内，全区房地产领域固定资产投资实际完成291.41亿元，超额完成任务21.41亿元，其中建安投资93.61亿元，超额完成任务3.61亿元。分别占到全区总完成量的59.9%和42.9%。共完成建筑业总产值145.1亿元，完成本年度建筑业企业产值计划指标，完成区内在建工程新开工面积累计达185.42万平方米，同比下降63.77%；签约合同价款累计98亿元，较2019年116亿元同比下降18.36%。棚改工作超额完成市政府交办的1500户年度棚改任务，全年共完成2030户改造，完成率135.3%。截至年底，全区政策性住房开复工559万平方米43342套，包括产权类住房26966套，租赁型住房16376套。

共监督房建工程590项，面积1880.85万平方米，同比增加3.93%。市政工程16项，工程规模48664.2万元，同比增加14.14%。全年新开房屋建筑工程184项，面积515.0万平方米，同比降低7.48%；竣工97项，面积182.4万平方米，同比降低32.90%。下发工程安全质量《检查记录单》640份，安全质量行政处罚决定37份，罚款金额220.17万元；受理工程质量信访427份，全部处理完毕。与区城管执法监察局、区市政市容委等单位开展联合执法124次；检查房地产销售现场及房地产经纪机构132次，约谈企业27次，立案处罚5次，共处罚金105000元。截至12月30日，信访共受理142件，其中住房保障类60件，房屋质量类6件，征收棚改类13件，市场管理类29件，物业管理类14件，综合执法类2件，工程管理类1件，房屋安全类1件，老旧小区改造类1件，农村危房改造类1件，开发企业管理类1件，老4个村历史遗留问题13件。便民电话共受理3802件，其中市场管理类1466件，物业管理类418件，老旧小区改造类763件，房屋质量类411件，住房保障类495件，房屋安全类95件，施工安全类80件，开发企业管理类42件，农村危房改造类32件。

（区住建委）

【房地产业发展】 年内，商品房销售方面，共新增可销售商品房14657套，建筑面积116.5万平方米；共办理现房销售备案67件，涉及房屋6998套，建筑面积63.73万平方米。共销售新建商品住宅7291套，同比增加31.37%，销售面积84.73万平方米，同比增加22.25%，销售金额285.49亿元，同比增加9.93%。全区共办理存量房业务19380件，同比增加7.58%，其中购房资格审核11352件，同比增加7.36%；网上签约7349件，同比增加7.76%；签约注销591件，同比增加15.2%。自住型商品房方面，重点加大自住型商品房的建设力度，全年共销售房屋1406套，同比减少38%，销售面积19万平方米，同比减少36%。“商住房”治理方面，共销售商业办公房屋1037套，同比减少55.76%，销售面积10.72万平方米，同比减少28.72%，销售金额20.73亿元，同比减少40.27%。

（区住建委）

【建筑行业发展】 年内，共核发《建筑工程施工许可证》203项，施工登记意见书3项；总建筑面积593.9万平方米，同比增长5.3%；合同价款168亿元，同比下降11.8%。共办理总承包、专业分包及劳务分包招投标157项，总建筑面积270万平方米。

（区住建委）

【建筑业企业行政许可审批情况】 年内，区住建委受理建筑业企业资质业务997件，其中资质首次申请431件（含市、区），基本信息全流程变更440件，资质增项107件（含市、区），建筑企业全资子公司间重组、分立2件，主动申请撤销资质5件，资质升级6件，D2及D3证书信息变更4件。

（区住建委）

【棚改工作推进】 年内，天竺综保区围网建设项目（顺义区机场西侧四村）启动实施，项目涉及后沙峪镇铁匠营村，天竺镇杨二营村、二十里堡村、小王辛庄村。拆迁工作于10月28日正式启动，11月7日完成4个村全部842户住宅签约工作，实现拆迁第一奖励期内签约率100%。全年全区完成6个棚改项目拆迁收尾“拔钉子”，完成量近全市$^1/_3$。

（区住建委）

【保障性安居工程】 年内，租赁型住房项目方面，天竺苗圃公租房项目完成主体结构，室外装修进行中；北汽自建公租房项目二次结构施工进行中；国门商务区公租房项目基础施工进行中；友谊医院公租房项目土方开挖中。官志卷村、张各庄村、杨镇一街村集租房项目实现开工建设；东沿头南侧地块项目、西侧地块项目、临河和河南村项目取得施工准备函，启动土方开挖；张喜庄项目取得施工准备函；前进村项目规划设计方案通过专家评审会评审并取得规划许可手续；沙井村项目地上物尚未腾退；前沙峪村和东庄村项目、高丽营镇四村项目、北法信村项目、杜各庄和平各庄村项目集租房项目建设计划退出手续办理中。产权类住房项目方面，金港嘉园项目竣工交付，雅筑佳苑项目、博裕雅苑项目预计2021年交付，水映兰苑项目及蓝境佳园项目预计2022年交付。马头庄村安置房、太平村原址回迁安置房（A地块）、临河村棚改安置房（原址）、夏县营村棚改安置房、沙坨村棚改安置房及东城区棚改安置房项目（北汽地块、临河地块）建设中；前进村原址回迁安置房项目招投标手续办理中，预计2021年部分楼栋能够开工建设；小左各庄村安置房项目资金问题已有解决途径，力争2021年6月完工并交付入住。

（区住建委）

【住房保障】 年内，1717户各类保障房资格复核、307户新申请公租房家庭、340户资格终止家庭、376户资格变更家庭完成审核工作。同时，坚决打击虚假申报行为，对5户虚假申报家庭的申请行为及时终止，并记入不良行为记录，5年内不得再申请保障性住房。共完成80户租金补贴家庭和128户市场租房补贴家庭的资格审核工作，全年全区共发放公租房租金补贴537万余元，市场租房补贴发放73000余元。通过趸租方式共向中国民用航空华北空管局、北京会议中心等29家企事业单位提供人才租赁型住房154套。

（区住建委）

【疏解整治促提升】 年内，持续开展普通地下室巡查。有效避免违规住人等行为，实现动态清零。顺义区后沙峪国翼中心、空港工业区A区国凤航空员工宿舍和东亚首航国际3号楼3项市、区两级地下空间重点整治折子工程全部整改完毕。棚户区改造人口疏解完成。全年通过棚改拆迁疏解住宅2030户。商住房治理力度加大。区住建委加大对民众的政策宣传解读力度、密切关注“商改住”信访维稳问题以及严格检查销售现场和房地产经纪机构等方面，累计检查企业132次，约谈50次，做出行政处罚5次，处罚金额105000元。建筑业人口严格管控。重点检查建设项目劳务管理保障体系建设情况、是否使用零散民工情况，掌握现场施工人员的数量。及时更新和完善施工现场施工单位登记、从业人员和流动人口的登记。重点做好重大项目建设期间的人口规模调控工作，合理控制用工总量，掌握人员流向。工作开展以来，持续保持建筑业人口18000人以下。违法群租房整治完成。全区共完成27处违法群租房整治工作，组织协调各属地加大对重点社区，餐饮街、医院周边等疫情风险较高地区摸排整治力度。

（区住建委）

【城建重点工程建设加快】 年内，顺义电子政务中心及顺义劳动力公共实训基地通过五方验收。

（区住建委）

◈ 年内，顺义电子政务中心及顺义劳动力公共实训基地通过五方验收（区住建委供图）

【拆迁腾退】 年内，办理房屋拆迁纠纷裁决案件19件，办结15件；处理行政复议和诉讼案件90件，办结75件；处理违法拆迁举报案件29件；完成幸福西街项目全部滞留户腾退，实现场清地平；完成肖家坡村李瑞户腾退，实现新城12号地供地；实现3个项目进入房屋征收流程，分别为前进村安置房项目、杨镇中心区棚改项目和综保区围网A片区项目；以李遂镇柳各庄村棚改项目为背景，录制《向前一步》栏目一集。

（区住建委）

【建设工程消防验收】 年内，区住建委进一步捋顺消防验收工作机制，采购验收工具和检测仪器，同时加强验收人员业务培训。全年累计办结建设工程消防验收62项，建设工程竣工验收消防备案220项。针对国家残疾人冰上运动比赛训练馆建设项目、顺义区文化中心、顺义区职业教育中心一期工程等重点项目组织开展提前技术服务。

（区住建委）

【扬尘治理和绿色施工】 年内，按照《空气清洁行动计划》工作要求，加大对重点区域的扬尘管控，保证工程区域土方苫盖、工程现场喷水降尘、工地出入口冲洗设施100%覆盖以及建筑垃圾妥善运输管理等工作有效开展，同时贯彻落实市住建委关于施工现场实时监控要求，全区建设工程视频监控覆盖率92%以上。截至年底，共下发扬尘治理《检查记录单》684份，约谈企业99家，停标处理1家，移交至区城管执法局36起。

（区住建委）

【普通地下室排查整治】 年内，配合疫情防控工作，对全区676处普通地下室安全使用工作开展专项检查，各单位防疫布控工作基本良好，未出现因违规使用普通地下室发生疫情传播突发事件。

（区住建委）

【建筑领域劳务管理】 年内，对全区在施工程开展行政检查677次，双随机检查132次，对发现存在拖欠劳务费隐患的单位约谈23次；对存在违法行为的单位行政处理6次，行政处罚34起，共处罚金98600元。同时为保障社会稳定，深入开展劳务管理专项检查暨劳务费结算支付隐患排查工作，共协调处理讨薪问题14项，涉及工人575人，涉及金额1268.22万元，提前化解拖欠隐患。

（区住建委）

【汛期保障】 年内，上汛前，完成对全区101处老旧破损房屋、10处危险房屋、202间单位家属院平房、2处低洼平房院落、27处往年发生过积水区域、134个住宅小区的676处普通地下室、887个地下车库和12个直管住宅小区的183幢住宅楼进行汛前安全检查工作。上汛后，抢修抢险队随时待命严格执行市、区两级有关城镇房屋防汛工作部署。入汛后，先后64次通过微信工作群及时将暴雨预警、天气状况等信息发送至全区各属地、区属自管房单位和物业公司，并出动7488人次对全区39处重点防汛点位进行雨前、雨中、雨后的巡查，参与应急抢险1次。汛期共出动检查车辆98次，人员364人次，检查在建工地203项次，对工程重点区域、低洼地带和无物业管理的老旧小区进行重点巡查，汛期内未发生重大安全事故。同时，成立7支由870人、112台大型机械组成的建筑行业区级防汛应急抢险大队。

（区住建委）

【安全生产大检查】 年内，根据安全生产大检查工作部署，围绕建筑工程和物业管理分别开展为期4个月的安全生产大检查工作，重点检查施工项目和物业企业安全生产责任制落实、安全生产制度和有限空间作业等情况，共进行各类专项检查331次，出动检查组1173人次，发现隐患653处，基本整改完毕。

（区住建委）

【建设施工领域安全隐患冬季专项整治】 年内，开展建设施工领域安全隐患冬季专项整治工作，重点排查参建单位安全生产主体责任落实情况、施工现场安全隐患治理情况、消防安全管理情况、施工现场疫情防控工作情况、维稳和治安防范管理情况，共进行安全生产专项检查226次，出动检查组904人次，发现隐患240处，全部整改完毕。

（区住建委）

【装配式建筑】 年内，全区新建装配式建筑项目37项，217万平方米，占全市新建装配式项目的9.8%；占全区新建房屋建筑工程的42%。截至年底，全区有在施装配式工程86项，建设规模586万平方米，占全区在施房屋建筑工程的17%。

（区住建委）

【顺义区开通3个共有产权房项目配售工作】 年内，顺义区先后组织实施3个项目的网申配售工作，共计提供房源1406套，其中水映兰苑项目提供房源157套、蓝境佳园项目提供房源865套、博裕雅苑项目提供房源384套，由市建委调配东城区、西城区户籍无房家庭配售。3个项目共计14307户家庭通过资格审核参与摇号、选房，最终1406套住房全部配售。

（区住建委）

【住建领域有限空间隐患排查和长效治理】 年内，顺义区接连发生2起有限空间生产事故，住建委按照区委区政府工作部署，开展施工项目和物业管理区域有限空间排查工作，共摸排施工项目和物业管理项目332项，涉及有限空间作业队伍295个，各类有限空间96332个。建立有限空间台账，健全住建领域安全生产监管机制。

（区住建委）

【持续优化营商环境】 年内，区住建委在简易低风险项目检查及验收、住宅工程质量潜在缺陷保险推进、电子印章应用方面成绩显著。全年完成简易低风险工程质量安全联合检查17项，完成竣工联合验收8项。全年投保住宅工程质量潜在缺陷保险12项，投保项目总规模67.15万平方米，保费共计2883.65万元。完成建设工程消防验收、建设工程竣工验收消防备案、建设工程竣工联合验收、房屋建筑和市政基础设施工程竣工验收备案4个政务服务事项对应的区级电子印章制作、激活及平台授权工作，4枚电子印章于12月底正式启用。

（区住建委）

【老旧小区综合整治和节能改造工作】 6月，于2018年列入综合整治计划的10个老旧小区综合整治和节能改造工程实现开工，截至年底，完成总工程量的55%，实现拆除护栏1273户，空调移机7056台，户内上下水改造266户。于2020年列入综合整治计划的1个小区完成方案设计工作。

（区住建委）

【京沈客专顺义段具备通车条件】 10月22日，市重大项目建设指挥办公室、国铁集团、京沈京冀公司等相关单位开始对京沈客专北京段进行联调联试验收工作，京沈客专顺义段通过此次验收，具备通车条件。

（区住建委）

北京顺义市政控股集团有限公司

【概况】 北京顺义市政控股有限责任公司，于2月14日，更名为北京顺义市政控股集团有限公司，拥有13家二级公司，主营业务涵盖城市基础服务（水、气、热、污、垃圾）、工程建设施工、汽车服务、新能源、投融资和智慧产业六大板块。

（顺义市政控股）

【疫情防控】 年内，坚决落实中央、市、区关于统筹疫情防控和经济社会发展的工作要求，市政控股党委成立疫情防控领导小组，按照对人、地、物的管控要求，严格落实“四方责任”，制订工作方案，建立各类重点人员台账，主要领导组织疫情调度71次，班子成员牵头督导检查600余次。抽调23人参与新国展境外返京人员和北京西站湖北返京人员转运工作，200余名党员参与下沉社区“一线防疫志愿服务”，17个党组织和495名党员以“双报到”的形式下沉社区助力防疫2765人次，收到感谢信4封、锦旗2面。开展“党员职工献爱心”捐款活动，向4个街道和2个乡镇捐助资金251000余元。

（顺义市政控股）

【统筹调度确保经济恢复】 年内，有序推进复产复工，承担市区重点工程、折子工程、实事工程、承载力三年计划、河东百项等重点工程33项，均完成年度目标。围绕“六稳”“六保”决策部署，严格落实《顺义区进一步打好疫情防控阻击战支持企业“控疫情、稳增长”的若干措施》（简称“顺10条”），对中小企业水、气、热等实行“欠费不停供”，减免房租171万元，惠及65家企业和商户；减免出租车承包费用523万元，惠及出租司机372人。利用社保减免、返还失业金等各项政策减免企业税费6000余万元。经济运行持续稳定恢复，主要经济指标基本完成。

（顺义市政控股）

【民生服务】 年内，推行大龙供热网格化服务模式，将全区水、气、市政设施服务区域划分为4个网格，使用户报修上门服务时间由60分钟缩短至20分钟，实现“小网格”服务“大民生”。整合水气报装服务至顺天顺水公司，实现受理、预算、备料、施工、验收全程只进“一门”，“三零（零上门、零审批、零投资）”服务不断扩大，年办理70件，节省用户投资140万元。12345市民服务热线办理2682件，“三率”综合指标97.13分。

（顺义市政控股）

【重大服务保障】 年内，完成全国“两会”“国庆”和防汛、供水供气高峰等重大活动、关键节点服务保障。修订安全管理制度及应急预案37项，进一步加强安全管理体系建设；持续创建“安全牢记心中，责任与生命同行”的市政特色安全文化，突出履行国有企业社会责任，严格履行企业环境保护主体责任，做好污水、生活垃圾、餐厨垃圾处理设施运营管理，强化水、气等污染源在线监测，确保达标排放。完成中央生态环境保护督察迎检工作，公司安全生产局面总体良好，未发生安全生产事故。

（顺义市政控股）

【精准帮扶】 年内，与河北省万全区郭磊庄镇、北新屯乡开展以“教育先行，携手奔小康”为主题的党建共建活动，捐赠价值80000元的电脑、图书和衣物，购买428万元帮扶地区农产品。郭磊庄镇何家屯村杂粮加工厂竣工投产，投资400万元建设南彩镇小营村农业大棚项目，增加集体收入、促进农民就业。

（顺义市政控股）

【基础设施稳定运行】 年内，市政控股实施重点工程33项，涉及河东百项重点项目9项，新城承载力提升三年计划18项，实现完工8项，开工5项，获得立项2项，形成固定资产投资2.8亿元、建安投资1.8亿元。已完工的工程有顺平辅线燃气（河北村—李魏路）工程、樱花园社区给水消隐改造工程、蓝岸丽舍接通市政水工程、城区8处积水点治理工程。在施工程中，杨镇水厂扩建工程完成65%，天竺28街区供水工程完成79%，龙塘路次高压燃气管线工程完成30%，河东五镇燃气管线工程完成34%，安富街燃气管线工程完成22%，外环路给水管线工程完成92%。办理手续的项目中，南陈路高峰供水管网完善工程、杨镇水厂扩建外电源工程获得立项，河东龙湾屯等4座水厂选址工作有序开展。木林天然气门站通过新建陈马路、白马路等次高压主干管线，实现与河西气源连通；木林、张镇、大孙各庄3个镇中心区接通市政天然气，具备通气条件村庄增加27个。

（顺义市政控股）

【市场化改革成效渐显】 年内，编制《市场开发工作规划（2020—2022年）》，明确开发方向和目标，制订实施《机场周边国际人才社区市场开发投资政策方案》《推进部分工业区企业置换市政水的实施方案》。实施市场开发奖励，兑现奖励资金920000元。对接镇街（功能区）区域发展规划和用户服务需求，就民生改善、项目合作等方面议定事项112条，走访重点水、气用户160个，收集并反馈意见建议33条。建立分类分级可开发项目台账（2020—2025年），涵盖项目1313个。全年累计开发水、气公服用户331户，新增供热面积370000平方米，接收临空经济核心区144千米雨污水管线以及赵全营再生水厂管理运营权，开发的恒慧通、宝德阳科技等4家公服用户。

（顺义市政控股）

北京顺义燃气控股有限责任公司

【疫情防控与复工复产】 年内，北京顺义燃气控股有限责任公司（简称顺燃控股）严格落实各项疫情防控措施，适时转移工作重心，合理调整安检、维修等入户服务安排，做到疫情防控与安全供气两手抓、两不误。先后投入40余万元购买防疫用品，确保物资充足，防护到位。通过服务窗口外移、线上售气、远程指导等“不见面”服务措施，做到疫情防控不放松、业务办理不停滞、用户服务不断档。疫情期间落实“欠费不停供”政策，为欠费企业供气3000余立方米；对重点用户北京现代汽车有限公司缓缴气费1000余万元，4家出租房屋共减免租金213400元。2月10起，全面复产复工，各项经营活动全面推进。

（顺燃控股）

【重点工程建设】 年内，完成顺平辅线随路管线建设2.7千米并实现通气，安富街、龙塘路及河东五镇工程按计划完成工程量的30%。木林、张镇、大孙各庄3个镇中心区接通市政天然气，具备通气条件村庄增加27个。完成118个小区75972户智能远传燃气表更换，换表率83.87%；完成公服用户1614台远传表更换，换表率81%。截至年底，历时4年的远传表更换工程基本完成，全区216个小区更换233059块智能远传燃气表，总体换表率89.4%。

（顺燃控股）

【市场开发】 年内，以市政控股《市场开发工作规划（2020—2022年）》《机场周边国际人才社区市场开发投资政策方案》为指引，制定实施具体开发策略。对接镇街（功能区）区域发展规划和用户服务需求，走访企业485家。全年累计新增公服用户238户。液化气销售克服疫情影响，全年销售增长2360吨，同比增长24%。

（顺燃控股）

【“网格化”管理服务体系】 年内，将原天然气运行、安检、维修等各专业“分割作业”、多次往返现场，转变为“一次现场作业，开展多项业务”，有效提高工作效率和服务水平。一是科学划分网格，根据地理位置将全区划分为城区、后沙峪、马坡和杨镇4个网格片区，天然气设施管理和服务项目纳入网格，实施就近服务。二是整合服务队伍，将原来各部门专业服务人员131人通过双向选择、内部竞聘进行重组整合。三是加强组织协调，成立生产运营部和科技信息技术部，负责各网格业务的组织协调和信息整合。

（顺燃控股）

【问需于民提升服务质量】 年内，及时响应用户诉求，妥善解决服务问题，由“接诉即办”向“未诉先办”转型。建立关键节点响应机制，在液化气市场整合、采暖季前报装通气等重点时期，加强与相关单位协调联动，解决西辛南区城建集团家属楼、石园东区配电楼及95866部队家属楼通气等问题。全年共接听便民电话780件，629件在责任范围内，三率综合指标95.26%。落实优化营商环境政策，为59家小微企业提供“三零”服务，共为用户免除接入费用189.7万元。

（顺燃控股）

【重大活动服务保障】 年内，完成全国“两会”、国庆等重大活动服务保障，关键节点天然气运行平稳。12月30日，日供气量486.5万立方米，创历史新高，同比增长32.39%。严格落实管线看护方案，贯彻“死盯死守”要求。不断完善各项安全生产制度及应急抢险预案，组织专项演练8次，妥善组织应急抢险3次，消除安全隐患2748处。持续打击偷盗气行为，利用用户气量分析与联合突击检查等手段，发现并处理偷气行为1起，追缴气费63万元。

（顺燃控股）

【承接全区液化气独家供应保障任务】 年内，共派出保供车辆714车次，人员1428人次。开展“建台账、查隐患、抓整改、保安全”专项工作，以全区液化气用户安全检查全覆盖为目标，通过领导对接、属地联动，集中200多名专业安检人员力量完成19个镇6个街道5个功能区111000用户第一轮安检，发现146000处违章现象，整改进行中。

（顺燃控股）

北京顺义自来水有限责任公司

【管线铺设】 年内，北京顺义自来水有限责任公司（简称顺义自来水公司）新铺设直径75毫米以上管线34千米，DN75以上输配水管线1881千米。

（顺义自来水公司）

【智能水表改造】 年内，IC卡水表改造工程涉及35个小区35877块水表，更换30600块，换表率85.3%。

（顺义自来水公司）

【电费开支】 年内，电费合计2110万元，同比减少114万元，降幅5.13%，其中水厂电费合计634万元，同比减少30万元，降幅4.5%；水源地电费1350万元，同比减少85万元，降幅5.94%。

（顺义自来水公司）

【光伏发电】 年内，光伏发电共发电304万千瓦时，同比增加13万千瓦时，增幅4.39%。

（顺义自来水公司）

【水厂、水源地产供水主要指标完成情况】 年内，水厂供水6038万吨，完成目标额96.74%，同比下降3.26%，受疫情影响，下降幅度约30%。本年度供水高峰出现在6月，单日最高供水21.72万吨。水源地累计产水6234万吨，完成目标额的97.36%，同比减少169万吨。

（顺义自来水公司）

【群众诉求落实】 年内，共组织便民电话工作调度会41期，全年接到便民电话交办单678张，响应率100%，解决率90%，满意率98%，“三率”综合指标95.2%。便民电话“52133333”共受理76848个，其中用户报修20235个，占自来水电话量26%；用户需求3310个，占自来水电话量4%；用户咨询53296个，占自来水电话量70%；用户表扬7个。全年“三率”完成情况为响应率100%、解决率87.63%、满意率97.32%。推动未诉先办，通过专项调度会，共同研究解决重点、难点问题，主动与区发改委、区规自分局、区水务局及属地政府联动，将东方太阳城、蓝岸丽舍小区市政水管线接通到红线，为小区接水前期做好准备。对反映强烈的双阳西区（新接收小区）居民反映水表充值问题，派出专职人员驻守物业，与600户居民逐一打电话进行说明，有效降低居民通过“12345”解决诉求的问题。对樱花园、北务、后沙峪、裕龙等地区管网抢修，消除极寒天气对管网、水表造成的影响，及时协调控股便民电话专班，启动“未诉先办”流程，降低市民热线后续处办压力。通过网格设置和人员调整，努力实现“定位网格化、内容多元化、项目精细化、服务规范化、管理信息化”的管理目标。

（顺义自来水公司）

【水费催缴】 年内，水费共计收入15975万元，完成计划任务16767万元的95.28%，其中公服用户10353万元，居民用户2434万元。收回2019年1—12月欠款430万元，超出计划100000元；收回2018年12月底前欠款136600元，完成计划的33%。

（顺义自来水公司）

【科技信息化建设】 年内，以城南水厂为模板，完成胡各庄、北务等7座水厂自控系统建设；健全调度数据中心，完成水厂、网格、调度各级报表自动系统建设；完成东府水源地高压配电室无人值守相关改造；加强信息安全管控，保证公司网站、EAS系统、云之家及各部室办公正常运行。

（顺义自来水公司）

【疫情防控】 年内，顺义自来水公司全体干部职工落实“四方责任”，及时传达上级疫情工作部署，定期向市政控股汇报工作落实以及人员情况，确保干部职工零疑似、零感染。制订《自来水公司新型冠状病毒感染的肺炎疫情防控工作方案》《疫情期间开复工工作方案》等细则，并随着疫情等级变化，及时调整防控措施；定期召开疫情防控工作部署会，通报、排查、督促疫情防控工作的落实情况，集中解决防控工作中的重点问题，为基层及一线干部职工配发各类防疫物资，全年投资共计200000余元；深化党员双报到，克服人员紧张的困难，选派15名骨干党员职工下沉社区参与一线防疫；对出入人员严格落实“扫码、测温、登记”三件套，公司办公楼由班子成员带头，公司各部室轮流进行值守，各水厂在落实“扫码、测温、登记”的基础上，执行访客通报要求，确保监测监管到位；加强监督检查，疫情期间坚持值班领导下基层检查防控措施落实情况，对不符合要求的行为立行立改，全年组织检查共计出动300余人次。

（顺义自来水公司）

【市场开发】 年内，建立市场开发台账并定期分析，及时反映市场开发程度对水量增量的影响。完成工业区内非居民用户开发21户，工业区外非居民用户开发146户；完成全区17个镇、4个街道办事处及

2个功能区前期调研及对接工作，6次协调金马工业区、聚源工业区和牛山工业区接通市政水工作，7次对接文化营、楼台村等10个村庄自备井置换市政水相关事宜，并与以上各方建立联系机制；深入现场踏勘杨镇双阳南区、牛山康乐小区、赵全营政府及周边单位接通市政水条件，完成改造方案草拟与审定，并实现双阳南区与康乐小区改造开工建设。

（顺义自来水公司）

【重点工程】 年内，根据年初投资计划，督促各工程项目进展及相应资金拨付，完善并规范相关建设档案与流程，推进公司12项工程建设进度及河东四水厂前期规划选址工作。樱花园社区给水消隐改造工程基本完工。杨镇水厂扩建工程开凿水源井12眼，敷设输水管线16.4千米、配水管线2.8千米。天竺28街区供水能力提升工程敷设完成DN600配水管线5.9千米；外环路给水管线工程完工。顺义区自来水安全保障工程——供电工程中东府水源地配电室完成竣工验收，正式投入使用；西辛水厂、胡各庄水厂、杨镇水厂和东府水源地完成竣工验收并开始发电工作。

（顺义自来水公司）

【顺水顺源分公司划转完成】 年内，顺水顺源分公司完成资产划转，涉及转让固定资产56项、转让金额120万元；原材料转让497项，转让金额145万元；解决顺水顺源分公司122名职工岗位与人事关系分离问题，避免劳动用工风险，2人自愿申请留在顺天顺水公司，其余120人转回顺义自来水公司。

（顺义自来水公司）

北京顺政大龙供热有限公司

【支援防疫战线】 年内，北京顺政大龙供热有限公司（简称大龙供热）在“外防输入、内防反弹”的疫情防控关键时期，成立35人的志愿服务队，加入北京市疫情防控志愿服务工作中支援抗疫一线；助力中小企业复工复产，累计减免租金400000余元。

（大龙供热）

【民生供暖】 年内，2019—2020年采暖季自2019年11月6日至2020年3月31日，提前8天开始供暖，延长供暖16天，共147天，供热面积1471万平方米。

（大龙供热）

【智慧供热】 年内，以“四温联动”为控制理念，持续提升智慧供热科技化、信息化应用水平。发挥换热站气候补偿系统联动作用，实现热源厂综合气象站数据与顺义气象台数据精准匹配。完成无人值守换热站关键温控参数权限管理安全性能升级，对运营维护人员实行分级授权，保证系统操作安全。对17台20蒸吨及以上锅炉加装烟气在线本地数据同步传输设备，实现对烟气排放数据的实时监测和集中管理。

（大龙供热）

【市场开发】 年内，采用项目整体承包托管运行模式接管隶属于牛栏山镇政府的牛栏山康乐小区供暖项目，供暖面积244000平方米，通过对供暖管网进行技术改造，改变原有2个锅炉房在供暖季同时运行情况，保留运行较大规模锅炉房，取缔关停较小规模锅炉房，保证供暖安全稳定运行，降低运行能源消耗，减少氮氧化物排放。

（大龙供热）

【维修催费一体化】 年内，大龙供热持续优化维修催费一体化考核机制，同2017—2018年采暖季相比，2019—2020年采暖季当年收费率提高2.5%，综合收费率提高6.28%。将市民服务热线投诉情况等指标纳入考核体系，推动“接诉即办”向“未诉先办”延伸。

（大龙供热）

【锅炉低氮改造】 年内，投入380余万元对中医院、龙府、大孙各庄等11台燃烧器进行低氮改造，于2020—2021年采暖季投入使用，氮氧化物排放由80毫克/立方米降至30毫克/立方米，可削减氮氧化物排放量达10吨/采暖季。

（大龙供热）

北京市恒锋市政工程有限公司

【站前北街与顺丰大街断头路道路工程】 年内，站前北街与顺丰大街断头路道路工程完工，道路全长

98.568 米，采用一幅路型式（路面无隔离带），车行道宽 12 米，西侧路肩宽 1.5 米，东侧路肩宽 0.75 米，路基全宽 14.25 米，路面采用双向横坡 1.5%。

（恒锋市政）

【城北热源厂坤安路热力管道工程】 年内，城北热源厂坤安路热力管道工程（马场东路—白马路段）项目完工，项目为顺义城北供热管网坤安路段部分管线，其中干管设计直径 DN400，设计起点为坤安路现状管线垣丰路南侧甩口，终点为坤安路现状管线垣丰路北侧甩口，管线长度 171 米。

（恒锋市政）

【顺义劳动力实训基地和电子政务中心围墙外防汛工程】 年内，实施顺义劳动力实训基地和电子政务中心围墙外防汛工程，清运渣土 4889.9 立方米，安装 D600 聚乙烯双壁波纹管 35 米，安装 D600 钢筋混凝土承插口管 13 米，修筑排水明沟 298 米。

（恒锋市政）

【西辛南区南侧底商路面修复工程】 年内，西辛南区南侧底商路面修复工程完工，将西辛南区底商前面积 2400 余平方米的火烧砖挖除后，铺筑沥青混凝土路面，底商东西两侧街道沉陷部分进行局部修补。

（恒锋市政）

【西辛北区背街小巷整治工程】 年内，西辛北区背街小巷整治工程完工，西辛北区背街小巷路宽 8 米，两侧为人行步道，路东侧为京承铁路，路西侧为民房。工程将两侧隆起步道平整后，加装树池口，重新铺筑步道砖，西侧外墙全部弹涂翻新，墙顶更换树脂瓦。

（恒锋市政）

【网格化服务后沙峪分中心地面硬化工程】 年内，实施网格化服务后沙峪分中心地面硬化工程，后沙峪水厂位于火沙路与裕安路交叉口西北位置，厂区内有 2 块绿地和 1 条园路以及多棵针叶乔木，本工程将绿地和园路破除后整体规划为一个可容纳 50 个车位的停车场。

（恒锋市政）

【网格化服务马坡分中心地面硬化工程】 年内，实施网格化服务马坡分中心地面硬化工程，马坡水厂位于马坡邮电所南侧，院内改造范围约为 3219 平方米，路面硬化后整体规划为一个可容纳 95 个车位的停车场，院外步道砖 842 平方米。

（恒锋市政）

【龙湾屯镇 2020 年森林健康经营林木抚育项目】 年内，森林抚育面积包括山里辛庄村、龙湾屯村、唐洞村和大北坞村共计 105.58 公顷（1583.7 亩），主要抚育措施包括定株、修枝、割灌、除草、松土扩堰。

（恒锋市政）

【顺义区 2020 年安装连村路灯项目（第四标段）】 年内，顺义区 2020 年安装连村路灯项目（第四标段）位于顺义区杨镇、木林镇、龙湾屯镇，本工程标段共 830 盏路灯，电缆 37952 米，混凝土基础 830 个。

（恒锋市政）

【顺义区生活垃圾处理中心焚烧三期拆除工程】 年内，顺义区生活垃圾处理中心焚烧三期拆除工程位于顺义区杨镇地区，工作内容包括混凝土道路破除 10354 平方米，锅炉、除尘器及相关设备、活动板房 5339 平方米、63 米高混凝土结构烟囱 1 座拆除，挖土 5100 立方米，混凝土基础拆除 226 立方米等。

（恒锋市政）

【顺义区南法信镇南焦路焦各庄段西侧排水沟改造工程】 年内，顺义区南法信镇南焦路焦各庄段西侧排水沟改造工程位于顺义区南法信镇，北起顺于路，南至焦各庄村北，南焦路西侧。为混凝土模块式排水暗涵，全长 575 米。

（恒锋市政）

【三位一体监督审核】 5 月 25—27 日，公司通过质量、环境、职业健康三位一体国际管理体系的监督审核。此次审核对照“E：GB/T24001-2016；ISO14001：2015；S：ISO45001：2018；QJ：GB/T19001-2016/ISO9001：2015 和 GB/T50430-2017”等行业标准，对公司日常运营和工程管理做出全过程审核，确保公司的体系运行达到新标准、符合新要求。

（恒锋市政）

北京通达实业总公司

【承担社会责任】 年内，响应疫情防控及补贴政策，北京空港机动车交易中心减免房屋租金共计63.7万元，北京金顺、深顺2家出租汽车公司累计减免承包金523万元。

（通达公司）

【供给侧改革全面落实】 年内，完成5家“小微亏”企业注销工作，累计完成13家“小微亏”企业关停并转工作；法院正式受理2家“僵尸企业”破产申请。

（通达公司）

【全面清产核资】 年内，开展清产核资工作，清查企业21家，梳理追回企业资产320万元。

（通达公司）

【便民服务】 年内，北京市京顺机动车检测有限公司增设车主等候休息室，满足“一人一车”要求。

（通达公司）

【政策及市场变革应对】 年内，北京市京顺机动车检测场投入资金38.65万元开发顺潮东二手车交易市场检测业务，1月正式投入使用；8月开发二手车外迁业务，截至年底，外迁车辆6591辆；北京深顺出租汽车公司再次中标顺义区新能源执法车辆租赁项目车辆及其他运输机械租赁服务采购项目。

（通达公司）

【污水、积水改造工程】 年内，完成通达公司南法信地块场区排水工程，投资金额约240万元，实现场区污水的依法合规排放；给水改造工程项目一期于9月初竣工，投入金额约60万元，经调试试运行后正式投入使用。

（通达公司）

【复工复产】 3月，北京市京顺机动车检测场成为北京市汽车检测行业首批试运营单位，并率先实现复工复产。5月，通达公司各企业实现全面复工复产。

（通达公司）

北京顺政能源科技有限公司

【光伏发电项目】 年内，能源科技公司光伏发电项目完成8个光伏项目（7.315兆瓦）的建设投资，光伏项目年发电792万千瓦时。

（能源科技公司）

【鼓风机改造项目】 年内，能源科技公司开展鼓风机改造项目，全年节约电能200千瓦时，节约120万元。

（能源科技公司）

【运维养护】 年内，能源科技公司下属企业鑫顺京华建立运维养护培训基地，完成马坡镇域内3000盏路灯的运检维修，马坡水厂1万平方米1.1兆光伏区域的除草以及调水中心5.5兆共18120块光伏板的清洗工作，节省清洗成本146万余元。

（能源科技公司）

北京顺政排水有限公司

【生产指标】 年内，北京顺政排水公司（简称排水公司）累计完成污水处理量约8908万立方米，同比增长924万立方米，超年度生产计划668万立方米，较去年增加产量12%。

（排水公司）

【片区整合完成】 年内，排水公司下辖污水处理厂（站）和临时设施共121座。11月10日，排水公司将原有2个片区重新划分为4个片区，分别为马坡分区、调水中心分区、杨镇分区、赵全营分区。

（排水公司）

【水站在线监测实现全覆盖】 年内，排水公司水站在线监测实现全覆盖，并完成数据上传工作。

（排水公司）

【新增接收污水处理厂站】 2月1日，排水公司正式接收管理赵全营再生水厂。4月24日，排水公司正式接收管理方氏渠循环净化站。5月15日，排水公司正式接收管理月牙河循环净化站。6月17日，排水公司正式接收仁和再生水取水站。

（排水公司）

【老旧厂站用电专项排查整治工作】 2月19日，排水公司编制的《运行五年以上老旧厂站用电专项排查整治工作方案》开始实施。4月26日，马坡再生水厂、于庄水厂2座老旧厂站的用电专项检测工作完成。

（排水公司）

【扩容改造工程验收】 7月16日，排水公司完成杨镇再生水厂改扩建工程单位工程验收。11月26日，排水公司完成马辛庄南站、水坡水站扩容改造工程验收工作。

（排水公司）

【签订中水供应框架协议】 9月21日，排水公司与罗马湖加油站签署《中水供应框架协议》。10月22日，排水公司与顺义区园林绿化项目中心签署《中水供应框架协议》。11月16日，排水公司与北京顺政大龙供热有限公司完成签署《中水供应框架协议》。12月9日，排水公司完成与顺义区园林绿地管护中心签署《中水供应合同》。

（排水公司）

【调水中心二期预处理增容工程】 10月14日，排水公司完成调水中心二期预处理增容工程，将污水部分处理能力从20000立方米/天提升到52000立方米/天。

（排水公司）

北京顺政市政设施管理有限公司

【“接诉即办”】 年内，强化组织领导，建立专班机制，形成闭环管理，保证办结效率。全年接单130件，办结130件，响应率、办结率100%，满意率98.2%；多网融合接到案件252件，办结252件。

（市政设施）

【顺义区部分市政设施运维项目】 年内，顺义区部分市政设施运维项目包括部分雨水泵站养护项目、地下管线及井盖设施巡查维护项目、顺义区交通设施维护项目，项目金额1090万元。

（市政设施）

【接收临空经济核心区管网】 年内，完成临空经济核心区144千米管网接收任务，运维的管网数量由382千米增至526千米，年增加运维费用约367万元。加大排水管网接收力度，共计调查梳理全区排水管网1400千米。

（市政设施）

【新国展集散点周边交通设施保障】 年内，抽调骨干力量成立值守应急队伍，加大对新国展周边道路交通设施巡检力度，强化24小时值守，配合顺义分局交通支队做好新国展集散点及周边服务保障工作，完善隔离护栏及交通指示牌的设置安放，保证机场至集散点沿线及周边道路交通正常运行。

（市政设施）

【清管保汛期】 年内，治理雨污管涵混接，配合区水政执法大队及仁和等相关属地，对雨污混接进行6次现场执法，出动执法人员24人次；疏通雨污管线约476千米；清淘附属排水设施，雨箅子10990块，检查井11652座，化粪池242座；修复附属设施，更换及维修雨水箅子约238套，维修及更换井盖、井圈200余套等。

（市政设施）

【汛期防汛】 年内，秉承“生命至上，安全第一”的防汛工作理念。思想高度重视，全体防汛人员提高政治站位，强化国企责任，担当意识，闻“汛”而动。加强工作联动，与区气象局、区应急局、区城管委等相关部门及下凹桥区防汛单位建立“职责清、任务明、响应快、效率高”的安全防汛工作机制。做好防汛保障，全体人员进一步熟悉并细化防汛工作方案，明确职责和人员分工。汛期及时启动预警响应34次，临时应急封路1次，共计出动防汛值守人员1238人次，保障车456车次，动用路锥、疏导交通警示牌、断路路障以及发电机、水泵、雨具等防汛物资，并按照区防办要求按时完成各类信息上报工作。应对“5•21”“7•31”“8•12”“8•18”“8•23”等强降雨天气，实现城区责任区域内安全度汛的工作目标。

（市政设施）

【党建引领职工志愿活动】 年内，党支部49名党员回社区报到210余次，支援社区防疫值守、垃圾分类等工作。14名干部职工响应公司号召，参加市政控股志愿服务队伍，下沉仁和街道社区参与疫情防控志愿服务工作。

（市政设施）

【社区送锦旗】 1月8日，胜利街道建北三社区居委会将一面写有“不忘初心 情系百姓 牢记使命 为民解忧”的锦旗送到公司，感谢工作人员对居民小区市政设施的维修维护所做出的努力。

（市政设施）

【马坡中水管线分段注水试压完工】 3月2日，马坡中水管线注水试压进场作业，管线全长5.9千米，供水管线路径马坡再生水厂—北环路—通顺路—白马路—丰乐路—北京银行（白马路—坤安路—中信银行），试压过程分7个试压段，逐段注水试压。前期调查管线18千米，阀门井、排气井、排泥井等210座，出具现况管线试压路由平面示意图，制订适宜的试压作业指导方案，于4月底完工。

（市政设施）

【高考考点周边设施维护】 高考期间，加大高考考点周边设施巡检和信号灯维修力度，每日出动80人次、25车次。交通设施维护班全员全天候在岗，紧盯天气变化，雨前做好雨水口、雨箅子的清淘工作，确保各类天气下市政设施运行正常，全力保障高考期间市民出行通畅。

（市政设施）

【望泉公租房停车位设施完善及保洁工程】 6月30日，望泉公租房停车位设施完善及保洁工程完工。项目于2019年12月24日开工，项目金额188万元，包括地下车位设备设施安装1623个，地下车库清扫63862平方米。

（市政设施）

【8处积水点治理项目】 9月24日，顺义区8处积水点治理项目开工。8处工程地点分别为铁东路（与仓上街交叉口）、顺泰路（与平沿路交叉口）、顺恒大街、坤安路、西环路（新二中西南角）、望泉西里二区（顺平路与西环路交叉口）、前进花园（西门外环路辅路）、东兴二区菜市场北侧门口。工程内容包括现况雨水口及管道清淤、拆除更换排水管道及雨水连接管、新建雨水管道、翻建检查井及雨水口、拆除现况沥青混凝土道路并恢复等。项目由北京顺政市政设施管理有限公司施工，北京顺政通工程监理有限公司监理，工程造价1258.29万元。11月30日，8处积水点雨水管线、检查井、雨水口拆改建及下游管道疏通工程全面完工。

（市政设施）

北京顺政金服科技有限责任公司

【“12345”市民服务热线】 年内，市政控股市民热线共受理交办单2682件，其中在公司服务范围内1478件，非公司服务范围内1204件；解决1167件，满意1353件，“三率”综合成绩平均97.13分，在全区各部门排名第9名。根据《北京市顺义区市民热线工作考核奖惩暂行办法》（顺财字〔2020〕82号）中规定的奖惩机制，市政控股在第三季度和第四季度各获得区财政局奖励15万元。

（顺政金服）

【综合服务热线52133333】 年内，综合服务热线52133333共受理电话量269638个，同比增加14088个，增幅5.51%。顺政金服根据以往热线情况，结合水、气、热季节性和集中性特点，根据电话呼入数量统筹安排在班人次，优化排班模式，制定更优排班，提高话务接通率。本采暖季统计，供暖高峰日电话排队人数约400人次，同比下降约1000人次。

（顺政金服）

【网格化服务】 11月3日，后沙峪综合服务大厅、马坡综合服务大厅、杨镇综合服务大厅正式对外营业，业务范围包括水、气、热缴费、开票、开户、补卡等综合业务。

（顺政金服）

北京顺政餐厨生物科技有限公司

【公司成立党支部】 4月，中共北京顺政餐厨生物科技有限公司支部委员会成立，简称“餐厨生物科技党支部”。

（顺政餐厨生物）

【公司成立工会委员会】 8月，北京顺政餐厨生物科技有限公司工会委员会成立。

（顺政餐厨生物）

北京顺政环保科技有限公司

【垃圾处理】 年内，年无害化处理进厂生活垃圾475100吨，较上年减少65900吨，增长比率为-12.18%。焚烧发电量9345.46万千瓦时，上网电量6618.72万千瓦时。

（顺政环保科技）

【粪便处理】 年内，年处理进厂粪便58300吨，较上年增加14700吨，增长33.7%。

（顺政环保科技）

【排污许可证】 1月，取得生活垃圾焚烧项目排污许可证。

（顺政环保科技）

【生活垃圾（含粪便）行政许可】 3月，取得从事生活垃圾（含粪便）经营性处理服务审批（只限从事生活垃圾经营性处理服务）的行政许可。

（顺政环保科技）

【发电许可】 8月，取得国家能源局华北监管颁发的电力业务许可证（发电类）。

（顺政环保科技）

【焚烧三期工程建设相关许可】 9月，取得顺义区生活垃圾处理中心——焚烧三期工程建设工程规划许可证。10月，取得施工许可证。

（顺政环保科技）

【排污许可证】 12月，取得粪便处理设施的排污许可证。

（顺政环保科技）

◈ 年内，全市首个水上漂浮式光伏发电项目推广应用效果明显，全年减少二氧化碳排放量7850吨、二氧化硫排放量236吨，替代标准煤3149吨，节省柴油298万升（顺政环保科技供图）

北京大龙控股有限公司

【概况】 北京大龙控股有限公司（简称大龙控股）重组整合后设立所属二级企业14家，构建起土地一级开发、房地产二级开发、建筑工程、生态园林、服务、金融、科技、文化传媒8大业务板块，形成综合性产业集团。截至年底，资产总额150亿元，在职职工3000名。大龙控股在顺义区先后承建多处回迁房、保障房，以及学校、医院、供热中心等大量公共设施，并承担着顺义区17个老旧小区的物业服务工作。

（大龙控股）

【马头庄定向安置房项目地下车库结构封顶】 年内，大龙顺发公司马头庄项目部地下车库完成结构封顶，标志着该工程基础施工阶段正式完成。马头庄回迁安置房项目，建设规模约17万平方米。3月5日复工，3月16日区住建委等部门开展联合验收，开始进行基坑支护、土方开挖及主体结构施工。截至年底，完成地下车库结构施工及地上结构部分5层以下主体结构施工。

（大龙控股）

【公司荣誉】 12月4日，由中国施工企业管理协会主办、广西建筑业联合协会协办的2020年度工程建设诚信企业推介大会在广西南宁召开，大龙顺发建筑公司荣获“工程建设诚信典型企业”及“工程建设信用评价8星级证书”。

（大龙控股）

【疫情防控保障】 年内，大龙控股参与支援中国国际展览中心新馆入境旅客转运集散服务保障工作。第一时间成立交通和环境秩序保障工作组，确保24小时不间断服务保障。3月10日起，保障工作组紧急调集人力物力，对集散点内W1W2、W3W4、E3E4、E5停车场、18个临时公厕实行24小时清扫保洁消毒工作，启用厢式密闭垃圾车清运生活垃圾，保证运输过程中的干净整洁。在新国展场内停车场和道路周边显著位置，专门设置现场导视图3块、垃圾投递提示牌4块、临时厕所标志4块，建立生活垃圾存储站5座、医疗废弃垃圾存储站4座、脱换防护服专区4处，方便旅客投递垃圾、脱换防护服。加强E5停车场的管理，通过优化停车点位、调整车辆行车路线等，缓解新国展外围交通压力。安排保障疏导人员24小时进行值守工作，日保障车辆近1000余次，确保车辆有序停放无安全隐患。安排工作人员及车辆加强周边道路（天柱东路、天北路、裕丰路、裕东路、临时环路、安华街）的清扫保洁、环境整治、绿化养护、市政设施安全维护、户外广告牌匾安全巡查工作。全年大龙控股投入服务保障工作人员527名，其中馆内志愿者20人，馆内保洁180人，外围服务保障327人。

（大龙控股）

【多措并举助力脱贫攻坚】 年内，为坚决落实好顺义区关于购买帮扶地农副产品的具体要求，大龙控股有限公司多举措助力脱贫攻坚工作。广泛动员，切实提高政治站位。及时召开公司对口帮扶工作推进会，一方面传达学习中央、市区各级关于购买农副产品、助力脱贫攻坚精神，切实提高思想认识；另一方面公司各所属企业积极响应，结合单位实际主动认领购买任务。截至8月21日，13家分子公司累计购买河北省沽源县、内蒙古自治区科左中旗两地农副产品价值105万元。党建引领，持续发挥党支部和党员作用。公司党委发出《踊跃购买扶贫产品》的倡议，各党支部广泛开展“购买农副产品 助力脱贫攻坚”主题党日活动，组织党员干部到双创中心，利用爱心扶贫信用卡购买帮扶地农副产品。科技助力，让扶贫商品走进千万家。充分利用好“龙之家——智慧社区综合服务平台”，在App软件内开辟“扶贫助农专区”，依托平台10万个名用户数量的优势，将农副产品销售渠道搬至线上。

（大龙控股）

【抗疫先锋】 9月29日，北京市抗击新冠肺炎疫情表彰大会在北京会议中心举行。大龙控股所属大龙物业公司获得北京市抗击新冠肺炎疫情先进集体、北京市先进基层党组织称号。

（大龙控股）

【“区志愿服务项目大赛三等奖”】 年内，大龙控股“蓝丝带”志愿服务项目参与顺义区首届志愿服务项目评审大赛，通过为期20余天的线上提交、专家评审、视频录制、平台展示、现场答辩等方式的评比，最终以“2020年北京汽车展览会志愿服务项目”荣获三等奖，并争取到顺义区项目扶植资金和专业培训指导。

（大龙控股）

北京市顺建工程有限公司

【概况】北京市顺建工程有限公司（简称顺建工程）为国有独资公司，注册资金30900万元，拥有房屋建筑工程施工总承包、装修装饰工程专业承包双一级资质，房地产开发、钢结构及市政二级资质。年内，完成总产值16.81亿元，营业收入17.21亿元，实现利润总额为2457万元，上缴税金5553万元。

（顺建工程）

【重点工程情况】 年内，实现开复工面积162万平方米，在做好疫情防控的同时，编制各重点工程复工计划，做好复工前各项准备工作，协调各方，解决复工复产中的困难，中医院迁建项目、北师大附中、临河村棚改房、南彩小学、涉案财物管理中心、金宝花园、中盛华维等重点工程于3月底复工，施工人员分批次返岗。行政中心配套业务用房项目施工人员多数为湖北地区，于5月11日正式复工。截至年底，区级重点工程顺义区中医院迁建项目、后沙峪中心小学项目、顺义公安分局涉案财物中心工程和高丽营消防站工程全部完成施工任务。北师大附中顺义分校项目、行政中心配套业务用房项目、临河村棚改安置房、杨镇第三幼儿园沙岭分园、杨镇生活垃圾处理中心焚烧三期等项目按施工进度推进。

（顺建工程）

【疫情防控】 年内，顺建工程严格落实区委区政府各项工作部署，及时制订《疫情防控工作方案》，成立疫情防控专项督察组，党委班子成员多次以“四不两直”方式深入基层单位、施工项目实地检查，确保各项疫情防控措施落实到位。根据区委组织部工作部署，广大干部职工响应号召，组成志愿服务队伍，自2月起，分别下沉双丰街道、天竺镇社区及金马工业区等重点区域支援防疫工作，全年共涉及200余人，17个社区、11家酒店、1个工业区。

（顺建工程）

◆ 年内，对新国展入境集散点18个临时公厕实行24小时清扫保洁消毒（顺建工程供图）

【安全生产】 年内，推进落实安全生产九大体系具体工作，将工作内容下沉至项目部层级，针对在施项目的工作实际，组织相关人员编制完成项目部的制度库和应急措施库。形成项目部管理制度44项和13项作业内容的项目部应急措施库。利用安全月、消防月等活动，召开教育培训大会，全年累计现场培训240余人次。在疫情期间通过线上培训的形式，组织各级管理人员参与消防安全、燃气安全、天然气和液化石油气使用、安全生产督察“回头看”等培训活动，全年累计线上培训1160余人次。北师大附中顺义分校项目、行政中心配套业务用房项目、临河村棚改安置房、杨镇第三幼儿园沙岭分园通过“北京市绿色安全工地”检查与验收。

（顺建工程）

【垃圾分类】 年内，开展“垃圾分类，我们一起行动”实践活动，在职在岗全员与所在社区、村签订《垃圾分类承诺书》。工会大力推进垃圾分类工作进社区，与东腾物业管理的东兴社区开展联动，在社区内发放宣传册、环保袋，帮助居民提升分类意识，主动参与社区“看桶、守桶、护桶”行动，党员职工们轮流站岗值班，普及分类知识，劝导制止乱丢乱扔、混装投放等行为。

（顺建工程）

【助力创城工作】 年内，响应区委宣传部、团区委工作号召，与光明街道裕龙北区社区居民委员会开展对接，参与文明路口引导“百日大战”活动。组织职工在东风小学裕龙校区的路口，指引家长和学生有序通过路口，针对路口出现的乱穿马路、车辆乱停乱放等不文明现象进行劝阻。

（顺建工程）

【扶贫工作】 1月25日，投入帮扶资金200000元拨付至受援地。8—11月，广泛开展消费扶贫工作，各基层单位及广大职工前往消费扶贫分中心采购黑猪肉、有机杂粮等扶贫产品累计238万元。

（顺建工程）

北京顺义建设投资服务有限公司

【概况】 北京顺义建设投资服务有限公司（简称顺义建投）以打造“决策智库，阳光工程，卓越团队，服务典范”为目标，经过整合发展，形成融投资、建设勘察、设计、测绘测量、招标代理、工程监理、建筑材料检测、建设工程评估等全套建设服务体系，同时拥有1家AAA级（行业最高资质）拍卖公司，可承接资产处置等相关业务。

（顺义建投）

【社区疫情防控支援】 年内，顺义建投第一时间行动，支援社区防疫，138名党员干部职工分7批次先后下沉石园街道，180余天累计值守5649次；引导在职党员回社区参与志愿服务活动770余人次。

（顺义建投）

【帮扶对象防疫物资支援】 年内，顺政通公司筹集2000只防护口罩支援河北村，融资租赁公司向沙岭村捐助5000元日常防护用品，招竣公司为于庄村送上洗手液5箱、消毒液5箱、消毒纸巾1箱，市政设计所采取“无接触慰问”方式向后薛各庄捐赠一次性医用口罩2000只、一次性医用防护手套1000副、消毒液10箱。

（顺义建投）

【疫苗接种服务保障】 年内，顺义建投公司作为疫苗接种点后，公司党委第一时间成立疫苗集中接种服务保障领导小组，并抽调16名党员干部职工组成“健康码核实、秩序维护、留观服务、消毒灭菌、维稳应急”5个小组。

（顺义建投）

【精准帮扶】 年内，顺义建投公司采取“资金支持、项目援助、人才互助、支部共建”工作模式，对区外抓好对口帮扶、精准扶贫，对区内开展一助一帮扶，先后投入89万元，帮助区内外11个帮扶对象；办理消费扶贫爱心卡524张，采购扶贫产品价值250余万元。

（顺义建投）

【2020年主要经济指标】 年内，受疫情影响，顺义建投整体签订合同额、营业收入、利润总额三项指标同比均出现不同程度下滑。全年累计签订合同20714万元，同比下降19.6%；营收28545万元，同比增长28%（但剔除新接收博识乐业公司因素，本年营收为17673万元，同比下降20.7%）；净利润-476万元，同比减少117%。

（顺义建投）

【雄安新区重点监理项目承揽】 年内，顺金盛监理公司市场拓展规划以京津冀协同发展为契机，中标110余万平方米的雄安新区容东片区安置房及配套设施项目，涉及监理费2594万元。

（顺义建投）

【区内重大监理项目承揽】 年内，顺政通监理公司承揽温榆河公园、2020年平原造林等多项区级重点工程。

（顺义建投）

【全市首个园林行业全流程电子招投标】 年内，鑫中招标公司负责招标的2020年平原造林工程成为北京市园林行业首个电子化招标项目。

（顺义建投）

【TIS业务拓展】 年内，阳光诚意公司持续推进企业转型，开拓建设工程质量缺陷保险（TIS）业务，与太平洋、平安等大型保险公司合作，成为顺义区首家承接此项业务的国有企业。

（顺义建投）

【国企改革】 年内，顺义建投进一步规范现代企业法人治理结构，完成博识乐业股权划转和占有产权登记、顺政通公司和鑫中招标增资变动登记，完成市政设计所、阳光诚意“公司制”改革。

（顺义建投）

北京顺义新城发展有限公司

【概况】 年内，北京顺义新城发展有限公司（简称顺义城发）实现收入79215.97万元，净利润532.25万元，上缴税金3422万元，国有资产保值增值率103.36%；成立公司董事会战略发展委员会、董事会风险管理委员会，不断加强董事会制度建设，完善董事会组织架构，设立纪检部，撤销纪检监察部，并增设监察专员办公室，与公司纪委合署办公。

（顺义城发）

【安全维稳】 年内，顺义城发加大地块管护安全检查力度，认真落实土地一级开发项目地块安全生产、消防安全工作，根据安全生产问题清单认真落实整改工作报告，按照国家安全生产法律、法规、标准和规范，落实完成安全生产年度评审备案工作；严格落实12345市民服务热线“接诉即办”工作要求，处理12345市民服务热线来件8件，其中征地拆迁类6件、城市管理类2件，针对群众反映强烈或暂时未能解决的问题，公司主要领导与群众“零距离”沟通交流，宣传政策，有效协调。

（顺义城发）

【疫情防控】 年内，顺义城发选派8名干部参与市、区疫情防控任务，其中5人参与离鄂返京人员转接工作，1人参与境外及港澳台抵京人员接转工作，2人参与顺义区疫情防控数据统计工作。

（顺义城发）

【土地一级开发】 年内，推进顺义新城第13街区SY00-0013-6027至6046等地块入市交易工作，总建设用地面积14.5公顷，总建筑规模221800平方米，总成交额40.8亿元；组织完成马坡组团11#地综合实施方案编制，取得顺义新城第13街区SY00-0013-6027至6046等地块项目规划综合实施方案“多规合一”协同平台初审意见的函和供地项目“多规合一”协同平台审查意见函，完成地块二级钉桩测绘；推进顺义新城第13街区SY00-0013-6055至6067等地块入市交易工作，地块总建设用地面积18.23公顷，总建筑规模310800平方米，组织完成马坡组团12#地综合实施方案编制，根据北京市规自委对2020年控规编制要求，先后2次完成2020年供地和市区两级重点项目的备案工作，取得顺义新城第13街区SY00-0013-6055等（5个住宅）地块供地项目“多规合一”协同平台审查意见函；推动赵全营工业用地B1、B2地块入市工作，项目总用地面积22.97公顷，完成授权、实施方案、立项批复、“多规合一”协同平台初审意见、土地勘测定界、土地权属审查、压覆矿、地灾报告、社会稳定风险评估、地上物调查、编制征地安置补偿方案等15项前期工作，于11月24日在村民代表大会通过，《征地安置补偿方案》于12月28日报送至区规自分局；组织完成顺义新城第13街区SY00-0013-6047至6069地块周边市政规划综合方案的编制，并取得区规自分局审查的专题会议纪要；协商顺义市政控股集团取得地块污水排放及再生水供水情况的说明；完成地块二级钉桩测绘。

（顺义城发）

【城乡建设用地增减挂钩工作】 年内，顺义城发通过研究、编制、完善《顺义区大孙各庄镇智慧物流园区增减挂钩土地腾退复垦项目实施方案》，开展土地清查、勘测、土壤检测及规划、预算编制等前期工作（后由于政策调整，将前期成果移交大孙各庄镇政府继续实施），初步探索出适合顺义区特色的增减挂钩工作流程。

（顺义城发）

【推动地块围挡建设工作】 年内，组织完成马坡组团12-2#地块围挡工程施工，并分2次增补完成大营三街约332米和邮政设施用地约170米围挡工程。

（顺义城发）

【北京银行外电源工程结算工作】 年内，顺义城发先后4次组织北京银行外电源工程参与单位完成财政评审第三方评审阶段工作。

（顺义城发）

【招标工作】 年内，修订完善《顺义城发招标管理制度》，完成招标和比选工作15项，其中公开招标1项、比选14项。

（顺义城发）

【承办市政基础设施移交工作】 年内，顺义城发作为项目主体，配合实施主体顺鑫控股集团移交顺义新城第16街区05地块、04部分地块（下坡屯回迁房）周边市政道路等工作，为确保工作有序开展，协调顺鑫控股集团提供相关材料。

（顺义城发）

【解决拆迁遗留问题完成迁改工作】 年内，顺义城发完成2户拆迁及回迁遗留工作；与联通公司北京分公司达成一致，完成12号地块范围内联通通信线杆等地上物迁改、填埋工作，实现场清地平。

（顺义城发）

【土地使用权证及房屋所有权证注销】 年内，完成剩余1件集体土地使用权证注销工作，累计注销国有、集体土地使用权证17件，国有房屋所有权证1件。

按照权属审查环节第三方测绘单位苍穹数码技术股份有限公司出具的测量报告，马坡组团10、11、12号地所涉及的土地使用权证及房屋所有权证注销工作全部完成。

（顺义城发）

【对口帮扶“一助一”】 年内，对口支援内蒙古自治区科左中旗扶贫工作，拨付受援地帮扶资金40万元，购买对口帮扶地区米、面、油、肉、调味品等农副产品68万余元，与内蒙古科左中旗保康镇查干呼嘎查和保康镇东道尔吉花嘎查签订《对口帮扶框架协议书》；对接杨镇杜庄村，开展“一助一”帮扶工作，拨付帮扶资金10万元，用于杜庄村污水处理站建设工作，购置疫情防控知识宣传手册、日常防护用品4600余元。

（顺义城发）

商务服务业

2月17日，在北京市玉马机动车教练场有限公司教练场内，开展疫情期间防疫措施的讲解及对教练员进行测评（顺义粮油供图）

年内，区商务局加强农贸市场检查力度，对市场商户进货凭证进行检查（区商务局供图）

年内，区商务局工作人员在核对清点待发放物资（区商务局供图）

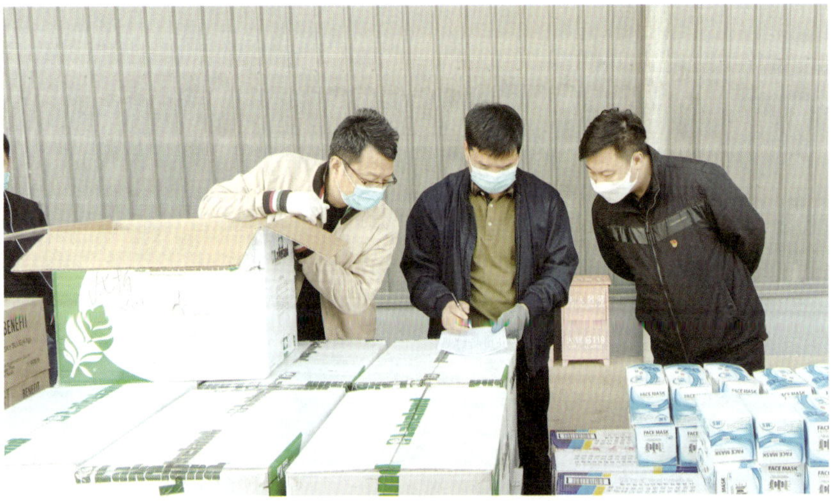

综　述

【概况】　年内，区商务局统筹做好疫情防控和经济发展工作。全年实现社会消费品零售总额 562.5 亿元。完成实际利用外资 7.03 亿美元，全市排名第 3 名。累计吸引合同外资 4.8 亿美元。完成进出口额 941.7 亿元，全市排名第 7 名。

（区商务局）

【“十四五”课题研究和规划编制工作】　年内，编制完成《顺义区“十四五”时期商业发展规划》《“十四五”时期顺义区促进消费提档升级的思路与措施》《“十四五”时期顺义打造国际会展集聚区发展思路和措施》课题研究报告。

（区商务局）

【商业服务业转型升级加快推进】　年内，认真办理区人大《加快推进顺义区商业服务业转型升级，提升人民群众生活品质》议案，组织区人大代表专题调研，制订并印发《顺义区商业服务业转型升级三年行动计划（2020—2022 年）》，推进全区商业服务业转型升级。

（区商务局）

【助力创建文明城区】　年内，督导企业维护雷锋岗 17 处、母婴室 11 间。发放文明餐桌宣传标语海报和桌牌等 2000 余份；在 4 家重点企业设立社会主义核心价值观宣传展板 10 处；督导重点商业零售企业制定行业规范并开展学习。

（区商务局）

【防疫物资保障协调】　年内，区商务局牵头区物资保障组，贯彻落实区委、区政府决策部署，组织采购防疫物资，实施物资集中管理调配，在全市率先设立 73 个防护口罩供应点，建立线上预约平台，缓解市场防护口罩购买难题。按照区防疫指挥部物资调度计划，加强疫情防控物资保障协调工作，建立健全应急物资调配制度，严格防疫物资出入库管理，为一线工作者和隔离酒店等调配防护口罩 1300 余万个，防护服和相关防护用品 23 万余套，消毒液 27 万余千克。

（区商务局）

【商业场所疫情防控落实落细】　年内，持续加强督导检查，要求企业落实一米线标识，并通过张贴温馨提示、专人疏导、循环广播等形式做好人员疏散工作，对进店顾客测量体温，定时进行消毒等防疫措施。切实做好复工企业疫情防控和安全生产指导工作，联合区疾控中心拍摄消杀视频，组织 10 余家商务领域重点企业在鑫海韵通家电商城开展疫情防控应急演练和消杀培训，组织开展人员排查、核酸检测工作，出动 3000 余人次全覆盖开展督导检查，织密疫情防控“安全网”。

（区商务局）

【疫情期间商业企业政策扶持】　年内，出台《顺义区关于对疫情防控期间稳定市场供应商业企业给予奖励的实施方案》及《申报说明》，对外发布征集 57 家次企业申报，审核通过 52 家次企业，共拨付 6 批 3596.61 万元。为 9 家 20000 平方米以上商业企业申请市级疫情期间房租补贴 140 万元；为 3 家商业企业申请延迟缴纳电费。

（区商务局）

【参与新国展集散点疫情防控工作】3 月 10—30 日，顺义新国展用于经机场检疫后未出现发热、咳嗽等症状的低风险人群临时集散点，再由相关省（区、市）和本市各区接转旅客。区商务局牵头现场工作组，完成集散点分区设置、设施维护、餐饮供应、物资保障等服务保障任务。

（区商务局）

【智慧物流体系加快建设】　年内，按照《北京物流专项规划》，顺义区共规划物流基地 1 个、日常综合型物流中心 1 个、专业类物流中心 2 个、配送中心 2 个。京北（大孙各庄）智慧物流园区完成项目综合规划实施方案编制工作。向物流企业宣传相关政策，帮助 5 家物流企业申请市级专项资金支持。

（区商务局）

【创新模式促进消费】　年内，牵头举办北京消费季之“品顺义・乐生活”消费季和汽车消费季，开展

15场重点直播推介，举办燕京啤酒文化节、祥云小镇深夜食街2.0、户外艺术季等150余场文体商旅融合的线下活动，发放消费券5期，共拉动消费18.86亿元。

（区商务局）

【消费扶贫】 年内，组织完成包括1亿元消费扶贫中心销售任务、10000张爱心扶贫卡办理任务、30万元和田鸭销售任务、赴沽源开展扶贫工作等在内的多项消费扶贫任务。全年协调260个点位安装扶贫柜，消费扶贫分中心采买1.02亿元，累计办理爱心卡17000余张。

（区商务局）

【电子商务产业平稳发展】 年内，持续加强对顺义区电子商务产业发展扶持力度，进一步推进线上线下融合发展，通过《顺义区促进电子商务暨五类进口商品指定口岸业务发展办法》，累计拨付项目10个，奖励金额1179.73万元。

（区商务局）

【重点商业项目建设】 年内，通过月统计、不定期调度的工作机制，召开项目调度会5次。重点商业项目加快建设，合景天汇项目取得规划许可证、空港一号启动招商、金宝天阶投入使用。推进“一店一策”改造，协调顺商集团及相关部门，稳步推进国泰商场“一店一策”改造工作。

（区商务局）

【“疏整促”专项行动】 年内，北京市顺客隆副食品公司第一五里仓环岛家具城的市级疏解提升任务提前完成，涉及建筑面积12470平方米，清退摊位56户，疏解人口340人。

（区商务局）

【生活性服务业品质提升】 年内，坚持以人民为中心，围绕“七有”要求和“五性”需求，完善商业服务设施。建立便民连锁企业、镇街和商务局三方沟通协调机制，组织建设或提升蔬菜零售、便利店（超市）、早餐等8类基本便民商业网点167个，超额完成市、区两级任务。

（区商务局）

【肉菜追溯系统点位保障】 年内，对全区纳入全市肉菜追溯体系的135个追溯节点进行核验，建立有效的推进机制，确保追溯节点正常运行。开展培训工作，推进全区肉菜追溯体系建设。

（区商务局）

【新建小区配套菜市场移交使用】 年内，按照《顺义区居住小区公共服务设施建设和管理工作规定（暂行）》（顺政发〔2011〕35号）相关要求，做好新建小区配套菜市场移交使用工作，累计投入运营22个。

（区商务局）

【连锁便利店、连锁超市发展加快】 年内，制定《生活性服务业发展项目申报指南》《顺义区提高乡村流通现代化水平实施方案》等政策，大力发展连锁便利店、连锁超市。截至年底，全区共有盒马鲜生1家、全家便利店11家、7-11便利店1家、便利蜂16家、苏宁小店24家、供销益家超市13家、鑫绿都便民连锁菜店18家、顺家便民连锁超市4家。

（区商务局）

【成品油零售企业严格管理】 年内，完成成品油零售经营资格审批下放的对接工作，明确审批流程，配齐审批相关设备。做好成品油企业服务工作，召开成品油企业工作部署会讲解过渡期内各项问题，办理成品油零售经营资格变更5家、歇业1家，换证和年检事项84件，办结率100%。

（区商务局）

【粮食安全区长责任制考核工作】 年内，顺义区落实粮食安全区长责任制考核工作，涉及9个牵头部门、9个考核事项、46项考核目标。各成员单位共同努力，完成2020年考核工作。

（区商务局）

【2020年度粮油供需平衡情况调查】 年内，开展粮油供需平衡情况调查工作，掌握区内粮食生产、消费、流通和库存情况，提高粮油市场保供稳价能力。共调查全区转化用粮企业3家，餐饮企业50家；抽样调查记账城镇居民住户60户，乡村农民住户60户；发放台账530份。完成《2020年度供需平衡调查报告》。

（区商务局）

【生活必需品供应充足】 年内，组织增储方便面480000袋、蔬菜1000吨、鸡蛋45吨、婴幼儿奶粉3.1吨、瓶装水675吨、冻猪肉1000吨。组织建立生活必需品保障统筹协调专班、储备台账，鼓励商业企业增加自有储备，加强督促检查，每月2次赴储备单位检查物资储备情况，加强对重点农贸市场、商超监测力度，建立“点对点”供应机制，保障全区生活必需品供应充足。

（区商务局）

◆ 年内，区商务局全力做好生活必需品储备工作，进一步落实“点对点”补货机制，确保物资总量充足、质量合格、品种齐备（区商务局供图）

【商务行业安全有序运行】 年内，制订《区商务局安全生产专项整治三年行动组织实施方案》，层层签订《安全生产责任书》，进一步压实安全生产责任。主动履行安全督导职责，组织安全知识培训会、反恐、消防应急演练72场，发放普法宣传材料10000余份；督导企业800余家次，在区内100块社区LED屏和隆华大屏投放安全生产和反恐知识视频，全年未出现安全生产事件。

（区商务局）

【推进农贸市场转型升级】 6月15日，完成全区农贸市场集中消杀工作，并建立分类台账、完成四方责任书签订工作；7月3日，顺鑫石门市场正式施行去零售业务；印发《顺义区常态化疫情防控下加强农产品批发市场管理转型升级的方案》《顺义区关于常态化疫情防控下社区菜市场（农贸市场）转型升级的方案》。

（区商务局）

【2020（第十六届）北京国际汽车展览会】 9月26日至10月5日，2020（第十六届）北京国际汽车展览会在北京中国国际展览中心新馆和老馆举办，总展出面积20万平方米。区商务局完成新馆属地服务保障工作，新国展展区参展商数量共101家，包括国际参展商50家；共展示车辆785台，其中包括全球首发车82台，新能源车160台。车展展期内共接待展商、媒体工作人员及观众404100余人次，吸引来自18个国家和地区的3045家机构的新闻记者参与报道，北京电视台、人民网、《北京日报》等主流媒体刊发新闻报道300余篇。

（区商务局）

对外经贸

【概况】 年内，实现进出口额941.7亿元，全市排名第7名。其中出口131亿元，进口810.7亿元。完成实际利用外资7.03亿美元，全市排名第3名；吸引合同外资4.8亿美元，其中新设立企业吸引合同外资1.3亿美元，服务业占比94.3%。

（区商务局）

【成立稳外资专班统筹调度】 年内，区商务局牵头成立稳外资工作专班，组建办公室、产业组、服务组、功能区组、属地组5个工作组，按照“双周汇总、月度调度”原则统筹指导外资招商引资工作，协调推进外资项目、资金落地，做好重点外资企业服务保障。梳理在谈外商投资大项目7个；梳理合同外资500万美元（含）以上项目57个，累计合同外资28亿美元。协调成员单位36个，形成外资工作简报5份。

（区商务局）

【外商投资企业服务力度加大】 年内，接收区市场监管局推送外商投资信息报告629份，逐一审核并通过电话通知企业修改。完成2019年度外商投资企业联合年报工作，共报告外商投资企业871家，上报率95%以上。完成2019年度重点外资企业年度报告核查更正工作，共涉及外商投资企业247家。

（区商务局）

【稳外资、稳外贸工作深入开展】 年内，摸排走访重点企业，开展4场外资外贸系列“云”培训。对20余家外资外贸企业进行实地走访，及时了解企业进出口情况及诉求，协调相关部门解决企业遇到的问题；搭建平台扩大宣讲，邀请顺义海关、中国信保、阿里巴巴、多家银行为外资企业讲解贸易便利化、外汇及融资渠道等政策措施，覆盖外资外贸企业200余家，最大限度帮助企业争取政策支持。

（区商务局）

【助力企业开拓国际市场】 年内，鼓励外贸企业参与境外市场竞争，扩展产品销售渠道。34家企业的91个项目获2019年最后一批外贸企业提升国际化经营能力项目资金315.8万元；24家企业的43个项目申报2020年上半年提升国际化经营能力项目资金企业经市商务局复审，获得批复资金173.5万元；2家企业的3个项目获2019年服务贸易及服务外包专项项目资金21.4216万元。

（区商务局）

【国际航空物流】 年内，按照《北京国际航空物流发展工作方案》工作要求，通过按月统计、定时调度的工作机制，汇总上报工作进展。制定《顺义区国际航空物流发展工作方案》及《23项任务清单》，协调相关部门有序推进顺义区国际航空物流工作。

（区商务局）

【区内营商环境评价逐月开展】 年内，联合第三方开展2020年度营商环境企业满意度调研工作，针对拟定的16项指标完成两轮企业调查。全年累计调查区内办事企业394家，调研问题覆盖营商环境重点及薄弱领域，受访企业共提出问题192条，区内各责任单位以问题为导向落实整改，企业回访均取得积极反馈。全年梳理《营商环境调研结果月报》5份、《营商环境调研结果半年度报告》1份。

（区商务局）

【优化营商环境】 年内，开展营商环境3.0政策云宣讲5场，面向区内550家次企业解读“跨境贸易”领域新政。由区领导带队做国内评价商务领域指标填报现场支撑工作，协调区内7家相关单位收集服务外资企业案例9个、招商引资政策文件2个，全部报送市商务局用于现场填报。组织单位内部“跨境贸易”知识竞赛2场，参加北京市“千人千题”竞赛考试。在人民网等市区主流媒体刊登宣传区商务局营商环境优化案例。收集整理跨境贸易企业案例23个、政策解读材料10余个，扩大宣传推广。同时，组织落实《顺义区落实本市进一步优化营商环境行动计划（2018—2020年）工作方案》10项任务、《顺义区落实北京市新一轮深化“放管服”改革优化营商环境重点任务清单任务分工》17项任务，按要求及时推进。

（区商务局）

【企业服务包诉求应办尽办】 年内，重点围绕头部企业，加强企业服务工作，解决企业“服务包”诉求，及时更新市区双平台系统。作为行业管家对接企业30家、属地服务及承办部门18家，累计办理诉求63条，办结率 96.92%。

（区商务局）

【全市营商环境评价积极跟进】 4月，2019年北京市营商环境评价结果出炉，起草《顺义区商务局关于北京市各区营商环境评价相关工作的报告》，组织召开评价结果解读培训会，对评价结果、存在问题、对标案例、整改建议四大方面进行深入解读，同步公布《顺义区营商环境第三方评价工作方案》。跟进2020年营商环境市级评价工作，督促各单位做实做细企业服务和企业库收集等工作。

（区商务局）

【“两区”建设高效推进】 9月28日，顺义区举行中国（北京）自由贸易试验区国际商务服务片区挂牌仪式。10月13日，顺义区在全市率先召开“两区”建设动员部署大会。10月27日，在全市率先举办1场“两区”新闻发布会。11月2日，在全市率先举办1场签约推介会。制订《顺义区推进中国（北京）自由贸易试验区建设实施方案》和《顺义区推进国家服务业扩大开放综合示范区和中国（北京）自由贸易试验区建设工作方案》，确定85项任务清单。

建立责任明晰的“两区”工作领导体系和工作机制，设立由区领导挂帅的“两区”工作领导小组，抽调全区精干力量成立“两区”专班，在区商务局合署办公。从“产业＋园区”两个维度明确“3+7+N”工作思路，充分发挥天竺综合保税区、首都机场临空经济示范区、中德国际合作产业园三大园区的主体作用，重点围绕航空服务、跨境金融、文化贸易、商务会展、数字贸易、医疗健康、国际寄递物流七大产业创新发展，带动全区科技创新、高端制造等多个领域推进服务业开放。强化三单管理，建立产业政策清单、空间资源清单和目标企业清单。举办多种形式的宣传培训活动。中国航空器材有限责任公司实施共享平台，将通关时间压缩到30小时内，实现5个口岸间统筹调配和实时调拨航材，为关联航司每1亿美元航材投资节省2000万美元～3000万美元的重复投资。通过天竺综合保税区流转进行航空器材包修转包修理退税业务，北京飞机维修工程有限公司（AMECO）实现发动机维修37台，节省约800万元的运费，缩短400余天维修周期。科园信海（北京）医疗用品贸易有限公司开展大健康产品的跨境电商业务，主动参与到跨境医药电商“北京模式”中。天竺综保区探索出生物制品检测代抽样、卡口智能化监管、按库位分类监管、跨境电商企业对企业出口4项全国首创案例。

（区商务局）

【借力“进博会”开展招商采购】 11月5—10日，组织区内部门和企业注册报名参加第三届中国国际进口博览会，赴会参展企业和机构合计63家，办证人员198人。顺义区赴会企业成交签约4单，意向签约额3400万美元。展会期间与42家参展企业对接，及时了解企业投资需求，共发放（送）纸质版及电子版《顺义区产业政策汇编》《顺义区宣传册》约80份。

（区商务局）

北京顺义商业集团有限公司

【概况】 北京顺义商业集团有限公司（简称顺商集团），为顺义区国资委一级监管企业。集团以零售为主，拥有精品百货、电器家具、大卖场3种经营业态，在顺义、密云及平谷地区设有10家分店，现有职工1522人，资产总额9.32亿元。

（顺商集团）

【店面构成】 年内，有顺义百货店、国泰大厦店、密云百货店、国泰东风商城店4家精品百货店。有石园店、谊宾店、宏城店、双兴店、平谷店5家超市大卖场店。有顺义电器店1家电器家具店。

（顺商集团）

【落实四方责任，开展疫情防控】 年内，顺商集团成立疫情防控领导小组，制订疫情防控工作方案和应急预案，签订疫情防控责任书，严格落实“外防输入、内防反弹”，毫不松懈抓好常态化疫情防控举措，对公司系统全员健康进行排查监测，组织落实全员核酸检测，检测结果均为阴性。利用商业优势，加强米面油、肉蛋奶、果蔬等民需商品以及防护口罩、消毒液等防疫物资的商品储备，建立商品储备台账，对商品进销存加强监测，严格监管各类商品物价。公司职责部室及纪检监察部门对各店冷链食品管理、疫情防控举措等情况进行监督检查，将防控工作落实情况纳入工作考核，坚决杜绝形式主义、官僚主义问题的出现，各项防疫工作有效落实。

（顺商集团）

【经营模式进一步优化】 年内，结合业态发展趋势，优化经销、代销、联营、出租比例，压缩传统零售经营面积，全力推动品牌招商工作，落实布局、品牌调整。严格按照国家、市、区及企业疫情防控管理要求，推动302家商户有序开业，完成布局、品牌调整工作281项。

（顺商集团）

【消费季促消费活动】 年内，在严格落实疫情防控工作的前提下，参加顺品汇消费券、京东北京消费券促消费活动，通过店内卖场布置、公众号宣传等线上线下渠道加大活动宣传力度，挖掘顾客消费潜力，吸引顾客到店消费，顺品汇消费券用券拉动销售额6989.6万元，京东北京消费券用券拉动销售额1984.4万元。

（顺商集团）

【全渠道销售体系建立】 年内，顺商集团制定线上商业项目实施工作计划，上线“顺商集团”小程序，通过扫码购、网上商城、电子会员、直播等线上业务，弥补线上短板，建立线上线下全渠道销售体系，10—12月实现线上交易2707笔。

（顺商集团）

【传统商业转型升级】 年内，坚持“一店一策”，因地制宜，努力克服疫情影响，顺义百货店六层新增餐饮完成开业，国泰大厦店升级改造稳步推进，中央空调系统、消防系统等设备设施安装完成70%以上，室内外装饰完成30%以上。

（顺商集团）

【租金、费用减免政策有效落实】 年内，按照市、区要求，结合顺商集团实际，研究制订《顺商集团2020年新冠疫情期间2月至5月租金、费用减免方案》，对符合条件的供应商、承租商户2月至5月租金、费用进行减免，共计减免租金、费用5252.13万元，其中按照国资委要求对中小微企业租金减免2408.76万元。

（顺商集团）

【对口帮扶脱贫任务完成】 年内，一是加大资金帮扶力度。向对口帮扶地区捐款共计104万元，其中河北省沽源县捐款530000元、扶贫协作资金400000元、爱心帮扶款10000元，2个对口帮扶村支部共建资金100000元。二是动员社会力量献爱心，通过春节慰问建档立卡户、向小学捐赠教学物资向贫困地区传递关爱之情，捐物折款共计16.6万元。三是加大采购帮扶力度。落实完成消费扶贫采购任务，订购消费扶贫分中心扶贫产品420.23万元。四是加大销售帮扶力度。发挥企业自身优势，畅通帮扶地区特色产品销售渠道，以消费扶贫分中心、沽源蔬菜专柜、沽源燕麦烧酒专柜为抓手，扶贫商品形成销售2357.8万元。

（顺商集团）

【“接诉即办”业务水平进一步提升】 年内，树牢为民服务意识，压实“接诉即办”责任，加强“接诉即办”业务知识培训，强化分析研判，编制“接诉即办”简报。全年共接收工单377件，其中涉及疫情类243件、物业管理类11件、售后类10件、服务类4件、其他类109件，所有工单均按时办结。公司整体“三率”和考核排名明显提升，获得区考核奖励资金150000元。

（顺商集团）

【“僵尸企业”进一步清理】 年内，深化落实企业改革，压缩管理层级，理顺管理体制，梳理企业现有营业执照，推动闲置营业执照清理，完成14家闲置企业的营业执照注销工作，公司组织架构进一步优化。

（顺商集团）

【节能减排】 年内，公司持续贯彻落实市、区发改委节能工作部署，每月监督、检查基层店节能工作落实情况，下发节能简报，通报节能工作成效。每月进行能耗同期对比、分析能耗原因，制订控耗方案，同比年节约能耗费用支出8515707元，能耗支出同比下降18.30%。

（顺商集团）

北京市顺义区供销合作联合社

【概况】 年内，北京市顺义区供销合作联合社（简称区供销社）以便民惠民为中心，围绕“服务三农”“一刻钟服务圈”建设，不断推进综合改革，打造农资农贸板块、便民服务板块、再生资源回收板块、商业服务板块、家居建材板块、资产运营板块、物业板块七大经营板块，总经营性物业面积达65万平方米，经营网络遍布全区21个镇街280个村社区。年内，区供销社围绕落实首都城市战略定位，坚持为农服务根本宗旨，以回归主责主业、擦亮供销社金字招牌为方向，以服务“三农”、搭建产供销平台为目标，扎实开展培育壮大工程，加快便民服务体系建设，推动综合改革向纵深发展。以实体租赁为主的业务体系，持续优化“四动”帮扶工作机制。全系统完成净利润1018.9万元，完成计划的101%。充分发挥供销系统自身优势，及时建立疫情防控“1+2+8+N”主体责任模式，严格落实“四方责任”和疫情防控各项措施。全面贯彻中共中央、国务院关于打赢脱贫攻坚战要求，通过精准对接帮扶、消费扶贫等形式，履行供销社社会责任。

（区供销社）

【拓展服务领域惠民生】 年内，农资农贸板块坚持为农服务，助力乡村振兴。加快完善生产到销售全产业链为农服务格局，深入镇村解决农业产销各环节问题，带动周边村民销售果蔬50余万千克，实现增收30余万元。建成区级农业生产服务中心1个，筹建镇级基层社、庄稼医院等，实现土地托管服务面积200公顷（3000亩）、吸纳基层社社员1000人。

（区供销社）

【帮助顺义区菜农解决滞销难题】 2月22日，受疫情影响，顺义区大孙各庄镇、北务镇、李遂镇部分农户自产的草莓、西红柿等农产品出现滞销的情况。在区农业农村局和商务局的共同指导下，区供销社党委第一时间责成供销益家连锁便利店有限公司负责人与相关农产品滞销菜农对接，并由供销益家采购部对产品进行严格把关，采购草莓、西红柿、萝卜、蜜薯、小葱等滞销农产品7500余千克，通过13家供销益家门店销售。

（区供销社）

【支援新国展】 3月10日，区供销社组成11人抗疫突击队，参加新国展集散点北京市外来航班人员登记疏导分流工作，主要负责引导旅客到各自的目的地接待处，帮助旅客解决饮水、手机充电、取餐等问题。连续服务19小时。

（区供销社）

【帮扶农产品采购签约仪式】 4月14日，区供销社所属供销益家连锁便利店与顺义区政府招待所在区供销社九楼会议室举行“扶贫商品采购签约仪式”。会上，介绍扶贫商品销售、服务保障等工作。

（区供销社）

【入选北京市消费者协会诚信服务承诺单位】 7月7日，供销益家入选北京市消费者协会诚信服务承诺单位。北京供销益家连锁便利店有限公司在疫情防控期间，严格执行各项防控措施，筑牢健康安全防线，为消费者全力营造安全放心的购物环境。在生活必需品物价上涨、疫情防护商品紧缺的情况下，供销益家主动承担区政府、区商务局疫情防控商品储备等工作任务，加大对米、面、油、矿泉水、方便食品等货物的采购储备力度。

（区供销社）

【北京市应急宣传进企业活动】 9月17日，区供销社作为试点，支持、配合北京市应急管理局开展的2020年北京市应急宣传进企业系列活动，区供销社党委成员、机关部室、下属企业及商户共计172人参加。活动分为安全知识大讲堂和安全知识技能科普宣传教育两部分。安全知识大讲堂由专家培训气道异物梗阻、心肺复苏等应急常识。安全知识技能科普宣传教育实操体验有7个体验区，分别是安全隐患实验室、烟热环境模拟逃生体验、安全隐患排查体验、成人心肺复苏技能培训、烧烫伤与异物梗阻等院前救护培训、生命绳结教学展示、电子模拟灭火器。

（区供销社）

【开展“情系沽源困难群体”捐赠活动】 9月27日，为落实顺义区“三年帮扶行动计划”及“5+5+N”帮扶模式，在区供销社党委安排下，对河北省沽源县对口帮扶村大元房子村、扇子沟村135户建档立卡户进行慰问，送去优质的米、面、油、杂粮、电饭煲等慰问品，每户价值2000余元，总计折合金额27.7万元。

（区供销社）

【“战‘疫’情奔小康”主题社会捐助活动】 11月5日，区供销社工会动员全系统干部职工参与捐赠活动，收到爱心捐款共计5893元，其中现金捐款2270元、微信捐款3623元，棉衣、棉被等各类御寒衣物共计468件。

（区供销社）

【双创分中心赴受援地考察】 11月17日至21日，区供销社扶贫办前往受援地签订扶贫商品采购意向书：与河北省张家口市万全区签订采购意向金额533万元，与河北省张家口市沽源县签订采购意向金额490万元，与内蒙古自治区赤峰市巴林左旗签订采购意向金额150万元；通过线上途径与西藏自治区拉萨市尼木县签订采购意向金额380万元，与内蒙古自治区通辽市科尔新左翼中旗签订采购意向金额 25 万元。

（区供销社）

北京市顺义粮油有限公司

【概况】 年内，北京市顺义粮油有限公司（简称顺义粮油）坚持疫情防控和企业发展 “两手抓、两不误、双促进”，全年实现收入 52.43 亿元，实现利润 3561 万元。

（顺义粮油）

【储备粮管理】 截至年底，顺义粮油共承储各级储备粮账面数 520000 吨。储粮管理围绕储粮安全目标，规范仓储业务流程，完善粮油仓储管理制度，进一步明确仓储业务各环节及各部门岗位职责。各收储公司日常管理以“包仓制”和“6S 管理”为抓手，完善“目视化”工作，助推储备粮管理“一符、三专、四落实”要求，确保储备粮数量真实、质量良好、储存安全。

（顺义粮油）

【驾驶员培训】 年内，京城玉马教练场取得北京市一级普通机动车驾驶员培训经营资质。受疫情影响停工停训近 4 个月，复工复产后，教练场强化多渠道招生，全年累计完成招生人数同比增加 2000 人。同时，购置 20 台模拟驾驶设备，增强学员初始驾驶体验；按照“考练分开”管理要求，合理匹配考试资源和训练资源，加强考前练习和培训。狠抓考试质量，将“科目二考前讲”讲解方式从“室内看图讲”到“实地体验讲”的转变，提高考试服务质量和考试通过率，全年完成考试 90000 人次。

（顺义粮油）

【龙盛众望便利店】 截至年底，21 家龙盛众望便利店实现连续营业。为将新冠肺炎疫情影响降到最低，龙盛众望早餐坚持线上线下融合，探索大宗团购和个性化订单采买。强化与三元牛奶、白玉豆腐、华都肉鸡、摩奇饮料等企业合作，部署系统内食品零售终端有益探索。

（顺义粮油）

【疫情防控】 年内，顺义粮油共出台 3 批 64 项防疫工作方案制度。采取定期专项检查和不定期随机抽查相结合，及时查找防控隐患，做到“不过夜整改”，全年共召开各级各类防疫相关会议 28 次。投入党费、工会会费及行政经费 60 万元采买防疫物资。全公司没有发生一例确诊病例或疑似病例，实现“新冠防疫不出问题”的工作目标。抽调 5 名职工下沉，其中参与一线防疫服务时间最短 65 天、最长 113 天。公司统筹推进疫情防控和经济发展，完成粮食定向保供出库任务 27000 吨，增加区级成品储备 4200 吨。减免中小微企业 3 个月租金 56 万元。

（顺义粮油）

【扶贫工作】 年内，顺义粮油将扶贫工作列入年度折子工程，对标任务，细化措施，结合企业经营实际，克服新冠肺炎疫情影响，着重强化食堂采购扶贫工作和工会采购扶贫工作落地，同时加强内蒙古自治区兴安盟谷润公司经营力度，发挥在当地的产业扶贫作用，畅通农民卖粮难和粮食出域难的问题。全年顺义粮油及所属企业职工食堂采购扶贫产品 35.8 万元，占比食堂采购农副产品总额的 32.3%，超额完成扶贫任务指标；顺义粮油工会共采购扶贫产品 10 万余元，占工会直接采购支出总额的 34.78%，超额完成扶贫任务指标。被首农食品集团评为“产业扶贫贡献奖”。

（顺义粮油）

【垃圾分类】 年内，顺义粮油公司制订工作方案，成立领导小组，多措并举，参与“垃圾分类 国企在行动”活动，对接属地，在职党员、在岗职工参与“桶前值守”志愿活动，参与率 100%。

（顺义粮油）

◈ 9 月 22 日，顺义粮油志愿者参加“垃圾分类、桶前值守”活动（顺义粮油供图）

旅游业

▲ 6月13—14日，2020“草莓音乐节·京东直播”在北京国际鲜花港举办（顺义文旅集团供图）

▲ 8月28—31日，区文旅局参展厦门海峡旅博会暨国际休闲旅博会（区文化和旅游局供图）

▲ 9 月 4—9 日，区文化和旅游局组织区内企业参加中国国际服务贸易交易会旅游专题展（区文化和旅游局供图）

▲ 12 月 18 日，第六届北京顺义冰雪温泉欢乐季在莲花山滑雪场开幕（区文化和旅游局供图）

年内，北京国际鲜花港成为中国旅游景区协会会员单位 并入选首届北京网红打卡地（顺义文旅集团供图）

年内，区园林服务中心所属公园夜景（区园林服务中心供图）

年内，区园林服务中心所属公园一角（区园林服务中心供图）

五一期间，奥林匹克水上公园游客扫码测温入园（区文化和旅游局供图）

综述

【概况】 年内，区文化和旅游局落实区委、区政府决策部署，在“战疫情、促发展”的大考中，勇担重任、守土有责、守土尽责，以“行业责任压紧压实、酒店保障坚强有力、文化供给百花齐放、产业促进高质量发展”的工作成果为夺取疫情防控和全面建成小康社会“双胜利”贡献文旅力量。全年全区新增全国乡村旅游重点村2个、乡村民俗旅游户9个、精品民宿8个。有星级酒店12家、等级旅游景区8家、旅行社50家、星级民俗旅游村36个、乡村民俗旅游户179户、乡村旅游特色业态33家、工业旅游示范点6家。

（区文化和旅游局）

【关停所有景区全力阻击疫情】 年内，为防止人员集聚、有效阻断新型冠状病毒传播，区文化和旅游局果断落实关停措施，1月23日夜至25日，取消106场文化旅游活动、34场预定会议，8家等级旅游景区、34家特色业态、167家民俗户全部暂停对外开放，并第一时间通过各种渠道向社会发布公告，引导市民游客；59家旅行社暂停经营团队旅游及“机票＋酒店”旅游产品，协调航空、住宿等上游供应商启动退团退订退费工作；歌厅、网吧、游戏厅等文化娱乐场所全部关停；绝大部分住宿业停止营业。

（区文化和旅游局）

【加强全区住宿业、乡村旅游疫情防控工作】 年内，一是统筹协调、制定标准。第一时间制定《关于做好住宿业、乡村旅游特色业态及乡村民宿疫情防控工作的指导意见》，明确防控工作要求，细化防控措施，进一步落实“四方责任”，确保疫情防控工作有序开展。二是科学防治、精准施策。根据文旅行业不同企业的经营特点，对住宿业、乡村旅游特色业态以及乡村民宿分类设置防疫工作要求，如住宿业暂停公共就餐区，提供“点对点”用餐服务，乡村民宿暂停管家式服务等，以“非接触”“非聚集”的灵活服务方式，确保企业平稳度过复工防疫“大考”。三是细化要求、严格落实。强化责任担当，明确职责分工，进一步要求企业开复工要做到“四个必须”、值班值守做到“三个严格”、物资供应做好“三个保障”、安全生产做到“五个注意”，确保防控措施、安全生产制度落实到位。

（区文化和旅游局）

【政策纾困助力企业发展】 年内，出台《顺义区促进文化和旅游业发展扶持办法》，简化流程，不设申报时限，做到随时申报、随时受理、及时兑现。本年度首笔政策资金年内兑现，共奖励资金520万元，涉及1个五星级旅游饭店（新华联丽景温泉酒店）和1个乡村旅游特色业态（北京龙湾巧嫂果品产销专业合作社）。

（区文化和旅游局）

【特色业态复核工作完成】 年内，为强化全区乡村旅游特色业态行业规范，提升接待品质，根据市文化和旅游局要求，对全区2017年度评定的乡村旅游特色业态进行复核，经区文化和旅游局初审，市评定委员会复核，通过11个，申请退出1个。

（区文化和旅游局）

【文旅消费新业态加快培育】 年内，区文化和旅游局立足区内营商环境、老旧厂房资源和市场消费基础，加快推进尺木文创、北京德云社影视文化有限公司项目等老旧厂房改造项目建设，引入全区首个无动力乐园项目——浅山·蜜塘奇妙乐园。

（区文化和旅游局）

【区域协作稳步推进】 年内，昌平区、顺义区开展文化旅游产业发展结对协作，联合开展“从花海到花港”昌顺百里休闲水岸长廊系列活动。活动主题为“从花海到花港”，即从昌平区七孔桥花海到顺义区鲜花港，推出2条精品旅游线路，分别为顺义鲜花港—中粮祥云小镇—罗红摄影艺术馆—九华山庄—未来科学城滨水公园—温榆河畔湿地；昌平花海—昌平新城滨河森林公园水岸徒步（白浮泉遗址）—延寿骑行、登山—湖门村精品民宿住宿—汉石桥湿地观鸟。

（区文化和旅游局）

【助力文旅企业复工】 4月，疫情得到有效控制，区文化和旅游局助力文旅企业复工。简化流程、一次报备。主动与各镇街、功能区联动，制定“一次报备”复工流程图，简化办事流程、提高工作效率，方便企业按图索骥，切实将属地审核、行业监管落到实处。政策汇编、明确指引。组建工作专班，以《关于进一步支持打好新型冠状病毒感染的肺炎疫情防控阻击战若干措施》《顺义区进一步打好疫情防控阻击战支持企业“控疫情、稳增长”的若干措施》等市区两级政策措施为蓝本，依据全区文旅行业特色和需求，形成政策汇编，向企业广泛宣传，做到文旅企业应知尽知，摸排企业需求和经营情况，“一企一策”制定帮扶措施。加大力度、全面摸排。进一步落实专人负责工作机制，全面摸排企业的物资供应、员工居住、手续办理、产业联动等情况，确保企业防控措施落实到位，台账清晰、情况明了。

（区文化和旅游局）

【良山珐琅厂入选北京首批文化旅游体验基地】 12月22日，顺义区良山珐琅厂被认定为“北京市良山珐琅厂景泰蓝工艺体验基地”。

（区文化和旅游局）

景区景点建设

【2019—2020年度旅游厕所改造项目竣工】 年内，2019—2020年度旅游厕所改造项目竣工。项目包括9座旅游厕所提升改造和54间移动厕所购置，涉及4家景区、1个旅游民俗村、1家工业游线路企业。项目为市级补助拨款项目，总资金250万元。

（区文化和旅游局）

【旅游厕所建设任务完成】 年内，完成《全国旅游厕所建设管理新三年行动计划》（2018—2020年）建设任务。2018—2020年市、区两级共拨付资金1953.5万元，其中市级旅游产业发展扶持资金1130万元、区级旅游产业发展扶持资金823.5万元；改造完成32座旅游厕所，其中AAA级厕所6座、AA级厕所20座、A级厕所6座；在旅游景区、民俗村和特色业态购建安装近200间移动卫生间，完成指标任务100%。

（区文化和旅游局）

【首个无动力乐园对外营业】 8月8日，顺义区首个超大型山水间无动力自然亲子乐园浅山·蜜塘奇妙乐园正式对外营业。乐园位于舞彩浅山脚下的安利隆山庄内，占地面积20000平方米，总投资550万元，包含蜜塘乐园、梦不落矿车、浅山基地、哈哈皮划艇、螺丝钉王国、丛林欢乐谷六大主题游乐区。

（区文化和旅游局）

【3条旅游线路入选“畅游京郊”精品线路】 8月8日，由北京市人民政府、中央广播电视总台联合主办的北京消费季“炫·彩生活月”开幕，现场发布40条“畅游京郊”度假游线路，顺义区以焦庄户地道战遗址纪念馆为中心的地道战遗址之旅和穿越体验之旅，分别入选“重点乡村游”“红色主题游”精品线路，浅山步道之旅入选“乡村民宿游”精品线路。

（区文化和旅游局）

【尺木文创项目试营业】 十一期间，尺木文创项目试营业，向会员开放。项目为顺义区老旧厂房改造示范项目，位于北京临空经济核心区原中艺彩印公司老旧厂房，占地14280平方米（21.42亩），总建筑面积4419.6平方米，依托现有闲置厂房进行改造，将生态无动力儿童探险乐园、文化空间、多功能文化美食中餐厅、精品西餐厅、音乐酒吧以及主题酒店融为一体。

（区文化和旅游局）

◆10月，尺木文创项目试营业（区文化和旅游局供图）

【舞彩浅山入选北京赏红叶线路】 10月10日，市文化和旅游局推出10条最值得打卡的北京赏红叶线路，顺义区舞彩浅山获评“醉美步道—舞彩浅山，北京最健身怡人的赏红叶线路”。

（区文化和旅游局）

【3家文旅企业入选网红打卡地】 11月18日，“夜赏北京文化之美暨2020首届北京网红打卡地榜单发布会”举办，顺义区北京国际鲜花港、北京享筑繁星主题帐篷酒店、中粮祥云小镇分别入选人文景观类、住宿类、街区园区类网红打卡地名单。

（区文化和旅游局）

旅游行业管理

【“三到位”保障企业安全度汛】 年内，隐患排查到位。成立防汛检查领导小组，联合属地，加大对涉水景区、文保单位的检查力度，深入开展防汛备汛工作督导检查，详细对相关文件资料、工作台账、重点点位、应急物资等进行查看。制度落实到位。制定《涉山涉水景区关闭机制》，根据市（区）防汛抗旱指挥部的应急响应等级或市（区）规划国土部门和气象部门联合发布的地质灾害气象风险预警，分别按照四级应急响应落实措施，同时严格执行24小时值班制度、领导带班制度、信息报送制度等4项制度，全力保障人民群众生命安全。信息宣传到位。通过顺义旅游官方微信、微博、抖音等平台，广泛宣传防汛安全知识。及时有效地播发本地自然灾害早期预警、风险评估信息，加强防灾减灾科普宣传教育信息播发。

（区文化和旅游局）

【A级景区森林防火】 年内，强化行业指导。根据市、区春季防火工作精神，制订《顺义区A级景区森林防灭火重点领域春季专项执法检查方案》；明确防火责任人，加强应急值守，定人、定点、定时巡查看护，坚决预防和遏制火灾事故发生。强化责任落实。加大对景区的检查力度，将鲜花港、水上公园、汉石桥湿地等作为隐患排查重点单位和点位。强化源头管控。企业做好火灾风险隐患治理“三自行动”（自查、自知、自改），增派保洁人员全面彻底清理枯叶杂草等可燃物，对林木、苗圃等定时洒水湿化，消除火灾隐患。强化宣传引导。利用微博、微信、网站等新媒体途径，开展火灾防控知识宣传，充分营造“森林防火，人人有责”的浓厚宣传氛围。

（区文化和旅游局）

【景区开放工作有序推进】 4月，随着疫情得到有效控制，逐步恢复旅游景区的运营工作。统筹协调，实行分类有序开放制度。对全区所有景区景点进行摸排，将景区按照开放式、封闭式进行分类，针对开放式景区明确开复工申报流程。严格管理，督导景区落实主体责任。准备恢复开放的旅游景区要继续把疫情防控责任放在首位，开放之前需成立“疫情防控工作领导小组”，由景区主要负责人任组长，切实承担起防疫工作第一责任人的职责，制订疫情防控应急预案，配备充足的防控物资，抓紧抓实抓细各项防控工作。多措并举，做好开放期间防疫工作。要求恢复开放的景区日接待量和瞬时接待量分别不得超过景区日接待最大承载量和瞬时最大承载量的30%。同时指导景区开展实名制网络购票、分时段有序入园、入园必检等措施，减少近距离接触和排队聚集。

（区文化和旅游局）

【五一期间旅游市场回暖】 5月1—5日，区文化和旅游局启动假日安全服务保障工作机制，机关干部全员停休在岗，有效确保假日旅游工作“有序开放、严格管控、精准服务”。全区5家A级旅游景区开放，共接待游客21.84万人，收入2062.34万元。

（区文化和旅游局）

【全区全国乡村旅游重点村达到3个】 7月14日，由区文化和旅游局推选的龙湾屯镇焦庄户村和马坡镇石家营村入选第二批全国乡村旅游重点村。龙湾屯镇柳庄户曾于2019年入选第一批全国乡村旅游重点村。根据规定，列入名录的全国乡村旅游重点村将优先享受国家有关支持政策。

（区文化和旅游局）

【国庆期间文化旅游市场繁荣有序】 10月1—8日，全区旅游企业共接待游客72.8万人次，旅游综合收入7755.46万元；住宿业接待13.51万人，收入

3307.22万元；文化接待场所共接待37900人次，文化综合收入275.17万元。开展各类公共文化活动16项219场，其中线上活动6项6场。参与市民群众共52000人次。

（区文化和旅游局）

【组织参加京郊旅游人才培训】 11月12日—12月5日，市文化和旅游局分多批次组织京郊旅游“百千万”人才培训和民宿发展专题培训，区文化和旅游局组织全区40余人次参加培训班。培训班以打造京郊旅游名片为主题，教师围绕文化与旅游的融合发展、农业文化与民族文化的发展、打造田园综合体等方面进行讲解。并通过组织交流座谈。在现场教学中，培训教师带领大家实地参观北京市不同区的优质乡村旅游资源，介绍经营模式、衍生产品开发以及宣传推广方式。

（区文化和旅游局）

【行业人才培训】 11月25—27日，“顺义区2020年文化旅游行业人才培训开班仪式暨通识课”在健鼎金辉体育温泉酒店举办。本次培训有来自顺义区景区、酒店、旅行社、乡村旅游、工业旅游、文化娱乐等方面的300余名文旅企业从业人员参加。

（区文化和旅游局）

旅游节庆活动

【线上第五届北京顺义樱桃采摘旅游文化节】 5月26日—6月30日，以“顺义樱桃·初夏‘食’光”为主题的第五届北京顺义樱桃采摘旅游文化节以线上“云采摘”的形式开展。通过“顺义樱桃‘云’评选”“参与评选赢好礼”“顺义樱桃营销型微平台”“神秘嘉宾带货”“每周顺义经典文旅路线推荐”五大线上主题活动，提升顺义樱桃的知名度、美誉度，推进区域特色农产品高质量发展和后疫情时代文旅产业复苏，为2021年世界樱桃大会提前预热。

（区文化和旅游局）

【农民丰收节】 9月22—26日，第四届龙湾屯镇文化艺术节暨第三届中国农民丰收节在欧菲堡酒庄开幕。本次活动以“倾听大自然的声音”为主题，围绕焦庄户地道战遗址纪念馆、葫芦艺术庄园、欧菲堡酒庄、龙湾巧嫂科技园、分享收获农场、舞彩浅山健身步道等特色文旅资源推出精品旅游线路，为游客提供吃、住、玩于一体的休闲旅游体验，全面展现红色小镇龙湾屯的生态旅游魅力。

（区文化和旅游局）

【第六届北京顺义冰雪温泉欢乐季】 12月18日，“第六届北京顺义冰雪温泉欢乐季”在顺义区莲花山滑雪场开幕。活动以“激情冰雪·慢享温泉”为主题，从2020年12月1日持续至2021年2月28日，涵盖“集卡召好礼”大型网络互动游戏、“走进冬天的顺义”网红大V体验游、“激情冰雪 共迎冬奥”十大高校滑雪大赛等六大亮点活动。

（区文化和旅游局）

旅游宣传

【参加中国（厦门）国际休闲旅博会】 8月28—31日，2020年厦门海峡旅博会暨国际休闲旅博会在厦门国际会展中心C馆开幕。区文化和旅游局以“品质顺义 乐享生活”为主题布设展台。通过特色旅游商品展示区，将旅游商品标志性品牌“顺意好礼”带入展会，推出“灶王爷”文化伴手礼、创意木质书签套装等10余种展销商品。参展期间，共接待咨询3000余人，发放图书和各类宣传资料1000余册。

（区文化和旅游局）

【参加2020年服贸会旅游专题展】 9月4—9日，区文化和旅游局组织区内企业参加2020年中国国际服务贸易交易会旅游专题展。本次顺义旅游专题展展台面积170平方米，运用流水式渐变灯光技术突出潮白河、首都机场等顺义元素，以沉浸科技互动、多元文化博览、创意顺意好礼、文旅企业参展等方式推荐顺义优质文旅资源，展示顺义文旅产业发展成果。顺义展区实现展销一体，18家参展商提供近200款300件优惠产品参与热卖。展会期间，共吸引参会代表800余人次，发放顺义文旅宣传册2000余份，帮扶地区宣传折页1000余份；接待顺鑫集团等区内多家企业参展团，参观人数5800余人次。

（区文化和旅游局）

【2020北京顺义第三届文旅发展高峰论坛】 9月22日，由市文化和旅游局指导，区委宣传部、区文化和旅游局主办，以“新文旅 新消费 新科技”为主题的“2020北京顺义第三届文旅发展高峰论坛”在东海康得思酒店举办。本届论坛邀请国内外文旅产业专家学者、行业指导机构协会、头部企业高管、项目操盘手等业界专家共300余人参与，通过专题演讲、政策解读、圆桌研讨等方式对顺义文旅产业发展进行研讨交流。同时本次论坛还汇聚国内外夜间经济、亲子体验、酒店、民宿、温泉、休闲度假等众多优质文旅项目，为供需双方搭建有效洽商平台，推动项目与资源资本对接合作。

（区文化和旅游局）

【“燕京八景精酿啤酒系列”获金奖】 9月25日，第七届四川国际旅游交易博览会开幕。2020中国特色旅游商品大赛在展会期间公布评选结果，由顺义区报送的“燕京啤酒·燕京八景精酿啤酒系列”荣获2020中国特色旅游商品大赛金奖。

（区文化和旅游局）

【2020年海南世界休闲旅游博览会】 11月20—22日，区文化和旅游局以“品质顺义、乐享生活”为主题参展2020年（第五届）海南世界休闲旅游博览会，充分利用休博会的国际化文旅业交流平台推介顺义优质的文旅资源和产品，通过形象展示、咨询推介、特色产品展销、路线推广等多种方式，向旅游业者、媒体和公众展示“顺义文旅”新形象。

（区文化和旅游局）

【“顺意好礼”大赛决赛落幕】 12月11日，由市文化和旅游局、区委宣传部指导，区文化和旅游局主办的“顺意新文旅·好礼惠生活”——“顺意好礼”首届特色文化旅游商品设计征集大赛决赛落幕。本次大赛自2019年12月5日正式启动，围绕古都文化、京味文化、红色文化、创新文化4个主题征集作品，作品涵盖传统工艺类、特色食品、创意生活类、文具办公类、景区主题类、冬奥主题类等多品类项目。共计收到社会各界各类参赛作品总计426件，最终决出金奖、银奖、铜奖、优胜奖等19个获奖作品，获奖的个人或企业将优先报评顺义区促进文化和旅游业发展扶持资金，加入“顺意好礼”分销渠道，优先获得金融、生产投资机构对接机会。

（区文化和旅游局）

公园管理

【公园疫情防疫工作】 年内，根据市园林绿化局和区防控办要求，全区主要注册公园全部开放，严格落实疫情防控措施，制订《关于公园疫情防控的工作方案》，元旦、春节、“五一”“十一”等特殊节点加强值班值守，密切监测公园运行情况，可统计的13个注册公园单日游人流量最高峰为10月4日的22000人次。全年公园无有关疫情防控突发事件，游览秩序良好。

（区园林绿化局）

【文明游园整治行动】 年内，为落实市园林绿化局等六部门联合下发的关于《北京市文明游园整治行动实施方案》的通知精神，顺义区各公园管理部门结合各公园实际，整治行动覆盖全区建成并向公众开放的13个公园，由区园林绿化局牵头，以“文明游园我最美，生态文明我先行”为主题，制订《顺义区文明游园整治行动实施方案》，对各阶段专项整治工作做出部署和安排，整治行动开展以来，共劝阻游客不文明行为7163人次。

（区园林绿化局）

园林建设与服务

【概况】 区园林服务中心为顺义区城市园林绿化业务主管部门，主要职责任务是承担园林、绿化等事务性、服务性工作，职责范围包括顺义城区、顺义新城、各中心镇、市区级开发区以及区政府指定绿地。直接管理园林绿地618.18万平方米，其中特级绿地314.48万平方米、一级绿地130.46万平方米、二级绿地144.12万平方米。区属注册公园8个，面积110.12万平方米，其中顺义公园为北京市重点公园，顺义公园、卧龙公园、减河五彩园、光明文化广场公园、仁和公园5个公园为北京市精品公园。

（区园林服务中心）

【为民服务项目】 年内，区园林服务中心一是在各公园持续开展学“雷锋志愿者服务”，共设立站点8个，通过咨询、指引、配备便民服务箱等方式为游客提供优质服务。二是进一步提高市民热线办件质量，着力推动公园服务管理水平，定期组织开展年度游客座谈会，与游客代表面对面沟通交流，秉持“共商、共管、共享”的公园服务理念，把“关口前移”，将矛盾化解在基层，更好地服务民众。

（区园林服务中心）

【创城迎检】 年内，为扎实做好创城迎检工作，区园林服务中心把疫情防控与文明创城相结合。一是加大创城工作资金投入力度，开展创城绿地更新建设。二是开展环境卫生整治活动，对辖区内存在的环境卫生问题及时跟踪检查，立行立改。三是做好破损草坪、路面及附属标牌的补植修复更换工作。四是加大公益广告宣传力度，在园区显著位置增添“关爱未成年人”“文明健康 有你有我”等公益广告内容，营造创城氛围。

（区园林服务中心）

【对口帮扶】 年内，按照区委、区政府部署，区园林服务中心所属各单位开展“消费扶贫”行动，通过北京对口扶贫平台，购买河北省沽源县、涞水县等24个对口帮扶点的小米、雪花粉、玉米等农产品共计65040元。通过后沙峪镇政府向内蒙古自治区通辽市科左中旗捐献帮扶款100000元。

（区园林服务中心）

【参与疫情防控】 年内，区园林服务中心党员干部开展“双报到”参加全区疫情防控工作，参与服务的在职党员79名，所属党支部参与服务79次。

（区园林服务中心）

【双兴城市森林（绿地）工程】 年内，区政府重点工程项目——顺义区双兴城市森林（绿地）建设工程位于顺义区行政中心、政务中心南侧，介于顺义老城区与新城区（马坡组团）之间。东起右堤路，西至顺安路，南起减河，北至复兴东街。项目建设内容包括绿化工程、庭院工程、喷灌工程、园区内电气工程、服务管理建筑工程及外电源工程。工程总体规划占地面积34.36公顷（此次施工面积27.54公顷），绿化总面积24.8公顷。2米人行路8300余平方米、沥青路12300余平方米、停车位3700余平方米、广场5400余平方米、水溪1400余平方米、建筑270平方米，栽植常绿乔木2019株、落叶乔木7677株、落叶灌木23884株、常绿阔叶灌木166222株、攀缘类植物4711株、花卉及水生植物53225株、草坪及地被植物236676.85平方米，敷设排水设施3280余米、灌溉设施13020余米、电气设施24250余米、弱电设施37720余米，安装草坪灯174个、庭院灯158个、成品座椅23组、垃圾桶38组，设置卫生间2座。

（区园林服务中心）

【提升公园品质 提高公园综合服务保障水平专项行动】 年内，区园林服务中心开展“提升公园品质 提高公园综合服务保障水平专项行动”。在所属8个注册单位的管护区域内开展补植增绿护绿、清理卫生死角、开展树木健康诊治等专项行动。此次行动共整治露天黄土3800平方米，清理枯死树103棵，整治清理病虫枝171株，清理枯死枝242株，补植树木30株，补植花草5922平方米。

（区园林服务中心）

【传统节日文化活动】 2月1日，区园林服务中心为满足市民精神文化需求，提升文化服务质量，在顺义公园水榭以“迎新春，送福字”为主题开展传统文化节日活动，把核心价值观倡导的内容融入节日文化之中，活动参与人数100余人。

（区园林服务中心）

【城区公园主题花卉“云”赏花活动】 4月2日，区园林服务中心为避免疫情期间市民扎堆聚集，在微信公共平台以郁金香为主题，开展“云”赏花活动。6月19日，区园林服务中心以荷花为主题，开展线上“云”赏花活动。

（区园林服务中心）

【城区公园主题花卉文化活动】 4月12日—5月1日，减河公园举办第十三届郁金香文化节，展出5

个品种40000余株，面积900平方米。园区为增大赏花面积，分散游览人群，在门区南侧广场及园区小型广场周边配置孔雀草、海棠、非洲凤仙等时令花卉35000余株。4月20日—5月5日，仁和公园举办第五届牡丹花文化节，展出各类牡丹花面积约11000平方米，10000余株；为延长花卉观赏期，仁和公园同期展出芍药花、蓝田碧玉等58个品种花卉，种植面积3000平方米，约5000株。5月10—31日，卧龙公园举办第四届月季文化节，以“同赏月季、共抗疫情、献给最美逆行者”为主题，共展出月季品种77种28000余盆。与往年相比，本年度月季文化节新增12个品种的藤本月季和欧月6000余盆；新增造型月季12盆。并在园内主要游览路线上设置道旗、条幅以及宣传栏，倡导游客文明游园的同时，普及花卉文化知识。6月29日—7月10日，顺义人民公园举办第十八届荷花文化节，在10000余平方米的荷塘内以白洋淀红莲为主打基调，展出万寿红、八一莲、楚天祥云等70余个品种的各色荷花。并结合公园景观小品，在水榭前及诗园等区域打造赏荷微景观，与主展点相呼应。

（区园林服务中心）

【“鲜花上街”项目】 4月，区园林服务中心在府前街、光明街、新顺街、顺安路及顺白路的树池花箱、花篮及绿地栽植应时花卉孔雀草、牵牛、角堇、三色堇等284000盆，确保主干道三季有花。

（区园林服务中心）

【垃圾分类】 5月，区园林服务中心稳步推进垃圾分类工作。对所属各公园、广场的办公区、生活区、园区进行定期检查并提出指导意见，发现问题及时开具整改通知书，敦促主要责任人立即落实整改。要求各公园广场增加保洁频次，确保投放点周边干净整洁，安排垃圾分类指导员每日巡查，引导游客准确分类投放，并做好宣传和解释工作。为进一步规范分类标识，制作并张贴其他垃圾、可回收垃圾分类标识1304张，四分类标识469张；公园办公区域增设四分类垃圾箱39个、办公区新增70个。针对绿化修剪下来较大的树枝叶不能直接扔入分类垃圾箱的问题，要求养护作业部门及时清扫并集中粉碎，确保路面整洁。

（区园林服务中心）

◈ 年内，区园林服务中心所属公园稳步推进垃圾分类工作，助力创城（区园林服务中心供图）

【绿地更新工程】 7月31日，区园林绿地管护中心绿地更新改造项目启动，旨在将常年遭受病虫害侵袭、融雪剂侵蚀、人为践踏后失去观赏价值的绿地进行逐一更新改造。项目共涉及7条道路绿地更新、面积40030.56平方米，7块休闲绿地更新、面积272690平方米，合计更新绿地面积312720.56平方米。其中李天路改造面积3101平方米、顺康路改造面积12089.7平方米、顺沙路改造面积3084平方米、北环路改造面积1474.15平方米、西环路改造面积5649平方米、顺于路延长线改造面积13472.7平方米、市政管委分车带改造面积1160平方米，全部于9月30日竣工。

（区园林服务中心）

【白马路绿化提升工程项目】 9月25日，区重点工程白马路景观提升工程竣工，提升范围为西起京承高速，东至中干渠路，全长约30千米。项目实施绿化工程、灌溉工程、庭院工程。整理绿化用地469251.76平方米，栽植乔木5352株、落叶灌木40954株、常绿灌木397008株、色带423891株、花卉1132436株、草坪地被609763.84平方米，更换行道树2868株，安装各类喷灌管150499.33米，挖掘喷灌沟槽74961.1立方米，堆筑土山丘18012.01立方米。

（区园林服务中心）

【重大节日花卉布置】 9月25日起，区园林服务中心开展2020年国庆、中秋节花卉布置工作，本年度花卉布置以“繁花迎国庆，共建森林城”为总体构思，在城区府前街、光明街、新顺街、站前北街、顺安路、顺白路以及光明广场、顺义公园、卧龙公园、减河公园、怡园、仁和公园，布置时令花卉合计约40万盆。其中公园广场花卉布置立体花坛4座，花境小品1处，花塔、容器29组，地栽地摆布置面积770余平方米，使用各种应时花卉11万余盆。摆放时间从9月下旬持续至10月10日。此次国庆花卉布置工作突破旧有模式，通过结合各公园实地组景，进行花卉布景造型，全力打造假日公园景观，力求在展现顺义区人民喜迎节日、开拓进取精神面貌的同时，倡导市民共建共享绿色生态环境。

（区园林服务中心）

【中秋、国庆假期服务保障】 中秋、国庆假期期间，区园林服务中心领导对所属园区进行包园包片分区管理，明确区域责任，细化防疫措施，落实保障力量，确保各园区将疫情防控与双节保障服务一体谋划、一体推动。针对羽毛球场、乒乓球馆、游船等运行项目严格执行人员控制、防疫检查、扫码登记，同时增加场地消毒频次；加强园区网格巡视，“一园一策”制订预案，提前演练，确保任务到岗、责任到人；强化属地联动，充分发挥联防机制。加强岗位培训，做好公园服务接待，加强对舆情和便民电话的回复处置工作，推动主动治理、未诉先办，完成“双节”期间保障工作。

（区园林服务中心）

【道路绿地防寒防盐】 10月中旬起，区园林服务中心为巩固绿化成果，确保极寒天气园林苗木安全越冬，对所辖区域内44000余株行道树进行涂白，防治真菌害虫，为翌年早春树木的萌发打好基础。为耐寒性差的植物及新植苗木搭设防寒风帐30余处，提高树体温度，确保苗木安全越冬。在重点路段绿化带搭建防寒防盐设施83.65万平方米，确保植株有效应对极端天气。

（区园林服务中心）

【冬季安全消防】 11月起，区园林中心所属各单位集中开展消防演练及可燃物清理专项行动。对管护城市绿地、公园辖区等公共区域内杂草、枯叶、垃圾进行拉网式清理，确保消防安全。所属各单位组织出动各种力量700余人（次），清理出可燃物14车。

（区园林服务中心）

北京顺义文化旅游投资集团有限公司

【概况】 北京顺义文化旅游投资集团有限公司（简称顺义文旅集团），为区属国有企业，注册资金8.25亿元。公司下辖北京顺旅水上公园投资发展有限公司、北京鲜花港投资发展中心等二级企业16家，三级企业8家。年内，文旅集团按照做顺义区文化旅游产业的传动器、助推器和孵化器的企业定位，致力于文化旅游全产业链投资运营，打造具有市场竞争力的文化旅游投资集团。

（顺义文旅集团）

【疫情防控】 年内，成立顺义文旅集团新冠肺炎疫情防控工作领导小组及办公室，出台工作方案，细化工作任务，层层压实责任，抓好日常调度。在全区带头关闭旅游景区，全面停止线下文化旅游活动和项目。累计抽调100余名党员、干部、职工参与社区、新国展入境集散点疫情防控工作。向全市、全区疫情防控一线的公安、民警、社区工作者捐赠61000张文旅定制年卡——“守护卡”；为北京援鄂医疗队、入境旅客接转工作组赠送鲜花花束。此外，协助对口单位共同做好疫情防控工作。4月5日，在做好疫情防控的基础上，文旅集团所辖景区有序恢复对外开放。

（顺义文旅集团）

◆4月5日，在做好疫情防控的基础上，文旅集团所辖景区有序恢复对外开放（顺义文旅集团供图）

【品牌建设】 年内，北京国际鲜花港、奥林匹克水上公园2家景区均通过AAAA级旅游景区质量等级复核，并成为中国旅游景区协会会员单位，入选顺义区首批新时代文明实践基地。北京国际鲜花港第二季度在线旅游资产指数（TPI）涨幅登顶华北地区榜首；北京国际鲜花港、享筑·繁星十二星座主题帐篷酒店分别入选首届北京网红打卡地，享筑·伴山雅集主题民宿入选“云上运河”大运河北京段网红打卡地；北京奥林匹克水上公园获2020中国文创新品牌榜最具人气新品牌奖；国家北京顺义体育训练基地获全国体育事业突出贡献奖。1人获“2020年北京市文化和旅游行业榜样”称号，1人被推荐参加“有故事的乡村民宿主人”评选活动。文旅集团举办的各类活动、赛事先后被北京电视台、顺义电视台、中国日报网、《人民日报》、今日头条等主流媒体宣传报道。

（顺义文旅集团）

【北京奥林匹克水上公园电竞基地】 年内，顺义首家电竞产业基地——北京奥林匹克水上公园电竞基地落成。基地包含五大板块：首都体育学院实习实训基地、北京市电子竞技运动协会顺义办公区、北京市电子竞技运动代表队赛训基地、顺义区电竞游戏MCN产业小镇以及北京顺竞文化产业有限公司办公区。

（顺义文旅集团）

【绿植集散分拨中心一期落成】 年内，北京国际鲜花港绿植集散分拨中心落成，经营品类涵盖绿植、盆花、盆器、资材、花肥料、租摆服务、园艺、园林、小型园林机械等，入驻商户75家。一期总营业面积50000平方米，由10栋高端智能化温室组成，配备有独立的线上交易平台、20000平方米超大配套停车场、完善的物流配送服务和便捷的企业服务，致力于打造服务北京地区绿植花卉产业经营者及北京市民的一站式交易平台。

（顺义文旅集团）

【参与北京消费季活动】 年内，顺义文旅集团参与北京顺义消费季活动，“品顺义·乐生活”活动启动仪式现场设置医护人员感恩优惠产品专区，展示文旅集团北京国际鲜花港景区为北京市援鄂医疗队制作的精美花束，对鲜花港花卉产品进行现场推介。北京奥林匹克水上公园配合消费季活动于6月6日当晚开启节日亮灯模式，并延续至10月每周五、周六晚上。为进一步释放消费潜力，文旅集团开展“云游鲜花港”网络直播、线上游览活动，推出“野食山谷”“潮玩顺义”“NHA农场”等体验项目，线上线下联动促进文旅消费；同时，推出“超值年卡买一送一”活动，并提供冰雪、陶艺拉坯文化体验，赛艇、索道滑水运动体验，帐篷酒店、大美奇葩乐园折扣优惠。

（顺义文旅集团）

【享筑林栖·帐篷露营地】 年内，享筑林栖·帐篷露营地开业。营地位于北京国际鲜花港北门东侧，面积863平方米，由亲子房、情侣房、家庭房、豪华房以及景致房组成，可为游客提供32顶帐篷共86个床位。所有房间采用唐代诗人字号进行命名，并从浙江、安徽、江西等地拆迁的祖屋里挑选老木料作为建筑原料，旨在倡导亲近自然、走进故乡的户外田园生活方式，推崇露营的美学和生活的仪式感。

（顺义文旅集团）

【蝶·恋花馆】 1月，位于北京国际鲜花港景区的蝶·恋花馆正式营业。蝶·恋花馆系文旅集团为保护顺义旅游品牌（原顺义七彩蝶园）、整合地域特色文化旅游资源推出的全新项目。展馆面积约7000平方米，分为活体蝴蝶展示、蝴蝶科普、文化、艺术等展区，打造集自然科普、儿童娱乐、餐饮休闲于一体的综合型主题展馆。馆内有60余种约100万只活体蝴蝶和数百种精品蝴蝶标本，可呈现“破茧化蝶”景象。

（顺义文旅集团）

【草莓音乐节举办】 6月13—14日，“2020草莓音乐节·京东直播”在北京国际鲜花港举办。文旅集团和摩登天空有限公司、京东集团首次合作，开启线上“云音乐节”，邀请朴树、曾轶可、马頔、陈粒等20多组（位）乐队和音乐人在北京国际鲜花港“草莓舞台”演出，线上累计观看超520万人次。

（顺义文旅集团）

【北京市龙舟大赛开幕】 9月12日，2020年北京市龙舟大赛暨顺义区“牛栏山杯”龙舟赛在北京奥林匹克水上公园开赛。有来自顺义、东城、丰台等区的23支队伍近400名选手参加。活动通过政府主导、社会参与的形式，推广特色龙舟文化旅游，弘扬中华民族优秀传统文化，带动顺义区龙舟文化传播及旅游事业发展，为筹办北京2022年冬奥会营造良好的社会氛围。

（顺义文旅集团）

【第十二届北京菊花文化节举办】 9月12日—10月19日，历时38天的第十二届北京菊花文化节在鲜花港举办。活动以“菊满蝶舞・星宿花间”为主题，结合蝶恋花、菊花文化和重阳习俗等元素进行布景造型，布展面积达10万平方米以上，接待游客逾7万人次。其间，举办以“寻找陶渊明”为主题的古风游园演出，打造古典赏菊意境；围绕区科技活动周开展“金秋十月”系列科普活动，进行“云上”科普和线下展示互动；围绕国庆、中秋佳节开展“迎双节、庆丰收”名家书画笔会暨书画惠民、惠赠福字活动，描绘出节日喜庆场景和丰收成果。文化节期间严格做好预约、扫码、测温、验证、分流限流等疫情防控措施，为游客营造安全、有序、舒适的游园环境。

（顺义文旅集团）

【享筑·伴山雅集主题民宿对外营业】 10月1日，顺义区第一家整村打造的精品主题民宿——享筑・伴山雅集主题民宿对外营业。民宿位于全国第一批美丽乡村、最佳休闲乡村——柳庄户村，共有20个独立主题院落，其中一期10个院落。民宿以文人二十四雅事和人生四十乐事为整体设计背景，通过专业化院落设计，实现一户一景、一步一景，致力于打造成顺义区第一家集住宿、餐饮、娱乐、团建、会议等于一体的精品新民宿。

（顺义文旅集团）

【冰雪文化节体验活动】 年底，多项冰雪文化体验活动举办。冰雪体验活动横跨圣诞和2021年元旦、春节3个黄金假期，旨在繁荣顺义冬季文旅市场，陪伴首都市民热闹过节，提高顺义冬季旅游的知名度。北京奥林匹克水上公园冰雪嘉年华占地面积约10万平方米，包含超大雪滑梯、蚂蚁特工队、雪地香蕉船等多种冰雪体验项目。北京国际鲜花港冰雪文化节占地面积约40000平方米，包含雪山冲浪、狗拉雪橇、雪地龙舟等18种冰雪体验项目。

（顺义文旅集团）

北京顺义绿色生态产业功能区管理委员会

【概况】 年内，区委绿色生态产业功能区工委坚持党中央提出的“创新、协调、绿色、开放、共享”发展理念，严格按照区委、区政府的工作要求，自觉站位服务新时期首都城市战略定位和京津冀协同发展大局，各项工作稳步推进。

（顺义绿色生态产业管委会）

【疫情防控】 年内，绿色生态工委成立疫情防控工作领导小组，主要领导任组长，统筹协调功能区疫情防控全面工作，制定一系列疫情防控制度、预案，明确责任，落实到人；对功能区范围内所有企事业单位、工作人员进行排查统计和上报；与59家复产复工的企业及个人签订《新冠防疫工作责任书》，明确防控责任，确保疫情防控有序高效；组织功能区内500余名工作人员进行新型冠状病毒核酸检测，检测结果全部为阴性；配合专家巡查指导团队的评估工作，确保日常消杀不留死角，不留盲区。

（顺义绿色生态产业管委会）

【功能区安全稳定】 年内，一是结合疫情防控工作，深化安全生产大检查工作，落实安全生产监督职责，强化做好各重要时段、重要节日的隐患排查整治工作，同时加强应急值守工作，确保功能区安全生产形势持续平稳及浅山郊野公园项目顺利推进。二是功能区安全生产检查队按照日常检查、专项检查相结合的形式，按照全覆盖、无遗漏、可追溯的要求开展检查工作。对功能区内生产经营单位覆盖率100%，整改率100%，全年检查400余家次。三是结合6月安全月、119消防日活动，利用微信等新媒体，加强安全生产法律法规、隐患辨别、自我保护常识等安全生产知识的宣传和教育，切实提高企业员工的安全意识。

（顺义绿色生态产业管委会）

【舞彩浅山郊野公园项目】 6月12日，联合市园林质监站、勘察、设计、监理、施工等单位完成舞彩浅山郊野公园一期项目竣工验收。推进舞彩浅山郊野公园一期运维前期工作。研究制订运维方案，实现全方位、专业化运维管理，进一步提升综合接待能力及旅游服务品质，确保郊野公园顺利开园。启动郊野公园二期初步方案编制工作。项目主要建设内容包括市政道路与郊野公园一期的衔接，公园慢行系统的建设、配套服务设施、特色景观绿化、水系治理及景观提升、村庄周边绿化美化等。

（顺义绿色生态产业管委会）

生态环境

4 月，顺义区“互联网 + 全民义务植树”（东郊公园）基地接待社会人士尽责（拍摄者：丁冠钰）

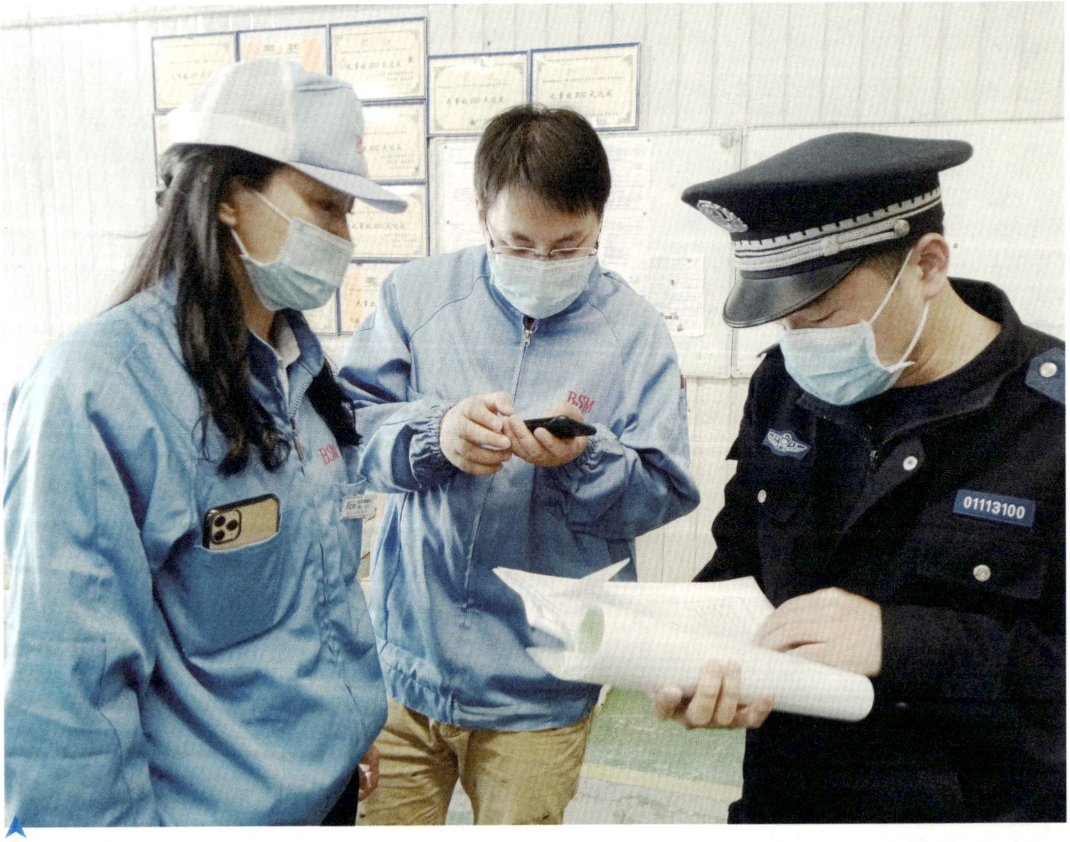

4 月 24 日，顺义区生态环境局监察支队对赵全营镇开展“点穴式”执法（拍摄者：候嘉晟）

5月9日，区园林绿化局开展杨柳飞絮治理工作（区园林绿化局供图）

6月11日，区生态环境局水生态环境科赴张镇无名河流域查看水质情况，现场进行取水作业并检查防汛情况（拍摄者：任焕华）

▲ 7月23日，顺义区生态环境局土壤科一行前往SMC公司开展现场检查（拍摄者：高春帅）

▲ 9月，汉石桥湿地生态文明宣传教育基地开展走进湿地、认识湿地活动（汉石桥湿地供图）

9月6日，区生态环境局移动源执法人员在吴各庄收费站对上路行驶柴油货车进行监督性抽测（拍摄者：黎明）

年内，区水务局开展潮白河船闸维护工程（区水务局供图）

▲ 年内，区水务局开展减河水面打捞（区水务局供图）

▲ 年内，区水务局开展潮白河橡胶坝清理工作（区水务局供图）

▲ 年内，区水务局开展医疗行业专项执法（区水务局供图）

▲ 年内，顺义区果品产量 4225.69 万千克，产值 2 亿元（区园林绿化局供图）

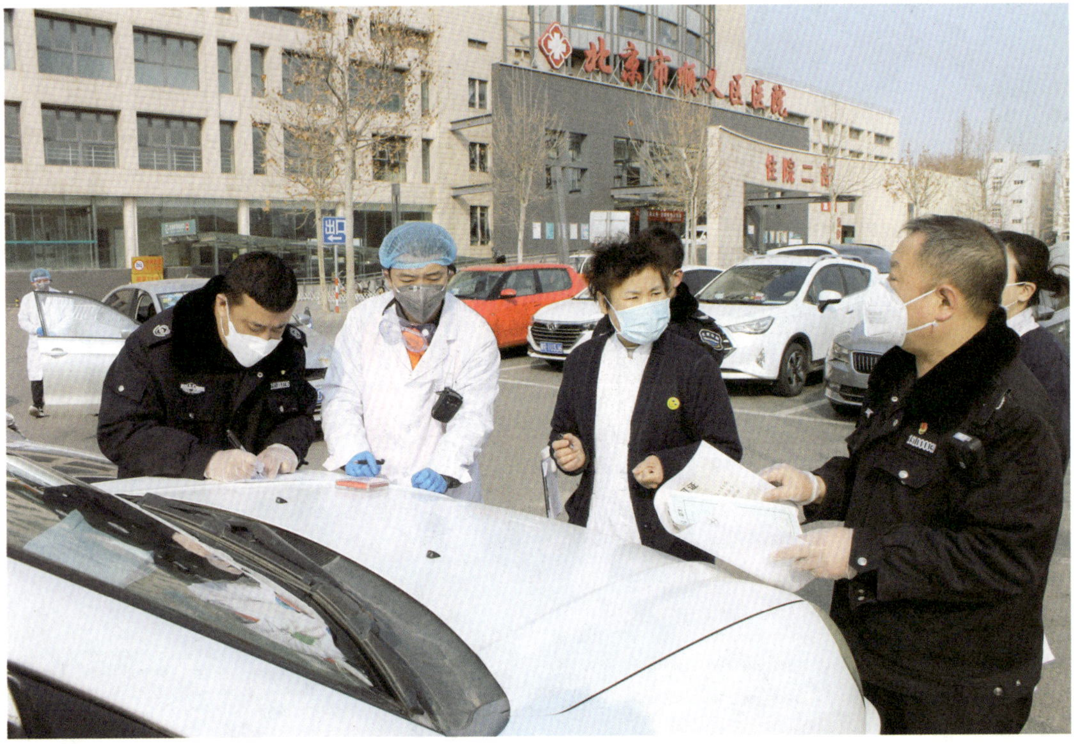

▲ 年内，区水务局开展医疗行业专项执法（区水务局供图）

▲ 年内，区园林绿化局对新植樱桃和建设樱桃设施给予补贴，共完成新植（更新）樱桃面积 21.4 公顷（区园林绿化局供图）

综　述

【概况】　年内，顺义区生态环境工作坚持以习近平生态文明思想为指导，全面贯彻落实党中央、国务院，市委、市政府，区委、区政府决策部署，全面推进顺义区生态环境保护工作，完成《顺义区污染防治攻坚战2020年行动计划》各项任务指标，全区生态环境质量显著改善。

（区生态环境局）

【生态环境治理效能提升】　年内，区生态环境局坚持“靶向发力”，提升顺义区生态环境治理效能。深化“互联网+政务服务”，所有事项实现网上受理，并将“基本不产生生态环境影响”的项目不再纳入环评管理。建立复工企业沟通联系机制，解决在复工复产过程中存在的问题和困难。开展宣传培训和政策解读，有序推进相关手续办理。推动事中事后监管工作上移和后移，健全“接诉即办”工作机制，综合运用监测、执法等方式，拓展环境执法内容和方式。

（区生态环境局）

【排污许可证核发】　年内，顺义区基本完成排污许可发证和登记，清理整顿33个行业，核发91个行业的排污许可证454家，下达限期整改通知书140家，排污登记1298家，注销67家。

（区生态环境局）

【生态文明办会议】　3月13日，以视频会议形式组织召开污染防治攻坚战工作部署会，部署大气、水、土壤污染防治，生态环境执法等相关工作。4月21日，以视频会议形式组织召开2020年污染防治攻坚战一季度工作会，通报顺义区2020年污染防治攻坚战一季度工作进展情况，部署污染防治攻坚战有关工作。6月4日，组织召开2020年污染防治攻坚战工作会暨业务培训会，部署污染防治攻坚战有关工作，并分别针对移动源和固定源污染监管进行业务培训。8月6日，组织召开2020年污染防治攻坚战上半年工作会，会议通报污染防治攻坚战上半年工作进展情况，部署下半年工作。10月28日，组织召开2020年污染防治攻坚战前三季度工作会暨业务培训会，会议通报污染防治攻坚战前三季度进展情况，并针对餐饮油烟净化设施信息化监管工作、地表水环境质量考核情况、新《中华人民共和国固体废物污染环境防治法》开展相关培训。

（区生态环境局）

【生态文明委全会】　3月25日，区委生态文明建设委员会第二次全体（扩大）会议召开，区委书记、区委生态文明建设委员会主任高朋主持会议并讲话，区委副书记、区长、区委生态文明建设委员会副主任孙军民参加。会议传达学习贯彻市委生态文明建设委员会第二次会议精神，研究部署2020年全区生态文明建设工作。12月17日，区委生态文明建设委员会第三次全体（扩大）会议召开。区委书记、区委生态文明建设委员会主任高朋主持会议。会议通报顺义区污染防治攻坚战进展情况，审议《顺义区落实〈北京市污染防治攻坚战成效考核措施〉工作方案》《2020—2021年秋冬季大气污染综合治理攻坚行动顺义区任务细化分解方案》。

（区生态环境局）

【垃圾分类示范片区创建】　按照全市垃圾分类示范片区创建工作任务安排（2018—2020年），截至5月1日，全区25个镇街超前全部完成垃圾分类示范片区创建工作，各镇街辖区内均配发垃圾桶、垃圾袋、三轮车等分类设施，搭建完成垃圾分类全流程排放登记系统，实现垃圾分类“三个全覆盖”。

（区城市管理委）

大气环境

【空气质量】　年内，顺义区PM2.5平均浓度为35微克/立方米，同比下降14.6%，排名全市第7名，完成市政府下达的全年改善目标，为本市首个达到国家空气质量二级标准的非生态涵养区。

（区生态环境局）

【控车减油】　年内，淘汰国Ⅲ高排放柴油货车1246辆，淘汰国Ⅲ高排放汽油车2661辆。累计抽测重型柴油车274500辆次，累计检查非道路移动机械3040台次，备案非道路移动10073台。检查加油站1045座次、储油库48座次、油罐车54台次。开展流通、使用领域成品油抽检129组，车用尿素抽检14组，打击取缔黑加油站点7处。新增40辆、更新124辆纯电动新能源公交车，更新154辆纯电动出租车，更新新能源环卫电动车7台，投运电动汽车公共充电设施1426台。

（区生态环境局）

【清洁降尘】 年内，顺义区年均降尘量为4.3吨/（平方公里·月），排名全市第1名，完成市政府下达的年度任务目标。推进扬尘管控精细化。一是安装施工工地视频监控系统，区住房城乡建设委视频动态巡查工地13368家次，开展贯穿全年的扬尘日常监督检查工作，现场检查施工工地669家次，约谈施工企业103次，责令停工整改89家。区城管执法局共查处施工扬尘、裸露堆放以及渣土车违法问题2330起，罚款585.038万元。区城市管理委组织开展建筑垃圾道路运输联合执法87次，处罚违法违规车辆9辆。城市道路“冲、扫、洗、收”新工艺作业率95.8%，区城市管理委、顺义公路分局定期检测并通报城市道路、公路尘土残存量。区农业农村局推广农田保护性耕作技术4133.33公顷（62000亩），进一步降低农田扬尘。区规自分局完成2宗矿山生态修复任务。

（区生态环境局）

【生产生活减排】 年内，组织8家企业依法开展强制性清洁生产审核、7家重点行业企业实施“一厂一策”深度治理。80家维修企业完成漆房标准化改造。开展流通领域建筑涂料胶粘剂抽检11组、生产领域建筑涂料胶粘剂抽检5组。开展重点行业挥发性有机物排放专项执法，做出行政处罚24起，处罚金31.98万元。退出一般制造业和污染企业26家。

（区生态环境局）

【餐饮油烟污染问题】 年内，区生态环境局采取3项措施解决餐饮油烟污染问题。一是通过“定时、定位、定人”日常巡查，开展餐饮单位油烟净化设施运行情况检查，确保净化设施规范使用。同时，建立监管台账，排查餐饮单位1800余家。二是为全区重点餐饮企业安装油烟运行状态监控设备，实现实时监控。全区共安装监控设备1000套，城区重点业态餐饮单位实现全覆盖。三是深入各村（社区）、企事业单位宣贯法规政策，解读标准，并为各属地及餐饮企业等开展培训9次，涉及1000余人。

（区生态环境局）

【燃煤替代】 年内，印发《顺义区2020年农村地区取暖“煤改清洁能源”和“优质燃煤替代”工程长效管护实施方案》，依托19个镇级“煤改清洁能源”售后服务中心持续做好取暖季清洁取暖设备日常维修服务，保障群众温暖过冬。在仁和镇河南村实施优质燃煤替代工程。

（区生态环境局）

【空气重污染应急】 年内，组织空气污染过程应对9次、黄色预警应急1次。印发实施《顺义区应对大气污染强化措施实施方案》，明确在未达到预警启动级别，但空气污染程度在轻度以上等条件下的具体措施和工作要求，消减污染累积对空气质量的影响。对包装印刷、汽车整车制造、工业涂装等14类重点行业按照《北京市空气重污染期间重点行业应急减排措施制定技术指南》要求，实施绩效分级管理。

（区生态环境局）

【加强基础保障】 年内，区生态环境局在北京现代汽车厂区排放口安装在线挥发性有机物监测设备和厂区安装七参微型大气监测设备进行长期监测。完成餐饮企业油烟净化设备升级改造1800家，安装餐饮油烟运行状态监控设备1000台。为属地开展空气质量“画像”溯源，提升全区大气污染防治精细化管理水平。严厉打击各类大气违法行为，全年检查相关企业2148家次，针对大气类环境违法行为进行行政处罚55起，处罚金额124.6万元。开展餐饮专项执法，共完成餐饮单位检查6500余家次。

（区生态环境局）

水生态环境

【水生态环境】 年内，顺义区参与国家、市级环境质量评价的监测主要河流有5条（潮白河上段、潮白河下段、城北减河、金鸡河、小中河），监测长度87.5千米，监测河流断面水质均符合规划水质类别要求，其中水质优良（Ⅰ～Ⅲ类）河流3条段，河长占比45.1%，比2015年增加45.1%；Ⅳ～Ⅴ类河流2条段，河长占比54.9%，比2015年增加37.2%；劣Ⅴ类河流0条段。顺义区2个国家级考核断面、5个市级考核断面年平均水质全部优于考核标准。7个市级生态补偿断面全年共计扣缴补偿金313.5万元，同比下降78%。区生态环境局与区河长办沟通确定，将考核、奖励、补偿监测点位统一，镇街跨界补偿断面由47个调整为85个，每月开展水质监测并通报监测结果，落实生态补偿机制，85个断面全年共计扣缴补偿金1401万元，同比下降38.2%。在第二、第三季度市生态环境局2次黑臭水体水质交叉监测中，顺义区9条黑臭水体全部达标。

（区生态环境局）

【水源地保护】年内，开展2019年度饮用水水源地环境状况调查评估，完成7个区级、3个镇级水源地保护区和18个镇农村饮用水水源地的现场检查，完成区级、镇级集中式以及农村集中式、分散式饮用水水源地环境保护状况评估报告。编制完成《顺义区集中式饮用水水源地保护区补充划分方案》。

（区生态环境局）

【碧水保卫战】 年内，区生态环境局5项措施打好碧水保卫战。加强饮用水水源地巡查检查，开展饮用水水质检测，推进“千吨万人”饮用水水源地保护区划定，目前7个集中式饮用水水源地水质均合格。完成污水管线建设475.5千米，污水处理量5850万立方米，再生水利用量1903万立方米。清理雨水管涵干支线1100余千米，发现小微水体576处，完成整治533处。以水源地周边村庄、新增民俗旅游村庄、人口密集村庄为重点，加快农村污水收集处理设施建设，开工建设195个村，整改各类农村环境问题2796处。与怀柔区、密云区、通州区建立生态环境联动执法机制，共同解决跨区域水环境问题。出台《2020年河长制工作方案》，通过区河长制信息管理平台，发现河渠道管护问题1452处，完成整治1329处。

（区生态环境局）

【“绿盾”自然保护地强化监督】 年内，巩固近3年“绿盾”专项行动成效，区生态环境局、区园林绿化局印发《关于顺义区“绿盾2020”自然保护地强化监督工作实施方案》，组成联合检查组对汉石桥湿地自然保护地内的重点问题进行抽查检查，192个问题点位全部整改完成。

（区生态环境局）

【入河排口设置管理】 年内，区生态环境局组织召开各类相关会议10次，启动顺义区入河排口污染溯源及动态管理项目。全年完成33条重点河流排查和入河排口取水监测工作，完成25个镇政府（街道办事处）对接溯源工作，完成潮白河流域、二污普、劣Ⅴ类水体两侧入河排污口整治工作。

（区生态环境局）

土壤生态环境

【土壤生态环境】 年内，辖区内土壤环境质量总体良好，全区受污染耕地和污染地块安全利用率连续12个月保持100%。推进土壤详查和监测，完成3个经济功能区全部1050家企业的基本信息采集与筛查工作。开展食用林产品基地土壤及产品协同监测工作，完成全部100份土壤样品采集及1200份产品样品协同监测。强化源头管控，印发实施《顺义区畜禽养殖禁养区划定方案》，完成禁养区全面排查。加强重点监管单位管理，完成全部5家土壤重点监管单位隐患排查、土壤监测及报告公开。深化重金属污染防控，将8家企业纳入强制性清洁生产审核；完成新一轮涉镉等重金属企事业单位污染排查。

（区生态环境局）

【净土保卫战】 年内，区生态环境局4项措施打好净土保卫战。加强巡查检查。结合“街乡吹哨、部门报到”等机制，对辖区内全部固（危）废单位、固体废物集中式处置设施、土壤环境重点监管单位、医疗废物产生单位等进行定期巡查。严格监管执法。开展危废产生单位专项执法检查，对高等院校及科研院所实验室、医疗废物产生单位等进行全面排查，同时开展餐饮行业执法检查、生活垃圾综合处理厂执法检查，严厉打击违法经营、倾倒、处置危险废物等环境违法行为。强化企业宣教。向企业发放宣传手册，讲解宣传《中华人民共和国固体废物污染环境防治法》修订内容，指导督促企业落实主体责任。回应群众诉求。用好12345市民服务热线等举报投诉线索，接诉即办，主动查办，实现固体废物违法行为动态查处。

（区生态环境局）

【建设用地污染风险管控】 年内，区生态环境局多项举措严格管控建设用地污染风险。强化关停企业原址用地筛查，完成新一轮926家关停企业筛查工作，将26家企业地块纳入疑似污染地块名单。通过三类地块再核查，完善建设用地土壤污染状况调查名录，并联合规自部门开展建设用地用途变更核查，完成梳理建设项目用地名单150余家。加强建设用地监管，利用联审机制及“多规合一”平台，加强疑似污染地块项目风险管控，督促30家相关责任主体开展土壤污染状况调查、风险筛查及有毒有害物质排放调查，完成调查报告50余份。

（区生态环境局）

环境监测

【环境卫生设施管理】 年内，共处理生活垃圾475127.72吨，餐厨垃圾8769.22吨，粪便58281.42吨；按照北京市城管委要求，定期对区属设施开展环境监测和检查考评。

（区城市管理委）

【学业水平考试声环境质量保障】 9月，按照市教育招生考试工作会议精神和具体实施方案的工作要求，区生态环境局开展考试期间声环境质量保障监督检查工作。本次检查以降噪禁噪工作为重点。在前期排查、整治、宣传的基础上，检查执法人员深入考点周边，对商业楼宇、餐饮娱乐场所、施工场所、汽车修理店等噪声影响重点场所进行专项排查。进一步加强对辖区内施工工地、各类文化娱乐、餐饮等公共服务场所的情况排查摸底，逐一排除隐患。在检查过程中，明确企业对可能产生噪声污染的空调外机、鼓风机等设备要落实防噪降噪措施，并要求考点周边企业商铺在考试期间提高防噪降噪的自觉性，主动维护良好的声环境。

（区生态环境局）

【两节辐射安全专项检查】 9月，区生态环境局提前部署，开展辐射安全专项监督检查。检查人员根据辖区辐射工作实际，深入各重点单位开展实地检查，重点对其值班值守制度和应急预案制定情况、应急物资储备情况、敏感点位的安全性等方面开展全面检查。检查人员先后到放射源单位、医疗机构等16家辖区内重点辐射工作单位进行实地检查，并与受检单位开展座谈，现场听取各相关单位的辐射安全与防护工作汇报及两节期间应急保障部署。

（区生态环境局）

法制与宣传

【权力清单】 年内，区生态环境局对北京市“市区共有和区级独有权力事项（不含行政处罚）”进行梳理，共梳理权力清单56项，其中行政许可7项、行政强制14项、行政检查10项、行政确认2项、行政奖励1项、其他职权22项。

（区生态环境局）

【行政执法】 年内，区生态环境局办理政务服务事项10154项，其中行政许可512项，行政确认5项；实施行政检查285204项；做出一般程序行政处罚244起，罚款413.819481万元，简易程序处罚358起，罚款174600元；办理行政强制案件63件。

（区生态环境局）

【环境普法】 年内，“顺义生态环境”微信公众号推送法律宣传信息80条，微博推送50条。法宣阵地滚动播放环境法治宣传标语。“6·5”世界环境日，在光明街道裕龙三社区开展生态环境法律普法活动。“12·4”宪法宣传周，在仁和镇复兴村开展宪法进乡村活动。

（区生态环境局）

◆ 12月3日，区生态环境局工作人员在仁和镇复兴村村委会开展普法宣传活动（拍摄者：冯爽）

【环境宣传】 年内，围绕2020年“6·5环境日”主题，以线上直播形式开展2020年第二届“石园杯”顺义区环保网格员知识竞赛，18万人参与。在全区开展宣传教育活动，主要举办“国际生物多样性日”“全国低碳日”、中小学生环保主题演讲比赛等主题宣传活动，利用顺义生态环境微信公众号开展“告白地球妈妈”、顺义区青少年“低碳出行”创意绘画等环保作品征集、环境监测设施向公众开放、环保志愿服务宣传等活动。首次在顺义区开展公众生态环境意识调查，调查结果显示，九成以上居民对顺义区生态环境表示满意。

（区生态环境局）

【公众生态环境意识调查】 6月，区生态环境局开展公众生态环境意识调查，共发放调查问卷3200份。调查显示，在生态环境满意度方面，90%受访者对本区整体生态环境较为满意；在生态环境污染问题关注度方面，47.3%受访者认为生活垃圾污染是本区面临最严重的生态环境威胁，超过噪声污染和大气污染；在生态环境概念认知度方面，近60%受访者对垃圾分类、白色污染及环境日有较高的认知，主要通过微信、政府部门的环保宣传以及电视等媒体获取信息；在环保行为践行度方面，超过75%受访者在日常生活中具有实际行动，主要集中在拒绝食用野味、绿色出行、不在公共场所吸烟3方面。

（区生态环境局）

水 务

【全区用水情况】 年内，受疫情影响，全区用新水总量14075.48万立方米，同比15645.84万立方米减少10.04%。其中居民家庭用水5161.26万立方米，同比5095.22万立方米增加1.3%；公共服务业用水2722.48万立方米，同比2536.03万立方米增加7.35%；工业用水1816.77万立方米，同比2452.31万立方米减少25.92%；农业用水3821.78万立方米，同比5026.4万立方米减少23.97%；生态环境用水553.19万立方米，同比535.89万立方米增加3.23%。

（区水务局）

【用水管理】 年内，确定全区全年用水指标分配方案；核定全区2828家用水单位、街道、镇、村庄用水指标，将计划用水指标逐一下达。根据区内腾退疏解和人口变动情况，及时调整完善用水户信息，健全用水台账；分别对高尔夫球场、建筑业、园林绿化、洗车等行业进行节水检查；完成6家高尔夫球场用水情况的调查，制订整改方案并完成整改；根据用水情况梳理全区重点监控用水单位名录，进行调查与检查。

（区水务局）

【污水处理】 年内，全区有正常运行的城镇污水处理和再生水利用设施12座，其中污水处理厂（再生水厂）10座、机场净化站2座。设计处理能力共449500立方米/日。正常运行的农村污水处理站55座，总设计处理能力47200吨/日，其中46座安装在线监测并纳入市级在线考核系统。全区生活污水处理率95.1%。全区生活污水处理量6596.5万立方米，再生水利用量3100万立方米。

（区水务局）

【水质监测】 年内，完成20个站点（每月1次）常规地表水的水样采集和检测工作，共检测水样183件。上报监测成果3706个。承担北京市地下水常规监测任务站点61个（顺义45个、平谷16个），于4月、9月对地下水各开展检测1次，共检测水样122件，上报监测成果4758个。按照治理黑臭水体要求，对顺义区小中河、龙道河、温榆河、箭杆河、蔡家河、顺三排水、方氏渠、月牙河、金鸡河、无名河10条河共30个站点，每月进行1次水质检测，共检测水样247件，上报监测成果1235个。完成其他临时和委托检测任务，共检测水样350件。

（区水务局）

【污水处理费停征】 年内，规范落实市级新冠肺炎疫情期间中小微企业污水处理费停征工作。全区共对1631家中小微企业停征污水处理费，截至年底，停征金额共计3910.20万元。

（区水务局）

【河道环境秩序管控】 年内，组织相关部门及属地开展河道环境秩序管控、河湖环境执法、引导市民安全文明游河等专项行动。在重点时间节点增加河道巡查、保洁频次，重点入河路口专人值守，沿河村口防疫关卡前移，水管员、巡管员、护林员“三员”合一等，加强河道巡查管护，水面漂浮物、河岸垃圾日产日清。引导市民安全文明游河期间，区、镇、村三级河长及河道巡管员巡河6390人次，出动河道巡查、保洁人员19520人次，清理河湖垃圾、渣土、水面漂浮物等60525立方米。出动执法人员3744人次，开展执法检查1773次，制止违法行为48000人次，收缴地笼46个，粘网1000余米，移交渔政部门非法捕鱼人员8人，罚款5500元。增设分类垃圾桶61个，设立警示牌56处，悬挂条幅168个，发放宣传册5000余个，利用村务广播宣传教育788次。

（区水务局）

【节水宣传】 年内，利用“世界水日”“中国水周”“全国城市节水宣传周”等活动，采取“不接触、不见面、不摆摊”的宣传方式，通过节水宣传画、宣传片等内容开展宣传。活动期间每日出动节水宣传人员60人次，进社区、村庄，在宣传橱窗、单元楼门张贴宣传海报，向各镇、村及街道、社区居委会发放节水标牌、宣传折页、宣传手册等，累计张贴海报约12000张，发放无纺布手提袋23000个，节水标牌300个，宣传折页2000个，宣传手册500个。在隆华商城电子屏、华联购物中心电子屏、首都机场周边商圈中心、中粮祥云小镇电子屏、顺义区医院循环滚动播放“北京城市节水宣传周”主题宣传片。

（区水务局）

【水旱灾害防御及防汛】 年内，成立区水务防汛分指挥部，设立潮白河、温榆河、小中河、金鸡河、方苏沙（方氏渠、苏峪沟、沙峪沟）、箭杆河、唐指山水库7个流域防汛工作组。于汛前编制、修订出台《顺义区水务防汛指挥部工作职责及组成人员》《顺义区水务局2020年汛期值班方案》《北京市顺义区中小河道防御洪水方案》等9个方案和1个预案。建立水库、闸坝管理单位严格落实“三个责任人”制度。加强与气象、应急管理等部门工作联动，加强与沿河属地的工作衔接。组建水务专业抢险队伍1支（龙云抢险队），应急处置小组7支，共计220余人，联合属地镇政府等单位开展不同形式的防汛演练11次，组织防汛知识培训15次。提前做好防汛准备，对闸门启闭装置进行上油养护，对闸门启闭机、橡胶坝冲水泵等设备进行带电测试，对破损不清的9处水尺进行刷新、更换闸门启闭机及螺杆4套、升级七分干渠首闸。针对河道存在的隐患，完成十三支排水渠董各庄村段河道清淤及筑堤工作，修复怀河史家口村段、小中河二张营村段破损护坡。

（区水务局）

【安全生产】 年内，一是开展复工复产“回头看”专项行动，消除隐患，督促施工单位落实企业安全生产主体责任。共检查110家次，发现隐患140处，下发整改通知书57份，整改134处，整改率95%。对未整改的6处实行挂账跟踪，直至整改完毕，实现安全生产隐患闭环管理。其中立案9家，罚款约70000元。二是更新有限空间点位管理台账，各行业管理单位更新喷涂12字警示用语3159个，安全警示标识增加（更换）768个，作业口加锁（更换）12769个，开展宣传教育266次，培训1578人次，检查作业装备163套，检查救援设备219套。专项检查中共发现安全隐患78个，全部整改完毕。三是对30家医疗集中隔离点开展供排水运行安全检查，对21家次水务工程施工作业现场起重机械开展专项检查，全年持续对基层单位、监管行业、在施工程检查131家次。四是创建液化石油气动态跟踪机制，对所辖10个基层单位、22个出租房屋、16个仓储库房和20个基层闸站使用的液化石油气逐个编号，建立台账，确保及时消除隐患。五是组织专题培训会、开展防火演练10余次，发放宣传海报200余份、安全书籍20余本。在水库区166.67余公顷（2500余亩）林地等重点部位修建防火道20条，组建10人消防队，不间断开展巡逻，确保发现隐患第一时间消除。

（区水务局）

【水利工程治理监督】 年内，共计执法检查600余人次，发现隐患150余处。行政执法30起，罚款13.5万余元。按照“双审双监，双见面”的工作制度，核查有限空间作业21处，对现场人员配备、救援设备、应急预案等进行检查、核实。加强培训及宣传工作，其中组织培训2次，深入施工现场进行知识培训4次，发放质量、安全宣传海报100余份。与第三方实验室签订检测合同，分别对农业节水工程管材、混凝土进行抽检，对农村治污工程的井盖、污水管材等原材料进行抽检，对其他工程重要部位的混凝土进行抽检。

（区水务局）

【地下水监管】 年内，制发《地下水超采综合治理行动方案》，提升全区地下水资源监管能力。对人工观测井、自动观测井加强管理，及时采集数据，形成《地下水动态简报》9期，编制《2019年水资源公报》。组织开展地下水质检测，完成69眼井水样监测工作。

（区水务局）

【地下水取水管理】 年内，以各街道、镇为单元，健全地下水取水权台账，清查区内7706眼机井数量、机井类别、取水量等信息，逐一录入机井管理档案平台系统。全面开展取水口登记工作，实现“合理分水、管住用水”的水资源管理目标。做好废弃机井填埋、取水许可手续注销工作，完成挂账的55眼机井填埋处置工作。

（区水务局）

【断面水质考核】 年内，考核断面水质持续改善。顺义区2个国家级、5个市级考核断面全部达到或优于考核标准。水环境区域补偿考核断面补偿金明显下降。7个市级生态补偿断面共扣缴补偿金303.5万元，同比下降78%，其中4月、6月、9月、10月未扣缴补偿金额。

（区水务局）

【小微水体整治】 年内，根据《小微水体整治工作实施方案》，对全区小微水体情况进行汇总并建立台账，整治完成率95%。完成市级32处小微水体整治，任务完成率107%。设立小微水体信息公示牌112处，明确管护单位、责任人，接受社会监督。对全区沟道、坑塘、马路边沟等全面核查，建立小微水体动态台账576处。按照小微水体“整治、验收、销账”流程和“五无”标准，采取临时措施与长期措施相结合、工程措施与管理措施相结合方式分类施策，通过设置污水收集池、截污纳管、建设污水处理站等措施，累计完成整治并销账518处。将小微水体管护情况全部纳入河长制巡查考核通报，对存在问题的小微水体进行公示，强化社会监督。联合区生态环境局、属地等部门对农村坑塘、马路边沟等小微水体周边污染源开展排查整治，实现控源截污。采取工程措施分别将李桥镇南庄头村2处废弃坑塘和李遂镇宣庄户村排水沟建成湿地公园、停车场，推进美丽乡村建设。全年接受市生态环境局的交叉检测2次，水质全部达标。

（区水务局）

【海绵城市建设】 年内，建立海绵城市工作机制，明确成员单位及职责。顺义区城市建成区126.5平方千米，建成区内海绵城市建设达标面积为27.88平方千米，为城市建成区面积的22%，完成城市建成区20%以上面积达到海绵城市建设标准的目标。

（区水务局）

【公共排水和再生水管线】 年内，制定《排水和再生水管线检查评价方案》，指导、监督管线运营单位规范化运营，保障公共排水和再生水管线安全运行。全年由市政控股公司运营管理的管线共526千米，其中雨水管线260.22千米、污水管线204.6千米、雨污合流管线11千米、中水管线50.6千米，附属设施主要有检查井11652座、雨水篦子10990座、化粪池242座等。全年运营单位共计清掏化粪池242座，更换及维修雨水篦子约280套，维修及更换井盖、井圈300余套，抽吸无物业小区化粪池242座等。累计排查清理管线600余千米，清掏雨水篦子约16000块，检查井13000座。

（区水务局）

【污水治理设施建设】 年内，完成北务镇、李遂镇2座再生水厂及配套污水收集管线建设。新建污水管线569.5千米，新建再生水管线8.5千米，于6月实现通水运行。张镇再生水厂工程，项目总投资3137万元，设计日处理规模为4000立方米，采用预处理+AAO+MBR+臭氧催化氧化工艺，主要收集处理张镇中心区及周边村庄产生的污水。完成56个村生活污水收集处理设施建设。全区累计114个村生活污水实现集中收集，统一处理，达标排放。污水管线建设任务完成率及农村污水治理开工率和完工率全市排名第1名，再生水管线建设任务完成率全市排名第2名。

（区水务局）

【河湖“清四乱”整治】 年内，依托河长制平台，深入推进河湖“清四乱”常态化规范化。对全区35条主要河湖疑似“四乱”问题全面排查，挂账督办、通报考核，形成河湖“清四乱”常态化规范化管理机制，推动河长制工作实现“有名有实”。1—12月，全区上账“四乱”问题301处，其中乱堆145处、乱占125处、乱建31处，整改率100%。

（区水务局）

【农业面源污染防治】 年内，加强规模化畜禽养殖场粪污处理设施配备及资源化利用日常监管，实现设施配备全覆盖，资源化利用率95%。示范推广应用有机肥替代技术，化肥利用率41.2%。测土配方施肥技术物化落地率98%。引导90场（户）规模以下经营性畜禽养殖有序退出，有效减少农业面源污染。

（区水务局）

【节约用水】 年内，核定全区3255家用水单位、街道、村庄用水指标，将计划用水指标逐一下达。全区用水单位应纳尽纳，根据北京市节水管理信息系统统计数据，全年全区计划用水覆盖率97.28%。强化用水指标约束引导作用，加强用水统计分析，每季度同比用水分析；根据区内腾退疏解和人口变动情况，及时核查用水户信息，完善用水台账。

（区水务局）

【水土保持】 年内，完成84个生产建设项目水影响评价报告中水土保持方案的技术审查。完成61个生产建设项目水土保持设施自主验收报备。加强生产建设项目事中、事后监督检查，对疑似水土保持违法项目核查，其中监督检查项目164个、查处水土保持违法项目40个。对75个开工生产建设项目征收水土保持补偿费，对符合免缴条件的23个项目办理免缴水土保持补偿费。

（区水务局）

【水务专项执法】 年内，加强医疗机构排水监管，对区医院、区中医医院、区妇幼保健院、区第二医院、空港医院5家新型冠状病毒肺炎收治定点机构的排水情况进行监督检查。查处违法排水案件1起，罚款10000元。加强非法向雨水管网排水监管，开展集中整治向雨水管网违法排水专项执法行动。通过对涉及的10个镇街集中执法检查，共摸排企业350余家，立案86起，罚款478000元，占全年罚款总额的55%；参加石园街道、空港街道等7个镇街“街乡吹哨，部门报到”联合执法13次。加强取用水监管，开展食品饮料行业、洗车行业、用水大户等重点用水行业取用水专项执法行动。共检查食品饮料企业107家，查处违法取用水案件6件；检查洗车行业350余家，立案查处40家；检查全区国家、市级、区级用水大户70家。开展污水处理厂站专项执法，对区级8家污水处理厂和46家农村污水处理站取用水、运营维护及污泥处置、去向等情况进行检查，登记台账、约谈并调研。餐饮行业专项执法检查。对商业街区餐饮户隔油池设施进行专项检查，立案

25起，不予行政处罚。提取43家餐饮行业、物业公司、厂区等重点排污单位水质并检测，立案15家，罚款70000元。

（区水务局）

【重大节日专项执法】 年内，以重要节假日为重点，对潮白河、减河等主要河道扎堆聚集、野餐野炊、野钓野泳、乱丢垃圾等不文明、违法违规行为开展专项执法行动。五一假期期间，区水务局共出动执法人员100余人次，组织联合执法13次，劝分聚集人员300余人次，劝离野炊、钓鱼人员1000余人，没收钓具14件。十一期间，出动执法人员150余人次，制止违法行为1731次。组织部门联合执法71次，查扣粘网2片200余米、撒网1个、橡皮筏1只。

（区水务局）

【预防河湖水域溺水专项治理行动】 年内，加固、维修、补装水利防护设施共计2000余米。加强河道管理，及时劝阻野泳、野钓等不安全行为。每天出动50余人次，制止劝阻危险行为。协调属地政府，向水域附近的镇村、街道宣传普及相关知识，广泛宣传教育，设置完善安全警示标牌、横幅等400余块（条）。

（区水务局）

【“清管行动”专项整治】 年内，结合全市“清管行动”工作方案，制订《顺义区2020年“清管行动”工作方案》《2020年“清管行动”专项检查工作方案》，落实“清管行动”整治并对各属地落实情况进行专项检查。各属地共印发张贴宣传海报1400余张，480余个社区（村）、驻区单位参与活动。全区共清理雨水管涵干支线1100余千米，雨水篦子49000余处，沟渠820余千米。累计清除垃圾、淤泥等污染物8500余立方米，执法检查380余次，出动人员1780余人次。按时完成汛前清掏治理率达90%以上的任务目标。

（区水务局）

【涉水行政处罚权力清单】 年内，建立处罚职权红蓝图，以图为导向，对380项行政处罚职权进行逐条分析，全年共开展执法检查14000余次，查处案件1000余起。

（区水务局）

【水库移民】 年内，通过核定，全区登记符合政策的农业户口移民3522人，新增23人、减少55人，涉及19个镇257个村。本年度对7人次进行补发，共发放扶持资金211.74万元。中央资金项目建设情况：牛山镇姚各庄村供水项目施工中，截至年底完成建设任务的60%。大孙各庄镇大孙各庄村雨水治理项目预算评审完成，施工招标中。龙湾屯镇龙湾屯村东排水沟治理项目完成可研的专家论证，设计单位修改中，修改完成后即可批复。上一年度启动的木林镇蒋各庄村供排水改造项目目前开始施工招标工作。上一年度启动的龙湾屯5个移民村路灯改造项目（一期3个村）招标工作完成，（二期2个村）招标工作进行中。2018年启动的南彩镇望渠村排水项目建设完成，竣工资料整理完成后进行竣工验收并移交。教育帮扶大学生，为考入大专以上的学生发放教育扶持资金计782000元，涉及全区14个镇79个移民接收村的395人。

（区水务局）

【农村污水处理设施监管】 年内，加大巡查检查力度及频次，累计检查农村污水处理设施330余家。全年农村生活污水治理设施村庄覆盖率53%，完成新建污水管线683千米，再生水管线9千米。联合区财政局、区生态环境局对农村污水处理站进行年度考核。利用农村污水处理设施在线监测系统，加强对全区农村污水处理设施水质、水量和运行状态的全面监控管理。截至年底，全区的农污设施总数为46座，全部纳入市级考核清单，上线率100%。

（区水务局）

【农村饮用水计量收费】 年内，通过先期试点和全面启动两个阶段开展农村饮用水计量收费工作。19个镇326个村通过村民“一事一议”确定水费收费标准和收费形式，完成总村数的92%；安装水表95000块，完成计划的62%；194个村完成计量收费工作，占总村数的54%，收取水费150余万元。

（区水务局）

【农村饮用水水质检测】 年内，对全区18个镇344个村的饮用水进行枯水期和丰水期2轮水质检测。检测时间为4—5月和7—8月。水质检测项目共30项，其中微生物指标3项、毒理指标9项、感官性状指标4项、一般化学指标13项、饮用水中非常规指标1项。全年共检测水样688件，并按照要求出具检测报告688份，上报监测成果20640个。

（区水务局）

【小城镇污水处理市场化建设配套管网工程】年内，小城镇污水处理市场化建设配套管网工程涉及11个镇，项目总投资22101万元，主要建设内容为铺设污水管网72585米、再生水管网61149米。完成北务镇、李遂镇配套管网建设工程，污水管线与再生水厂已连通。

（区水务局）

【污水处理厂配套管网工程】 年内，污水处理厂配套管网工程主要用于完善顺义区污水处理厂配套污水管网，收集居民生活污水和工业废水，并将部分再生水用于绿化、道路降尘、住宅和公建冲厕用水、工业用水等。项目总投资22727万元，计划新建污水管线长度8300米、新建再生水管线长度16300米。工程于2018年9月开工建设，截至年底，完成污水管网6623米、完成再生水管网12000米，累计完成工程量的78%。

（区水务局）

【牛栏山再生水厂配套管网工程】 年内，牛栏山再生水厂配套管网工程总投资17370万元，主要建设内容为新建污水管线17600米、中水管线22600米，配套管网主要采用顶管工艺进行施工。截至年底，污水管线全线贯通，牛栏山地区污水全部收集，进入牛栏山再生水厂进行处理。

（区水务局）

【河道原位治理工程】 年内，河道原位治理工程总投资5775.84万元，主要对顺义区西牤牛河、金鸡河老道、冉家河、鲍丘河等13条河开展清淤、种植水生植物、新建橡胶坝等综合治理工程。工程于2019年12月开工建设，2020年9月完工。

（区水务局）

【潮白河（沮沟橡胶坝—区界）河道治理工程】 年内，开展潮白河（沮沟橡胶坝—区界）河道治理工程，起点为沮沟橡胶坝，终点为顺义与通州交界处，治理总长2.63千米。主要对河道主槽左右岸、京平高速桥桥区等岸坡位置进行护砌，新建水簸箕8座、子槽陡坡1座。工程于5月开工，9月完工。

（区水务局）

【农村治污工程】 年内，农村治污工程项目总投资约54.68亿元，采取“城带村”“镇带村”“联村合建”“单村处理”等模式整体统筹推进，计划新建管网总长约2760千米、检查井约118000座、化粪池106000座、污水处理站147座。工程于2018年10月开工建设，截至年底，开工建设204个村，实现联机调试村128个，累计完成管线1269千米，化粪池29609座。完成2020年市级考核任务。

（区水务局）

【温榆河顺义段水环境治理】 年内，加强河道巡查。组织河道巡查人员定期对河道进行巡查，建立水环境保障群，对各项工作及时反馈，发现问题及时处理。定期组织保洁人员进行安全培训、保洁工作通报等。1—12月，共投入人员3100人次，定期对河道岸边枯枝落叶和堤路两侧垃圾进行清理。全年共清理枯枝落叶36.67公顷（550亩）、清捞水面漂浮物81立方米、清理建筑垃圾700立方米、完成杂草清理5次、树木刷白15000棵、清理白色垃圾80立方米。

（区水务局）

【潮白河顺义段河道治理】 年内，为保证橡胶坝安全运行，完成潮白河5座橡胶坝的清理工作，对12座闸门进行维护，潮白河及减河甬路修复3500平方米，修复雨淋沟1处，修复潮白河左岸耿辛庄桥上游入河堤路入河口1处，完成潮白河减河汇合口护坡300米，完成33000棵乔木和4300株灌木的种植和日常养护工作。冬季河道防火工作中，建立消防领导小组，结合河长制工作落实流域河长办职责，日最大投入人员150人，挖掘机4台，运输车6台，小型吹风扫除机械20台，组织百日消防日活动。

（区水务局）

【潮白河顺义段水环境治理】 年内，潮白河管理段管理范围内有水河道25千米，水面面积1200万余平方米，全年共清理各类垃圾5500多立方米。通过生物浮床、曝气、循环、扰动、养殖、冲换等综合措施，结合全局黑臭水体工作，对潮白河顺义段水质安全多举措进行治理。对辖区内李遂镇、北务镇98处上账的小微水体进行巡查、督导，发现问题及时联系属地进行整改。

（区水务局）

◆ 年内，区水务局在潮白河俸伯桥下游设置的生物浮床（区水务局供图）

【南水北调入潮白河水源地调水工程】 年内，完成对河道内枯枝落叶、垃圾进行清理，清理水面垃圾约40吨、捡拾白色垃圾1吨，清理22万平方米的杂草。分段巡查回补线，持续开展水利设施维护成立巡河小组，修补沿河围网，分组对南水北调的引水渠沿线12千米进行日常巡视。全年出动巡查车辆900余车次，修补重点易损毁围网2～3处/天，累计200余片。严厉打击非法钓鱼、电鱼、破坏围网、倾倒垃圾等危害水质行为。联合环保、渔政等部门开展专项执法85次，收缴并清除粘网3000余米、地笼100余米，劝阻和引导河道内游泳、钓鱼等7000余人次。组织专人对补水沿河测量设备开展校验，刷新水位标尺，确保收集补水数据精准，并依照数据及时调节节制闸门，保障河道运行正常。全区全年南水北调回补地下水工程共补水74天，全年累计向潮白河补水4082.3万立方米，最大瞬时流量10.33立方米/秒。监测井地下水位同比最大升幅1.8米。6年来，全区水源地累计补水量30819.55万立方米，全部用于地下水补给。

（区水务局）

园林绿化

【概况】 年内，全区森林覆盖率32.78%，林木绿化率35.75%。绿化覆盖率57.09%。完成新一轮百万亩造林绿化建设任务1379.08公顷，涵盖全区19个镇，共栽植乔木769519株，花灌木197563株。全区参加义务植树人数26.9万人，完成义务植树总株数60.6万株。全区果品产量4225.69万千克，产值2.0亿元；全区花卉种植面积1229公顷，产值4.04亿元。苗圃311个，育苗面积4721.73公顷。完善监测测报网络体系建设，在重点区域设立监测点94个，提升有害生物预测预报工作的综合水平。全年完成山区生态林林木抚育总面积204.38公顷，连续20年无森林火灾。

（区园林绿化局）

【杨柳飞絮治理】 年内，完成顺义区2020年度杨柳飞絮治理工程项目，投资4862101.15元，治理飞絮杨柳树10.3万株。治理范围包括顺义城区及各镇居民区、学校、医院、重点道路等重点地区。

（区园林绿化局）

【留白增绿】 年内，完成顺义区2020年“留白增绿”专项市级任务，面积16.92公顷，涉及全区8个镇和1个街道。其中，留白增绿单独实施绿化面积3.32公顷，纳入平原造林实施绿化面积13.6公顷。

（区园林绿化局）

【战略留白】 年内，完成顺义区2020年“战略留白”临时绿化项目市级任务总面积100.4公顷，涉及北石槽镇、天竺镇及北京天竺综保区。

（区园林绿化局）

【小微绿地】 年内，完成顺义区2020年小微绿地建设工程总用地面积3.45公顷（51.8亩），涉及城北供热中心南院、望泉西里1区、望泉西里2区、梅沟营等地块。建设内容包括绿化工程、庭院工程、给排水工程和电气工程。

（区园林绿化局）

【大运河（潮白河）森林公园规划】 年内，推进顺义分区规划落实、实现生态功能带多重功能，按照《北京市大运河文化带保护建设2019年折子工程》（京文建办发〔2019〕1号）文件，区园林绿化局完成《顺义区大运河（潮白河）森林公园规划（2019年—2035年）》的编制工作，并于2020年区政府常务会、区委常委会会议审议通过。

（区园林绿化局）

【代征绿地移交】 年内，顺义区2020年代征绿地完成移交14件，面积20.33公顷。

（区园林绿化局）

【“七有”“五性”】 年内，通过实施“留白增绿”、小微绿地、城市森林、休闲公园等建设工程，实现顺义建成区公园绿地500米服务半径覆盖率提升到90%。

（区园林绿化局）

【新型集体试点林场】 年内，按照市政府及市局的有关文件精神，制订试点工作方案，认真组织推进试点工作。全区共成立6个新型集体林场试点，分别是马坡镇、李遂镇、龙湾屯镇、张镇、赵全营镇、李桥镇，养护面积920.55公顷（13808.3亩）。

（区园林绿化局）

【温榆河公园一期工程建设启动】 年内，温榆河公园顺义一期工程北至机场北线，南至龙道河，东至白良路，西至高白路，项目建设规划面积82公顷（0.82平方公里），批复总投资约4.8亿元（其中工程投资3.45亿元，征地拆迁费约1.35亿元）。建设内容包括园林绿化工程、桥梁工程、建筑工程、外电源工程4个部分。截至年底，完成总工程量的11%。

（区园林绿化局）

【监督承担城市园林绿化施工企业信用信息管理】 年内，完成北京市园林绿化企业诚信平台上相关数据的录入工作。配合市园林绿化局做好北京市园林绿化建设市场信用信息系统入库项目的全覆盖检查。截至目前，针对顺义区28个项目（2019—2020年），市局组织4个专家组对顺义所有项目进行检查，检查结果折算成分值，记入招投标的信用分值。

（区园林绿化局）

【园林设计方案的论证与审核】 年内，完成艾迪城、翼之城、电子口岸、文化中心、苏活社区、优山美地、旭辉公园、美丽乡村等45个小微绿地项目（有台账）的绿化设计方案的论证评审工作。

（区园林绿化局）

【“街乡吹哨、部门报到”】 年内，区园林绿化局通过与8个镇和2个街道精准对接，结合市局相关政策，组织实施小微绿地、前进花园景观提升试点、城市森林等工程，建设面积20.87公顷。

（区园林绿化局）

【义务植树林木养护】 年内，区绿化办完成14块127.94公顷义务植树纪念林养护工作。

（区园林绿化局）

【彩色树种造林工程】 年内，完成荒山彩色树种造林工程33.33公顷，建设地点主要位于龙湾屯镇大北坞北山，共栽植油松、侧柏、黄栌、元宝枫、山桃、山杏等苗木25000株，成活株数24136株，成活率96.54%。

（区园林绿化局）

◆5月，龙湾屯镇大北坞北山彩色树种工程栽植运苗（拍摄者：闫楠）

【义务植树】 年内，为应对新型冠状病毒疫情影响，顺义区创新义务植树形式，采取“后延”“就近”“错峰”的措施，组织26.9万人参加义务植树，完成义务植树总株数 80.7 万株。其中新植树木 20.1 万株，新增绿化面积 314.67 公顷，其他形式折合株数 60.6 万株。启动第二家区级“互联网+全民义务植树”（马坡城市森林公园）基地。顺义区“互联网 + 全民义务植树”（东郊森林公园）基地和马坡城市森林公园 2 家基地，共接待 17 家单位 500 人次，为市民提供全年多时段义务植树尽责活动场所，宣传推介造林绿化、抚育管护、自然保护、认种认养、设施修剪、捐资捐物、志愿服务等八大类 37 种尽责形式。共栽植树木 360 株，抚育面积 0.23 公顷，发放首都全民义务植树尽责电子证书 252 份。

（区园林绿化局）

【义务植树登记考核试点】 年内，组织全区各镇村、各街道社区及各系统单位开展义务植树活动，完成义务植树登记考核管理系统填报工作。全区共有 550 家单位进行系统登记并通过考核，义务植树尽责率 89%。

（区园林绿化局）

【绿化美化创建】 年内，全区创建首都绿化美化花园式社区 3 个、首都绿化美化花园式单位 4 个、首都森林城镇 1 个、首都绿色村庄 6 个。

（区园林绿化局）

【生态文明宣传教育】 年内，汉石桥湿地、北京国际鲜花港 2 个市级生态文明宣传教育基地，通过走进社区、走进学校、走进企业、走进湿地等方式，开展“湿地保护进社区”“植树的意义”、自然笔记、生态导览等主题活动共计 85 场次，126.1 万人参与。其中线上云直播课程 5 场，参与观看直播人数达 100 万人，互动人数 26 万人。

（区园林绿化局）

【园艺驿站】 年内，按照市园林绿化局（首都绿化委员会办公室）工作部署，为打通生态惠民工程建设最后一公里，顺义区新建 3 家园艺驿站，分别是双丰街道鲁能润园园艺驿站、南彩镇顺康源园艺驿站、成人教育学校园艺驿站。全区有园艺驿站 9 家，总体布局的基础框架和各驿站的特色园艺活动服务品牌初步形成。各园艺驿站，针对疫情影响，创新线上线下活动形式，共开展生态宣传、义务植树、花卉绿植进社区进家庭进乡镇进村庄、插花培训、园艺课堂、自然笔记等园艺服务活动 250 余场次，受益群众 20000 人。

（区园林绿化局）

【村庄绿化美化】 年内，为克服疫情影响，美丽乡村绿化美化项目分 2 批实施，共涉及 12 镇 105 个村 415 个地块，完成村庄绿化 33.33 公顷主体建设任务。建立顺义区美丽乡村绿化美化长效养护管理机制，委托园林绿化专业技术团队实行常态化区级监管，监管面积 1066.67 公顷（16000 余亩）。

（区园林绿化局）

【创建国家森林城市】 年内，依据首绿办《关于加快推进国家森林城市创建工作的实施方案》文件精神，按照 2023 年完成国家森林城市创建任务的时间要求，有序推进创森工作。4 月 15 日，第 126 次区政府常务会议审议通过《顺义区创建国家森林城市工作方案》，并于 5 月 9 日由区政府办印发《顺义区创建国家森林城市工作方案》；10 月 15 日，《顺义区国家森林城市建设总体规划（2020—2035 年）》通过国家林业和草原局专家组预审，并于 12 月 21 日通过专家组评审。

（区园林绿化局）

【城镇绿地养护管理工作】 年内，区园林绿化局认真梳理全区城镇绿地养护管理基础情况，按照养护管理规范，加强行业指导，强化区级检查调度，推进城镇绿地精细化管理。组织完成春季苗木补植、行道树调查、常用景观树种复壮工作，共补种苗木 490 株，绿地乔木 2500 余株，灌木 76000 余株，绿篱色块 46.9 万余株，宿根花卉 25.1 万余平方米；完成城镇绿地树木“常见问题”专项治理活动 5 个点位检查，均合格达标；完成空树坑治理 44 处，危死树清理 777 株，干枝枯枝修剪 1631 株，树电矛盾处理 508 株，遮挡信号灯指示牌修剪 275 株，影响公交通行修剪 19 株，邻近房屋的危险树清理 13 株，其他 20 株；完成 8 块特级、一级绿地复核，3 块一级绿地申报评定，以及考评系统问题整改任务，办结率 96%；完成两会期间园林绿化环境保障。

（区园林绿化局）

【新一轮百万亩造林工程】 年内，顺义区2020年百万亩造林绿化建设任务1379.08公顷，涉及平原地区重点区域绿化1366.07公顷，城市森林一期建设工程6.21公顷，小微绿地建设工程3.45公顷，留白增绿单独实施3.32公顷，涵盖全区19个镇，共栽植乔木769519株，花灌木197563株。

（区园林绿化局）

【平原生态林管护】 年内，全区平原生态林养护面积15840.3公顷，通过科学养护、重点养护、加强监管等措施，提升平原生态林精准化养护水平，同时扎实开展促进农民就业增收工作，吸收当地农民5964人参与养护工作。

（区园林绿化局）

【果品产业】 年内，顺义区果品产量4225.69万千克，产值2亿元。以浅山五镇（龙湾屯、木林、张镇、大孙各庄、北石槽）为重点，依据区园林绿化局制定的《关于推进樱桃产业发展的扶持办法（2020—2024年）》，对新植樱桃和建设樱桃设施给予补贴，完成新植（更新）樱桃面积21.4公顷（321亩），设施樱桃建设完成主体建设4.67公顷（70亩）；完成2019年林业产业转移支付项目，建成设施樱桃大棚24栋，面积2.33公顷（35亩）。

（区园林绿化局）

【果品质量安全】 年内，完成市园林绿化局林产品抽样检测603份，区级林产品抽样检测1200份，完成区食药监局检测任务560份，配合区食药监局完成食品安全示范区创建工作。协助14家基地完成无公害认证、20家基地复查换证工作；对10家果品生产基地进行食用林产品质量安全追溯试点，实现产品全程可追溯；选择100家果品生产基地实施果园土壤质量检测，对园区土壤健康状况进行取样检测；选择2家果品生产基地开展食用林产品产品合格证制度试点工作。

（区园林绿化局）

【面源污染防治】 年内，配合市园林绿化局完成果园有机肥替代化肥试点项目，实施面积333.33公顷（5000亩），施用有机肥10000吨；依据区农业农村局制定的《顺义区农业面源污染综合防治实施方案（2017年—2020年）》，开展果树产业面源污染防治项目，共向全区果农发放有机肥19284.15吨、杀虫剂17956.4千克、杀菌剂7791千克。

（区园林绿化局）

【果农培训】 年内，结合果树管理关键时期，委托区果树产业协会、区樱桃产业协会、区林果产业协会开展培训，全年共培训2000人次。

（区园林绿化局）

【协会监管】 年内，监督指导果树产业协会、林果产业协会、樱桃产业协会、苗木产业协会和汉石桥湿地保护协会5个协会的规范管理，按时召开理事会，完善相关制度，完成培训及年检工作。

（区园林绿化局）

【花卉产业】 年内，全区花卉种植面积1229公顷，产值4.04亿元。生产鲜切花270万支，盆栽植物6090万盆，观赏苗木407万株，草坪165万平方米。

（区园林绿化局）

【种苗产业】 年内，顺义区共有苗圃311家，育苗面积4721.73公顷，在圃苗木2288.63万株，办理林木种子生产经营行政许可70件。全年完成38处规模化苗圃日常检查与验收工作，总面积1952.79公顷。

（区园林绿化局）

【行政审批】 年内，区园林绿化局办理林木采伐许可1387件，涉及林木25万余株；办理林木移植许可95件，涉及林木36000余株。审批占用、临时占用林地39件，面积74.32公顷，收缴植被恢复费22138.877万元；办理修筑直接为林业生产经营服务的工程设施占用林地的审批1件，面积2.74公顷。审核报市局审批核准占用林地13件，面积20.37公顷。办理（城区）树木砍伐35件，涉及树木186株；办理树木移植许可10件，涉及树木135株；临时占用绿地许可4件，面积12938.08平方米；办理简易低风险项目1个，涉及移植27株树木、绿篱66平方米；办理出售、购买、利用本市重点保护陆生野生动物及其制品的批准7件。各类审批事项审批率100%。

（区园林绿化局）

【野生动物监管】 年内，区园林绿化局共检查驯养繁殖场所1000余次；向市园林绿化局上报情况435次，向区新型冠状病毒疫情防控工作领导小组办公室上报情况330次，向京津冀监测平台上报数据344次，均未发现异常情况；全区张贴宣传海报900余张，发放《保护野生鸟类告知书》5363份，累计派发保护野生动物宣传材料3000余份、宣传品及倡议书等700余份。全区有陆生野生动物疫源疫病监测站5个，监测人员16人，全部为兼职。其中，汉石桥湿地国家级监测站1个、两河湿地（和谐广场）市级监测站1个、区级监测站3个。全年共监测野生动物（鸟类）257985只，未发现野生动物疫源疫病异常情况。

（区园林绿化局）

【古树名木监管】 年内，全区有古树61株，分布在11个镇3个街道，由29个责任单位和4名个人分别进行管护。全年对全区61株古树进行2次巡查，签订管护责任书14份；制作顺义区古树名木宣传展板3块、宣传折页2500份；对有可能危害古树安全和生长的问题及时发现及时制止。聘请专业队伍对长势衰弱的古树进行复壮修复，全年共复壮修复古树6株，投入资金65900元。

（区园林绿化局）

【多规合一平台验审工作】 年内，严格落实“让数据多跑路 让群众少跑腿”工作要求。在北京市工程建设项目多规协同会商系统内，会商办结项目117件。

（区园林绿化局）

【森林火灾防控】 年内，全区上下逐级签订《森林防火责任书》1500余份，区森防办先后召开专题会议4次，下发通知9次，森林公安民警深入辖区片林、地块开展检查监督森林火灾隐患消除工作，开展防火检查244次，出动检查人员433人次，发现并消除森林火灾隐患92处，下达《森林火灾隐患限期整改通知书》19份，清理林下可燃物18800余公顷。连续20年无森林火灾。

（区园林绿化局）

【公安执法】 年内，森林公安处共接报警169起，其中刑事立案3起，林业行政立案17起，查否133起，不予立案3起，移交6起，其他7起。林业行政罚款31823元，责令补种树木737株。按照市局统一部署，开展“北京市公安局关于严厉打击非法猎捕、贩卖野生动物违法犯罪专项行动”“顺义区野生动物保护专项执法行动”“依法严厉打击秋冬季候鸟等野生动物犯罪活动”等破坏森林和野生动物资源违法行为的专项行动，巡查辖区19个镇420个行政村、5条河流水域。配合区公安分局破获野生动物案件6起，抓获嫌疑人7人。现场扣押喜鹊等鸟类11只，粘网4张，16块象牙制品，野猪牙11颗，狗牙8颗。

（区园林绿化局）

【检疫执法】 年内，对全区300多家苗圃2000公顷（30000亩）土地，实地踏查2次，检查苗木病虫害发生情况，开展产地检疫，杜绝带疫苗木运出辖区。签发《产地检疫调查表》452份，签发《产地检疫合格证》640份，发放电子标签23万个，签发调运检疫《植物检疫证书》120份，签发《森林植物检疫要求书》1869份。在现场检疫检查中，发现6家苗圃白蜡窄吉丁危害较重，签发《检疫处理通知单》6份，对70株白蜡树进行销毁除害处理。

（区园林绿化局）

【林木病虫害预测预报】 年内，全区共设立林木有害生物监测测报点94个，其中国家级监测点1个、市级监测点38个、区级监测点55个，对美国白蛾、春尺蠖、国槐尺蠖等22个顺义区主要虫种进行监测，并根据监测结果向国家森防网上报虫情信息11条。

（区园林绿化局）

【林木有害生物防治】 年内，完成巡查防治面积13万公顷（195万亩）次。组织飞防100架次（春季飞防20架次，夏季飞防40架次，秋季飞防40架次），累计防治10000公顷（15万亩）次；为有效控制春尺蠖和草履蚧蔓延为害，减少农药的使用，利用围环防治虫害1249公顷（18735亩），并投放天敌昆虫——周氏啮小蜂1亿头防治美国白蛾，防治面积333.33公顷（5000亩），投放天敌昆虫——

蒲螨防治白蜡窄吉丁，防治面积14.8公顷(222亩)。

（区园林绿化局）

【枯死树情况调查】 年内，为消除安全隐患，开展枯死树鉴定。实地踏查情况，拍照保存证据，严格按照相关的工作程序和标准出具枯死树调查报告，全年共出具枯死树调查表40份，现场鉴定枯死树6557株。

（区园林绿化局）

【山区生态公益林抚育】 年内，全区生态林林木抚育总面积204.38公顷。其中龙湾屯镇105.58公顷，张镇98.8公顷。抚育措施包括：割灌除草、修枝、定株、松土扩堰等。

（区园林绿化局）

【国家级标准化林业站建设】 年内，按照国家林业和草原局（简称“国家林草局”）建设标准，建设完成李遂镇和牛栏山镇国家级标准化林业站。

（区园林绿化局）

【林地保护利用规划年度林地变更】 年内，根据国家林草局和市园林绿化局要求，对《顺义区林地保护利用规划（2010—2020）》进行变更调整，核实调整平原造林、林木采伐、工程占用、森林督查变化图斑2069个，面积1893.2公顷。

（区园林绿化局）

【自然保护地整合优化】 年内，按照市政府部署和市园林绿化局、市规自委《北京市自然保护地整合优化工作方案》部署，顺义区于4月开始对汉石桥湿地市级自然保护区和北京市共青滨河森林公园2处自然保护地整合优化。原审批保护总面积2535公顷，整合优化后的面积1621公顷，减少914公顷(共青增加47公顷，汉石桥减少961公顷）。《顺义区自然保护地整合优化预案》通过市园林绿化局初审和9月16日区政府常务会审议，上报市园林绿化局并纳入全市整合优化预案。

（区园林绿化局）

【湿地保护修复】 截至年底，全区新建湿地209.99公顷，修复湿地605.92公顷，完成“十三五”任务目标。其中本年度结合顺义区河道原位治理工程，在西牤牛河、七分干渠、金鸡河老道、冉家河、鲍丘河与港沟河种植水生植物，修复湿地11.51公顷。

（区园林绿化局）

【松材线虫病疫情普查】 6月、10月，对全区1786.67公顷（26800亩）松树，开展2次松材线虫病普查，设立212个松树小班面积666.67公顷(10000亩），送检松树样本15个，未发现松材线虫病。

（区园林绿化局）

交通 邮电

1月3日，昌金路龙尹路口东治超非现场执法设备完工投用（拍摄者：李庆华）

3月7日，区交通局执法人员在执法站点检查重型货车（拍摄者：郭晓辉）

5月2日，白马路节日期间道路清扫保洁（拍摄者：李庆华）

7月14日，昌金路（白良路—京沈线）大修工程施工（拍摄者：李庆华）

7月23日，顺平路潮白河大桥检测（拍摄者：李庆华）

8月8日，宋梁路北延道路工程（顺义段）上跨京平高速钢箱梁吊装施工（拍摄者：李庆华）

公路建设

【概况】 年内，顺义区道路总里程3063千米，其中国道68千米（含高速公路42千米），省道327千米（含高速公路49千米），县道504千米，乡道883千米，村道925千米，城镇道路119千米，专用公路237千米。道路网密度3.00千米/平方千米。经过多年发展，形成以高速公路为龙头、国市道干线路网为骨架、县乡公路为支脉，“六横、十四纵、二放射、六高速”“棋盘+环线”的路网体系。完成新改建工程4项，15422千米；提级改造工程2项，9.5千米；大修工程3项，25.04千米；综合治理工程1项，1.783千米；乡村公路大修工程1项，82.62千米。大孙各庄镇孙四路、马坡镇综合路获评市级“美丽乡村路”。

（区公路局）

【乡村公路大修工程完工】 年内，顺义区乡村公路大修工程完工。工程于2020年8月底进场施工，由顺义公路分局负责组织实施，包括兰白路、河南村东路1号路、同心路、东马北路、综合路环库路、道口村路、贾茶路、麻张路、东环路等79条道路，总里程82.6千米，总投资18430万元，涉及17个镇。

（区公路局）

◆11月6日，环库路完工（拍摄者：高子淳）

【路网管理系统外场设施建设】 年内，区公路局路网管理科完成更新4套情报板、4套交调类设备、112套交通量调查站点标志牌和改造1处静态秤，投资201万元。截至年底，路网设施总共281套，全年编发提示短信5280条，收集上报雨、雪情59条。

（区公路局）

【道路保洁作业新材料】 年内，区公路局引入新型环保低温抑尘剂，保障冬季低温环境下道路保洁可带水作业。该材料可提高清扫保洁效果，且作业后道路不结冰。同时，具有抑尘、降尘的功效，可有效防止保洁作业产生扬尘，达到抑制路面细微颗粒尘土的良好效果。

（区公路局）

【道路保洁作业新设备】 年内，区公路局引入超高压冲洗设备，作业时的最大压力可达55兆帕，是水车高压冲洗作业时压强的4倍，可实现用极少水量清理泥印、泥饼等顽固污物的良好效果，作业时同步使用清扫保洁车清扫路面、水车喷洒低温抑尘剂，有效清除路面顽固污物，且避免冬季道路结冰情况的发生。

（区公路局）

【机场东路（K0+000～K6+000）大修工程完工】 8月10日，机场东路（K0+000～K6+000）大修工程完工。工程北起顺平路起点桩号（K0+000），南止龙塘路终点桩号（K6+000），全长约6千米，横断面为单幅路，路面宽25.5米，两侧土路肩各宽0.75米，路基宽27.6米，道路等级为一级公路，设计时速100千米/小时。主要施工内容为铣刨旧路、道路病害处理、加铺路面结构，完善排水设施及道路附属工程等。工程于5月15日开工，由市交通委员会顺义公路分局建设，投资金额1247万元。设计单位为山东智行咨询勘察设计院，施工单位为中冶交通建设集团有限公司，监理单位为北京恒达诚信工程咨询有限公司。

（区公路局）

【顺沙路（K0+000～K8+000）预防性养护工程完工】 10月6日，顺沙路（K0+000～K8+000）预防性养护工程完工。本次预防性养护工程范围：右堤路K0+000～K8+000，长8千米。道路行政等级为市道，技术等级为二级公路，路面宽 12 ～ 31 米，路基宽 14 ～ 40.6 米，主要施工内容包括：铣刨旧路、病害处理、沥青混凝土面层加铺、路面裂缝处理、标线施画、增设交通标志、雨水口处理、井周加固及其他附属工程等。工程于 8 月 28 日开工，由市交通委员会顺义公路分局建设，工程总投资 982 万元。设计单位为中交远洲交通科技集团有限公司，施工单位为北京路桥瑞通养护中心有限公司，监理单位为山西交通建设监理咨询集团有限公司。

（区公路局）

【火沙路（罗马环岛—京承高速段）提级改造工程完工】 11 月 1 日，火沙路（罗马环岛—京承高速段）提级改造工程完工。工程东起罗马环岛（与天北路交叉口），西至京承高速，道路全长 3.828 千米，设计速度 60 千米 / 小时。技术等级为一级公路，设计标准横断面为一幅路，路基宽 33 ～ 35.75 米，其中机动车道宽 23.5 米，两侧非机动车道各宽 4.25 米，两侧土路基维持现况不变。工程于 2018 年 8 月 5 日开工，由市交通委员会顺义公路分局建设，工程总投资 11389 万元。设计单位为华杰工程咨询有限公司，施工单位为中交一局第五工程有限公司，监理单位为北京正宏监理咨询有限公司。

（区公路局）

【昌金路小中河桥大修工程完工】 11 月 15 日，昌金路小中河桥大修工程完工。桥梁中心桩号 K23+135.5，桥梁上部结构为 3 米 ×9 米现浇空心板，下部结构为钢筋混凝土多柱框架式桥台、钢筋混凝土三柱式桥墩。桥梁全长 30.24 米，全宽 15 米，设计荷载等级为汽车 -20 级。本次大修工程主要工作内容包括：导行便道、路基工程、桥梁工程。工程于 8 月 21 日开工，由市交通委员会顺义公路分局建设，投资金额为 416 万元。设计单位为河北华跃工程科技有限公司，施工单位为北京鑫旺路桥建设有限公司，监理单位为山西交通建设监理咨询集团有限公司。

（区公路局）

【19 项中小修工程】 11 月 27 日，全区 13 项道路中修工程、1 项桥梁中修工程、2 项道路小修工程、1 项桥梁小修工程和 2 项绿化工程完工，包括旧路病害处理、路肩边坡整修、铣刨路面、边沟护砌、水毁设施修复、桥梁病害局部处理、绿化工程等。工程于 7 月 14 日开工，由市交通委员会顺义公路分局建设。

（区公路局）

【通怀路（通州顺义区界—京平高速）道路工程完工】 12 月 10 日，通怀路（通州顺义区界—京平高速）原宋梁路北延道路工程完工。工程起点位于通州顺义区界，终点位于京平高速平沿路立交，路线全长 1.312 千米。道路等级为一级公路，设计速度为 80 千米 / 小时，路基宽度为 27.5 米。双向四车道加硬路肩。主要施工内容为路基路面工程、桥梁涵洞工程、路线交叉、排水及附属工程、交通工程等。工程于 2018 年 11 月 9 日开工，由市交通委员会顺义公路分局建设，投资金额 26442 万元。设计单位为北京国道通公路设计研究院股份有限公司，监理单位为北京正宏监理咨询有限公司，施工单位为北京市政路桥股份有限公司（一标段）和北京鑫旺路桥建设有限公司（二标段）。

（区公路局）

交 通

【概况】 年内，辖区共有地面公交运营企业 3 家，从业人员 3871 人，涉及运营线路 122 条，运营线路 3359.1 千米，运营车辆 1323 辆；公交场站 50 个；区内公交共发车 238.16 万班次，同比增长 1.13%；公交客运量为 6456.82 万人次，同比减少 39.83%；其中区内公交线路共发车 195.90 万班次，同比增长 5.11%；客运量 4905.82 万人次，同比减少 43.68%。有公交站点 1623 个，公共候车亭 1026 座。地铁 M15 号线顺义段全长 14.8 千米，共设置 7 处车站，累计发车 120600 车次，同比下降 4.7%；完成客运量 3663.85 万人次，同比下降 39.88%；日均发车 408 班次，日均客运量 123700 人次。巡游出租汽车企业 7 家（含区域巡游纯电动小客车企业 1 家），巡游出租汽车 1243 辆（含纯电动车辆 500 辆、个体出租汽车工商户车辆8辆），巡游出租汽车驾驶员1193人（含个体出租汽车工商户8人）；网约平台企业1家，网约车辆235辆（其中网约出租汽车15辆、网约社会车辆220辆）；旅游客运企业1家，运营车辆682辆，从业人员680人；汽车租赁备案经营企业31家，备案车辆2238辆（含纯电动小客车194辆）。公共自行车服务站点300个，投放公共自行车10000辆；水运游船单位5家，游船225艘，完成客运量69700人次；道路货运经营企业2514家，车辆12239辆，合计载重量117600余吨，完成货运量3344.28万吨，同比减少13.38%。危险化学品运输企业16家，运输车辆424辆，从业人员773人。共有备案机动车维修经营企业293户，其中一类企业57户、二类企业111户、三类企业125户，从业人员4970人；机动车维修325000辆次，维修行业总收入6.18亿元。驾培机构20家，其中6家取得“普通机动车驾驶员培训”经营许可。行政许可事项及小客车申请受理25667件，办结率100%，解答来电来访咨询27000余人次。出动执法人员35706人次，检查重型货车102529辆次，各部门共计处罚各类违法行为5668辆次；出动执法人员210人次，开展“黑车”治理联合执法18次、建筑垃圾和渣土运输联合执法35次。

（区交通局）

【为民办实事工程建设】 年内，完成乾安路、白马路、顺平路、天北路、顺于路、左堤路等道路新建、改造公交车站51处，安装公共候车亭51座；完成顺安路29个公交车站改造，安装太阳能供电系统，在区政务服务中心西侧公交车站安装智能电子站牌2块。

（区交通局）

【公共交通疫情防控】 年内，加强地面公交防控措施。要求公交司乘人员口罩佩戴率100%，每6小时为司乘人员测量体温；乘客不佩戴口罩禁止乘车；车辆实时开窗通风，保持车内空气流通；每班次运营结束，对车内进行全方位、无死角清洗消毒。继续做好地铁防控工作。地铁M15号线各站区通过播放广播、增配专职引导人员加强宣传，引导乘客有序排队进站和上车；各站区将站内通风系统调至22小时运转通风模式，保持车站空气流通；每天分时段对站内公共区域和设备设施进行彻底消毒；车辆运营前、回库后，进行2次消毒。加强防控措施落实情况监督检查。监督指导运营企业落实“四方责任”和《客运场站和交通运输工具新冠肺炎疫情分区分级防控指南》，并要求客运企业强化地铁各车站、首都机场航站楼、公交车站等重点区域乘客实施测温及佩戴口罩乘车情况进行监督检查，严格控制公交车满载率不得超过75%。

（区交通局）

【冷链运输环节监管】 年内，对区内236家冷链运输企业进行全面排查，详细登记运输货类、流向等重点信息；对进口运输业务的10家企业，进行上门宣传督导，与企业签订“三不承运”承诺书，即：不承运无法提供进货来源、无海关核酸检测阴性证明、报关为非北京目的地进口冷链食品；向236家冷链运输企业发放《道路货运车辆、从业人员及场站新冠肺炎疫情防控工作指南》，指导企业落实好从业人员、运输车辆防护工作；发放《驾驶冷链运输车辆人员告知单》，运输车辆必须通过综合检查站相关部门验证、查物、消毒后进京。

（区交通局）

【公交候车亭改造】 年内，为消除顺义城区新顺街、光明街公交车站候车亭存在的立柱开焊、断裂等安全隐患，区交通局组织实施新顺街、光明街公交车站候车亭改造工程，将存在安全隐患的56座老旧候车亭拆除，并安装新款候车亭56座及车站座椅84个。

（区交通局）

【太阳能电子公交站牌投用】 年内，区交通局按照区政府为群众拟办重要实事的相关工作要求，新建太阳能电子公交站牌40处，总投资190万元。在首都机场、国际人才社区周边天北路、火沙路、安宁大街等7条道路沿线公交车站，安装墨水屏电子站牌40块。电子公交站牌能显示公交车辆到站情况和预计到站时间、日期、天气预报等信息。

（区交通局）

【多措施确保冬季公共交通安全】 年内，加强从业人员培训教育，要求公交驾驶员要遵守道路运输及交通安全有关法律法规，坚决杜绝疲劳驾驶、超速驾驶、进站不规范等行为。加强安全隐患排查治理，要求客运企业对公交司乘人员服务水平、相关专业知识、精神健康状态进行摸排，严禁心理不健康、身体不适应的人员上岗。加强冬季公交车辆安全管理，要求客运企业要严格落实公交车辆一日三检制度（出车前、运营中、收车后），按时开展车辆保养，及时排除车辆故障，坚决防止车辆“带病”运营。加强燃气管理工作，要求客运企业严格落实燃气管理相关规定，加强对相关工作人员的安全培训和教育，提高作业人员的专业能力、安全意识和责任意识，确保燃气使用安全。加强行业安全监管，结合当前安防形势和季节特点，针对各客运企业公交场站用火、用电、用气、有限空间以及冬季行车安全等方面开展安全隐患大排查监管，并针对检查过程中发现的问题和隐患，督促公交客运企业进行整改。

（区交通局）

【指导货运企业复工复产】 疫情期间，区交通局重点对企业测温、登记、消毒、通风等防疫措施，员工食堂、临时隔离区以及疫情防控知识宣传等方面进行检查指导，要求企业严格落实“四方责任”，有序开展复工复产，严禁擅自从事京鄂两地之间的运输活动；针对复工复产企业运力不足、物流运输不畅等问题，区交通局组织区内 15 家货运企业临时组建货运行业应急保障车队（货车 69 辆），随时应对疫情期间各类应急物资、生活物资、重点生产物资的运输保障任务；通过入户检查、货运微信工作群等方式及时了解企业复工复产需求，在企业复工复产期间人员招聘、应急运输保障等方面提供有力支持。同时，按照交通运输部《关于做好疫情期间道路运输车辆技术保障工作的通知》要求，对道路运输车辆年审到期但因疫情暂时无法进行车辆审验或不具备相关审验条件的，允许其年审周期延续至疫情结束后 45 天。

（区交通局）

【雪天公交客运安全保障】 1 月 5 日晚，北京市迎来较大降雪，为做好 1 月 6 日早高峰的公交客运服务保障工作，区交通局立即启动公交雪天安全运营保障工作机制。通过顺义区公交智能指挥中心系统监督指导客运企业加强对各条线路的运营调度，保证早高峰全部运力投入运营，全力维护线路运行秩序，科学调配运行时间并及时通过平台发布公交线路的运行信息，方便乘客查询；要求客运企业加强对驾驶员和乘务管理员雪天行车安全提示，督促驾驶员雪天行车谨慎驾驶，做好车辆安全检查和防雪防滑工作，确保车辆行驶安全；要求客运企业启动雪天应急保障预案，指挥调度、安全服务、投诉处理等相关保障人员全部提前就位加强应急值守，及时接听服务投诉电话，做好各类问题的调查解释和各类突发事件的应急处置；加强对客运企业和公交线路运营情况的检查，监督指导客运企业严格落实各项雪天应急保障措施，上路巡查检查各公交线路运行情况，重点检查公交运力保障、车辆安全运营状况、驾驶员雪天安全驾驶操作规程、重点候车亭秩序等。

（区交通局）

◈ 2 月 14 日，顺义公交采取有力措施应对雨雪等极端恶劣天气（拍摄者：曹广新）

【客运行业安全生产工作会】 1 月 19 日，区交通局组织召开 2020 年度安全生产工作会议，全面部署年度公交客运安全生产和春运、全国“两会”期间安全运营服务保障工作。会议围绕全面落实安全生产“1+8”主体责任体系、做好“接诉即办”及春运、全国“两会”期间安全服务保障等工作进行具体部署，同与会企业签订《客运行业安全及服务保障责任书》。

会议要求，各企业要严格落实安全生产主体责任，进一步优化安全管理措施，认真做好驾驶员安全教育及出车前收车后安全检查，确保公交客运行业安全稳定发展。

（区交通局）

【公交行业疫情防控检查】 2月23日，区交通局领导带队以“四不两直”方式对北京骏马客运有限公司澜西园客运站、北京空港开远客运有限公司国门商务区客运站疫情防控及安全生产工作进行检查。检查组查看客运场站及驾驶员疫情防控工作措施落实情况，要求客运企业负责人要继续强化监督管理，继续落实好疫情期间各项安全检查和防范措施。继续落实公交场站、公交驾驶员安全防护措施，加强公交场站及运营车辆日常通风、消毒工作，切实保障乘客和公交从业人员的身体健康和生命安全。继续做好运力保障，针对节后复工返岗情况，科学研判运载能力，严格落实疫情防控期间公交车满载率不高于50%，确保市民安全、便捷出行。

（区交通局）

【物流企业疫情防控检查】 2月25日，区交通局对华阳储运有限公司北京物流分公司疫情防控工作进行检查，查看消毒液、口罩等防疫物资配备，公司食堂防控措施落实、返京人员留观室设置等情况，同时对企业复工复产及存在问题进行详细了解。2月28日，到北京申通快递服务有限公司检查疫情防控和复工复产情况，现场查看测温登记、消毒、通风等防疫措施落实及企业复工复产整体情况。

（区交通局）

【新国展入境人员转运】 3月10—16日，区交通局抽调北京骏马客运有限公司车辆和人员支援新国展入境人员转运。每天配备保障车辆9部（视转运人员流量适时调整），驾驶员分3个班组、24小时全天候运营。共计发车66个班次，转运入境顺义籍人员350人次。

（区交通局）

【鄂返顺旅客转运】 3月25—30日，按照区委、区政府统一部署，交通局依据职责分工，组织银建国旅大巴车在北京西站转运鄂返顺旅客。累计投入客运车辆72辆次，发车72班次，行驶里程14300千米，“点对点”安全运送鄂返顺人员830人。

（区交通局）

【清明节客运服务保障】 3月21日—4月12日清明节祭扫期间，区内及市属公交客运企业共投放运营车辆1149辆车，发车191100车次，完成客运量276万人次；地铁M15号线顺义段共计发车9393班次，完成客运量150.02万次。

（区交通局）

【交通运输行业秩序整治工作会】 4月16日，区交通局联合区公安分局交通支队召开交通运输行业秩序整治工作协调会，分析研判当前全区交通运输安全工作形势，部署开展本年度交通运输行业秩序整治工作。

（区交通局）

【水运游船企业疫情防控】 4月25日，区交通局先后来到北京顺旅水上公园投资发展有限公司、北京芦荡乐园调研水运游船企业疫情防控及复工复产情况。检查组一行重点对2家游船单位疫情期间游船安全管理制度落实、码头运行和救生消防设施配备等情况进行检查，详细询问企业负责人复工后游客接待、疫情防控等情况。

（区交通局）

【五一运输服务保障】 五一期间，区内2家境内客运企业共投放车辆877辆，发车36927班次，完成客运量627500人次；地铁15号线，累计发车1565列次，共计运送乘客351800人次；3家游船单位共投入营运船舶157艘，救护船舶9艘、1636船次，客运量5700人次。

（区交通局）

【水域游船开航前安检】 5月9—11日，区交通局海事执法人员先后对辖区顺义公园、卧龙公园等5家游船单位进行开航前安全检查。执法人员现场检查各项安全管理制度及应急预案落实情况，并对船舶检验日期、船员资质、码头设施、救生消防设备、电瓶船安装漏电保护装置等进行逐项检查。执法人员要求各游船单位全面落实疫情防控责任，克服麻痹思想，继续坚持客座率50%以下、游客体温检测、实名登记及每日消毒通风等制度，确保各项疫情防控措施到位。检查严格做到“合格一户，批准开航一户”，对发现的问题提出限期整改措施，要求游船单位整改合格后开航迎客。

（区交通局）

【加气站联合检查】 5月14日，区交通局联合区城市管理委、区市场监督管理局、区应急局、区消防支队以及相关属地政府，对北京绿源达顺清洁能源发展有限公司位于南法信公交客运站、后沙峪公交客运站、东府公交客运站3处压缩液化天然气撬装站进行联合执法检查。检查组针对疫情防控措施落实、安全管理制度和应急预案上墙公示、安全教育培训、消防和特种设备检测维护等情况进行检查。对检查中发现的问题，各单位下达责令改正通知书，并要求被检企业严格落实安全生产责任，加大安全隐患排查力度，发现隐患及时消除，确保全区公交行业能源供给安全。此次联合检查出动执法人员15人次，检查3站次。

（区交通局）

【货运行业“两会”安全保障部署会】 5月15日，区交通局组织召开“两会”期间道路货运行业安全服务保障工作部署会，区内危货运输及50辆车以上的重点货运企业负责人参加会议。会议传达《北京市交委关于2020年全国“两会”期间道路货运行业安全服务保障工作的通知》精神；会议要求各企业从“重点时间点、重点区域及重点环节”等方面，结合疫情防控措施和复工复产情况，加强安全管理，认真落实动态监控、应急预案、风险评估、从业人员教育培训、隐患排查等各项安全管理措施。要求液化气运输企业要高度重视，严把运输环节安全关，深刻吸取通州区发生液化石油气罐闪爆事故教训，防止类似事故发生，确保全行业安全管理制度及疫情防控和安全管理“两手抓、两手硬”。

（区交通局）

【驾培行业“两会”安全维稳部署会】 5月19日，区交通局组织召开驾培行业“两会”安全维稳部署会，区内6家取得经营许可的驾培机构负责人参加会议。会议传达《北京市交通委关于认真做好2020年全国“两会”期间驾驶员培训行业安全维稳工作的通知》精神，部署区内驾培行业安全维稳工作。

（区交通局）

【联合执法夜查】 5月28日20:00—22:00，区交通局联合交通支队、环保局、路政及城管等部门，在顺义区左堤辅路与复兴东街交叉口进行联合执法检查，严厉打击重型柴油车超限超载、无证、私改、尾气排放超标等各类违法违规行为，共出动执法人员18人次，执法车6辆，检查货车57辆、环保查处尾气不达标车1辆、交通局查处未携带营运证货车1辆。

（区交通局）

【轨道安全控制保护区隐患治理】 5月29日，区交通局联合区水务局、空港街道办事处、地铁运营公司等有关单位召开轨道安全控制保护区隐患治理现场会，研究解决辖区轨道控制保护区隐患问题。针对“顺义区污水处理厂配套工程施工未报备”“北京中油国门油料销售有限公司彩钢瓦可能刮入轨道运行区间”2处隐患，区交通局执法人员在现场协调区水务局、空港街道办事处、地铁运营公司及隐患单位立即开展隐患治理工作，严格按《北京市轨道交通运营安全条例》要求办理轨道安全控制保护区内施工相关手续，加强施工现场管理，对轨道周边彩钢房屋进行加固处理，严禁发生彩钢板、苫盖网等异物飘入轨道运行区间的情况。

（区交通局）

【重型柴油车联合执法检查】 6月6日8:30—10:30，大孙各庄综合检查站和南彩地区综合执法站的各驻站部门（交通局、交通支队、环保局、公路分局及城管执法局等）分别在大孙各庄进京口和左堤辅路与复兴东街交叉口同时进行联合执法检查，严厉打击重型柴油车的超限超载、无证、私改、尾气排放超标、遗撒等各项违法违规行为。此次行动，共出动执法人员32人，出动执法车8辆，检查过往货运车辆96辆，交通局暂扣营运证（未携带从业资格证）1起；环保查处尾气不达标车3辆，罚款500元；城管查扣渣土车（无准运证）2辆；交警处罚18笔。

（区交通局）

【市郊铁路公交接驳】 6月25日，区交通局组织开通的市郊铁路京承线顺义段顺义站、牛栏山站公交接驳线路开始试运营。顺义站开通公交接驳线路S011，配车3辆，发车间隔约15分钟，运行时间7:10—8:25、17:40—18:55，设置站点5个。牛栏山火车站开通S012、S013公交接驳线路2条。S012路配车2辆，发车间隔约20分钟，运行时间7:00—8:20、17:40—19:00，设置站点9个；S013路配车2辆，运行时间：下坡屯7:25、17:35、18:10各发一班，牛栏山火车站8:13、17:55、18:45各发一班，设置站点10个。

（区交通局）

【政务服务事项“一网通办”】 6月28日起，按照市交通委相关政策要求，北京“道路运输从业人员资格认可”政务服务事项实现“一网通办、全程网办、跨区协办、全市可办”。申请人可网上申办或到全市任一交通运输政务服务窗口申办，该事项涉及30余万名交通运输行业从业人员。办理结果可在线上自助下载打印或到全市任一交通运输政务服务窗口现场领取。成功申领从业资格证的，将自动生成《道路运输从业人员从业资格证》电子证照，与纸质证照具有同等法律效力。

（区交通局）

【吸取教训强化管理】 7月7日，贵州省安顺市公交车坠湖事故发生后，顺义区交通局第一时间要求辖区公交客运企业在做好疫情防控常态化工作的同时加强安全管理：严格落实公交车辆“一日三检”制度，按时开展车辆保养，及时排除车辆故障，坚决杜绝“带病”车辆上路运营；注重公交车辆视频监控及定位系统应用，及时提醒驾驶员安全行车；开展道路、桥下易积水点位排查，确保汛期公交运营安全；做好驾驶员自身安全防护。全部车辆配备驾驶区域防护隔离设施，确保行车过程中驾驶员不受侵扰；发挥乘务管理员作用，严格按照“逢包注意、可疑必问，违禁拒载、视情报警”的要求，坚决杜绝乘客携带“三品”进站上车；关心关爱从业人员身心健康，及时发放防暑降温用品，合理安排作息时间。

（区交通局）

【危化品运输联合检查】 7月14日，区交通局联合区交通支队对北京市中燃发液化气有限公司开展安全生产专项检查，重点检查企业从业人员教育培训记录、GPS监控平台违法违章驾驶员处理情况，现场对企业12名驾驶员、押运员进行道路运输安全培训教育。针对企业存在的未对从业人员进行岗前培训的问题，执法人员当场做出行政处罚。要求企业负责人要进一步加强从业人员培训教育；按要求严格处理GPS监控平台违法违章的驾驶员、押运员；驾驶员平时要做好车辆自检自查；企业要坚持做好场区内消防安全检查、疫情防控常态化及极端天气应急值守工作。

（区交通局）

【水上交通安全应急演练】 7月28日，北京市地方海事局、北京水运游船行业协会及区交通局联合组织开展2020年汉石桥湿地水上交通安全应急演练。演练从恶劣天气疏散、消防和游客溺水救援演练3个方面进行。参演人员50人次，出动游船10艘、救生艇4艘。

（区交通局）

【运输结构调整工作会】 8月3日，区交通局推进运输结构调整工作会召开，市公安局顺义分局交通支队、区经信局、市规划自然委顺义分局、区发改委相关负责人参加。会议通报顺义区关于运输结构调整2020年上半年工作进展情况，分析存在的问题，研究部署完成全年工作任务措施。会议对《顺义区落实北京市推进运输结构调整2020年具体工作措施分工方案》工作任务及措施进行明确分工。

（区交通局）

【危化运输“除隐患，除风险”整治】 8月5日，区交通局联合区交通支队、应急局对北京市中多成品油物流有限公司、北京首钢气体有限公司、中国石油运输有限公司华北化工燃气运输分公司3家化学危险品企业进行“除隐患，除风险”整治行动专项检查。重点检查企业从业人员教育培训、应急预案、GPS动态监控及专职人员岗前培训、违法违章驾驶员处理、车辆技术状况、防疫工作措施落实等情况。

检查中发现北京市中多成品油物流有限公司未按规定配备专职监控人员，北京首钢气体有限公司GPS监控人员岗前培训试卷未有具体考试时间和阅卷人。责令企业针对存在问题立即整改。执法人员要求企业加强日常安全管理工作，落实安全主体责任，强化驾驶员安全教育培训，做好车辆技术检测及车辆在途管理，确保道路运输安全。同时，结合当前防疫工作要求，继续落实好防控工作“四方责任”。

（区交通局）

【“8·12”强降雨天气应对】 8月12日，为应对强降雨天气，区交通局开展公交线路易积水路段巡查摸排，组织防汛保障人员45人对53处公交线路易积水点进行防汛监测。科学调度公交运力，加强对重点公交车站以及地铁车站的秩序维护工作，并根据客流情况科学调度。储备应急抢险运输车辆，货运企业储备20部应急抢险运输车辆，做到“专人专车，固定停放、随时调用”。强化地铁车站巡查，加强对地铁车站内防滑垫、防滑警示牌、挡水板、沙袋等防汛物资配置情况检查，做好车站出入口雨水清扫，防止发生雨水倒灌，确保出入站乘客安全。

（区交通局）

【根据企业需求调整公交发车时间】 8月15日，为进一步优化营商环境，提升公交服务质量，针对中国航空发动机研究院反映企业职工出行不便问题，区交通局多次组织公交客运企业进行实地调研，并根据企业提出的需求，克服公交车辆运力不足等困难，将空港5路区间望泉寺发车时间由7:00—7:30调整为7:00—8:30，T3航站楼发车时间由16:55—17:25调整为17:00—18:00。调整后发车班次由原来的12班次增加至21班次。

（区交通局）

【游船单位船舶年检】 9月4日，北京市船舶检验所对辖区北京顺旅水上公园投资发展有限公司、汉石桥湿地自然保护区、北京鲜花港投资发展中心等船舶单位的海事执法艇、水运游船进行实地验船及船舶救生设备专项检查。经船检所现场检验，12艘备案海事执法艇、自航船舶救生设备设施及灭火设备合格，船体均无破损、锈蚀等情况，未发现安全隐患，全部符合运营要求。

（区交通局）

【运输安全部署会】 9月4日，区交通局组织区经济信息化局、区生态环境局、区应急局、区市场监督管理局、区公安分局交通支队、区消防救援支队、区商务局、区农业农村局等部门相关负责人，召开运输安全专项整治三年行动工作部署会。会上，解读《顺义区交通运输安全专项整治三年行动实施方案》。

（区交通局）

【货运行业安全生产专题会】 9月18日，区交通局组织召开道路货物运输行业安全生产专项整治行动问题反馈暨“十一”假期安全生产部署工作专题会。辖区危货运输、50辆车以上的重点货运企业负责人参加会议。会议针对前期开展的安全生产专项监督检查情况，通报《重点道路货物运输企业监督检查问题反馈报告》，同时分析存在问题及原因，部署下一步工作安排；传达《交通运输部关于通报车辆动态监控抽查情况的函》，通报各企业在GPS动态监控管理工作中存在的问题并提出具体要求；介绍“顺义区道路货运企业综合量化评估与预警系统”。

（区交通局）

【汽车展交通服务保障完成】 9月26日—10月5日，第十六届北京国际汽车展期间，区交通局协调组织、科学调度公共交通运力，确保客运秩序安全、有序、快捷、畅通。根据客流变化情况，适时增加运力配备，加强现场运营调度，维护车站秩序；双向开通P8自驾车停车场至新国展接驳专线，方便自驾车观众快速抵离；统筹地铁运力保障、客流秩序、环境等相关工作，确保轨道交通运营安全有序；设置新国展—地铁天通苑北站公交应急疏散专线，在发生地铁客流滞留或者地铁限流时快速疏散乘客。

（区交通局）

【冷链运输疫情防控】 11月11日，区交通局到欧特供应链有限公司，详细了解冷链食品运输全过程，食品外包装、冷藏车辆通风系统等关键环节的消毒处理情况，查看防疫物资资金投入台账。并对企业疫情防控工作提出要求。

（区交通局）

【空气重污染应对】 11月12日，区交通局到李桥地区综合执法站，检查本轮空气重污染天气应对工作。现场查看空气重污染期间各项工作开展情况并提出工作要求。随后，到北京市晨峰龙汽车修理有限公司、北京美宝行汽车销售服务有限公司检查企业安全生产、环保减排工作情况。现场询问企业负责人减排措施、减排量、喷烤漆房活性炭更换频次、更换标准等具体问题。

（区交通局）

【危化运输业安全生产工作会】 11月17日，顺义区道路危险货物运输行业安全生产工作部署会召开。会议宣贯《北京市危险货物运输行业生产安全事故隐患目录》《北京市道路运输驾驶员诚信考核实施细则》，通报危货运单使用存在有运行轨迹无运单、有运单无轨迹的企业处理情况。并就未来工作提出具体要求。

（区交通局）

【机动车维修行业工作会】 11月19日，区交通局组织召开顺义区机动车维修行业汽车喷烤漆房改造工作会，辖区110家（有喷烤漆房）的维修企业负责人参加会议。会议传达《北京市空气重污染应急指挥部办公室关于完善空气重污染应急减排清单相关工作的通知》精神，通报全区维修企业汽车喷烤漆房评审鉴定结果，宣贯北京市地方标准DB11/1228—2015《汽车维修业大气污染物排放标准》以及《重污染天气机动车维修行业应急减排措施制定技术指南》。

（区交通局）

【“京冀”联合执法】 12月3日14：00—17:00，北务综合检查站联合站内运政、路政、交警与河北省三河市治超部门在顺义区迎宾路、木燕辅路进出京方向，对非法改装、超载超限、证件不全等违规货车进行联合执法检查。此次行动北务综合检查站出动执法人员13人，检查货车89辆，运政现场检查无法出示有效车辆营运证5辆次，交警处罚各类违法行为10辆次。

（区交通局）

【“12·4”普法宣传活动】 12月4日起，区交通局组织区内骏马客运有限公司开展为期一周的“12·4”法治文明号公交普法宣传活动。活动以普法文明号专线顺62路（翠竹新村—聚通嘉园）为流动载体，通过在公交车身粘贴大幅宣传标语、车载LED屏滚动播放普法宣传口号、动漫等多种形式，面向乘客开展普法宣传。

（区交通局）

【张镇1路开通】 12月12日，张镇1路（顺义区医院东院区—张镇政府）微循环公交线路开通运营。线路运营里程6.5千米，运行时间7：00—18：30，发车间隔约60分钟，设置站点13个，与顺19路、顺39路、顺40路实现“无缝衔接”。

（区交通局）

【公交行业冬季安全隐患排查】 12月22日，区交通局先后实地检查北京公共交通控股集团有限公司第七客运分公司半壁店935车站、北京空港开远客运有限公司国门商务区客运站和北京骏马客运有限公司澜西园客运站，了解各单位疫情防控、燃气使用管理和隐患排查治理工作情况，并对近期重点工作提出要求。检查出动执法人员9人次、检查车辆10辆次。

（区交通局）

【顺68路开通】 12月29日，新开顺68路（望泉西里—中德产业园），线路配车6辆，全线设置站点20个，运行间隔20～25分钟，运营里程13.2千米。

（区交通局）

【五彩浅山专线开通】 12月30日，新开五彩浅山专线（山里辛庄—梧桐峪），线路配车1辆，全线共设置站点9个，运营里程8.9千米。

（区交通局）

邮　政

【概况】 年内，中国邮政集团有限公司北京市顺义区分公司（简称区邮政公司）以习近平新时代中国特色社会主义思想为指导，贯彻落实十九届五中全会精神，认真落实集团公司及市分公司战略部署，坚持解放思想永远在路上，从思想观念上破题，坚持把解放思想改革创新作为发展第一动力，在解放思想中凝聚共识、完善思路、破解难题。面对疫情，统筹推进疫情防控、复工达产和重大改革等工作，企业创新转型、运营管理、服务提质、党建引领等各项工作均有新突破、新提升、新跨越。本年度获评“北京市交通安全先进单位”。

（区邮政公司）

【经营指标完成情况】 年内，区邮政公司业务收入累计实现27116万元，完成年计划的101.51%，同比增长4758万元，同比增速21.28%；经营利润累计实现4820万元，完成年计划的103.09%，同比增长1250.47万元，同比增速35.03%。利润完成绝对值在16个区分公司排在首位。

（区邮政公司）

【代理金融专业】 年内，开展金融知识普及活动，为学校、社区、村镇公众宣讲金融知识，解读金融诈骗常见手段，堵截诈骗汇款2起，金额95万元。

（区邮政公司）

【文传专业】 年内，集邮方面，宏城支行为全区11家医疗单位制作《万众一心抗击疫情》邮折，共计3594版。发行方面，销售《习近平谈治国理政》（第三卷）46170册，超额完成全年预算指标。函件方面，商函媒体朋友圈客户开发1户，开发直递老客户北京金玉满庭商贸有限公司120万份。

（区邮政公司）

【渠道平台专业】 年内，稳步推进警邮、税邮业务，做好客户引流提高转化率，增强获客渠道，石园支局税邮业务，客户转化率全市第1名；919电商节扫码购获客量全市第1名；全国农产品基地项目，通过线上＋线下渠道订购平谷大桃7500余盒，累计销售额38.5万元；建成邮乐购店109个，均100%完成本年度目标。

（区邮政公司）

【服务质量】 年内，始终坚持“人民邮政为人民”的服务理念，强化规范管理，狠抓检查督导，提升用户体验。采取多维度的视察检查和筒箱试信形式，强化个性化的4项基本业务培训，推进微整治工作常态化，提升员工内在素质和企业外在形象；客服管理工作始终注重客户投诉处理效率，压降客户投诉率。全年理赔及时率100%，用户满意度稳定在90分以上，连续6个月位居市分公司前列。

（区邮政公司）

【网运生产】 年内，受疫情和中心局改造影响，进出口邮件量快速上涨，区邮政公司经历春节期间、疫情期间及电商节大促期间的3次生产高峰，同时承接日均37500件的邮件疏解任务，累计50余天的“疏堵大考”；建立常态化支援工作机制，疫情防控、生产畅通两手抓，机关部室、支局、支行人员组成党员先锋队和支援突击队对各营业部、投递部进行分拣、投递支援，累计支援4200余人次，确保运行平稳有序。

（区邮政公司）

【基础设施】 年内，争取市邮政分公司资金支持，启动新顺支局、木林营业所、板桥营业所、南法信营业所的装修改造工程；自筹资金150余万元修缮、改造石园支局、李桥营业所、北街营业所等23处；统建配套工作力度提升，接收尚北家园、香悦四季、鲁能七号院、顺鑫汇和中铁花溪茗苑营业所5处，接收总面积3960.28平方米，接收规模为历史上最大的一年；全部支行外网宽带升级到200兆以上，更新为千兆路由器，为经营发展提供支撑保障。

（区邮政公司）

【安全管理】 年内，严格落实市邮政分公司及区委、区政府安全生产工作要求，完成全部网点监控设备的升级改造工作，召开安全生产例会2次，组织常规安全检查30余次；开展逃生演练2次，消防实操实训演练1次；组织开展金融从业人员警示教育活动4次，开展金融飞行检查2次，及时排除风险隐患；全面落实3个100%制度，13个网点累计拦截190封非法信件，把好邮政渠道关口。

（区邮政公司）

中国移动北京公司顺义分公司

【概况】 中国移动北京公司顺义分公司（简称移动顺义分公司）拥有丰富的基础设施资源及强有力的

服务支撑和通信保障队伍，是一家综合通信服务运营商。以“成为客户首选的数字化服务的引领者”为愿景，以“追求卓越，让数字化生活更美好”为使命，为客户提供全面的通信服务。年内，顺义分公司压实“四方责任”，扎实做好“通信保障、服务保障、防控保障”工作，争分夺秒复工复产，始终坚持“客户为根、服务为本”，以“满足人民群众对美好数字生活需要”为己任，全力以赴履行社会责任，彰显国企担当。

（移动顺义分公司）

【疫情防控中彰显国企担当】 年内，疫情防控期间营业厅服务不打烊。属地12家营业厅人员始终坚守在一线，持续为到厅客户提供服务。在防控业务风险、保障客户利益的前提下，及时解决2600余位不方便回京、不方便到厅的客户业务需求。网络畅通不掉线。对首都机场T3D国际旅客到达区、新国展入境旅客集散地、隔离酒店、核酸检测点启动小时级网络监控，对保障地点周边基站及线路进行预防性巡检；主动配合做好隔离酒店专线带宽扩容，24小时内完成酒店网络测试。疫情保障期间出动重保人员520人次、车辆262车次。助力属地科技抗“疫”。为政府和企业客户办理疫情防控宣传视频彩铃7533部；云视讯1388部，支撑政府和企业客户远程会议；智能门磁业务2000余部，助力乡镇政府实现高风险人员隔离监管；为属地27所学校办理测温门业务，保障各校学生安全返校；为3家政府客户和2家企业客户提供疫情防控信息宣传，累计发送200余万条。

（移动顺义分公司）

【经营管理】 年内，大力发展5G网络建设，实现顺义主城区、马坡新城、机场及临空经济核心区、各镇中心区、新国展、车联网测试道路等5G业务场景重点区域的室外5G连续覆盖；推动5G个人用户发展，全年5G用户上网流量提升85%。顺义区北小营镇作为智能汽车无人驾驶示范镇，顺义分公司结合5G覆盖情况针对镇属企业及后期入驻的车企，深度挖掘5G应用场景，打造5G示范应用项目。此外，顺义分公司响应国家携号转网服务工作，年累计服务客户10000余户；注重推进业务高质量发展，社会渠道逐步转型，实现重点承载对接与建设新型渠道触点结合。为保障地区通信用户安全，严格落实用户实名登记工作，全年持续治理诈骗号码，关停风险号码近20000个。

（移动顺义分公司）

【窗口服务】 年内，在窗口服务方面推出“心级服务、优+体验”的工作理念。从客户实际需求出发，持续完善产品开发、运营、支撑、销售、服务“五位一体”管理运营体系。不断优化业务流程，提升窗口服务质量，解决客户关心和投诉的问题，提升客户满意度。通过组织参观5G体验馆、手绘祖国亲子绘画、小小营业员等活动，提高客户体验感知；通过抖音直播、公众号传播、服务进社区等活动，增强企业与客户间的沟通交流。

（移动顺义分公司）

【网络维护】 年内，做好各项重大活动通信服务保障。全年出动重保人员1352人次、车辆672车次，完成疫情防控、全国两会、2020（第十六届）北京国际汽车展览会、2020年世界智能网联大会、国测北京会议会展中心年会等各项通信重保任务，实现保障期间零投诉。家庭客户全年共装移机48000余件。通过网络优化、小微场景覆盖等手段，提升4G网络覆盖，较2019年移网数据业务流量增长39.82%，其中4G数据流量占比98.83%，确保2G用户能够顺利迁转4G网络。

（移动顺义分公司）

【网络建设】 年内，建设4G基站52个，实现属地全覆盖；建设5G基站947个，实现顺义主城区、马坡新城、各乡镇中心、新国展、南法信物流园区、空港A区工业区、后沙峪空港B区、国门商务区南部分室外区域、国测会展中心室内、首都机场和快轨沿线等区域覆盖。完成顺义区车联网、2020年（第十六届）北京国际汽车展览会，临空核心经济区、北小营5G+智能网联无人驾驶，中关村医疗成果转换中心5G+智能医疗等5G业务需求任务。同时快速响应企事业单位专线需求，开通及时率100%。2020年家庭宽带重点覆盖标准社区、农村和聚类市场，全区累计覆盖率83%。

（移动顺义分公司）

【智慧社区】 年内，顺义分公司实现建立完备的智慧平安小区在区政务外网、视频专网和公安信息网的数据流转流程。完善相应配套的应用体系，向下实现不同类型小区数据接入到区级数据汇聚转发实验平台；向上对接市级数据汇聚平台；横向连接区公安及各委办局已建平台。顺义分公司基于5G、大数据等关键技术，为属地提供疫情监测区域人口流动信息、人口流量统计、属地舆情分析、非本地人口监控管理、人群聚集管理、灾情预警、群体事件管控等数据分析报告。

（移动顺义分公司）

【5G应用及能力】 年内，移动顺义分公司以5G作为接入方式，与人工智能、物联网、云计算、大数据、边缘计算等新兴信息技术，打造的以5G为中心的泛智能基础设施，将5G与人工智能紧密结合，打造北小营智能网联测试场，形成车联网区域示范。推动5G与物联网技术结合，构建物联专网切片服务能力。持续增强产业物联专网“云、网、边、端”全链条能力，打造OneNET物联网开放平台，提供5G物联专网切片服务，为国航提供国际飞行航图下载服务。推进5G与云计算技术的紧密结合，构建一站式云网服务能力，为属地客户提供政务云、公有云、私有云、行业云等多种解决方案。依托海量云、网用户资源优势，合规有序推进人口大数据应用。

（移动顺义分公司）

【电影节网络保障】 8月27—29日，第十届北京国际电影节“首届游戏动漫电影单元展”的“明星电竞赛单元”在顺义区北小营镇金茂北京国际社区举办。顺义分公司制定专项保障预案，全方位进行会场网络保障，应对多重不确定性因素，解决突发性问题。快速响应保障单位专线需求，为客户提供游戏加速，全天候保障活动完成。

（移动顺义分公司）

【智能网联大会网络保障】 11月11—13日，2020世界智能网联汽车大会在中国国际展览中心（顺义新馆）举行。顺义分公司为世界智能网联汽车大会提供“5G+8K”现场直播服务。通过车路协同、“5G+8K”直播展现前沿应用，为与会嘉宾提供5G低延时及大带宽特性的在高清视频直播体验。

（移动顺义分公司）

北京联通顺义分公司

【概况】 年内，联通顺义分公司以“客户信赖的智慧生活创造者”为愿景，以“联通世界，创享美好生活”为使命，为客户提供全面的通信服务。顺义地区建成的语音网、移动通信网、传输网、宽带接入网、IP核心骨干网等电信级专业通信网络，可为顺义地区广大用户提供全业务信息通信服务，包含3G、4G、5G移动业务、全家福宽网融合服务、数据传输服务、互联网专线及中小企业光纤宽带接入服务、智慧宽带、物联网、云计算、大数据等服务，并可提供与信息通信技术相关的系统集成、工程设计施工、视频监控系统、智慧校园、智能门磁等全方位的综合通信服务。

（联通顺义分公司）

【经营管理】 年内，联通顺义分公司坚决贯彻落实党中央决策部署，全力支撑疫情防控工作，推进网络建设，持续推进5G网络覆盖率。严格落实用户实名登记工作。加快5G网络建设，完善网络覆盖，提升网络质量，增强网络供给和服务能力，持续推进“双千兆”网络建设。进一步深化农村及边远地区的网络覆盖，加快实现农村和城市 “同网同速”。大力推进创新业务，以5G和千兆光纤应用创新为着力点，深度挖掘垂直行业需求，协同交通、医疗、能源、教育等各个行业更大范围、更深层次的协作创新，不断丰富应用场景，加快数字经济发展。

（联通顺义分公司）

【窗口服务】 年内，始终坚持“以客户为中心”的服务理念，注重端到端客户感知测评提升，建立“吹哨即办”问题解决机制，推进大服务体系重塑，实现一线吹哨、部门报到、接诉即办、责任串联，深层次解决影响客户感知、市场发展中的难点、痛点及投诉热点问题，实现问题根源性解决。统一服务形象、规范服务标准、持续提升服务能力，优化完善客户服务体系建设。客户服务工作更加关注细节，重点加强对营业厅、线务员等服务窗口人员的规范管理，提高专业技术水平，通过微博、微信等社交平台增强与客户间的沟通交流。全年处理10010级派单8000余件，接到10010级表扬工单4件、客户表扬锦旗1面、表扬信3封。

（联通顺义分公司）

【网络维护】 年内，联通顺义分公司网络运行安全稳定，完成两会、第十六届国际车展、智能网联大会等重大重保项目。疫情期间，为区政府及国资委视频会议提供多次保障。在各项重保工作中，提前开展自检自查、清网排障和演练工作。完成千兆网络迁移工作，持续推进10GPON迁移改造工作。

（联通顺义分公司）

【网络建设】 年内，联通顺义分公司持续推进5G基站建设，现阶段实现顺义城区内人口密集区、重点区域连续覆盖，实现重点交通干线、商街、大型展览馆、汽车小镇等场景的全覆盖。5G宏站入网运营700余个，用户可体验达800Mbps的下载速率。持续部署10GPON设备，搭建千兆光网络。顺义联通的家庭宽带下行速率实现300M带宽起步，有序推进千兆智慧宽带。

（联通顺义分公司）

【疫情防控】 年内，持续落实疫情防控工作。认真学习贯彻习近平总书记关于疫情防控工作重要讲话及指示批示精神，全力配合疫情防控安排部署，落实责任，密切配合，切实做好疫情防控工作。进一步强化风险意识、杜绝麻痹思想，主动担当作为。严格按照办公区、营业厅等人员聚集场所的风险防范各项要求，强化人员进出管理、卫生消杀、通风消毒。疫情期间第一时间与政府、企业取得联系，提供防控方案，在众多设备不能保证供货期情况下，快速响应，完成热成像设备、手持热成像仪等各项设备的交付工作，其中紧急为政府服务局在2天时间内完成新国展隔离场馆23台监控设备的安装，利用大数据分析能力为区经信局提供疫情人口大数据等服务。

（联通顺义分公司）

城乡建设与管理

▲ 5 月 27 日，区城管执法局检查天竺镇府前二街餐饮单位燃气安全及生活垃圾分类工作（区城管执法局供图）

▲ 6 月 13 日，区城管执法局检查后沙峪镇山姆超市、旺泉街道盒马鲜生超市疫情防控工作（区城管执法局供图）

▲ 9 月 2 日，2020 年河东百项工程及重点工程项目研究会在顺义区政务服务中心召开（区规自分局供图）

▲ 9 月 11 日，燕顺投资完成顺义区第三批“梧桐工程”人才配租工作（燕顺投资供图）

9月23日，国网顺义公司与顺义区政府签署《推进顺义地区电力建设战略合作协议》（国网顺义公司供图）

年内，区房屋征收事务中心开展前进剩余公产房征收工作（区房屋征收事务中心供图）

▲ 年内，高丽营、北务、李桥消防救援站建成并投入使用（区消防支队供图）

▲ 年内，区消防支队开展联勤、联调、联训、联战（区消防支队供图）

规划与自然资源

【概况】 年内，区规自分局坚持以习近平新时代中国特色社会主义思想为指导，以党建为引领，不断强化政治站位，践行“两个维护”，深入抓好政治理论学习，巩固理论根基。彰显党员先锋模范作用，严格落实疫情防控部署，助力复工复产。

落实“三件大事”，紧盯重点工作进展，以规划编制为引领，实施新一版北京城市总体规划。以责任规划师为抓手，不断提升城市公共空间品质。以可持续发展为目标，落实建设用地减量发展任务。以便民利民为宗旨，深入开展轨道交通线网规划建设。以优化市政为目的，推进地下管线更新补测工作。坚持“四个全面”，加强法制政府建设，大力推进依法行政工作。抓好“五位一体”，坚守绿色发展理念。加大耕地与永久基本农田保护。有序开展“三调”和矿山修复治理。抓好国家自然资源督察问题整改。统筹协调推进规自领域专项治理。持续加强规划土地批后监管工作。大力摸排农村乱占耕地建房工作。落实“六稳六保”，保障社会经济平稳，以经济发展为导向，有序推进征地和供地工作。以服务民生为导向，探索解决历史遗留房屋登记问题。以便民利民为导向，持续完善优化营商环境新举措。以群众诉求为导向，继续抓好信访和便民电话工作。

（区规自分局）

【分区规划编制】 年内，落实分区规划，推动街区控规、镇国土空间规划、村庄规划编制工作。自分区规划批复以来，按照区委、区政府全面实施分区规划的工作要求，全力推进街区控规、镇国土空间规划编制工作，制定街区、镇国土空间规划编制工作方案。试点先行，启动新城 2801、2902、0702 试点街区 3 个，其中新城 2801 街区控规正式上报市级审查；杨镇、北石槽镇、大孙各庄镇 3 个试点镇规划编制工作，形成规划成果。按照应编尽编原则，截至年底，全区 355 个村庄规划全部完成编制与审批工作。

（区规自分局）

【责任规划师制度】 年内，推动《顺义区街镇责任规划师工作方案（试行）》实施，全区 30 家街镇、功能区管委会完成责任规划师团队聘任工作，明确宣传名称为“义家人”。责任规划师充分发挥桥梁纽带作用，将专业知识引进社区和乡村，助力各级规划编制、背街小巷整治、“七有”“五性”热点问题解决等工作，不断提升城市管理水平。

（区规自分局）

【城市体检】 年内，坚持对规划实施情况开展一年一体检、五年一评估，采取“政府组织、部门参与、第三方评价、公众参与”的方式，围绕人口、住房建设等 20 多个方面进行体检工作，形成《2019 年度顺义区城市体检报告》，为全区规划编制与实施提供科学有效的技术支撑。

（区规自分局）

【减量集约高质量发展】 年内，区规自分局落实《北京城市总体规划（2016 年—2035 年）》，优化城市空间布局和城乡建设用地结构，促进顺义区城乡建设用地减量集约高质量发展，分局坚持“减量发展”原则，出台《顺义区城乡建设用地减量工作方案》，并结合拆违与三调数据，完成本年度顺义区减量任务。

（区规自分局）

【重点关注项目推进】 年内，为确保疫情防控期间全区经济稳定运行和发展，区规自分局推进本年度顺义区重点关注项目。按照市规自委《关于稳增长促发展加强规划编制与实施的管理意见（试行）》的要求，分局核发后沙峪镇西泗上村棚改安置房等 6 个项目的多规合一审核意见。为落实总规中加强“四个中心”功能建设，推进国际交往中心建设，分局核发新国展二、三期（国展预留地剩余地块土地一级开发）项目多规合一审核意见。

（区规自分局）

【智慧物流发展】 年内，为深入推进智慧物流发展，提升首都物流服务保障能力，区规自分局主动服务属地政府编制《顺义区大孙各庄镇智慧物流园规划综合实施方案》并取得市政府及市规自委批复。

（区规自分局）

【市政交通 R4 线】 年内，R4 线东延纳入《北京市轨道交通线网规划》和《北京市轨道交通第三期建设规划》项目库，聘请国际规划团队完成 R4 线规划中德产业园站、临河站一体化方案研究。

（区规自分局）

【新国展—首都机场捷运线规划方案】 年内，《新国展—首都机场捷运线规划方案》编制完成，旨在提升首都机场陆侧交通服务水平，增强新国展和首都机场的快速直连，实现临空地区与对外轨道交通骨干线路的接驳换乘。

（区规自分局）

【地下管线管理】 年内，完成全区范围内 608 余千米地下管线基础信息普查工作及顺义区地下管线综合管理信息系统中 8200 余千米管线入库工作。系统建设对于项目前期工作周期压缩 50% 以上，对工程前期测绘费用平均节省 30% 以上，实现数据资源共享利用，促进投资效益最大化。

（区规自分局）

【市政交通规划】 年内，配合完成新国展二、三期项目国际方案征集工作，与街区控规编制同步开展市政专项研究工作。随杨镇、樱花园、机场西等 4 个村棚改项目前瞻性启动镇街市政、交通专项规划，推动棚改项目及配套基础设施依规划同步建设实施。

（区规自分局）

【规划土地核验】 年内，开展规划验收工作，共完成规划核验 68 件，总建筑规模 261.8 万平方米；在新冠疫情特殊背景下，采取无打扰方式开展规划验收，主动服务，助力顺义区文化中心、理想汽车研发基地等区重点工程，推进望泉寺回迁安置房、中铁顺兴、金隅空港共有产权房等一批民生保障工程验收，支持顺义国际学校、高丽营第二中学等教育公共服务设施建设。同时，落实区委第六巡察组巡视整改意见，出台《关于加强和改进规划核验工作的意见》，进一步规范规划核验工作，确保规划核验工作取得实效。代征道路用地移交工作，完成市级代征道路用地移交任务。

（区规自分局）

【耕地复垦计划实施】 年内，为解决全区重点项目耕地占补平衡问题，分局制定《顺义区 2020 年度耕地复垦计划》，于 6 月 12 日区政府通过后，下发各镇执行，责任主体落实到镇政府及顺义城发公司，分局做好指导及督促工作。截至 12 月，北小营镇、大孙各庄镇、南彩镇、赵全营镇、李遂镇、马坡镇、北石槽镇、仁和镇、龙湾屯镇及南法信镇均完成方案编制，同步推进项目报批、工程招标等后续工作。

（区规自分局）

【20400 公顷耕地保护空间划定及复耕】 年内，按照《北京市 200 万亩耕地保护空间调整优化暨加强和改进永久基本农田保护工作技术方案》及市规自委的指导意见，完成顺义区 20400 公顷（306000 亩）耕地保护空间调整优化划定工作，市规自委审核通过后于 9 月 7 日将该版数据上报自然资源部。同时经请示区政府同意后，落实各镇永久基本农田保护区、永久基本农田储备区及耕地储备区任务，并下达耕地保护空间复耕任务，制定 5 年复耕计划，形成初稿。

（区规自分局）

【耕地保护责任书签订】 年内，按照市规自委的要求，区规自分局完成市、区两级责任书的签订工作。为保障全区耕地保有量与永久基本农田保护面积，进一步压实属地政府的主体责任，区规自分局将全区耕地保有量与永久基本农田保护面积的任务按镇域进行分解，并制定《顺义区 2020 年耕地保护目标管理暨永久基本农田保护责任书》。截至 12 月，各镇完成责任书签字、盖章工作。

（区规自分局）

【坚决制止耕地“非农化”】 年内，按照市政府、市规自委的工作要求与区领导指示精神，区规自分局依据市级坚决制止耕地“非农化”工作方案及市规自委工作方案，初步制定完成区级工作方案及分局内部分工方案。

（区规自分局）

【征地】 年内，针对新《中华人民共和国土地管理法》对征地程序的变化，为推进征地工作开展，分局结合全区征地情况及新征地要求，制定征地流程。

同时为方便项目单位开展工作，制订补偿安置方案、征地协议、征地补偿安置公告等相关模板，进一步明确“一书四方案”组件等要求，并对完成征地方案的项目单位开展培训工作。对报市规自委审批征地项目，与市规自委协调，推进项目。全年完成6个征地项目，均取得市政府用地批复。

（区规自分局）

【造林选址】 年内，在区园林绿化局、属地政府的配合下，区规自分局牵头完成1940公顷（2.91万亩）新一轮百万亩造林选址工作。下一年度选址工作思路的4个方向为“一山、二路、三河、四园”，打造大孙各庄、张镇二十里长山景观带，新建道路两侧的绿化隔离带，更新全区河道两边老旧残次林木，打造精品温榆河公园。建立工作机构，组建工作专班。到各乡镇实地调研。制作各镇造林选址图。及时跟进指导选址工作。

（区规自分局）

【征地区片价制定】 年内，按照自然资源部及市规自委区片价相关工作要求，区规自分局开展征收农用地区片综合地价制定工作。经过前期动员、宣传、工作部署、资料收集和调查、征询各镇、相关委办局意见等相关工作，完成顺义区区片综合地价工作成果。于8月24日通过区政府审议后报送市规自委，并通过市规自委组织的专家评审会。经市政府审核完成，区片综合地价听证会工作进行中。

（区规自分局）

【土地复垦】 年内，按照2017年中央环保督察要求，依据区政府沙坑治理工作专题会审议通过的《顺义区沙坑生态修复治理方案》责任分工，区规自分局完成北小营镇大胡营和小胡营村、北小营镇仇家店和上辇村及木林镇孝德村3个沙坑土地复垦工作，并于10月15日通过区政府验收，取得验收批复。

（区规自分局）

【地质灾害防治】 年内，开展《地质灾害风险普查可行性研究报告》编制，启动顺义区地质灾害风险普查工作。

（区规自分局）

【矿山生态修复】 年内，按照市规自委部署，开展矿山生态修复项目前期消除或减少地质灾害隐患、地形地貌整治工作两宗，治理区分别位于大孙各庄镇西辛庄村和户耳山村交会处、柴家林村东北、柴家林村东南和张镇贾家洼子村，相关项目于11月17日通过市规自委组织的现场验收。

（区规自分局）

【矿产资源概况】 截至年底，全区有合法开采的矿产资源企业12家，其中固体矿产资源企业2家，地热资源开发利用企业10家。

（区规自分局）

【保护激励管理办法印发实施】 1月17日，《顺义区耕地与永久基本农田保护激励管理办法》由区政府印发实施。办法于1月11日，经区政府第118次常务会议讨论通过，形成“1+19”模式《顺义区耕地与永久基本农田保护激励管理办法》（简称《保护激励管理办法》）。按照《保护激励管理办法》，同步制定耕地保护考核方案，形成考核初稿。

（区规自分局）

城市管理

【概况】 年内，顺义区城市管理委员会（原北京市顺义区市政市容委员会）完成市区两级折子、实事等重点工作、绩效任务、重点工程建设任务。一是超额完成固定资产投资任务。顺平辅线市政配套等11项工程完工，23项市区两级折子、实事工程和27项绩效任务按时完成，完成固定资产投资13.3亿元，完成率102%。二是城乡人居环境持续改善。完成市区两级52项环境景观提升、37个城乡接合地区、61条背街小巷、122个村环境整治提升工作，解决环境问题54000件。全面开展垃圾分类工作，开展宣传培训7000余场，全区生活垃圾示范片区覆盖率100%，厨余垃圾分出率、桶站值守率、市民参与率显著提升。资源化处置建筑垃圾307万吨。精细化开展203条城市道路清扫保洁，尘土残存量检测均值优于市级标准。完成30座城市公厕品质提升和464座农村公厕达标改造，“厕所革命”任务全部完成。三是城市运行保障安全高效。完成疫情期间春节、两会等重要节点以及医院、封闭社区（村）、隔离酒店等重点部位的城市运行保障，安全处置涉疫重点管控生活垃圾3692吨。“多网”融合平台受理城市管理案件33万余件，结案率超98%。电气热等行业安全稳定运行，全年无事故。《推进顺义地区电力建设战略合作协议》签订，“2+2”输变电工程建设不断推进。完成10万户液化石油气入户安检及隐患排查治理。区属市政设施维护更加智能高效，完成2020年春节景观亮化等工作，维修路灯22000余次，修复破损路面53200平方米。持续优化动静态交通组织秩序，完成裕丰路等7条路侧停车电子收费路段改造。

（区城市管理委）

【环境整治提升专项行动】 年内，围绕绿化美化、景观塑造等14个方面工作，完成市区两级52项景观提升项目。结合疏整促、农村人居环境提升等重点工作，整治提升37个城乡接合地区村庄和122个村庄的人居环境。完成82项环境整治提升工作。按照“十无、五新”标准，完成61条背街小巷环境整治提升任务，其中6条市级背街小巷通过验收。在群众生活区周边新建17个绿肺公园（占地1公顷以上）、23个口袋公园、44000平方米小微绿地。

（区城市管理委）

【重要节日环境保障】 年内，以“零问题、零隐患、零差错”标准，完成春节、全国“两会”、中国国际服务贸易交易会、HICOOL全球创业者峰会、北京国际车展、世界智能网联汽车大会等重大活动环境保障工作。

（区城市管理委）

【环境建设基础管理加强】 年内，市级743个挂账问题100%销账，累计挂账治理区级环境建设问题54300个，整体销账率99.93%，复发率呈逐月下降趋势，由2019年的60%下降至15%。

（区城市管理委）

【共治共建机制进一步健全】 年内，围绕月末清洁日、“门前三包”责任落实、群众身边环境治理等活动开展环境志愿服务，累计时长36万小时；发挥街巷长、小巷管家作用，累计解决城市管理问题38000余件。

（区城市管理委）

【网格化城市管理平台功能优化】 年内，优化“多网”融合平台城市管理网案件流转、统计分析等功能；建成网格化城市管理指挥平台，综合展示城市管理网案件数据、典型案例等运行情况，通过平台及时掌握顺义区网格化管理状态；充分发挥“雪亮工程”视频资源作用，依靠视频巡查拓宽案件来源的同时，建设视频防汛、考点监督等视频专题，在重要时间节点为城市管理提供实时讯息支持。全年“多网”融合平台城市管理网累计受理城市管理案件33万余件，结案率超过98%。

（区城市管理委）

【全区网格底图更新】 年内，根据各镇街实际管理情况，再次梳理全区网格边界并更新网格底图，三级网格数量由2019年底的592个扩展到629个，单元网格数由1779个拓展到1999个，完善全区网格“一张图”。网格“一张图”推广应用于环境建设管理、便民热线、城管执法等领域。

（区城市管理委）

【公用设施管理责任的区划普查】 年内，在全区主要道路及路侧公共区域内，开展城市管理部件、道路等公用设施管理责任的区划普查工作，涉及156类82万余件城市管理部件空间位置、状态、照片等信息，覆盖道路长度共计1400余千米；完成2332千米道路责任区外业采集工作；完成顺义城市空间数据服务系统基础框架搭建工作，逐步整理录入最新采集的部件、道路等数据。

（区城市管理委）

【环境卫生作业管理】 年内，针对城区53条主要城市道路开展道路清扫作业，市级检测城市道路尘土残存量平均值3.85克/平方米，城市道路机械化作业率95.8%，单日最大用水量2000吨，道路清扫保洁作业车辆上线率100%。

（区城市管理委）

【垃圾桶站提升】 年内，推动各镇街科学开展“撤桶并站”，全区桶站数量从4101组缩减至2371组，撤桶率 42.2%，每个桶站均配置雨棚、脚踏或拉环等装置。

（区城市管理委）

【垃圾分类宣传】 年内，全区累计悬挂条幅 2300 余条，发放宣传册、海报等 120 万余本 / 张，开展各类宣传培训活动 7500 余场，在线上线下媒体发布各类垃圾分类信息 8300 余条。

（区城市管理委）

【垃圾分类检查通报】 年内，通过人大代表检查、专班检查、联合执法检查、三方检查相结合的多种方式，对各镇街、各部门常态化开展检查通报。全年共检查各党政机关386处次，社区（村）13478处次，区属国有企业 136 家次，商超 463 家次，餐饮单位 6569 家次，区政府常务会通报 24 次。

（区城市管理委）

【建筑垃圾资源化再利用】 年内，全区共建临时建筑垃圾资源化处置设施 16 座、临时处置线 2 条，总处置能力约 1100 万吨 / 年。受疫情影响，资源化进场量及处置速度较慢，本年度共接收进场建筑垃圾 290 余万吨，生产处置约 307 万吨（含 2019 年积存），合计产出骨料 189 万吨、还原土 167 万吨。

（区城市管理委）

【渣土车专项治理】 年内，共审批运输企业 78 家，运输车辆 761 辆。组织开展建筑垃圾道路运输联合执法 57 次，其中区领导带队检查 12 次，处理疑似违法违规行为 257 次。办理市级各类督办案件 8 件，罚款金额 24000 元。

（区城市管理委）

【建筑垃圾消纳】 年内，共审批建筑垃圾消纳许可 329 批次，审批建筑垃圾、土方、砂石准运许可 299 批次，设置消纳场所许可 1 批次，备案行政许可 107 批次，审批建筑垃圾 2099.82 万吨，发证 1541 张。

（区城市管理委）

【公厕管理】 年内，推进厕所革命，城市公厕品质提升 30 座、农村公厕达标改造 464 座，公厕等级达标率 90% 以上。

（区城市管理委）

【违规广告牌匾治理】 年内，开展违规广告牌匾整治工作，在区城管执法局、各镇街及经济功能区的配合下，合计拆除违规广告牌匾 1353 处，拆除违规单立柱 8 处。

（区城市管理委）

【隔离护栏优化撤除】 年内，持续推进全区城市道路隔离护栏优化撤除工作，共撤除城市道路隔离护栏 19265 延米。

（区城市管理委）

【公共服务设施管理】 年内，推进闲置公共电话亭整治工作，共协调拆除闲置公共电话亭 9 处。

（区城市管理委）

【燃气行业情况】 年内，全区共有燃气经营企业 8 家、灶具安装维修企业 5 家、调压站 95 座、调压箱 729 座，天然气管线共计 2300 千米。

（区城市管理委）

【顺义区液化石油气市场整合】 年内，经区政府批准，全区完成 10 家液化石油气充装企业、13 家液化石油气供应企业有序退出市场工作，保留唯一一家液化石油气充装企业（北京市顺义宏达液化石油气有限责任公司）。区城市管理委牵头制定《顺义区液化石油气发展建设专项规划》，并纳入《顺义区市政基础设施专项规划》。

（区城市管理委）

【供热行业情况】 年内，全区共备案供热单位 38 家，供热锅炉房 68 座，总装机容量 2014 兆瓦，承担 2019—2020 采暖季全区 2574 万平方米供热任务，其中住宅面积 2016 万平方米。通过《北京市供热管理平台》接收“12345”市民服务热线供热案件 1539 件，较上一采暖季减少 840 件，同比下降 35.3%，排名全市第 2 名，较 2019 年上升 1 名。

（区城市管理委）

【充电基础设施建设】 年内，全区各充电基础设施运营企业累计建成电动汽车公共充电场站 140 处，建成公共充电设施 1426 台，其中直流 1097 台、交流 329 台。

（区城市管理委）

【电力行业情况】 年内，顺义区共有500千伏变电站1座、220千伏变电站6座、110千伏公用变电站31座，变电总容量307.5万千伏安；110千伏线路74条，长度486千米。

（区城市管理委）

【架空电力线路安全隐患排查治理】 年内，组织区供电公司开展10千瓦“煤改电”线路隐患治理，完成树线隐患治理377处。

（区城市管理委）

【老旧小区电网配电设施改造】 年内，协调推进2020年第二批老旧小区电网配电设施改造前期手续办理工作，共涉及裕龙一区、二区等22个小区。

（区城市管理委）

【市政管线设施管理】 年内，巡视里程80000千米，维修雨水篦子45套，维修井盖33个，处理雨水篦子安全隐患45处，处理井盖安全隐患231处。

（区城市管理委）

【天然气管道保护管理】 年内，开展石油天然气管道保护工作，累计检查油保企业34家次、管道现场62次，出动187人次、车辆96车次，发现并整改隐患17项，排除疑似小卫星拍摄管道占压隐患2处。下发安全管理文件9篇，备案管道事故应急预案2份。

（区城市管理委）

【安全生产】 年内，开展隐患排查治理、有限空间作业大比武、应急演练、宣传培训、防汛、重点时期城市运行保障等工作。累计检查生产经营单位736家次、发现并整改隐患359项，出动1584人次、736车次；发放宣传海报12000张、宣传品500份、宣传片500张，下发安全文件22篇，召开安全形势分析会12次。

（区城市管理委）

【市政基础设施建设管理】 年内，完成裕曦路、裕宁路、安平北街、物流园四街、物流园八街、乾安路道路大修工作，共计维修沥青路面44596平方米、步道砖25121平方米，施划交通标线3798平方米。

（区城市管理委）

【停车场管理】 年内，全区有备案有效停车场100个（新增备案45个），车位数33930个，年审55处。开展备案停车场专项检查60次。

（区城市管理委）

【交通综合整治】 年内，复划裕曦路、裕宁路、安平北街、物流园四街、物流园八街、乾安路道路标线，施划面积3798平方米，新建并更换裕曦路、裕宁路、安平北街、物流园四街、物流园八街、乾安路标志标牌185块。

（区城市管理委）

【道路安全隐患排除】 年内，开展遮挡市政设施绿化排查及修剪工作，排查绿化遮挡点位83处。

（区城市管理委）

【依法行政】 年内，共办理人大建议、政协提案65件，按时办复率100%，代表、委员满意率100%。完成1103项服务事项的办理，审核备案合同585件。受理政府信息依申请公开12件，全年未产生行政败诉案件。

（区城市管理委）

【城市管理信息宣传管理】 年内，区城市管理委更新公众号341篇、微博114篇。被北京电视台报道1次。信息被学习强国刊登8篇，《北京日报》刊登11篇，顺广传媒转载30篇，《顺义时讯》刊登27篇，《北青社区报》刊登5篇。报送市城市管理委微博、微信117篇，采用68篇。顺义政务公开基层信息动态共更新信息84条。报区两办信息科210篇，刊登138篇。

（区城市管理委）

【2020年春节景观布置工作】 1月，完成2020年春节景观布置工作，联合区委宣传部对各属地提交的景观布置方案进行审核，共布置灯笼景观小品30处、灯笼14000余个、中国结1200余个、其他灯饰350个、缠灯树2000余棵、灯网灯带15000余套。

（区城市管理委）

【焚烧三期工程建设】 10月，焚烧三期工程取得开工许可证；11月，开工建设。

（区城市管理委）

城管执法监察

【概况】 年内，区城管执法局立足首都平原新城发展实际，统筹推进疫情防控工作和2020年市、区两级重点工作，紧紧围绕“疏整促”专项行动、大气污染防治攻坚战、生活垃圾分类等中心任务，发挥党建引领作用，以提升城乡人居环境建设水平为抓手，推动各项工作迈上新台阶，为顺义区经济社会高质量发展、人居环境显著改善提供保障。

年内，区城管执法局查处各类违法行为15692起，罚款1078.25万元，移送公安机关刑事拘留98人；完成违法建设拆除任务，拆除各类违法建设504.04万平方米，腾退土地655.74公顷，提前并超额完成市级年度拆违、腾退任务；有效治理街面环境秩序，全年查处占道经营类违法案件5920起次、罚款149.96万元，查处非法小广告问题 695起、罚款25.45万余元，查处户外广告牌匾类违法问题33起、罚款18000元，查处停车场及地锁类违法问题39起、罚款2000元；深入开展大气污染防治工作，全年查处施工扬尘、泄漏遗撒、露天烧烤、露天焚烧等大气类违法问题2471起，罚款594.321万元；及时有效解决群众对城市环境的诉求，提高群众对城管执法工作的认可度、满意度。

（区城管执法局）

【拆违控违】 年内，区城管执法局城乡一体全域治违全面实施，持续聚焦“减量发展地块、永久基本农田、‘12345’市民热线、农村人居环境、平原造林地块、违建别墅以及各类卫片”等必拆类违法建设，细化拆违实施方案，建立拆违与控规实施相挂钩的任务考核监督机制。拆除各类违法建设504.04万平方米，腾退土地655.74公顷，其中销账违法建设400.84平方米，腾退522.65公顷，提前并超额完成市级年度拆违、腾退任务。

（区城管执法局）

【“三类场所”督导检查】 年内，全面监督检查商务楼宇、商场超市和餐馆食堂（简称“三类场所”）疫情防控措施落实情况，严格查处街头贩卖活禽、野生动物违法行为。检查三类场所并录入市城管局系统检查单61187家次，发现问题单位2364家次，发现、责令整改问题4241起次；“三类场所”累计公示600家，累计撤销460家。

（区城管执法局）

【大气污染防治】 年内，以29件中央生态环境保护督察组转办信访案件为重要抓手，聚焦重点扬尘风险点位和领域，全力开展建筑垃圾、露天烧烤、露天焚烧等问题的专项整治行动。组织查处施工扬尘、渣土运输、黑车黑摩的等各类区级联合执法行动236次，责令工地限期整改56起，立案查处施工工地及建筑垃圾、渣土运输车违法问题2330起，罚款585.038万元，移送公安机关处理76人。

（区城管执法局）

【生活垃圾分类专项执法】 年内，加强对垃圾投放、收集、运输、处置多个环节执法力度，督促责任单位和个人履行垃圾分类义务，提高垃圾分类精细化管理水平。检查各类单位29974家次，检查居住小区9667家次，开展联合执法195次，立案1477起，处罚178.076万元。

（区城管执法局）

【燃气专项执法】 年内，建立区、街（镇）两级检查机制，采取领导分组包片、摸底排查、部门联检等方式，开展瓶装液化石油气专项执法检查行动、“蓝盾一号”燃气安全专项整治等多次燃气专项执法行动。区城管执法局指导属地检查公服用户10642家次，责令改正1025起，立案482起，罚款605600余元，收缴废旧钢瓶12824个。

（区城管执法局）

【街面环境秩序】 年内，对全区占道经营重点点位实施挂销账管理，与区政府“疏解整治促提升”专项行动目标责任绩效考核挂钩，针对违法行为高发、点位重复现象，开展集中整治，顺义区27处重点点位均处于销账阶段，25个属地均达成市民举报“动态清零”任务目标，完成全年100%任务量。

（区城管执法局）

【重大活动保障】 年内，不断摸索大型活动外围保障规律，总结固化成功经验，形成公安、城管两级协调联动机制，提前制订环境秩序保障方案，合理调配执法力量，完成入境人员流转等重大活动保障工作、协助各级领导检查调研30项，保障时长167天。

（区城管执法局）

【宣传】 年内，注重城市管理工作舆论宣传，借助各级各类媒体，宣传城管法规、工作职责，为全局执法工作营造良好舆论氛围。先后刊播新闻1215条次，内容涉及垃圾分类、城管职能、居民诉求等，其中《北京日报》《顺义时讯》等传统媒体刊发新闻215条次，今日头条、北京头条等新媒体刊发新闻1000条次。

（区城管执法局）

【行政执法】 年内，完成立案8249起，共处罚金503.442万元，行政处罚案件审核上报工作，行政检查案件审核累计72189件。

（区城管执法局）

【群众各类诉求有效解决】 年内，聚焦“三率两度”考核指标，压实自身责任，建立体制机制，强化立案处罚，并指定专人负责，有效解决各类群众诉求。受理群众诉求5851件，其中“96310”热线系统受理23件，60412345电话受理5828件。“12345”市长热线中城管执法清单（六类）19916件，有效回访量3413件，响应率97.59%，解决率79.29%，满意度82.95%。

（区城管执法局）

◆ 年内，区城管执法局开展垃圾分类检查（区城管执法局供图）

房屋管理

房屋征收

【概况】 年内，区房屋征收事务中心始终坚持以人为本、征收为民的宗旨思想，深入学习贯彻党的十九大和十九届二中、三中、四中、五中全会精神以及习近平总书记系列重要讲话精神，认真落实党中央各项决策部署和市委、区委工作指示精神，坚决扛起疫情防控政治责任，狠抓中心党的建设工作，全力完成各项年度目标任务。

（区房屋征收事务中心）

【疫情防控】 年内，区房屋征收事务中心党组第一时间传达落实区新型冠状病毒疫情防控工作领导小组会议精神，迅速部署中心和征收现场疫情防控工作，研究制定中心疫情防控工作办法、防疫工作应急预案和征收现场疫情防控工作方案。响应区委号召、服从统一部署，选派2名干部参加入境抵顺人员接转工作、2名干部加入在鄂返顺人员工作专班、9名干部下沉参与社区疫情防控。与报到社区、“一助一”帮扶村对接，及时了解疫情防控工作情况并为社区、村疫情防控工作分忧解难，分两批次为帮扶村购置赠送防疫物资折合人民币6000余元。主动服务社区（村）疫情防控，全年100余人次参与社区（村）疫情防控志愿服务。28名党员干部通过“抗疫聚力践初心”活动捐赠现金2800元，部分党员通过社区、公益组织等途径捐赠现金550元、捐赠抗疫防护物资价值200元。

（区房屋征收事务中心）

【杨镇中心区棚改项目房屋征收前期调查】 年内，区房屋征收事务中心组织4组12名工作人员，摸排被征收范围内31户非住宅房屋和127户住宅房屋的基本情况，对其权属、用途等方面情况详细了解并登记，建立“一户一档”。

（区房屋征收事务中心）

【棚改项目临时安置费续发按期完成】 年内，研究制定幸福西街棚改项目、原涤纶厂及维尼纶厂生活区棚改项目临时安置费续发工作方案，明确发放标准、发放期限、发放流程和注意事项，通过项目微信公众号及时发布工作通知并主动回应居民关切问题，5800余万元临时安置费100%按期足额发放给2个项目581户原址回迁居民。

（区房屋征收事务中心）

【房屋征收程序工作调研】 年内，聚焦国有土地上房屋征收与补偿工作，通过实地走访、交流座谈、文献查阅等方式，认真梳理总结征收工作程序，10月，形成题为《完善顺义区国有土地上房屋征收工作程序的实践与思考》调研报告，并在《顺义调研》第58期刊登。

（区房屋征收事务中心）

【幸福西街棚改项目住宅房屋拆除】 1月21日，幸福西街棚改项目8号住宅楼栋共计48户房屋拆除工作完成，拆除房屋建筑面积约2600平方米。坚持统筹做好拆除现场疫情防控和渣土清运复工复产，项目拆除现场渣土清运工作于3月30日全部完成。5月，完成项目征收范围内房屋拆除工作验收并正式将现场管护工作移交建设单位。

（区房屋征收事务中心）

【幸福西街棚改项目住宅房屋签约交房】 1月，幸福西街棚改项目第676户住宅房屋完成签约交房，标志着项目房屋征收工作完成。

（区房屋征收事务中心）

◆年内，幸福西街棚改项目拆除现场（区房屋征收事务中心供图）

【仁和镇前进剩余公产房征收项目】 4月，区房屋征收事务中心100%完成仁和镇前进剩余公产房征收项目入户调查工作。同时，全面配合区征收办完成该项目征收补偿方案编制工作。

（区房屋征收事务中心）

【樱花园小区产权置换项目】 6月1日，区房屋征收事务中心工作人员进驻樱花园小区产权置换项目现场指挥部，负责项目相关政策答疑工作。截至12月30日签约期结束，累计接待群众500余人次，解答各类问题1000余条。

（区房屋征收事务中心）

住房保障

【概况】 北京市燕顺保障性住房投资有限公司（简称燕顺投资）成立于2015年11月19日，由北京市顺义区人民政府与北京市保障性住房建设投资中心（简称保障房中心）以股权合作方式共同出资组建成立。主要负责顺义区内的保障性住房投融资，建设收购及运营管理业务，以公租房收购建设持有运营为主线，为顺义区低收入住房困难家庭提供房源，为产业园区人才和党政人才提供租赁住房。

（燕顺投资）

【“十四五”规划征求意见稿编制完成】 年内，按照规划编制启动、规划要点形成、规划初稿编制、征求意见和广泛论证、审议发布5个阶段，有序推进“十四五”规划征求意见稿编制工作，形成“十四五”规划初步成果。

（燕顺投资）

【持续筑牢住房保障物质基础】 年内，通过与区住房保障部门紧密沟通，认真梳理顺义区保障性住房房源情况，时时掌握存量房源情况，不断通过投资收购，扩大保障房持有运营规模，筑牢住房保障物质基础，为充分发挥“域内基本住房保障的主体力量、域内促进职住平衡和产城融合的骨干力量、域内新型住房供应体系的引领力量”提供保障。燕顺投资完成年度保障房筹集766套，累计筹集保障房约1.4万套（含已销售）。

（燕顺投资）

【友谊医院配建公租房项目】年内，调整友谊医院配建公租房项目进度计划，完成临建设施及土护降施工。截至年底，项目的施工图强审取得复审意见。为加快推进项目施工进展，开展土方和基坑桩及边坡支护作业，其中土方开挖工作量完成85%，基坑支护工作量完成90%。

（燕顺投资）

【住房保障平台作用】 年内，结合疫情防控工作要求，适时推进职住平衡选配调房，共计组织开展人才租赁型住房调房、特殊困难家庭配租选房和第三批“梧桐工程”人才专项配租等工作5次，解决120户特殊困难家庭住房需求和382名党政机关及所属事业单位、梧桐工程人才住房需求问题。保障20余家入区企业共计约4374套职工住房需求，累计解决约1300人次党政人才住房需求，同时保障全区1900余户住房困难家庭住房需求。

（燕顺投资）

【公租房管理品质持续提升】年内，结合效能督查整改任务，深入研究公租房项目运营管理突出问题，进一步统一思想认识，增强项目品质化管理和精细化管理的思想自觉、行动自觉，明确任务与责任，与各物业公司建立周总结机制，探索构建保障房工作各相关领域监督制约、高质量发展的长效保障体系。研究制定效能督查专项整改方案10个，提出有力措施67条，不断完善项目绩效考核体系、项目管理体系、人才培养体系等长效机制，不断推进“三项机制”落地实施。

（燕顺投资）

【特殊困难家庭保障房专项配租】 年内，燕顺投资开展顺义区低保等特殊困难家庭保障房专项配租工作。此次配租房源涉及4个公共租赁住房项目，共计116套。在疫情防控常态化的要求下，为避免人员密集，工作人员将选房家庭按时段进行分流，有序引导申请家庭逐一完成材料审核、选房确认等环节，耐心细致解答相关问题，确保每一户困难家庭都能够选到理想的房源。最终，到场的91户特殊困难家庭中有66户选中。

（燕顺投资）

◆11月24日，燕顺投资完成顺义区特殊困难家庭专项配租（燕顺投资供图）

【共有产权住房代持管理】年内，代持政府份额共有产权住房共计8475套，有2个项目交房。房屋交付使用后对代持机构日常监管要求提升，通过建立项目联系小组、定期报送统计月报、完善管理台账等措施实现项目基本面管理。做好资产监管的同时盘活政府份额资产，探索推进运用政府份额抵押融资和多途径房屋去化路径。

（燕顺投资）

【效能督查结果运用】 年内，以解决效能督查调研过程中发现问题为突破，推动燕顺投资、物业服务单位、社区居委会等调整工作方法、转变管理理念，公租房社区高品质管理、精细化管理得到进一步提升。公租房社区堆物堆料问题、非机动车乱停乱放问题、园区绿化问题等得到有效控制和解决。

（燕顺投资）

【樱花园产权置换工作】 年内，为解决对樱花园小区飞机噪声问题，按照区政府相关工作要求，燕顺投资负责樱花园小区产权置换项目腾退房屋接收工作，并根据居民产权置换情况开展后续房屋筹集管理工作，工作于9月28日启动，累计签约2067户，累计腾退接收房屋1946套。

（燕顺投资）

【“一助一”定点帮扶】 年内，组织工作队参加燕顺投资“一助一”定点帮扶村——仇家店村“民主日”活动，为村内一线防疫人员送去消毒液、免洗凝胶、喷壶、测温枪和消暑用品等物资。提供20万元资金支持，用于维修环村北路的排水沟，解决汛期排水不畅导致村民出行困难问题。

（燕顺投资）

【疫情防控常态化机制】年内，燕顺投资积极落实疫情防控宣传工作，在新冠肺炎疫情防控中，坚持线上线下联动发力，做好防疫常识的宣传工作，充分利用微信群、在线学习平台等线上媒介及时将中央和市、区官方权威发布的疫情通报和防控知识信息传达给全体员工。同时，实行多样化、专题化、对象化宣传方式，在各公租房项目处、办公区、食堂等重点场所张贴宣传海报，印制两版专项《疫情防控宣传手册》，从工作区域防护、个人防护、居家防护及围绕中心工作的商业门店场所防护、建筑工地防护、公租房管理特定人群防护等9个层面，对防疫工作做出细化说明。共召开疫情工作会25次，专题研究疫情防控工作部署，工作相关领域未发生突发疫情事件。抽调高学历高素质的党员、团员青年、业务骨干4人组建“集中转运现场疫情防控突击队”，支援中国国际展览中心新馆专门集散点，负责到岗旅客信息登记，联络属地、社区、酒店，转接境外来京人员居家、酒店隔离等工作。

（燕顺投资）

【“一警六员”消防演练活动】年内，燕顺公司党支部以主题党日活动为载体，组织党员干部、入党积极分子、群众参加由公司安委会、旺泉街道安全科、望泉西里北社区居委会、大龙物业公司联合举办的“一警六员”消防演练活动。本次消防演练分为理论培训和实践操作两部分。在理论培训过程中，消防员重点对家中常备灭火器、灭火毯的使用方法和灭火的基本原理开展培训讲解，并同步进行现场演示。随后大家分组进行实践操作，体验消防器材的使用和操作程序。

（燕顺投资）

供电服务保障

【概况】 年内，顺义区域内有500千伏变电站1座，容量435万千伏安；220千伏变电站6座，容量288万千伏安；110千伏变电站31座，容量307.5万千伏安。110千伏线路88条，长度507千米；35千伏线路28条，长度201千米；10千伏线路677条，长度5154千米。10千伏开闭站98座；10千伏电缆分界室242座；配电变压器6480台，容量172.4万千伏安。全年售电量完成82.84亿千瓦时，同比增长5.4%。地区供电用户45.49万户。地区用电量前3位的用户分别为北京首都机场动力能源有限公司、北京首钢冷轧和北京现代，3个用户用电量约占全区用电总量的11.50%。实现累计安全长周期8797天。

（国网顺义公司）

【“十四五”电力发展规划】 年内，促成顺义区政府与北京市电力公司签署《推进顺义地区电力建设战略合作协议》，完成牛山西等4项输变电工程投资划分协议签署工作。深度结合顺义地区发展定位，编制完成顺义电网《“十三五”规划评估》《“十四五”规划》及《110千伏网架研究》。加大前期攻坚力度，220千伏层面完成牛山西站多规协同、用地预审、立项核准，110千伏层面完成胡各庄站选址选线及尹家府站站址落实工作。

（国网顺义公司）

【年度电网建设任务全部按期完成】 年内，开工工程8项，投产6项，新增变电容量174兆伏安，新增110千伏线路25.1千米，10千伏电缆线路7.53千米。打造于庄标杆示范工程，实现110千伏输变电工程与10千伏配套送出工程同步投产，多次组织于庄标杆示范工程现场观摩并取得实效。参加电网建设比武竞赛活动，先后4次获得专业前三名。

（国网顺义公司）

【基础设施建设】 年内，实施6方面19项数字新基建重点任务，完成“清洁能源消纳”“低压窃电用户精准识别”2个大数据项目系统开发应用。加强新技术应用，完成顺义地区首座北斗导航基准站建设。

（国网顺义公司）

【疫情防控】 年内，新冠肺炎疫情暴发后，第一时间成立疫情防控指挥部，统筹部署各项工作。梳理全口径1721名员工行程、健康及在岗情况。调整近100条常态化防疫措施，抓好环境消杀、门禁管控、食堂分餐等工作。全年组织全员核酸检测5次。高效应对顺义局部疫情突发情况，对全口径员工进行密接排查，完成全员核酸筛查和重点人群复测，减少人员流动，实行部门弹性、居家办公工作模式。完成1077人次疫苗接种。全年累计投入保障力量约18000人次、发电车468台次，快速满足25处防疫点位用电需求，保障56家防疫用户及疫情封闭村安全供电。

（国网顺义公司）

【经营管理】 年内，谋划港城融合能源互联网特色示范区建设，提出"一融合、二支撑、三服务、四驱动"的发展思路。主动依法维权起诉案件23件，有效解决电费回收困难等问题，挽回经济损失480.16万元。

（国网顺义公司）

【重大活动用电保障】 年内，始终坚持发挥"六个力量"作用，在全国"两会"保障中，选派4名"1+N"团队人员进驻全国人大顺喜山庄，全程封闭保障22天。在顺义区中高考等16项考试保障中，集中力量完成外电源保障和考点内部隐患排查工作，完成保障任务。全年累计开展保障任务35项，保障天数134天。

（国网顺义公司）

【安全生产】 年内，狠抓现场安全管控，全年检查各类工作现场2458个，自查发现整改问题率提升52%，安全事件、违章行为同比分别下降26%、33%。提升应急处置和风险化解能力，全年针对恶劣天气启动预警应急响应、突发事件应急响应107次。滚动开展电网负荷预测，及时发布电网风险预警82项。科学调整电网运行方式58项，完善电网互倒互带处置预案84项，应对208.5万千瓦历史最大负荷考验。综合运用人防、技防措施，全年输电线路外力故障、配网整线故障同比分别下降50%、40%，连续3年实现变电"零故障"。供电可靠率99.98%。开展安全生产问题清单专项梳理和专项整治三年行动，梳理专项隐患问题106项，及时消除风险隐患68项。

（国网顺义公司）

【营销与优质服务】 年内，完成郊区首例占掘路免审批案例以及"2+4"项"三零"典型案例，为世界银行磋商提供样本支撑。推进小微企业"三零"服务，惠及小微企业615户。实施"阳光业扩"，完成接电容量54.99万千伏安，在北京公司位列第4名。执行国家降价政策，全年降低社会用电成本1.86亿元。对接地区充电设施建设需求，拓展物流、环卫等专用站点布局。苏活、畅顺园等居民小区共享充电桩项目落成，南法信、俸伯P+R充电站完成优化升级。大力推广"网上国网"App应用，公司获"推广贡献""推广质量"2项荣誉。健全"接诉即办"响应机制，受理投诉、95598工单同比分别下降64.1%、26.24%。疫情期间全区41.92万户居民享受"欠费不停电"服务，16300户企业享受缓交电费政策。依托供服中心大数据分析，持续压降多户停电报修工单数量，全年受理多户报修工单同比下降32.69%。

（国网顺义公司）

【老旧小区改造】 年内，组建老旧小区改造柔性团队，通过人才挂职培养等手段，从物资管控、施工安全、优质服务等方面提升工程质量。全年完成双阳南区、石门苑、石园东苑与永强小区4个续建项目，有序推进本年度新下达22个老旧小区改造项目设计、施工、监理招标工作。

（国网顺义公司）

【科技与信息化】 年内，开展科技创新"新跨越行动计划"，率先完成第一批"众创空间"挂牌工作，举办4个项目创新成果发布会。引导青年员工参与创新工作，公司"顺力"青年创新工作站获评北京市青年创新工作站，QC代表队荣获第45届国际质量管理成果发表赛铂金奖。

（国网顺义公司）

◆ 4月30日，国网北京顺义公司员工在顺商路220千伏变电站开展巡视工作（拍摄者：李超）

气象

【概况】 年内，区气象局负责本行政区域公众气象预报、灾害性天气预警及农业气象预报、火险气象等级预报等专业气象预报的发布；负责本行政区域气象行政许可、气象行政执法；负责本行政区域气象灾害防御工作；推进气象科普宣传工作，普及气象科学知识。完成全国“两会”、区清明节祭扫服务、“品顺义·乐生活”活动启动仪式、高考、中考、第十六届北京国际车展等大型活动气象服务保障。

（区气象局）

【本年度主要气候特征】 年内，本年平均气温13.3℃，比常年平均值12.3℃偏高1.0℃；年极端最高气温38.5℃（7月24日），年极端最低气温-14.3℃（12月30日）；1—6月、8—9月、11月平均气温比常年偏高，其中1月、3月、6月比常年明显偏高；7月平均气温与常年持平，10月平均气温接近常年、12月平均气温比常年偏低。全年极端最高气温大于等于35℃的天数为17天（常年为7天）。年降水量463.7毫米，比常年平均值571.6毫米偏少107.9毫米，偏少近2成；1—3月、5月、8月、11月降水比常年同期偏多，其中2月、11月比常年明显偏多；4月、6—7月、9—10月、12月降水比常年同期偏少。主汛期6—8月降水量为278.7毫米比常年同期404.4毫米偏少125.7毫米，偏少3成。全年本站降水日数(日降水量大于等于0.1毫米)为69天，日最大降水量50.1毫米(8月13日)。年日照时数为2500.8小时，接近常年的2490.5小时。全年天气气候综合评价：本年平均气温较常年偏高；降水偏少，日照充足。

（区气象局）

【重要灾害性、关键性天气】 年内，出现浮尘天气1次，日期为10月31日；扬沙天气3次，日期分别为3月18日、4月24日、5月12日。

（区气象局）

【气象服务】 年内，区气象局提供决策服务产品247期，发布预警信号128期，发送预报预警短信200000条。

（区气象局）

【行政执法】 年内，开展执法检查119次，其中防雷安全检查94次，防雷检测资质单位检查6次，气象设施和探测环境保护检查1次，气象信息发布与传播检查1次，升放气球安全检查17次。

（区气象局）

【疫情防控】 年初，区气象局成立疫情防控领导小组，研究部署疫情防控工作。全体党员开展“双报到”参与社区防控工作。局领导带队到共建单位十六局社区居委会进行走访，协助社区开展疫情防控工作，为社区工作人员赠送防疫物资。年末，疫情防控叠加寒潮天气，区气象局主动与区卫健委、应急局联系，每日07时、17时2次，提供逐3小时、精细化到镇、街的气象服务专报。通过“顺义气象”“顺广传媒”微信公众号、区内多个微信群、电视台一周播报、顺义时讯等方式发布预报预警，助力全区防疫工作。

（区气象局）

【气象现代化进展评价】 年内，对2019年度全区气象现代化工作进展的各项指标进行评估，自评分93.1，比2018年的87.1分提高5分。

（区气象局）

【文件废止】 年内，完成《顺义区人民政府关于印发顺义区防雷减灾管理办法的通知》（顺政发

〔2012〕26 号）文件的废止工作。

（区气象局）

【应急先锋】 年内，区气象局杨保华获评“2020 年顺义应急先锋”，其事迹《与天气赛跑的人》在区应急局公众号进行宣传。9 月 7—24 日，杨保华作为区应急战线的榜样代表，分别走进北务镇、大孙各庄镇、石园街道等 6 个辖区，以《追风逐雨气象人》为题，讲述天气背后不为人知的气象一线工作日常。

（区气象局）

【服务方式拓宽】 2 月 14 日，顺义区自凌晨起出现雨雪天气过程，顺义气象台特别增加电台实时播报。14 日 9:00—15:00，每小时同顺义广播电台“温暖阳光，抗击疫情特别直播栏目”进行实时连线，播报天气实况及未来天气趋势。

（区气象局）

【世界气象日活动】 3 月 23 日，世界气象日活动期间，分别在“顺义气象”微信公众号、今日头条发布气象科普小视频——带你走进观测场。顺义区 32 所学校参加北京市气象局和北京市气象学会举办的“北京市中小学气象知识竞赛”线上答题活动，取得一等奖 1 名、二等奖 5 名、三等奖 4 名。

（区气象局）

【气象自动化全面实现】 4 月 1 日（实际为北京时间 2020 年 3 月 31 日 20：00 后）起，顺义气象站地面气象观测自动化改革业务正式运行，全面实现气象自动化。除应急观测期间和特殊工作状态外，取消露、霜、结冰 3 项的人工观测；雨凇、雾凇、积雪 3 项观测采用人工和自动（“国家综合判识”）双轨运行，人工观测数据仅供评估使用。取消每天的人工定时观测（国家气象观测站每天 8：00、14：00、20：00）、人工连续观测天气现象、日常守班、地面观测记录簿记录（气簿 -1）等工作任务。降水天气现象进入自动观测单轨业务运行，取消人工观测。

（区气象局）

【备份自动站升级】 4 月 24 日，区气象局完成现有备份自动气象站由 CAWS600 型更新为新型自动气象站升级工作，观测要素包括气压、气温、湿度、风向、风速、降水等。

（区气象局）

【灾情调查】 4 月 24 日，区气象局参加区农业农村局组织的政策性农业保险专家组现场灾情调查工作，对受灾严重的张镇、杨镇、龙湾屯镇、木林镇、北务镇的果树进行现场勘查。

（区气象局）

【执法检查】 5 月 20 日，区气象局对后沙峪镇及高丽营地区施放气球活动进行安全检查。

（区气象局）

【中、高考气象保障】 7 月 5 日，区委常委、区政府常务副区长支现伟到区气象局参加全市高考期间天气情况会商会，会商会结束后，区气象局组织召开顺义区高考相关工作部署会。区教委、区应急局、区气象局等 30 余家成员单位领导参加会议。7 月 20 日，区教委向气象局发来感谢信，对气象台在高考、中考期间的气象服务保障工作致谢。

（区气象局）

【设备安装】 7 月 14 日，顺义国家气象站安装天气现象视频智能观测仪（“天脸”），对气温传感器进行多传感器升级配置。

（区气象局）

【联合执法】 8 月 4 日，区气象局与区文旅局联合开展夏季防雷安全检查。对奥林匹克水上公园、国际鲜花港等 4 家 A 级景点防雷安全职责落实情况进行检查。

（区气象局）

【“十四五”时期气象发展专项规划座谈会】 11 月 3 日，区气象局召开“十四五”时期气象发展专项规划座谈会，北咨城市规划设计研究院从“十三五”时期取得的建设成效、“十四五”时期总体思路和主要任务以及保障措施等方面介绍顺义区“十四五”时期气象事业发展规划总体情况。市气象局计财处和区发改委、规自分局、应急局、园林绿化局、文旅局、生态环境局、水务局等 14 家单位针对“十四五”时期对气象工作的需求进行发言和讨论。

（区气象局）

消 防

【概况】 年内，消防支队向区委、区政府提交各类消防报告 26 份、消防形势分析 4 次、消防要情 18 期，区领导做出有关消防工作批示、指示 30 余次；区政府常务会审议通过《顺义区 2020 年消防工作要点》，以政府办文件形式印发实施；主管副区长与区防火委成员单位行政正职签订《2020 年度政府消防工作任务书》，明确各部门、各属地年度重点消防工作任务；主管副区长召开全区消防工作联席会 8 次，通报全区消防工作情况，协调解决工作中遇到的难题，并下发《消防工作任务完成情况通报》6 期；各镇街每季度专题研究一次消防工作，确保年度消防工作任务落实到地。

（区消防支队）

【派出所消防执法】 年内，针对改革转隶后派出所消防执法工作面临的新情况，区消防支队主动向区公安分局汇报，重新规范派出所消防执法办案流程和执法指标，在 22 个派出所建立消防工作办公室，建立“查、宣、罚、拘”4 项联动保障机制和安保工作协同、执法工作协同、信息共享协同的“三协同”工作机制；推动分局印发《2020 年度消防工作考评方案》《执法质量考评工作方案》等文件，集中对分局各警种进行消防业务培训 20 余次；每周一在分局局长办公会上通报派出所当周消防执法情况并部署下一步重点工作。

（区消防支队）

【重点领域整治】 年内，以首都机场周边为重点，结合“三年行动”整治工作，将仓储物流、出租房屋、高层建筑等专项整治打捆运行，提出“公安清人、消防查封、规自认定、城管拆除”联动执法模式，对全区排查上账总面积约 1400 万平方米的 2329 个库房报区政府进行分类、分批整治，截至年底，拆除涉隐违建库房 429 个，总面积约 123.44 万平方米；针对燃气事故多发，支队主动牵头联合区属六部门开展为期 100 天的液化石油气“建台账、查隐患、抓整改、保安全”专项整治，完成全区约 100000 户居民用户、3600 家公服用户的入户安检、宣传提示工作，累计收缴废旧钢瓶 13391 个，更换安全型调压器 93186 个，长寿命胶管 94182 根，源头上确保群众用气安全；全年共检查单位 12975 家，发现督促整改火灾隐患 17150 处，临时查封 396 家，三停 182 家，罚款 805.5 万元，确保首都机场周边火灾形势稳定。

（区消防支队）

【基础防控措施日趋完善】 年内，指导派出所拆除宅基地出租房护栏 15000 余处，新建成电动自行车充电棚 859 个，安装电动自行车集中充电口 26000 个，安装出租房简易水喷淋 888 套，在小单位（小场所）、老幼病残家庭、养老机构、出租屋、合用场所安装联网型独立火灾报警器 21 万个，制作张贴电动车停放及充电警示牌 13.3 万块、消防车作业区域警示牌 3000 余块，拆除村口的限高杆、限宽墩 196 处，划定消防通道标志 1625 处。

（区消防支队）

【消防培训】 年内，采取政府购买服务的方式，组织实施全民消防培训，推动各属地累计投入资金 284 万余元，培训 18.8 万人；结合消防站开展防火工作试点，将消防宣传、调研演练、隐患排查等工作打捆运作，采取“请进来、走出去”方式，在全区组织开展“一警六员”消防基本技能实操实训，提高培训考核效率，累计培训考核合格人数 12000 余人。在首都机场第二高速 T3 航站楼出口处，开辟 3 处大型消防公益广告牌，展示消防形象。

（区消防支队）

◈ 年内，在全区组织开展“一警六员”消防基本技能实操实训（区消防支队供图）

【网格防控】 年内，在每个村、社区建成1个微型消防站，全区共建有微型消防站509个，配备消防水车562辆，探索微型消防站人员值班备勤补贴办法，推动属地升级配备载水3吨以上的消防车68辆。加快推进智能化水源管控设施，推动属地政府加强对建成的287座水池、328座水鹤定期维护保养，探索加装监控设施，确保消防水源时刻保持临战状态。

（区消防支队）

【重大安保新模式构建】 年内，重大安保期间，推动全区“最大化、全覆盖、实名制”落实“全要素”网格防控机制，属地镇街、相关部门部署156辆反式挖掘机、装载机、洒水车与全区70辆专业消防车共同前置备勤，全区微型消防站消防车全部摆上街面同30个大网格、534个中网格、2224个小网格和38000名群防群治力量24小时巡查防控。

（区消防支队）

【联动保障新机制】 年内，以市公安局相关文件为抓手，主动对接公安分局制定并印发《关于进一步加强与武警消防救援部门协调联动的工作意见》，建立联勤指挥、联席会商、信息共享等协调联动措施。联合区应急局、园林绿化局等五部门印发《顺义区应急处置联动机制实施方案》，将各单位载水车作为应急处置力量，纳入志愿消防队伍整体规划，联勤、联调、联训、联战。推动区政府建立火灾事故调查联动机制，成立由刑侦、住建、应急、气象等17个部门、40名骨干力量组成的火灾事故调查专家组，开展火灾事故延伸调查工作。

（区消防支队）

【消防队站建设】 年内，牛栏山、高丽营、北务、李桥4个镇的4座消防站建成并投入使用，备防消防站总数达到19个，另外有3个建设中，全区初步形成“一镇一消防站”的格局，并完成“十三五”建设全部任务；以“试点引路、打造样板、典型示范”为思路，打造“标准化、多样化、智能化”消防队站，以空港消防站为试点召开现场会在全总队范围内进行推广。

（区消防支队）

【装备器材专业化配备】 年内，结合顺义区火灾特点以及地震救援队、高空山岳救援队的建设要求，开展装备器材评估论证，采取支队统筹、内部优化的方式，对各消防站的车辆和器材装备进行整合调整，增配“高精尖”应急通信装备27类702件套、无人机12架。

（区消防支队）

【调研演练】 年内，完成全区645家重点单位灭火救援预案更新及梳理工作，对全区3409座市政消火栓进行全覆盖摸底，组织开展各类调研188次、演练3270次、桌面推演600余次，编制重点单位预案645份；走访首都机场，建立机场灭火救援联动机制。

（区消防支队）

新城建设

【概况】 年内，新城中心主要工作是服务新城马坡组团入区企业的运营和建设，承担原新城管委会延续性工作。新城中心以党建为引领，推动职能落实，重点围绕优化营商环境、服务企业、解决遗留问题、推动复工复产等工作，建立重点项目督察机制、月报机制，配合金融办，推进马坡金融城建设。根据疫情防控工作需要，区新冠疫情防控工作领导小组行业防控组于12月31日组建“从业人员留顺（留京）”工作专班，区新城中心为专班办公室，主要负责节前组织动员及留顺人员服务保障工作。

（新城中心）

【推进遗留问题解决】 年内，梳理君康人寿子公司中营国际资产管理有限公司取得顺义区6个镇（高丽营镇、北石槽镇、南彩镇、李遂镇、大孙各庄镇、杨镇）与原农村信用社抵债土地使用权事宜，完成报告，提出建设性解决意见。牵头区水务局、市政控股等单位实现马坡组团中水贯通。完善新城马坡组团基础设施建设模式，明确新城发展公司作为马坡组团已规划但未建设城市支路及市政配套的实施主体，负责投资建设，建设资金纳入一级开发成本。持续跟进君康人寿项目土地预付款25031万元的返还工作。

（新城中心）

【项目协调服务】 年内，推进民生银行二期云计算数据中心项目手续报批。协调有关单位取得民生花园（西园）不动产权证。做好疫情防控常态化和推进复工复产。现场调度有关单位解决君康保险项目劳动力需求和渣土消纳证的快速审批。推进企业加大投资、加快建设进度，及时调度固定资产投资和建安投资，本年度完成固定资产投资10.47亿元、建安投资81400元，完成全年固定资产投资和建安投资任务。落实民生银行信用卡中心扶持政策的兑现。兑现民生银行信用卡中心2019年度扶持资金6975.57万元、2019年度发展壮大扶持资金3373.74万元。跟踪重点财源企业民生银行信用卡中心纳税情况。民生银行信用卡中心本年度实现属地税收389173万元，区级财政收入100176万元，同比增长18.5%。

（新城中心）

【入区企业服务】 年内，保障中信银行供热外网按期完工。调度北京顺政大龙供热有限公司实施中信银行配套热力外网坤安路热力管道工程，保障中信银行99600平方米供热需求。推进顺丰110千伏输变电项目于11月20日开工建设，为中信银行、北京银行实现双路供电，尽快入驻运营做好基础工作。落实丰乐路路灯照明工程建设主体。全力以赴打赢第四季度稳增长。本年度金融业稳增长中心总量排名位列属地第1名。

（新城中心）

市容环卫

【概况】 年内，顺义区城镇环境卫生服务中心（简称区环卫中心）有环卫车辆337辆，负责城区总面积639.46万平方米道路清扫保洁工作、城区114个社区和230个机关企事业单位及全区13个乡镇的生活垃圾清运任务、城区62座公共卫生间的保洁维修工作。车行道面积386.16万平方米，机械清扫面积376.94万平方米，车行道机扫率97.61%。清运辖区其他垃圾25410吨、厨余垃圾18769吨、餐厨垃圾4366吨。

（区环卫中心）

【疫情防控】 年内，为应对新型冠状病毒感染的肺炎疫情，落实疫情防控要求，区环卫中心采取多项措施，开展疫情防控工作。全面强化道路清扫保洁工作。加强道路机械化保洁频次，主次干道实施冲刷、清洗、吸扫联合作业；对医院附近、商场周边等重点区域增派保洁人员数量，确保重点区域各类垃圾杂物及时清理。加强环卫设施的日常消毒管理。采购高效低毒的消毒药品，重点对环卫作业车辆、城区各垃圾收集点、垃圾中转站、公厕、果皮箱和村居垃圾桶等场所及设施开展集中消毒，每日药物消毒不少于2次。环卫作业车辆出车前及返场后均进行2次全面消毒。做好一线环卫作业人员的安全防护工作。

（区环卫中心）

【新国展集散点移动公厕服务保障】 年内，区环卫中心合理调配单体移动公厕，根据集散点的位置、作用及人流量合理配置。确保单体移动公厕正常运行。加强对单体移动公厕的维修保养，对保洁人员开展保洁流程规范、消毒液的合理使用和公厕运行中遇到的突发情况紧急处理办法等培训。做好移动公厕抽运工作。区环卫中心根据实际情况，及时调配抽运人员，要求抽运作业前务必做好自身安全防护，做到“随满随抽”，并做无害化处理，确保移动公厕的正常使用。共提供单体移动公厕18座，出动3名抽运人员，抽运4吨粪便，防污染处理2次。

（区环卫中心）

【清明节环境卫生保障】 年内，区环卫中心加大道路清扫保洁力度。每天日间出动36辆、夜间出动24辆机械作业车开展道路机械冲刷、机械清扫，重点做好道路两侧祭祀贡品、灰烬的清扫保洁工作及顺平辅路潮白陵园路段的道路清扫工作，加强快速保洁及重点路段的捡拾力度，确保道路洁净度。做好垃圾清运工作。加大重点区域清运频次，确保北小营陵园垃圾日产日清。对城区内垃圾桶站进行巡回检查，及时清理堆积垃圾，避免垃圾爆满。提升公厕服务质量。继续做好63座公厕的日常保洁工作，增加潮白陵园附近公厕的保洁频次。严格保证公厕维修时效，及时解决厕内设施损坏、公厕堵冒等问题。及时响应极端天气环境保障。针对雾霾、大风等极端天气可能造成的突发事件，组织应急人员随时备勤。

（区环卫中心）

【柳絮清扫】 年内，针对柳絮到处飞扬的特点，区环卫中心采取人工清扫与机械化作业相结合的方式，保障飞絮的清扫效率，确保路面干净整洁，减少对市民出行的影响。启动循环冲洗模式。对城区内柳树、杨树密集区域加大洒水频次，每日出动12辆水车、18辆洗地车和6辆小型高压水车对城市道路不间断开展湿化清扫作业。同时在每日4遍洒水的基础上，增加2遍洒水，保持路面湿度，有效遏制二次扬飞。开展机扫收集作业。合理延长机扫车作业时间，增加3辆干吸车作业，以吸代扫清理杨柳絮。加大人工保洁力度。灵活调整环卫工人作业区域，对柳絮较多的路段进行重点清扫，巡回收集，对人行道两侧落地堆积的和经洒水后贴住的柳絮第一时间进行清扫，确保路面干净整洁。

（区环卫中心）

【大风天气环境保障】 年内，区环卫中心启动应急预案。加大路面清扫保洁力度，做好城区主次干道、人行道的深度保洁工作，合理调度保洁人员，延长保洁时间，重点对新顺南街、新顺北街、府前西街等繁华路段及背街小巷的“白色垃圾”进行捡拾。加强环卫设施管理。加大检查巡查力度，严格应急值守制度。同时着力加强公共卫生间、果皮箱等环卫设施的管理、消毒、保洁、维修、保养等相关工作，并做好消杀工作。加强安全防火检查。对各作业队、各转运站、公厕等重点位置进行安全检查，确保消防设备齐全完好，同时加强安全生产警示教育。出动人工保洁人员1152人次，出动机械化车辆174车次。同时增派6辆多功能洗扫车和3辆压缩车；出动垃圾清运车240车次，出动职工540人次，共清运生活垃圾810余吨；出动公厕保洁人员125人次，出动粪便抽运车辆18车次，出动职工36人次，抽运城区公厕粪便180余吨。

（区环卫中心）

【垃圾分类运输】 年内，区环卫中心认真贯彻落实《北京市生活垃圾管理条例》，多措并举做好垃圾分类运输工作。完善分类收运体系。对顺义区厨余垃圾（含餐厨垃圾）、其他垃圾进行分类收运，利用“桶车对接”分类收集模式，避免垃圾混装混运。其中城区300余家企事业单位、60余个社区、280余个村以及1300余家餐饮单位均纳入收运范围。规范收运车辆配置。按照市级相关标准和设施设置规范，对120辆垃圾收运车辆统一标识，确保分类运输车辆身份识别。根据垃圾类型组建清运班组，规范收运作业，优化收运路线，提高收运频次，确保收运全过程密闭，无二次污染。据统计日均出动车辆120车次、作业人员240人次，日均清运厨余垃圾23吨、其他生活垃圾377吨。加强作业培训力度。对400名垃圾收运作业人员进行专业培训，完善垃圾收运考核机制，实现垃圾收运规范、处置规范、处置及时。快速推进转运站升级改造。继续对6个压缩式转运站的压缩车间进行改扩建工作，实现转运站能够密闭作业。为解决渗沥液遗撒问题，每年定期对作业车辆厢体加装引流装置和“渗沥液微型中转站”，保障厢体内部挤压出来的渗沥液通过引流装置流入“中转站”内。

（区环卫中心）

【全国“两会”期间环境卫生服务保障】 年内，区环卫中心加强清扫保洁力度。增加道路保洁力量，采取提前上岗、延后下岗、错时增岗以及人机结合的保洁作业模式，加强流动保洁。同时增加4辆洗地车和2辆高压清洗水车，出动8辆新能源小型清扫车对重点区域路段进行循环保洁。加大垃圾清运力度。继续采取定人员、定车辆、定区域、定质量、定安全的“五定”措施，加大垃圾清运频次和密度，保证车走站净、桶站摆放整齐；调配2辆应急作业车，如遇突发情况，保证垃圾及时清运。同时做好全国人大会议中心顺喜山庄及驻地周边垃圾清运工作。提升公厕服务品质。日常保洁的基础上增加保洁频次和消毒次数，加大抽运力度。并对全区63座公厕进行提前排查，确保设施正常运转、按时开放。加强城区巡查力度。每天出动检查人员60余人次，加大对城区重点路段、区域的巡查力度，发现问题及时告知、限时整改。

（区环卫中心）

【清理小广告行动】 年内，为助力创建全国文明城区，区环卫中心开展清理小广告行动。集中力量，组建队伍。组织60余名环卫工人组成6支清“癣”分队。准确分类，完善设备。将小广告材质分为油墨、不干胶贴、纸贴、油漆、油性笔等类别，再根据这些分类研究总结专门清“癣”方法，并且不断尝试新的设备和技术。反复巡查，确保洁净。区环卫中心要求清理好的小广告要与原路面颜色基本保持一致，保证整体洁净，清理过后还要反复巡查，有效避免“牛皮癣”再回潮。共清理主次干道、背街小巷、公交站台等2000余处。

（区环卫中心）

【端午节期间环境卫生保障】 年内，用水“见量”路面“见亮”。辖区责任道路实施高标准作业，强化道路分级达标作业，加大道路再生水冲洗力度，结合人机作业模式，确保夜间城区道路机扫作业不间断。每日出动15辆水车、18辆洗扫车，日常作业基础上增加2次洒水作业。增加垃圾清运频次，延长作业时间。安排检查人员对城区进行不间断巡查，及时发现并处理应急事件。营造良好如厕环境。为城区63座公厕配备常规灭蚊蝇设备，正常启用197台光触媒杀菌除臭装置，严格落实公厕每日3次以上消毒工作，确保公厕设施、设备完好。做好完善应急准备。在常规作业基础上，做好极端天气应急响应，及时启动应急作业预案，及时做好公厕、转运站内外的卫生保洁工作以及内部设施设备的检查维护。做好应急作业设备、人员备勤，对出现的紧急或突发性环境卫生问题做到随时处理。

（区环卫中心）

【公厕防疫消杀】 年内，区环卫中心加强日常消杀力度。利用喷洒、擦拭等消毒作业方式，增加保洁频率及消毒次数，对易接触和常接触位置随时擦拭，严格落实每天不少于3次的消杀标准，同时配备197台光触媒杀菌除臭装置。加大粪便清运力度。做好粪便抽运车辆及周边消毒工作，并严格确保粪便收集、运输、处置全程密闭，严禁出现粪便泼洒滴漏现象。加强每日通风效果。对城区63座公厕的门帘进行撤除，每日2次开窗通风不少于30分钟。提供必要防疫用品。在公厕内放置消毒洗手液，并在醒目位置粘贴“温馨提示”，引导市民如厕后及时洗手。为公厕保洁人员配发口罩、手套、护目镜等防护用品，并督促按规范进行穿戴。加强日常巡查力度，做到不缺检、不漏检，重点对公厕保洁人员防护用具穿戴情况、公厕运行记录、公厕消毒记录等进行检查，发现不规范行为要求立即整改。

（区环卫中心）

【果皮箱更新换代专项整治行动】 年内，区环卫中心对辖区范围内果皮箱进行调整更换。更新淘汰老旧果皮箱。按照垃圾分类工作要求进行升级换代，对旺泉街道、顺于路、顺白路、顺平辅路等重要路段的老旧果皮箱进行更换，更新果皮箱134个。科学合理设置果皮箱。重点清洗消杀果皮箱。全面落实果皮箱及周边保洁工作责任，定期擦拭箱体，确保箱体内无垃圾外溢堆积，无污水外流，无蚊蝇滋生。

（区环卫中心）

【“不分类不收运”机制】 年内，区环卫中心逐步推进“不分类不收运”机制。严管理。截至7月底，签订厨余垃圾收运协议1600余份，其他垃圾收运协议200余份；按照“车辆分类、人员分类”的原则，组建13支清运班组，定期组织作业培训，规范收运作业，优化收运路线。强监督。要求清运人员在挂桶之前做好垃圾分类成分检查，建立微信工作群，及时反馈生活垃圾混放情况，做好照片记录，并及时上报分管队长。重实效。向辖区范围内垃圾分类不合格的街道、属地及单位派发告知书，对及时整改反馈的次日恢复清运，对未进行整改反馈的停止清运3天，对多次违规拒不整改的停止收运。

（区环卫中心）

【雨水篦子表面清理】 年内，区环卫中心组织人员在辖区全面开展道路雨水篦子排查清理工作。责成分管班长，负责辖区主次干道等路段雨水篦子的排查和监督检查工作。组织人员对辖区的雨水篦子进行人工清理，随清随运，确保附近路面干净整洁。再次对拥军路、燕京桥、府前东街、光明南街、光明北街光明北段等重点路段进行复查，确保不出现二次淤积，要求各路段保洁人员随时检查，早发现、早清理。汛期，共清理辖区积水点150个、雨水篦子1200余个，清理淤泥、落叶等垃圾7吨，出动人员2100人次。

（区环卫中心）

【小广告整治常态化管理】 年内，针对辖区主次干道的小广告和乱涂乱画等现象，区环卫中心拉网式排查。5月起，中心结合创城工作要求，组建“牛皮癣”整治专班，对辖区进行拉网式排查，共计排查100余次，出动60余人、7200余人次。集中式整治。“牛皮癣”整治专班对人行步道、斑马线、公交站台等位置加强清理力度，重点对光明街、府前街、新顺街等88条主次干道的小广告、乱涂乱画等现象进行集中整治，出动“牛皮癣”高压冲洗车6辆，使用绞磨机12个。常态式巡查。为避免“小广告”反复粘贴现象，结合清扫保洁网格化管理，安排4个片区负责人和28名一线环卫工人进行巡查清理，确保及时发现，迅速清理。全年清理小广告及乱涂乱画9000余处。

（区环卫中心）

【党的十九届五中全会环境卫生服务保障】 年内，加大清洁保洁力度，保障道路干净。加强人工清扫保洁作业，加大对商场周边等人流密集处的捡拾力度和巡回保洁力度；加强道路机械化作业，每日出动55辆作业车对主要道路进行快速保洁。加强垃圾清运工作，保障日产日清。严格落实疫情期间流动人员集中点位的垃圾收运工作。对重点垃圾桶站进行巡回检查，及时清理收运，缩短垃圾停留时间，确保做到车走桶清。加大公厕保洁频次，保障如厕舒适。及时调配保洁人员，每日做好公厕消杀工作。对城区62座公厕进行不定时抽查检查，确保公厕卫生质量达标。同时加强公厕抽运频次，确保公厕高效运行。加强安全排查工作，落实专项整治。对10个公厕、2个保洁点和2个转运站进行重点检查，结合当前安全生产特征，重点检查用电安全、消防设施等，确保车辆及设施设备性能良好，运转正常。

（区环卫中心）

【空气重污染天气应对】 年内，区环卫中心及时启动空气重污染应急预案，全面落实各项应急措施。增加“冲扫洗收”力度。增派8辆多功能洗扫车，每日增加1次以上清扫保洁作业。针对人行步道，采取小型保洁作业车和人工普扫相结合的方式，加强巡回保洁。转变人工作业方式。要求街路清扫人员要减少清扫工具使用，尽量压低扫帚，采取缓扫、清扫等方式减少扬尘污染。加大业务检查力度。对各项作业进行巡回检查，发现问题，及时反馈，保证环卫作业标准化、程序化开展。出动人员1368人次，出动道路作业车辆112车次，出动检查人员12人次，用水160吨。

（区环卫中心）

【爱国卫生运动】 4月，区环卫中心推进爱国卫生运动，有序推进春夏交替季节环境卫生工作。从“面”上铺开。对区域内城市道路进行全面巡查，整治卫生死角，加强公共设施的清洗与消杀、环卫基础设施的精细化管护，加大城市小广告清除力度，共清除城市小广告125张，清理卫生死角、背街小巷210处，清掏消杀果皮箱800个。从“点”上给药。对公厕、转运站等场所按规范标准设置鼠屋，投放灭鼠药品，遏制鼠疫病毒传播。公厕储备“灭蚊蝇”药品，提前做好夏季除虫工作。共发放灭鼠药品100千克，投放鼠站75个，灭蚊虫药品120瓶，粘鼠板80个。从“线”上清运。对10座垃圾中转站、120辆垃圾运输车实施每日消毒作业。加大生活垃圾收运频次，缩短生活垃圾滞留时间，重点对医院周边投放的一般生活垃圾进行清运，做到日产日清。

（区环卫中心）

【五一期间环境卫生保障】 五一期间，区环卫中心加强辖区道路清扫保洁。开展环境卫生清扫保洁活动，优化清扫保洁方案，增加4辆洗地车和2辆高压清洗水车对辖区50条主次干道采取以增加洒水作业为重点，洗扫作业相结合的道路作业方式，严控洒水间隔时间及机械作业速度，实现道路保湿，降低道路扬尘。增加垃圾清运频次。针对节日期间垃圾量大的特点，增加清运的车辆数量，对重点地段增加清运频次，保证垃圾日产日清、车走桶净。强化公厕设施维护保养。在节前对城区63座公厕进行4次大扫除，并进行全面检查维修，确保使用设施完好。节日期间早6：00至晚10：00，16小时不间断巡回保洁，做到每天3次全面消毒工作。开展安全大检查。节前对6个转运站进行安全检查，重点检查作业车辆安全隐患问题，对排查出的安全隐患，逐一明确治理责任，限期整改。

（区环卫中心）

【第十六届北京国际汽车展览会服务保障】 9月26日—10月5日，第十六届北京国际汽车展览会在中国国际展览中心新馆举行。区环卫中心全力做好垃圾清运工作。配置垃圾收运作业车，保证做到清运及时，无堆积现象。全力做好公厕服务工作。按照移动公厕运行标准和要求，对P8停车场移动公厕进行合理摆放；对移动公厕开展巡回保洁，保证公厕内部环境整洁；及时抽运粪便，保证公厕正常使用；发现设施破损或失效后及时通知维修人员，第一时间进行检查修复。全力做好巡视检查工作。成立检查小组，对垃圾清运工作和移动公厕进行检查，发现问题及时督促整改。展会期间，共计提供移动公厕20座，安排吸污车1辆，水车1辆，作业保障车2辆，垃圾清运车2辆，工作人员20名。

（区环卫中心）

【中秋、国庆两节环境卫生保障】 中秋、国庆两节期间，区环卫中心以辖区88条保洁道路为重点，实行24小时作业方式，深入开展“机械清扫、洒水降尘、冲洗除尘、快速捡拾”的保洁模式，城区主次干道洒水每日不少于4次。依托10座生活垃圾压缩转运站，大力开展垃圾密闭收运作业，提前规划清运路线、科学调整清运时间，增加清运作业频次，开展文明作业，做到车走桶净。对城区62座公厕提前进行扫除、维修工作，及时补充洗手液、卫生纸等物品，确保做到人走即清的保洁标准。安全生产严格、紧盯、督查。节前对10个公厕、2个保洁点和2个转运站进行重点检查，对用电设施、消防设施设备使用情况、维护情况等进行督查。

（区环卫中心）

【秋季落叶清扫】 秋季，加强人工保洁力度。合理调配人员，采取随落随扫的方式，加大巡回保洁频次，对落叶密集路段实施重点监管。提高落叶清扫效率。对清扫的落叶实行袋装化收集，及时清运、集中处置，严禁随意焚烧落叶，确保落叶“随扫随清”。做好清扫收尾工作。根据天气变化及落叶情况适当增加清运频次和作业时长，对落叶集中区域增派2辆压缩车和2辆清运车，做到人歇车不歇。

（区环卫中心）

【中风险地区垃圾清运】 12月，按照市、区疫情防控工作精神和中心党组关于疫情防控的工作安排，区环卫中心合理规划清运路线。指定专人负责，明确中风险地区的垃圾数量、所在位置、道路情况等，确定相应的垃圾清运车型、清运时间、清运地点后，采取专人、专车、专运的作业方式，立即执行中风险地区的生活垃圾清运任务。加强环卫人员自身保护。做好配套消杀工作。每次出车前对车辆进行第一次消杀。到达清运地点后，对所有垃圾进行消杀后才能装车。返回的空车在停车场专区停放，进行车辆的二次消杀。

（区环卫中心）

应急管理

3月3日，区应急管理局组织检查“人密护航”小程序使用情况（区应急管理局供图）

5月20日，区应急管理局开展危险化学品安全检查（拍摄者：徐朔）

6月30日，区应急管理局对北京每日优鲜电子商务有限公司安全生产及疫情防控工作情况进行督查检查（区应急管理局供图）

7 月 16 日，区应急管理局开展军地防汛现地勘察活动（区应急管理局供图）

9 月 9 日，区应急管理局开展“HICOOL 全球创业者峰会暨创业大赛”临建设施搭建工作安全生产检查（区应急管理局供图）

11 月 25—26 日，区应急管理局开展基层应急队伍能力提升培训活动（区应急管理局供图）

综　述

【概况】　年内，顺义区以习近平总书记关于安全生产工作的重要指示、批示精神为指引，区委、区政府高度重视，着眼于顺义平原新城定位，始终把安全生产作为全区各项工作的基础和重点来抓。全区上下凝心聚力，勤勉尽责，认真落实市级安全生产各项决策部署，应急管理各项工作取得新进展。强化统筹，区应急办、区安办、区防汛办、区森防办、区重大活动服务保障指挥办“五办”运行机制日趋完善，全区综合性应急救援队伍、专职安全员队伍、区级专业森林消防队伍、区级防汛抢险队伍、灾害信息员队伍5支队伍逐步整合，统筹调用。防范风险，全面推进城市安全风险评估，通过“三张清单”完善“两张地图”，安全风险实现分类分级管控；率先在全市启动企业安全生产主体责任落实及评估融合试点工作。整治隐患，扎实推进安全生产专项整治三年行动，建立安全生产隐患整改大闭环管理工作机制。规范执法，成立行政执法领导小组，完成10类重点行业（领域）安全生产行政执法强制性标准手册，牵头编制检查要点。多元宣教，全区25个镇街全部达到市级安全社区要求，4家单位获评市级公共安全教育基地，创新开展线上直播培训。

（区应急管理局）

【安全生产工作考核】　年内，区应急管理局结合市级考核指标和区实际情况，制定印发《顺义区2020年安全生产工作考核实施细则》，对81家单位的安全生产工作进行考核。在此基础上，依托信息化手段，区应急管理局开通安全生产绩效考核系统，按照“7+2+1（达标分占70%+进程分占20%+超标分占10%）”的考核原则，对各单位日常工作进行跟进和监督。针对全年承接市、区两级的各项任务指标，梳理形成《2020年市区考核指标完成进度表》，共计45个考核项，对每项任务的任务来源、工作内容、落实计划、工作要求、责任部门、完成时限以及每月工作进展进行明确并定期汇总通报。截至年底，各项任务均按时完成。

（区应急管理局）

【安全生产专项整治三年行动】　年内，区应急管理局统筹成立顺义区安全生产专项整治三年行动工作专班，牵头制订并正式印发《安全生产专项整治三年行动工作的实施方案》，共报送“目标任务和制度措施清单”229项，本年度涉及的223项全部完成。顺义区在北京市启动企业安全生产主体责任落实及评估试点工作，以《北京市生产经营单位安全生产主体责任规定》（市政府285号令）落实为基础，构建企业履责、政府督责、综合评责的主体责任落实闭环链条。区应急管理局在全区范围开展企业复工复产回头看、用电安全、危险化学品、消防、瓶装液化石油气及建设工程施工等专项治理行动。截至年底，上账各类一般隐患1015项，突出问题和重大风险隐患7项，全部整改完成。区应急管理局全面推行安全生产责任险，将6月确立为集中投保月，通过微信公众号开展宣传30期，组织相关行业属地、专职安全员、企业负责人培训4次，共40期，参培企业9996家，参培人员20000余人。全年全区投保企业7674家。

（区应急管理局）

【依法化解社会矛盾】　年内，区应急管理局每季度向区执法协调小组报告行政执法与刑事司法衔接移送案件情况和申请法院强制执行案件情况并及时对接检察院系统，加强行刑衔接、复议应诉和强制工作。全年区应急管理局无诉讼、强制、行政赔偿及涉刑案件。发生行政复议案件1件，以申请人于10月14日向区司法局提出自愿撤回行政复议申请，行政复议终止告终。

（区应急管理局）

【《中华人民共和国民法典》学习及落实】　年内，区应急管理局制定关于加强《中华人民共和国民法典》（简称《民法典》）学习宣传的实施方案，贯彻落实习近平总书记关于颁布实施《民法典》的重要讲话精神，推动《民法典》在全区实施。

（区应急管理局）

【应急宣传方式多样化】　年内，区应急管理局微信公众号“顺义应急”，编辑发布信息299期（864

条）；区应急管理局联合《顺义时讯》《北京青年报》等报纸刊登工作信息61篇；今日头条、搜狐时讯、《北京日报》等市级媒体、App发布信息197条；在区电视台、顺义网城等区级主流媒体开设安全生产专栏，进行安全生产方面宣传报道100余次。区应急管理局主办建立“应急聚力——顺义区应急管理局宣教平台”微信小程序，提供多种形式的宣传资料。

（区应急管理局）

【“五项制度”全面实施】 年内，区应急管理局组织11家危险化学品重点企业主要负责人进行年度述责述安和安全生产管理知识考核，并督促危险化学品生产、储存企业配备化工安全类注册安全工程师，严格落实安全风险研判和安全承诺公告，落实危险化学品企业“五项制度”（主要负责人考核、主要负责人述责述安、专职安全总监和注册安全工程师、安全风险研判、安全承诺公告）。

（区应急管理局）

【安全生产标准化建设】 年内，区应急管理局将安全生产标准化建设与行政许可、日常执法检查重点内容有机结合，推动危险化学品企业完善风险分级管控和隐患排查治理预防机制，持续改进企业安全管理。截至12月31日，完成危险化学品生产企业标准化创建工作；危险化学品重大危险源企业5家完成，剩余1家等待复核发证；完成9家化工、医药企业标准化创建工作。

（区应急管理局）

【危险化学品风险隐患排查治理】 年内，区应急管理局组织危险化学品生产经营、化工企业对照《危险化学品企业安全风险隐患排查治理导则》开展安全风险隐患自查，对安全基础管理安全风险隐患、装置运行安全风险隐患、设备安全风险隐患、应急与消防安全风险隐患等九大项，共280小项内容逐条进行自查，经排查，107家危险化学品生产经营、化工企业共排查出257项隐患，未发现重大安全隐患，主要隐患类型包括设备设施维护保养不到位，教育培训、应急演练等安全生产档案资料不完善，安全生产管理制度待完善等。企业针对排查中发现的隐患制定隐患整改方案并上报区应急管理局备案，全局在执法检查过程中重点检查企业上报隐患整改情况，督促企业完成整改，形成隐患闭环管理。区应急管理局组织128家危险化学品生产经营、化工、医药制造、液氨使用企业对照《危险化学品生产储存企业安全风险评估诊断分级指南》，开展精准化安全风险排查评估，依托北京市安全生产云服务系统，区分“红、橙、黄、蓝”四级安全风险。经评估，5家企业为黄色安全风险等级，其余123家企业均为蓝色安全风险等级。

（区应急管理局）

【大型活动应急值守】 年内，区应急管理局制定查班点名制度，每日由领导带班和双人值备班，每周末、节假日和重大活动期间通过电话、800兆电台、视频会议系统3种方式进行查班点名，累计抽查2450家次。全年完成视频会议保障工作525次，现场座谈会议143次。参与保障清明节祭扫、“5•12”防灾减灾宣传、京范儿顺义区消费季、HICOOL全球创业者峰会、菊花文化节、北京国际汽车展览会等各类大型活动23次，编辑重点时期应急服务保障专刊56期，收集整理各单位信息7000余条，对活动单位应急值守、矛盾隐患排查、突发事件处置等内容进行巡查，将应急保障责任落实到位。

（区应急管理局）

【应急预案管理和应急演练】 年内，区应急管理局对顺义区预案修订工作进行全面部署，启动全区总体应急预案的修订工作，修订完成《顺义区金融突发事件应急预案》《顺义区突发重大动物疫情应急预案》《顺义区高致病性禽流感应急预案》3个专项预案，对95家企业的突发事件应急预案备案，并制定《顺义区2020年突发事件应急演练工作实施方案》，开展防汛、森防、石油化工等区级演练6次，各属地、行业部门开展各级各类演练160余次。

（区应急管理局）

【重点时期应急机制】 年内，区应急管理局在春节、“两会”、五一、清明、端午、国庆、中秋等重点时期，全面启动应急机制，强化安全保障工作。一是坚持在重点时期提前制发《加强应急管理工作的通知》，对全区值守应急、风险排查、突发事件预防处置、城市运行保障等工作提出明确要求。二是坚持在重点时期实行每日突发事件信息“零报告、即报告”制度，确保区内各类突发事件信息报告畅通，处置及时有效。

（区应急管理局）

【动态监测人密场所人员信息】 6月25日，区应急管理局按照区活动服务保障组办公室下发的《关于进一步加强各类人密场所使用“北京健康宝”工作的通知》，落实“北京健康宝”使用要求，生成健康宝二维码，执行扫码进入规定，强化全区人密场所疫情防控工作管理。6月25日—12月31日，全区建立“健康宝”二维码扫码人密场所累计扫码总人数20119434人次。区应急管理局结合各单位自身防疫工作特点，制定《人密场所疫情防控措施工作方案》，制作多种语言文字的宣传提示和海报，在人密场所利用广播、投屏、多媒体等多种手段进行宣传，成立督查检查组2个，对各行业、各属地的人密场所疫情防控措施落实情况每天开展督导检查，发现问题及时通知相关行业和属地进行整改。活动服务保障组办公室累计出动检查人员1128人次，累计检查暂停开放场所、人密场所1746家次，发现并整改隐患672处。

（区应急管理局）

【“应急宣传进万家”巡回宣讲活动】 9月7—24日，区应急管理局在全区各镇、街道、经济功能区开展“应急宣传进万家”巡回宣讲活动，宣讲涵盖应急先锋、“法制十进”、安责险宣讲、专家解读《习近平总书记关于安全生产的重要论述》和《北京市生产经营单位安全生产主体责任规定》等内容。活动采用现场演讲和专家授课两种形式，覆盖全区各镇、街道、经济功能区3000余家企业，每场活动不少于100人，覆盖企业主要负责人、安全管理人员、一线员工、社区居民等。

（区应急管理局）

安全生产监督管理

【疫情二级防控标准】 年内，受全区部分聚集性疫情复发影响，区应急管理局（活动服务保障组办公室）下发《关于我区大型活动及人密场所全面恢复二级防控措施的通知》，强调全区大型活动严格执行二级防控标准，按照“非必要不举办”的原则严格审批管理；暂停举办各类聚餐、演出等聚集性活动。人密场所恢复二级防控标准，明确暂停开放影剧院、游泳馆等人员聚集场所；人密场所严格控制人员密度，实行限流措施，公园、商超等场所保持不超过30%人（客）流量等措施。实行限流措施，公园、商超等场所保持不超过30%人（客）流量等措施。暂停开放影剧院、歌厅、网吧等人密场所144家。

（区应急管理局）

【化工安全仪表系统专项整治】 年内，区应急管理局按照《化工安全仪表系统专项整治工作方案》有关要求，对重点企业开展化工安全仪表系统专项整治工作。通过协调、沟通，对受疫情影响的企业进行约谈、督导，推动化工安全仪表系统专项整治，加大执法检查力度，聘请专家按照《北京市化工安全仪表系统专项整治验收表》完成8家企业的验收工作。

（区应急管理局）

【危险化学品安全生产风险监测系统】 年内，区应急管理局组织建设危险化学品安全生产风险监测预警系统，落实数据接入标准，组织召开工作部署会及培训会，结合重大危险源企业专项检查督导、标准化、执法检查等工作，督促企业强化系统应用，落实系统运行管理办法，切实做好相关安全管理工作。全区应接入9家危险化学品重大危险源企业，所有企业完成信号接入工作。区应急管理局为做好监测预警系统建设与应用，对辖区内危险化学品重点企业进行实时监测及预警响应，针对发现的问题督促企业立即核实并进行整改，共出现报警3731次，处置报警3727次。

（区应急管理局）

【烟花爆竹安全监管】 年内，区应急管理局按照市、区两级2020年春节烟花爆竹安全管理工作的总体安排，制订并下发工作方案，明确各部门的工作职责，分解任务指标。本着公平、公正、公开的原则，聘请第三方机构面向全社会公开遴选，选取成绩第一的企业为烟花爆竹临时零售网点经营企业。区应急管理局联合张镇政府多次对位于张镇的烟花爆竹零售网点位置进行实地考察，确保网点位置与周边设施环境的安全距离符合标准，视频监控系统用电、用网需求能够得到保障，为烟花爆竹零售网点配置6个高清摄像头，并建立《2020年烟花爆竹销售网点视频监控值班制度》，确保监控值守工作不间断。区应急管理局将“实名制”购买列为执法检查内容，要求网点做到烟花爆竹销售实名制购买无遗漏，并做好设备的使用及维护工作。销售期间累计检查48家次，出动执法人员133人次，出动执法车辆48车次，发现隐患24项，全部整改；执法检查过程中发现1次未实名购买行为，对该企业进行处罚。2020年烟花爆竹销售期间累计配送558箱，销售540箱，剩余18箱，销售金额93.5万元。

（区应急管理局）

【安全生产业务培训】 年内，区应急管理局将常规计划开展的32项教育培训任务，整合为10大项教育培训内容。组织开展安全生产大培训，为响应广大企业学习需求，全年放开培训报名，培训469家企业883名安全生产主要负责人和管理人员。区应急管理局组织应急救援队伍骨干336人的应急救援能力提升培训。推出线上培训，规划7个线上培训纲要，线上共培训人员4369人，其中参加应急管理干部41个学时培训332人、灾害信息员培训693人、涉爆粉尘培训413人、涉危使用培训782人、有限空间培训2145人。区应急管理局安全生产执法监察大队组织12期行政执法人员业务培训，参训40人。危险化学品安全监督管理科组织2次危险化学品安全管理知识培训，培训326人次。安全生产基础科采取线上直播和线下集中相结合的方式，开展教育培训9次，受教育人数近10万人次。

（区应急管理局）

【人员密集场所疫情防控】 1月24日—12月31日，区应急管理局按照区活动服务保障组安排，与其他成员单位累计出动检查人员436864人次，累计检查暂停开放场所、人密场所423950家次，累计发现隐患问题32808处。活动服务保障组办公室督查组累计出动检查人员1272人次，累计检查暂停开放场所、人密场所1831家次，发现隐患问题710处，责令相关单位限期整改完毕。根据督察检查日报告制度，每日上报工作信息，形成专刊235期。

（区应急管理局）

【危险化学品安全监管会议】 5月7日，区应急管理局组织区教委、区卫健委、区生态环境局等部门及危险化学品重点企业参加2020年北京市危险化学品安全监管工作视频会议。会议结束后，全区继续召开工作会议，会上对化工仪表安全整治、化工医药制造企业专项整治、重大活动安保、安全月、教育培训等工作进行部署。

（区应急管理局）

【安全生产督察】 5月，区应急管理局组织开展2019年区级安全生产督察“回头看”。针对各单位出现的主要问题，采用线上直播形式开展督察培训，参与人数10万余人次。10月12—30日，市委、市政府安全生产第六督察组对全区开展安全生产督察工作，区应急管理局迎督工作专班主力负责协调、配合工作。下发通知15份，补充资料1100余份；协助督察组完成与区领导及各行业、属地安全生产主管副职、科长的督察谈话27次；协调并陪同督察组完成对10家行业部门、8个镇街（经济功能区）及37家企事业单位的延伸督察。督察工作结束后，区应急管理局以区安委会办公室名义下发整改通知，要求被督察单位立即制订整改方案，落实整改措施。

（区应急管理局）

【危险化学品领域“打非治违”】 7月10日，区应急管理局组织区公安分局参加全市危险化学品“打非”专项检查动员部署视频会，启动开展“打非”专项检查工作。同时向各属地下发《北京市顺义区应急管理局关于开展危险化学品“打非”专项检查的通知》，全面部署危险化学品“打非”专项检查工作，明确具体工作要求、检查重点、职责分工、时间安排等内容。7月17日，区应急管理局联合区公安分局对区内3家涉及使用台湖“7·7”爆炸事故企业产品的关联单位开展“打非”专项执法检查工作。检查组采取查阅资料、实地检查的方式，重点对企业气瓶间和危险化学品暂存间的现场条件，危险化学品购买、储存、使用、管理等环节进行检查，核查涉案企业产品使用情况。8月7日，区应急管理局下发《关于开展危险化学品“打非”专项检查的补充通知》，在第一轮打非工作的基础上，联合区交通支队、区交通局，对辖区危险化学品运输单位开展全覆盖执法检查，累计检查危险化学品运输单位14家，发现隐患问题8项，全部整改完毕。10月15日，区应急管理局下发《关于开展硝酸铵等危险化学品安全风险隐患第三轮专项排查治理工作的通知》，吸取黎巴嫩贝鲁特港爆炸等事故教训，深化危险化学品重大风险防控工作，在前两轮安全专项排查治理的基础上，开展第三轮专项排查治理。区应急管理局相继联合南法信、仁和、李桥等属地政府全面开展危险化学品执法检查工作。针对检查中发现的隐患问题，要求企业立即进行整改，并处罚企业1家。

（区应急管理局）

【部门联合双随机抽查】 9月14—16日，区应急管理局联合区市场监督管理局对14家危险化学品经营企业开展部门联合双随机检查。检查组一行按照部门监管职责，对照双随机检查事项，对危险化学品经营企业采购、储存、经营、管理各环节和企业信息公示情况进行检查。经查，各危险化学品经营企业均未发现违法违规行为。

（区应急管理局）

防震减灾

【防汛物资保障及应急抢险队伍建设】 年内，区应急管理局与区商务局联合印发《顺义区区级救灾储备物资调拨机制（试行）》。组建区级抢险队伍3500余人，各属地、各相关单位成立防汛抢险队伍，人数15000余人，全区抢险队伍总人数19000余人。

（区应急管理局）

【防灾减灾教育宣传】 年内，区应急管理局开展2020年防灾减灾活动现场宣传，对防震宣教区、防火宣教区、防洪宣教区、救护宣教区、避险宣教区5个帐篷及附属设施进行修缮；制作景区LED屏1块、条幅展板18个（条），印制宣传品30000余件，推出线上“云问答”模式。

（区应急管理局）

【救灾救助】 年内，为及时应对雨雪、大风、降温等极端恶劣天气，改善基层一线疫情防控值守条件，区应急管理局向属地村（社区）调拨213顶8平方米棉帐篷、804件棉大衣。商业化灾后应急救助能力，推进自然灾害公众责任险、低保人群意外伤害险和农房家财险3项民生保险的工作，为全区户籍自然人及全区具有暂住资格的自然人，因自然灾害和在自然灾害中抢险救灾时造成死亡或伤残的人员，以及2404个城乡低保户3642人，286个城乡特困户291人，104161户农村房屋及附属设备、室内财产等提供商业保险服务。

（区应急管理局）

【森林消防队伍组建】 2月1日，区应急管理局通过区政府向市森防办上报《顺义区森林消防综合应急救援队伍建设方案》，明确森防队伍建设的原则、职能任务、组建方式及标准、保障管理等具体内容。2月12日，方案得到市森防办的原则同意和批复。

（区应急管理局）

【森林防火科技项目启动】 3月13日，区政府组织区应急管理局、区园林绿化局、区森林公安处召开会议，对森林防灭火应急指挥视频监控系统建设的可行性进行专题研究讨论。会后，区应急管理局相关领导带领区森防办工作人员先后前往顺义区联通公司、中安永恒（北京）工程技术有限公司，同公司相关工程技术人员就顺义区森林防火监控、预警、处置等存在的问题及对策进行多次咨询和实地调研。

（区应急管理局）

【森林防火专项督查检查】 3月底—5月初，区应急管理局成立专项检查组，由相关领导带队，对全区各属地、各单位所有专业、半专业森林消防队伍进行一轮全覆盖检查，重点是对各森林防扑火队伍建设情况、战备情况、各镇森林火灾应急预案的编制、森林消防应急物资准备情况进行检查指导。并对检查中发现的问题，督促指导整改。共出动检查人员95人次，车辆30台次，检查属地27家，专业森林消防队2家，指导整改问题9项。4月初，区应急管理局向浅山五镇（龙湾屯、木林、张镇、大孙各庄、北石槽）下发《森林防火水源设施情况统计表》，对浅山五镇防火水源设施进行调查。经统计，浅山五镇共有消防水池143个（水池总容量16700立方米），共有水鹤86个，水泵房100间，引水上山水管铺设共计209776米。北大沟林场引水上山“以水灭火”工程铺设水管10500米。

（区应急管理局）

【“北京市防灾减灾宣传教育日”现场直播活动】 5月12日，区应急管理局承办全市首个“云上学安全”暨2020年“北京市防灾减灾宣传教育日”活动。活动以“大手牵小手、共筑安全梦”为主题，采取“互联网+安全+教育”的模式，宣传防灾、减灾、救灾及安全应急知识，提升首都市民特别是中小学生安全意识和应急能力。活动分为综合调度和公共安全体验馆在线直播2个互动区，开展“线上线下”直播活动。

（区应急管理局）

【防汛抗旱工作会】 5月29日，区防汛抗旱指挥部总指挥孙军民主持召开顺义区2020年防汛抗旱工作会议暨顺义区防汛抗旱指挥部第一次会议。各防汛分指、各属地、各成员单位参加。会议强调，要全面做到“工作责任制、应急预案、防汛物资、抢险队伍、避险措施、隐患排查整治”六落实。做好首都机场、城区易发积水点位路段、老旧小区、农村低洼地区和建筑工地等重点区域防汛工作，提前谋划布控抢险力量，及时采取应急管理措施，做好排水设施完善及维修管理，加强巡查检查，保障城市安全稳定运行，确保人民群众生命财产安全。

（区应急管理局）

【区级危险化学品应急演练】 6月10日，区应急管理局组织开展顺义区2020年危化企业应急救援实战演练。此次演练模拟北方油库在卸油过程中，由于罐进油阀门盘根失效，造成油品泄漏，在维修过程中遇静电着火，一名工作人员出现受伤的紧急情况。整个演练达到预期效果。

（区应急管理局）

【防汛综合演练】 7月20日，区防汛办组织开展2020年防汛综合演练活动暨主汛期防汛工作动员部署会，区政府副区长主持会议并作动员部署。区武装部、区应急管理局、区水务局主要领导和主管领导在区应急指挥中心现场参会，各防汛专项分指、各属地防指、各成员单位在各自分会场参会。此次演练以全区普降大暴雨，潮白河流域发生20年一遇洪水为背景。演练涉及指挥决策、道路积水排除、奥林匹克公园景区关闭、首都机场外围排水和小中河行洪联合调度、河道内险村人员避险转移5个科目。

（区应急管理局）

【防汛宣传提高公众防灾减灾意识】 8月12日，顺义区遭遇强降雨天气，区防汛抗旱指挥部办公室（区应急管理局）向全区居民发送942283条天气情况及道路安全提醒信息，发放防汛安全宣传海报30000余张、《北京防汛安全知识手册》5000余册，参与录制区电视台防汛专题节目，从专业角度为广大市民在遇到汛情时提出指导性建议，进行合理避险。利用《北京青年报》顺义版、“顺义应急”微信公众号等新媒体，加强防汛宣传。

（区应急管理局）

【强降雨天气应对情况】 截至8月27日，全区共出现8次强降雨过程。区防汛抗旱指挥部办公室（区应急管理局）召开防汛工作会议10余次，研究部署防汛工作，及时发布暴雨预警信息，并根据实际情况及时启动预警响应，下发《关于做好强降雨应对工作的通知》，使防汛各项工作开展和落实。雨前针对重点部位提前组织布控，严防死守，相关单位对32处下凹式立交桥区、低洼路段等防汛重点部位进行提前布控，安排专人24小时值守，区公路分局对全区21处立交桥制定“一桥一预案”；建立健全险村险户、危险房屋排查台账，共涉及危房险户482间，涉及127户233人。李桥镇沮沟村、牛栏山镇史家口村、东方太阳城等险村险户，做到“一处一方案”。区防汛抗旱事务中心编发汛情信息50余期；市政、公路、水务、旅游、气象等部门及时启动预案，各级责任人迅速到岗到位，对积水路段采取封路、强排积水等措施，确保行人及车辆安全。雨后各属地对辖区内积水点进行重新梳理上报，由区防汛抗旱事务中心进行汇总。汛期全区累计出动巡查、抢险人员25000余人次，出动巡查、抢险车辆8000余台次，调用排水设施、设备700余台次。

（区应急管理局）

【“国际减轻自然灾害日”主题活动】 10月13日，区应急管理局、旺泉街道办事处联合举办“提高灾害风险治理能力，推进减灾示范社区建设”国际减灾日宣传活动。活动分为国际减灾日科普知识宣传展播区、安全主题展示区、安全咨询区、宣传品发放区等10个区域，通过摆放宣传展板、开展趣味游戏、发放宣传资料、现场接受咨询等方式，向居民宣传普及消防安全、用电安全、燃气安全、地震、洪涝灾害等防灾减灾相关知识及基本技能。 10月14日，区应急管理局作为协办单位，推荐“顺义应急先锋”亓伟伟，作为市级宣讲员，参加“北京市10·13防灾减灾日宣传活动”。

（区应急管理局）

【防火期工作安排部署】 11月3日，区森防指办公室牵头在应急指挥大厅组织召开2020—2021年度森林防灭火工作会议，区森林防火指挥部成员单位负责人及各属地森林防火主管领导约60人参加会议，会议由区应急管理局局长主持。会上，区园林局局长回顾总结2019—2020年度森林防灭火工作开展情况，并对2020—2021年度森林防灭火工作进行安排部署。

（区应急管理局）

【森林火灾扑救应急演练】 11月20日，区森防指办公室（区森防办）在北大沟林场举行2020年度森林防灭火应急演练。区森林防火应急指挥部成员单位、各镇、街道、有林单位相关领导、林业站长和7支森林消防队伍共计210余人参加或观摩演练，出动各类应急救援车辆23辆。演练模拟北大沟林场龙爬山发生森林“火情”。接报后，区森防办启动二级响应，龙湾屯镇半专业森林消防队赶赴火场开展扑救。由于风力较大，火势未得到有效控制，有发展成森林“火灾”的风险。区森防办随即启动一级响应，调动区属第一、第二专业森林消防队和山区半专业森林消防队伍赶赴火场增援扑救。经过全体队员约1个小时的扑救，“山火”被扑灭，演练结束。

（区应急管理局）

科技

▲ 1月16日，区科委召开顺义区"十四五"科技创新规划前期研究课题开题会（区科委供图）

▲ 2月19日，中关村顺义园疫情防控人员向企业送去消毒液、酒精等防疫物资（中关村顺义园供图）

▲ 8月24—29日，2020年顺义区科技活动周举办（区科委供图）

▲ 9月18日，中关村顺义园与中科院工程热物理所辐射调控材料产业化项目和旗峰科技第三代半导体高端封装材料产业化项目签约（中关村顺义园供图）

9月29日，第三代半导体材料及应用联合创新基地落成（中关村顺义园供图）

11月1日，顺义航天产业园综合研发楼——航天器姿轨控系统及产品研发基地开工仪式举行（中关村顺义园供图）

年内，首都条件平台顺义工作站开展培训（区科委供图）

综　述

【概况】 年内，区科委认真贯彻落实党的十九大、十九届二中、三中、四中、五中全会精神和区委五届十次、十一次全会精神，高举习近平新时代中国特色社会主义伟大旗帜，巩固深化主题教育成果，克服疫情带来的不利影响，围绕“平原新城建设看顺义”“建设业强城优生活美”的发展目标，发挥科技创新支撑动力，疫情防控工作取得阶段性胜利，“十三五”区域科技规划圆满收官，为“十四五”科技工作开创新局面奠定基础。

（区科委）

【疫情防控阻击战】 年内，抓好疫情防控和安全生产工作。落实“四方责任”，深化“双报到”机制，发挥基层党组织“四级联动”机制，制定实施《区科委党组、区科委党支部疫情防控方案》。推动企业复工复产。组织科技企业参与疫情防控工作，开展项目征集及科技政策兑现工作，全年累计兑现科技扶持资金近3亿元。

（区科委）

【区域科技工作】 年内，“十三五”科技发展规划全面实现。全区有1203家企业申报国家高新技术企业，同比增长30.9%（2019年底为1147家），超额完成“十三五”时期科技发展规划“2020年全区高新技术企业总数由224家增加到300家”的目标。全区实现技术合同成交额76亿元，同比增长16.3%（2019年为65.4亿元）。发挥科技服务业综合管理职能，牵头做好北京洪泰智造信息技术有限公司、埃米空间新材料孵化器建设，参加2020（第十六届）北京国际汽车展览会、北京第二十三届科博会专项服务工作，北京理工华创电动车技术有限公司、新材智资本等项目落户顺义。营造良好科技创新生态，开展各种线上线下科技政策宣讲培训、科技周、科普日宣传活动，落实“街巷吹哨、部门报到”，“接诉即办”响应率、按时办结率、满意率实现100%。

（区科委）

科技管理

【顺义工作站绩效考评排名全市第一】 年内，首都科技条件平台顺义工作站在2019年度首都科技条件平台绩效考评工作中，排名全市第一。全部23项评价指标达成率均在100%以上，其中供需对接会组织次数、服务成员单位实现合同金额、入选平台和创新券故事的典型案例、促进签署创新券合同总金额等指标完成率均超过200%。以“精细梳理科技资源、精深挖掘科技需求、精准开展供需对接、精密实施政策跟进”为核心的细化工作路径和方法在全市推广。

（区科委）

【科技政策项目资金兑现近3亿元】 年内，区科委落实《顺义区进一步打好疫情防控阻击战支持企业“控疫情、稳增长”的若干措施》（简称“顺10条”）、北京市《关于进一步支持中小微企业应对疫情影响保持平稳发展的若干措施》（简称“新9条”）等新政，为70余家单位发放奖励、补贴约292.8万元；支持疫情防控应急项目15个，资金900万元。落实《顺义区加快科技创新促进科技成果转化实施细则》，支持科技研发及成果转化等项目56个，研发机构、国高新、技术市场等项目672个，支持资金27167.36万元。全年累计支持项目资金近3亿元。

（区科委）

【低收入帮扶】 年内，区科委先后在南彩镇小营村、杨镇荆坨村组织开展低收入帮扶、农村实用技术推广和民间手工技能推广活动，两村共有260余名低收入村民参与。帮扶活动充分发挥区科委自身优势，针对2个低收入村不同发展需求，按照便农利农原则，让村民吃住在家、学习在村，通过课堂教授、现场操作等形式开展蔬菜种植技术推广、病虫防治技术推广、葡萄扦插育苗技术推广、功能枕头制作技能推广、手工品彩绘技能推广等活动。

（区科委）

【北京市技术先进型服务企业认定】 年内，顺义区北京宝洁技术有限公司、空客（北京）工程技术中心有限公司被认定为2019年度北京市技术先进型服务企业。

（区科委）

【“十四五”规划前期研究课题开题会】 1月16日，区科委召开顺义区“十四五”科技创新规划前期研究课题开题会。项目承担单位首都科技发展战略研究院围绕《“十四五”时期顺义区提升科技创新生态和加强科技创新能力研究》的开题报告、研究提纲、调研计划、拟解决重大问题清单等进行汇报。区经信局及有关专家参加。

（区科委）

【2019年度园区外高新技术企业统计年报调查】 2月10日，区科委根据《高新技术企业认定管理办法》《科技部火炬中心关于开展2019年度火炬统计调查工作的通知》（国科火〔2019〕200号）要求，组织顺义区406家园区外高新技术企业完成2019年度高新技术企业年报统计工作。

（区科委）

【SKY创园空间获评国家备案众创空间】 4月23日，科技部印发《关于2020年度国家备案众创空间的通知》（国科发火〔2020〕104号），北京思客空间科技有限公司运营的“SKY创园空间”经公开征集、专家评审、实地核查等环节，成为国家备案众创空间。SKY创园空间位于顺义区天竺镇，建筑面积1200平方米，围绕互联网、电子商务、金融、文化创意等领域企业，提供共享空间、孵化服务、资本支持和交易平台四大特色服务，打造创业孵化、电商学院、电商导师团、跨境电商联盟四大核心板块，构建“空间＋系统＋生态＋投资＋后台”五位一体的电商、金融和文创孵化服务生态圈。

（区科委）

【第三届“创业北京”创业创新大赛顺义获多奖】 8月27日，在第四届“中国创翼”创业创新大赛北京市选拔赛暨第三届“创业北京”创业创新大赛决赛中，顺义区获多项大奖。顺义区推荐的“新一代全画幅双光谱高效红外智能编码测温仪”项目获抗击新冠疫情项目奖，“5G网联倾转旋翼/多旋翼‘二合一’无人机”项目获创新组优秀奖，“医疗级可穿戴式心脏健康家用日常监测干预技术及产品研发”项目获创业组二等奖。3个项目共获得市级奖励资金21万元。

（区科委）

【区科委“十四五”课题结题】 12月17日，区“十四五”规划编制工作领导小组办公室按照《关于加强顺义区“十四五”规划分领域前期研究课题管理工作的通知》（顺发改〔2019〕242号）有关要求，会同国家发改委经济研究所就区科委提交的《“十四五”时期顺义区提升科技创新生态和加强科技创新能力研究》课题结题报告进行研究，同意课题结题并提出意见和建议。

（区科委）

科技活动

【2020年寒假“科普季”公益科普活动】 1月14—15日，区科委在数字科普展示馆举办2020年寒假“科普季”公益科普活动，共有120余名小学生参加。本次活动包括能源环保，物理能量守恒，动能势能的传递，玩转生活中向心力、离心力的应用、STEM跨学科课程“我是小小工程师”等课程。

（区科委）

◆1月14—15日，区科委在数字科普展示馆举办2020年寒假“科普季”公益科普活动（区科委供图）

【“科技企业行”活动】 4月，面对疫情带来的不利影响，区科委开展“科技企业行”活动，通过创新服务模式，进行“点对点”主动服务，采取多种形式了解企业经营状况和需求，为企业解读国家、市区有关科技政策，对企业申报高新技术企业进行辅导。一方面拓宽服务渠道，采取电邮、即时通讯、邮寄等“零接触”方式为企业提供便利化服务；另一方面进行腾讯会议线上政策宣讲，线下走访调研重点企业，送政策、送服务，推动区域科技创新工作正常有序开展，打好政策和服务的“组合拳”。

（区科委）

【合作建设单位培训会】 4月23—24日，首都科技条件平台顺义工作站举办合作建设单位培训会议。会议采取线上直播+线下培训双线模式进行，将顺义工作站“四字经”、平台“一站多点”工作模式和市、区科技政策普及到2000多家企业和单位。北京市科委科技服务业与文化科技处调研员李建玲，首都科技条件平台总工程师毛振芹参加培训。

（区科委）

【科技型中小微企业座谈会】 6月2日，区科委会同区金融办、区经信局、中关村顺义园等单位以及金融企业、中小微企业代表召开科技型中小微企业研讨会。各企业围绕疫情期间生产经营情况、复工复产情况、经营困难及诉求等内容逐一发言。针对企业提出的问题，工商银行顺义支行介绍工商银行对中小微企业的支持政策，各职能部门分别介绍正在执行的相关政策，与会各方就相关问题进行交流和探讨。

（区科委）

【“抗击疫情、复工复产”“百进千”专场对接会】 6月19日，区科委召开主题为“抗击疫情、复工复产”“百进千”专场对接会。旨在发挥首都科技优势，深入实施创新驱动发展战略，健全顺义区农业科技创新体系，加快关键技术的引进、研发、转化示范及推广，提高农业科技自主创新和成果转化水平。此次“百进千”对接会以视频会议形式召开。

（区科委）

【国家稀土新材料技术创新中心建设工作调度会】 7月3日，区科委召开视频工作调度会，落实2020年区政府工作报告重点工作，推进国家稀土新材料技术创新中心在顺义区落地。市科委电子信息与新材料科技处、北京新材料和新能源科技发展中心、临空经济核心区管委会、中国钢研科技集团科技发展部（简称中国钢研集团）、安泰科技股份有限公司北京空港新材分公司（简称安泰科技）相关负责人参加会议。中国钢研科技集团和安泰科技负责人对2020年上半年国家稀土新材料创新中心建设工作进展情况进行汇报。

（区科委）

【北京（顺义）第三代半导体技术和产业战略规划研讨会】 8月4日，区科委联合北京新材料和新能源科技发展中心组织召开北京（顺义）第三代半导体技术和产业战略规划研讨会。会议邀请国家“十四五”规划组、北京第三代半导体联盟、中国科学院、国家新能源汽车创新中心的知名专家和部分重点企业代表以及平台机构代表参加座谈研讨。会议围绕国家“十四五”发展思路，结合北京产业发展实际困难，统筹规划“十四五”期间北京发展战略，梳理北京市以及顺义区第三代半导体技术和产业规划与布局，为制定下一阶段技术路线奠定基础。相关专家介绍国家“十四五”规划中第三代半导体方面的初步考虑，并详细阐述外省市可借鉴工作经验。与会各方针对近10年来北京支持第三代半导体相关工作与成效，未来5年北京第三代半导体产业发展思路与建议进行探讨。

（区科委）

【顺义区科技周活动】 8月24日，由顺义区科委、区委宣传部、区卫健委、区科协联合主办，区发改委、区经信局、区创城办、区融媒体中心、区企促会联合协办的顺义区科技活动周在区数字科普展示馆开幕。各级、各相关单位领导及企业代表出席开幕式。2020年顺义区科技活动周于8月24—29日举办，主会场设在位于顺义区科委院内的数字科普展示馆和创想空间，分为科技战疫、美好生活及“北京创新产业集群示范区”建设成果3个展区。全区各镇、街道、市级社区科普体验厅、科普基地设立分会场，同步开展线上或线下的科普活动。

（区科委）

【汽车及相关领域企业培训会】 9月4日，为进一步落实《国务院办公厅关于职业技能提升行动方案

（2019—2021 年）》《北京市职业技能提升行动实施方案（2019—2021 年）》文件精神，按照《北京市高精尖产业技能提升培训补贴实施办法》，区科委联合市科委认定的汽车领域培训服务机构——北京汇智慧众汽车技术研究院在区科委数字科普体验馆召开“汽车及相关领域企业技能提升培训项目介绍与补贴实施办法政策解读”培训会。30 家企业 40 余名相关负责人参加，会议详细介绍《北京市高精尖产业技能提升培训补贴实施办法》的支持内容、申报流程以及注意事项。

（区科委）

【新场景政策培训会】 9 月 13 日，区科委在数字科普展示馆组织举办顺义区新场景政策培训会，宣传《关于加快培育壮大新业态新模式促进北京经济高质量发展的若干意见》等相关政策，落实《北京市加快新场景建设培育数字经济新生态行动方案》任务安排。

（区科委）

【顺义区全国科普日主场活动暨第 38 届学生科技节】 9 月 18 日，由区科协、区科委、区教委共同主办的 2020 年北京市顺义区全国科普日主场活动暨第 38 届学生科技节在顺义区数字科普展示馆启动。各级相关领导，各纲要办成员单位及中小学校师生代表共计 80 余人参加活动。科普日主会场分设科学抗疫、垃圾分类、科技创新、科普体验、防震减灾、扶贫攻坚、顺义创新成果七大展区，共计 120 余项科普展品，同时配备专业科普讲解员。

（区科委）

【北京（顺义）新材料科技孵化与产业发展高峰论坛】 9 月 18 日，由科技部火炬中心、市科委、市经信局、中关村管委会、顺义区政府支持和指导，北京市新材料和新能源科技发展中心、区科委、赵全营镇政府联合主办，由埃米空间新材料孵化器承办的“北京（顺义）新材料科技孵化与产业发展高峰论坛”在赵全营镇埃米空间新材料培育加速基地举行。本次活动的主题是“星星之火，何以燎原”，大家齐聚一堂深入探讨如何利用创业孵化，加速新材料科技成果向现实生产力转换，利用科学技术催生新的发展动能。

（区科委）

【2020 年顺义区公民科学素质大赛】 11 月 28 日，2020 年顺义区公民科学素质大赛在顺义区数字科普展示馆举办。本次活动由区科协，区科委，各镇、街道主办，北京科技报社承办。决赛专门邀请中日友好医院预防保健科高级健康管理师肖志云、中国科学院国家天文台研究员郑永春、中国科学院生态环境研究中心研究员刘晶茹分别就新型冠状病毒、酸汤子、天问一号、垃圾分类等问题做现场解答。

（区科委）

科研成果

【中科蓝卓（北京）信息科技有限公司研发项目获国家铁路局支持】 年内，首都科技条件平台顺义工作站成员单位中科蓝卓（北京）信息科技有限公司（由中国科学院电子学研究所、中科星图股份有限公司、蓝卓科讯卫星科技应用有限公司共同发起成立的高科技创新型企业）荣获国家铁路局安全监察司“铁路沿线彩钢瓦类房屋设施建设及加固标准试验研究”课题支持。项目针对彩钢瓦类房屋在铁路沿线建设的技术标准研究，提出高速铁路沿线既有彩钢瓦类房屋设施加固方案和彩钢瓦类建筑与高速铁路的安全防护距离。

（区科委）

【洪泰智造（顺义）中心顺义工场试运行】 年内，洪泰智造（顺义）中心顺义工场试运行，共签约企业 45 家，其中完成注册或迁入 30 家，手续办理过程中 15 家；总注册资本达 19554 万元；知识产权数量达到 97 项，其中专利 45 项。洪泰智造（顺义）中心作为顺义区人民政府与洪泰智造联合打造的创新创业新高地，依托顺义现有产业基础，发挥洪泰智造整体资源，赋能智能制造领域初创和增长型企业。顺义中心规划面积为 10000 余平方米，包括加速中心 5000 平方米、公共技术服务平台 2000 平方米，工业研究院2000平方米和公共服务区1000平方米，在满足智能制造企业办公需求的同时，也为创业者提供产品研发、检测、认证、生产等全方位的技术服务内容，帮助创业企业解决发展过程中遇到的实际问题。

（区科委）

【“基础母牛繁殖率提升项目”正式启动】 1月4日，区科委对帮扶对象内蒙古自治区科左中旗投资90万元实施的“基础母牛繁殖率提升项目”正式启动。为当地购买兽用B超仪47台，当地建档立卡贫困户可免费优先使用仪器，项目惠及建档立卡贫困户和尚未脱贫农户共155户473人。

（区科委）

【北京威睛光学技术有限公司荣获二等奖】 3月27日，“创客北京2020”疫情防控专题赛落幕，位于顺义区的北京威睛光学技术有限公司的“新一代全画幅高效红外智能编码测温仪”项目获二等奖。

（区科委）

【埃米空间（顺义）新材料培育加速基地落户顺义】 4月22日，北京市顺义区重点项目云签约及新闻发布活动在顺义区以网络视频连线形式举行。“埃米空间（顺义）新材料培育加速基地”作为顺义区高精尖重大建设项目进行现场签约，赵全营镇镇长、埃米空间CEO分别代表合作双方签署合作协议。9月，基地开园运营，引入企业24家。基地围绕顺义区新材料产业化核心共性需求打造关键战略材料中试研发平台和新材料产业化工程应用测试平台，提供中试放大、工程应用、分析测试、研发外包、设备共享、市场对接、专业辅导等专业化孵化加速服务，推动一批关键战略新材料核心技术和产业化项目在顺义集中落地，加快形成新材料创新高地和产业资源链条的高效整合。

（区科委）

【市区科技部门联动，促进科技成果转化】 5月28日，市科委技术市场管理办公室与区科委相关领导及工作人员来到北汽集团总部进行技术市场专题调研和科技政策专项宣讲，按照“一企一策”的原则，对北汽集团开展科技政策送上门服务活动，就北汽集团科技创新、技术市场发展情况进行调研。为确保北汽集团各研发部门的技术合同顺利登记，区科委与北汽集团开展长期共建、定期回访机制，全程做好对接服务工作。

（区科委）

【2019年度北京市科学技术进步奖】 9月10日，北京市科学技术奖励大会召开。会议宣读《关于2019年度北京市科学技术奖励的决定》。顺义区共有3家企业作为主要完成单位获奖，其中北京轩宇信息技术有限公司“航天嵌入式软件可信性保障关键技术和应用”获北京市科学技术进步奖一等奖，北京机电院机床有限公司“数控机床结合面特性及整机性能分析关键技术与应用”、北京市政路桥管理养护集团有限公司“沥青路面快速、低排放养护技术及应用”获北京市科学技术进步奖二等奖。

（区科委）

【第十五届动力锂电池技术及产业发展国际论坛】 9月12—13日，由清华大学、中国科学院物理所、顺义区人民政府主办的第十五届动力锂电池技术及产业发展国际论坛在顺义举办。中国科学院物理研究所陈立泉院士、中国科学院化学研究所李永舫院士、北京理工大学吴锋院士（论坛主席）、厦门大学孙世刚院士、中国科学院过程工程研究所张锁江院士先后致辞或做主题报告，市、区相关领导出席论坛并致辞，来自市、区政府部门、高校院所、龙头企业的400余位代表参会。

（区科委）

【3个科技项目在科博会签约】 9月20日，第二十三届中国北京国际科技产业博览会在中国国际展览中心（静安庄馆）落下帷幕，顺义区多个科技项目和成果亮相展会。“第三代半导体封装用芯片贴装浆料和引线键合丝”“中国科学院工程热物理所辐射调控材料产业化”和“社区电动两轮车充电+换电双模式项目推广”签约成功。

（区科委）

中关村科技园区顺义园

【概况】 年内，中关村顺义园包括顺义航空产业园、空港创意产业园、北京北方新辉新兴产业基地、临空国际高新技术产业基地、实创高新技术产业园等9个区域。园区总体规划面积30.62平方千米，入驻的高端制造企业2300余家，中关村高新企业583家。入驻园区企业可叠加享受北京市、中关村国家自主创新示范区和顺义区的多重政策优惠。顺义园依托首都航空中心核心区的国际枢纽优势和毗邻“三城（中关村科学城、怀柔科学城、未来科学城）”核心区域的位置优势，聚焦发展新能源智能汽车、第三代半导体、航空航天三大创新型产业集群，培育生物医药大健康、新一代信息技术两大战略新兴产业。

（中关村顺义园）

【顺义园40家企业获科技金融资金支持】 年内，顺义园管委会依据《2020年中关村企业科技信贷和融资租赁资金支持》《2020年首批中关村天使投资和创业投资风险补贴资金》文件精神，为艾坦姆流体控制技术（北京）有限公司、北京智华信科技股份有限公司、北京码牛科技有限公司等40家企业申请到补贴资金889.18万元，其中科技信贷补贴352.05万元，融资租赁补贴81.07万元，天使创投补贴456.06万元。

（中关村顺义园）

【非公企业党组织新建5家】 年内，顺义园新建非公企业党组织5家，包括北京威睛光学技术有限公司党支部、北京市顺义区企业发展促进会联合党支部、北京清科芯瑞科技服务有限公司楼宇党支部、北京联东物业管理股份有限公司北京第二分公司楼宇党支部、北京车和家信息技术有限公司党支部。截至年底，园区非公企业党组织总数35家，其中党委1家、党总支1家，年内转出党组织1家。

（中关村顺义园）

【码牛科技公司推出绿码系统防控疫情】 3月，顺义园管委会与北京码牛科技有限公司联合鹭峯国际社区推出防控新冠肺炎疫情“码牛社区绿码”系统。该系统由码牛科技采用疫情防控追踪功能，通过大数据及人工智能实现分区分级差异化管控；以小程序、二维码为核心功能载体，为社区居民提供电子出入证、健康打卡、隔离管控及信息服务；为社区管理人员提供统计报表及预警，及时汇总各类信息及异常人员。系统配套提供热成像人体测温仪、AI人脸识别摄像机、声纹采集等服务疫情管控智能设备。

（中关村顺义园）

【顺义园与10家企业签约】 4月22日，顺义区举行重点项目“云签约”仪式，顺义园管委会与中电科光电科技有限公司、国家半导体器件质量监督检验中心、迪希埃（北京）半导体技术有限公司、华芯威半导体科技（北京）有限责任公司、北京闻颂微电子有限公司、北京清碳科技有限公司、丰桔出行（北京）科技有限公司、北京码牛科技有限公司、深圳华芯材料科技有限公司、北京弘光向尚科技发展有限公司10家企业签约。项目涵盖半导体、高端装备、大数据、人工智能等多个领域，协议投资总额114.7亿元。

（中关村顺义园）

◆ 4月22日，顺义园管委会与中电科光电科技有限公司等10家企业签约（中关村顺义园供图）

【市长调研】 7月21日，市长陈吉宁一行到顺义区调研推动“五新（新基建、新场景、新消费、新开放、新服务）”政策落地促进高质量发展工作。

陈吉宁首先来到顺义园察看园区发展规划，了解新能源智能汽车、第三代半导体、航空航天产业布局建设进度，结合产品展示与企业交流，对顺义园明确发展方向，优化发展模式，加快引进项目落地给予肯定，要求园区加强与全市重点领域工作对接，提高土地资源使用效率，提升管理服务水平。随后，陈吉宁主持召开座谈会，听取顺义区经济社会发展情况汇报和市有关部门意见建议。陈吉宁指出，顺义区全力应对疫情影响，安全有序复工复产，成绩值得肯定。下一步要立足当前、着眼长远，加强研究谋划，发挥禀赋优势，加快经济结构调整升级步伐，以园区为载体推动优势产业加速聚集，强化精准服务，抓好龙头企业和重点项目引进落地，完善产业链、供应链、创新链，形成制造业数字化、智能化、绿色化创新发展良好态势；抓住服务业扩大开放综合试点、落实“五新”政策等机遇，扩大高水平开放，加快推进中德产业园建设、首都机场临空经济区创新升级等工作；深化体制机制改革，做好资源统筹整合，增强工作合力，焕发发展新活力；严控行政成本，坚持过紧日子，加强资金统筹使用和绩效管理，用好金融支持政策，精打细算、提高效益，为各项事业发展提供有力支撑。

（中关村顺义园）

【理想汽车在美国纳斯达克上市】 7月30日，顺义园企业北京车和家信息技术有限责任公司的理想汽车在美国纳斯达克挂牌上市。此次上市发行价为11.5美元/ADS，以发行价计算，理想汽车市值百亿美元。理想汽车在顺义园设立关联企业11家。

（中关村顺义园）

【2个项目落户顺义园】 9月18日，在第二十三届中国北京国际科技产业博览会上，顺义园签约中科院工程热物理所辐射调控材料产业化项目和旗峰科技第三代半导体高端封装材料产业化项目。2个项目协议投资总额3.25亿元。其中工程热物理所辐射调控材料产业化为中科院成果转化项目，由北京中科具扬科技有限公司运营，计划投资2500万元，租赁厂房1700平方米，研发和生产先进热界面、辐射控温薄膜、电子屏蔽等材料；旗峰科技第三代半导体高端封装材料产业化为北京科技大学成果转化项目，由北京旗峰科技有限公司运营，计划投资3亿元，围绕封装过程中的高性能陶瓷基板、芯片贴装浆料和引线键合丝关键基础材料开展研发和产业化。

（中关村顺义园）

【理想汽车与 NVIDIA 合作协议签订】 9月22日，北京车和家信息技术有限公司的理想汽车与人工智能计算公司NVIDIA及NVIDIA中国合作伙伴德赛西威汽车电子股份有限公司在北京签订三方战略合作协议。三方联手开发基于Orin超强算力自动驾驶系统集成，为理想汽车下一代车型带来创新驾驶体验，助力理想汽车实现智能化，推动智能驾驶产业发展。

（中关村顺义园）

【第三代半导体材料创新基地落成】 9月29日，第三代半导体材料及应用联合创新基地落成仪式在顺义园举行。创新基地位于临空国际板块，总建筑面积71600平方米，由北京国联万众半导体科技有限公司运营。基地围绕光电子、电力电子、微波射频三大应用领域，建设第三代半导体工艺、封装测试、可靠性检测和科技服务四大基础平台。

（中关村顺义园）

【航天产业园综合研发楼开工仪式举行】 11月1日，顺义航天产业园综合研发楼——航天器姿轨控系统及产品研发基地开工仪式举行。项目计划投资6.4亿元，建筑面积约13万平方米，建设卫星控制系统核心制造基地，涉及电子产品集成测试厂房、姿轨控系统产品研发试验厂房、联合实验装备测试厂房及综合配套楼，用于开展空间飞行器控制系统、推进系统及其部件的研究、开发、设计、生产、试验任务等。顺义园管委会、中国航天科技集团公司空间技术研究院、北京控制工程研究所等相关领导出席开工仪式。航天产业园由中国空间技术研究院五院五〇二所投资建设，项目总投资20亿元，规划总建筑面积25.7万平方米，项目由卫星应用智能装备产业基地、信息技术产业基地、航天器姿轨控系统及产品研发基地构成，其中卫星应用智能装备产业基地、信息技术产业基地于2018年开工建设，预计2021年底完成建设。3个项目全部完工后，顺义航天产业园将完成整体布局。

（中关村顺义园）

【理想汽车总部基地投入使用】 11月，位于顺义园临空国际板块的理想汽车总部投入使用。总部由北京车和家信息技术有限公司投资建设，总投资25亿元，占地7.2公顷，总建筑面积65000平方米，集办公、设计、研发、试验试制等功能于一体。

（中关村顺义园）

【市委书记调研】 12月7日，市委书记蔡奇围绕学习贯彻党的十九届五中全会精神，推动“十四五”高质量发展到顺义区调研。蔡奇来到顺义园了解园区总体情况后强调，要瞄准智能制造、高端制造方向，保持定力，抬高准入门槛，注重地均、人均产出，做好战略留白。在北京车和家信息技术有限责任公司的理想汽车总部，察看试制中心运行情况，鼓励企业要对标国际一流，提高产品竞争力，不断超越自我。座谈会上蔡奇强调，要高水平建设三大创新产业集群。在做增量上下功夫，加强与“三城”对接互动，推动更多科技成果转化；新能源智能汽车要向高端化迈进；第三代半导体要在材料、芯片、器件等关键技术上集中发力；发挥好顺义园优势，高标准建设特色园区；依托中航产业园，提升航空制造和研发能力，打造现代化航天产业园区。

（中关村顺义园）

【5G中高频创新发展论坛】 12月10日，由顺义园管委会、TD产业联盟、第三代半导体产业技术创新战略联盟主办，北京国联万众半导体科技有限公司承办的5G中高频产业技术创新发展论坛在北京临空皇冠假日酒店举办。中国工程院院士张平、顺义区副区长梁斌、首都科技发展集团董事长朱晓宇及中关村管委会、市科委、市经信局相关领导、专家学者、企业家、创业者参会。论坛以“共绘中国中高频产业蓝图，赋能数字经济时代新机遇”为主题，围绕5G新基建发展，5G中高频器件与第三代半导体产业协同融合发展机遇与挑战、创新应用等话题进行研讨。中国工程院院士张平，中国电子科技集团公司第十三研究所副总工程师高岭，中国联通研究院无线技术研究中心总监、教授级高级工程师李福昌等14位嘉宾进行专业分享。论坛上，北京威睛光学科技有限公司、北京国基第三代半导体检测技术有限公司、河北新华北集成电路有限公司、北京中博芯半导体科技有限公司、迪希埃（北京）半导体技术有限公司、数字之光（北京）智慧产业集团公司6家企业与北京国联万众半导体科技有限公司签约，入驻顺义第三代半导体材料及应用联合创新基地。

（中关村顺义园）

教育

▲1月3日，区社区教育中心与格局商学签约仪式举行（区教委供图）

▲6—10月，区教委对民办学校及民办教育机构进行年检（区教委供图）

9月9日，顺义区教育系统新一批次9名支教教师出发赴西藏自治区拉萨市尼木县开展支教活动（区教委供图）

9月25日，团教工委联合团区委、区城管委开展“小手拉大手共建美好家园”垃圾分类志愿者实践活动启动仪式（区教委供图）

10 月 12—14 日，对顺义区幼儿园课程资源和绘本读本内容进行图书检查（区教委供图）

10 月 17 日，区少年宫小天使文学院暨顺义小作家协会部分小作家赴顺义区站前街新华书店开展现场授课并进行实地读书调查采访实践活动（区教委供图）

10 月 23 日，“2020 顺义区第六届小学足球嘉年华活动”在育星体育中心举办（区教委供图）

10 月 28 日，顺义区 2020 年首届学习指导师专题培训正式启动（区教委供图）

▲ 11 月 25 日，顺义区第二届“蝶砚杯”中学生时事辩论赛决赛暨颁奖仪式举行（区教委供图）

▲ 11 月 28 日，顺义区滑冰校园辅导员培训活动在城南体育中心举办（区教委供图）

综 述

【概况】 年内，区教委辖属教育单位219个，幼儿园106所（教育部门办园54所、集体办园25所、部队办园1所、民办园26所），小学50所（教育部门办校47所、民办校3所）。九年一贯制学校4所（教育部门办校3所、民办校1所），十二年一贯制学校7所（均为民办校）。初级中学17所（均为教育部门办校），高级中学4所（均为教育部门办校），完全中学2所（均为教育部门办校），中等职业学校6所（教育部门办校2所、民办校4所）。特殊教育学校2所（教育部门办校1所、其他部门办校1所）。其他法人单位21个。驻区高等学校4所。全年教育总投入74.62亿元。经区教委审批的民办学校123个，其中民办学历教育学校15所、幼儿园26所、培训机构82所，事业单位法人3所，企业单位法人25所，其余95所为民办非企业法人登记。

招生33246人（幼儿园12785人、小学11120人、初中6164人、普通高中3075人、特殊教育学校99人、中等职业学校3人），毕业24098人（幼儿园8972人、小学6888人、初中5167人、普通高中3033人、特殊教育学校35人、中等职业学校3人），在校生113370人（幼儿园32365人、小学53743人、初中17817人、普通高中9130人、特殊教育学校301人、中等职业学校14人）。教职工总数14688人（幼儿园5175人、小学3873人、初中1701人、九年一贯制学校182人、完全中学487人、高级中学1244人、十二年一贯制学校1724人、中等职业学校177人、特殊教育学校125人），其中正高级职称18人、高级专业技术职称2109人、中级专业技术职称2974人，北京市特级教师61人、北京市学科教学带头人21人、北京市骨干教师122人。

年内，新建（新设立）幼儿园5所，撤并幼儿园3所，新建九年一贯制学校1所。

（区教委）

【教育资助全面落实】 年内，顺义区教育资助全面落实。全年发放助学金、生活补助、帮扶资金、奖学金共计877.2万元、惠及6676人次，其中高等教育救助金13.3万元、惠及14人，高中阶段39.5万元、惠及178人次，义务教育824.4万元、惠及6484人次。全年减免费用18万元，惠及185人次，其中学前教育减免保教费80000余元，惠及91人；减免普通高中学费、住宿费等10万元，惠及94人次。

（区教委）

【组织参与多项活动获奖】 年内，区教委信息中心组织师生参加多项活动获奖。在第21届师生电脑作品交流展示活动中，利用FTP、电子邮箱征集教师课件404件、微课502件、学生作品279件，经市组委会评审获市一等奖19件、二等奖28件，获全国数字创作交流奖1件、数字创作参与奖2件、程序设计参与奖2件，其中马坡二小《我们四二的抗疫生活》作品是北京市唯一获得决赛面试资格的电子板报类作品。在“第13届全国中小学创新课堂教学实践观摩活动”中，经网络评审，1件作品被评为示范课例，4件为典型课例，5件为入围课例。在“一师一优课，一课一名师”活动中，67所学校852人报名，晒课教师数594人，上传课例689节，其中课堂实录620节，经过专家评审推优103节，最终获得北京市优课62节，优课总数位居全市第二位。

（区教委）

【学校管理标准化建设】 年内，顺义区义务教育学校完成管理标准达标建设。其中公办小学47所、公办中学21所、特教学校1所、民办学校11所，达标学校合计80所。对达标学校提出“不止于达标”的要求，鼓励达标优秀学校发挥引领作用，重点指导各学校处理好管理标准和学校制度的关系，在日常管理中贯彻落实管理标准，将标准与学校的办学章程有机对接与融合，有效提高学校办学质量。

（区教委）

【中小学教师资格认定】 年内，教育人才中心组织教师资格认定工作。全年共计616人申报教师资格认定，561人通过认定，其中初级中学教师资格认定77人，小学教师资格认定360人，幼儿园教师资格认定124人。

（区教委）

【为教学提供专业支撑】 年内，区研修中心狠抓教育教学质量，组织各学段教师召开视频会390次、研讨会154次、交流会115次，组织教研活动915次、研究课269节、课题研究66次、辅导讲座242场次，教学视导654校（园）次、听评课3579节，命制试题86套，录制教学课670节、微课591节，指导北京市“空中课堂”录课142节、微课66节。

（区教委）

【基建项目建设】 年内，区教委教育资产管理服务中心推进基建项目建设。北京师范大学附属实验中学顺义分校新建项目、胡各庄小学新建工程、建南幼儿园新建工程、南彩第一幼儿园新建工程、南彩第一小学新建工程、龙湾屯学校新建工程6个在建工程按照年度工作计划开展建设。完成板桥三期、四期2所配套幼儿园接收工作。保开学（园）修缮项目共7项，涉及5所学校，分别为裕龙小学借址办学、首师附小借址办学、张镇幼儿园老园装修及电改造、仓上小学扩班及电改造、北石槽中心幼儿园下西市分园供暖改造，共解决学位1200余个。

（区教委）

【教育装备总投入】 年内，顺义区教育装备总投入8620万元。其中义务教育阶段学装、作业本、学生计算机购置3个保民生项目立项采购工作涉及资金5700余万元；多媒体、课桌椅等保开学设备立项采购工作累计立项242项，涉及资金2920万元。

（区教委）

【义务教育证明证件材料审核实施细则出台】 4月30日，《非本市户籍适龄儿童在顺义区接受义务教育证明证件材料审核实施细则》经区政府批准出台并向社会公布。

（区教委）

【协助外籍教师办理返京审批手续】 5—9月，区教委教育国际交流合作中心协助3所外籍人员子女学校及7所国际化民办学校856名滞留境外外籍教师及家属办理返京审批手续，92名入境外籍教师返回工作岗位开展教育教学工作。

（区教委）

【支教教师行前部署暨欢送会】 6月4日，教育系统支教教师行前部署暨欢送会在研修中心报告厅召开。本年度共选派69名优秀教师赴河北省沽源县、万全区，内蒙古自治区巴林左旗、科左中旗，西藏自治区尼木县开展支教活动。区委教工委委员、区教委副主任就支教工作提出3点要求。干部人事科、教委办公室、教育发展规划中心负责人分别就支教工作纪律要求、行程安排、注意事项作具体部署。参与援派工作的学校（幼儿园）主管干部、支教教师、区教委相关科室负责人参加。

（区教委）

【微信公众号“顺义教育普法”上线】 6月9日，区教委教育法治事务中心官方微信公众号“顺义教育普法”上线。“顺义教育普法”致力向广大师生传递法治理念，提供免费线上学习资源，定期推送教育法治资讯、发布教育法治动态。共设置3个板块，法治教育板块，主要关注法治热点、发布法治资讯、传播法治声音，全面展示教育法治发展新面貌。督查动态板块，主要发布学前督查动态，展示学前督查热点和亮点工作。合同资讯板块，主要发布合同相关工作指南，方便用户了解合同审核备案工作流程。师生可以通过手机微信查找公众号“顺义教育普法”或者直接扫描二维码进行关注。

（区教委）

【“四有”好老师“四个引路人”优秀教育工作者评选】 6—9月，区教委教育人才中心开展“四有”好老师“四个引路人”优秀教育工作者评选。经过逐级推荐、专家评审，最终471名教职工被评为“四有”好老师“四个引路人”优秀教育工作者。

（区教委）

【“梧桐工程”教师招聘】 7月21日，第三期“梧桐工程——干部人才引进计划”教育系统教师招聘工作完成。经过前期宣讲、现场报名、初面、资格审查等程序，共有188名2020届应届毕业硕士研究生参加线上复试。教育信息中心制定《线上面试管理员工作手册》，采用预测试形式对管理员及考官进行考前培训，最终录取31人成为教育系统第三期“梧桐工程”干部人才。区委组织部、区人力社保局、区教委相关科室负责人参加。

（区教委）

【师德楷模评选】 7—8月，教育系统开展“十大师德楷模”评选活动。最终评选出顺义区第三届十大师德楷模和师德楷模提名奖各10人。

（区教委）

【顺义区光明小学教育集团成立】 8月13日，顺义区光明小学教育集团成立大会举行。区教委副主任宣读《北京市顺义区教育委员会关于组建光明小学教育集团的决定》，光明小学教育集团包括光明小学和李各庄学校2个校区，实行“一体化”管理。集团内实行管理互通、人员流动、研训联动、质量同进、文化共建。属地领导，区教委有关科室负责人及两校干部教师代表参加。光明小学教育集团成立揭牌仪式于9月3日举行。

（区教委）

◆9月3日，顺义区光明小学教育集团成立揭牌仪式在李各庄校区举行（区教委供图）

【援藏教师开展支教活动】 9月9日，教育系统支教教师出发赴西藏自治区尼木县开展支教活动。本批次9名教师分别来自顺义区第十一中学、顺义区第十二中学、顺义区第十三中学、顺义区第十五中学、赵全营中学、西辛教育集团、天竺一小、仇家店中小、宏城幼儿园，分别到西藏尼木县中学、西藏尼木县中心小学、西藏尼木县中心幼儿园开展支教活动。12月15日，支教教师团队完成任务返回北京。

（区教委）

【教育工作满意度调查】 10月27日—11月3日，顺义区开展2020年学校教育满意度调查工作。调查内容从学校管理（园所管理）、德育工作（卫生保健）、教学工作（保教工作）、学校环境（园所环境）、教育效果、专业发展、职业归属7个方面进行。此项工作委托北京教育科学研究院教育督导与教育质量评价研究中心完成，向全区中小幼干部、教师、家长发放问卷，共回收107325份有效问卷。12月20日，教育满意度调查结果公布。幼儿园满意度综合得分92.7分，小学综合得分86.7分，中学综合得分87.1分，均达到比较满意水平。

（区教委）

【市规划办课题集中开题】 10月28日，研修中心教科室对2020年北京市规划办立项的16项科研课题进行集中开题论证。开题通过腾讯会议方式进行，分别聘请北京师范大学、首都师范大学、北京教育科学研究院等相关领域专家，对课程教学评价改革研究、传统文化教育与德育研究、教育信息化研究等领域的16项课题给予研究设计指导。各校科研负责人、课题负责人、课题组教师等90余人参加。

（区教委）

【23所学校食堂获评北京市全民健康生活方式行动健康机构】 10月，市卫健委公布2019—2020年度北京市全民健康生活方式行动健康机构，顺义区仓上小学、顺义区第一中学等23所中小学食堂获评。

（区教委）

【6所学校入选冰雪运动特色校名单】 10月，顺义区6所学校入选冰雪运动特色校名单。依据《教育部办公厅关于做好全国青少年校园冰雪运动特色学校及北京2022年冬奥会和冬残奥会奥林匹克教育示范学校遴选工作的通知》《北京市关于加快冰雪运动发展重点工作分工方案》要求，北京市根据各区推荐并由专家组综合评议，最终公布冰雪运动特色学校“一、二、三类学校”评估验收结果，首都师范大学附属顺义实验小学、顺义区仁和中学入选一类校，顺义区第二中学、顺义区第十三中学入选二

类校，顺义区西辛小学、顺义区张镇中心小学校入选三类校。

（区教委）

【科研月启动会暨科研管理论坛举行】 12月9日，第十五届教育科研月启动会暨科研管理论坛活动在研修中心举行。科研月活动主题为“科研的力量：奋进·启智——教育科研的‘十三五’回顾与‘十四五’”。研修中心教科室主任解读第十五届科研月实施方案，并强调活动要求。中小幼9家单位科研领导进行科研管理经验交流，北京教育学院教育管理与心理学院教授杨雪梅做“科研管理者角色认识”微培训。区教委、研修中心相关领导、教科室工作人员、中小幼科研干部130余人参加。

（区教委）

【市、区级系列骨干教师评选】 12月，教育人才中心开展“市、区级系列骨干教师”评选工作。最终10名教师被评选为市特级教师，122名教师被评选为市骨干教师，21名教师被评选为市学科带头人，25名教师被评选为市骨干班主任；50名教师被评选为区特级教师，150名教师被评选为区学科教学带头人，144名教师被评选为区百优班主任，1200名教师被评选为区骨干教师，100名教师被评选为区园丁新星。

（区教委）

学前教育

【概况】 年内，顺义区幼儿园有106所，其中北京市示范园9所，教育部门办园全部达到北京市一级以上水平。在园幼儿32365人（教育部门办园23268人），离园幼儿8972人（教育部门办园6786人），入园幼儿12785人（教育部门办园9289人）。教职工5175人（教育部门办园3654人），其中专任教师2267人（教育部门办园1635人），幼儿教师学历合格率100%。幼儿园教师具有高级专业技术职称156人，特级教师2人，市级学科带头人1人，市级骨干教师17人，区特级教师4人，区级学科带头人16人，区级骨干教师260人，区级园丁新星19人，各级各类骨干教师占专任教师总数的19.5%。

幼儿园图书馆藏书678605册（教育部门办园藏书580070册），幼儿园总占地面积555681.52平方米（教育部门办园占地面积391446.15平方米），总建筑面积328430.12平方米（教育部门办园建筑面积226053.72平方米）。全区3～6岁幼儿入普惠性幼儿园率90.92%。年内，新建（新设立）幼儿园5所，分别是乔智幼儿园、优帮裕龙幼儿园、赵全营镇北郎中幼儿园、福奥幼儿园、墨伽禧瑞幼儿园；撤并幼儿园3所，分别是龙湾屯镇山里辛庄村幼儿园、赵全营镇西小营村幼儿园、张镇驻马庄村幼儿园。

（区教委）

【幼儿学位供给增加】 年内，顺义区通过新建、改扩建、开办社区办园点等多种方式增加幼儿学位供给，新增学位2390个，完成北京市重要民生实事任务。

（区教委）

【关停2所村办幼儿园】 年内，顺义区关停2所村办幼儿园。经镇人民政府提交申请，教委两委一室办公会决议，同意关停赵全营镇西小营村幼儿园和张镇驻马庄村幼儿园。

（区教委）

【复园工作视频部署会】 6月3日，幼儿园复园工作视频部署会召开。会议传达北京市教委学前阶段复园工作视频会精神，具体部署全区幼儿园复园工作。区教委有关领导，相关科室负责人，各幼儿园干部、保健医，民办园与社区办园点举办者、保健医及相关工作人员，各科室（中心）负责人及各镇（街道）教育助理300余人参加。

（区教委）

【幼儿园教师培训大会】 8月25日，区教育系统幼儿园教师培训大会召开。会议特邀北京师范大学教授钱志亮作《快乐工作 幸福生活》专题讲座，通过对心理压力的来源及表现进行详细阐述，从社会源性、组织源性、人际源性、个人源性四方面介绍压力排解的方法，针对教师工作生活中常见的压力和问题给予排解建议，启发和鼓舞全体干部教师快乐工作。现场400余人参加，分会场近1500人通过视频观看。

（区教委）

【学前教育工作视频会召开】 9月2日，学前教育工作视频会在区教育信息中心召开。会议总结上半年疫情防控期间相关工作，并从上好“开学第一课”、做好小班入园适应、科学安排一日生活流程、科学制定“十四五”幼儿园干部教师专业发展规划、开展视力专项监测活动等方面部署新学期教育教学工作。会议就干部教师队伍及加强师德师风建设工作提出具体要求，并重点部署疫情防控常态化管理工作。区教委学前科、研修中心学前教研室、相关科室部门负责人、镇（街）教育助理及全区幼儿园干部教师参加视频会议。

（区教委）

【各学段开学工作完成】 9月11日，幼儿园小班幼儿入园开学。本次入园开学共涉及园所122个，幼儿近13000人。区教委结合幼儿园中班、大班返园实际全力筹备。各园根据园所实际实行错时错峰入园，确保小班幼儿入园顺利。

（区教委）

【开展办园质量督导评估工作】 9—11月，责任督学完成幼儿园办园质量督导评估工作。参与自评的园所共计142所，其中办园质量自评A级的0所，B级的99所，C级的0所，D级（不合格等级）的43所，总体合格率69.72%。自评工作完成后，区级层面对各园自评情况进行整体分析，对不同办园类型园所存在问题进行汇总，并针对问题提出改进建议，各园依据失分情况进行分析，撰写整改报告，以评促改。10月20日—11月20日，区内幼儿专家及行政督学经过遴选，对区内58所幼儿园再次进行办园质量督导评估，最终，经市教委批准，顺义区幼儿园办园质量督导评估结果为B级48所、C级9所、D级1所。

（区教委）

◆ 9月，责任督学进行幼儿园办园质量督导评估工作（区教委供图）

【课程资源绘本读本检查】 10月12—14日，区教委学前科对98所各类幼儿园（其中教育部门办园54所、集体办园24所、部队办园1所、19个社区办园点）开展课程资源和绘本读本内容排查工作。经统计，教育部门办园及部队办园排查课程资源及绘本共计496375本，其中34688本存在问题；集体办园和社区办园点排查课程资源及绘本共计59436本，其中5775本存在问题。集中存在纯英文绘本、体现外国节日、风俗习惯等内容图书。园所课程资源和绘本读本内容经再次自查、调整后投放资源均符合要求。

（区教委）

【办园质量督导评估工作部署会】 10月15日，顺义区召开幼儿园办园质量督导评估工作部署培训会。会议回顾2019年办园质量督评工作，部署2020年办园质量督导评估工作操作流程以及注意事项，简要分析2020年幼儿园办园质量自评工作。幼儿园督评专家、行政督学及督学督政科有关人员共90人参加会议。

（区教委）

【后备干部培训班开课】 11月18日，第五期幼儿园后备干部培训班开课。培训班以规划能力、计划能力和策划能力（简称“三划”能力）为抓手和主线，同时将执行力、表达力、教师指导力等综合能力融合其中。通过书籍阅读、专家讲座、交流研讨、跟踪指导等活动促进幼儿园后备干部“三划”能力培养。

全区 19 名后备干部参与培训。

（区教委）

中小学教育

【概况】 年内，顺义区有小学 50 所（不含一贯制学校小学部），其中教育部门办学 47 所、民办小学 3 所；九年一贯制学校 4 所（教育部门办校 3 所、民办校 1 所）。小学毕业 6888 人（教育部门公办 6219 人），招生 11120 人（教育部门公办 10381 人），在校生 53743 人（教育部门公办 49877 人）；教职工 3873 人（教育部门公办 3788 人），其中专任教师 3291 人（教育部门公办 3238 人）。学校总占地面积 1230462.4 平方米（教育部门公办 1195945.4 平方米），建筑面积 481065.1 平方米（教育部门公办 467034.28 平方米）；固定资产 68892.19 万元（教育部门公办 68030.96 万元）；小学入学率 100%，巩固率 100%，毕业率 100%，及格率 100%。小学特级教师 10 人，市级学科带头人 8 名，市级骨干教师 54 名；区级特级教师 20 名，区级学科带头人 77 名，区级骨干教师 605 名，区级园丁新星 45 名；各级各类骨干教师占专任教师总数 24.8%。

顺义区中学 34 所（其中职高附设班不计入中学数），其中教育部门公办 26 所（初中 17 所、完全中学 2 所、高中 4 所、九年一贯制 3 所），民办 8 所（九年一贯制学校 1 所、十二年一贯制学校 7 所）。顺义区中学毕业 8200 人（教育部门公办 6657 人），招生 9239 人（教育部门公办 7717 人），在校学生 26947 人（教育部门公办 22324 人）；学校教职工 5338 人（教育部门公办 3568 人），其中专任教师 3921 人（教育部门公办 2707 人）。学校总占地面积 2067036.8 平方米（教育部门公办 1473276.03 平方米），总建筑面积 1068081.48 平方米（教育部门公办 655376.51 平方米）。固定资产总值 224974.15 万元（教育部门公办 109907.503 万元）。初中入学率 100%，巩固率 100%，毕业率 100%，及格率 100%；高中入学率 92.3%，应届毕业生高考录取率 97.07%。中学特级教师 49 人，市级学科带头人 12 名，市级骨干教师 51 名；区级特级教师 26 名，区级学科带头人 57 名，区级骨干教师 335 名，区级园丁新星 36 名；各级各类骨干教师占专任教师总数 14.4%。全区教育部门公办中小学专任教师学历合格率 100%。新建九年一贯制学校 1 所——北京市顺义区裕龙第二学校。

（区教委）

【推进与北师大附中合作】 年内，区教委与北师大附属实验中学、北师大基教处多次对接，初步达成合作办学共识。区教委就学校法人、生均经费标准、经费依据、教师招聘等方面事宜与师大附属实验中学、北师大基教处进行协商，修改完善《合作办学协议书》。

（区教委）

【“万众‘艺’心与美同行”线上优课录制】 1 月 27 日，研修中心小学美术教研室完成“万众‘艺’心与美同行”线上优课录制工作。美术教研员刘杰带领 5 位骨干教师录制《用摄影记录我家的战“疫”生活》《“民间故宫”荣宝斋》《画家徐悲鸿》《中国画——学画梅花》《会动的纸玩具》《立体绘本——儿童防疫手册》等 10 节市级优质课。中心组成员结合美术课程内容录制 114 节微课视频。

（区教委）

【生态环保主题演讲比赛】 4 月 10—28 日，中小学生生态环保主题演讲比赛举办。以线上形式开展，分为初赛和决赛。最终，研修中心附小、顺义三中、杨镇一中获得决赛一等奖。活动由区教委、区生态环境局主办，《北青社区报》承办。

（区教委）

【开设汽车 STEAM 编程防疫小课堂】 4 月 24 日，少年宫汽车 STEAM 课程教师开设“以艺战疫”编程线上防疫小课堂课程。课程团队联合清华大学、北京科技大学、中科院计算所及北汽等相关资源单位为学生准备“新型冠状病毒防疫小课堂”，学生把自己掌握的防疫知识做成动画作品为传播防疫知识贡献力量。学生通过扫码可以回看上课内容，教师在线指导，学生最终完成《消灭病毒小精英》《众志成城》《消灭病毒小游戏》等多个作品。

（区教委）

【参加第40届北京青少年科技创新大赛】 5月4—5日，第40届北京青少年科技创新大赛决赛“云端问辩”在北京科学中心举办。学管中心组织牛栏山一中、仁和中学、李桥中学3所学校5个项目参加线上答辩，共获得一等奖2项、二等奖3项，专项奖3项。最终，顺义区在第40届北京青少年科技创新大赛中获得学生科技创新成果项目二等奖5项、三等奖25项，科技辅导员创新成果项目获得二等奖1项、三等奖2项，少年儿童科学幻想画获得一等奖5幅、二等奖12幅、三等奖25幅，参加“少年同行，共战疫情”科幻画比赛共获得一等奖31幅、二等奖82幅、三等奖138幅，来自牛栏山一中的4幅战“疫”优秀科幻画作品在“首都科普”微信公众号专题展示。

（区教委）

【中考体检工作】 6月9日—7月26日，中小学卫生保健所组织中招体检工作。顺义区共有24所中学4489名初三毕业生参加中考体检，身体完全合格729人，完全合格率16.24%，其中男生454人，女生275人；基本合格2057人，基本合格率45.82%，其中男生1113人，女生944人；考取中专、技校及高中受限1703人，受限率37.94%，同比下降10.45%，其中男生808人、女生895人，1692人因视力原因专业受限（不合格）。

（区教委）

【学生午餐全覆盖】 6月30日，学校后勤管理服务中心制定《顺义区中小学校食堂管理办法》《顺义区中小学校外供餐实施办法》，于7月底委托区属国有企业为第三方，实行社会公开招标方式，依据《招标文件》评标办法选定15家食堂托管供餐企业、5家外供餐企业为全区70所中小学校提供用餐保障服务，实现顺义区学生午餐全覆盖。

（区教委）

【青年教师说课展示活动】 7—9月，第三届“临空杯”小学青年教师说课展示活动举行。参赛教师围绕单元主题、整体设计思路与课时安排（涵盖3课时）、主要教学过程、教学反思等内容进行12～15分钟的说课。最终，12个学科共340名青年教师分获一、二、三等奖。

（区教委）

【线上体育比赛活动举办】 8月，学生活动管理中心举办小学生线上体育比赛活动。项目设置和比赛要求结合学生居家特点及疫情防控形势，开设跳绳、颠球、踢毽子等项目。全区30所小学学生参加初赛，经各校初赛和区级汇总评审，25名同学分获跳绳和颠球等项目比赛一等奖。

（区教委）

【全国实验教学说课活动】 9月，顺义区教师2个实验教学案例入围第八届全国中小学实验教学说课活动优秀案例现场展示环节。分别为顺义区牛栏山一中说课教师赵胜男与研修中心教研员谢立平共同申报的高中化学案例《基于自制仪器探究氮的含氧化合物之间的转化》和北京市第四中学顺义分校说课教师张鑫与研修中心教研员赵瑞玲共同申报的初中化学案例《制作天气瓶——测定溶液电导率》。10月23—25日，第八届全国中小学实验教学说课活动在重庆举行，牛栏山一中赵胜男、北京四中顺义分校张鑫参加全国实验说课比赛，两位教师被评为2020年度全国中小学实验教学能手，并入选中国教育技术行业协会人才库。

（区教委）

【“启航杯”教学风采展示】 9月，北京市中小学新任教师第四届“启航杯”教学风采展示活动举行。空港小学教师亢一凡执教的《自我介绍》、天竺二小教师聂安璐执教的《小壁虎借尾巴》获一等奖。亢一凡、李萌、邓馨、张玉娇、田琳5位新任教师同时获得北京市教育教学故事演讲比赛一等奖。

（区教委）

【四校联合教研】 10月13日，后沙峪中心小学与顺义区空港二小、昌平区崔村中心小学、河北省张家口市万全区宣平堡小学4校开展“云端教研课发展，联合教研促提升”联合教研活动。北京第二实验小学副校长、特级教师华应龙为后沙峪中心小学六（1）班学生带来数学课《重温阅兵，喜迎国庆》，并与教师现场展开互动交流，以《阅兵中的数学故事》为例谈如何用心备好课。后沙峪中心小学、空港二小100余名干部教师参与现场教研，崔村中心小学、宣平堡小学干部教师通过在线直播方式参加。

（区教委）

【小学劳动教育推进会】 10月14日，“快乐劳动 幸福生活”顺义区小学劳动教育推进会在港馨小学召开。活动展示3节劳动教育课程及学生劳动成果，课程紧扣节约粮食的理念。与会领导、教师参观学校室内劳动基地、室外劳动农场等劳动教育场所。港馨小学校长杨亚民作题为《构建劳动特色课程奠基学生幸福人生》专题汇报，家长代表和学生代表分享参与劳动课程的体验与收获。全区小学德育干部、劳技学科教师、综合实践学科教师100余人参加。

（区教委）

【“双师同堂”小学数学研究活动】 10月22日、12月25日，顺义区以“指向核心素养的小学数学教学行动研究”为主题的数学学科研究活动分别在顺义区教育研究和教师研修中心附小、北京市教科院附小举行。全国模范教师、人大代表，北京市数学特级教师吴正宪2次走进顺义，通过“双师同堂”形式指导顺义一线教师的课堂教学。活动以4节数学课拉开序幕。教委小教科、研修中心小学教研室负责人及区内部分数学一线教师参加活动。

（区教委）

【在市中学生田径运动会上夺冠】 10月23—25日，第58届北京市中学生田径运动会举行。来自全市17个区（包括燕山区）的565名中学生运动员参加22个项目的比赛。区教委分别从区内9所学校中选拔48名运动员和20余名教练员，组成顺义区中学田径代表队参加比赛，共获得金牌15枚、银牌12枚、铜牌8枚，初中组、高中组和团体总分3项均获B组第一名。牛栏山一中王艺达以14秒09的成绩打破市中学生运动会男子高中组110米栏的最高纪录。本次比赛是顺义区连续第29次在北京市中学生田径运动会上夺冠。

（区教委）

【足球嘉年华活动】 10月23日，顺义区第六届小学足球嘉年华活动在育星体育中心举办。活动以普及足球游戏、培养足球兴趣、营造良好的足球文化氛围为主，设置25米折返跑、1分钟颠球、长传球踢准、运球绕杆射门、4米运球折返5项比赛。最终，24名同学获得一等奖。130余名足球特色校学生参加活动。

（区教委）

【中小学生运动会举行】 10月31日至11月1日，顺义区中小学生运动会（田径项目）在牛栏山一中举行。比赛设6个组别、13个竞赛项目，全区73所中小学578名运动员参加比赛。顺义一中崔明阳（高男铁饼）、王鑫冉（高女标枪），牛栏山一中李雨涵（高女100栏）、李冉（高女铅球）等一批运动员打破区运会最高纪录。区教委相关领导，区体卫艺中心、区学生活动管理中心负责人，全区中小学校长和学校主管领导到现场观赛。

（区教委）

【中小学班主任基本功决赛】 11月6日，顺义区第四届中小学班主任基本功决赛举行。大赛从9月中旬启动，分为校本培训、校级展示、区级初赛、复赛、决赛5个阶段。牛栏山一中、仁和中学、后沙峪中小等24所中小学校30名选手进入决赛。决赛现场进行班主任带班育人方略宣讲、情景问答、魅力展示三项展示内容。最终，10位老师获大赛特等奖，并代表顺义区参加北京市班主任大赛决赛，其他选手分获一、二、三等奖。区教委相关科室负责人、各中小学主管干部参加。

（区教委）

◆11月6日，顺义区第四届中小学班主任基本功决赛举行（区教委供图）

【小学英语绘本教学研究系列活动】 11月10日,“通过绘本阅读教学与主教材融合，提升小学生英语阅读素养”课题研究系列活动在光明小学举行。活动采取现场观摩+网络直播的形式进行。光明小学教师郭杰伟执教绘本故事《The Baby Owls》、外研社英语培训师冯圣媛介绍分级读物与主教材的融合点、北师大外文学院副教授孙晓慧进行课例点评及《英语分级阅读与主教材融合的路径与实施路径探究》专题讲座。小学英语课题组和中心组骨干教师、北师大国培计划河南省12位骨干校长及部分学校教师代表100余人参加现场观摩活动，区内全体小学英语教师、昌平区部分小学英语教师、内蒙古巴林左旗学校干部教师在线上参与活动。

（区教委）

【设立北京市顺义区石园第二小学】 11月17日，根据区委编办批复，设立北京市顺义区石园第二小学。

（区教委）

【道德与法治线上研讨活动】 11月18日，顺义、昌平、石景山三区道德与法治线上研讨活动举行。活动分三个阶段进行，第一阶段由三区教师分别说课展示，第二阶段由教研员对本区课程进行详细介绍和点评，第三阶段由北京市小学道德与法治教研员胡玲针对活动主题作专题讲座。三区教研员及180余名教师参加。

（区教委）

【综合素质评价基地校研究成果展示会】 11月18日，北京市小学生综合素质评价基地校研究成果展示会暨小学生综合素质评价手册校本化实施现场会在赵全营中小召开。赵全营中小教师呈现《最美的校园　最美的我》《“我”眼中的你》2节综合素质评价课和《Unit6 What are your favourite sports? 》《盘古开天地》2节学科课。副校长孙秀霞作《立足校本 依托手册 实施综评 提升素养》主题汇报。研究核心组教师分别以《构建有效课堂评价 促进学生多元发展》《在班级活动中 彰显评价的魅力》《量身定制的评价 让小樊爱上美术课》《大远的“福袋”》为题，从课堂教学、班级管理、学生个性化评价和评价卡个性化使用等角度同与会人员作专题分享。学生和家长代表讲述校本化评价引领学生成长、家长育人观念转变的故事。北京市教育质量与教育督导评价中心主任对活动进行点评，并提出改进意见。小教科副科长提出下一步工作重点。市教育督导与教育质量评价中心、区教委、区研修中心教科室、区教育宣传中心负责人，全区小学主管德育领导，平谷区、朝阳区教科室领导共80余人参与活动。

（区教委）

【中学生时事辩论赛决赛暨颁奖仪式】 11月25日，顺义区第二届“蝶砚杯”中学生时事辩论赛决赛暨颁奖仪式举行。辩论赛从10月27日开始，历时30天，以线上线下相结合的方式共进行34场比赛，23支初高中辩论队参加，共评选出85项个人及集体奖项。决赛中，来自全区各中学的辩手围绕“电视媒介是否是现代生活所必需”“表情包流行是沟通方式愈加丰富还是贫乏的表现”“当代家庭教育应给予子女更多自主空间还是监督陪伴”“数字人民币时代现金是否会退出历史舞台”等热点话题进行辩论。最终，仁和中学获初中组冠军，牛栏山第一中学获高中组桂冠。来自仁和中学的郭松铭、北京四中顺义分校的李婉嘉、牛栏山一中的周朗琪3位同学获“最佳辩手”奖，其他9位同学获“优秀辩手”奖。区教委中教科、中学时事报相关负责人、区内30余所中学100余名师生代表参加。

（区教委）

【中高考专题研讨活动】 11月27日，顺义区中高考学科专题研讨活动在研修中心举行。初高中学科教研员围绕“为了更好地适应中高考形势需要，切实提升教育教学工作质量，研修员如何做好统练学科质量分析”主题开展集体研修。海淀区教师进修学校副校长、质量评价中心主任、高中语文教研员姚守梅作《质量分析思考与实践》专题讲座。初高中教研员参加活动。

（区教委）

【牛栏山二小并入牛栏山一中教育集团仪式举行】 12月3日，牛栏山二小并入牛栏山一中教育集团仪式举行。大会宣读《北京市顺义区教育委员会关于牛栏山第二小学并入牛栏山第一中学教育集团的决定》，区教委副主任为学校揭牌。区教委相关领导及两校干部教师参加。

（区教委）

【体育教师专业技能考核】 12月5—6日，中小学体育教师专业技能考核举行。考核对象为全区中小学专兼职体育教师，考核根据教师年龄分为2个不同组别。评委由市、区体育专家组成，考核内容涉及足球、篮球、实心球、队列、体能、体操、广播操7项。北京市教科院基础教育教学研究中心体育教研室专家做现场指导，区教委体卫艺中心负责人、区研修中心体育教研员参加。

（区教委）

【“变教为学”现场交流展示活动暨城乡学校手拉手签订仪式】 12月9日，“变教为学”现场交流展示活动暨城乡学校手拉手签订仪式在北小营中心小学举办。活动分为2个环节，第一环节是课堂教学展示，分为主会场和分会场。第二环节由北小营中心小学与东风小学签订城乡学校手拉手协议。小教科负责人、各实验校领导教师参加此次活动，河北省张家口市万全区安家堡小学领导教师通过线上直播方式观摩活动。

（区教委）

【教育教学一体化研讨会】 12月12日，中小学学科教育教学一体化研讨会召开。区研修中心中学语文、数学、英语、物理和化学教研员分享学科教研组共同研讨的教育教学一体化行动方案。语文、数学2个学科3个学段的6位教师分别进行说课展示。市教科院基教研中心中学数学教研员黄炜、首都师范大学教授张彬福分别对方案分享及说课展示进行点评并提出建议。区研修中心相关领导、中小学教研室教研员、部分中小学教学干部和相关学科骨干教师参加。

（区教委）

【杨镇中小举办百年校庆活动】 12月17日，杨镇中小举办“诗词传雅韵，百年颂风华”百年校庆活动。杨镇中小创办于1920年，原名杨镇第一初级小学，后来改为县立第三完全小学。区研修中心及属地相关领导，北京市教委春雨计划项目组专家，杨镇中小部分教师、学生及家长代表200余人参加。

（区教委）

【牛栏山一中校庆七十周年庆典举行】 12月20日，“薪火相传70载——牛栏山一中校庆七十周年”庆典举行。庆典以视频直播与线下相结合的形式进行。首都师范大学、北京教育学院领导，区教委、属地领导，区教委各科室、中心负责人，区内校长代表，牛栏山一中校友代表、师生代表300余人参加现场活动。校庆期间，举办校友会、师生书画展、口述校史等活动，并出版《耕耘者的足迹（第四集）》一书。

（区教委）

【参加北京市班主任基本功展示】 12月22日，顺义区参加由北京市教委主办，以“教育情怀 专业理性 实践智慧”为主题的北京市班主任基本功培训与展示活动。展示交流主要包括带班育人方略宣讲、情景问答、魅力展示3个环节。展示活动在7个分会场举行，来自全市各区的200名中小学优秀班主任在现场进行精彩展示。最终，顺义区共有10位班主任（中、小学各5位）分别夺得一、二、三等奖。

（区教委）

【高中教育教学工作会】 12月24日，“聚焦高中教学，落实‘五优战略’”高中教育教学工作会召开。全区7所高中主管教学的副校长分别汇报本校教育教学工作开展情况，分享在课堂实践、教研开展、特色活动、教师培训、文化建设等多方面特色和亮点，同时就教学中的困惑和思考进行交流探讨。各校领导互相点评、提问、交流。区教委中教科负责人剖析2020年高考选科等级赋分数据。中教科负责人、区高中部分干部教师参加。

（区教委）

职成教育

【概况】 年内，顺义区有职业学校7所，其中教办职高2所（2015年划转至北京城市学院），民办职高4所（含附设中专班1个），成人中专1所（中华人民共和国应急管理部办，区教委代统计）。在校生278人（民办14人，成人中专264人）；教职工177人（民办151人，中华人民共和国应急管理部办26人）；专任教师83人（民办63人，中华人民共和国应急管理部办20人）。

年内，区社区教育中心有教职工115名，其中专任教师96名（副高级职称25名，中级职称40名）。开设148个教学班；招生3256名，在校生13313名。开展各级各类培训73项，培训各级各类人员12082人次。拥有普通教室42个，专用教室19个。学校占地面积40000平方米，建筑面积43792平方米。体育场（体育馆）面积5000平方米。图书馆（图书室）占地面积1000平方米，藏书总数20000册，全年订阅杂志、报刊40种。固定资产总值11108.42万元。多媒体教室座位2750个（指学校所有配备多媒体教室座位总数），校园网出口总带宽1000Mbps，“信息技术”课程每班8课时/周（指相应每个班级学生平均每周用于“信息技术”课程学习的课时数）。全年教育经费投入2363.82万元，均为国家拨款。

（区教委）

【北京开放大学顺义分校情况】 年内，北京开放大学顺义分校占地面积16600平方米，非产权建筑面积7500平方米。图书馆建筑面积300平方米，藏书12万册，包括纸质图书20000册、电子图书10万册。固定资产总值1796.04万元，其中教学、科研仪器设备总值1401.27万元。全年教育经费投入3016.98万元，其中国家拨款2223.13万元、自筹经费793.85万元。学校信息化经费投入223600元，信息化设备资产1381.58万元，网络信息点数567个，校园网出口总带宽50Mbps。设有9个教学系，开设14个专业。教职工62人，其中专任教师35人，包括副教授10人；兼职教师75人，其中教授5人。毕业2393人，其中专科生1136人，本科生1257人；招生1833人，其中专科生724人，本科生1109人。在籍学生7295人，其中本科生3377人，专科生3918人。全年短期培训5000人次。

（区教委）

【北京市农业广播电视学校顺义区分校情况】 年内，学校占地面积680平方米，非产权建筑面积2025平方米。固定资产总值391.7万元，其中教学、科研仪器设备总值187万元。拥有计算机150台，多媒体教室座位150个；设有2个系部，开设会计、工商管理和经济管理（保留3个专业名称）等32个专业，26个教学班。教职工21人，其中专任教师12人、教辅人员9人。专任教师中本科及以上学历占教师总数的100%，高级专业技术职称3人、中级专业技术职称6人，聘请校外教师57人，“双师型”教师1人。毕业生463人，就业率98%；招生647人；在校生2591人。

（区教委）

【网络学习资源建设】 年内，社区教育中心加强网络学习资源建设，在顺义学习网开设“网络学习 充电战‘疫’”专题栏目。栏目包含防疫安全公益课、中小幼数字图书馆、学术资源库三部分内容。防疫安全公益课开设关于新冠肺炎的一切、疫情权威解读、疫情下的科学防控、疫情下的科学就医、疫情下的科学复工五部分内容。中小幼数字图书馆以服务基础教育网上课程为主要目标，为区域中小学教师、教研员和学生提供“一站式”教育教学资源服务，资源总量达1000余万个，资源类别涵盖学术期刊、学位论文、视频、有声绘本、图书、微课等资源库。学术资源库包括学术资源和硕博论文学位资源两大资源库，总资源量4100万篇、学术期刊8000余种。顺义学习网提供六大类学习资源板块，包括时政教育、学前教育、家长教育、社区教育、老年教育、农民教育。网站共有视频资源75000集，电子图书100万册，电子期刊1000种。其中，家长教育栏目开设家长心理、父母课堂、父母聚焦等栏目，包括课程11886门、电子书2600本、电子期刊52种。

（区教委）

【与格局商学签约】 1月3日，社区教育中心与格局商学签约仪式举行。社区教育中心副主任，格局商学总设计、创始院长邢志清代表合作双方签约，格局商学向区社区教育中心授牌。社区教育中心探索与学习型组织特征相匹配的方式方法，与格局商学合作推出精品课程，开展思想的格局、经营新格局和企业大学3类直播课程培训，邀请知名专家讲授党建类、经营管理类、团队建设类等课程。区委区政府研究室、区经信局、空港开发公司、顺义建投、文旅集团、恒丰市政领导及相关人员参加活动。

（区教委）

【家庭教育咨询室在线答疑】 2月16日，社区教育中心“见号如面”家庭教育咨询室正式上线。咨询室面向全区学校开展“我最关心的家庭教育问题”征集活动，共收到问题10000余个。针对问题进行梳理分类，并从“十三五”期间培训的460名家庭教育指导师中，挑选第一批52名家庭教育志愿者成立中小学和学前2个大答疑组，聘请朱煦、黄藈青2位市级专家分别指导，按照“问题分析—初稿撰写—专家指导—定稿发布”流程，每天在“顺义家长在线”微信公众号推送答疑。

（区教委）

【“朗读者”举办线上诗歌朗诵会】 2月29日，顺义区首届“顺美杯”《致敬最美逆行者——众志成城，抗击疫情》朗读者线上诗歌朗诵会举办。朗诵会分为“众志成城、抗击疫情”“为爱加油、同舟共济”“期待春天、相信未来”3个环节，由近30位朗诵爱好者演绎20个作品，其中近一半以上是顺义区原创作品。活动由区社区教育中心主办，顺美服装股份有限公司、朗读者理事会承办，区书法家协会、区美术家协会、区舞蹈家协会、区作家协会成员参与，300余名朗诵爱好者通过微信群在线收听。

（区教委）

【网上在线教学培训】 2—3月，北京开放大学顺义分校开展网上在线教学培训，帮助师生适应新型教学环境、掌握在线教学技能、提高在线教学效果。班主任通过建立QQ群、微信群、视频会议、在线直播等形式开展线上辅导交流，了解并解决线上教学问题，制定在线教学解决方案。通过跟班听课、沟通交流等方式了解任课教师线上教学需要帮助解决的问题，特别是在教学资源选用、教学内容设计、教学方法创新及教学组织和教学效果等方面提出建议，帮助制定在线教学解决方案。

（区教委）

【线上招生】 4月16日、9月20日，北京开放大学顺义分校上半年春季共招生790人。其中3所合作高校南开大学33人，中国医科大学68人，东北大学58人，本校国家开放大学631人。下半年秋季共招生676人，其中专科招生333人、本科招生343人。

（区教委）

【端午节主题文化活动】 6月，区委宣传部、区教委、区文联共同举办“和满京城　奋进九州”致敬祖国端午原创作品空中诗会。活动由北京市作家协会指导，区社区教育中心、区作家协会、区教育宣传中心承办，通过微信群的形式进行展示。诗会分为端午情怀、潮白碧波、同心战疫、致敬祖国4个篇章。选取张广超、孙殿英、岩颜等17位顺义作家最新原创的《让青春燃烧在端午时节》《五彩丝绳》《端午》《致长城》等19首诗歌作品进行展示。宁艳霞、王振玙、王金广、范玉岭等20位朗读爱好者进行演绎，特邀中央广播电视总台国家一级播音员商建超从专业角度为朗诵者作示范性点评。

（区教委）

【家庭教育与家风建设项目启动仪式】 9月11日，北京市家庭教育与家风建设项目启动仪式暨项目咨询培训系列活动启动会在社区教育中心举行。市教委二级巡视员、职成处处长介绍近几年北京市家庭教育与家风建设项目的发展情况，疫情期间家庭教育开展情况，展现项目的历史风采及现阶段所得成果。顺义区教委、朝阳区教委分别介绍本区家庭教育咨询服务中心情况。北京协和医学院副研究员、北京协和启迪咨询中心主任杨霞以《“非常”开学，“正常”应对》为主题开展咨询讲座，帮助孩子快速适应校园生活，科学管理自我情绪，提高自主学习能力。针对家庭教育建设中的典型问题，杨教授与场上嘉宾、线上观众进行互动。北京市各区家庭教育负责人、顺义区中小学幼儿园代表、妇联、各街乡镇、社区及家长代表、社区教育工作者共计100余人参加现场活动，20000余人通过“伴随成长”公益平台直播间和“顺义家长在线”微信公众号观看直播。

（区教委）

【高素质农民培育宣传启动仪式暨北京统农科技小院揭牌】 10月12日，高素质农民培育宣传启动仪式暨北京统农科技小院揭牌仪式在顺义区龙湾屯镇分享收获农场（农民实训基地）举行。北京市委统战部副部长与“分享收获”农场创始人共同为科技小院揭牌。北京大学习近平新时代中国特色社会主义思想研究院乡村振兴主任温铁军教授作专题发言。顺义区分享收获。龙湾屯镇属地领导、顺义区农广校负责人、社会生态农业CSA联盟员工、中国农业大学资源与环境学院研究生学院40余人参加。

（区教委）

【中国武术进校园活动】 10月23日，顺义成人教育学校在德威国际学校开展中国武术进校园活动。专业武术教练带领学生完成热身活动，向学生讲述中国武术的发展历史和文化传承。教练为学生展示原地冲拳、正踢腿、里合腿、外摆腿、前滚翻等经典动作。

（区教委）

◆10月23日，顺义成人教育学校在德威国际学校组织开展中国武术进校园活动（区教委供图）

【学习指导师专题培训】 10月28日，顺义区首届学习指导师专题培训启动。市教委为项目提供政策指导、学习内容和标准确定及学员选拔等支持。顺义区培训分学习指导师、3～6岁家庭教育指导师、6～18岁家庭教育指导师3个研修班。通过自愿报名、简历筛选、面试考核等环节在全区招募113人。社区教育中心主任作开班致辞，介绍培训背景、意义、设计初衷及设计过程，并解读培训内容、方式和目的。原北京教科院副院长，北京开放大学副校长张铁道为学员作《从“讲课人”到“促进者”——顺义区成人学习能力发展项目说明》开班主旨讲座。培训专家团队组织“体验众筹学习的力量”培训体验课，围绕“报名至今你最突出的印象是什么”“你对即将开始的学习有什么疑问和建议”“本次学习对你最大的挑战是什么”“参加本次学习你最想有什么收获”4个问题开展小组讨论，张铁道进行点评。培训班3个小组开展为期3个月的学习活动，专家小组帮助学员由传统学习改变为主动式研究及探索式学习。

（区教委）

【传统艺术走进国际学校】 10月29日，顺义成人教育学校在德威国际学校分别举办“水墨中国”“国粹京剧”进校园活动。此次活动是顺义国际人才社区办、顺义区成人教育学校组织策划的“学中国风 共顺义情”中华传统文化进社区、进商圈、进国际学校系列活动之一。在国画课堂上，教师详细介绍毛毡、宣纸、毛笔等中国传统国画的基本作画工具及使用方法，并现场作画。在京剧体验活动中，教师让外籍学生挑选自己喜欢的戏服穿戴后，让学生猜一猜自己服装的角色特征和代表人物。学生在指导教师帮助下勾画京剧人物脸谱，跟随专业演员学京剧念白和唱段。教师为学生现场演示京剧的念白腔调，并带领学生集体朗诵“四郎探母”部分念白，教师为学生准备京剧书签作为纪念品。

（区教委）

【“慧企讲堂”系列培训】 10月起，顺义市政控股有限责任公司与北京开放大学顺义分校“慧企讲堂”培训项目组合作开展系列培训。10月28日，举办《市政控股现代企业制度培训——风险管理与内部体系建设》专题培训，邀请北京君百略管理咨询有限公司经理王文君从企业风险管理内涵、企业风险防控体系建设和全面风险管理3方面进行讲解，深入分析中国企业风险管理现状并运用案例加以说明。总公司领导班子成员及二级公司相关负责人70余人参加培训。11月15日，双方合作举办《践行商务礼仪　构建和谐营商环境》专题培训，邀请北京开放大学教师傅伟如讲授沟通礼仪，并列举身边例子与学员互动，共同探讨沟通障碍的克服、有效聆听的技巧等内容。总公司及子公司相关人员80余人参加，子公司40余人通过视频网络同步参加。

（区教委）

【新一届社会用字义务监督员队伍组建】 11月，顺义区组建新一届北京市社会用字义务监督员队伍。根据监督员职责要求对5名监督员进行线上线下培训。

（区教委）

【全民终身学习活动周】 12月1日，“融入融合融通　共学智学乐学”第十六届全民终身学习活动周举行。活动对获得市区级市民终身学习示范基地、学习型组织建设先进单位进行授牌，对市区级市民学习之星、顺义区好父母、“七彩生活”老年学习达人、老年教育优秀学员、学习型城市建设优秀信息员、“汇爱前行　战疫必胜”抗疫作品征集获奖者进行表彰。北京市成人教育学会会长、社区教育中心负责人、北京市建设学习型城市工作专家、区总工会、区妇联、各镇街主管领导和社区教育工作者约120人参加活动，区内各单位学习型城市工作人员线上直播观看。

（区教委）

【全国规范化家长学校建设研讨会暨双向研讨交流会召开】 12月11日，全国规范化家长学校建设研讨会暨广东省茂名市电白区教育局与顺义区社区教育中心双向研讨交流会召开。区家教研究指导办公室负责人分享区域家校社合作育人工作实践经验，首都师范大学附属顺义实验小学德育干部以“心手相牵　共育成长”为主题，分享学校建立三级家委会、调研家长需求、开办家长讲堂、完善家校课程方面具体做法。区教委中教科、小教科、学前科，区研修中心、区社教中心相关负责人，广东省茂名市电白区教育系统一行22人，顺义区35所“全国规范化家长学校”试点校德育副校长共计70余人参加。

（区教委）

【教育志愿者线上答疑工作总结会】 12月17日，家庭教育志愿者线上答疑工作总结会在社教中心召开。社区教育中心家庭教育研究指导办公室主任总结2020年家庭教育志愿者工作，并从完善志愿者服务工作机制、创新志愿者培训实践内容形式、形成自建教育资源库3个方面提出2021年工作设想。优秀志愿者代表南法信中小德育主任王新颖、李遂中心幼儿园园长任丽娟分别分享实践体会。北京协和医学院人文学院客座教授朱煦、首都师范大学学前教育学院副教授黄謇青被聘为顺义区家庭教育特聘专家，并分别作《务实推进家庭教育指导师队伍建设》《家庭教育指导师的能力素养和长成轨迹》专题培训。优秀家庭教育指导师志愿者、家庭教育指导师研修班全体学员共计100余人参加。

（区教委）

民办教育

【概况】 年内，顺义区有各级各类民办学校和教育机构123所，其中民办幼儿园26所，民办小学3所，民办完全学校8所（其中九年一贯制学校1所，十二年一贯制学校3所，十五年一贯制学校4所），民办职业高中4所；培训机构82所，主要培训内容为文化补习、外语、计算机、文体、艺术、汽车驾驶等。2020—2021学年度共培训各级各类人员141478人，固定资产27660万元，教学实习仪器设备资产值37150万元，教学用计算机4726台，多媒体教室座位数16720个，占地面积1115860平方米，教学行政用房建筑面积322.65万平方米，体育场（馆）152000万平方米，图书藏量539500册。

（区教委）

【民办教育数据汇总】 年内，区教委民办科共受理行政许可事项27项，其中审批培训学校4所、幼儿园2所，下发筹设民办园5所、学校2所，变更举办者、法人和地址、增加教学点等共14项，加大普惠性民办园审批力度，新审批2所普惠园，新增学位690个。

（区教委）

【培训机构专项检查】 1月14日，区教委民办科对辖区内经审核批准的校外培训机构组织开展安全、规范化办学专项检查。进一步明确责任分工，结合培训机构的办学行为、安全管理、卫生保健、安防监控、消防安全、校舍及设施设备安全、食堂食品安全、家园联系制度、校园周边安全等内容进行监督检查。

（区教委）

【“疏解整治促提升”专项任务】 4月22日，区教委民办科完成北京市顺义区旺泉培训学校、北京市顺义区杨名教育培训部终止办学的材料审核和批复工作。4月27日，登录北京市疏整促综合信息台账平台，2所培训机构完成销账，4月完成全年疏解任务。7月31日，完成市级聘请第三方疏解培训机构检查现场核验抽查工作，抽查北京市顺义区旺泉培训学校，核验结果为“合格”。

（区教委）

【“双随机一公开”专项检查】 5月1—31日，区教委民办科采取“双随机一公开”形式抽查培训机构办学安全、任课教师资质、教学内容及收退费工作。检查70所培训机构，回收70份校外培训机构随机抽查工作统计表。经核查，涉及任课教师资质有10个不符合标准，收退费制度及公示有7个不符合标准，办学安全方面有8处不符合标准，涉及问题均完成整改。

（区教委）

【民办学校及民办教育机构年检】 6—10月，区教委民办科对民办学校及民办教育机构进行年检。对参加年检的93所学校的上交材料逐一核对，82所民办学校年检合格，其中中小学11所、职业学校4所、幼儿园20所、各类培训机构47所，对存在问题的学校限期整改。

（区教委）

【培训机构线下课程有序恢复】 8—9月，区教委民办科下发《顺义区2020年培训机构有序恢复线下课程和集体活动的通知》，学科类培训机构可向教委和属地书面申请恢复线下课程和集体活动。培训机构经过自查自评、书面申请、全面整改、公开承诺等程序，经审批机关和属地同意后有序恢复线下培训，并签署疫情防控责任承诺书。

（区教委）

【接受办园质量督导评估】 10月10日，区教委督导室组织专职、业务、责任督学组成的专家组对温莎幼儿园等8所民办园进行质量督导评估。经幼儿园自评，区级督导评估，最后由市级专家督导、责任督学经常性督导抽查复核，市教委对8所幼儿园进行等级认定。

（区教委）

【授课内容专项检查】 10月15日—12月15日，区教委民办科对校外培训机构及教育行政部门审批的其他机构从教人员授课内容进行清查。要求各机构逐课逐本全面开展排查，建立细目台账，做到底数清、情况明。对于排查中不能准确判断的问题，要及时征求主管部门意见；对于排查中发现的问题，及时整改；完成自查后撰写自查报告，上报自查情况；培训机构完成自查后在经营场所显著位置公示承诺书。

（区教委）

【民办幼儿园年度考核】 11月13—30日，区教委、区妇幼保健院、区民政局等部门组成考核小组，对全区30所民办学校附属幼儿班、民办幼儿园进行年度考核。考核内容涉及依法办学、财务管理、食堂及安全、教学管理、卫生保健、工会党建6个方面，对存在问题逐一指出，并提出限期整改意见。

（区教委）

【民办学校办学成果交流展示】 12月10日，顺义区民办学校办学成果交流展示活动举行。各校围绕办学思想、德育教育、教育教学、民办党建、财务管理及安全管理等方面工作进行汇报。区委教工委委员、区教育工会主席做总结发言。区教委相关科室负责人、民办学校校长及部分干部教师40余人参加。

（区教委）

◆12月10日，顺义区民办学校办学成果交流展示活动举行（区教委供图）

特殊教育

【概况】 年内，顺义区有特殊教育学校2所（教育部门公办1所、其他部门办1所），开设教学班29个（教育部门公办24个）；毕业35人（均为教育部门公办），招生99人（教育部门公办68人），在校生301人（教育部门公办232人，其中小学147人、初中85人）；教职工125人（教育部门公办69人），专任教师72人（教育部门公办57人）；残疾儿童入学率100%、巩固率100%。

（区教委）

【资源教师交流研讨活动】 1月2日，资源教师交流研讨活动在特教学校举行。资源教师汇报如何有效安排开展资源教室工作、如何有效开展康复训练与补偿教学活动、如何开展学校融合教育宣导工作、如何与其他任课教师进行有效沟通、如何与家长有效沟通等方法与案例。全区29名资源教师参加。

（区教委）

【送教上门工作年终交流总结会】 1月3日，送教上门工作年终交流总结会在顺义区残疾人职业康复中心举行。会议表彰优秀送教上门工作者，区特殊支持教育中心负责人汇报送教上门相关工作开展情况，送教上门教师交流送教上门教育教学、康复训练、与家长沟通措施方法等内容。区教委、区残联、特殊支持教育中心人员及各校送教教师50余人参加。

（区教委）

【线上学习活动】 4月3日—7月9日，区特殊教育学校分部门、多主题开展线上学习活动。活动主题包括“运用体育游戏提升自闭症儿童运动和交往能力”“结构化教学”“职业部孤独症儿童的教育与教学环境创设”等内容。采取由1名教师主讲并做典型案例分析，组内其他教师研讨解决策略、交流学习收获。

（区教委）

【清明节主题文化活动】 4月4日，特殊教育学校开展“忆满京城　情思华夏”清明节主题文化活动。一是在全国公祭日学校降半旗。二是师生家长登录区教委微信公众号平台参加清明节献花活动。三是开展“五个一”主题活动，即看一部歌颂英雄的影片或动画片、向英雄敬一个礼、和家长共同做一朵白花献英雄、唱一首歌颂英雄的儿歌、听一首赞颂英雄的歌曲。

（区教委）

【儿童节庆祝活动】 6月1日，特殊教育学校开展“线上六一别样精彩云端相聚尽展才艺”六一儿童节庆祝活动。各教研组结合学生实际精心设计安排，开展“云端亲子运动会”“云端书画作品展”“云端歌舞表演”等主题活动，通过微信平台，利用“小视频、语音、图片、视频会”等技术手段组织升旗仪式、教师送祝福、欣赏校园美景、亲子运动会、学生书画作品展、师生共跳一支舞等活动。

（区教委）

【聘请专家指导教师】 10月19—23日，特殊教育学校聘请专家提升教师专业水平。学校特聘台湾特教专家鲍亦君通过听评课形式指导课堂教学，活动共安排7位青年教师授课，鲍教授从学生需求、教学模式、教学结构化等方面引领教师完善教学流程，丰富教学活动，达成教学目标。

（区教委）

【融合教育教师培训活动】10月19—21日，融合教育教师知动训练现场评估培训活动在特殊教育学校举行。19日，平衡疗育创始人、知动训练专家叶仓甫围绕“脑伤及发育迟缓儿0～6岁粗大动作为核心的感知觉及动作发育”“脑伤及发育迟缓儿——

五大功能发育模式分析及疗育策略的拟定”等内容进行专题讲座。20—21日，叶仓甫为20余名学生进行知动训练现场评估。在评估中，叶仓甫提醒教师在实操中注意三个问题：一是通过评估清楚学生的发展基点；二是日常训练宜缓不宜急，采用正确方法，耐心等待学生成长；三是关注学生的学习能力点在哪里，根据学生的能力设计多样有趣的活动。全区资源教师、送教教师、融合教育教师、特教学校教师等80余人参加。

（区教委）

【抗美援朝主题教育活动】 10月23日，特殊教育学校组织少先队员开展“传承红色基因 争做时代先锋”——纪念抗美援朝70周年主题教育活动。德育室组织推送以黄继光、邱少云2位志愿军英雄为重点的专题视频，各少先队中队辅导员根据队员能力分层开展“讲英雄故事”“学唱抗美援朝歌曲”“观看英雄事迹视频”等活动，引导学生铭记英雄。

（区教委）

【融合教育教师培训班开班仪式】 10月28日，顺义区融合教育教师“学习障碍”师资培训班开班仪式在仓上小学举行。培训采取障碍理论讲座与实操指导相结合，指导一线教师如何应对和干预学习障碍问题，提高学生的学习质量和生活质量。开班仪式后，北京师范大学教授张树东作《学习障碍的定义与诊断标准》培训。全区资源教师、送教教师、融合教育领导及融合教育班主任共计50余人参加。

（区教委）

◆10月19—21日，区特殊支持教育中心举办融合教育教师知动训练现场评估培训活动（区教委供图）

【课题开题会】 11月20日，北京市级课题子课题《普通学校融合教育推行委员会促进学生发展的机制与实践路径研究》开题会在南彩学校举行。区特殊支持教育中心就子课题研究方案，分别从背景和现实意义、目标与内容、工作方案和进度计划、基础条件与实践经验、预期成果五方面展开汇报。南彩学校、仇店中小、石园北区幼儿园依托区特殊支持教育中心子课题内容，根据学校实际情况做具体汇报。北京市特殊教育研究指导中心负责人、教委特教专干、区特殊支持教育中心、南彩学校、仇店中小、石园北区幼儿园子课题团队共计20余人参加。

（区教委）

【融合教育教研活动】 12月24日，特殊支持教育中心联合仇店中小区域资源中心举办融合教育线上教研活动。活动分为三部分：一是全体人员观摩2节随班就读研究课，授课教师汤晓旭和韩旭进行课后自评；二是南彩二小资源教师张颖介绍资源教室为班级融合教育提供的支持与服务，仇店中小区域融合教育资源中心主任邵海萍介绍资源中心的运作情况；三是专家点评。特殊支持教育中心相关负责人、资源教师、融合教育教师共计40余人参加。

（区教委）

【自闭症专题培训班开班仪式】 12月30日，特殊支持教育中心联合特教学校自闭症儿童教育康复训练基地举办线上“自闭症儿童的教育与康复”专题培训。北京师范大学教育学部特殊教育所博士、现中华女子学院学前融合专业教师赵梅菊做“自闭症儿童的发展特征及教育策略”培训。特殊支持教育中心相关负责人、融合教育教师、资源教师、特教学校教师50余人参加。

（区教委）

教育督导

【概况】 年内，区教委督学督政科坚持以习近平新时代中国特色社会主义思想和党的十九届二中、三中、四中、五中全会精神为引领，做好学校疫情防控及学生停课不停学等每一项督导工作。

（区教委）

【经常性督导全覆盖】 年内，区教委督学督政科组织挂牌督导责任督学对全区中小学校、幼儿园开展全覆盖经常性督导。全年开展督导14次，共督导学校1124所次，出动督学318人次。

（区教委）

【素质教育综合督导全面实施】 年内，区教委、教育督导室制定下发《北京市顺义区普通中小学校全面实施素质教育督导评价实施细则》（顺教发〔2019〕37号），督学督政科联合市区对顺义五中、光明小学全面实施素质教育情况进行综合督导，分成4个督导组对北务中学、木林中心小学等6所中小学进行综合督导。听取各校校长对于全面实施素质教育工作情况汇报，然后分组听课评课，组织干部教师和学生座谈、查阅档案资料、查看校园环境，了解学校实施素质教育情况。针对存在的问题，给出合理的改进建议，并以督导回复意见书的形式下发至学校。

（区教委）

【幼儿园办园质量督导评估】 年内，区教委督学督政科召开区内专家及行政督学幼儿园办园质量督导评估培训会，明确专家职责和标准，严格程序和要求，确保评估的公平公正。督导专家通过听取园长汇报全面了解办园情况，分组听活动课，查阅档案资料，查看园所环境，对教师干部及幼儿进行随机访谈等方式，了解幼儿园办园质量情况。督导组根据督查结果提出存在问题，并给出评估意见。幼儿园根据专家的反馈意见认真进行分析、讨论，通过网络上传提交整改报告，从而达到以评促建、以评促改、以评促发展的目的。最终，幼儿园办园质量督导评估结果达到B级48所、C级9所、D级1所。

（区教委）

【镇街教育服务和教育环境治理考评】 年内，按照《顺义区政府2020年度绩效管理实施方案》要求，督学督政科结合全区实际，修订完善《教育服务和教育环境治理考评实施细则》及专项督导分值表。为128所公办园校下发问卷通知，针对镇街承诺办实事完成情况进行调研，评价满意度。各镇街为公办民办园校、社区教育等共投资约9000余万元，其中为公办园、公办校教育投资5000余万元，做实事400余件，镇（街）超额完成前期承诺实事件数，满意度测评结果100%。

（区教委）

【教育优质均衡发展】 年内，在《顺义区人民政府履行教育职责综合督导整改方案工作台账》落实情况汇报工作中，区教委督学督政科采用“台账式管理 项目制推进”方式，不断加强区域义务教育优质均衡发展建设工作，形成自上而下责任明确、自下而上层层负责的工作落实体系，共汇总撰写上报季度工作报告3次，月工作报告3次。利用顺义区“2020/2021年北京市基础教育事业统计报表”数据，针对义务教育阶段公办民办小学、初中的相关指标达标及均衡情况进行测算，撰写分析报告，为推进义务教育优质均衡发展工作摸清底数，提供建议。

（区教委）

【高三年级试开学专项督导】 4月27日，区教委督学督政科对全区10所高中高三年级试开学工作情况进行专项督导。督导过程分3个时段进行：第一时段检查学生入校情况，第二时段检查学校课间休息、校医配备等情况，第三时段检查师生就餐、学校疫情防控等工作情况。

（区教委）

【初三年级试开学专项督导】 5月11日，责任督学对29所学校（含民办）开展初三年级试开学工作专项督导。督导采用实地走访形式，围绕学生入校情况、学生课间休息情况、午餐情况、学校校医配备及疫情防控措施等内容进行督导检查。

（区教委）

【中小学开学复课专项督导】 5月21—22日，责任督学完成中学非毕业年级开学准备、毕业年级师生员工智能体温监测、学校垃圾分类等工作情况专项督导。5 月 28—29 日，完成小学开学准备工作情况专项督导。6 月 1—2 日，完成对全区所有挂牌督导中小学开学情况专项督导。

（区教委）

【中高考考点疫情防控准备工作专项督导】 7 月 2—3 日，行政督学对全区 6 所高考考点疫情防控准备工作情况开展专项督导。7 月 14—15 日，完成对全区 7 个中考考点开展疫情防控工作的专项督导。

（区教委）

【暑期工作专项督导】 8 月 13—19 日，行政督学开展暑期工作专项督导。依据《中共北京市委教育工作委员会北京市教育委员会关于做好 2020 年暑假工作的通知》（京教工〔2020〕49 号）《北京市人民政府关于对＜北京市中小学校幼儿园安全管理规定（试行）＞的批复》（京政字〔2019〕20 号）等文件要求，组织挂牌行政督学采取入校督导、电话询问、查看工作资料等方式对全区中小学暑期工作开展专项督导。

（区教委）

【中小幼秋季开学准备工作专项督导】 8 月 25 日—9 月 3 日，行政督学采取入校实地督导方式对全区实施责任督学挂牌督导的中小学、幼儿园秋季开学疫情防控和安全生产等准备工作进行专项督导。区教委副主任带领部分专兼职督学，对包片辖区内仁和中学、建北幼儿园、建新小学、怡馨幼儿园等校园进行督导检查。督导组通过听、看、访、查等手段，从校园开学条件保障、师生返校情况、校园安全等多方面进行了解，对存在的问题进行反馈交流，并限期整改。

（区教委）

【国家义务教育质量监测】 9 月 28 日，国家义务教育质量监测工作完成。区委教工委书记询问质量监测各项工作落实情况，并提出指导意见。相关领导及负责人到顺义十一中、南彩二小、南彩学校实地查看保密室、计算机房和考务办公室等关键点位了解质量监测各项准备工作，同时对测试场地布置、宣传安排、测试应急预案等情况进行全面调研。教育部相关工作负责人对实施义务教育监测工作提出建设性意见和建议。区教委相关领导、区教育质量评价中心负责人参加。

（区教委）

【全面实施素质教育综合督导活动】 11 月 5 日，市政府教育督导室联合督导组对顺义区第五中学和光明小学开展全面实施素质教育情况进行综合督导。督导组一行首先听取 2 位校长关于全面实施素质教育工作落实情况汇报，然后分组开展听课评课活动，并组织干部、教师和学生座谈，实地察看校园文化环境，全方位、多角度了解学校实施素质教育情况。联合督导组前期通过北京市教育督导评估监测系统查阅 2 所学校档案资料，并进行师生网上问卷调查。经过梳理汇总，督导组针对存在的问题提出改进建议。督导情况以督导回复报告的形式下发至学校，学校结合督导报告及时改进工作。市区相关专兼职督学、区教委相关科室负责人参加。

（区教委）

【中小学心理健康教育专项督导】 11 月 23—26 日，26 名中小学挂牌责任督学对全区 85 所中小学（含民办）开展中小学心理健康教育专项督导。督导内容包括学校心理健康教育师资队伍、心理辅导室建设基本情况、教育教学工作中关注学生心理状况情况、专题心理辅导课开课情况、家校沟通情况等。

（区教委）

【平安校园达标验收】 12 月 18 日，市政府教育督导室副主任率市教委专家组一行到顺义区开展平安校园达标验收工作。区教委调研员汇报“平安校园”建设情况，专家组查看相关档案资料，分组到仁和中学、顺义一中附小、怡馨幼儿园、新英才学校开展评估验收，听取 4 所学校关于“平安校园”工作汇报，实地察看学校软硬件建设情况，并开展座谈和总结反馈。检查结束后，对安全管理队伍建设、安全制度落实及安全防控体系建设提出改进建议。市教委有关领导、专家组成员和区公安、消防、教委等部门相关领导，区教委相关科室、中心负责人，4 所学校部分干部教师参加。

（区教委）

◆ 12月18日，市政府教育督导室率市教委专家组一行到顺义区开展平安校园达标验收工作(区教委供图)

【疫情防控工作专项督导】 12月29—30日，26名中小学挂牌督导责任督学通过深入学校方式，对全区85所中小学（含民办）开展中小学疫情防控工作专项督导。督导内容为中小学校落实市区两级疫情防控要求、加强学校疫情防控工作情况等。

（区教委）

【全年学前督查任务完成】 12月31日，教育法治事务中心完成全年学前工作督查任务。根据市教委《关于开展学前教育督查工作的通知》要求，常态化开展学前教育督查工作。督查人员每2人为一组，坚持问题导向，以包片包镇形式，通过园所巡查、随机抽查、查阅资料、座谈走访等方式每月完成对全区19个乡镇、6个街道各级各类幼儿园（点）的集中督查任务，平均每月检查幼儿园150余所。实地采集数据项目25821个，存档资料40余盒，督促整改问题367个。撰写督查报告、督查总结、督查案例12篇，均被市级部门采纳。

（区教委）

文化

1月，第二十七届“二月新春”启动仪式举办（区文化和旅游局供图）

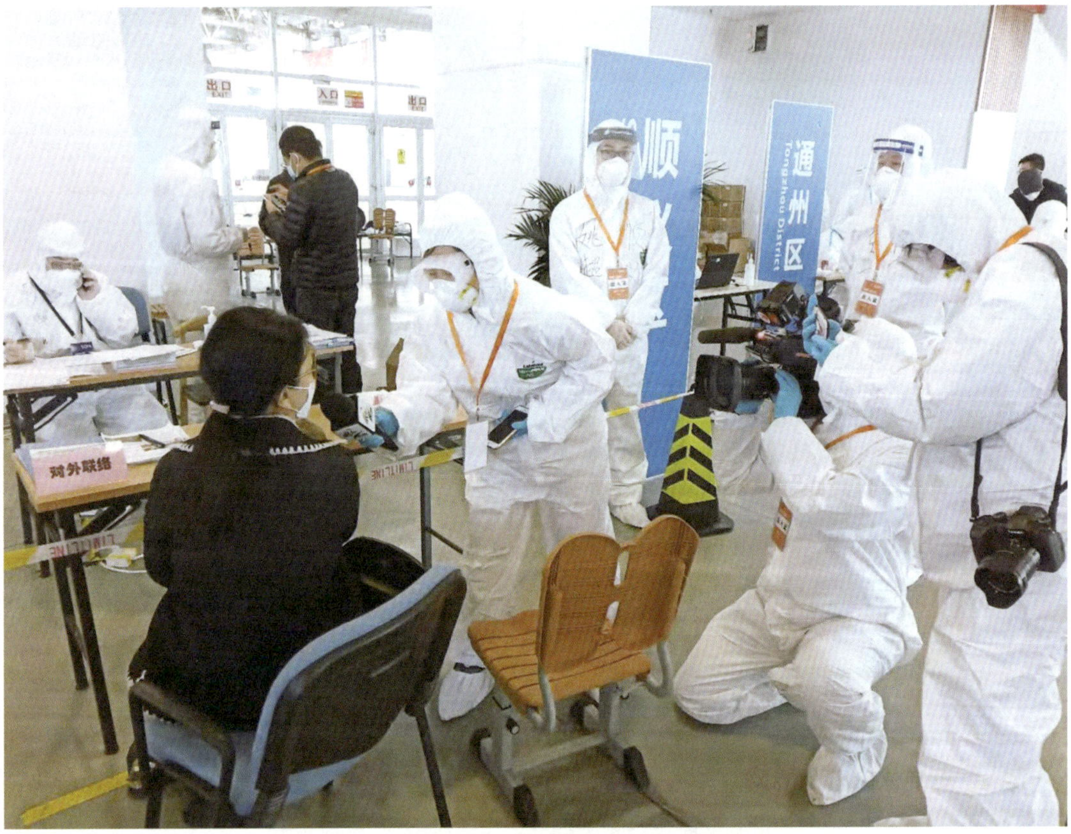

3月，区融媒体中心记者在新国展集散点采访（区融媒体中心供图）

▲ 7 月，区文物所对不可移动文物赵家峪药王庙进行修缮前勘察设计（区文化和旅游局供图）

▲ 9 月，区文联举办顺义区第六届残疾人书画篆刻培训班（区文联供图）

9 月 27 日，幸福石园“益起来”第四届公益文化节在石园街道五里仓社区举办（区文化和旅游局供图）

11 月 24 日，《北京市顺义区志（1996—2010）》出版发行会在北京顺义宾馆召开（区史志办供图）

12 月 28 日，区融媒体中心在五里仓核酸检测点采访（区融媒体中心供图）

年内，区文联结对帮扶河北省沽源县万全区(区文联供图)

年内，区文联开展送春联活动（区文联供图）

文化活动

【概况】 年内，区文化和旅游局立足群众多样化文化需求，通过创新线上服务、开展疫情防控宣传、组织群文创作，确保公共文化服务不断档，实现“压实疫情防控，保障文化供给”的工作目标。区文化中心实现对外开放，稳步推进全国文化中心建设；全区公共文化服务体系示范区建设达标水平大幅提高，镇街综合性文化服务中心、文化馆分馆、图书馆分馆建成率均达到100%，镇街文化中心平均达标率由43.66%提升至84%，综合效能由45.34%提升至84%；文化惠民活动精彩纷呈，“农村演出星火工程”演出361场，“周末场演出”42场，“百姓周末大舞台”演出50场；稳步推进公共服务设施建设，文旅场所无障碍设施建设情况，在全市文旅系统中排名并列第1名。

（区文化和旅游局）

【创新文化供给“云服务”】 年内，利用线上文化平台，推出多样服务，“顺义旅游”微信平台推出《不出家门，一样享受精彩顺义》系列线上“云游览”活动22期，推出退休老干部“丰富宅家生活”系列作品18期，图书馆线上20余万册电子书、20余万集有声书、1000余种期刊、10000余集视频资源供读者免费浏览使用；文化馆开展“线上文化学堂”活动，影剧院联合北京曲艺团等推出京东大鼓《胜利在明天》、快板《给您鼓鼓劲儿》等作品。

（区文化和旅游局）

【抗疫文艺作品层出不穷】 年内，与区文联联动动员基层群文工作者发挥“文艺轻骑兵”作用，讲好顺义防疫故事，共收到诗歌、歌曲、书画、摄影、曲艺等各类作品1000余件。歌曲《最想见到你》被“学习强国”收录，光明网、今日头条等媒体刊发，突破4000万次阅读量；歌曲《我们一定赢》在北京音乐台播出并进行专访。

（区文化和旅游局）

【新华书店多措并举助力防疫】 年内，顺义新华书店多项举措助力抗疫服务工作，“电话订购”“线上购书”等服务方式与门店开放同步进行，进一步减少人密场所的群众聚集；各门市安装并使用消毒机器人，定时做好公共区域的通风和设备设施消毒等举措，实现疫情期间安全运营。

（区文化和旅游局）

【图书馆馆藏档案规范化、数字化管理】 年内，聘请专业第三方公司将建馆以来的所有馆藏档案进行规范化、数字化整理加工，包括各项业务档案、基建档案、科技档案及实物档案等，总计整理1867卷1808件，数字化录入17070页，数据正确率100%，符合国家标准。

（区文化和旅游局）

【大运河（潮白河）文化带保护传承】 年内，制定《顺义区大运河（潮白河）文化保护传承利用规划及五年行动计划》，以“文遗保护、生态建设、文化发展”为框架构建大运河（潮白河）历史发展脉络；成立潮白河文化研究会，收集潮白河相关图书上千册，对潮白河沿线21个不可移动文物进行考察考证，撰写考证论文30余篇共计30万字，整理“碎片化”资料逐步还原潮白河文化风貌。鼓励文艺工作者以潮白河为主题进行文艺作品创作，创作《潮白河组曲》15首、主题文学作品6部、书法美术作品13幅、系列摄影作品近千幅；讲述潮白河苏庄闸桥故事的大型原创现代评剧《梦回洋桥》在全国地方戏演出中心完成首演。提前完成加强潮白河沿线基层公共文化设施标准化建设任务，潮白河沿线镇街文化中心建成开放。

（区文化和旅游局）

【文化惠民工程】 年内，“农村演出星火工程”42支演出团队完成361场演出，覆盖全区357个未拆迁村及机场周边地区，群众满意度提高65%；安排90场区内原创大戏，42场“周末场演出”，50场“百姓周末大舞台”等演出以惠民低票价及免费观看的形式开展。

（区文化和旅游局）

【公共服务效能】 年内，出台并下发《北京市顺义区基本公共文化服务指导标准》等5个政策文件，形成“月督查、年考核”机制，每月由副职带队，对25个镇街文化中心开展实地督查，并汇总形成情况通报，促进各镇街补短板、强弱项、优功能，推动全区示范区建设达标水平提升。全区共建成镇街综合性文化服务中心25个，覆盖率100%；村社建成文化室494个，覆盖率99.8%；有益民书屋529个，固定公益电影放映厅375个，镇街级文化设施综合效能由去年的45.34%上升至84%。

（区文化和旅游局）

【公共图书配送体系进一步完善】 年内，共为全区529家益民书屋补充图书1400余种56912册，总价值174万元。

（区文化和旅游局）

【公益电影放映】 年内，农村公益电影放映以356个固定影厅、27家校园影厅、23支流动放映队为基础，全年累计放映公益电影11600余场次。

（区文化和旅游局）

【第二十七届“二月新春”启动仪式】 1月21日，区文化和旅游局牵头组织各镇街、区文联、各艺术团体、文化旅游企业等文旅系统成员，在新落成的顺义大剧院举办2020年第二十七届“二月新春”启动仪式。活动邀请北京顺元祥艺术团、北京阳光小鸟艺术团、北京潮白河艺术团、北京盛世梨园艺术团等艺术团体参演，本届活动以“奋进新时代、筑梦新顺义”为主题，由区委宣传部、区总工会、区妇联、团区委、区文化和旅游局、区农村农业局、区文联、区融媒体中心共同主办。

（区文化和旅游局）

【抗疫公益原创作品征集活动】 2月，面向全区开展“携手战疫、你我同行”公益原创作品征集活动，共收到原创作品300余个。

（区文化和旅游局）

【区文化中心对外开放】 3月3日，区文化中心对外开放。区文化中心总建筑面积63800平方米，包括博物馆、图书馆、文化馆、大剧院4个组成部分，集公共文化服务与娱乐休闲功能于一体，是顺义区首个大型公共文化综合体。

（区文化和旅游局）

◆3月3日，区文化中心对外开放（区文化和旅游局供图）

【镇街“一卡通”分馆全部建成】 3月，全区25家镇街分馆的配书工作完成；9月，免费开放服务全部实现。

（区文化和旅游局）

【顺义新华书店获评“最具人气书店奖”】 6月5日，在中共北京市委宣传部主办的“遇见一家书店”征集活动中，顺义新华书店以总分第一名的成绩，获评“最具人气书店奖”。

（区文化和旅游局）

【“顺图文化云”入驻有线电视云平台】 8月，区图书馆推出“顺图文化云”有线电视云平台入户服务，共设有顺图资讯、读者服务、数字阅读、文化共享4个板块，上线341个视频、100本数字图书资源。同时，观众还可以通过“顺图文化云”查看顺义图书馆的最新活动、参与活动报名。

（区文化和旅游局）

【大型原创现代评剧《初心》首演】 8月18日，由区戏剧家协会、北京市凤翔艺术团联合打造的顺义区2020年文化资金扶持项目——大型原创现代评剧《初心》在顺义影剧院首演。受疫情影响，首演采取录播形式，总时长120分钟，9月10日在中央电视台戏曲频道播出。本剧依据顺义区空港街道吉祥花园社区党支部书记绳桂玲的事迹改编。

（区文化和旅游局）

【大型原创评剧《梦回洋桥》首演】 8月28日，大型原创现代评剧《梦回洋桥》在全国地方戏演出中心（中国评剧大剧院）首演。该剧是北京文化艺术基金2019年度资助项目。以潮白河文化为创作背景，剧中所指洋桥为顺义区苏庄闸桥，讲述民国时期发生在顺义区的一段传奇故事，讴歌京东北运河人的运河情怀和民族精神。

（区文化和旅游局）

【大型原创评剧《李昆》公演】 9月16日，大型原创现代评剧《李昆》在2018年首次创排的基础上加工提高后首次公演。该剧由北京市凤翔艺术团、区戏剧家协会联合打造，是北京文化艺术基金2019年度资金扶持项目。根据真实事迹改编，再现顺义区第一位共产党员李昆的事迹。

（区文化和旅游局）

【全民艺术普及月活动成果丰硕】 9月19日，全民艺术普及月活动正式启动。区文化和旅游局动员组织全区各镇街、文化站共同参与，共组织开展“十月金秋”群众书法、美术、摄影优秀作品展等9项区级文化活动，60余项镇街文化活动。顺义区获“全民艺术普及示范点”称号。

（区文化和旅游局）

【重阳节期间文化活动】 10月22—26日，顺义区第五届“九九重阳爱老敬老”戏曲艺术节在顺义影剧院举办，活动邀请北京畅春园评剧团、北京戏曲艺术职业学院等团队，以文化惠民低票价及公益性演出的形式，为顺义区域老年人奉献8场演出。活动期间，子女、晚辈陪同老人观演或为老人购买剧票可享受票价5折优惠；区图书馆开展《重阳节》亲子读书会，邀请大小朋友一起分享绘本故事；区电影中心推出3部公益电影、2部科教片，供节日期间各放映单位放映。

（区文化和旅游局）

【旺泉街道分馆获荣誉称号】 11月，在市委宣传部、市文化和旅游局主办的2020年“阅读北京·十佳优读空间——百姓身边的基层图书室”评选活动中，顺义区图书馆旺泉街道分馆获评“阅读北京·十佳优读空间”。图书馆位于旺泉街道综合文化活动中心，运营面积约200平方米，藏书15000余册，定期举办亲子阅读和国学课堂等活动。

（区文化和旅游局）

文化市场监管

【加强督查打造清朗暑期】 年内，一是加强检查。针对歌厅、网吧等文化娱乐场所经营特点，提升执法人员与违法行为碰撞率，将20：00—24：00和周末作为执法检查的重点时间段，联合市文化执法总队、属地重点查处是否有接待未成年人行为。二是精准防控、隐患排查，防疫与安全生产双督导。全员参与、全时防控，全力开展辖区文化和旅游市场经营单位疫情防控工作指导和检查；严查文化经营单位安全生产基础工作不落实、规章制度不建立、硬件设施不配备、消防安全技能不掌握、消防通道不畅通以及人员教育不到位、应急演练不规范7项问题。三是网络巡查、强化监管，净化网络文化环境。加大网络文化市场监管力度，针对暑期售书高峰，将出版物网络销售为网络执法办案突破口，采取“轮值主办人”制度，将线上巡查与线下执法相结合，取缔“黑装订厂”1处，没收非法出版物，立案并处罚金。

（区文化和旅游局）

【“行业清源”工作开展】 年内，一是加强行业监管治理。严查印刷企业非法印刷复制行为，强化出版物内容核查，整治排查网吧、KTV等娱乐场所涉黑涉恶涉黄违规行为。二是强化网络执法力度。全面强化网络巡查和监管，加强网络经营单位的巡查、检查，将行业清源、乱象治理延伸到网络领域，有效促进网络领域整治效果，确保网上、网下清源行动两不误。三是响应群众诉求。以群众诉求梳理专项整治行动的风向标，共接办涉市场违规类投诉举报15件，均由执法人员连夜调查取证、核实情况，第一时间进行查处、第一时间进行回复，群众满意率100%。

（区文化和旅游局）

【文化市场执法力度提升】 年内，一是强化网络执法。以网络出版物销售为重点，逐一对辖区在册出版物经营单位进行汇总梳理，重点针对出版物在册经营单位是否涉及网络销售行为、手续是否齐全等进行检查摸排，全力开展“净网”行动。二是强化黑开场所摸排。深入镇街、社区等部位，重点对校园周边开展无证无照印刷经营活动专项整治行动，对无证经营企业坚决取缔，严格规范印刷市场经营秩序，净化市场环境。全年取缔黑开印刷窝点2处、没收设备2台。三是强化群众投诉处置。以举报受理、群众投诉作为推进市场管控、案件办理等工作重要手段和方法，开通网上投诉平台和热线电话，做到第一时间查处、第一时间回复，全年接办投诉举报15件，群众满意率100%。共出动执法人员4000余人次，检查各类经营单位3000余家次，罚款43650元，收缴卫星天线4套、取缔黑印刷窝点3处，没收设备2台，非法出版物1230册。

（区文化和旅游局）

文化遗产保护

【《顺义文物》制作完成】 年内，《顺义文物》图册编制完成。编制过程历时2年，收录各类文物103件，包含石器、青铜器、陶器、瓷器、金银首饰、钱币、不可移动文物、其他8类。其中国内罕见的青铜耳杯架、国家一级文物童子诵经壶等从新石器时代到民国时期的可移动文物85件（套），北京唯一洞内修复寺庙潮源洞等从汉代至中华人民共和国成立后的不可移动文物18处。

（区文化和旅游局）

【区级文物保护单位新增1处】 年内，经市文物局统一评定，位于顺义区仁和镇太平村的顺州城垣遗址被评为区级文物保护单位。遗址现仅存北城中部一段，长约6米，是北京市唯一一处唐代州城遗址。

（区文化和旅游局）

【不可移动文物新增1处】 年内，位于大孙各庄镇赵家峪村的药王庙，经专家组勘察论证，被认定为不可移动文物。寺庙坐北朝南，原有影壁、山门、前殿和后殿；现存第一进院正殿（前殿与后殿基址），并有迁移和改建痕迹，为清后期建筑风格。

（区文化和旅游局）

【区文物管理所接受社会无偿捐赠文物2件】 年内，区文物管理所接受社会无偿捐赠文物2件。一件是由牛栏山镇张家庄村拆迁时出土的陶罐，高为24厘米，器型完整；第二件是由收藏家闵先生捐赠的陶囷，为宋淳熙年间生产，距今已有846年。囷高约40厘米，并刻有“维皇宋淳熙万年良时吉日造”，属于随葬器。

（区文化和旅游局）

【顺义区完成1处元末明初古墓发掘工作】 7月31日—8月3日，区文物所在大孙各庄镇小段村一处树林内进行考古发掘，共出土陶罐、陶瓶等文物8件，通过文物的器型初步判断为元末明初砖室墓葬。

（区文化和旅游局）

【不可移动文物图片展】 9月23日，由文物管理所制作的顺义区不可移动文物宣传图片展在焦庄户地道战遗址纪念馆举办，展览为期30天。

（区文化和旅游局）

【博物馆完成文物移交、布展工作】 12月22日，区文物管理所向博物馆移交所藏文物，包括石器、陶器、青铜器、瓷器、金银器、铁器、石碑拓片、纸质契约等，为馆藏文物陈列布展做准备。

（区文化和旅游局）

文学艺术

【概况】 年内，区文联深入贯彻落实习近平总书记关于文艺工作的重要论述，把艺术生命与国家前途命运、首都和顺义区改革发展紧密联系起来，大力弘扬社会主义核心价值观，抓实抓好重点题材创作。引导艺术家用心用情用功抒写伟大时代，彰显顺义区的文化魅力。特别是在年初，新冠肺炎疫情牵动着全国人民的心。区文联及所属文艺家协会坚决贯彻中央、市委、区委指示精神，第一时间行动起来，努力创作生产优秀文艺作品，在打赢疫情防控战中贡献力量、展现作为。

（区文联）

【文联意识形态工作】 年内，区文联成立文艺创作、展示审核小组，组建疫情防控报告群和业务群，及时传达上级指示精神，发送防控注意事项2300余条。加强意识形态领域安全工作，对抗疫情文艺作品严格把关，确保文艺作品在创作、演出、展览、展示等方面不发生意识形态安全问题。

（区文联）

【主题活动花样多】 年内，艺术家们围绕传统节日创作各类热爱党、热爱祖国、热爱家乡的文艺作品。各文艺家协会举办“福满京城 春贺神州”“忆满京城 情思华夏”“和满京城 奋进九州”等系列主题文艺活动；筹备顺义区“潮白河组曲”音乐会；通过线上活动，开展“深入生活、扎根人民”活动100场次。

（区文联）

【文艺之声抗疫情】 年内，艺术家们推出诗歌、美术、书法、摄影、音乐、曲艺、戏剧、舞蹈等一系列文艺作品2600余件。编辑《以生命的名义——众志成城抗疫情》纪念特刊。作协创作的抗疫作品获评“北京市文联优秀作品”。

（区文联）

【区文联机构改革完成】 年内，区文联履行推进改革的政治责任和主体责任，成立深化改革领导小组，做到文联改革工作与文联常规工作相结合，达到两促进、两不误。在市文联的指导下，在区委宣传部和区文旅局党组以及各有关单位的关心帮助下，完成文联深化改革任务。

（区文联）

【文艺社会力量参与脱贫攻坚工作】 年内，深入贯彻落实区扶贫协作和支援合作工作领导小组调度会议相关精神。带领艺术家赴对口帮扶地区河北省张家口市万全区开展“增进文化交流，携手共奔小康”结对帮扶文化交流活动。双方领导就进一步深化两区文化对口交流工作召开座谈会，区文联向万全区赠送10米书法长卷《万全文化交流行》、文艺扶贫书籍，看望慰问贫困群众并发放慰问金。

（区文联）

【系列活动贺市文联成立70年】 年内，围绕北京市文联成立70年，开展系列书画展览、论坛、文艺节目展演活动。戏剧家协会加工提高的《良心果》获得北京市文联优秀节目展演优秀奖。书法家协会选送的书法作品：贾文龙的《奋进引领联》、杨占林的《辉煌70年》、康宝辉的《倚窗伏案联》，美术家协会选送的美术作品：刘志栋的《瑶族舞曲》等作品入选首都文联系统美术、书法优秀作品展览。

（区文联）

【区文联党总支成立】 12月22日，北京市顺义区文学艺术界联合会党总支委员会成立。

（区文联）

作家协会

【作品发表及获奖情况】 年内，《亲爱的小孩你会长大》被评为北京市文联2020年抗疫主题创作优秀作品。由老舍文学院16位作家集体创作的短篇小说集《西单大杂院》被评为言实出版社最具影响力图书；张艳、聂淑云创作的小说在《中国校园文学》发表，其中张艳成为《中国校园文学》签约作家。

（区文联）

【“礼赞新中国　书写新时代”主题年会】 1月18日，区作家协会“礼赞新中国　书写新时代”2020年主题年会在区社区教育中心市民中心大厅举行。年会公布38名新会员名单。相关领导、代表140余人参加。

（区文联）

【抗疫题材作品征集】 1月26日，区作协面向作协会员和文学爱好者开展众志成城抗疫情作品征集和“以春天的名义”抗疫情征文活动，共征集作品600余篇，其中现代诗400余首，旧体诗100余篇，散文30篇；创作歌曲《社区防疫兵》等10首。作家和文学爱好者创作“生命的名义——众志成城抗疫情”同题诗和童谣共计100余首。《为生命保驾护航》《春天的问候》《挺住，武汉！》等作品采用自制或邀请专业人员录制的形式，先后被制作成音频、视频在线上发布。顺义作协公众号推出众志成城抗疫情优秀作品选集7辑，录制音视频作品60余件，优秀作品编辑成《顺义文艺》抗疫情专刊。组织征集学生抗疫情作品50余件。

（区文联）

【书香飘京城阅读颂小康】 4月22日，顺义区举办《书香飘京城阅读颂小康》全民阅读活动启动仪式暨线上诗歌朗诵会。活动由区社区教育中心和区教育宣传中心主办，顺义朗读者理事会、顺义书法家协会、顺义美术家协会和顺义作家协会联合承办，此次全民阅读活动采取线上形式，引导市民在抗疫时期，利用各种媒介，采取多种方式，“多读书、爱读书、会读书、读好书”。启动仪式后，开展以读书为主题的线上诗歌朗诵会，共展示25个作品，分为“以诗抗疫众志成城”“读书抗疫为爱加油”和“同心抗议拥抱春天”3个环节。朗诵会的作品为顺义区10位诗人原创作品。顺义朗诵爱好者、作家诗人、书画家和300余名诵读爱好者在线收听。

（区文联）

【线上读书会直播活动】 4月26日，区委宣传部、区教委、区作协联合举办“顺义区教育系统悦读时光对话作家面对面”线上读书会直播活动。作协主席主持，邀请著名儿童作家曹文轩做视频讲座，《东方少年》社长王庆杰、顺义作协会员张艳客座嘉宾分享读书方法，小天使文学院的师生和家长代表通过钉钉线上互动，在线人数9000人。

（区文联）

【“忆满京城　情思华夏”主题传统节日文化活动】 4月，区作家协会围绕清明节主题在线上开展作品征集活动。共征集到以“忆满京城 情思华夏”为主题的小说《母亲的轮椅》1篇，散文《悲苦清明时》《母亲》《您没有走》3篇，诗词、诗歌《春曲》《庚子清明》《那个老人走了》《清明祭祖》等17篇。

（区文联）

【“和满京城　奋进九州”原创作品空中诗会】 6月24日，“和满京城 奋进九州”顺义区致敬祖国端午原创作品空中诗会举行。活动由区社区教育中心、区作家协会、区教育宣传中心承办，以微信群的形式开展。诗会分为端午情怀、潮白碧波、同心战疫、致敬祖国4个篇章。

（区文联）

【诗歌朗诵讲座活动】 7月21日，顺义区开展“诗歌的时代价值和意义暨顺美杯梦圆2020全面建成小康社会原创朗诵诗征文辅导”讲座活动。讲座通过腾讯课堂直播形式开展，特邀历届顺义区“顺美杯”原创朗诵诗大赛评委会主任冰峰主讲。

（区文联）

【“对话，潮白河畔话英杰”线上直播读书会】 7月25日，顺义区“对话，潮白河畔话英杰”线上直播读书会举办。活动由顺义区新华书店和区作协主办，“糖果悦读”公益读书项目协办，以腾讯直播的方式在新华书店站前街店二层现场开展。活动由区作协主席、北京市阅读推广人主持，邀请顺义区7位不同领域的嘉宾参与。

（区文联）

【线上诗歌朗诵会】 8月1日，2020年第二届“顺美杯”《致敬最美守护者——为忠诚与责任礼赞》顺义朗读者线上诗歌朗诵会举办。本次朗诵会选取15首诗歌作品，由15名朗读者完成，朗诵会首次采用网络直播的形式，通过全区社区电子屏播放，近1500名市民在线观看。

（区文联）

【参加北京老舍文学院培训班】 8月，区作协组织本区10名作协会员参加北京老舍文学院2020年基层作家小说培训班第3期。开班式由北京老舍文学院副院长主持。作家协会主席被评为北京老舍文学院首届优秀学员。

（区文联）

【区少年宫读书调查采访实践活动】 10月17日，区少年宫小天使文学院暨顺义小作家协会部分小作家在区作协主席带领下，赴顺义区站前街新华书店开展现场授课并进行实地读书调查采访实践活动。此次活动是少年宫小天使文学院在上学期继知名记者亲授采访课的基础上首次进行“实战演习”。

（区文联）

音乐家协会

【新会员发展】 年内，“潮白之声合唱队”的杨凤、民歌歌手韩擎、通俗歌手陈越超、原创歌手陈东，顺义区词曲作者李洪峰、张海涛、徐劲飞等加入顺义区音乐家协会。冯宜龙、李晓丽加入北京音乐家协会，屈涛加入中国音乐家协会并成为第九届中国音乐家协会代表。截至年底，区音乐家协会有会员129人。

（区文联）

【原创抗疫音乐作品】 年内，区音乐家协会创作人员创作几十首抗疫情作品。张宝星的《祖国之约》《梦里梦外》录音录制完成并制成MV。区音乐家协会于年末组织、排练潮白河组曲音乐会，参演曲目有交响乐《潮白河序曲》等12首。

（区文联）

【原创公益歌曲致敬抗疫英雄】 4月1日，原创公益歌曲《最想见到你》在“学习强国”北京学习平台发布。歌曲由区委宣传部、区文旅局、区文联、区融媒体中心联合创作，致敬在防疫战线做出贡献的所有人。区音乐家协会通过电话、微信等形式组织音乐家开展创作，有原创公益歌曲《爱从中国来》由张宝星作词，刘岩作曲及演唱。新创歌曲《老百姓离不开你》由张宝星作词，刘建明作曲，冯宜龙演唱；《社区防疫兵》由李洪峰作词，张海涛作曲；陈艺家庭创作歌曲《大写的你》；杨晓东创作《我们一定能赢》；还陆续推出《为你点赞》《心语心愿》等音乐作品。

（区文联）

舞蹈家协会

【疫情期间的舞蹈创作】 年内，区舞蹈家协会在中宣部、文化和旅游部的指导下编排手势舞《坚信爱会赢》，副主席创作诗朗诵《大写的你》，理事郭振山创编手语舞蹈《加油武汉》《听我说谢谢你》；理事黄鋆创编的舞蹈在顺义区教育系统播出，副主席创作的舞蹈在“中新网”和韩国“釜山网”播出。

（区文联）

【第八届北京国标舞大赛获奖】 10月8日，区舞蹈家协会在北京市文联和大兴区政府联合主办的第八届北京国标舞大赛中取得第一名1个、第二名2个、第三名3个、第四名1个、第五名1个、第六名2个。区舞蹈家协会获优秀组织奖。

（区文联）

【重阳节习俗公益讲堂】 10月22日，由中共北京市海淀区委学院路街道工作委员会、海淀区人民政府学院路街道办事处等单位共同举办的重阳节习俗公益讲堂开讲。区文联副主席、舞协主席为听众讲解重阳节的缘起、传承，民间习俗和民间艺术等。

（区文联）

美术家协会

【抗疫作品创作】 年内，区美术家协会会员杜玉山创作画作《致敬无名英雄》。疫情期间共征集到54位艺术家创作的306幅讴歌抗疫作品，在北京文联网、顺义文旅、顺义时讯、雪域艺术等公众号进行宣传推广。其中26人的49幅书画作品获文旅局奖励。

（区文联）

【书画描绘抗疫“真情”】 年内，崔纪松创作《义务献爱心，全心为人民》。此外，他根据在区医院综合防疫科任职的儿媳妇史磊的表述和医院提供的相关信息、照片，用时20余天为顺义区17名预备援鄂医务工作者每人创作肖像画一幅。

（区文联）

【抗疫主题剪纸艺术】 年内，赵全营镇稷山营村“郝氏水纹雨点剪纸”第五代传人郝兰英先后创作多个抗疫主题的多套剪纸，并将其中一套表达对抗疫一线人民警察敬意的作品，赠给顺义公安分局。

（区文联）

【抗疫美术作品被区博物馆永久珍藏】 年内，曹加新的油画《火神山》、蒋淑梅的油画《集结号》、吴茜的中国画《共抗疫情 风雪中的坚守》、左晓茹的版画《抗击疫情有我在》被区博物馆永久珍藏。

（区文联）

【主题活动】 端午节、中秋节期间，根据区委宣传部、区文旅局、区文联关于在中国传统节日开展文化活动的工作部署和疫情防控工作的要求，区美术家协会举办“和满京城 奋进九州”“月圆京城 情系中华”美术作品云展览活动，作品突出爱国主义、奋发进取、人与自然和谐相处的主题，增强人们爱国爱家乡的情感。青年美术家刘彤在疫情期间创作《居民给防控人员的关爱》等作品60幅。

（区文联）

摄影家协会

【协会活动概况】 年内，区摄影家协会坚持“三贴近”原则，贴近基层，贴近一线，贴近老百姓，更好地宣传和推介顺义，举办一系列主题鲜明的精品活动，创作出更多更好讴歌时代、宣传顺义正能量的作品。

（区文联）

【光影记录“战疫情”中的身影】 年内，区摄影家协会会员刘飞鹭身兼顺义蓝天救援队队员，拍摄《抗“疫”先锋蓝精灵》。作品记录顺义蓝天救援队去某社区新冠肺炎密切接触者的楼层消毒的工作任务。

（区文联）

【1月活动】 1月12日，南法信镇十里堡村村委会邀请区文化馆公共服务部的7位艺术家、区摄影家协会的摄影家到港馨家园东区，为村民写春联、送“福”字、用相机定格新春祝福并送上节日问候。区摄影家协会在社区内举办“花开盛世”摄影作品展览。1月18日，区摄影家协会组织会员在李遂镇柳各庄村开展棚改随拍“福满京城、春贺神州，欢迎回家过年”活动。1月19日，组织会员在平谷大华山民俗文化节及大集开展拍摄活动。

（区文联）

【线上线下摄影展】 2月3日，区摄影家协会在顺义宾馆举办“北京国际鲜花港十年回顾展”。同日，“幻影荷韵”荷花摄影作品展在顺义区裕龙六区展出。2月7—20日，摄影动态微信公众号以“抗击疫情，摄影人在行动”为主题发表协会会员作品230张。2月8日，第五届“清风香远”荷花摄影展在顺义宾馆展出。2月15日，“北京国际鲜花港十年回顾展”和“清风香远”荷花摄影展在顺义政务中心展出。2月20日起，“花开盛世”摄影展在南法信镇十里堡村于春节期间展出。3月3日，区摄影家协会撰写文化馆2019年摄影学员班总结，并印制《摄影班学员作品展》画册。4月9日，“战风雪、抗疫情、复工复产”摄影作品展线上展。5月12日，开展“以影抗疫”线上摄影活动。7月1日，组织庆祝中国共产党建党99周年“空中影展·云庆七一”摄影作品线上展。7月8日，与老干部局联合举办建党99周年“七月礼赞空中诗影会”线上摄影展览活动。8月25日，开展花鸟鱼虫茶摄影作品线上展览活动。10月23日，开展“银发生辉　幸福生活”老年人专题线上摄影展览活动。11月 6日，在马坡城市森林公园开展“品味大运河古韵展示顺义区风采”摄影展。

（区文联）

【公益摄影惠民活动】 2月17日，区摄影家协会在顺义区红十字会筹集善款60000元，并由协会转交给医院。2月26日至3月6日，16名会员到光明街道各社区拍摄社区干部、志愿者工作情况和好人好事，结合三八妇女节，拍摄社区女工作者、女党员、女志愿者抗疫的情况。9月17日，区摄影家协会参加区文联结对帮扶万全文化交流活动，赠送文学艺术类书籍108册。

（区文联）

【2月活动】 2月23日，区摄影家协会制定拍摄社区抗疫工作人员的注意事项。2月29日，组织会员拍摄顺义城市灯光景色。

（区文联）

【重点文化创作选题规划上报】 4月13日，区摄影家协会上报2020—2022年重点文化创作选题规划3个摄影比赛活动题目：2020年“你我中国梦，携手共圆小康路”，2021年“光影欢歌，喜迎建党100周年”，2022年“激情迎冬奥，健康伴我行”。

（区文联）

【4月活动】 4月20日—5月10日，组织部分会员去鲜花港郁金香文化节进行拍摄活动。4月25日，区摄影家协会和马坡政府文化站联合举办以马坡镇“世界读书日”为主题的摄影作品征集活动。4月27日，组织部分会员在赵全营镇牡丹文化节开展拍摄活动。

（区文联）

【5月活动】 5月2日，区摄影家协会组织部分会员拍摄马坡镇油菜花。5月28日，组织会员拍摄创作垃圾分类题材作品。

（区文联）

【6月活动】 6月1日，顺义摄影家协会组织会员在马坡地区拍摄疫情平稳后小学高年级部和初中开学的场景。

（区文联）

【资金申请项目上报】 6月3日至9月21日，区摄影家协会向区文化和旅游局上报3个资金申请项目：拍摄顺义浅山区旅游资源“五彩浅山”项目；拍摄非遗保护传承，以文化助力发展项目；拍摄国际鲜花港郁金香文化节，以节促旅，持续丰富“旅游+”业态项目。

（区文联）

【6月活动】 6月15日起，组织部分会员在多地开展荷花文化创作摄影活动。6月18日，区摄影家协会组织会员参加区妇女联合会举办的“兴正气家风 守清廉本色”廉洁文化建设作品征集活动。同日，区摄影家协会和北京大通正大建设工程有限公司联合举办顺义区第一届花鸟鱼虫茶摄影作品征集活动。同日，组织会员上报区文联2019年度区级以上获奖作品情况。6月27日，区摄影家协会编辑《齐心协力战疫情》摄影画册。

（区文联）

【7月活动】 7月11—28日，区摄影家协会组织部分会员前往南彩镇东江头村拍摄公园建设情况。7月27日—10月22日，区摄影家协会上报会员35人的74个顺义区抗击新冠疫情期间创作的优秀抗疫题材作品。

（区文联）

【作品入围备选作品】 7月20日，区摄影家协会主席的作品《玩泥巴的孩子》成为“第十六届PSAChina国际摄影大赛”摄影展备选作品。

（区文联）

【8月活动】 8月12日，区摄影家协会开展“逐梦新顺义，铸就新辉煌”摄影作品征集活动。8月23—25日，组织会员参加顺义区第一届花鸟鱼虫茶摄影展——自然茶艺印象，并颁发荣誉证书。

（区文联）

【文艺作品创作活动计划上报】 8月17日，区摄影家协会上报2020年和2021年计划推出的4个主题文艺作品创作活动：“逐梦新顺义 铸就新辉煌”摄影作品征集和布展，拍摄柳各庄村棚户区改造，拍摄幸福的马坡，庆祝建党100周年摄影展。

（区文联）

【9月活动】 9月25日，区摄影家协会组织会员参加“小康影像”摄影大赛。

（区文联）

【10月活动】 10月4日，区摄影家协会开展“银发生辉 幸福生活”老年人专题摄影征稿活动。10月9日，上报2021年全国文化中心建设重点任务——航拍潮白河项目，出版《顺义之春》摄影画册项目。

（区文联）

书法家协会

【疫情防控书法作品被顺义区博物馆永久珍藏】 年内，贾文龙创作的《中国最强》、杨占林创作的《众志成城》、康宝辉创作的《福佑中华》被顺义区博物馆永久珍藏。

（区文联）

【第七届顺义区书法网上展示活动】 2月，区书法家协会举办“抗击冠状疫情 翰墨颂英雄”——第七届顺义区书法网上展示活动。大家围绕“抗击冠状疫情 翰墨颂英雄”这一主题，自己撰写诗词或者抄录名人诗词和语句写成书法作品，共收到参展作品120余件，筛选出92件，制作成美篇，在社会上进行推广宣传。

（区文联）

【抗击疫情捐款活动】 2月11日，区书协举行捐款活动，利用书协工作群，发出捐款倡议书，总计133人参加，收到捐款共计84100元。

（区文联）

【诗歌版《文明祭祀倡议书》发布】 清明时节，区书法家协会发布诗歌版《文明祭祀倡议书》，倡议文明祭祀。

（区文联）

【社区国学文化共建活动】 8月，借助《北京青年报》顺义分站平台，深入五里仓社区，开展书法交流。

（区文联）

【“月圆京城 情系中华”第九届顺义区书法展】 9月16日，“月圆京城 情系中华”第九届顺义区书法展正式拉开帷幕。本次书法作品展共收录来自顺义书法界人士以篆、隶、楷、行、草5种书体创作的作品100余幅，在线上以美篇的形式发布。

（区文联）

戏剧家协会

【原创评剧《初心》】 1月，依据顺义区空港街道吉祥花园社区党支部书记绳桂玲的先进事迹改编的原创评剧《初心》创编工作启动；3—6月，开始排练；8月18日，在顺义影剧院首演成功，总时长120分钟。9月22、24日，11月2日，在梨园卫视频道连续播放进行宣传。9—10月，在各乡镇巡演45场。在中共北京市委宣传部、北京市文化和旅游局主办的“戏聚北京”北京市群众戏剧、短剧作品大赛中，《初心》荣获剧目展演一等奖及优秀组织奖。

（区文联）

◆8月，大型原创评剧《初心》首演（区文化和旅游局供图）

【原创评剧《李昆》加工再提高项目】 2月3日，区戏剧家协会启动北京文化艺术基金资助加工提高项目——评剧《李昆》创编工作。2月、7月、8月至9月中旬，分别进行哑排、响排和彩排。9月16日，《李昆》在2016年首次创排的基础上再加工提高后首次公演。该剧根据顺义区第一位共产党员李昆真实事迹改编。

（区文联）

【开展“战疫情，献爱心”募捐】 2月9—11日，区戏剧家协会和北京市凤翔艺术团开展“战疫情，献爱心”募捐活动，共收到99位老师的善款31500元。

（区文联）

【大赛获奖】 8月，在市文化局主办的京津冀京剧票友大赛比赛中荣获三等奖；10月25日，在中共北京市委宣传部、北京市文化和旅游局主办的“戏聚北京”原创短剧优秀作品展演比赛活动中，原创评剧《初心》《良心果》均获得一等奖，并在中央电视台11频道播出。

（区文联）

【星火工程送戏下乡巡演及重阳节演出】 9月26日—10月26日，承接区文化和旅游局的星火工程送戏下乡巡演，演出大型原创现代评剧《初心》共计45场。九九重阳节期间，在北小营为千亩稻田合作社、李遂敬老院老人开展“孝满京城 德润人心”重阳慰问演出。

（区文联）

曲艺家协会

【加入市级会员】 年内，协会副秘书长赵峰、会员刘东波、高智伟经北京曲艺家协会批准，成为北京曲协会员。

（区文联）

【北京青年相声节】 年内，报送孙钰童、魏鹏相声《网红时代》，刘东波、樊晨相声《战疫之家》参加第十一届北京青年相声节，两段原创作品全部入围决赛。11月，在北京青年相声决赛中，会员孙钰童、魏鹏《网红时代》，刘东波、樊晨《战疫之家》分别荣获三等奖，顺义区曲艺家协会荣获组织奖。

（区文联）

【2020“艺韵北京”曲艺比赛】 年内，报送朱文利、张志强相声《这些年的变化》，陈贺铁片大鼓《加油》两段原创作品参加2020“艺韵北京”曲艺比赛。

（区文联）

【疫情期间作品创作】 1月28日，程磊、朱文利创作顺义区第一部“抗疫”文艺作品快板《众志成城战疫情》，第一时间在顺义人民广播电台、北京曲协公共平台等媒体播出。2月，王淑玲、葛惟达、郝珺等又陆续创作铁片大鼓《大爱无疆》《一桌饭》《送瘟神》，京东大鼓《白衣天使赞》《男神钟南山》《人间情》，快板《扫除病魔见明天》等10余部曲艺作品在北京曲协公共平台、顺义人民广播电台等媒体播出。

（区文联）

【少儿曲艺比赛】 8月，报送杨钰桐、李熙文铁片大鼓《加油》，王思彤、王璨铁片大鼓《名家名段京韵情》等参加2020北京少儿曲艺比赛。9月，在北京少儿曲艺比赛决赛中，杨钰桐、李熙文获一等奖，王思彤、王璨获二等奖，协会副主席王淑玲获园丁奖，顺义区曲艺家协会获优秀组织奖。10月2日，协会带领杨钰桐等获奖会员受邀参加昌平文联、昌平曲艺戏剧家协会举办的少儿曲艺比赛获奖节目颁奖展演活动。

（区文联）

影视家协会

【北京市顺义区影视家协会成立】 8月18日，北京市顺义区影视家协会成立暨第一次会员代表大会在顺义区文联二楼会议室召开，北京市顺义区影视家协会成立大会采用网络视频会议的方式进行。本次大会线上到会代表74人，线下会场到会代表9名，共计83名。会上，区文联领导宣读顺义区文联关于成立北京市顺义区影视家协会的批文和北京市顺义区民政局的行政许可决定书。所有代表听取审议《北京市顺义区影视家协会章程》（草案）。大会通过举手表决选举产生北京市顺义区影视家协会第一届理事会及其领导机构成员。

（区文联）

青少年阅读协会

【助力疫情防控】 年内，区青少年阅读协会开展疫情科普、宣教活动，每晚在线上开展公益型疾病预防知识科普故事会，通过故事讲述、线上互动问答、视频分享等形式让亲子家庭了解疫情防控相关知识，同时还发动亲子家庭“说一说，怎么保护你自己；画一画，怎样打败大病毒；用一首歌、一套手势舞蹈，致敬一线抗击疫情的工作者”等活动。协会党员、团员及工作人员自发捐款，累计捐赠21535元。

（区文联）

顺义区燕山文化协会

【承办国家宪法日法治书画笔会活动】 12月4日，由顺义区燕山文化协会承办的顺义区2020年“12•4”国家宪法日法治书画笔会活动在牛栏山镇芦正卷村举办。书画艺术家以法制为主题创作书画、书法、楹联、美术作品200多件，赠送给现场群众。

（区文联）

文化产业促进

【文化产业发展顶层设计】 年内，依照《北京城市总体规划（2016年—2035年）》和《顺义分区规划（国土空间规划）（2017年—2035年）》，结合本区文化产业发展现状，在广泛调研论证及多方面听取采纳有关单位、专家意见建议基础上，《顺义区文化产业发展中长期规划（2019年—2035年）》（简称《规划》）于7月15日正式印发出台，并在北京市文化产业大会上对《规划》进行解读宣传。配套制定《规划》任务分解表，推进《规划》落细落实。

结合北京市相关要求，抓好本区电竞产业调查摸底，加快推进顺义区促进电竞产业发展的实施办法的出台实施。《顺义区文化产业数据统计工作实施意见》制定出台，为今后产业统计工作奠定良好基础。

（区文促中心）

【行业疫情防控】 年内，区文促中心按照全区统筹安排，组织所属人员参加社区志愿者疫情防控执勤工作。制订工作方案，通过属地、行业部门和企业建立线上沟通联系机制，统计企业防疫情况、员工离京返京时间和开复工时间等信息，建立文化企业疫情防控台账，通过电话、微信与企业沟通400余次，动态掌握文化企业信息。加强企业走访调研，做好疫情防控宣传检查，先后走访企业10余家，为企业防疫工作奠定良好基础。

（区文促中心）

【企业复工复产】 年内，制定实施《顺义区关于应对新冠肺炎疫情影响促进文化企业健康发展的若干举措》，落实北京市疫情期间“房租通”“投贷奖”相关政策，协助54家文化企业申请市级“房租通”补贴296万余元，动员53家企业通过市“文创金服”“文创板”平台申报“投贷奖”资金支持。发挥“行业管家”作用，帮助5家重点文化企业解决现实需求问题。

（区文促中心）

【落实文化产业扶持政策】 年内，按照文化产业专项资金相关政策规定，用好5000万元文化产业专项资金。一方面做好文化企业项目扶持。3月，提前启动文化产业发展专项资金支持项目征集工作，完成项目初审、实地踏勘、专家评审等工作。共征集62个项目，52个项目参加专家项目评审，29个项目纳入财政评审，后续工作正在推进中。另一方面做好文化企业融资服务工作。联合北京市文化科技融资租赁股份有限公司，设立不少于6000万元的融资额度，结合疫情防控工作要求，组织区内文化企业参与5场线上政策解读，为慈文影视等区内15家文化企业提供融资共计1.56亿元，较好地解决了疫情期间文化企业融资难、融资慢、融资贵等难题。

（区文促中心）

【文化创意大赛活动】 年内，按照市委宣传部、市文促中心安排，7月中旬，组织开展2020北京文化创意大赛顺义分赛区赛事活动，顺义区征集项目30余个，组织开展3场初赛活动，10个项目分获顺义区一、二、三等奖及单项奖，发放奖励资金140000元。推荐3个项目参加北京市复赛决赛，“懒人便利商店沉浸式新零售”项目获全国总决赛三等奖，“乐石文物（艺术品）修复平台”项目获全国总决赛年度创意潜力奖，顺义分赛区获评最具特色赛场。

（区文促中心）

【产业宣传推介】 年内，充分利用“顺义文化创意”微信公众号进行宣传推介，做好公众号改版升级，全年共编发文化产业相关信息410余条。收集编写国家、北京市、顺义区文化产业工作动态、企业风采、行业资讯等方面信息，编发《顺义区文化产业动态》3期，发放区推进全国文化中心建设领导小组相关成员单位，进一步扩大文化产业宣传的覆盖面。争取承办市级文化产业活动，做好2020北京文创市集首站顺义祥云小镇站服务保障，活动历时3天，吸引全市62家文创商家982种文创产品参与展售，其中顺义区企业9家，参展商品161件。组织本区6家文化企业参加大运河文化带建设展览展示暨健身行主题活动。

（区文促中心）

【文化产业园区服务】 年内，按照北京市安排，做好顺义区文化产业园区摸底、培训、申报推荐工作。协助北京市开展资料收集、实地考察，顺义区泰达科技园·文创区、国家对外文化贸易基地（北京）、金马文化创意产业园3个园区获评“2020年度北京市级文化产业园区”，实现全区市级文化产业园区“零的突破”。

（区文促中心）

【全国文化中心建设统筹推进】 年内，切实履行好区全国文化中心建设领导小组办公室的职责作用，组织召开顺义区推进全国文化中心建设领导小组会1次和领导小组办公会例会8次，统筹协调大运河文化带建设、文化内涵挖掘、文化建设及产业发展四项专项组工作。印发实施《顺义区大运河（潮白河）

文化保护传承利用2020年度折子工程》《顺义区文化产业发展中长期规划（2019年—2035年）》《顺义区支持实体书店高质量发展三年行动计划（2020年—2022年）》《顺义区文化内涵挖掘五年行动计划（2019年—2023年）》《顺义区基本公共文化服务指导标准》等文件，强化规划引领和政策保障。建立工作信息按月报送制度，紧抓项目进度，推进《顺义区大运河（潮白河）文化保护传承利用规划》《顺义区大运河（潮白河）文化保护传承利用五年行动计划（2018年—2022年）》落实。推进市、区重点任务落实见效：稳步推进建设潮白河森林公园，推动潮白河部分河段游船通航项目，实施焦庄户地道战遗址纪念馆提升改造工程，推进国家文化对外贸易基地（北京）建设，推进顺义新国展二、三期建设，推进国家文化出口基地（北京）建设等6项市级重点任务落实；制定印发《顺义区2020年全国文化中心重点任务清单》，明确年度工作重点，并督促各部门加快落实区级重点任务。

（区文促中心）

【招商引资】 年内，借助“HICOOL创业大赛”活动，加强大赛初赛、复赛期间与参赛企业项目的对接，做好文化产业政策宣讲，主动进行联系沟通，随时掌握项目参赛结果及投融资需求等情况。先后接待8家企业17人次咨询。

（区文促中心）

【文化企业项目评选活动】 年内，响应北京市号召，组织本区11家优秀文化企业申报第八届北京惠民文化消费季重点品牌活动“2020北京文化消费品牌榜”评选活动，认真做好企业在申报过程中的帮扶指导与疑难解答工作。经过评选，顺义区中粮地产投资（北京）有限公司的中粮·祥云小镇上榜十大文化消费地标，北京雪域西藏文化发展有限公司的原创民族精品动漫IP《高原来的聪明叔叔阿古顿巴》上榜十大网络视听精品，北京米糖文化创意有限公司的懒人便利商店上榜十大文化消费创意IP。组织本区10家文化企业共计13个项目参选江苏银行北京分行杯·2020中国文创新品牌榜“文创100”暨文化产业隐形冠军企业遴选活动，其中，顺义区文化创意产业促进中心被评为“最佳支持单位”，“奥林匹克水上公园”“懒人便利商店”上榜2020中国文创新品牌榜，6家企业获“文创100”入围奖。

（区文促中心）

【文化企业定点帮扶】 5月起，开展为文化企业送政策、送信息、送服务，做好区领导走访服务企业工作，协调本区近10家行业部门对全区5家重点文化企业进行走访调研，收集、解答各类问题30余个，帮助企业解决复工复产、达产增产过程中遇到的困难和问题。结合营商环境“早餐会”、领导调研、落实人大、政协提案等活动，定期与10余家重点文化企业面对面交流，及时了解掌握企业需求，帮助企业解决困难和问题。

（区文促中心）

【参展北京服贸会】 9月5—9日，顺义区以“北京顺义　全国文化中心新基地”为主题参加中国国际服务贸易交易会文化服务板块展览展示活动，通过线上、线下两种方式开展展示交易活动。线下展位面积260平方米，参展企业50余家，其中参与产品展示13家，展品230余件，40余家企业进行图文介绍；线上注册参展企业16家，展品180余件。实现项目签约额10亿元。北京市委书记蔡奇等市领导和顺义区委、区政府主要负责同志专程到本区展台参观指导。

（区文促中心）

媒体传播

【概况】 年内，区融媒体中心认真学习贯彻落实习近平总书记关于区级媒体融合的重要讲话和指示精神，增强“四个意识”、坚定“四个自信”、做到“两个维护”。为全面落实党中央、北京市和顺义区关于新闻宣传的部署，中心全体编辑记者精心策划，深入采访，把党和政府的声音和群众的需求传播出去，区融媒体中心在中宣部“学习强国”宣传平台上全年共发布党建、抗击疫情、经济社会发展的新闻信息376条。在区内媒体顺广传媒微信公众平台、北京顺义App、官方微博、今日头条号等新型媒体，顺义电视台、顺义人民广播电台《顺义新闻》栏目，《顺义时讯》报纸，播出、刊发、推出新闻信息21896条次。

区融媒体中心纵深推进媒体融合改革。中央厨房项目二期工程进入试运行，顺义融媒聚合运行平台初步建成。“北京顺义”App进一步优化调整，以“新闻+政务+服务”的理念致力打造城市新媒体标杆。“爆款产品”屡屡刷屏，服贸会期间5场直播活动累计吸引1699.5万网友观看。“融媒体工作室”鼓励编辑记者跨部门、跨媒体，按项目组织生产，激发队伍创作热情。

（区融媒体中心）

【融媒体中心自有平台宣传】 年内，区融媒体中心所属的顺广传媒微信公众平台、顺广传媒网总计发布文章、音视频节目13028条（个）。其中文章4537条、视频2191个、音频6300个。累计758万人次通过平台阅读每日推送内容，收听收看顺义人民广播电台、顺义电视台直播信号节目和视频回放，阅读《顺义时讯》每周报纸，总计点击量28.1万余人次。“北京顺义”App总计发布文章、音视频节目9801条，总计点击量20.6万余次。“北京顺义”微博发布各类新闻、资讯5330条，总阅读量1306.8万人次。“北京顺义”今日头条号发布各类新闻、资讯共5625条。“北京顺义”抖音号、快手号共计发布视频作品256个，总阅读量420.5万余人次，总点赞量45万余人次。顺义区电子政务内网门户网站、北京云、北京日报北京顺义官方，3个平台总计发布4788条新闻和资讯。

（区融媒体中心）

【《顺义新闻》栏目】 年内，区融媒体中心所属顺义电视台的《顺义新闻》栏目共采访制作党建和经济社会发展的新闻2586条，总时长5864分钟，其中疫情防控相关新闻1500余条，上报中央和市级台新闻30余条。融媒体中心所属顺义人民广播电台《顺义新闻》栏目，共采制、编辑、播出《顺义新闻》366期，总计5490分钟，播出新闻2196条。

（区融媒体中心）

【专题节目】 年内，区融媒体中心所属电视专题节目科共播出专题节目59期。其中，访谈节目44期，共计630分钟，其中《转型升级 接力发展》2期、《法治顺义》26期、《健康有约》6期、《幸福一起来》10期；创城宣传片10期，总结片5期（新国展、劳动局、牛山党建、人才、中关村）。另单独发布新闻79条，微视频11条。

（区融媒体中心）

【《顺义时讯》】 年内，区融媒体中心所属《顺义时讯》共出版发行105期，刊发新闻（含图片）3937篇（幅），文字总量210余万字，图片1155幅。其中，在“学习强国”、人民网、光明网、《北京日报》等媒体发稿178篇（含专版）。

（区融媒体中心）

【爆款融媒产品竞相涌现】 年内，战疫原创歌曲《最想见到你》点击量突破3000万次。顺义电视台《顺义新闻》推出的众志成城战疫情特别栏目《我想说》。截至11月底，顺义融媒产品在“学习强国”平台、光明网、新华网、《北京日报》客户端等媒体平台推送新闻、消息2200余条。《高质量发展！北京顺义：腾飞的临空经济》获评光明网优秀作品提名奖。

（区融媒体中心）

【高位谋划重大选题不断档】 年内，继续以“围绕中心、服务大局”为根本遵循，坚持正确政治方向和舆论导向，大力宣传习近平新时代中国特色社会主义思想在顺义的生动实践，持续做好众志成城打赢疫情防控阻击战的报道，坚定不移统筹推进经济社会高质量发展等报道。全年开设《走向我们的小康生活》《“数”说十三五》《创建全国文明城区，共建和谐美好家园》《决胜全面小康，决战脱贫攻坚》《优化营商环境顺义在行动》等20余个栏目。

（区融媒体中心）

【重大活动宣传报道】 年内，围绕北京消费季、车展、HICOOL全球峰会、智能网联汽车大会等重大活动，顺义融媒推出“齐聚HICOOL，顺义亮点纷呈”“智领未来—— 2020第十六届北京国际汽车展览会亮点纷呈”等信息，以图片、文字、视频、音频、抖音、H5等多种方式，完成重大活动的宣传报道任务。

（区融媒体中心）

【疫情防控宣传阵地】 年内，新冠肺炎疫情发生后，区融媒体中心全员停休。26名党员记者获市委宣传部认可，并获得市财政局发放的一线新闻工作者慰问金。其中，记者杨博获得北京市抗击新冠肺炎疫情先进个人表彰。1月23日—11月30日，顺义融媒共发布疫情防控宣传报道8425条。

（区融媒体中心）

【北京顺义App进一步调整和优化】 年内，北京顺义App实现与《北京日报》客户端的有效对接。截至11月30日，顺义融媒产品在《北京日报》客户端推出新闻、消息1512条。同时，围绕2020年中国国际服务贸易交易会（简称服贸会）、顺义区第六届青少年才艺大赛等开展直播活动。截至11月底，北京顺义App客户端下载量260286次。

（区融媒体中心）

【融媒采编平台投入使用】 年内，区融媒体中心遵循“技术支撑、移动优先、内容为王、体制创新”的原则，纵深推进媒体融合改革。中央厨房项目二期工程进入试运行，建立起融媒采编系统、互联网热点汇聚系统、信息联动共享平台系统等多个系统模块，标志着顺义融媒聚合运行平台的初步建成。依托该平台，顺义融媒重构生产组织体系，再造采编流程，一个“统筹策划、一次采集、多种生成、多元传播、科学评价、有效应用”的全新业务模式初步形成。

（区融媒体中心）

◆年内，区融媒体中心融媒采编平台投入使用（区融媒体中心供图）

【“融媒体工作室”】 1月，区融媒体中心正式启动“融媒体工作室”计划，以电视台新闻部的骨干编辑记者为核心，引入工作室机制，成员打破媒介、部门、身份限制等壁垒，形成各专业岗位协同合作、创造价值的全新组织单元。融媒体工作室成立后，理顺融媒体产品的策划、设计、开发、传播链条，初步探索出以项目组形式为主的生产模式。先后采制完成的“顺义融媒带您‘云赏花’，足不出户走进顺义这片樱花花海！”“云赏龙湾千亩梨花、感受堆云叠雪美景”等20篇融媒产品。累计阅读量逾700余万次，转发、评论、点赞量均达到10万余次。

（区融媒体中心）

【电视新闻高清演播室投入使用】 8月30日，区融媒体中心新闻演播室正式启用。新闻演播室改造项目包括舞美、灯光、大屏幕、视频、音频、同步、TALLY系统等，改造后的演播室功能完备，具备4个高清信道；信号源接入歌华信号；实现与制作机房、播出机房、中央厨房互联互通；并引入外网；大屏幕可实现画中画功能；切换台可在新闻口播时进行手语开窗。

（区融媒体中心）

【顺义融媒亮相2020服贸会】 9月，区融媒体中心成功参展中国国际服务贸易交易会“媒体融合展区”展示，围绕“精准扶贫”“科技抗疫”“复工复产”“文化贸易”“垃圾分类”五大主题，推出5场直播活动。在服贸会官网、光明网、一直播、北京顺义App、快手等平台进行全方位宣传推广和展示，5场直播活动累计吸引1699.5万网友观看。

（区融媒体中心）

档　案

【概况】 截至年底，区档案馆馆藏档案128个全宗，231024卷（册）。其中纸质档案210602卷（件），图书资料13193册（卷），声像档案6068张（盘），实物档案1161件。全年共接到政府便民电话交办单2份，完成答复当事人。政府信息公开文件接收160余份。围绕爱国主义教育主题，6月举办“助力脱

贫主攻坚战 对口帮扶显成效”主题展览，9月开展“扶贫展览进校园、进社区”“送图书进校园”等5个共建活动。

（区档案馆）

【档案接收与鉴定】 年内，接收国庆70周年文书档案369卷，件级文件16件；新型冠状病毒肺炎防控档案16件，原外事旅游局文书档案246卷，总工会文书档案卷级228卷、件级文件1660件；土地确权颁证档案10185卷；图书资料24册，照片档案整理105张。开放鉴定工作主要是对各立档单位1988年形成的档案进行复审鉴定。

（区档案馆）

【档案利用】 年内，查档利用大厅共接待查档利用者3074人，查阅案卷4760卷件。其中婚姻档案接待2618人次，利用案卷2036卷件；土地证档案接待82人次，利用案卷69卷件；知青档案接待49人次，利用档案50卷件；工作查考接待325人次，利用档案2560卷件；调取纸质文书档案共计3076卷件。全年共接到电话咨询2000余次，出具各类档案证明4000余份，复印相关档案16000余页。民生婚姻类档案跨馆利用共受理利用申请9份，完成跨馆查阅档案15份。

（区档案馆）

【馆藏档案数字化项目】 年内，年馆藏档案数字化项目任务完成扫描文书档案8229卷，324453页（合A4纸371734页），著录目录43513条。

（区档案馆）

【“国际档案日”暨北京市第十二届“档案馆日”活动】 6月9日，区档案馆举办北京市第十二届“档案馆日”活动。活动当天，一是以漫画和档案违法典型案例的形式为载体，开展档案法制宣传。二是围绕档案日主题“档案见证小康路、聚焦扶贫决胜期”举办展览。区档案馆、区发展和改革委员会联合举办“助力脱贫攻坚战，对口帮扶显成效”主题展，约2500人观展。三是将近年来通过深挖馆藏档案资源编辑的《顺义“三农”工作调查报告汇编（1952—1965年）》《顺义县（区）文化工作资料选编（1954—2000）》等资料，进行集中展示。四是开展民国时期部分档案复制件展示，包括“镶蓝旗护军营春季官司员俸禄银册”“陆军第三、四方面联合军团司令部通令、布告”等。

（区档案馆）

【“档案见证顺义区对口帮扶实现‘七个梦’”】 9月4日，区档案馆联合区发改委共同举办“档案见证顺义区对口帮扶实现‘七个梦’”活动，组织顺义区幸福东区社区居民参观“助力脱贫攻坚战 对口帮扶显成效”主题展览并开展互动交流活动。

（区档案馆）

【“扶贫展览进校园、进社区”活动】 9月25日—10月24日，区档案馆开展“扶贫展览进校园、进社区”活动，将“助力脱贫攻坚战 对口帮扶显成效”主题展览送进顺义区第三中学、顺义区光明小学、顺义区东兴一社区。

（区档案馆）

【“送图书进校园”活动】 10月9日，区档案馆开展“送图书进校园”活动，为顺义区第三中学、顺义区光明小学送去宣传爱国主义的图书。

（区档案馆）

地方志

【概况】 年内，区史志办始终坚持以习近平新时代中国特色社会主义思想为指导，深入贯彻党的十九大和十九届二中、三中、四中、五中全会精神，严格落实中央和市、区对疫情防控和史志工作的各项工作部署，在做好疫情防控的前提下，实现全国“省、市、县三级地方志书全部出版”“省、市、县三级综合年鉴全覆盖”的“两全目标”如期收官。

（区史志办）

【《北京市顺义区地名志》编纂】 年初，区史志办以初审专家提出的意见为基础，组织编辑对志稿进行修改完善工作，形成复审稿，总计80余万字、选用彩色图片110张。11月25日，召开志稿复审会，收取专家意见6份。复审会后，11月30日、12月1日，专门召开稿件讨论会，制定修改意见，增加有二轮修志经验的编辑们参与复审稿的修改工作。

（区史志办）

◆11月25日，《北京市顺义区地名志》复审会召开（区史志办供图）

【《潮白河风物志》印刷完成】 年内，区史志办自编史料《潮白河风物志》印刷完成，全书以历年来志办征集上来的史志资料为依托；以潮白河顺义段为主要记述范围，必要时适当外延；以有文字记载的史料为开端，下限至2018年底；采用纲目体编纂，设类目标题10个，总计200000字，采用图片30张。

（区史志办）

【《镇村志编纂常识》付梓成书】 年内，以多年来开展志鉴编纂工作的经验为基础，以《地方志工作条例》《北京市实施（地方志工作条例）办法》《全国地方志事业发展规划纲要（2015—2020）》《地方志书质量规定》《＜北京志＞书写规范》《北京市第二轮修志指导手册》等志鉴编修相关规定为依据，根据全区镇村志编纂工作开展的实际情况，编写成书。

（区史志办）

【在职党员“双报到” 助力社区疫情防控】 2月19—22日，区史志办每天安排4名党员分两组到绿港家园五区参加“双报到”活动，协助社区开展疫情防控工作。在职党员做好自身防护的同时，为进入小区人员测量体温，为来（返）京人员做好信息登记，把好社区疫情防控的第一道关口。此外，利用下班后晚间和周六日时间，到居住的小区参与抗疫志愿活动。年底，针对境外输入病例导致顺义区局部疫情，12月29日起，迅速抽调干部与光明街道金汉绿港社区对接，每日下沉值守社区。

（区史志办）

【服务区人大】 5月27日，为区人大常委会就部门志编修做讲座，并提供相关资料、信息助力志书编修。

（区史志办）

【《北京市顺义区志（1996—2010）》出版发行会召开】 11月24日，《北京市顺义区志（1996—2010）》出版发行会在北京顺义宾馆召开。市委党史研究室、市地方志办副主任，顺义区委常委、组织部部长出席会议并讲话。区地方志编纂委员会成员单位及镇、街代表60余人应邀参会。志书于10月完成出版工作。全书采用大16开，彩插32页，共分29编、总计136.7万字。

（区史志办）

【《北京顺义年鉴2020》出版完成】 12月，北京市顺义区党史地方志办公室编纂的《北京顺义年鉴2020》由北京出版社出版，年鉴设区情概览、特载、大事记、中国共产党顺义区委员会等27个类目，下设77个分目，2776个条目，收录196幅图片，13张表格，全书总计116万字。

（区史志办）

卫生

▲4 月 25 日，北京儿童医院顺义妇儿医院将预防接种工作与城区社区卫生服务中心预防保健中心进行正式交接（区卫健委供图）

▲6 月，新发地疫情后顺义区疾控中心成立石门专班组对全区农贸市场开展每日核酸采样检测（区卫健委供图）

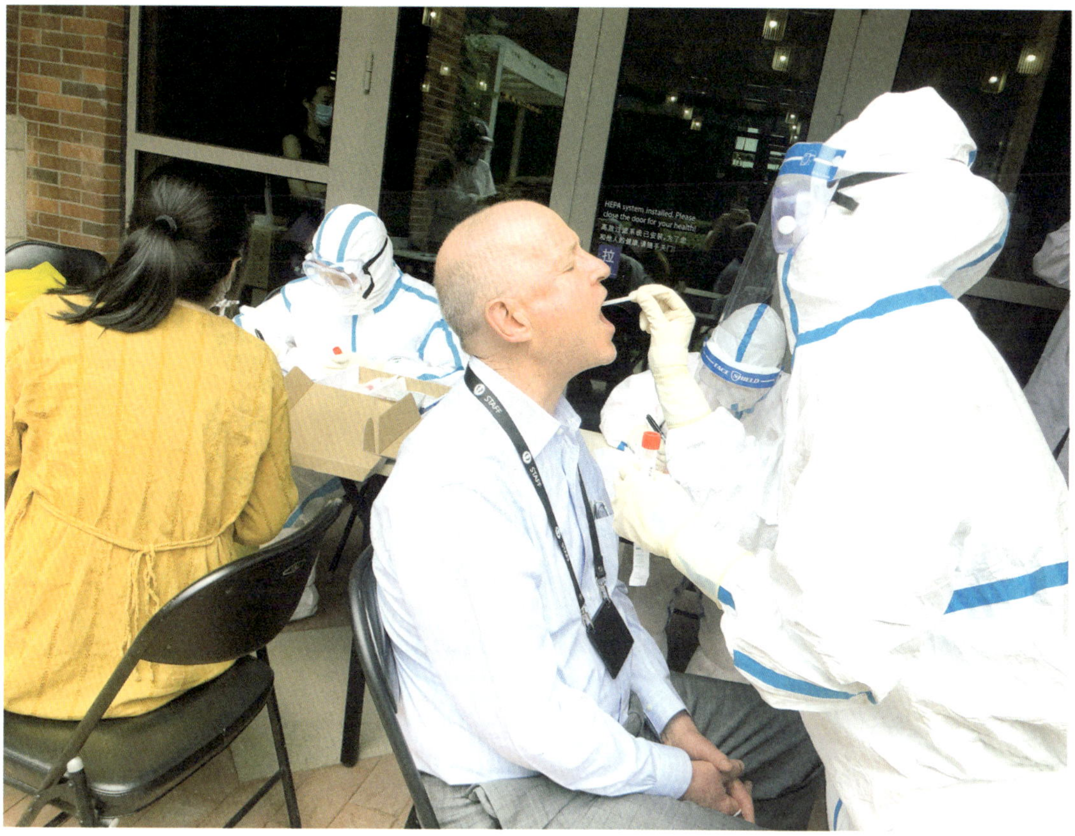

6 月 18 日，顺义区疾控中心流调组成员对重点人员开展核酸检测采样工作（区卫健委供图）

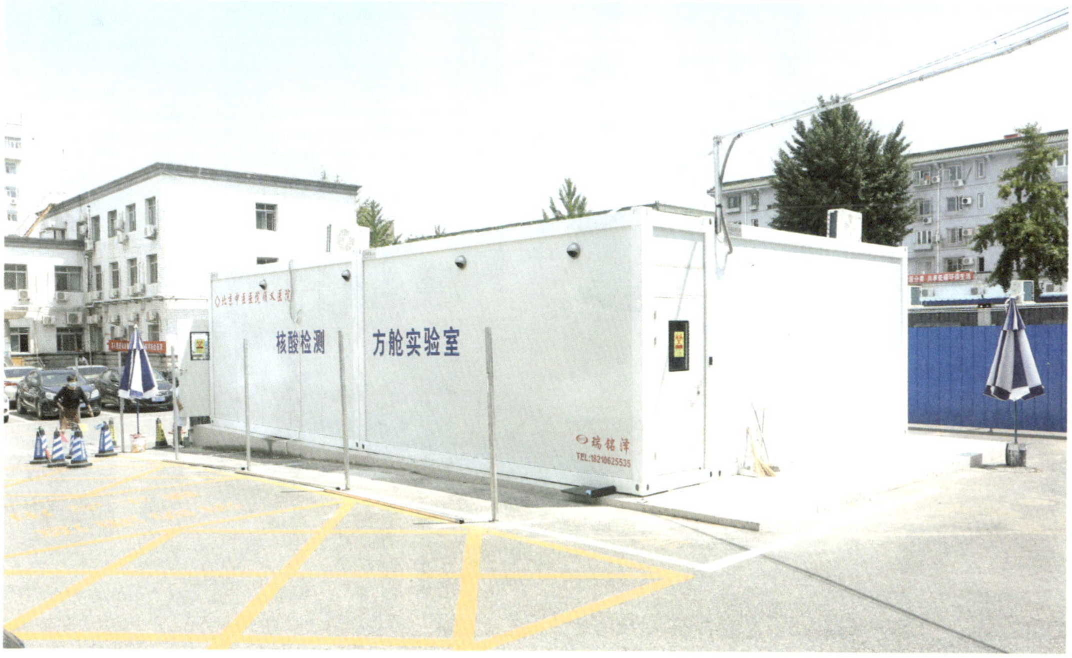

7 月 6 日，北京中医医院顺义医院 PCR 方舱实验室通过验收（区卫健委供图）

▲7 月 30 日，北京儿童医院顺义妇儿医院通过三级医院现场评审（区卫健委供图）

▲11 月 18 日，顺义区疾病预防控制中心揭牌（区卫健委供图）

综 述

【概况】 年内，辖区内有户籍人口662075人，户籍育龄妇女137000人，其中户籍已婚育龄妇女105000人。全区办理户籍一孩生育登记2888例，二孩生育登记2530例，北京市再生育确认180例。户籍人口死亡数4494人，户籍人口总死亡率6.82‰，其中男性死亡2479人、死亡率7.61‰，女性死亡2015人、死亡率6.06‰。人口自然增长率2.08‰，男性和女性自然增长率分别为1.68‰和2.47‰。本年度顺义区因病死亡人数4261人，占总死亡人数的94.82%。死因顺位前10位依次为心脏病、恶性肿瘤、脑血管病、呼吸系统疾病、损伤和中毒、内分泌营养和代谢疾病、消化系统疾病、神经系统疾病、传染病和泌尿生殖系统疾病，涉及4212人，占总死亡数的93.72%。2020年户籍人口期望寿命81.04岁，其中男性78.55岁、女性83.58岁。

（区卫健委）

【医疗机构】 年内，全区有医疗机构794所。执业（助理）医师总数4132人（包括西医、中医、中西医结合），注册护士数3928人。编制病床数4253张。平均每千常住人口拥有执业（助理）医师数3.4人，注册护士数3.1人，实用床位数3.5张。

（区卫健委）

改革与管理

【《医疗卫生服务水平提升三年行动计划（2018—2020年）》】 年内，《医疗卫生服务水平提升三年行动计划（2018—2020年）》（简称《行动计划》）规定的六大方面34项任务中，完成或基本完成30项，部分重点基础设施建设任务加快推进中。同时按照工作安排，3月根据区人大常委会《关于北京市顺义区人民政府关于〈医疗卫生服务水平提升三年行动计划（2018—2020年）〉落实情况报告的审议意见的函》（顺人常函〔2020〕2号）文件要求并结合区领导批示精神，区卫健委代拟《医疗卫生服务水平提升三年行动计划（2018—2020年）落实情况报告审议意见的办理报告》并提请区政府审阅通过后提交区人大常委会。

（区卫健委）

【医药卫生体制改革】 年内，根据《关于加强顺义区“十四五”规划分领域前期研究课题管理工作的通知》文件精神，为统筹推进“十四五”期间全区卫生事业发展，结合区域实际情况，联合首都医科大学公共卫生学院孟开教授团队，共同开展“十四五”时期顺义区推进“健康顺义”建设思路与措施研究工作。

（区卫健委）

【新型社区医疗卫生体系合作共建】 9月22日，新型社区医疗卫生体系合作共建考核工作正式启动，在相继完成修订工作方案及指标体系基础上，于10月22日下发《开展2019年度合作共建北京市顺义区新型社区医疗卫生体系考核工作的通知》并召开专题会议，明确职责分工、考核程序，统一考核标准与口径，同时委托北京北询信息咨询服务有限公司完成第三方满意度评价。现场考核完成后，于12月形成《2019年度合作共建顺义区新型社区医疗卫生体系考核评价报告》。

（区卫健委）

医疗服务

【概况】 年内，全区各级各类医疗机构门诊661.02万人次，急诊44.77万人次，出院6.52万人次。二级及以上医疗机构床位周转率56.93%，一级医疗机构4.17%。二级及以上医疗机构出院者平均住院日数8.92天，一级医疗机构14.16天。二级及以上医疗机构住院病死率1.04%，一级医疗机构1.98%。全年住院手术2.16万人次。

（区卫健委）

【医疗质量管理】 年内，顺义区依托4家区属二级以上医院，组建完成4个医联体，医联体覆盖30家基层单位，其中社区卫生服务中心26家，社会办医疗机构4家，实现全区基层单位全覆盖。全年医联体各核心医院选派专家到各社区服务中心出诊、带教，下派医生548人次，接收基层进修37人次；4家核心医院共向基层下转患者278人次，接收基层上转患者3521人次。因受新冠肺炎疫情影响，全年工作以远程医疗服务为重心，医联体内远程医疗服务9789人次。基层社区卫生服务中心（卫生院）完成24个发热筛查哨点标准化建设。

（区卫健委）

【护理工作管理】 年内，全区有注册护士3928人，医护比例1.08:1。有ICU床位31张。全区共上报不良事件211例，其中管路滑脱42例，用药错误27例，跌倒坠床52例，皮肤压疮28例，意外事件55例，操作并发症7例，整改率100%。

（区卫健委）

【献血管理】 年内，完成血液采集13717.7单位，其中团体无偿献血7590.7单位、街头采集6127单位，临床用血7349单位，采供血平衡率187%。1月20日起，辖区内3家临床用血机构全面落实《北京市无偿献血者临床用血费用直接减免工作实施方案》，全年共计报销、减免血费98人次67155元。

（区卫健委）

【对口支援】 年内，选派61名东西部扶贫协作专业技术人才参与健康扶贫工作，其中河北省张家口市沽源县20名、万全区13名，内蒙古自治区科左中旗12名、巴林左旗9名，西藏自治区尼木县7名。同时接收70名受援地区医疗骨干到顺义区进修学习，其中沽源县21名、万全区12名、科左中旗15名、巴林左旗17名、尼木县5名。

（区卫健委）

【医疗安全管理】 年内，顺义区卒中质控中心成立。全年共完成现场检查及培训、指导活动25次，专家现场验收12次、督导活动8次。为辖区27家医疗机构统一投保医疗责任保险和医疗意外保险，医疗责任保险部分为25家基层卫生医疗机构（空港医院不含）、精神病医院及结核病防治中心参保，保费共计554700元。各医疗机构组织开展安全防范培训210次，全年共受理医疗投诉519起。

（区卫健委）

【处方点评管理】 年内，全区处方点评专家组点评26家社区卫生服务中心处方37276张，其中不合理处方3454张，处方不合理率平均为9.27%。

（区卫健委）

【院前急救】 年内，全区新增院前急救站点4个，配置院前急救车辆12辆，全区累计设有急救中心1个、急救站9处，配置院前急救救护车28辆，各站点全部由120急救中心进行统一管理。全年平均呼叫满足率98.13%。顺义区急救中心每季度组织急救技能培训1次，并配合相关部门开展反恐处突、安全生产等演习演练活动，区120院前急救系统全年派出急救车辆27271次。新冠疫情期间，区120急救分中心承担新冠肺炎确诊、疑似、密接人员转运等工作，共计出车3026次。

（区卫健委）

【医疗设备采购审批】 年内，严格控制设备购置审批程序，坚持大额采购两级论证原则。全年共受理17家医疗机构合计48项采购申请，总计金额4624.86万元。组织区级论证2次，论证金额989万元。

（区卫健委）

【应急救援与大型活动医疗保障】 年内，以区120急救分中心为主的院前急救体系共执行专项医疗急救保障任务155次。在国庆节、国家司法考试、高等教育自学考试、高考英语机上考试、成人自学考试、全国公务员考试、北京市公务员考试等重大活动中承担医疗应急处置任务。

（区卫健委）

【征兵与高招体检】 年内，区中医医院承担区内征兵体检和高招体检工作。征兵体检758人，无一例责任退兵；高招体检3535人。

（区卫健委）

【全程办事代理】 年内，完成医疗机构审批业务947次，其中登记注册20件、校验670件、变更171件、注销79件、养老机构内设医务室备案1件、中医诊所备案6件。全年完成护士首次注册69人次，重新注册30人次，延续注册391人次，变更注册405人次，注销3人。全年完成医师执业注册审批164人次、执业变更审批583人次，多执业机构备案 544 人次。

（区卫健委）

【区级医院中医药服务能力提升】 年内，统筹谋划中医药机构布局规划，全年备案中医诊所 7 家。举办区级师承指导老师公开课 10 次。与昌平区卫生健康委合作建立“高才达国家级名老中医工作室昌平分站”。成立区级疫情救治中医药专家团队，远程会诊 40 余人次，开具汤药 100 余剂，中医药治疗覆盖率 100%，实现中医药治疗全程参与直至诊疗结束。开展顺义区中药预防饮发放工作，全年累计发放中药预防饮 69622 人，其中区级密接点工作人员及隔离人员 8868 人，入境返顺人员以及机场工作人员 3171 人，社区卫生服务中心工作人员、来院就诊患者及家属、周边群众等 20886 人次，顺义区内重点人群以及一线防控人员 36697 人次。通过微信公众号、网站等途径开展社区工作人员中医药防控知识培训 44000 人次，向社区居民宣传新冠肺炎科普知识及中医药防控知识，覆盖约 817000 人。

（区卫健委）

【药品阳光采购】 年内，第一批续约带量专项采购金额 1700.36 万元，专项总采购数量 2057.09 万片，其中 24 种药品完成采购任务量，其余中选药品采购量平均完成 80.67%；第二批集中采购药品专项采购金额 595.23 万元，专项采购数量 2523.85 万片，其中 18 种药品完成全年采购量，其余中选药品采购量平均完成 80.54%；第三批集采药品专项采购金额 332.77 万元，专项采购数量 1007.35 万片。

（区卫健委）

【疫情防控医疗救治】 年内，完成区医院、区中医院、妇幼保健院、空港医院 4 家区级医院发热门诊的规范化改造，实现密接（次密接）人员、封控小区就诊人员、8 种症状就诊人员等不同风险等级的就诊人员在空间上的物理隔离。累计设置 109 张床位，其中负压床位 9 张，规范开展成人、儿童和孕产妇等不同人群的排查留观救治工作。顺义区第二医院承担区发热门诊后备医院任务，于 1 月 29 日正式启用，共组织 87 名医务工作者参与发热门诊、病房值守，累计接诊患者 317 人次，病房累计收住 169 人，实现医务人员零感染、医患之间零交叉感染。按照北京市防控组要求，组建新国展临时医疗点，为入境人员和工作人员提供医疗卫生服务保障。从区 120 急救分中心抽调一辆救护车到现场值守，确保 24 小时运转，实现工作人员零感染、入境人员之间零交叉感染。全区有 13 家医疗机构通过市级验收具备新冠核酸检测资质，单日检测最大能力 4 万例（1:1）。与外区 23 家检测机构建立战略协作关系，能够确保极端情况下 24 小时内新冠核酸检测储能超过 150000 例（1:1）。

（区卫健委）

【社区卫生】 年内，辖区内有社区卫生服务中心 26 所，社区卫生服务站（运行）174 所，均为政府办机构。编内编外卫生技术人员 2156 人，其中全科医生 587 人，中医医生 160 人，注册护士 626 人。全年门诊 2656910 人次，家庭医生上门服务 1163 人次。顺义区完成社区卫生中心（站）标准化建设。医用设备总台数 4884 台，设备原值 21958.5 万元。

（区卫健委）

【村卫生室】 年内，全区有村卫生室 199 个，其中 120 个为政府购买服务的村卫生室，79 个为个体村卫生室。全区医疗机构覆盖率 100%。有乡村医生 121 人，2019 年开展考核培训 50 余次。

（区卫健委）

【家庭医生签约服务】 年内，辖区常住人口签约 443688 人，签约率 32.6%。重点人群签约 212977 人，签约率 96.7%。组建家医服务团队 373 个。

（区卫健委）

【慢病管理】 年内，各社区卫生服务中心共计管理高血压患者 66502 人，规范管理高血压患者 42135 人，高血压规范管理率 63.35%，血压达标人数 50335 人，血压控制率 75.69%。管理糖尿病患者 29694 人，规范管理糖尿病患者 19262 人，糖尿病规范管理率 64.87%，血糖达标人数 19712 人，血糖控制率 66.38%。

（区卫健委）

【健康档案】 年内，建立健康档案（均为电子档案）1008096 份，占总人口的 77.3%；健康档案使用

353035份，使用率30%。

（区卫健委）

【社区基本药物采购】 年内，26家社区卫生服务中心（站）累计采购药品5400个品规，到货总金额5.42亿元，其中基本药物2.72亿元，占到货金额的50.18%。

（区卫健委）

【老年人健康管理】 年内，共完成老年人健康管理64689人，管理率71.88%，完成市级要求69%的老年人管理率。

（区卫健委）

疾病控制

【概况】 年内，全区未发生鼠疫、霍乱、传染性非典型肺炎、脊髓灰质炎、人感染高致病性禽流感、炭疽、流行性脑脊髓膜炎、白喉、新生儿破伤风、钩端螺旋体病、血吸虫病、人感染H7N9禽流感、麻风病、流行性和地方性斑疹伤寒、黑热病、包虫病、丝虫病。常见多发的传染病有肺结核、梅毒、病毒性肝炎、痢疾、猩红热、淋病、艾滋病、布病、其他感染性腹泻、麻疹、乙脑、手足口病、流行性感冒和流行性腮腺炎等传染性疾病。

（区卫健委）

【传染病防治】 年内，全区共报告流感病例2058例，发病率168.97/10万，同比（609.84/10万）下降72.29%。全年共报告发热疫情8起，其中集中发热疫情7起，流感暴发疫情1起，无突发公共卫生事件报告。全区29家医疗机构门急诊监测病例总数1950911例，流感样病例数总数11011例，流感样病例百分比0.56%；在区医院采集流感样病例咽拭子标本499件，检测499件，检测率100%。流感病毒核酸检测，阳性34件，阳性率6.81%，其中甲型H1N1亚型3件，占阳性标本的8.82%；甲型H3N2亚型25件，占阳性标本的73.53%；乙型Victoria亚型6件，占阳性标本的17.65%。流感病毒分离检测，阳性2件，阳性率5.88%，2件均为甲型H3N2亚型。人感染高致病性禽流感，共采集人群血清标本300份，送市疾控中心进行H5N1、H7N9禽流感抗体及病毒核酸检测，其中2件禽流感H9亚型阳性，3件禽流感H7亚型阳性。猩红热发病1例，本年度北京市未开展猩红热监测工作。全年哨点医院共监测门急诊就诊病例251898例，住院病例1680例，报告急性上呼吸道感染病例1154例，肺炎病例3602例。全年共对185例病例开展病原学监测，其中肺炎病例44例，重症肺炎病例58例，上呼吸道感染83例。检测结果显示，185例病例中，检测阳性64例，阳性率34.59%。无中东呼吸综合征疑似或排查病例报告。对全区各级各类医疗机构医务人员开展中东呼吸综合征相关知识培训1次，累计培训130余人次；对辖区内各医疗机构开展中东呼吸综合征防控工作督导检查2次。全区共确诊48例新冠肺炎确诊病例，累计管理密切接触者2587人、次密接3350人，其中处置境外输入病例20例，涉及密接401名、次密接139名。处置外籍货航阳性病例38例，涉及密接1例。新发地疫情发生后，成立“石门市场专班”，每日对石门市场开展巡查和样本检测工作，对143个冷库全覆盖监测，累计在石门市场等采集食品、环境样品8190件，人咽拭子461件；对全区各级各类医疗机构流调人员开展培训、考核10次，累计培训400余人次。

（区卫健委）

2020年顺义区乙类传染病报告发病情况

表1

顺位	疾病病种	发病数（例）	发病率（1/10万）	构成比（%）
1	肺结核	314	25.78	42.49
2	梅毒	191	15.68	25.85

续表

顺位	疾病病种	发病数（例）	发病率（1/10万）	构成比（%）
3	肝炎	91	7.47	12.31
4	新型冠状病毒肺炎	48	3.94	6.5
5	痢疾	37	3.04	5.01
6	淋病	26	2.13	3.52
7	艾滋病	20	1.62	2.71
8	布病	11	0.9	1.49
9	乙脑	1	0.08	0.14

2020年顺义区丙类传染病报告发病情况统计表

表2

顺位	疾病病种	发病数（例）	发病率（1/10万）	构成比（%）
1	流行性感冒	2058	168.97	79.46
2	其他感染性腹泻病	326	26.77	12.59
3	手足口病	169	13.88	6.53
4	流行性腮腺炎	34	2.79	1.31
5	风疹	2	0.16	0.08
6	包虫病	1	0.08	0.04

【地方病防治】 年内，随机抽取杨镇、木林镇、马坡镇、南法信镇和空港街道5个镇、街，开展碘缺乏病重点人群监测，结果为：2020年8～10岁学生的甲状腺肿大率4.9%，符合国家规定的5%以内；学生家中食盐检测结果良好，碘盐合格率73.7%，合格碘盐食用率65.3%；另外采集3所学校食堂用盐3件，检测结果均为碘盐，合格碘盐3件，碘盐合格率及合格碘盐食用率均为100%，经加权后，顺义总体合格碘盐食用率76.9%。孕妇尿碘检测结果中位数偏低，为140.8微克/升，但食用碘盐及含碘食品情况良好，碘盐合格率88.7%，合格碘盐食用率86%；其他重点人群碘营养状况处于适宜水平，学生、育龄妇女及成年男性尿碘中位数分别为223.5微克/升、178.9微克/升和160.9微克/升。高氟改水井枯、丰水期累计采水检测196件，水氟含量合格率保持在95%以上，仅有1眼井水氟含量超标，改水井正常使用率97.96%；氟斑牙普查49个村的本地出生8～10岁儿童309人，正常246人，氟斑牙38人，氟斑牙患病率12.3%，低于国家规定的30%以下，处于轻度水平。

（区卫健委）

【学校卫生】 年内，全区有中小学生76414人，实际体检人数69171人，体检覆盖率90.52%。中小学生视力不良检出率57.56%，肥胖检出率21.35%（中国学生超重肥胖BMI筛查标准评价2018），营养不良检出率7.02%（依据中国学生超重肥胖BMI筛查标准评价2018），缺铁性贫血检出率6.88%，学生恒牙患龋率14.09%，恒牙龋均为0.27，恒牙龋齿填充率37.69%。

（区卫健委）

【慢性非传染性疾病防治】 年内，以慢性病综合防控工作要点为核心，以持续巩固慢性病综合防控示范区机制为主线，通过健康知识普及、全民健康生活方式行动、结直肠癌早诊早治、脑卒中筛查管理及慢病危险因素监测、常见慢性病的规范管理等措施，进一步巩固慢性病综合防控示范区建设成果。全年新创建区级示范机构55家，其中示范单位23家、示范社区27家、示范食堂3家、示范餐厅2家。建设支持性环境27处，其中文化墙15处、步道10条、知识一条街2条。全区继续扩大和覆盖慢性病患者自我管理小组工作，共开展自我管理小组639组，较上一年度新增85组，覆盖639个生活社区，覆盖率85.2%，95%以上的小组按要求完成小组活动。采用入户和电话等形式进行肿瘤随访工作，培训督导全区25家社区卫生服务中心对1316例肿瘤患者开展随访，随访1195例，失访率5.6%，低于市级要求（15%）。在二院、沙岭开展城市癌症早诊早治工作，共完成问卷初筛1263人，高危人数758人，高危率60.02%。完成临床筛查任务量肺癌310例，乳腺癌181例、肝癌10例、胃癌77例、结直肠癌133例，总体任务完成率111.09%。在7家社区卫生服务中心开展脑卒中高危人群随访干预，随访1921人，随访率94.77%。完成知信行问卷录入215人。26家卫生院均开展预防老年人跌倒综合干预工作，完成干预前问卷300余份。在全区12个项目点完成问卷、体检、血生化检测筛查工作，共计完成初筛1042人，完成总任务量的104.2%；高危筛查268人，完成总任务量的107.2%；短期随访214人，完成总任务量的85.6%；长期随访3167人，完成规定任务量的99.0%。选择辖区3家单位，面向120名在职人员开展慢性病高危人群健康管理知识技能微图文和微视频效果评估工作。

（区卫健委）

【计划免疫】 年内，免费疫苗共接种303824人次，其中本市65岁以上老人23价肺炎疫苗接种6473人次，适龄儿童免疫规划疫苗297351人次。适龄儿童基础免疫、加强免疫报告接种率均在99%以上；本市儿童出生1个月内，流动儿童居住2个月内建卡、建证率均在99%以上。26家规范化接种门诊中，AAA级门诊3家，AA级门诊15家，A级门诊8家；另有2家其他预防接种门诊，承担区内疫苗接种工作。全年报告疑似预防接种异常反应（Adverse Event Following Immunization，简称AEFI）173例，发生率26.38/10万针次，全年未发生接种差错事故，安全接种率100%。其中一般反应142例，异常反应25例，偶合症6例，心因性反应0例，未出现疫苗质量事故和接种事故。

（区卫健委）

【外来务工人员疫苗接种】 年内，全区共调查集中用工单位284家，应接种麻疹疫苗3445人次，实接种343人次，接种率9.96%；应接种流脑疫苗3445人次，实接种343人次，接种率9.96%。学龄前流动儿童强化查漏补种工作共调查到学龄前流动儿童17722人，补种/预约247人次，补卡、补证率、各疫苗补种/预约补种率均达到100%，达到北京市指标要求。

（区卫健委）

【流感疫苗接种】 年内，28个流感疫苗接种门诊于9月底对市民开展自费流感疫苗接种工作，10月起开展60周岁以上老年人、中小学校在校学生及相关保障人员免费流感疫苗接种工作。共接种流感疫苗131872人次，同比提高22.96%，其中非免疫规划流感疫苗18729人次；免疫规划流感疫苗中，60岁以上老人接种49623人次，接种人数同比（47112人次）提高5.33%；学生接种57947人次，接种人数同比（48305人次）提高19.96%；保障人群共接种1364人次；医务人员共接种1728人次；中小学校教师共接种2089人次；其他人群392人次；免疫规划流感疫苗合计接种113143人次，同比（98842人次）提高14.47%。

（区卫健委）

【疫苗相关疾病及应急接种】 年内，全区无脊灰、流脑、白喉、新生儿破伤风疫情发生。未报告狂犬病病例。6家狂犬门诊共接诊动物致伤病例18209例，同比（17611例）上升3.40%，暴露前免疫52例，暴露后免疫18157例，暴露后免疫者中致伤动物种类主要是犬（致伤9788例，占54.4%），其次是猫（致伤7570例），其他动物致伤409例。全年未发生一犬致伤多人事件。举办狂犬病免疫门诊培训2次。共报告疑似风疹病例4例（按照现住地址和发病日期统计），其中实验室确诊风疹2例，排除2例。风疹发病率0.16/10万，同比（1.54/10万）下降89.61%，全年未出现暴发疫情。共报告流行性腮腺炎37例（含3例外籍病例），发病率3.04/10万（含外籍病例），同比下降47.77%。共报告水痘病例442例（含3例外籍病例），发病率36.29/10万（含外籍病例），同比（79.04/10万）下降54.09%。共报告病毒性肝炎91例，其中急性和未分型病毒性肝炎22例，发病率1.81/10万，同比下降42.90%。甲肝7例，发病率0.57/10万，同比上升67.65%；乙肝4例，发病率0.33/10万，同比下降64.89%；丙肝0例，发病率0.00/10万，同比下降100.00%；戊肝11例，发病率0.90/10万，同比下降29.69%；未分型肝炎0例，发病率0.00/10万，同比下降100.00%；无死亡病例及暴发疫情报告。母婴阻断工作全年共监测母亲HBsAg（+）的儿童38名，检测结果显示乙肝感染0人，感染率0.00%；抗体阳转人数38人，阳转率100.00%。

（区卫健委）

2020年顺义区本市儿童疫苗基础免疫情况统计表

表3

疫苗基础免疫		应种人数（人）	受种人数（人）	接种率（%）
乙肝	1	5080	5078	99.96
	2	6723	6723	100
	3	8644	8644	100
	合计	20449	20445	99.98
脊灰	1	6206	6206	100
	2	6951	6951	100
	3	7201	7201	100
	合计	20358	20358	100
百白破	1	6451	6451	100
	2	6865	6865	100
	3	7252	7252	100
	合计	20568	20568	100
白破	1	0	0	0.00
	2	0	0	0.00
	3	0	0	0.00
	合计	0	0	0.00
麻风	1	3602	3602	100

续表

疫苗基础免疫		应种人数（人）	受种人数（人）	接种率（%）
麻腮风	1	6256	6254	99.97
A 群	1	8008	8008	100
流脑	2	8563	8562	99.99
	合计	16571	16570	99.99
乙脑	1 岁	9310	9310	100
甲肝	1.5 岁	9043	9043	100

2020 年顺义区本市儿童疫苗加强免疫情况统计表

表 4

疫苗加强免疫		应种人数（人）	受种人数（人）	接种率（%）
乙肝	初一	3610	3610	100
脊灰	4 岁	18468	18468	100
百白破	1.5 岁	8405	8405	100
白破	6 岁	9269	9268	99.99
	初三	0	0	0.00
	大一	0	0	0.00
	合计	9269	9268	99.99
麻腮风	1.5 岁	8793	8793	100
	6 岁	8639	8639	100
	大一	0	0	0.00
	合计	17432	17432	100
A+C 流脑	3 岁	10061	10061	100
	小四	4271	4271	100
	合计	14332	14332	100
乙脑	2 岁	9006	9006	100
	6 岁	2	2	100
	合计	9008	9008	100
甲肝	2 岁	8694	8694	100

2020年顺义区外来儿童疫苗基础免疫统计表

表5

疫苗基础免疫		应种人数（人）	受种人数（人）	接种率（%）
乙肝	1	2807	2805	99.93
	2	3508	3508	100
	3	4785	4785	100
	合计	11100	11098	99.98
脊灰	1	3512	3512	100
	2	3979	3979	100
	3	4543	4543	100
	合计	12034	12034	100
百白破	1	3874	3874	100
	2	4256	4256	100
	3	4435	4435	100
	合计	12565	12565	100
白破	1	0	0	0.00
	2	1	1	100.00
	3	0	0	0.00
	合计	1	1	100.00
麻风	1	1659	1659	100
麻腮风	1	3762	3762	100
A群流脑	1	4835	4835	100
	2	4662	4661	99.98
	合计	9497	9496	99.99
乙脑	1岁	4528	4528	100
甲肝	1.5岁	4601	4601	100

2020年顺义区外来儿童疫苗加强免疫统计表

表6

疫苗加强免疫		应种人数（人）	受种人数（人）	接种率（%）
乙肝	初一	1040	1040	100
脊灰	4岁	9426	9426	100
百白破	1.5岁	4109	4109	100
白破	6岁	3599	3599	100
	初三	0	0.00	0.00
	大一	0	0	0.00
	合计	3599	3599	100
麻腮风	1.5岁	4401	4401	100
	6岁	3534	3534	100
	大一	810	806	99.51
	合计	8745	8741	99.95
A+C流脑	3岁	4591	4590	99.98
	小四	2115	2115	100
	合计	6706	6705	99.99
甲肝	2岁	4151	4151	100
乙脑	2岁	4339	4339	100.00
	3岁	131	130	99.24
	4岁	0	0	0.00
	合计	4470	4469	99.98

【职业卫生】 年内，共调查接触重点职业病危害因素的企业84家，接受职业健康检查的劳动者人数5782人，发现职业禁忌证4人（噪声3人，电焊烟尘1人）；疑似职业病2人，均为疑似噪声聋。接触重点职业病危害因素的劳动者，噪声接触占77.17%(4462/5782)，其次为苯、电焊烟尘和其他粉尘等。做出行政处罚3起，均为一般程序，罚款金额共计13万元。

（区卫健委）

【疫情防控】 年内，结合疫情不同阶段的监管重点，共计出动监督员28680人次，执法车辆13946车次，监督医疗机构、公共场所、核酸检测点等14340户次。下达卫生监督意见书1642份，责令改正通知书297份，行政警告146户次。在疫情防控常态化后，严格落实“三防”“四早”“九严格”工作措施，打好疫情防控的持久战。

（区卫健委）

【放射卫生】 年内，全区开展放射诊疗活动并取得《放射诊疗许可证》的医疗机构81户，放射工作人员457人，在册并通过检测放射设备201台。受理完成放射卫生行政审批共计146件，其中受理新办8件，校验50件，变更23件，卫生审查33件，竣工验收32件，注销0件，发放《放射工作人员证》35件。

（区卫健委）

【卫生行政许可和食品安全标准备案】 年内，卫生行政许可答询3000余件，受理1018件，办结1018件，办结率100%；其中公共场所办结696件，新办355件，延续250件，变更55件，注销36件；生活饮用水办结322件。食品安全标准备案接收41个企标备案资料，均备案完成，其中新备案29个，修订备案8个，修订后重新备案4个。受理咨询812人次。

（区卫健委）

【饮用水监测】 年内，应监督各类供水单位1305户，实监督各类供水单位1570户次，合格1450户次，合格率92.35%；不合格65户次，未能监督52户次。开展北京双随机监督供水单位548户，双随机监督覆盖率75.17%。开展饮用水国家监督抽检14户，其中城市公共供水11户，涉水产品生产企业3户，监督抽检均合格。接到饮用水投诉88起，均办结。生活饮用水科审批发放卫生许可326个，其中农村饮用水卫生许可100个。

（区卫健委）

【公共场所环境卫生监测】 年内，公共场所环境卫生应监督2252户，实监督1901户，监督覆盖率84.41%，监督频次1.73户次；抽检155户，合格145户，合格率93.5%；处罚302起，罚款金额71000元，其中简易程序252起，罚款金额4000元；一般程序50起，罚款金额67000元；受理公共场所举报投诉案件88起，办结88起，办结率100%。公共场所量化分级评定场所户数1846户，量化比例96.05%。

（区卫健委）

【公共场所控烟】 1—6月，累计监督检查1252户次，责令整改40户次，处罚5户次，罚款金额共计2200元，其中1起为单位，罚款2000元；4起为个人，罚款共计200元。年内接报控烟投诉89起，办结89起，办结率100%。

（区卫健委）

【精神卫生】 年内，共录入北京精神卫生信息管理系统减去死亡后的精神障碍患者4707人。其中严重精神障碍患者在册3474人（指精神分裂症、持久的妄想性障碍、分裂情感性障碍、双相情感障碍（包括躁狂发作）、癫痫所致精神障碍、精神发育迟滞伴发精神障碍的患者3395人，强制报告的6类外病种患者79人），其他严重精神障碍患者1233人。累计申请长期免费服药患者2442人，其中享受老政策免费服药患者572人，新政策累计1870人，本年度新增338人。全年共发放免费药品金额519万余元。发生突发应急事件48起，其中病情复发精神状况明显恶化16起，存在危害公共安全或他人安全的危险10起，危害公共安全或他人安全的行为18起，自杀、自伤行为4起，无精神障碍患者肇事肇祸事件。

（区卫健委）

【消毒产品监督】 年内，实有消毒产品生产企业12家，其中消毒剂生产企业4家、卫生用品生产企业7家、消毒器械生产企业1家。5—7月，按照国家双随机监督抽检工作安排，抽检2户，其中1户经营的消毒产品已按照医疗器械进行注册管理，未进行抽检。实际完成抽检1户生产企业第二类消毒产品1种，被抽检消毒产品的有效成分含量合格。6—11月，对12家消毒产品生产企业进行全覆盖监督检查，共抽检18件消毒产品，重点检查第二类、第三类消毒产品卫生许可批件或卫生安全评价报告及其备案情况。检查经营单位及使用单位共计54户124件消毒产品，结果均符合要求。

（区卫健委）

【健康教育与健康促进】 年内，通过健康促进区建设市级验收评估。开展“食在健康”专项行动。通过北京顺义健康教育官方微信、顺义区数字化健康科普传播平台科普传播优秀健康科普文章30篇。开展区级健康科普讲师评比活动，收到参赛作品34个。开展“顺义区2020年健康提素线上学习竞答活动”，全区参与人数4万余人，获得北京市健康提素工作优秀组织奖。社区健康教育与健康促进，共针对社区居民开展专题讲座1623场，直接受众7万余人；组织开展宣传咨询活动232场，直接受众2.2万人次。开展新冠肺炎疫情防控健康教育工作，共印制疫情防控类折页、海报、指引31种48.4万份；利用公交车身、LED电子屏等400余个户外宣传点位每日滚动播放新冠肺炎防控知识56.5万次；审核指导行业部门疫情防控方案30余个，均提出指导意见；利用顺义区疾病预防控制中心官方微信、北京顺义健康教育官方微博发布健康科普知识3800余篇次；在顺义区疾病预防控制中心微信公众号设置“新冠肺炎”专区板块，上传相关图文信息80余篇次，上传防控指引90余个并实时更新；开发消毒液配比计算器小程序；联合经信局、国资委、城管执法局、文旅局等部门对2500余家重点企业等开展复工复产指导；做好新冠肺炎疫情常态化防控下健康促进幼儿园创建工作。

（区卫健委）

妇幼保健

【围产保健】 年内，辖区本市户籍活产5862人。产前检查率99.97%、早检率99.29%、孕产妇系统管理率98.72%，早孕建册率92.50%，7天内产后访视率99.43%，住院分娩率100%。高危妊娠管理率100%，高危孕产妇住院分娩率100%。未发生医患交叉感染和孕产妇死亡事件。

（区卫健委）

【出生缺陷监测】 年内，共监测围产儿7793人，围产儿出生缺陷儿263例（本地136例，外地127例），13～27周缺陷儿86例（本地36例，外地50例），儿科出生缺陷儿18例（本地7例、外地11例）。围产儿出生缺陷发生率33.748‰（263/7793），本地围产儿出生缺陷发生率27.403‰（136/4963），外地围产儿出生缺陷发生率44.876‰（127/2830）。

（区卫健委）

【婚前检查】 年内，参与免费婚检的初婚人数共4285人，婚检率提升至67.65%。

（区卫健委）

【新生儿疾病筛查】 年内，依据市级工作精神，鼓励开展先天性肾上腺皮质增生症（CAH）和串联质谱筛查多种遗传代谢病（25种）筛查。全区新生儿疾病筛查率100.48%，共确诊患者7例，其中先天性甲状腺功能低下症5例，苯丙酮尿症1例，高促甲状腺素血症1例，通过筛查发现的确诊病例，均在市妇幼保健院接受治疗。

（区卫健委）

【危重新生儿转会诊】 年内，全区危重新生儿转会诊通道平稳运行，组织全区4家助产机构进行危重新生儿转会诊工作培训，邀请儿童医院新生儿科主任进行转会诊危重病例分析、讨论。全区危重新生儿转诊1318人，其中院内转诊1133人，转至儿童医院72人，区内转诊49人，转至非指定医疗机构64人。

（区卫健委）

【儿童保健】 年内，全区本市户籍活产5862人，婴儿死亡率1.54‰，5岁以下儿童死亡率2.22‰，0～6岁儿童健康管理率97.72%，系统管理率95.65%，新生儿访视率96.52%，纯母乳喂养率72.59%，均达到或超过市级指标要求。

（区卫健委）

【儿童早期综合发展】 年内，听力保健完成7658人次，口腔保健完成3235人次，髋关节筛查完成2753人次。结合儿童生长发育和心理行为偏离开展儿童康复训练，主要针对走路姿势异常（X形腿、O形腿、内八字、外八字）、感统失调、智力发育落后、语言发育落后等，全年完成6499人次。

（区卫健委）

【口腔保健】 年内，为15452名3～6岁适龄儿童提供免费口腔检查服务，免费涂氟14994人次；7～9岁儿童免费口腔窝沟封闭检查23134人，封闭人数7144人，封闭牙数14506颗。

（区卫健委）

【妇女儿童心理卫生保健】 年内，顺义区下发《孕产妇心理筛查实施要点及工作要求的通知》，推进顺义区孕产期心理保健工作，顺义区孕产期心理保健筛查率70.04%，对异常人群开展转介服务。开展顺义区青少年健康夏令营活动，内容包含中医知识、青春期科普、科学运动、精神心理团体辅导等形式，40余名青少年参加。

（区卫健委）

【妇女两癌筛查】 年内，适龄妇女两癌筛查项目采取HPV与TCT联合筛查模式，完成宫颈癌筛查61155人，妇科疾病患病率25.85%，宫颈癌前病变检出率127.54/10万，对可疑病人进行规范转诊，检出宫颈癌1例。乳腺癌筛查33657人，乳腺疾病患病率22.48%，检出乳腺癌前病变6例，检出率17.83/10万，检出乳腺癌19例，检出率56.45/10万。

（区卫健委）

【计划生育技术管理】 年内，实施计划生育手术9661例，其中本地4158例，外地5503例，宫内节育器放置术617例，宫内节育器取出术800例，输卵管结扎术33例，负压吸宫术1022例，药物流产552例，无痛负压吸宫术6637例，生育咨询3053人次，发生1例宫内节育器穿孔并发症。

（区卫健委）

计生服务

【计划生育管理】 年内，全区办理两孩以内生育登记服务实行网上登记（登录“北京市生育登记服务系统”）和现场登记两种方式。办理一孩生育登记2888例，二孩生育登记2530例，北京市再生育确认180例；为流动人口办理《北京市流动人口生育登记服务单》3560例，《北京市流动人口再生育服务单》56例。流动人口信息平台正常运转，全年共核实反馈各类信息1465条。

（区卫健委）

【计划生育关怀】 年内，全区共有计划生育奖扶对象10120人，特扶对象1115人。市、区两级发放奖励扶助金3339.6万元，发放特别扶助金1156.86万元。落实对低保独生子女家庭的专项救助金344800元、独生子女意外伤残或死亡的一次性经济帮助180000元。

（区卫健委）

【计划生育信息化建设】 年内，全区19个镇、6个街道有镇街宣传员6174人、村居专干565人、村居离任专干123人。享受离任后一次性补助人员13人，在职年满20年一次性补助人员23人，共计发放资金274.7万元。

（区卫健委）

爱国卫生

【爱国卫生月活动】 年内，依据《北京市爱国卫生运动委员会关于开展第32个爱国卫生月活动助力打赢新冠肺炎疫情阻击战的通知》精神，顺义区爱国卫生月活动的重点是开展环境卫生综合整治。各属地结合疫情防控要求组织本地区各村、单位，集中开展专项环境卫生整治活动。共出动党员干部及群众139000人次、出动车辆5000余辆，清理各类垃圾53576吨、整治占道经营500余处、消除环境死角7000余处、清理小广告10000余处、消毒擦拭公共设施2000余处、清理水面漂浮物3000余千克、规范门前三包1000余家、发放宣传材料12万份。

（区卫健委）

【病媒生物防制】 年内，开展全区统一灭鼠活动，共计出动人员5326人次，车辆1600余车次，清理滋生地5800余处，设置和修缮鼠站22000余处，投放灭鼠药6200余千克。组织夏季蚊蝇消杀工作，全区累计共562个社区（村）的22416名工作人员和志愿者参加活动，共清理和清除卫生死角和蚊蝇滋生地28334处，使用灭蚊蝇药品8820.5千克。聘请第三方公司进行“四害”消杀和密度监测服务，完成90个居民社区（村）、500余个中小餐饮单位、14个公园绿地水体和农贸市场共7轮次的专业消杀任务。

（区卫健委）

【公共场所禁控烟宣传】 年内，将全区250余块社区健康教育宣传栏内容统一更换为宣传海报《远离烟草 保护年轻人》并利用城区3块户外LED电子大屏幕和区医疗机构数字化科普平台48个终端滚动播放。

（区卫健委）

【农村户厕升级改造】 年内，全区农村户厕改造任务基本完成，无害化卫生户厕覆盖率99.4%，达到市级覆盖率98%的指标要求。

（区卫健委）

老龄工作

【养老机构建设】 年内，全区共有养老机构17家、养老驿站48家，其中4家养老机构内设医务室。65岁以上老年人建立档案81000余份，家庭医生签约79809人，健康管理老年人64689人，健康管理率71.88%，老年人健康管理率超过北京市70%的指标要求。年内累计完成25家老年友善医疗机构建设工作。

（区卫健委）

【养老服务补贴津贴】 年内，推进《北京市老年人养老服务补贴津贴实施办法》落实，核发市级高龄津贴、失能老年人补贴、困难老年人生活补贴7877.45万元，在市级的基础上增加核发区级高龄津贴975.56万元。

（区卫健委）

【巡视探访家政服务】 年内，持续为全区户籍60周岁及以上独居老人和90周岁及以上高龄老人提供巡视探访和家政服务。共完成电话巡访38000余人次；上门服务80000余人次，累计服务逾15万小时。

（区卫健委）

【孝星评选活动】 年内，围绕践行社会主义核心价值观，开展“孝顺之星”“孝顺榜样”和全国敬老爱老助老模范人物推荐工作。共评选出181名“孝顺之星”和422名“寿星”。

（区卫健委）

【老年人专项维权活动】年内，开展老年人专项维权宣传活动86场次，现场提供法律援助咨询232人次，发放各种宣传材料20000余份，开展法治讲座17场，入户进行法治宣传9次。

（区卫健委）

体育

1月，市民在第六届北京市民快乐冰雪季系列活动中体验冰雪运动（区体育局供图）

10月17日，2020年第六届“百年牛栏山杯”百队千人健身才艺大赛暨顺义区社会体育指导员技能展示大会决赛在顺义区城南体育中心举行（区体育局供图）

10 月 22—23 日，2020 年北京市社会体育指导员柔力球交流展示赛在北京市民族文化交流中心举办（区体育局供图）

年内，区体育局开展冰雪运动宣传推广活动（区体育局供图）

▲ 年内，市民进行扇子舞展示（区体育局供图）

▲ 年内，市民体验冰雪运动——雪地足球（区体育局供图）

综 述

【概况】 年内，区体育局坚持以习近平新时代中国特色社会主义思想为指导，坚决贯彻习近平总书记关于新冠肺炎疫情防控工作重要讲话精神，统筹新冠肺炎疫情防控和体育事业发展工作，认真落实区委、区政府决策部署，在做好疫情防控的基础上扎实推进顺义体育各项事业，形成群众体育生机盎然、竞技体育蓬勃发展、冰雪运动广泛普及、体育产业协调并进的发展局面。

（区体育局）

【北京市体育特色乡镇和全民健身示范街道创建】 年内，在高丽营镇、旺泉街道等5个镇街开展双创工作，推动覆盖城乡的全民健身公共服务体系建设，发挥体育特色单位的引领示范作用。截至年底，马坡镇、李遂镇、空港街道等12个镇、街道成功争创北京市特色乡镇、全民健身示范街道，完成顺义区全民健身实施计划（2016—2020年）创建任务。投入体彩公益金450万元对张镇、双丰街道等9个创建成功的北京市体育特色乡镇和全民健身示范街道给予扶持。

（区体育局）

【公共体育服务设施建设完善】 年内，投资916万元更新配建室外健身设施80处、建设健身步道1000米和健走步道4172米；建设足球、篮球、门球等多功能运动场地18片。

（区体育局）

【公共体育用地供给增加】 年内，与市体育局、区规自委协调沟通，用好公共体育用地现状存量。本年度顺义人均公共体育用地面积0.45平方米，居全市第六位。做好城关一中综合体育馆立项手续办理，于年底完成立项；推进天竺后沙峪、马坡地区综合体育中心的选址工作。

（区体育局）

【“三走进三服务”活动】 年内，组织全体党员走进街道、社区、镇、村，服务市民科学健身需要；走进各运动队、体育项目网点校、青少年体育俱乐部，服务竞技项目建设后备人才培养需要；走进体育健身、体育休闲、体育竞赛表演、体育用品、体育彩票等体育服务行业，服务体育产业发展需要。全年帮助村、社区、单位组织体育活动57项次，为偏远体彩网点提供免费送彩服务。

（区体育局）

【疫情防控】 年内，坚决贯彻市、区两级疫情防控工作要求，第一时间向全区各镇街、功能区、相关企事业单位转发疫情防控政策文件200余次。成立体育监督执法检查组，出动800人次检查200余家次体育经营单位，查处安全生产隐患113个并及时督促完成整改，确保全区体育系统疫情防控形势总体平稳。充分发挥党组织战斗堡垒作用和党员干部先锋模范作用，发动广大党员干部按照“双报到”要求投身社区（村）参与疫情防控，彰显党员责任担当，累计志愿服务300余人次。

（区体育局）

【多举措助力体育精准扶贫】 年内，与河北省沽源县、内蒙古自治区巴林左旗签订《顺义区（体育类）社会组织对口帮扶协议书》，明确由区体育总会、区拔河协会等8家体育社会组织就群众体育交流、社会体育指导员志愿服务建设、群众体育项目共建、基层健身团队建设4项业务开展帮扶合作，切实帮助河北沽源、内蒙古巴林左旗两地享受顺义优质体育资源。推进政府采购支持消费扶贫，通过预留工会、食堂资金优先采购贫困地区农副产品，不断推动帮扶形式由单向帮扶转变为全面帮扶，逐步实现优势互补、资源共享、合作共赢的目标。

（区体育局）

【服务保障2022年北京冬奥会和冬残奥会筹办任务推进工作总结会】 12月4日，区体育局在顺义区行政中心会议室组织召开全区服务保障2022年北京冬奥会和冬残奥会筹办任务推进工作总结部署会。会议由区体育局局长主持，区政府副区长、区服务保障冬奥委员会牵头单位以及各镇、街道的主管领导共计50余人参加会议。会上，观看《顺义区冰雪运动与服务保障冬奥工作宣传片》；区体育局副局长做顺义区2020年服务保障冬奥会工作报告，从顺义区冰雪运动发展成效、助力冬奥，城市美化工作有序推进、2021 年工作设想三方面进行汇报；区残联、区教委分别就服务保障冬奥工作进行典型发言，重点展示全区中小学生及残疾人关注冬奥、支持冬奥、服务冬奥的热情；最后，区政府副区长进行总结讲话，并提出 3 点要求。

（区体育局）

群众体育

【全民健身系列赛事】 年内，开展登山、龙舟、篮球、羽毛球等 20 余项群众赛事活动，吸引 30 余万名来自全市各行各业的健身运动爱好者参与；挖掘传统体育项目，举办第十届“牛栏山杯”龙舟大赛、第十二届“赵全营杯”拔河比赛等一系列区级传统赛事，传承顺义体育文化，不断丰富群众身边的健身活动内容。举办牛栏山镇“云”运动系列赛事、马坡镇跳绳比赛、李遂镇线上个人操舞比赛、旺泉街道线上个人健身操舞比赛等线上线下相结合的街镇全民健身比赛。

（区体育局）

【健全群众体育社团组织】 年内，规范区体育社团建设管理，大力扶持冰雪项目，开展健身团队备案、星级评估，在场地、培训指导等方面给予扶持，推进社会指导员工作，完善工作体系，抓好各级培训。鼓励支持单项协会承办市级、国家级单项赛事，鼓励社会力量参与体育赛事的承办工作，加快体育社会化进程，本年度新成立马拉松运动协会、健身气功协会 2 个单项运动协会和合力乒乓球俱乐部 1 个体育运动俱乐部。

（区体育局）

【线上线下健身活动】 疫情期间，为方便居民在家进行体育锻炼，利用体育社团专业优势推出系列居家健身项目，先后通过互联网、微信公众号等多个平台进行线上健身技能培训。全年通过各类媒体平台和账号发布科学健身内容 100 余篇（条），网络播放量超过 3000 人次。同时，在做好疫情防控的基础上，开展马坡镇舞彩顺义冰雪运动欢乐季公益体验课等线下休闲体育活动，满足群众户外健身需求。

（区体育局）

【第二届北京市冰上龙舟大赛暨顺义区市民冰雪体验活动】 1 月 18 日，第六届北京市民快乐冰雪季系列活动、第五届大众冰雪北京公开赛、第二届北京市冰上龙舟大赛暨顺义区市民冰雪体验活动在顺义奥林匹克水上公园举行。来自全市的 19 支龙舟队，300 余名运动员，参加冰上龙舟混合组 12 人龙舟 100 米直道竞速和 200 米直道竞速 2 个项目的比赛。其中顺义区组建 8 支代表队参赛。最终顺义区仁和镇复兴龙舟队、北京冲浪号龙舟队、顺义区腾飞空港队、北京乐风龙舟队、延庆区代表队、北京医院鬐鬣龙舟队分别获得 100 米直道竞速前 6 名，顺义区仁和镇复兴龙舟队、北京乐风龙舟队、北京冲浪号龙舟队、丰台区代表队、顺义区腾飞空港队、顺义区牛栏山代表队分别获得 200 米直道竞速前 6 名。

（区体育局）

【2020 年全国“全民健身日”系列活动】 8 月 8 日，区体育局开展“全民健身日”系列活动。共有“北京武术”的践行者学习成果展示、“全民健身日舞动顺义城”百队千人毛巾操展示赛、顺义区全民健身公园半程马拉松线上赛、毽行“全民健身日”毽球线上展示赛、顺义区线上篮球比赛 5 项活动。采取体育局、体育总会和社团联动的组织体系，以线上组织为主，在活动期间，选手可采用邮箱和发微信群的形式进行。

（区体育局）

【北京市第七届广场舞大赛】 9 月 5 日，北京市第七届广场舞大赛在玉蜓公园举行。本次比赛共有来自全市的 56 支代表队 1000 余名操舞爱好者参与，顺义区委派健美操和体育舞蹈协会选拔 2 支优秀队伍 29 人参加本次比赛。最终顺义操舞协会一队、二队分别获得一等奖、二等奖。

（区体育局）

【2020 年会员健身“康乐杯”门球赛】 9 月 12—20 日，由区体育局、区体育总会主办，区门球运动协会承办的顺义区 2020 年会员健身“康乐杯”门球赛在顺义区教师之家门球场举行。来自全区 30

支队伍近300人参与。比赛分预赛、复赛和决赛3个阶段，均采用循环赛模式进行。最终老干六队、老干四队、蓝天队、老干五队、奥星一队、教协二队获得前6名。

（区体育局）

【第十届“马坡杯”乒乓球赛】 9月19日，由区体育局主办、马坡镇协办的北京市第十四届“和谐杯”乒乓球顺义赛区决赛暨第十届“马坡杯”乒乓球赛，在马坡镇健鼎金辉体育中心举办。来自全区各单位33支队伍的200余名运动员参赛。最终，北石槽镇、胜利街道等4支队伍获得镇、街道组一等奖，光明街道、牛栏山镇等4支队伍获得镇、街道组二等奖，龙湾屯镇、马坡镇等10支队伍获得镇、街道组三等奖。北京盛世育禾、公路局等4支队伍获得局、公司组一等奖，李桥小学、文旅局等4支队伍获得局、公司组二等奖，博梵（北京）、市政控股等6支队伍获得局、公司组三等奖。在当天北京昌平体育馆举行的2020年北京市“和谐杯”乒乓球总决赛中，顺义区马坡镇代表队获得郊区组一等奖。

（区体育局）

【第十六届北京市民羽毛球挑战赛】 9月26—27日，第十六届北京市民羽毛球挑战赛在地坛体育馆举办。本次比赛共设各区系统组和社会公开组，共有来自全市羽毛球爱好者91支代表队参赛。区体育局选派2支队伍24人参赛。顺义一队、顺义二队分别获得第1名和第7名。

（区体育局）

【2020年北京市民体质促进项目嘉年华活动】 10月31日，由市体育局主办，市社会体育管理中心、区体育局承办的2020年北京市民体质促进项目嘉年华活动顺义北赛区在顺义区体育局田径场举办。此次嘉年华活动分为个人组和家庭组，个人组项目有平衡前进、手卷辘轳、屈体移球、袋鼠快跳、5米折返跑、垃圾分类投篮，家庭组项目有袋鼠运瓜、你抛我接、同舟共济、小马快快跑、5米折返接力，现场并设有陆地冰壶、冰球射门、VR滑雪机等冰雪体验项目及夹沙包、滚铁环、呼啦圈等民俗体验项目。

（区体育局）

【顺义区第四届游泳比赛暨顺义国际人才社区全民健身季游泳比赛】 11月21日，由顺义国际人才社区办、区体育局、区体育总会主办，区游泳运动协会承办的2020年顺义区第四届游泳比赛暨顺义国际人才社区全民健身季游泳比赛在中华全国总工会国际交流中心游泳馆举办。本次游泳比赛设置自由泳、蛙泳、接力等6个项目，少、青、中男女6个组别，共18个参赛队213名运动员参赛，其中有来自美国、英国、加拿大、日本、阿尔及利亚等国的外籍运动员30名。顺义中家鑫园代表队取得团体总分第1名，顺义区青少年体育俱乐部与火力游泳俱乐部分别取得团体总分第2名和第3名。

（区体育局）

【北京市民羽毛球挑战赛顺义分站赛暨2020年顺义区羽毛球挑战赛】 12月5日，由区体育局、区体育总会主办，寰宇维度（北京）体育发展有限公司承办的北京市民羽毛球挑战赛顺义分站赛暨2020年顺义区羽毛球挑战赛在顺义区马坡镇健鼎金辉体育中心举行。本次比赛设镇、街道、局、公司1个组别，竞赛项目为混合团体赛，分为混双、男双、女双、男单、女单5个单项。来自各镇、街道、局、公司的13支代表队近149名运动员参赛。最终仁和镇代表队、综保区队、顺鑫控股、顺义调查队、大龙控股队、城管执法局、旺泉街道羽毛球队、税务局队分别获得前8名。

（区体育局）

竞技体育

【体育业训有序开展】 年内，在做好疫情防控的基础上，投入600余万元加强青少年体育和后备人才队伍建设，在全市范围内打造英式橄榄球、乒乓球、短道速滑等青少年体育联赛10余场，组织5000多名运动员、400多支队伍参加20个大项的区级青少年体育项目联赛。优化后备人才培养机制，全年全区共注册2400余名运动员，其中冬季项目500余人，竞技项目增加到28个。

（区体育局）

【竞技运动成绩优异】 年内，组织1000余名运动员、教练员参加市级比赛30余次，共获得金牌63枚，银牌106枚，铜牌102枚。组织860名青少年运动员参加北京市青少年锦标赛及U系列冠军赛，获得260余枚奖牌，位列全市第5名；组队参加北京市各项群众比赛，共获得29块奖牌，位居全市第1名。代表北京队前往内蒙古锡林郭勒参加全国第十四届冬季运动会冰龙舟比赛，斩获多个奖项，最终总成绩排名全国第4。

（区体育局）

【第四届北京市柔力球公开赛】 8月8日，第四届北京市柔力球公开赛在地坛体育馆展开。来自全市的52支代表队共300余人参加比赛。区体育局委派操舞协会组建2支优秀队伍共15人参加此次比赛，最终顺义操舞协会2队获得规定套路A类一等奖、1队获得规定套路A类二等奖。

（区体育局）

【北京市第九届拔河比赛】 8月22日，北京市第九届拔河比赛总决赛在地坛体育馆举行。本次比赛分为男子组600公斤级室内赛、混合组600公斤级室内赛2个组别，共有25支代表队300余名来自北京市各区县及单位的队员参加，顺义区委派拔河运动协会组队12人参加本次比赛。最终获得混合组第2名。

（区体育局）

【北京市第二届第九套广播体操展示大赛】 9月11日，北京市第二届第九套广播体操展示大赛在地坛体育馆举行。本次比赛共有来自全市的56支代表队近900名操舞爱好者参加，顺义区获得一等奖。

（区体育局）

【第十届“牛栏山杯”龙舟大赛】 9月12日，顺义区第十届“牛栏山杯”龙舟大赛在奥林匹克水上公园举办。大赛由区体育局、区体育总会主办，北京顺义文化旅游投资集团有限公司、区水上运动协会、北京顺旅广告有限责任公司承办。本次大赛分为混合组250米直道竞速和混合组500米直道竞速2个项目，共有16个队近300人参加。仁和镇复兴龙舟队、仁和镇、龙湾屯镇、大龙、牛栏山镇、马坡镇、马拉松运动协会、李遂镇分别获得500米直道竞速前8名；仁和镇复兴龙舟队、仁和镇、龙湾屯镇、牛栏山镇、大龙、空港街道、李遂镇、马坡镇分别获得250米直道竞速前8名。

（区体育局）

【北京市青少年田径锦标赛】 10月17—18日，2020年北京市青少年田径锦标赛在北京朝阳体育中心举行。全市16个区1113名运动员、教练员参加本次比赛，比赛共设男女甲乙丙6个组别98个单项，全区共有158名教练员运动员参加（1名领队、32名教练员、125名运动员），取得金牌16枚、银牌25枚、铜牌14枚、第4名14个、第5名10个、第6名10个、第7名6个、第8名4个；1人达到一级运动员标准，41人达到二级标准。

（区体育局）

【2020年北京市青少年篮球锦标赛】 10月31日，顺义区由杨镇一中、杨镇二中、顺义九中、牛栏山一中、顺义二中5所学校组成男子甲乙组和女子甲乙组共4支队伍53名运动员参加2020年北京市青少年篮球锦标赛。顺义区男子甲组获得第6名、男子乙组获得第7名，女子甲组获得第7名、女子乙组获得第8名。

（区体育局）

【北京市青少年U系列柔道冠军赛】 10月31日—11月1日，由市体育局、市教委主办，区柔道协会承办，区体育局、区教委协办的2020年北京市青少年U系列柔道冠军赛在顺义区体育运动学校柔道馆举行。来自全市13个区400余名运动员和教练员参加本次比赛。比赛设男女U18、U16、U14、U12共4个组别，80个级别。顺义代表队选派96名运动员、4名教练员、1名领队参加各级别比赛。顺义区柔道队共获得金牌14枚、银牌22枚、铜牌34枚、第5名17个和第7名17个，总分586分，又一次蝉联金牌总数、奖牌总数、团体总分的3个第1名。

（区体育局）

【北京市青少年U系列拳击冠军赛】 11月7—8日，由市体育局、市教育委员会主办，区体校青少年体育俱乐部承办，区体育局、区教委协办的2020年北京市青少年U系列拳击冠军赛在顺义区体育运动学校6号馆举行。来自全市8个区，170余名运动员和教练员参加本次比赛。比赛设男子U18、U16共2个组别，20个级别。顺义代表队选派59名运动员、3名教练员、1名领队参加各级别比赛。顺义区代表队获得金牌6枚、银牌21枚、第五名19个，又一次蝉联金牌总数、奖牌总数、团体总分的3个第1名。

（区体育局）

【2020年北京青少年射击锦标赛】 11月13—15日，2020年北京青少年射击锦标赛在北京射击运动技术学校展开。本次比赛有来自顺义、东城等8个区代表队共151名运动员参赛，顺义区代表队马红阳获飞碟多向女子组冠军。

（区体育局）

【2020年北京青少年手球锦标赛】 11月14—15日，由市体育局主办，市体育竞赛管理中心、市手球运动协会承办的2020年北京市青少年手球锦标赛在顺义区健鼎金辉体育中心举办。本次比赛共有来自北京市6个区的12支代表队参加，参赛人数近200人，其中，顺义区代表队由顺义八中的40名运动员组成。最终，顺义区男子乙组、女子乙组均获得第4名。

（区体育局）

【2020年北京青少年游泳锦标赛】 11月14—15日，2020年北京青少年游泳锦标赛在大兴区体育中心游泳馆举办。共有来自顺义、西城等12个区的727名运动员参加比赛，顺义区选派14名运动员参加比赛。比赛按照参赛选手年龄分组：17～18岁年龄组（男、女）、15～16岁年龄组（男、女）、13～14岁年龄组（男、女），竞赛项目包括50米、100米、200米、400米、800米自由泳，50米、100米、200米仰泳，50米、100米、200米蛙泳和接力等多个项目。顺义区获得男子11～12岁组50米蛙泳第3名、100米蛙泳第3名，男子和女子13～14岁组各1个第7名，女子组11～12岁组200米自由泳第7名。

（区体育局）

冰雪运动

【群众冰雪活动广泛普及】 年内，举办第五届舞彩顺义冰雪运动欢乐季，开展滑雪、滑冰等冰雪体验项目，宣传奥林匹克精神，传递冰雪运动正能量，全年累计发放30000余张冰场、雪场的体验券，20万人次参加冰雪季系列活动，注册冰雪运动员500名，为进一步开展冰雪运动提供后备力量。举办第三届残疾人冰雪嘉年华，帮助残障人士了解掌握冬奥会及相关法律知识，全区共有8支残疾人代表队及200余名残障人士参加活动中的冰雪赛事。

（区体育局）

【冰雪竞技实力有所提升】 年内，承办第二届北京市冰上龙舟大赛，顺义代表队与来自全市的19支龙舟队300余名运动员展开激烈竞赛，获得100米直道竞速项目第1名、第3名，并包揽200米直道竞速前6名的好成绩。

（区体育局）

【首届“京津冀”青少年冬季项目邀请赛（短道速滑）】 1月19日，区体育局、区教委主办的顺义区首届“京津冀”青少年冬季项目邀请赛（短道速滑）在顺义城南体育中心举办。本次赛事吸引北京市各区、河北、天津共20支代表队，队员、教练、裁判、工作人员近200余人参加本次赛事。

（区体育局）

【越野滑雪裁判员培训班】 9月12—13日，由市体育竞赛管理中心主办，市雪上运动协会承办的2020年北京市越野滑雪裁判员培训班在石景山雪上大跳台园区开课。区体育局组织板桥中心小学、首都师范大学附属顺义实验小学、赵全营中心小学、北京斯科威尔体育文化有限公司、北京亚中冰雪体育服务有限公司等学校及社会单位13名教练及教师参加。培训会上程世江教授讲解越野滑雪初级培训内容，越野滑雪简介、国际雪联越野滑雪竞赛规则以及越野滑雪的普及和训练；北京市雪上运动协会特聘讲师于明岩（冬奥会越野滑雪NTO）讲解越野滑雪工作职责及流程；北京市雪上运动协会马越讲解北京市体育竞赛裁判员管理办法；越野滑雪国家级裁判、美国伊萨卡大学运动健康科学学院高级访问学者、北京2022冬奥会越野滑雪项目NTO左伟博士讲解越野滑雪的历史、越野滑雪竞赛知识基础、越野滑雪竞赛人员素养。

（区体育局）

【2020年北京市青少年冰壶锦标赛】 11月14—15日，2020年北京市青少年冰壶锦标赛在大兴奥悦国际冰壶馆举办。来自顺义、东城等7个区60余名运动员参加比赛，顺义区选派7名运动员参加3个组别的比赛。比赛设男子组、女子组和混双组，顺义区男子组获得第二名，混双组取得第四名。

（区体育局）

【第三届顺义区残疾人冰雪嘉年华】 11月24日，以"法治助力2022冬奥会冬残奥会"为主题的第三届顺义区残疾人冰雪嘉年华在顺义区杨镇温馨家园举行。本次活动由区残联、区体育局、区司法局联合举办，来自杨镇、龙湾屯、张镇、木林、北小营、李遂、南彩7个镇街8支残疾人代表队及200余名残障人士参加。活动分为冰壶比赛和冰球射门比赛，采用单循环制，南彩镇和张镇代表队分别获得2项比赛的冠军。活动现场设置以"深入学习宣传习近平法治思想 大力弘扬宪法精神"为主题的咨询台，7名普法志愿者共解答法律咨询20余人次，发放涉及《中华人民共和国宪法》《中华人民共和国民法典》《中华人民共和国法律援助条例》等法治宣传手册500余份。

（区体育局）

【顺义区滑冰校园辅导员培训】 11月28日，由区体育局、区教育委员会主办、区体育局竞技体育科、区教委体卫艺中心承办的2020年顺义区滑冰校园辅导员培训在顺义区城南体育中心举办。本次培训约60所学校，共90余名教师参加。聘请高级短道速滑教练员付磊、高级冰球教练员闫石、二级滑冰社会指导员周丹等7名专业的指导老师授课，对滑冰理论知识、装备器材、安全须知等内容进行介绍。

（区体育局）

【冰雪校园辅导员培训】 12月12日，由区体育局、区教育委员会主办的2020年顺义区滑雪校园辅导员培训在顺义区莲花山滑雪场举行。组织全区60多所学校的210余名体育教师学习冰雪训练理念及训练方法。本次培训滑雪分为单板、双板，根据辅导员自身掌握情况进行分组，聘请国职四级社会体育指导员、国职考评员赵越；国职五级社会体育指导员李红超；国职五级社会体育指导员邹明勇；国职五级社会体育指导员高宝强等专业的滑雪教练进行授课指导。滑雪教练进行滑雪理论知识及安全措施的内容介绍，从体能训练的重要性与训练内容、滑雪理念、滑雪方式等各方面进行授课，对辅导员的相关提问进行有针对性的解答。

（区体育局）

【顺义区第二届"京津冀"青少年冬季项目（短道速滑）邀请赛】 12月13日，由区体育局、区教育委员会主办的顺义区第二届"京津冀"青少年冬季项目（短道速滑）邀请赛在顺义区城南体育中心冰场举行。赛事吸引京津冀三地9个代表队的近100名运动员参加。此次比赛26名裁判员中，特邀国际级裁判3名、国家级裁判6名。顺义区青少年运动员获得两项第1名、一项第2名、三项第3名。

（区体育局）

体育产业

【体育企业复工复产】 年内，加强体育企业扶持政策研究，为莲花山滑雪场争取市级补助资金625000元。建立"1+2+3+25+58"体育经营场所复工工作机制，与行业主管部门、镇街属地、复工经营单位三方形成合力，推进体育经营场所复工工作。

（区体育局）

【体彩销量】 年内，做好体育彩票网点的疫情防控和销售检查指导工作，切实解决网点实际困难，帮助体彩网点复产复工。电脑销售和即开型体彩销售全年完成2.36亿元，完成年初制定的全年1亿的销售任务。

（区体育局）

社会生活

▲3 月 29 日，区委社会工委区民政局工作人员在北京西站核查在鄂返顺人员信息（区委社会工委区民政局供图）

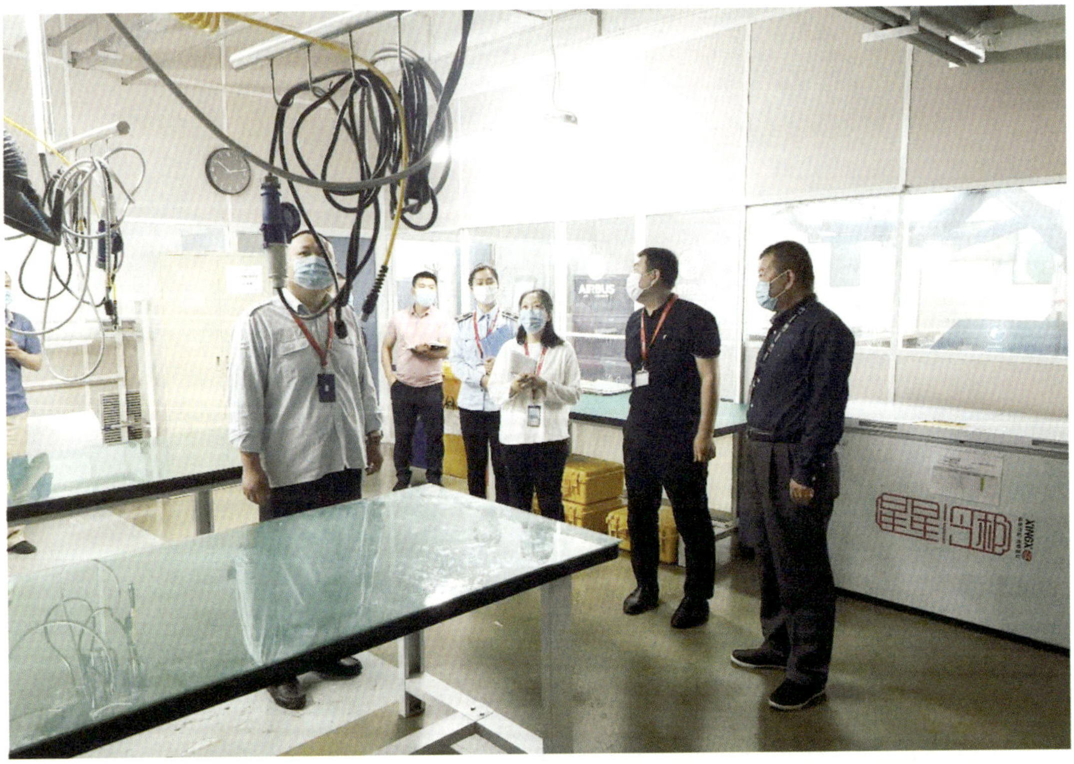

▲6 月 11 日，区人力社保局对企业消防设施及安全生产进行检查（拍摄者：李伟）

7月13日，区总部人才中心召开梧桐工程外籍高层次人才认定评审会（区总部人才中心供图）

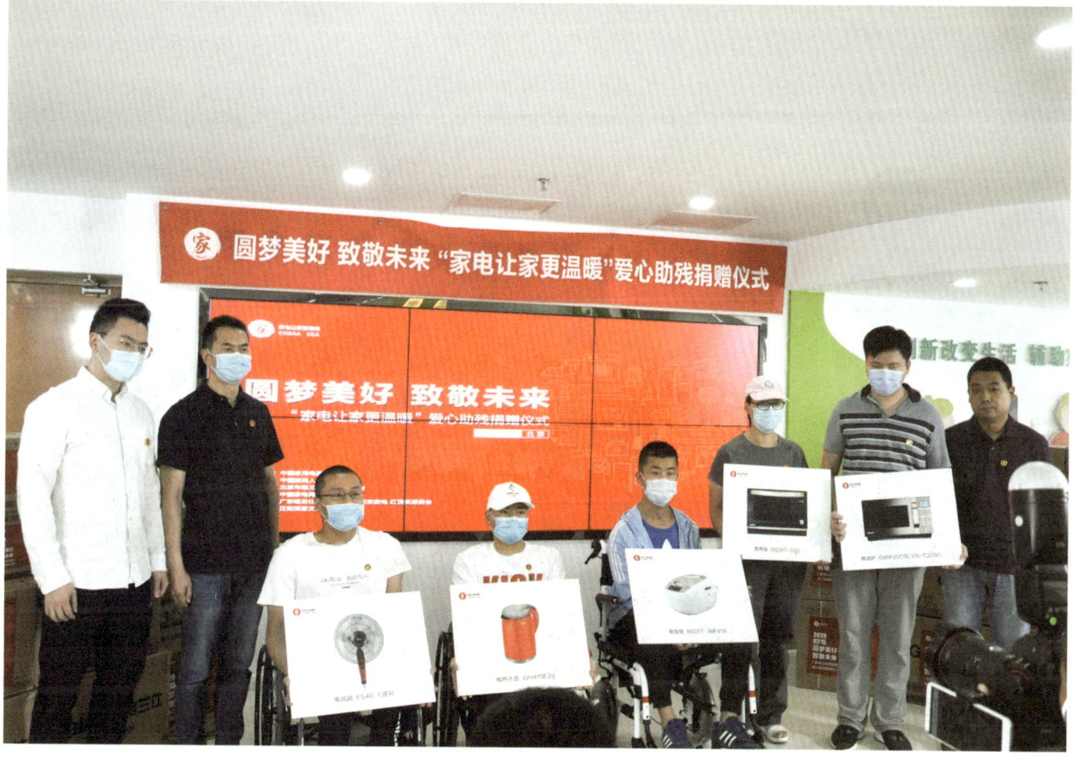

7月15日，中国家用电器协会、中国肢残人协会联合组织开展的圆梦美好　致敬未来“家电让家更温暖”爱心助残捐赠仪式在顺义区残联举行（区残联供图）

▲ 8 月 10 日，区人力社保局对企业规范劳动用工情况进行专项检查（拍摄者：路学森）

▲ 8 月 25 日，“残疾预防从儿童早期干预做起”顺义区第四次全国残疾预防日暨澳洲魏基成天籁列车助听器捐赠仪式在顺义区残疾人康复中心举行（区残联供图）

▲ 9 月 24 日，区红十字会举办“京蒙帮扶”爱心助学活动（区红十字会供图）

▲ 10 月 27—28 日，区委统战部举办顺义区 2020 年宗教政策法规培训班（区委统战部供图）

▲ 11 月 13 日，顺义区医院开展第三批药品集中采购工作（区医疗保障局供图）

▲ 11 月 18 日，2020 年顺义区博士后科研工作站授牌（拍摄者：李娜）

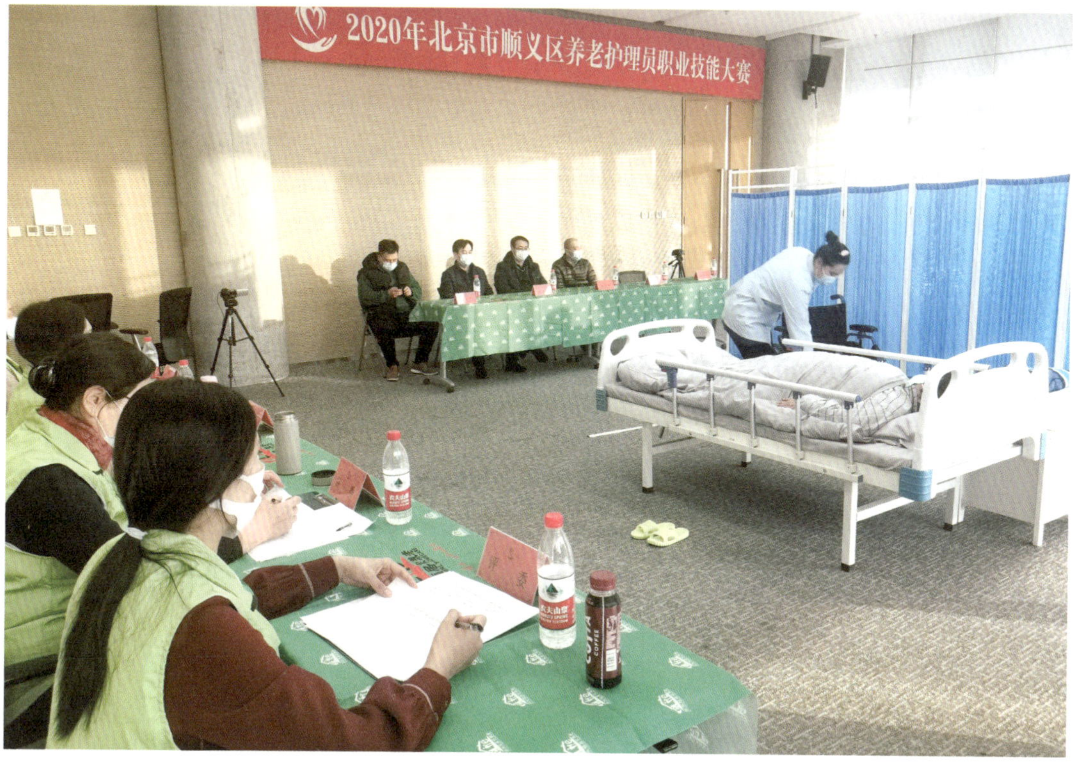

▲ 12 月 11 日，顺义区组织开展护理员职业技能大赛（区委社会工委区民政局供图）

▲ 年内，区退役军人事务局开展 2020 年春节慰问（区退役军人事务局供图）

精神文明建设

【概况】 年内，全区精神文明建设工作以习近平新时代中国特色社会主义思想为指导，以培育和践行社会主义核心价值观为根本，以全国文明城区创建为引领，深化精神文明“五大创建”活动，建强新时代文明实践中心，拓展公共领域文明引导，培育新风尚，凝聚正能量，有效提升市民文明素质和区域文明程度，为加快建设“业强城优生活美”的首都重点平原新城提供强大精神动力和道德滋养。

（区文明办）

【新时代文明实践中心】 年内，完善新时代文明实践基地管理制度。制定印发《顺义区新时代文明实践基地管理办法（试行）》《顺义区新时代文明实践基地补贴资金管理办法（暂行）》。审核通过首批共7类46家基地。印发实践基地宣传手册3500份。对全区46家实践基地进行考核验收，评选出示范基地5家、标准基地37家，发放基地补贴136万元。加强新时代文明实践中心云平台建设。自7月云平台全面运行以来，共发布基层活动信息623篇，文明实践活动记录1333次，服务市民群众约30万人次，群众满意率100%。开展新时代文明实践志愿服务活动。全区25个新时代文明实践所、560个新时代文明实践站开展各类文明实践活动。全区692（比去年新增394）支志愿服务队依托月末推动日，开展疫情防控、巡讲巡演、街头快闪、环境清洁、秩序维护等志愿服务活动6000余次。

（区文明办）

【全国文明城区创建】 年内，组织召开顺义区2020年精神文明建设暨创城工作推进大会。基本构建党委统一领导，党政齐抓共管，全社会广泛参与的创建格局。发挥全区统筹、部门合力、上下联动、群众参与的工作机制，组织网上申报、入户测评宣传和实地问题整改，推动180项创城指标任务的落实。

（区文明办）

【典型选树】 年内，《顺义区道德模范管理办法》制定出台，对全区现有道德模范基本情况进行摸排，建立信息库，实现动态管理。全年共推荐50余名典型人物参加中央文明办、首都文明办举办的精神文明典型人物评选活动。顺义区开展第八届道德模范主题活动，遴选出24人（其中道德模范及提名奖各12人）。

（区文明办）

【志愿服务】 年内，召开区志愿者联合会第二届会员代表大会，进一步理顺全区志愿服务工作体制机制。利用“战‘疫’有我”志愿服务平台招募志愿者9000余人，服务时长超过53000余小时。组织开展学雷锋志愿服务先进典型选树活动，向首都文明办推荐全国学雷锋志愿服务“四个100”和新冠肺炎疫情防控最美志愿者候选人10名。

（区文明办）

【未成年人思想道德建设】 年内，《顺义区爱国主义教育基地管理办法》《顺义区爱国主义教育基地工作联席会议制度》制定出台，规范全区爱国主义教育基地管理。《顺义区未成年人思想道德建设工作实施方案（2020—2022年）》制定出台，持续推进“新时代好少年”学习宣传工作。全力推进未成年人社区活动阵地建设，家长学校、未成年人活动场所社区覆盖率100%。落实乡村学校少年宫三年行动计划，全年建设乡村学校少年宫6所。

（区文明办）

【“我们的节日”群众文化活动】 年内，在春节、元宵节等7个传统节日期间，共开展文艺演出、体育比赛、志愿服务、相亲交友、主题诵读等各类活动312场，参与群众860余万人次。重点打造第四届北京顺义张镇灶王文化节、第29届北京国际燕京啤酒文化节、“月圆京城 情系中华”中秋赏月诗会，第二十七届“十月金秋”群众书法、美术、摄影优秀作品展等活动。

（区文明办）

【疫情期间精神文明建设】 年内，印发《顺义区在打赢疫情防控阻击战中有针对性地开展精神文明教育的实施意见》（顺精建〔2020〕1号）。在社区、乡村、医院等人流密集区域布置疫情防控标语口号，25个镇街及卫健委系统，共悬挂横幅标语5257条，设置宣传栏516个，设置展板橱窗4452块，向各属地、功能区和区属企业印制和发放针对返京人员的宣传折页500000余份，疫情防控宣传海报8000余张。深入开展疫情防控文明实践活动，动员引导27800余名志愿者参与疫情防控志愿服务活动。

（区文明办）

【精神文明德法共治】 年内，成立《北京市文明行为促进条例》施行协调推进工作领导小组，召开座谈会，以区文明委文件形式印发《顺义区学习宣传贯彻〈北京市文明行为促进条例〉实施方案》，细化重点任务和责任分工。区新时代文明实践德法志愿服务队走进驻顺部队、村、居开展《北京市文明行为促进条例》《中华人民共和国民法典》解读宣讲等文明实践活动。

（区文明办）

【光盘行动】 年内，组织开展“制止餐饮浪费 践行光盘行动”专项宣传引导活动，召开全区“光盘行动”推进会，向餐饮企业发放“文明餐桌”宣传标语、提示餐牌等3000余份。组织开展“光盘行动”落实情况的专项督导检查工作，印发《关于开展“制止餐饮浪费 践行光盘行动”专项督导检查工作方案》，组建7个区级督查组每月开展专项督导检查。

（区文明办）

【背街小巷环境整治】 年内，深入推进疏解整治促提升促进生态文明与城乡环境建设暨背街小巷环境精细化整治提升动员会召开。《顺义区背街小巷环境精细化整治提升三年（2020—2022年）工作方案》制定印发，大力开展城区背街小巷治理，认真实施新一轮三年行动方案。5条街巷获评2020年度首都文明街巷、3家商户获评首都文明商户，双丰街道美丽汇南侧小巷获评2020十大“北京最美街巷”。

（区文明办）

【群众性精神文明创建活动】 年内，“五大创建”评选成绩突出。全区2个村镇获评全国文明村镇，4个村镇复查合格，保留全国文明村镇称号；3个单位获评全国文明单位，5个单位复查合格，保留全国文明单位称号；1个家庭获评全国文明家庭、1个校园获评全国文明校园，1个单位获评全国未成年人思想道德建设工作先进单位。全区121家单位获评首都文明单位、103个村镇获评首都文明村镇、14个校园获评首都文明校园、8个家庭获评首都文明家庭。不断夯实农村精神文明宣传阵地，全力配合首都文明办完成全区29个乡情村史陈列室和121个农村精神文明宣传视屏的验收考核工作，制作形成2020年乡情村史陈列室和精神文明宣传视屏台账。推进文明单位诚信建设，与区经信局共同举办“共建信用顺义，共创文明城区”2020年诚信示范街区主题实践活动，推进社会信用体系建设。文明家庭、文明校园创建。全区现有最美家庭1318户，其中新增10户获得“首都最美家庭”，9户获得“首都最美家庭”提名奖，3户获得“全国最美家庭”。全区中小学开展北京市文明校园创建活动，创建率100%。疫情期间，线上展示文明校园主题教育实践活动127期。

（区文明办）

【公共领域文明引导】 年内，丰富各类文明宣传活动。参与2020年“V蓝北京 文明有我健康行”主题宣传活动，组织“空调调高一度”推广行动，推进“文明祭扫”引导行动，大力开展礼让斑马线示范路口文明创建活动，开展“垃圾分类”宣传实践活动。在全区21个公交地铁站台路口开展常态化文明交通引导活动，在重要节日节点提供文明游园志愿服务，组织引导员参与不文明行为治理行动。网络文明引导。疫情期间，引导区内自媒体设置网上宣传主题，转发相关报道600余篇，评论文章阅读量突破10万次，微博阅读量突破200万次，抖音短视频播放量突破300万次。集中报道全区特色亮点工作，在央广网、新华网等中央、市级网络新媒体推出报道100余篇。四是迎冬奥社会文明行动。在全区25个镇街进行冰雪运动进社区宣传普及工作。

（区文明办）

社会建设管理

【概况】 年内，区委社会工委区民政局坚持以习近平新时代中国特色社会主义思想和对民政工作重要指示精神为指导，聚焦脱贫攻坚、特殊群体和群众关切，认真履行好基本民生保障、基层社会治理、基本社会服务等职责，全区社会建设和民政工作不断创新发展。全年共出台惠民政策8项，新建社会心理服务站点3个、养老服务驿站4家，社区协商示范点12个、楼门院治理示范点15个，支出民政资金11.7亿元。获得“北京市抗击肺炎疫情先进集体”“北京市安全生产先进单位”等5项荣誉。

（区委社会工委区民政局）

【街道办事处条例贯彻落实】 年内，向基层发放《北京市街道办事处条例》（简称《条例》）1000余册；以视频会议形式组织区、街镇、社区层面培训会，邀请市级领导就《条例》进行解读；代表区政府作为牵头单位，多次召开工作推进会，组织15家区属部门和6个街道，共同推进《条例》的贯彻执行。

（区委社会工委区民政局）

【社区议事协商能力提升】 年内，组织全区各社区开展“月月有协商、人人会协商”的微协商活动，建立20余项区级微协商菜单，在全区试点建设12个社区议事厅示范点，健全区、街、社区三级协商联动机制。

（区委社会工委区民政局）

【楼门院治理示范点】 年内，进一步推进社区治理向小区治理、楼门院治理深化，提升基层自治能力和服务水平，在全区试点建设15个市级楼门院治理示范点。

（区委社会工委区民政局）

【社区规模合理调整】 年内，在疫情防控期间，为增强基层社会面防控力量，有效解决盲区、死角的防控隐患，将容纳户数7115户的望泉西里社区拆分为5个社区；全年新建13个社区居委会，调整12个社区居委会管辖范围。

（区委社会工委区民政局）

【行政区划建设】 年内，推进镇、地区办事处向街道办事处转制，通过基层座谈会、实地调研等多种形式了解街镇情况，逐步探索街道对农业户籍人口、镇对社区居民的管理服务政策机制。

（区委社会工委区民政局）

【村规民约政策文件制定】 年内，作为全市首个出台区级“村规民约、村民自治章程和居民公约”工作指导文件的区，制定出台《关于建立和完善村规民约、村民自治章程和居民公约工作的指导意见》。经区政府同意，以区委社会工委区民政局、区委组织部、区委政法委、区文明办、区司法局、区农业农村局、区妇联红头文件形式联合盖章印发。

（区委社会工委区民政局）

【村居委会选举筹备】 年内，组建顺义区村和社区“两委”换届选举工作专班，制定《关于认真做好顺义区村和社区“两委”换届选举工作的实施意见》，明确“五全面、四提升、两优化、两保持”工作目标，召开工作调度会和全区换届选举启动大会，开展全区5轮大摸排、5轮大调度，深入基层实地走访35次，制定村（居）委会换届选举工作流程，组织全区分层培训会，统筹指挥、挂图作战，有序推进全区换届选举工作。

（区委社会工委区民政局）

【协管员队伍管理体制改革】 年内，开展4轮调研摸排工作，全面掌握全区26家区直单位招聘的58支、26523人协管员队伍底数。研究制定《顺义区城市协管员队伍管理体制改革实施方案》《顺义区城市协管员队伍管理体制改革联席会议制度》《顺义区第一批由镇街规范管理的协管员队伍清单》，经区政府第145次常务会及区委全面深化改革委员会第七次全体会议审议，以区委、区政府文件形式印发。

（区委社会工委区民政局）

【第一批协管员队伍下沉】 年内，对照《顺义区第一批由镇街规范管理的协管员队伍清单》，下沉第一批协管员16支队伍共17000余人，下达财政专项资金2.7亿元。

（区委社会工委区民政局）

【社会工作服务项目】 年内，购买顺义小康社会工作事务所的“贴心善举　足下生辉”——关爱老龄精准帮扶项目和顺义区胜利同行社会工作事务所的社区服务督导项目。小康社会工作事务所共组织健康讲座6次，服务300余人；上门送温暖慰问150户；为北务镇15个自然村中360名70岁以上老年人提供修脚服务。胜利同行社会工作事务所共完成督导活动12次。

（区委社会工委区民政局）

【购买专业社会工作岗位服务】 年内，为6个街道购买专业社会工作岗位，协助街道和社区梳理工作体系、完善工作制度、策划开展活动，提升街道和社区的服务水平。共开展专业社会工作服务130余次，受益3000余人次。在此基础上设置社会工作服务示范岗1个。

（区委社会工委区民政局）

【社会心理服务站点（中心）建设】 年内，遵循规范化建设、高标准服务和因地制宜的原则，建成“光明街道裕龙北社区社会心理服务站”“胜利街道建南二社区社会心理服务站”“石园街道灏奇社会心理服务中心”“空港街道天竺新新家园社区社会心理服务站”4家社会心理服务站点，为社区居民开展社会心理服务。

（区委社会工委区民政局）

【政府购买社会组织服务工作规范】 年内，《政府购买社会组织服务项目工作规划（2020—2022）》（顺社委字〔2020〕39号）出台。全年开展培育扶持区级社会组织项目16个，涉及资金273万元。

（区委社会工委区民政局）

【社区社会组织培育扶持】 年内，《2021年政府购买社会组织服务指导目录》（顺社委字〔2020〕29号）出台，规范服务项目的申报类型、主体、程序等内容。争取区财政资金414.28万元支持社区社会组织发展，其中6个街道社区社会组织孵化中心运营经费120万元，培育扶持社区社会组织服务项目80个。

（区委社会工委区民政局）

【为社区工作者投保“京安战疫”保险】 2月6日，为全区1709名参与到疫情防控一线的社区工作者免费投保京安战疫团体保险计划，主要保障内容为因新型冠状病毒感染的肺炎及意外伤害导致的身故或伤残，保障额度均为10万元。

（区委社会工委区民政局）

【老旧小区治理二期（电力）工程】 3月20日，老旧小区治理二期（电力）工程复工。工程于2018年4月开工，批复总投资6.81亿元，涉及4个街道的17个小区，住户30345户。截至12月31日，五里仓小区等7个小区完工，使用新供电线路供电。

（区委社会工委区民政局）

【为社区工作者发放疫情防控补助】 3月22日，根据《关于落实激励关爱新冠肺炎疫情防控一线城乡社区工作者的若干措施的通知》要求，为全区3124名奋战在疫情防控一线的城乡社区工作者发放补助资金29345950元。

（区委社会工委区民政局）

【在鄂返顺人员接转任务】 3—6月，抽调52名骨干力量，成立接转工作专班，联合10余家职能部门，组建综合协调、信息采集、车辆调度（16个车组）3个工作组，采取全市唯一的“点对点、手递手”，由北京西站直达居住社区的转运模式，7×24小时连续工作，累计接转180列专车、4架航班，转运3569名在鄂返顺人员安全到家，转运里程超过60000千米。

（区委社会工委区民政局）

◆ 12月4日，区委社会工委区民政局组织慈善普法宣传活动（区委社会工委区民政局供图）

【社区服务空间开放式试点建设】 8月11日，选取双丰街道马坡花园第二社区和旺泉街道澜西园社区为试点，开展社区服务空间开放式建设，改造社区服务空间，划分咨询服务区、居民活动区等6个功能区域，提升社区服务的环境品质。

（区委社会工委区民政局）

【第二届“社区邻里节”活动】 10月20日，由区委社会工委区民政局、区委组织部、区委宣传部等13家单位联合主办，双丰街道办事处承办的第二届“社区邻里节”顺义分会场活动在双丰街道马坡花园第二社区举办。本届“社区邻里节”活动以“邻里守望相助 共建美好家园”为主题，开展舞蹈表演、故事宣讲、“最美家庭标兵”颁奖、小品展示、“暖心橙”公益一家人卡通形象发布等活动。同时，各街道、社区同步开展一系列文体娱乐活动，吸引8050余名居民参加。

（区委社会工委区民政局）

【市级社区书记工作室示范点建设完成】 11月30日，“旺泉街道宏城花园社区书记工作室”“双丰街道鲁能润园社区书记工作室”建设完成。通过开展带教培养、创新研究、交流互动，传播工作理念、传授工作方法，形成符合社区实际的、可供借鉴的社区党建品牌和居民自治品牌。

（区委社会工委区民政局）

【第四届相亲交友活动】 12月12日，在河北村民俗文化园举办《相约顺义 遇见你，遇见爱》第四届单身青年交友活动，400名单身青年参加。交友活动设置“玫瑰传情”“击鼓传花”“成语接龙”等环节，为辖区内适龄单身青年提供互相交流展示的平台。

（区委社会工委区民政局）

【顺义区社会建设工作领导小组全体会议召开】 12月21日，顺义区社会建设工作领导小组召开全体会议，区委书记、区社会建设工作领导小组组长高朋主持会议并讲话。会议学习传达市社会建设工作领导小组会议精神，审议通过《顺义区社会建设工作领导小组及办公室工作规则》《顺义区社区工作考核评价实施方案》《关于认定北京市顺义区红十字会为枢纽型社会组织的申请》，书面审议2020年社会建设重点工作及2021年工作计划。

（区委社会工委区民政局）

【顺义区党建工作协调委员会第三次全体会议召开】 12月23日，顺义区党建工作协调委员会召开第三次全体会议，区委书记、区党建工作协调委员会主任高朋主持会议，区相关领导出席，40家成员单位主要负责同志参加。会议审议通过《顺义区党建工作协调委员会议事细则（试行）》，听取区党建工作协调委员会2020年工作总结及2021年工作计划汇报，书面审议区国资委、天竺镇、北京顺丰速运有限公司、望泉西里北社区党建工作报告。

（区委社会工委区民政局）

民 政

【社会救助领域改革工作持续深化】 年内，出台《关于印发〈顺义区社会救助审批制度改革工作实施方案〉的通知》（顺民字〔2020〕36号），将低保、困补、低收入、特困、高等教育、临时、采暖7项救助审核确认权限全面委托镇街具体实施，制定统一文书模板和流程图，实现救助申请、受理、审核、确认一站式完成。全年全区受理城乡低保、低收入、特困申请434份，确认通过372户648人。创新实践项目《党建引领织密编牢兜底保障网》被民政部评为2019年度社会救助领域创新实践活动优秀案例。

（区委社会工委区民政局）

【协调机制健全完善】 年内，出台《关于成立顺义区困难群众基本生活保障工作领导小组的通知》（顺民字〔2020〕1号），成立区级困难群众基本生活保障工作领导小组，完善议事内容和程序，有效整合资源，切实发挥“救急难”“兜底线”作用。全年共召开领导小组会议3次。

（区委社会工委区民政局）

【临时救助政策体系完善】 年内，将因确诊新冠肺炎或因疫情隔离导致基本生活陷入困境的情形纳入临时救助范围，全年共救助49户89人，发放临时救助金242000余元，同比提高62.2%。打破支出型贫困救助空白，将因家庭生活必须支出导致的支出型贫困情形纳入临时救助范围，根据家庭必要支出和困难情形按不同比例予以救助。建立临时备用金制度，为各镇街共下拨125万元设立临时备用金，全年共为5户9名困难群众发放先行救助金44400余元。

（区委社会工委区民政局）

【教育救助】 年内，为城乡低保、低收入、特困以及享受生活困难补贴的重残家庭中，参加全国普通高等教育入学考试、本市或全国其他省市高等教育招生计划内被正式录取、考入普通高等学校接受全日制本科、专科或高等职业教育的在校学生提供教育救助，其中大一学生给予全额学费救助和2000元生活费补贴，大二、大三和大四学生分别给予3600元、2400元和1800元学费救助。全年共救助学生65名，发放高等教育救助资金235600余元。

（区委社会工委区民政局）

【全面落实受疫情影响困难群众兜底保障工作】 年内，疫情期间下发《关于做好新型冠状病毒感染肺炎疫情防控期间有关社会救助工作的通知》等8个通知，简化申请材料，优化办理程序，通过"不见面"方式完成全流程办理，降低人群聚集风险。建立日报告制度，组建605人的区、镇街、村居三级救助信息联络员队伍，重点对全区社会救助对象的生活、防控、居家隔离情况进行全面排查。

（区委社会工委区民政局）

【巡视探访家政工作】 年内，持续为全区户籍60周岁及以上独居老人和90周岁及以上高龄老人提供巡视探访和家政服务。结合疫情防控工作要求，自4月10日起将上门入户服务调整为电话巡访，自7月27日起恢复上门家政服务。截至年底，共完成电话巡访38000余人次，累计服务时长36.7万余分钟；上门服务80000余人次，累计服务逾15万小时。累计支付服务费用370余万元。

（区委社会工委区民政局）

【婚姻登记】 年内，共办理结婚登记5613对，离婚登记4091对，补领婚姻登记1773对，登记合格率100%。为各镇、街查询涉及棚改项目人员婚姻状况843名。

（区委社会工委区民政局）

【全区福利机构实现"零感染"】 年内，迅速落实福利机构实施封闭式管理要求，制定下发疫情防控措施文件18个。为全区福利机构发放口罩400480只，手套600只，智能体温计280个，温度计绷带280个，消毒液450桶，电池500块。组织全区养老机构及驿站、儿童福利机构全员2294人完成核酸检测，检测结果全部为阴性，实现全区22家福利机构"零感染"目标。

（区委社会工委区民政局）

【2家小区配建养老院投入运营】 年内，双丰街道鲁能溪园小区配建养老院和马坡镇中晟馨苑小区配建养老院投入运营，共增加养老床位239张。通过招投标，确定运营方，2家养老院备案后挂牌成立养老照料中心，发挥辐射作用为周边老年人提供居家养老服务。

（区委社会工委区民政局）

【儿童福利和保护工作体系建立】 年内，经区政府同意，顺义区建立由25个部门和单位组成的困境儿童和留守儿童保障工作联席会议制度。

（区委社会工委区民政局）

【慈善捐赠】 年内，开展"共产党员献爱心""爱心暖阳"系列之"战役情奔小康"等公开募捐活动，共接收捐款1373.67万元。全年围绕助老、助医、助困、助学、助残、救灾六大类开展慈善公益活动30多项，救助18000余人次，支出1417.09万元（含抗击新冠疫情捐款136.69万元）。

（区委社会工委区民政局）

【超转工作】 年内，全区共有市、区两级超转人员13557人，其中市管超转人员139人，区管超转人员13418人，全年共核发生活补助费4.08亿元，缴存医疗费2.66亿元。规范安置自管超转人员279人，投入资金1.075亿元。

（区委社会工委区民政局）

【地退工作】 年内，全区共有地退人员38人、遗属51人，减员地退人员6人，减员遗属11人，发放生活费、物业费、过节费等405.6万元，发放一次性抚恤金125.43元。

（区委社会工委区民政局）

【养老工作】 年内，落实关于印发《北京市老年人养老服务补贴津贴实施办法》的通知（京民养老发〔2019〕160号）文件精神，全年审核享受市级高龄津贴、失能老年人护理补贴、困难老年人生活补贴等待遇，共向老年人发放68.16万余人次，核发资金8853.01余万元。

（区委社会工委区民政局）

【深化政务服务改革】 年内，综合运用网上办理、快递办理、电话咨询、远程指导咨询办理等方式，对51项政务审批事项推行"不见面"办理，全年累计办理73629件。积极推行电子印章在政务服务领域的应用，共有4枚电子印章实现应用，覆盖54个为民服务事项。

（区委社会工委区民政局）

【行业协会商会与行政机关脱钩工作完成】 年内，顺义区行业协会商会与行政机关脱钩工作完成。该工作于2017年启动，共有19家行业协会商会列入脱钩范围。以脱钩工作为契机，深入开展优化政务服务和社会组织清理整顿，实现社会组织规范运营、有序退出、健康发展。截至12月，脱钩工作完成。

（区委社会工委区民政局）

【社会组织参与抗击疫情】 年内，全区有21家区级社会组织、200余家社区社会组织参与疫情防控工作，社会组织筹集善款104.95万元，筹集口罩21300只、酒精9吨、消毒液700千克等各类防疫物资。

（区委社会工委区民政局）

【带动社会组织参与脱贫攻坚】 年内，根据区政府安排，承担扶贫工作中"社会组织对口扶贫"的牵头工作，全区共有80家社会组织参与结对扶贫工作，签订结对扶贫协议91个。全区社会组织帮扶款物合计112.79万元，开展网络直播带货、师生结对、义诊等各类帮扶活动。

（区委社会工委区民政局）

【养老服务驿站】 年内，修订并印发《关于印发〈顺义区社区养老服务驿站建设补贴方案细则〉的通知》（顺民字〔2020〕27号）和关于印发《顺义区实施〈北京市社区养老服务驿站运营扶持办法〉细则（暂行）》的通知（顺民字〔2020〕38号），审核拨付建设补贴340万余元，发放疫情期间运营补贴160余万元，驿站运营补贴80余万元。全年建设养老服务驿站4家，截至年底共有48家公示运营、2家试运营，其中社区养老服务驿站25家，农村幸福晚年驿站25家，为老人提供日间照料、呼叫服务、助餐服务等6项基本服务。

（区委社会工委区民政局）

【养老服务驿站助力疫情防控】 年内，疫情期间针对旺泉街道望泉西里防疫物资不足的困境，捐赠口罩4000余只，消毒液900余千克。同时为缓解老年人的紧张情绪，部分驿站开展网络线上教学课程，每日固定时间将消毒常识、巧手工坊等教学视频发送到驿站群中，使社区老人们足不出户也能学习和充实自己。

（区委社会工委区民政局）

【社会救助家庭"两节"送温暖活动】 年内，春节期间按照单人户500元、2人以上每户1000元的慰问金标准，为全区2623户3971人社会救助家庭发放春节慰问金174.35万元；为每户按325元标准发放米、面、油、鸡蛋等慰问品总计价值86万余元。

（区委社会工委区民政局）

【见义勇为人员"两节"慰问活动】 年内，按照市级依据的单人户500元、两人以上每户1000元的慰问金标准，为全区90名见义勇为人员发放春节慰问金90000元；区慈善协会为每名见义勇为人员提供1000元慰问金，共90000元；为每户按500元标准发放米、面、油、杂粮等慰问品，总价值45000元。

（区委社会工委区民政局）

【清明群众祭扫服务保障】 3月21日—4月12日，清明祭扫期服务保障工作历时23天，将疫情防控、祭扫点防火、车辆管控、安全维稳等工作落实落细，宣传殡葬法规及《关于限制烧纸和进行文明祭祀活动的通告》，加大对网上祭扫、代为祭扫、预约祭扫、错峰祭扫的宣传力度，引导群众理性追思，减少人员聚集。全区累计接待清明祭扫群众133434人，机动车38164辆。

（区委社会工委区民政局）

◆4月4日，区委社会工委区民政局为祭扫群众测量体温登记入园（区委社会工委区民政局供图）

【见义勇为宣传月活动】 6月，在顺义电视台晚间黄金时间播放见义勇为公益宣传片，在顺义新闻栏目中播放见义勇为典型人物和事迹；利用全区300余块电子显示屏，循环播放见义勇为公益宣传片及电子海报。累计张贴见义勇为宣传画1500张，悬挂见义勇为宣传条幅200余条，发放见义勇为政策宣传折页、印有宣传标识的小毛巾、小册子等宣传品13000余份。

（区委社会工委区民政局）

【相关社会救助标准提高】 7月1日起，城乡低保标准由家庭月人均收入1100元调整为1170元，特困人员救助供养最低标准由人均39843元调整为43038元。

（区委社会工委区民政局）

【开展慈善宣传活动】 9月7—11日，在区政务服务中心、马坡镇、南彩镇、北石槽镇、旺泉街道5地，轮流开展以“党建引领 慈善互助 携手抗疫 善行顺义”为主题的慈善成果图片巡展活动，累计摆放宣传展板35块，发放宣传折页10000余份、宣传品7000余件、海报300张，村居社区LED显示屏循环播放慈善海报1万余小时。

（区委社会工委区民政局）

【社会组织等级评估】 9月，2020年度社会组织等级评估工作正式启动，聘请专业第三方评估机构围绕“以评促建”的宗旨，对参评的45家社会组织的制度建设情况、财务管理规范情况、活动开展情况等方面进行实地考察和评估，评出AAAAA级社会组织2个，AAAA级社会组织17个，AAA级社会组织26个。根据评估过程中发现的问题，撰写调研文章《从社会组织等级评估看顺义区社会组织发展现状》。

（区委社会工委区民政局）

【社会救助对象重病人员救助力度加大】 11月1日起，根据市级要求，按照低保标准的35%对低收入家庭中患有重大疾病人员每月发放409.5元生活补贴。

（区委社会工委区民政局）

【12·4宪法宣传活动】 12月4日，联合仁和镇在庄头村开展“深入学习宣传习近平法治思想 大力弘扬宪法精神”为主题的法治宣传活动，现场发放宣传品300余件、法治宣传资料700余册，并组织律师现场答疑。

（区委社会工委区民政局）

【首家慈善超市开业】 12月17日，滨河慈善超市正式开业，打造集募捐、购物、宣传、服务困难群众于一体的现代慈善超市经营方式。超市内售卖的物品，居民可在付款时直接以现金形式将货款投入捐款箱内，所有收入用于辖区困难家庭帮扶。

（区委社会工委区民政局）

人力资源和社会保障

【概况】 年内，区人力社保局围绕做好“六稳”工作、落实“六保”任务，聚焦优先稳就业保民生，做好人力社保和区域经济社会发展各项工作，顺义区被评为北京市“充分就业区”（2019年度），连续9年动态保持。

（区人力社保局）

【就业帮扶】 年内，强化“三级管理、四级服务”就业保障，建立覆盖全区、层次分明、流程明确、运转流畅的就业工作运行机制。搭建“公共+经营”招聘双平台帮助供需对接，举办线上线下招聘会107场，发布岗位53778个；联合“智联招聘”“猎聘网”开展优企优岗云直播活动，发布保洁技术、航天图景高薪岗位8086个。开展“清单+专员”服务，帮助岗位拓增，建立包含79家企业的3项拓岗服务类企业清单，设置1808名人社服务专员，开展“预约式”“一对一”服务。拓展“共享+创业”空间助活力释放，发布北京现代、北京顺丰速运等企业共享岗位730个，实现自主创业493人，带动就业1954人。实施“一群一策”帮扶，助就业增收，促进城乡劳动力就业14000人，帮扶城乡困难劳动力就业8534人，高校毕业生就业率98.6%，有劳动能力和就业意愿的低收入农户劳动力100%实现就业，城镇登记失业率1.80%；为受援地劳动力提供就业岗位9290个，开展建档立卡贫困劳动力技能培训1710人，促进在京稳定就业贫困人员2253名。

（区人力社保局）

【就业风险防范】 年内，推行“清单式管理+挂账式监测+全方位服务”模式，建立4项“预警企业清单”，对376家监测企业实行“红黄绿三色动态监测”，发放印有专班、专员、专题、专项、专线“倾心服务卡”，开展“4个100%”摸排（100%摸排企业享受政策情况、100%摸排未享受政策原因、100%摸排失业风险点、100%摸排就业服务需求），提供全方位就业服务，全面防范化解失业风险，保障区域就业形势稳定可控。

（区人力社保局）

【稳定区域就业】 年内，落实市级援企稳岗政策，完善区级稳就业政策，制定《顺义区应对疫情影响保障企业用工实施办法》，鼓励用人单位吸纳就业，奖励劳务派遣机构促进就业，引导劳动力返岗就业。通过线上直播解读、走镇入企宣讲等形式，宣传落实市、区两级政策，共兑现社会保险费减免、失业保险费返还等各项资金43.25亿元。

（区人力社保局）

◆6月22日，区人力社保局组织辖区企业开展线下政策讲解（拍摄者：成诚）

【职业技能培训】 年内，全面落实“以训稳岗”政策，开展企业新型学徒制培养，引导企业利用培训补贴渡过难关、提高效益的同时，帮助职工提高技能、稳定就业，共培训职工191700余人。大力弘扬工匠精神，强化以赛促训，局高级技工学校货运代理赛项选手在第一届全国职业技能大赛上获得第5名优胜奖，入选第46届世界技能大赛国家集训队。

（区人力社保局）

【社会保障】 年内，扩大社保覆盖面，职工养老、失业、工伤保险参保人数分别为697800余人、567500余人、547400余人，同比分别增长2.39%、2.46%、0.37%。提高社保待遇水平，完成社保待遇上调工作，其中全区企业退休人员基本养老金月人均领取额3672.55元，城乡居民基础养老金和福利养老金月人均领取标准分别为890元、815元，均高于全市统一标准60元。高效完成区属国企退休人员移交社会化管理工作。

（区人力社保局）

【社保经办服务】 年内，高标准落实优化营商环境要求，调整功能区、窗口布局，大幅缩减排队等候时间，提高企业群众办事满意度。综合采取“网上平台办、委托受理办、下沉街镇办、大厅现场办”等方式，办理线上业务16500件。在“午间不间断”服务基础上，提供“早晚弹性办”“周末延时办”服务，切实解决企业群众“上班没空办、下班没处办”

的痛点难点问题。

（区人力社保局）

【社保基金】 年内，深入开展“找、防、控”3个环节自查工作，细化业务风险防控工作标准201条，严堵基金安全管理漏洞。针对就业补贴资金、养老保险金等资金审核发放情况进行专项检查，通过核查、追缴、清欠等措施，规范企业参保行为，确保社保待遇落实。全年社保基金总收入75.79亿元，总支出78.99亿元，基金运行安全平稳。

（区人力社保局）

【高层次人才引进】 年内，立足“3+4+1”高精尖产业格局，加快高层次人才聚集，博士后科研工作站新增8家，建站总量44家；为96家用人单位引进非京生源高校毕业生326名，为247人取得积分落户资格，招录乡村振兴协理员37名；配合区委组织部完成第三期“梧桐工程——干部人才引进计划”校园招聘工作，共录用123名应届硕、博毕业生，开展第四期校园宣讲工作。强化人才管理服务工作，持续优化“顺义区人力资源统计服务系统”功能，绘制国际人才看板地图；通过全程网办、预约服务、容缺受理等“不间断”服务方式，为外籍人才颁发外国人来华工作许可证1201张，助力国际人才社区建设。

（区人力社保局）

【事业单位管理】 年内，结合疫情防控形势，创新开展事业单位组考线上笔试，确保招录工作“零感染”，招录事业单位人员338人，其中招聘应届毕业生比例86.98%。有序开展职称评审工作，教育卫生板块共有1113人申报职称评审。完成机关事业单位考核奖励、事业单位科级干部选拔任用备案等工作。

（区人力社保局）

【劳动用工管理】 年内，强化劳动合同履行质量，监控企业劳动合同签订率99.82%，城镇职工劳动合同续订率97.11%。加大劳动关系风险预警预测，联合属地摸查受疫情影响企业生产经营及劳动用工情况，建立裁减员日报告制度，引导企业和职工通过平等协商解决劳动争议，指导企业用工4200余家次，引导15家企业通过协商方式减员，有效避免劳动用工突发性事件。

（区人力社保局）

【劳动监察】 年内，建立信访、监察、仲裁“三位一体”维权机制，稳妥调处劳动纠纷，有效防范和处置突发情况。开展“规范劳动用工”专项行动，检查用人单位399家，有效助推“疏整促”工作。紧抓“根治欠薪”工作，深入宣传贯彻《保障农民工工资支付条例》，妥善处置讨薪突发事件40起，涉及农民工473人，追讨工资929万元，维护企业和劳动者合法权益。

（区人力社保局）

【劳动人事争议】 年内，提升劳动争议调处效能，通过落实裁审联席会议机制、建立“不见面”立案制度、开通“云仲裁”网络庭审等措施，快速妥善处理劳动争议案件12730件，结案率99.85%，调解率69%，案件终结率74.04%。

（区人力社保局）

【接诉即办】 年内，实行“主要领导实时督、主管副职包案管、专班人员全程盯、科级干部一线办”工作模式，坚持日调度、周研讨、月通报，切实提高案件办理质量和效率，共受理诉求7808件，同比增长189.72%，所有承办诉求一经立案受理，均在法定时限内办结。

（区人力社保局）

【疫情防控】 年内，组织357名党员干部参与社区防控2000余次，73名党员干部连续80余天下沉街道、社区，34人次党员奔赴新国展、天竺镇核酸采集点等防疫一线。

（区人力社保局）

高端人才服务

【概况】 年内，区总部企业和临空经济高端人才服务中心，以全面贯彻落实新时代党的建设总要求为主线，以“抓班子、带队伍、夯基础、强服务、塑品牌”为总体工作思路，用心服务好总部企业和高层次人才，为打造优质营商环境贡献力量。

（区总部人才中心）

【“梧桐工程”高层次人才认定活动】 年内，区总部人才中心组织开展“梧桐工程”高层次人才认定活动，共涉及21家属地98家企业的314人次申报。初评围绕“3+4+1”产业类型、企业贡献度、人才专业能力及个人经济贡献等方面，联合5家职能部门对申报人选进行初步审核，筛选出172人次。7月13—15日，通过聘请国内各领域知名专家学者进行线上“云评选”，复评筛选出32人；12月21—22日，在顺义党校组织开展为期2天的“梧桐工程”高层次人才认定终评路演活动，确定30人为建议人选。

（区总部人才中心）

【企业服务包诉求办理】 年内，建立企业常态化的“服务包”制度，按照“建章立制、细化分工”“对接企业、明确诉求”“建立台账、制定措施”“靶向施策、精准发力”“主动领哨、协同配合”的“五步法”工作原则，全年41家企业的67项诉求，办结66项、持续推进1项，办结率98.5%。

（区总部人才中心）

【4批企业人才公租房配租完成】 年内，区总部人才中心与房源筹集单位区住建委和燕顺保障房公司建立沟通对接机制，及时了解全区现有房源情况，定期更新公租房台账，并最终利用企业腾退房源，分4批为29家高精尖企业提供人才公租房122套。

（区总部人才中心）

【助推中德产业园建设】 年内，将中德产业园建设纳入区总部人才中心2020年重点工作，结合中心职能，将“梧桐工程”人才认定、高管个税支持兑现、企业人才公租房等重点项目融入中德产业园建设。

（区总部人才中心）

【企业家活动日】 年内，以“聚力顺义·智创未来”为主题，围绕“持续优化营商环境，构建亲清政商关系”，通过线上线下相结合的特色活动穿插进行，开展4期企业家活动日系列活动，为企业和人才解决户口进京、高层次人才子女入学、公租房、高层次人才就医、居住证办理等问题。年内办理子女入学87例，北京市工作居住证396例。

（区总部人才中心）

【外籍人才精准服务】 年内，为解决外籍人才提出的“紧缺急需”认定标准不明的问题，区总部人才中心主动进学校、进企业、进社区宣传外籍人才政策，同时对顺义区内有外籍人工作的企业进行摸底调查，聚焦“3+4+1”高精尖产业进行走访。在第三期“梧桐工程”外籍高层次人才认定评审会召开后，最终认定18名“梧桐工程”外籍高层次人才，可推荐申请永久居留。区总部人才中心在外国人服务大厅设立服务窗口，落实各项出入境优惠政策措施，为外籍人才量身打造服务方案，让外籍人士出入境、停居留更加方便快捷。全年共召开政策宣讲会1次，宣传企业9家，接受咨询677次，正式受理8人，向市商局推荐9人，5人取得永久居留权。

（区总部人才中心）

【高层次人才培训活动】 年内，区总部人才中心紧跟需求导向，着力打造“云培训”模式，与北京城市学院联合举办“聚力顺义·智创未来”2020高层次人才培训班。培训采用线上授课方式，结合顺义产业发展现状和经济社会发展实际，围绕十九届五中全会精神、人才工作、数字经济、企业管理建设等热点，开展为期2天的线上“云培训”。来自全区重点企业的200余名高层次人才通过48个分会场参与。

（区总部人才中心）

【国际学校沙龙】 年内，以“学中国风、共顺义情”为主题，开展让传统文化走进国际学校活动。本次活动走进北京德威英国国际学校，通过国画、武术、京剧等具有传统特色的趣味课程的讲授以及面人、扎染等传统手工艺品制作活动的开展，让孩子们更好地体验中华文化。

（区总部人才中心）

【高管个税支持政策提前兑现】 2月中旬，区总部人才中心依据《顺义区高精尖企业高级管理人员支持实施细则》（顺政发〔2019〕11号），按照“应享尽享、严谨公正、精简申报、靠前服务、助力发展”的原则，提前启动2019年度高管个税支持政策兑现。惠及企业97家795人，支持资金99731375元。

（区总部人才中心）

◆8月28日，召开仁和镇2020年度高精尖企业高级管理人员支持兑现会（区总部人才中心供图）

【“梧桐工程”临空经济高端人才支持资金拨付】 9月18日，区总部人才中心启动“梧桐工程”临空经济高端人才支持资金本年度拨付工作。根据相关文件规定“按4:3:3的比例分3年向人才所在企业拨付引才资助”，本年度为支持资金拨付的最后一年，为28名人才所在的14家企业拨付资金411万元。

（区总部人才中心）

医疗保障

【概况】 年内，区医疗保障局坚持党建引领和以人民为中心的工作思路，聚焦“党建引航、业务聚力、协同联动”三优目标，打造“政策医保、服务医保、法治医保、协同医保、文化医保”的顺义医保体系，为首都医保事业发展贡献顺义力量。年内，顺义区城乡居民基本医疗保险参保登记270000人，城镇职工基本医疗保险参保登记68.06万余人。医保基金累计收入48.63亿元，累计支出25.36亿元，当期结余23.27亿元，医保基金总体运行平稳。

（区医疗保障局）

【医保助力疫情防控与复工复产】 年内，区医保局贯彻落实系列便民利民政策方案：推动新冠肺炎疫情期间“长处方”政策落地、恢复京顺医院医保协议、将涉及新冠肺炎的337个诊疗项目和66个药品临时纳入医保报销范围，保障参保个人便捷就医。为减少疫情防控期间人员聚集和保障居民权益，对31项医保经办业务提供“不见面”办理服务，对部分业务提供延期办理服务。对顺义参保企业2—6月医疗保险费用单位缴费部分实行减半征收，累计为辖区参保企业减轻费用负担8.2亿元，助力企业复工复产。

（区医疗保障局）

【医保助力脱贫攻坚】 年内，“一助一”困难帮扶工作。1月15日，局领导带队前往杨镇汉石桥村，开展慰问帮扶工作。7月18日，局党组向杨镇汉石桥村捐助帮扶资金50000元，用于村容村貌整治。12月15日，局领导带队前往杨镇汉石桥村开展支部共建活动，慰问村内80岁以上老党员和贫困户，给46户老党员和贫困户送上米面油等生活必需品。社会救助对象医疗救助工作。全年实施社会救助对象医疗救助6638人次，发放救助资金1001.67万元。实施因病致贫医疗救助工作。对全区2019年符合条件的1187户因病致贫家庭进行医疗救助，救助资金1726.81万元。四是实施重性精神病人医疗救助547人次，发放救助资金155.73万元。

（区医疗保障局）

【医保业务运行情况】 年内，办理基本医疗保险缴费年限视同认定5104人次，补充支付2019年第四季度、2020年前三季度区级医疗照顾人员医疗费用750000余元；审核手工报销业务9798人次；审核门诊费用1499.29万笔次，基金支付13.2亿元，拒付违规金额92.58万元；审核生育费用17924人次；审核生育津贴8845人次；审核持卡结算住院费用71943人次，医保基金支付6.95亿元，拒付违规金额280000余元。

（区医疗保障局）

【2019年城乡居民大病保险医疗费用审核支付工作】 年内，2019年城乡居民大病保险医疗费用审核支付工作，起付标准为30404元，共审核2381人次，经过对比筛查、扣减民政救助数据，支付2275人次，大病保险范围内金额合计4049.08万元，大病支付金额合计2484.38万元。

（区医疗保障局）

【2019 年城镇职工大病保障医疗费用审核支付工作】 年内，2019 年城镇职工大病保障医疗费用审核支付工作，起付标准为 39525 元，截至 12 月，经过对比筛查、扣减民政救助数据及单位补充保险金额，共审核支付 395 人次，大病支付金额合计 374.75 万元。

（区医疗保障局）

【职工生育保险和医疗保险合并实施】 1 月 1 日起，城镇职工生育保险与医疗保险实现参保同步登记、基金合并运行、征缴管理一致、监督管理统一、经办服务一体化。2 项保险合并实施后，生育保险基金支付范围不变，所需资金从职工基本医疗保险基金中支付。

（区医疗保障局）

【京津冀跨省异地就医普通门（急）诊直接结算】 1 月 1 日起，顺义区中医医院完成京津冀跨省异地就医普通门（急）诊医疗费用直接结算验收工作。

（区医疗保障局）

【定点医疗机构管理】 4 月 1 日，顺义区 246 家定点医疗机构全部通过协议续签考核，245 家定点医疗机构完成 2020 年基本医疗保险服务协议续签（1 家药店因拆迁申请终止协议），3 家医疗机构进入新增定点医疗机构区级考察评估进程。

（区医疗保障局）

【国家组织药品集中采购和使用推进工作】 4 月 25 日凌晨 1 点，全区 212 家定点医疗机构实现信息系统联通，通过费用分解自测。同时，第二批国家组织药品集中采购和使用工作在顺义区正式落地实施。11 月 14 日，全区 212 家定点医疗机构完成 HIS 系统调价和医保报销系统准备工作，稳步推进第三批国家组织药品集中采购和使用工作。

（区医疗保障局）

【区医疗保险事务管理中心成立】 5 月 18 日，经区委编办研究批准，北京市顺义区医疗保险事务管理中心（简称“医保中心”）成立，负责承担本区城镇职工和城乡居民基本医疗保险、生育保险、离休干部医疗费用统筹的经办工作，协助做好定点医疗机构和零售药店，承担本区医疗救助工作。

（区医疗保障局）

【打击欺诈骗保】 5—11 月，区医疗保障局成立打击欺诈骗保专项治理领导小组，对辖区 212 家定点医疗机构和 30 家定点零售药店开展全覆盖的现场检查，处理违规定点医疗机构 28 家，追回（拒付）违规金额 12921.43 元。6 月，区医疗保障局成立集中宣传月活动领导小组，强化打击欺诈骗保工作统筹与责任分工，联合区融媒体中心，通过顺义电视台、顺广传媒微信公众号、《顺义时讯》、顺义微博、地下通道广告等渠道广泛开展打击欺诈骗保政策宣传和典型案例通报，在全区各镇（街）、定点医疗机构张贴宣传海报 900 张、悬挂条幅 100 条，加印并发放宣传折页 80000 张，在全区营造打击欺诈骗保的良好氛围。

（区医疗保障局）

◈ 11 月 18 日，区医疗保障局联合区卫健委召开落实打击欺诈骗保、脱卡结算工作推进会（区医疗保障局供图）

【医保稽核】 7 月底，市医保局通过医疗保险信息系统，下发至顺义区 5015 人在 2019 年门诊大额支付超过 20000 元的数据。截至 12 月底，初审、复审工作完成，约谈相关责任人 9 人次，经市医保局研究决定：给予 1 人锁卡处理，3 人追回违规费用 24111.53 元。

（区医疗保障局）

【2021 年城乡居民参保登记】 10 月 1 日—12 月 31 日，在 2021 年城乡居民集中参保期间，医保局

联合区委社工委区民政局、区农业农村局、区残联等部门，落实“十三类”免缴人员身份认定互联互通；将城乡居民基本医疗保险参保登记工作下沉至各镇街社保所，解决城乡居民参保登记“最后一米”问题，建立线上线下业务受理平台，保障全区260000余名城乡居民完成参保登记业务。

（区医疗保障局）

【定点医疗机构医保电子凭证结算现场验收】 11月9日—12月15日，联合区卫健委，通过系列宣传与监督指导，完成对全区208家定点医疗机构医保电子凭证结算现场验收工作。

（区医疗保障局）

退役军人工作

【概况】 年内，区退役军人事务局以习近平新时代中国特色社会主义思想为指导，深入学习贯彻习近平总书记关于退役军人工作的重要指示精神，围绕“维护军人军属合法权益，让军人成为全社会尊崇的职业”的目标，坚持以退役军人为中心的理念，加强退役军人服务保障体系建设，落实各项法规政策，深入走访慰问，密切军地联系，协调解决军人“三后（后路、后院、后代）”问题，争创全国双拥模范城。2020年，顺义区获评“全国双拥模范城”“北京市双拥模范区”。

（区退役军人事务局）

【依法行政】 年内，开展退役军人相关行政规范性文件清理，保留4项，废止2项。及时调整退役军人事务权力清单和责任清单，全年进行行政处罚检查251次，无违法违规行为。

（区退役军人事务局）

【接收安置】 年内，按照“随退随审、即交即接”的工作机制，接收军休干部3名。

（区退役军人事务局）

【军休干部健康体检】 年内，组织61名军休干部进行年度健康体检。

（区退役军人事务局）

【军队无军籍退休退职职工基本养老金调整】 年内，按照定额、工作年限、养老金水平、年龄等条件，对顺义区接收安置的63名军队无军籍退休退职职工2020年基本养老金进行调整。通过数据库比对、逐人核实等途径，确保调整金额准确。

（区退役军人事务局）

【“退役军人抗疫典型人物事迹”印刷出版】 年内，全区3000余名退役军人参加抗击新冠疫情工作，征集到62家单位退役军人抗疫典型人物162位、群体2个，编辑刊印《退役不退志，战“疫”显本色——顺义区退役军人抗疫典型人物事迹》，在全区发放。

（区退役军人事务局）

【退役军人及优抚对象待遇落实】 年内，顺义区共有优抚对象5243人，发放抚恤补助资金4696.99万元、义务兵优待金2255.08万元、临时物价补贴432.24万元、优抚对象医疗补助金419.81万元、重点优抚对象取暖补贴337.87万元、一次性抚恤金221.61万元、丧葬补助费122.74万元、临时救助金40500余元、三属优待金39000余元。

（区退役军人事务局）

【随军家属安置】 年内，为36名2016年5月至2019年12月随军的家属发放第三批自谋职业补助金180万元。

（区退役军人事务局）

【为部队办实事】 年内，按照“紧贴官兵需求、突出重点项目、切实保质见效”的原则，向驻区各部队征集拟需政府协调解决实施的项目，全区共有11支驻区部队报送39个项目，建立项目库。2020—2021年度为部队办实事项目计划从中选取19个项目，前期委托全过程管理公司开展项目分类调研工作。

（区退役军人事务局）

【为消防官兵和新征义务兵购买保险】 年内，投入44万余元，为顺义区412名消防官兵和230名新征义务兵购买一年期的人身意外伤害保险，对在出勤执行任务或日常执勤、训练、演习中因公导致牺牲、致残的给予赔付。

（区退役军人事务局）

【全国示范型退役军人服务中心（站）创建】 年内，完成2020年全国示范型退役军人服务中心（站）创建，经区、市两级验收检查，根据退役军人事务部评定结果，顺义区15个镇（街道）退役军人服务站获得“全国示范型退役军人服务站”称号。

（区退役军人事务局）

【“两基地一平台”促进退役军人就业】 年内，在区社区教育中心建立退役军人学历教育基地。2019—2020年，25名退役军人从社区教育中心本科毕业，报销学费174530元；在区人力资源和社会保障局高级技工学校建立退役军人暨军属技能培训基地，为退役军人及军属提供职业生涯全程免费技能培训，221名退役军人参加电工、叉车司机和消防设施等操作技能培训；打造以“北京市顺义区退役军人事务局”官方微信公众号为主要载体的退役军人就业推荐服务平台，通过微信公众号向退役军人推送全区各行政、事业、企业单位招聘信息，举办网络招聘会，提供就业服务，自9月微信公众号开通至12月底，累计发布招聘信息17条，举办线上网络招聘会1场，170人在线投递简历。通过平台推荐12名退役军人到公益岗位就业。春、秋两季举办线下退役军人军属专场招聘会各1场，10月，召开退役军人军属线下专场招聘会1场，20余家企业提供30余类职业493个就业岗位，80余人达成就业意向。

（区退役军人事务局）

【退役士兵接收安置】 年内，顺义区接收退役士兵250人，其中自主就业退役士兵237人、符合政府安排工作条件退役士兵13人，发放自主就业经济补助金、待安置期间生活补助金1800余万元。安置退役士兵14人（其中包括2019年12月西藏退役士兵1名），采取统一考试与档案打分相结合的方法，11人安置到全额事业单位，3人安置到中央企业单位。

（区退役军人事务局）

【军转干部接收安置】 年内，顺义区接收军队转业干部13人，其中团职干部2人、营级及以下行政职务和专业技术干部11名，采取遴选考察面试、双选会加指令性安置相结合的方式，安置到行政及规范事业单位。

（区退役军人事务局）

【企业退休军队转业干部情况】 年内，顺义区新增企业退休军队转业干部20人，全区共有597名企业退休军队转业干部领取生活补助金。

（区退役军人事务局）

【自主择业军转干部管理服务】 年内，全区接收自主择业军转干部13人，累计管理自主择业军转干部147名，完成年度审核工作及退役金核定、住房补贴发放、社会保险缴纳等待遇落实工作。组织自主择业军转干部参加年度健康体检、清华大学个性化培训、适应性培训、座谈会、红色党日拓展活动。

（区退役军人事务局）

【部分退役士兵社会保险接续】 年内，共受理社会保险接续申请1173人，审核通过1062人，除自愿放弃、不符合补缴条件和不存在断缴人员外，为720名退役士兵办理社会保险补缴，其中企业负责补缴的退役士兵169名，政府负责补缴的退役士兵551名，缴费总金额1071万余元。

（区退役军人事务局）

【抗战胜利75周年烈士纪念日抗美援朝出国作战70周年集中宣传报道】 年内，围绕抗战胜利75周年烈士纪念日抗美援朝出国作战70周年开展集中宣传报道。举办烈士公祭、线上教育下一代等纪念活动，组织党员观看《第七批在韩志愿军烈士遗骸归国纪实直播》节目、爱国主义教育片《八佰》。在区政府网站开设“红色九月，彪炳历史，照亮未来”专栏、利用“北京市顺义区退役军人事务局”微信公众号进行集中宣传报道，发布相关纪念活动新闻信息10篇，烈士事迹材料11篇，工作简报1篇。

（区退役军人事务局）

【抗美援朝纪念章发放】 年内，完成全区抗美援朝纪念章发放工作，有264名志愿军老战士领取纪念章。

（区退役军人事务局）

【“接诉即办”】 年内，坚持“民有所呼、我有所应”，围绕市民“五性”需求，建立市民热线反映问题快速响应机制，推动为民办事常态化、机制化。根据实际情况，制定《顺义区退役军人事务局关于进一步做好便民电话工作的通知》（顺退役军人局字〔2019〕15号）文件，全年共受理便民电话141件，退件6件，复议（剔除）20件，双派单6件，响应率100%，解决率33%，满意率70%。

（区退役军人事务局）

【信息采集和悬挂光荣牌】 截至年底，顺义区共采集退役士兵和其他优抚对象信息28148条，悬挂光荣牌27656块。

（区退役军人事务局）

【“两节”慰问】 春节期间，采取普遍慰问和重点走访的方式，对2020年自主就业退役士兵进行全员慰问；“八一”期间，对困难退休企业军转干部、患病及生活存在困难的部分自主择业军转干部进行重点走访慰问，发放慰问金118000余元。

（区退役军人事务局）

【军休干部新冠肺炎疫情防控工作】 3月、10月，投入约55000元，为117名军休干部和63名无军籍职工购买口罩、消毒液、洗手液、手套等防护用品。建立常态化联系机制，关注独居、高龄、失能等军休干部的身体、生活状况与实际困难，及时了解需求，建立服务台账，精准服务。

（区退役军人事务局）

【持卡就医】 7月1日起，军休干部全部持卡就医。为推进军休干部及家属、遗属持卡就医工作，采集信息135人。

（区退役军人事务局）

【“双拥”荣誉】 8月，顺义区获评“北京市双拥模范区 ”；10月，顺义区获评“全国双拥模范城”，荣膺“五连冠”。11月4日，顺义区参加“北京市双拥模范城命名及双拥模范单位和个人表彰大会”。2019年，成立顺义区争创双拥模范城工作领导小组，由区委书记任组长，办公室设在区退役军人事务局，统筹协调争创迎检工作。

（区退役军人事务局）

【重点优抚对象体检】 8月，顺义区投入310000元完成为802名重点优抚对象开展免费体检服务。区退役军人事务局结合新冠肺炎疫情制订体检方案，医院做好消毒防护，提供口罩、酒精等物品，镇、街道退役军人事务站工作人员全程跟踪服务。

（区退役军人事务局）

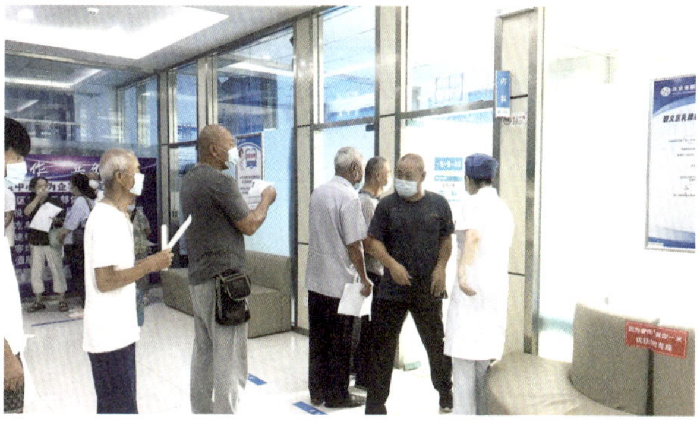

◆8月，为重点优抚对象免费体检（区退役军人事务局供图）

【烈士公祭活动】 9月30日，顺义区在潮白烈士陵园举行烈士公祭活动，区委、区人大、区政府、区政协、区检察院、区法院的相关领导，各委办局、中心、公司行政正职，各镇街党政正职，抗日老战士、军烈属等代表，驻军部队官兵、学生代表以及全区干部群众各界代表等300余人参加。区委书记高朋宣读烈士公祭祭文，活动由区委副书记、区长孙军民主持。

（区退役军人事务局）

【军休办党支部换届选举】 10月，召开党员代表大会，进行军休办党支部换届选举。会议应到党员44名、实到44名，以差额无记名投票的方式，选举产生新一届支部委员会成员。

（区退役军人事务局）

民族 宗教

【民族概况】 年内，顺义区有满族、回族、蒙古族等45个少数民族，总人口约32000人。有后沙峪镇回民营村、牛栏山镇安乐村、高丽营镇七村、北石槽镇寺上村和天竺镇杨二营村5个少数民族村。有清真饮副食网点和生产加工企业110余家。杨镇一中现有新疆籍学生近900名。2020年区民族宗教办以习近平新时代中国特色社会主义思想为指导，认真学习贯彻十九届五中全会精神，牢牢把握“共同团结奋斗，共同繁荣发展”的民族工作主题，着力做好民族团结进步创建和清真食品管理等各项工作。

（区委统战部）

【宗教概况】 年内，全区有天主教、基督教、佛教、伊斯兰教信徒8000余人。依法审批登记的宗教活动场所有4个，即回民营清真寺、高丽营清真寺、牛栏山清真寺和杨镇清真寺。2020年，区民族宗教办深入学习贯彻全国宗教工作会议精神和习近平总书记关于做好宗教工作的重要讲话精神，全面贯彻党的宗教工作基本方针，坚持“保护合法、制止非法、遏制极端、抵御渗透、打击犯罪”的宗教工作基本原则，依法管理宗教事务。年初武汉发生新型冠状病毒肺炎疫情，区内各宗教活动场所服从管理、积极配合，迅速落实“双暂停”措施，确保宗教活动场所实现“零感染”。

（区委统战部）

【宗教活动场所疫情防控工作】 年内，新冠肺炎疫情暴发后，区民族宗教办围绕抗疫主线，紧抓宗教活动场所疫情防控和安全管理工作不放松。及时传达市、区专题部署会议精神和有关工作要求，同时就如何做好伊斯兰教领域斋月和开斋节期间疫情防控和安全管理工作召开10次部署会。指导宗教活动场所按市级宗教团体工作要求落实“双暂停”和有序恢复开放。制作“双暂停”和“四方责任”公告展板等提示牌22块，横幅7条，海报60张。截至12月底，区民族宗教办对宗教活动场所疫情防控和安全检查221次，整改隐患7处。先后3次为宗教活动场所购买价值22000元的防疫物资。

（区委统战部）

【首次实行“双暂停”措施】 1月24日零时，按照市、区疫情防控管理工作要求，区民族宗教办迅速指导各宗教活动场所张贴“双暂停”公告，实行暂停对外开放，暂停一切集体宗教活动的“双暂停”措施。

（区委统战部）

【全民国家安全教育日宣传活动】 4月15日，区民族宗教办通过作答《中华人民共和国国家安全法》测试卷、微信发送《国家安全知识十答十问》、网上转发总体国家安全观公益宣传片和国家安全观图例解说等方式，向机关干部、基层民族宗教工作干部、宗教场所管理者、教职人员70余人开展宣传。

（区委统战部）

【穆斯林群众居家过开斋节】 5月24日，因疫情导致本年度开斋节期间各清真寺处于“双暂停”状态，区民族宗教办会同有关部门及相关镇领导对4所清真寺进行走访慰问，各位阿訇和寺主任表示坚决贯彻落实疫情防控工作措施要求，引导广大穆斯林群众居家过好开斋节。

（区委统战部）

【首次评估确定恢复开放场所】 6月4日，按照市民族宗教委工作精神，对提出恢复开放的回民营和牛栏山清真寺先后会同属地镇政府从防控主体责任落实、卫生防疫安全员配备、卫生防疫物资保障、公共环境卫生管理、内部人员管理、场所进出管理、宗教活动管理等方面进行评估。2所清真寺均达到恢复开放的标准，于6月5日开始恢复开放。

（区委统战部）

【再次实行“双暂停”措施】 6月13日零时，因北京市新发地疫情暴发，按照市、区疫情防控管理工作要求，对各宗教活动场所继续实施“双暂停”措施。

（区委统战部）

【“花棍”和“柔力球”大赛】 6月15—30日，区民族宗教办组织顺义一中附属小学和空港小学参加2020年北京“花棍”（线上）表演赛和“2020年第四届京津冀柔力球”（线上）交流大会。“花棍”项目获得一等奖，“柔力球”项目获得二等奖，区委统战部获得优秀组织奖。

（区委统战部）

【穆斯林群众居家度过宰牲节】 8月22日，各清真寺仍处于落实“双暂停”状态，区民族宗教办在宰牲节为4所清真寺送去慰问金和防疫物资，引导穆斯林群众继续居家过好宰牲节。

（区委统战部）

【指导杨镇政府做好清真寺拆建工作】 8月27日，区民族宗教办邀请市民族宗教委宗教四处、落政处和市伊斯兰教协会相关负责人就杨镇清真寺新建工作中涉及的落实宗教房产政策方面与杨镇党委政府和规划设计单位负责人进行交流研讨，指导做好新清真寺建设相关工作。

（区委统战部）

【清真寺再次恢复开放】 9月10日，按照市民族宗教委通知精神，对提出恢复开放的4所清真寺先后会同属地镇政府从防控主体责任落实、卫生防疫安全员配备、卫生防疫物资保障、公共环境卫生管理、内部人员管理、场所进出管理、宗教活动管理等方面进行评估。4所清真寺均达到恢复开放的标准。于9月11日起恢复开放。

（区委统战部）

【参加市民族健身操舞大赛】 10月20日，区民族宗教办组织3支队伍50余人参加北京市第十五届民族健身操舞大赛决赛（线下），获得银奖、铜奖。

（区委统战部）

【宗教政策法规培训】 10月27—28日，区委统战部举办为期2天的宗教政策法规培训班，区统战工作领导小组成员单位主管领导，各镇、街主管领导和相关工作人员80余人参加培训。

（区委统战部）

【圣纪节慰问活动】 10月29日，区委统战部会同各相关属地镇政府有关同志到清真寺为穆斯林群众送去伊斯兰教“圣纪节”节日祝福。

（区委统战部）

【清真食品管理工作培训会】 12月2日，区民族宗教办组织召开清真食品管理工作暨民族政策培训会。市民宗委民族二处有关同志围绕民族知识、民族政策、清真食品监管和申报规范化清真特色餐厅、规范化清真食品专柜以及清真网点扶持项目等内容进行讲解。区市场监督管理局和区商务局相关负责人员、各镇街相关负责人员和清真饮副食网点负责人近100人员参加培训。

（区委统战部）

【《宪法》宣传活动】 12月4日，各清真寺组织80余名穆斯林群众开展“我读宪法”活动。各位阿訇还以“国法与教规的关系”为主题，结合《中华人民共和国宪法》或《中华人民共和国民法典》做“卧尔兹”宣讲，引导信教群众遵纪守法、正信正行、爱国爱教。

（区委统战部）

【《北京市宗教事务条例》培训】 12月9日，区民族宗教办组织宗教场所负责人、骨干和相关村、社区负责宗教工作人员近100人召开新修订《北京市宗教事务条例》专题培训会。会上，市民宗委政策法规处的有关人员从《条例》修订背景、内容和做好学习宣传贯彻三方面进行讲解。

（区委统战部）

【圣诞节安全维稳协调会】 12月22日，区委统战部组织召开专题协调会，对圣诞节安全维稳工作进行部署。区委政法委、北京市公安局顺义分局、区卫生健康委、区文化和旅游局主管领导以及7个镇街道副书记参加会议。

（区委统战部）

【第三次实行“双暂停”措施】 12月24日，因顺义区突发确诊病例，区民族宗教办及时采取措施，迅速通知区内恢复开放的宗教活动场所继续严格落实“双暂停”措施，并安排工作人员到各宗教活动场所检查落实情况，各宗教活动场所迅速落实。

（区委统战部）

红十字会事业

【概况】 年内，区红十字会学习贯彻党的十九届二中、三中、四中、五中全会精神和习近平总书记关于红十字事业重要指示精神，落实市、区决策部署，依法履职，广泛动员人道力量，大力开展人道服务工作，发挥党和政府在人道领域联系人民群众的桥梁和纽带作用。特别是在抗击新冠肺炎的重大任务中，积极主动担当作为，全力以赴投身疫情防控，被中国红十字总会授予“新冠肺炎疫情防控工作先进集体”荣誉称号。

（区红十字会）

【人道救助广泛开展】 年内，修订完善《顺义区红十字会人道救助管理办法》，持续开展红十字人道救助、重特大疾病患者专项救助、“助力成长”贫困儿童帮扶等品牌救助项目；创新开展“博爱顺义 守护希望”“关爱单身母亲 情暖单亲家庭”救助项目；全年救助困难群众4100余人次，发放救助款物900余万元，救助对象覆盖因病致贫家庭、老年人、孤残儿童、困难母亲等人群。

（区红十字会）

【应急救护培训】 年内，在加强疫情防控的基础上，采取多种方式有序推进红十字应急救护知识培训工作，全年共计培训34392人次。一是区红十字会自身共开设应急救护培训班169期，培训学员29415人次。二是与3家应急救护培训基地合作开展应急救护培训班43期，培训学员2024名。三是依托汉石桥湿地红十字青少年教育实践基地为6所学校2953名师生进行相关知识普及培训。

（区红十字会）

◈9月10日，区红十字会举办“疫情下的急救——心肺复苏及AED使用”培训（区红十字会供图）

【全力抗疫获评先进集体荣誉】 自1月新冠肺炎疫情发生以来，区红十字会党组迅速响应研究制订疫情防控工作方案，强化“四种意识”（立身为旗意识、快捷高效意识、主动服务意识、主动监督意识）投身抗疫。截至12月，区红十字会共接收捐赠款物价值3176.68万元，其中接收资金1275.83万元，接收捐赠物资价值1900.85万元，捐赠款物支出比例100%。同时2次通过市、区两级审计单位依法对疫情募捐款物收支情况进行审计。12月23日，顺义区红十字会被中国红十字会总会评为“中国红十字会抗击新冠肺炎疫情先进集体”。

（区红十字会）

【对口帮扶】 年内，在河北省张家口市万全区、沽源县、蔚县，内蒙古自治区赤峰市巴林左旗、通辽市科左中旗5个对口帮扶地区开展“助力成长”爱心助学活动，发动6家企业捐赠助学金15万元、物资折价40.5万余元，援助350名贫困学生。

（区红十字会）

【线上募捐形式探索】 9月7—9日，区红十字会组织参与腾讯99公益日线上筹款活动，“博爱顺义 守护希望”项目共募集资金12万余元，超额完成筹资目标。

（区红十字会）

【“枢纽型”社会组织认定】 12月21日，经区社会建设工作领导小组全体会议审议通过，区红十字会被认定为区级“枢纽型”社会组织，主要负责红十字人道服务、公益应急救护服务类社会组织的联系、服务和管理，并广泛动员、积极引领该领域社会组织发展业务、开展活动、服务社会。

（区红十字会）

残疾人事业

【概况】 年内，区残联始终以习近平新时代中国特色社会主义思想为指导，认真落实各项重点任务，完成区残联改革任务，为更好地开展残疾人工作奠定基础。

（区残联）

【残疾人就业工作】 年内，为1717家单位安置残疾人就业，为586家安置残疾人就业的用人单位发放岗位补贴2762.42万元，为254家符合条件的用人单位发放社会保险补贴328.87万元。与区人力社保局共同举办线上残疾人专场招聘会，30名残疾人参加，8家用人单位提供40余个岗位。组织417名残疾人参加职业康复劳动，提升技能。依托职康站，建成18个残疾人帮扶性就业基地，解决168名残疾人就业。建立3家助残增收基地，为75名残疾人提供帮扶服务。

（区残联）

【扶贫与助残】 年内，为52人提供送教上门服务，为60名低保残疾人子女高中生、大学生及残疾人高中生、大学生发放助学补贴191360元。为3189名残疾人发放补贴401.39万元。为432名残疾人发放保险补贴 351.87万元，为3296名符合条件的残疾人办理养老保险补贴，补贴资金280.69万元。慰问各类困难残疾人家庭7258户，发放慰问金529.55万元。为177户残疾人危房改造户发放补贴130.85万元。开展困难残疾人“一人一案”精准帮扶调查工作，对全区4588名困难残疾人建立帮扶台账。

（区残联）

【康复工作】 年内，落实区政府实事项目，对区内残疾人及家属进行肢体、精神、听力及智力的专业康复培训，培训残疾人1540人4620人次。加强白内障复明手术覆盖面，为374名白内障复明手术患者报销46.75万余元。为符合政策的0～15周岁申请儿童康复的残疾人报销康复训练费44.4万余元。组织511名康复协调员开展辅具政策专题培训。助残日期间为5名生活困难的肢体残疾人免费配发价值69200余元的假肢。

（区残联）

【对口帮扶】 年内，为4个受援地有辅具需求的贫困残疾人捐赠价值400000元的辅助器具，每个受援地100000元。开展“我在内蒙古有只羊”消费扶贫项目，北京爱心市民和企业家共认购522只，筹集善款100余万元，项目惠及建档立卡贫困残疾养羊户293户，平均每户增收2000元，增收资金总额不低于500000元。

（区残联）

【残疾人职业技能培训】 年内，开展培训班25次，培训561人次，设置移动坐席员、面点、永生花、茶艺、垃圾分类指导员、美容美发、3D打印等12类职业培训，全面提升残疾人职业技能水平。

（区残联）

【无障碍环境建设】 年内，在全区范围对重点区域内的无障碍设施进行全面梳理，4063处点位的建账数和3394处问题点位数分别排在8个非重点区域的首位。按照“应改尽改”要求，确定整改任务，上账1787处点位，整改1705处点位，整改数排在8个非重点区的第2位。

（区残联）

【疫情防控】 年内，建立疫情援片帮扶机制。每名班子成员帮助相应镇街解决残疾人疫情防控工作中遇到的难题。完成25个镇街残联走访工作，为他们送去防护用品，保障一线物资充沛。21名党员响应号召，利用休息时间，回到居住地社区报到，协助社区党组织开展疫情防控工作。党员干部参与居住地社区（村）和区残联党支部对接的顺悦家园、北辰、丽园社区疫情防控工作，累计服务1800人次。开展“抗疫聚力践初心”捐款活动，共计捐款3200元。

（区残联）

【助残日】 5月17日，顺义区以“助残脱贫路 相携在云端”为主题启动庆祝第三十次全国助残日系列活动，本次助残日活动以线上活动为主，设置共享云生活、脱贫云养殖、居家云就业和大爱云播种四大板块。此外，顺商集团·鑫海韵通电器家具商城启动优惠购，为困难残疾人捐赠米面油，多家爱心机构和企业捐款捐物。

（区残联）

【爱心助残捐赠】 7月15日，中国家用电器协会、中国肢残人协会联合组织开展的圆梦美好·致敬未来“家电让家更温暖”爱心助残捐赠仪式在顺义区残联举行。为残疾人捐赠格兰仕微波炉、蒸烤一体机20台，电饭煲20台，电风扇 20台，水壶30只。

（区残联）

【残疾预防日】 8月25日，“残疾预防 从儿童早期干预做起”顺义区第四次全国残疾预防日暨澳洲魏基成天籁列车助听器捐赠仪式在顺义区残疾人康复中心举行。25个镇、街残联负责人及受捐赠残疾人代表100余人参加。本次活动澳洲魏基成天籁列车向顺义区残疾人捐赠助听器300台。通过澳洲魏基成天籁列车的帮助，顺义区首批公益辅具适配员正式上岗，为残疾人提供辅具适配服务。

（区残联）

【无障碍推动日活动】 10月16日，顺义区开展“首善有爱 环境无碍——顺义区无障碍推动日活动”。顺义区人大代表、政协委员、无障碍专家、残疾人代表及老年人代表60余人参加，并在区政务中心进行监督体验引导系统、无障碍卫生间、无障碍停车位、低位服务台、手语翻译咨询台等无障碍设施。

（区残联）

【第三届残疾人冰雪嘉年华】 11月24日，第三届顺义区残疾人冰雪嘉年华暨残疾人冰上项目友谊赛、法治助力2022冬奥会和冬残奥会活动在顺义区杨镇“温馨家园”举行。设置冰壶比赛和冰球射门比赛2个项目，8支残疾人代表队和杨镇周边200余名残障人士共同参与此次比赛体验活动。南彩镇和张镇代表队分别获得2项比赛的冠军。

（区残联）

◆ 11月24日，第三届顺义区残疾人冰雪嘉年华暨残疾人冰上项目友谊赛、法治助力2022冬奥会和冬残奥会活动在顺义区杨镇“温馨家园”举行（区残联供图）

【第十届“爱满京华”社区（村）残疾人艺术会演】 11月25日，北京市第十届“爱满京华”社区（村）残疾人艺术会演在西城区天桥艺术中心举行。本次活动共海选声乐、器乐、舞蹈、戏剧小品四大类作品共416个，参与人员1994人，53个节目入围优秀节目的评选环节。顺义区残疾人在此次活动中获得二等奖2项，三等奖2项，其中2个作品获优秀原创作品奖。顺义区残联获最佳组织奖。

（区残联）

街道　镇

▲ 1 月 17 日，第五届冰雪运动欢乐季暨张镇灶王文化节冰上体验活动启动仪式（张镇供图）

▲ 5 月，南彩镇开展抗击疫情 最美“逆行”百姓宣传活动（南彩镇供图）

▲ 5月8日，南法信镇举办顺义中关村信息谷创新中心政企银对接座谈会（南法信镇供图）

▲ 6月，大孙各庄镇“提升”项目一期工程建设完工（大孙各庄镇供图）

▲ 6 月 5 日，旺泉街道以“美丽中国，我是行动者”为主题，在辖区 18 个社区开展系列环境保护宣传活动（旺泉街道供图）

▲ 7 月 24 日，后沙峪镇开展河道禁种铲毒工作检查（后沙峪镇供图）

8 月 8 日，石园街道仓一社区儿童之家开展“民法典 为儿童保驾护航”法治宣传活动（石园街道供图）

8 月 26 日，高丽营镇唐自头影视基地承办北京国际电影节首届游戏动漫电影单元展（拍摄者：张琦）

▲9 月 21 日，天竺镇北三村百姓选房（天竺镇供图）

▲9 月 28 日，仁和镇团委组织团建活动（仁和镇供图）

▲10 月 16 日，胜利街道举办职工沟通会（胜利街道供图）

▲10 月 16 日，顺义区家泰养老照料中心在马坡镇投入运营（马坡镇供图）

▲ 10 月 20 日，由顺义区委社会工委区民政局主办、双丰街道承办的第二届社区邻里节分会场启动仪式在马坡花园第二社区举行（双丰街道供图）

▲ 10 月 30 日，北务镇举办“唱响新时代 舞动新北务”群众广场舞大赛（北务镇供图）

▲ 11 月 6 日，李桥镇举办以“关注消防、生命至上”为主题的“119”消防宣传月活动（李桥镇供图）

▲ 11 月 10 日，光明街道召开物业管理委员会成立启动大会（光明街道供图）

12 月，箭杆河（北小营段）被北京市河长制办公室评为“2020 年度北京优美河湖”（北小营镇供图）

12 月 22 日，李遂镇柳各庄村棚户区改造项目回迁安置房建设正式启动（李遂镇供图）

12 月 26 日，木林镇业兴庄村对商超进行冷链食品检查（木林镇供图）

年内，非物质文化遗产“郝氏水纹雨点剪纸”传人郝兰英的作品展示（赵全营镇供图）

年内，龙湾屯浅山一隅（拍摄者：孔建斌）

年内，北石槽镇举办2020年“十月金秋”书法美术摄影作品征集展（北石槽镇供图）

年内，空港街道蓝星花园开展垃圾分类宣传活动（空港街道办事处供图）

年内，杨镇双阳小区改造工程施工（杨镇供图）

牛栏山镇北孙各庄村栽种于辽代，树龄逾900岁的两株银杏树（拍摄者：杨鸽）

光明街道办事处

【概况】 光明街道办事处位于府前东街17号。管辖地域范围东至滨河南路，南至顺平快速路，西至光明南北大街，北至减河，占地面积4.12平方千米。下设18个社区居委会。年内，总户数28669户，常住人口68464人，户籍人口28432人，流动人口9389人；户籍人口新出生420人，出生率14.77‰；流动人口新出生180人，出生率19.17‰。有医院1所，社区卫生服务站4个。大学1所，中学3所，小学4所，幼儿园9所。有社区养老驿站5个。有为民服务大厅220平方米、文化中心1380平方米、文化广场3处。地铁15号线贯穿其中。光明街道工委贯彻落实各项方针政策，坚持党建引领，各项事业都取得较好发展，并荣获“应急管理系统‘法律十进’及‘以案释法’主题普法宣传活动优秀组织单位”称号，裕龙六区、裕龙三区、东兴二区、东兴三区等社区分别荣获市级荣誉。

（光明街道）

【疫情防控】 年内，成立街道疫情防控工作领导小组，建立“1+10”工作机制。严把社区入口关，18个社区封闭管理后保留45个出入口，14个无物业管理小区、楼宇全部由街居干部实行24小时管控；社区出入证实行实名制升级、分色管理，对快递员等服务行业发放临时实名出入证。街道购买门磁感应系统700套，可重复使用，如出现超范围活动可第一时间处置；严管各类返顺人员，建立境外、外省市、在鄂、在武汉人员返顺及空乘、出租房、合租房、辖区门店共8类台账。设置45个党员先锋岗，151名街道干部、122名区直机关干部、85名国企职工下沉社区助力防疫；依托“双报到”机制，20家党组织、1529名在职党员认领社区防疫岗位。6月，针对北京第二波疫情开展拉网式排查，建立5月30日后去过新发地批发市场等地的人员台账。建立“ABC分色检测名单”台账并动态更新，完成10000余人的核酸检测工作。拍摄防疫宣传片《战“疫”有我 守护光明》《守护光明 总结篇》。发布《光明街道疫情防控工作日报》132期，微信设立“疫”线风采专栏，通过抖音、短视频、短信、彩铃等方式宣传防疫政策及知识，在《北京日报》、北京电视台等发稿70余篇，街道微信推出500余条。为进一步做好常态化下社区疫情防控工作，光明街道裕龙三、裕龙五和裕龙六社区采用“人脸识别进社区”智能门禁系统。裕龙六区党总支获评“北京市抗击新冠肺炎疫情先进集体”。

（光明街道）

【复工复产】 年内，街道辖区内3家大型商超全部恢复营业；有餐饮企业和公服食堂146家，开业141家；“六小”场所157家，开业152家。

（光明街道）

【党建工作】 年内，有序推进党组织换届，深入摸排，做到换届情况清、底数明。推进党支部规范化建设，2个“两新”党支部完成换届。推进党建引领物业，18个社区物管会党组织、物业企业党组织覆盖率100%。扎实推进共青团、人大、妇联、统战等工作。畅通议事协商渠道，推动“接诉即办”向好发展。各社区通过成立工作专班、召开居民议事协商会议、成立议事调解机构等措施，协助解决群众的民生诉求。

（光明街道）

【思想文化宣传】 年内，街道工委宣传思想工作领导小组成立并召开会议。严格落实意识形态工作责任制，回复舆情97件。推进新时代文明实践所（站）建设，宣传落实“光盘”行动。深入开展“扫黄打非”，建成街道文化中心2家，新建实体书店2家。

（光明街道）

【精神文明建设和创城工作】 年内，认真开展道德模范、北京榜样报送工作，年报送道德模范17个、北京榜样20个。成立光明街道创建全国文明城区总指挥部，下设创城办公室、督查办公室，并做好创城指标落实，街道涉及创城指标58项，其中网上申报25项，实地考察19项，问卷调查14项。组织举办各种法律知识讲座50余场，为100余位残疾人提供法律咨询服务、开展各类文艺会演、助老服务100余次；向社区发放并张贴1800余张海报，向辖区居民发放宣传品手提袋60000余个。街道对辖区各类“小广告”进行全面清理，58条街巷清理非法“小广告”870余处，各社区清理“小广告”30000余处。通过“创城有我”小程序，开展创城宣传活动，普及创城知识。

（光明街道）

【疏解整治促提升】 年内，清理占道经营完成1处，完成率100%；建设提升基本便民商业网点14家，完成率117%；规范劳动用工专项行动完成7家，完成率117%；违规广告牌匾整治动态清零。

（光明街道）

【环保攻坚战】 年内，落实大气污染防治，为47家重点餐饮企业和机关食堂油烟净化器安装状态监控设备。PM2.5及降尘量均值动态完成年度目标任务。认真解决环境问题，实现市、区、街三级环境问题台账销账率100%。深化背街小巷治理，大东路修复破损步道砖4192平方米。

（光明街道）

【水环境治理】 年内，街道、社区两级河长、河道巡管员定期巡查河道，填写巡查记录，发现问题及时上报。巡查河道600余次。委托第三方检测机构对河道入河口开展深度排查，通过实地下井调查与机器拍照，确定污水源头，制订整治方案。排查污水源河道排水口1处，督促企业整改污水源1处，整治入河口2处。对雨水管线、雨水箅子、入河排水口、拦污坎等排水设施开展排查清污。排查雨水口、河道入河口、雨箅子等1600余处。安排保洁公司每日清扫辖区潮白河、减河岸坡、堤路、巡河路，防止垃圾堵塞河道。清理河道4.2千米，清理岸边垃圾873.1立方米。

（光明街道）

【社区精细治理】 年内，推进法治政府建设，做好普法宣传。开展第七次全国人口普查工作。推进社区平安建设，检查社会单位2950家次，消除隐患2610处。处理网格事件5092件。裕龙一区、二区、三区，双拥社区改造项目有序进行。落实垃圾分类，制作垃圾分类宣传袋40000个、印制宣传折页20000张、垃圾袋63000余个，各社区举办宣传活动500余次。动员各方力量轮流上岗宣传、指导、清洁。所有桶站前安装“环保感应通讯声音提示器”，推广使用厨余垃圾桶“破袋神器”，引导党员参与“桶前值守”部分社区引进手机App预约可回收物上门回收服务。18个社区清理小广告30000余处，整改创城薄弱环节。裕龙三区、东兴二区获评北京市生活垃圾分类示范小区。

（光明街道）

【服务民生】 年内，加强公共服务，采集就业空岗962个。1—11月，便民电话共有7个月排名全市前100名，东兴三区及1名街道工作人员分别荣获接诉即办市级“先进集体”和“先进个人”。处理群众来信来访10件，办结率100%。强化为老服务，在东兴二区新建社区养老服务驿站1家。做好职工服务，街道总工会慰问防疫一线职工3117人次。

（光明街道）

【志愿服务队成立】 11月13日，光明街道退役军人志愿服务队成立暨授旗仪式举行。顺义区退役军人事务局副局长，光明街道工委书记、办事处主任等参加授旗仪式。

（光明街道）

◈11月13日，光明街道退役军人志愿服务队成立暨授旗仪式举行（光明街道供图）

空港街道办事处

【概况】 空港街道辖区面积27.38平方千米，常住人口约72000人，东临北京首都国际机场，西临温榆河畔生态走廊，毗邻朝阳、昌平区，地铁、国道贯通。年内，空港街道下辖23个社区、46个物业服务小区内含54个居住园区，多数为以中央别墅区为代表的高档别墅园区，有来自60余个不同国家和地区的常住外籍人士5000余人。中国国际展览中心（新馆）坐落于此；辖区内有学校21所，其中包括顺义国际学校、英国学校等多所国际学校；有中粮祥云小镇、荣祥广场、龙湾七街等7个中高端商圈。空港街道以国际人才社区建设为主线，努力建设成为“国际港城一体的示范街区、首都对外交往的窗口社区、顺义城市品质的时尚名片”。

（空港街道办事处）

【疫情防控阻击战】 年内，组建空港街道新型冠状病毒肺炎防控工作领导小组，设置11个行动工作组，成立21个临时党支部，设立150个党员先锋岗，凝聚23家党建协调委员会成员单位、325名国企党员、1172名报到党员、3233名社区志愿者投身防控一线，发动30余名国际志愿者参与门岗值守、政策宣传、心理咨询，构建抗“疫”命运共同体。辖区31735户（名）住户100%核查，累计监管京外及境外返抵辖区人员20000余人，接待17个省驻京办530余人；做好各类返京抵顺人员的接转工作；完成新国展集散点外围保障；做好驻华使团人员的居家观察工作；做好中高风险疫区返回人员核酸检测、健康随访服务工作。弘扬抗疫正能量，吉祥花园居委会主任绳桂玲获评北京市优秀防疫先进个人，发掘28名最美“疫”线人，在新华社、学习强国、《人民日报》《北京日报》等主流平台刊登1500余条，10条浏览量超百万。

（空港街道办事处）

【创新举措抓防疫】 年内，推广社区“五个加法”，即“党支部＋辖区企业＋国企干部＋志愿者＋外籍居民”防疫创新举措，织密疫情防控大网，各社区涌现出一批各具特色的防疫实招：吉祥花园社区组建“线上联心员”队伍采取线上接单服务模式，精准对接居民需求；香蜜湾社区组建一支30人的国际志愿者服务队，携手外籍人士共同抗疫；首航社区采用“4+3+4蜂巢工作法”，深扎防疫一线。

（空港街道办事处）

【重要活动服务保障】 年内，开展岁末年初、复工复产专项安全、夏季餐饮企业安全、夏季用电安全、物业企业安全、有限空间、校园安全、新国展HICOOL全球创业者峰会暨创业大赛峰会、新国展第十六届北京国际汽车展、施工工地、瓶装液化石油气等专项检查，共出动1500余人次，执法车300余辆，发现隐患1000余处，均整改完成。对照机场周边更高标准落实社会面管控工作，在全国“两会”、中国国际服务贸易交易会、HICOOL全球创业者峰会、第十六届北京国际汽车展等重要时期，适时启动等级防控机制，设置89个重要执勤点位，组织辖区3000余名社区治安志愿者等群防群治力量上岗执勤，加派保安员参与巡逻防控工作，按照全面设防、精准防控的要求，加强对重点人、重点地区的管控，健全打防管控一体化工作机制，确保辖区点上绝对安全、面上平稳可控。做好新国展、中粮祥云小镇周边各类展会、集会活动。落实属地责任，综治、城管、交通等部门共同加强对辖区违法占道经营、非法运营的执法整治，共组织占道经营、非法运营专项联合执法10余次，出动人员400余人次，车辆80余台次，查处占道经营类的违法行为46起，罚款36500余元。通过长期整治，占道经营现象实现“动态清零”。

（空港街道办事处）

【复工复产有序推进】 年内，设立复工复产防控组，建立疫情防控四方责任微信群，实行中粮商务楼宇双楼长制，加强上门走访，印制企业复工口诀，各行业指引2000余张，辖区企业基本按期实现复工，全面落实《顺义区进一步打好疫情防控阻击战支持企业“控疫情、稳增长”的若干措施》（简称“顺10条”），协助企业申报减免租金、奖励共1200余万元。启动“深夜食街”2.0打造烟火气特色街区，助力北京“消费季”，祥云小镇全年营业额58149.9万元；祥瑞投资完成建安投资、固定资产投资2亿元；补齐文创产业短板，核桃社电竞体验中心落户祥云小镇并试营业，持续追踪辉煌物流升级改造文创项目进展情况；助力澳金园商业综合体签约国家节能中心馆项目，统筹新国展周边商业、旅游、住宿资源，逐步打造会展产业链，辖区工业企业应复尽复，服务业经营场所有序开业。执行副职领导“包校”原则，加强校园周边交通秩序疏导维护，强化校园周边环境综合整治，保障复学绝对安全，中小学、幼儿园教学秩序恢复。

（空港街道办事处）

【国际人才社区建设】 年内，以国际人才社区建设为契机，大力提升辖区整体环境，实施裕京花园国际人才社区步道建设项目；完成花园一街背街小巷整治任务；完成莲竹社区、翠二社区环境整治提升；完成1980米天北路围栏更新更换，清理火沙路、天北路、临时环路等区域野草56000余平方米；建成并开放国际人才社区主题休闲公园；实施吉祥社区东侧环境整治、温榆河花马沟桥段绿化、裕园路东侧树木栽种、花园五街西侧口袋公园等绿化项目建设，拆除私搭乱建10处、修补围栏破损200米、完成树木种植110棵、绿化4000平方米，有效解决M15号线地铁桥沿线及边角地裸露脏乱等环境问题；疫情平稳后，先后开展“汇聚文化力量 共展中外风采”“WE ARE FAMILY”国际邻里节等主题文艺会演，结合HICOOL全球创业者峰会主题，开展“线上+线下”活动，促进外籍居民和国际人才融入社区生活。

（空港街道办事处）

【防范化解重大风险攻坚战】 年内，深入打击电信诈骗犯罪，加大防范宣传力度，进一步提升辖区群众的防诈骗意识。空港街道制作25000份《心防手册》，发放到各社区；在荣祥广场等商圈开展“守住钱袋子 护好幸福家”户外宣传及专题讲座活动，加强居民对非法集资防范意识；通过公共平台发布防范网络电信诈骗知识，大面积推广全民反诈App，借助各类LED电子显示屏，滚动播放打击防范电信网络诈骗宣传标语，切实提高群众知晓率及参与度。全年25件信访案件全部办结，有效化解网络舆情154件。

（空港街道办事处）

【污染防治攻坚战】 年内，依托分钟级预警监测平台，实时监控辖区空气质量的动态变化，精准发现污染源，及时清除污染源。全年排查高值点位、解决问题118次，全年PM2.5累计浓度36微克/立方米，全区排名第5名；强化扬尘治理日常管控，共计出动清扫车、洒水车1420车次、喷洒湿化道路扬尘区域126万平方米；检查餐饮企业266家次，协调完成餐饮净化设备升级改造146家；强化施工工地扬尘管控，累计检查182家次，要求做好门前责任区域苫盖、洒水等日常管理。“河长制”实现常态化、规范化，河道环境持续改善。制订《2020年街道河长制工作方案》，健全工作体系，街道河长巡河97次，累计200余千米；成立20人的河道管护队，共出动4955余人次、439车次，清理河道垃圾渣土枯枝烂叶等65车，清理非法垦殖200余平方米；强化水污染防治工作，封堵非法排污口10处；开展“清管行动”，清掏入河排水口2处、沉砂井1处，共清理污染物30吨，清理雨水管涵12千米，清理污染物10.1吨；清理专用雨水篦子15483处，清理污染物21.2吨；专用雨水检查井5434处，清理污染物10.3吨。结合第二轮中央环保督察任务，坚持动态更新管理台账，加强日常巡查执法，累计出动巡查检查人员520人次，完成13块裸露土地、189.371万平方米的增绿、复绿、显绿；持续推进留白增绿建设品质。完成区级17700平方米留白增绿绩效任务。

（空港街道办事处）

【精准脱贫攻坚战】 年内，先后为结对帮扶对象捐款50万元，组织开展消费扶贫25000余元，捐赠价值80000余元的防疫及生活保障物资，动员社会力量参与扶贫攻坚工作，组织社会捐款15万元。

（空港街道办事处）

【垃圾分类持久战】 年内，着力提升垃圾分类硬件配置。完成撤桶并站，垃圾桶站从2069个减少至281个，安装垃圾桶站雨棚249组，规范垃圾分类公示牌41个，配置垃圾分类值守人员281人，协调区级部门发放各类垃圾桶2200个。广泛宣教分类常识理念。针对辖区存在的社区类型多样、人员国际化等特质，结合绿植兑换等形式，开展宣传动员活动112次，发放宣传品3700份，与25226户居民签订《垃圾分类承诺书》。持续推进垃圾分类示范片区建设。按照市、区级工作要求，细化示范片区建设要求，完成建设申报和积分卡、垃圾桶和桶站标签安装等全流程配套建设，建设总结报告拟定中并进行申请验收。

（空港街道办事处）

【新时代文明实践所（站）服务社区建设】 年内，空港街道新时代文明实践所、23个新时代文明实践站做好疫情防控宣传教育，创新推进疫情防控工作方法，组建空港街道抗疫有我百姓宣讲团，围绕“众志成城，共同战疫”等主题，挖掘辖区内优秀“红色故事”，开展线上线下宣讲活动，30余人参与线上征稿活动，收到投稿作品30余件。将文明实践工作与群众需求紧密结合，适时调整、优化、配置各类资源，通过上门摸排、平台留言、电话反馈等方式了解辖区居民需求，推出“绿地认领”、365线上串门接单等特色服务项目。飞行家北京太空体验馆、空港街道裕祥花园社区安全体验馆获评区级新时代文明实践基地；满庭芳社区招募社区退休党员，组成志愿者服务队，为居民提供服务，被顺义电视台报道，并获评首都最佳志愿服务组织；万科社区居民党员王建国获评首都最美志愿者。

（空港街道办事处）

【民生保障持续提升】 年内，空港街道政务服务大厅办公时间变更为星期一至星期六，方便群众办理业务需求；为449人办理城乡居民医疗保险，发放高龄津贴90000余元，报销高龄药费9人次，为2户低保家庭和2名孤儿发放救助资金；发放残疾人各项补贴741人次；为辖区内火沙路（京密路至裕安路）、榆阳路（嘉浩别墅路段）、馨园三街、花园二路安装市政路灯；加快老旧小区改造进程，3个园区改造进展顺利；为学校送去100余万元防护物资，完成2所学校校园安全环境改造工作，196名非京籍儿童通过入学审核，推进空港第一幼儿园增班事宜；全年承办7655件市民热线，解决率和居民满意率稳步提升，6次进入全市前100名；新增18处共108个充电桩，完成新建和规范提升便民商业网点18家，持续补足民生短板；全年受理举报讨薪案件41起，解决41起，结案率100%，涉及农民工323人，涉案金额310余万元。

（空港街道办事处）

【党建引领物业管理】 年内，开展“红色物业3+X”专项行动，坚持分类施策、因地制宜，不断提高辖区不同类型小区物业“三率”水平，成立街道物业议事会功能型党委和23个社区物业功能型党支部，在所有小区物业管理覆盖率100%的基础上，实现党的组织与工作全覆盖；同时全面启动业委会（物管会）组建工作，完成组建物管会23家，业委会8家，其中14家物管会党员比例达50%以上，6家党员比例达100%。

（空港街道办事处）

【基层政权建设】 年内，完成翠二社区管辖范围调整、誉天下社区居委会人员增编及枫泉花园社区建居工作；指导优山美地社区、新国展国际社区完成居委会选举和补选工作；开展第十一届居委会换届选举前期准备，严格社区选情摸底；打造优山美地社区外籍人员一站式服务大厅；协助中粮、裕祥进行楼门院治理示范点建设、协助吉祥进行协商议事厅示范点建设；推进并落实社区减负相关工作；优化社会组织成长环境，推进社区社会组织服务（孵化）中心建设和天新社区社会心理服务站建设。

（空港街道办事处）

【文体服务效能提升】 年内，加大文体设施及文体活动投入，投入450万余元用于文化体育建设，一方面提升硬件设施建设，建设街道层面区级文化馆分馆、图书馆分馆，建设街道级文化活动中心，并在做好疫情防控的基础上逐步投入使用；另一方

◆9月12日，空港街道新国展国际社区举办聚焦国粹京剧活动（空港街道办事处供图）

面，加大文化活动供给，丰富文体活动内涵。本年度迎接市、区两级公共文化服务体系示范区建设督查及效能评估 5 次；举办新春音乐会、十月金秋书画摄影展、非遗进社区系列活动 20 余场，承接区级文艺活动 3 场；组织“科技活动周”飞行体验活动以及系列科普活动 7 场；组织街道第二届全民健身成果展、第五届全民健身运动会，直接参与 800 余人。疫情期间，发放全民健身服务包 1200 个，开展线上健身团队、健身达人评比。

（空港街道办事处）

【全国文明城区创建】 6 月 24 日，空港街道工委创城工作推进会召开，班子成员、各科室、各社区负责人参加。7 月 23 日，空港街道工委领导班子成员、相关科室、社区负责人参加检查拉练检查全国文明城区建设工作。8 月初，为解决僵尸自行车占用自行车棚、堵塞消防通道等问题，翠一社区开展以“营造干净整洁社区环境助力创城”为宗旨的“僵尸自行车清理大行动”，动员社区居民认领自行车并自行清理废旧自行车，600 余名居民参加，认领自行车 660 辆，清理自行车 680 辆。8 月 27 日，新国展国际社区工作人员在日常检查中发现园区临街处路灯灯杆有轻度倾斜情况，社区迅速吹哨，相关部门 30 分钟到达现场，调配吊车 1 辆、运输车 1 辆、工作人员 5 名将灯杆重新归位，并对地面进行加固处理，察看周边路灯状况。

（空港街道办事处）

胜利街道办事处

【概况】 顺义区胜利街道办事处位于顺义城区中心地带，辖区范围东起光明街、西达京承铁路、南到顺平路、北至减河，辖区总面积约 3 平方千米。辖区内有居住小区 13 个，设社区居委会 20 个，有居民约 20000 户、总人口近 60000 人。胜利街道辖区内商业、服务业、企业发达，云集顺义鑫海韵通商场、国泰广场、华联超市、家乐福超市等大型商场和超市，金百万等餐饮行业，同时还聚集着中国工商银行、中国建设银行、中国农业银行、太平洋保险公司等多家金融企业。胜利街道辖区内有建南幼儿园、义宾幼儿园、幸福幼儿园、东风小学西校区等一批重点学校。顺义区医院、北京市中医院顺义分院在辖区内。辖区内交通有“三竖”：光明大街、新顺大街、站前北街；“三横”：站前街、府前街、便民街，中山街纵贯南北。

（胜利街道）

【环境秩序整体规范】 年内，胜利街道共接市级环境台账 74 件，区级环境台账 1590 件，全部按时无延期完成。联合执法部门拆除违规牌匾 70 余处，完成 1 条背街小巷整治任务。蚊蝇鼠蟑密度监测 6 次，集中灭鼠活动 2 次，社区集中灭蚊蝇 4 次，发放鼠药 36 箱、灭鼠器械 200 余支。

（胜利街道）

【最美家庭创建】 年内，胜利街道妇联按照《顺义区 2020 年寻找“区级最美家庭”活动实施意见》的总体部署，组织广大家庭开展晒“最美家庭”故事、“传承好家训 培育好家风”家庭故事分享会等活动，挖掘各类典型家庭，胜利街道 33 户家庭获区级“孝老爱亲”“科学教子”“同心抗疫”等主题的“区级最美家庭”荣誉。

（胜利街道）

【垃圾分类】 年内，胜利街道为完成规范垃圾收集设施建设，实现“四有三选配（有宣传栏、公示牌、防雨棚和 LOGO，选配监控设备、语音提醒设备、洗手装置）”的工作目标，新配置垃圾分类引导公示牌 36 个、垃圾桶 1221 个、垃圾桶站 194 个、大件垃圾及建筑垃圾收放站点 16 个、垃圾分类驿站 2 个。在全辖区大力宣传垃圾分类，开展宣传活动 60 余次、悬挂宣传条幅 36 条、累计发放宣传册 30000 本，检查各类单位 3780 家次，其中检查社会单位 3360 家次，检查居住小区（村）420 家次，组织联合执法 14 次，宣传教育 4000 起。在分类投放环节，批评教育 186 起，责令改正 820 起。累计立案 112 起，处罚 99 起，累计罚款 50900 元。

（胜利街道）

【援企稳岗】 年内，疫情期间及时掌握职工返岗复工情况，指导企业安全有序开工。建立企业复工复产信息台账，专人跟踪联系企业，动态管理更新台账。指导企业根据各行业复工复产引导有序展开工作，严格执行消毒、体温测量、空气流通等防控措施，确保安全有序复工。助力小微企业复工复产，发放84消毒液38箱，口罩5380个。

（胜利街道）

【酒店安全保障】 年内，胜利街道酒店保障组对辖区12家住宿单位进行全面防疫检查，包括疫情防控措施落实情况、入住人员登记情况、消毒情况等。发现辖区5家住宿单位消毒不完善、不彻底，指出后及时改正，整改率100%。

（胜利街道）

【无障碍环境建设专项行动】 年内，为迎接北京筹办2022年冬奥会和冬残奥会与完成全市无障碍环境建设专项行动，胜利街道聘请第三方公司对辖区无障碍设施进行无障碍环境建设摸排工作，共排查居住小区18个、社区服务站19个、残疾人温馨家园1个、残疾人职业康复站1个、养老驿站3家、政务服务中心1个。整体情况排查出标准点位874处、不标准点位480处、没有无障碍设施2116处、不涉及无障碍设施点位865处。按设施点位统计：建账设施点位总数280处，有问题设施点位280处，现存有问题设施点位数280处；上账设施点位总数244处；整改开工点位数244处；销账点位数4处。

（胜利街道）

【特殊老年人服务保障】 年内，针对60周岁以上独居老年人和90周岁以上老年人，通过上门服务的形式，为辖区老年人提供室内清洁服务，服务292户。疫情防控期间无法进行上门服务的，第三方机构通过打电话的形式，进行每周慰问和需求调查，8月后上门家政服务逐渐恢复。

（胜利街道）

【液化石油气安全保障工作】 年内，胜利街道持续开展胜利街道液化石油气“建台账、查隐患、抓整改、保安全”工作，彻底排查辖区瓶装液化石油气使用情况，做好建账、消隐及置换等工作。对辖区所有108户民用液化石油气使用的居民户、122个液化石油气罐，58家公服企业石油液化气使用情况上账管理。组织大规模线上教育培训7次，参培人员1500余人。在社区显著位置、主要交通路段及路口、人员密集地区悬挂宣传条幅88个，张贴宣传海报5000张、宣传画5000张，利用电子屏发布宣传提示96条，发放安全宣传折页5000份、使用告知书2000张。联合安全科、城管分队、燃气公司共出动500人次，开展辖区瓶装液化石油气安全检查950家次，整改隐患298处；为液化气用户免费更换液化气罐73个、液化气灶31台、软管和安全阀106套。

（胜利街道）

【计划生育】 年内，胜利街道常住人口政策生育符合率100%。办理户籍两孩以内生育登记服务单145件、流动人口两孩以内生育登记服务单136件，办理独生子女光荣证10件。为107名独生子女父母发放一次性奖励，共计10.7万余元；为163名独生子女父母发放每月5元独生子女父母奖励费，共计9415元。为胜利社区1户失独家庭发放10000元经济帮助。为建南一社区1户独生子女死亡家庭发放特殊家庭一次性慰问金10000元。为2户独生子女低保家庭发放专项救助金1200元。疫情期间，为50名计划生育家庭特别扶助人员发放防疫关爱包（八件套），包括口罩、消毒湿巾等各类防疫用品。在春节、端午、中秋和重阳节期间为辖区34户特扶家庭发放慰问品。

（胜利街道）

【宪法宣传进社区】 12月1日，为做好“12·4”宪法宣传周活动，进一步弘扬宪法精神，让宪法走进群众日常生活，以华玺瀚桲社区为主会场，其他18个社区为分会场，举办主题为“深入学习宣传习近平法治思想　大力弘扬宪法精神”的法制宣传进社区活动。活动现场，工作人员向居民发放《中华人民共和国宪法》《中华人民共和国国旗法》《中华人民共和国国徽法》《中华人民共和国国歌法》等宣传折页及普法宣传品，并现场为居民提供法律咨询。此次国家宪法日宣传活动，共发放各类宣传材料500余份、普法宣传品200余份，设立宣传展板10块，提供法律咨询10人次。

（胜利街道）

◆12月1日，胜利街道举办主题为“深入学习宣传习近平法治思想 大力弘扬宪法精神”的法制宣传进社区活动（胜利街道供图）

石园街道办事处

【概况】 石园街道地处顺义城区东南部，东起燕京啤酒集团东侧路，南至中关村顺义产业园林河工业区，西接京承铁路，北靠顺平快速路，毗邻北京汽车生产基地、北京林河经济技术开发区2个市级开发区。街道下辖16个社区，面积9.6平方千米，共有居民楼369栋，单元门数1676个，总户数27181户，常住人口73000人。街道属于城乡接合地区，流动人口密集，区域内有党政机关、工业企业、楼宇、金融、七小门店、农贸市场等六大行业1057个单位。

（石园街道）

【“小巷管家”表彰】 1月16日，石园街道对131名“小巷管家”予以嘉奖，同时评选出8名优秀“小巷管家”代表。石园街道组建“小巷管家”队伍以来，共招募“小巷管家”446名。

（石园街道）

【疫情防控】 1月22日、1月24日，分别召开由街道领导班子，各科室、社区主要负责人、辖区物业负责人参加的新型冠状病毒感染的肺炎防控工作会议，传达市区有关会议精神，研究辖区内疫情防控工作。第一时间成立以工委书记为组长、办事处主任为常务副组长的疫情防控工作领导小组；制定下发《石园街道关于新型冠状病毒疫情防控工作方案》，压实责任、明确任务，做好防控工作。

（石园街道）

【除夕夜值守】 1月24日，街道领导班子成员、各包居科长、社区负责人全员参与除夕夜值守，通过分区域值守与流动巡查相结合的方式，严控辖区内烟花爆竹燃放和各类安全事故发生，确保“新型冠状病毒”防控工作落到实处。街道15个社区全员停休，按照“网格化、实名制”模式，对78个小网格及39个重点点位全方位巡查，16辆微型消防车和24辆治安巡逻车对社区及周边进行巡逻巡视；街道出动应急处置人员106人，应急处置车组26组，携带消防器材及应急物资，对8个社会面开展巡逻防控、禁放劝阻，切实做到“点上看、线上巡、面上控”，确保第一时间发现并制止违规燃放行为。

（石园街道）

【40所校外培训机构拉网式排查】 1月30日，对辖区40所校外培训机构进行拉网式排查，引导其主动履行社会责任，做好对家长的宣传解释工作，将原定课程按要求延期施行。建立石园校外培训机构负责人工作交流群，及时传达教委及属地相关精神。

（石园街道）

【无死角全面排查】 2月2日，石园街道工委书记带队到辖区福景苑、仁悦居、鹭峯国际等小区进行新型冠状病毒疫情防控工作指导巡查，重点查看各值守点位人员在岗情况、工作台账记录是否完整、疫情知识宣传是否到位，并送去测温枪、口罩等物品。

（石园街道）

【防疫复工两手抓】 2月26日，石园街道办事处联合仁和镇，按照“四方联动”工作要求，对辖区复工工地再次开展联合检查。检查组一行仔细查看工地防疫工作应急预案、复工方案以及工地消毒记录，详细检查工地防疫物资库房设立以及应急物资储备、应急隔离间设置、员工宿舍各项防疫措施落实等情况。石园街道办事处对辖区内复工复产“七小场所”进行检查，详细了解各门店消毒、员工返京、营业时间等情况，并提出各门店一定要按照防疫要求，加强卫生管理，开窗通风，消毒到位，返京员工一定要落实隔离观察14天再上岗要求，并主动报告健康状况，配合相关管理服务。

（石园街道）

【辖区宾馆、酒店疫情防控工作全面检查】 3月11日，街道社区建设办公室、平安建设办公室、综合行政执法队、食药所等，对辖区宾馆酒店疫情防控工作进行全面检查。检查组分别查看已复工企业和待复工宾馆酒店的疫情防控制度、防疫物资储备、防疫宣传教育、安全生产责任等工作落实情况，并针对检查中发现的问题提出整改意见。

（石园街道）

【清明防火“四到位”】 清明节期间，“四到位”拧紧清明防火“安全阀”。一是部署发动到位。召开清明节期间安全生产与消防安全工作再部署会议，传达市区相关会议精神，并结合辖区实际，对清明节期间安全生产与消防安全工作进行再部署。二是拉动演练到位。对辖区14个社区微型消防站进行集结拉动演练。以“因群众在港馨西社区南侧马路绿化带周边祭扫引发火情，严重威胁周边单位及居民生命财产安全”为模拟场景，各社区微型消防站接到应急调度口令后，携带灭火工具，火速驾驶微型消防车赶赴现场，进行应急处置。三是宣传提示到位。先后制定出台《关于加强清明节期间消防安全工作的通知》《2020年清明节祭扫消防安全工作方案》《关于加强清明祭扫期间消防安全重点工作的通知》，要求各社区立即开展社区及周边易燃区域摸排，建立工作台账，明确责任人；组织人员开展巡逻看护、宣传提示、浇湿阻燃、清理可燃物、规劝引导等工作，严格落实火情日报告、零报告制度，切实抓好辖区清明期间火灾火情监测工作，把各种火灾隐患消除在萌芽状态。四是巡视检查到位。各社区每日组织专人对社区内及周边重点区域进行巡逻看护，街道巡逻队每日对辖区外围重点区域进行巡逻看护，街道平安建设办公室、安全生产检查队每日对各社区、街道巡逻队落实情况进行督查检查，形成“横向到边、纵向到底”的三级巡查模式，反复巡查，不留死角。

（石园街道）

【拆违治乱】 3月28日，开始拆除位于铁东路的原小红帽烧烤店。店面经查属于未经相关部门批准自行搭建的钢架玻璃结构建筑物，总建筑面积约288平方米。综合行政执法队在核实相关情况后，先后多次与经营者和出租者进行沟通，最终双方均同意自愿拆除违法建设，并申请由石园街道协助拆除。截至17时，拆除工作全部完成，现场恢复原貌。

（石园街道）

【“4·15全民国家安全教育日”系列宣传活动】 4月15—16日，以“坚持总体国家安全观，统筹传统安全和非传统安全，为决胜全面建成小康社会提供坚强保障”为主题，采取线上宣传为主、线下宣传为辅的方式，开展国家安全宣传教育活动。共发放国家安全相关法律法规、宣传手册折页等资料800余份、张贴宣传海报800余张，参与竞赛答题300余人，播放相关公益广告50余次。

（石园街道）

【全力做好辖区学校试开学保障工作】 4月26日，顺义一中高三年级春季试开学工作正式启动。街道社区建设办公室、平安建设办公室、综合行政执法队等部门40余人，协助学校做好各项工作，协调交通、城管、综治等部门，为顺义一中高三试开学工作提供保障。安排专人在校门口两侧值守，协助学生进入校园，确保人员安全距离不低于1米，避免聚众情况出现；重点整治散发广告、宣传单行为，杜绝各类民办教育机构借此时机在学校周边招生；加强疫情防控宣传，对校园周边商户，进校的学生和家长普及防疫知识。

（石园街道）

【垃圾分类】 5月1日，北京正式全面实施垃圾分类工作，街道从“宣传、调研、配备”3个方面正式开启垃圾分类实施工作。一是加强宣传。通过发放宣传折页、入户宣传等多种形式宣传垃圾分类知识；组织辖区党员、小巷管家、社区志愿者学习《北京市生活垃圾管理条例》，动员社区力量参与到垃圾分类工作中，提升辖区家庭生活垃圾分类知晓率。二是实地调研。对垃圾分类工作中好的做法和分类方式给予肯定；针对辖区垃圾分类工作中存在的难点问题，提出建设性的意见建议。三是调配设施。为各社区增配蓝色可回收垃圾桶、红色有害垃圾桶，提供充足的垃圾分类设施，保证各类垃圾分类处理，避免混装混运，促进各社区形成良好、精细、正规的垃圾分类大环境。

（石园街道）

【4家社区养老服务驿站全面重启】 6月8日，西区、北区、港馨家园、五里仓4家社区养老服务驿站同时开门复工，社区老年人按照预约时间来到驿站，在测量体温、做好登记后，进入驿站享受服务。

（石园街道）

【开展核酸检测织密防疫保护网】 6月16—17日，组织辖区已复工复产餐饮企业、单位食堂、辖区市场等进行环境消杀和相关人员核酸检测，确保做到“应查尽查、应检尽检、应消尽消。”核酸检测现场共设置5个点位，街道各职能部门共计50余人参与现场秩序维稳管控工作，完成咽拭子采样1060人，涉及辖区餐饮单位（含食堂）138家。

（石园街道）

【石园南市场消防通道专项整治行动】 6月22日，协调区住建委、区城管、区应急管理局、区消防支队等相关职能部门，对石园南市场入口车辆乱停乱放、占用消防车通道等问题开展集中整治行动。行动中，各部门对石园南市场入口进行联合清查，对挤占道路的自行车、车墩等进行清理；对占用消防通道的车辆，检查人员现场联系当事人进行挪移，并连夜划设消防线，增设停车场围栏，确保市场入口消防通道畅通。同时，向市场商户及居民普及消防安全知识。

（石园街道）

【多家单位“会诊”石园北区小市场】 7月15日，街道主动“吹哨”，联合区创城办、区城市管理委、区市场中心、区交通支队、区消防支队、区公路分局等职能部门及石各庄村委会，召开石园街道创城工作北区小市场综合治理专题会商会。就文明城区测评指标体系中，农贸市场实地考察部分进行全面解读，重点针对石园北区小市场南北入口综合整治、公益广告设立、消防设施配备等问题提出具体解决方案，各职能部门也结合自身职责范围提出意见建议，经过集体会商，最终形成治理方案，对北区小市场进行综合整治。

（石园街道）

【“军民共建”整环境】 8月6日，为充分发挥党建协调委员会、新时代文明实践所（站）作用，组织机关党员干部以及仁一、仁二社区工作者，联合武警八支队官兵，在原京东鑫顺源市场周边，开展军民共建义务清理杂草活动，100余人参加。2小时完成道路两侧1000余延米的杂草清除工作。

（石园街道）

【开展创建全国文明城区主题活动】 8月8日，充分利用“新时代文明实践所（站）”“双报到”等平台载体，组织各社区开展以“讲卫生改陋习 履公约要健康 讲文明见行动”为主题的周末卫生日活动。机关干部、社区工作者、社区党员、在职党员、物业人员、居民志愿者等800余人，捡拾路边步道砖、草坪、花坛内的纸屑、落叶、烟头等垃圾杂物；清理楼道、社区小广场等公共区域废弃杂物；擦拭社区宣传栏、健身器；集中清

◈11月16日，石园南区社区开展文明养犬活动（石园街道供图）

理整治楼道内喷涂、张贴的各类非法小广告；清洁垃圾桶周边、绿化带等重点部位，确保不留死角；对社区内存放的僵尸自行车、共享单车、破旧家具进行全面清理，持续提升石园辖区整体环境质量。各社区开展宣传活动，通过悬挂条幅、发放资料，派送宣传品等形式，广泛宣传个人防护、垃圾分类、创建全国文明城区知识，引导居民正确科学自我防护，主动践行垃圾分类，支持参与爱国卫生运动，营造“人人动手参与创建，个个争当文明市民”的良好氛围。

（石园街道）

【280 家重点行业领域生产经营单位检查】 7 月 6 日—9 月 17 日，石园街道聘请第三方专业技术机构，对辖区 280 家重点行业领域的生产经营单位开展安全生产专项检查。检查组采取实地检查、问询交流、查阅档案、现场检测等方式，重点针对各单位用电安全、危险化学品储存及使用、施工现场安全、燃气安全等进行检查。对检查中发现的隐患，检查人员现场向相关单位负责人提出整改意见。经复查，累计发现并整改隐患 582 项。

（石园街道）

【十月金秋群众书法、美术、摄影作品展】 9 月 25 日，石园街道“月圆京城 情系中华”十月金秋群众书法、美术、摄影作品展在石园利都养老驿站拉开帷幕。参展作品 83 件。活动中，来自辖区内外的艺术名家、参展作品作者、艺术爱好者们分享创作经验，交流书画技艺。区美术协会主席、区书法家协会副主席对参展作品进行点评，现场演示书画技艺；非遗传承人张玉彪为观众普及烙画知识，现场展示烙画技法。

（石园街道）

【综合应急救援拓展训练活动】 9 月 27—28 日，石园街道在北京市怀柔区应急实训基地开展为期 2 天的综合应急救援拓展训练活动，综合应急救援队 40 余人参加培训。活动第一天以“视频教学 + 模拟演练 + 练学结合”的方式进行，参训队员集体观看救生课程，学习急救基础知识，演练心肺复苏、自动体外除颤仪使用及气道梗阻等特殊情况的急救处置措施。第二天开展团建活动。

（石园街道）

【3 项措施打赢蓝天保卫战】 年内，一是围绕重点点位，做好管控工作。石园街道对辖区施工工地、餐饮商户集中点位开展巡查，发现问题立即督促整改，确保做到施工工地土方百分百苫盖、百分百湿化作业、进出车辆车轮百分百冲洗，严格落实 6 个“百分百”要求；督促辖区餐饮商户油烟净化设备安装到位，要求商户根据自身实际情况自觉缩短清洗时间。二是针对重点问题，做好整治工作。结合环保巡查 App 近一周报警点位，依据报警频次开展污染源排查工作，对辖区内汽修、工地、餐饮等可能出现污染的点位进行逐一排查，避免相关问题再反弹。三是加强日常监管，巩固整治成果。石园街道集合辖区各方力量，采取洒水降尘、湿化绿化带等措施，保持道路日常整洁，应对空气重污染过程。

（石园街道）

【外墙墙皮修缮工程完成验收】 10 月 13 日，石园街道北二社区、港馨家园西区外墙墙皮修缮工程完成验收，修缮工程减少墙皮脱落的风险，解决因外墙墙皮脱落造成的居民楼漏雨问题。社区外墙墙皮修缮工程于 7 月开工，共修缮石园北二社区 8 栋楼 3190 平方米，港馨西区 35 处 700 平方米。

（石园街道）

【“公益服务进社区”活动】 10 月 15 日，石园街道社区社会组织联合会组织“益起来”公益联盟成员单位走进燕京社区，为利都养老驿站、颐福源老年服务中心等 7 家“益起来”公益联盟单位提供义诊体检、免费理发、骨关节病问诊等多项公益服务。

（石园街道）

【重阳美食文化节】 10 月 22 日，幸福石园“益起来”第四届公益文化节暨“‘品味重阳 食养文化社区行’重阳美食文化节”在石园街道综合文化中心拉开序幕。舞蹈《小跳蛙》、童谣《加加油》、歌曲《益起来》《草原上升起不落的太阳》等节目接连上演。办事处主任介绍街道为老服务开展情况，颐福源居家养老服务中心经理介绍“智能餐饮健康引导系统”建设情况。活动还邀请人民大会堂国宴菜大师胡桃生走进社区，从选材、配料、配量、操作技巧等步骤，为老年朋友讲解“国宴狮子头”的制作方法，并进行现场演示。活动结束后，工作人员为现场参与活动的老年朋友送上菜品“国宴狮子头”、重阳节时令美食等慰问品。

（石园街道）

【“爱粮节粮 从我做起”主题宣传活动】 10月22日，石园街道以世界粮食日和粮食安全宣传周为契机，联合区粮食和物资储备局，在五里仓二社区开展“爱粮节粮 从我做起”主题宣传活动。工作人员通过摆放展板、悬挂标语、发放宣传材料、咨询答疑等形式，向居民宣传节粮爱粮、食品安全等相关知识，引导呼吁居民争做爱粮节粮的倡导者、践行者和推动者，节约粮食、理性消费，形成勤俭节约新风尚，以实际行动助力国家粮食安全。此次活动共发放宣传材料200余份，派送宣传品100余份。

（石园街道）

【第七次全国人口普查】 11月1日起，石园街道全面启动“七人普”正式入户登记工作。事前，街道17个普查区选调指导员55人，普查员213人。在摸底阶段，石园街道核实户籍人口15000人，完成28000户共73000人的摸底录入。

（石园街道）

【“流动宣传护平安”行动】 11月4日，街道平安建设办公室、安全生产检查队、市场监管局石园所、综合行政执法队联合开展专项执法检查，并启动“流动宣传护平安”行动。对辖区施工工地、燃气使用单位、社区等开展检查，重点对各单位安全生产主体责任落实情况、用电安全、燃气使用安全、应急处置、社区可燃物清理和电动自行车安全管理等情况进行检查。

（石园街道）

【宪法日主题宣传活动】 12月4日，石园街道在港馨家园活动广场开展“深入学习宣传习近平法治思想 大力弘扬宪法精神”主题宣传活动。全体人员举行宪法宣誓仪式；活动还邀请社区公益律师为居民提供免费法律咨询服务，现场解答居民的法律问题，向过往居民宣传讲解法律法规常识；工作人员和巾帼志愿者通过悬挂宣传条幅、设立展台、发放知识读本、解读政策法规等方式宣传《中华人民共和国宪法》，并根据居民的法律需求，提出建议。据统计，活动共接受群众咨询30余人次，发放宣传品600余份。

（石园街道）

【社区“两委”换届工作动员部署会】 12月24日，街道社区“两委”换届工作动员部署会在市民活动中心召开，区村和社区“两委”换届第二巡回指导组组长，街道全体领导班子成员，各联系社区科长，社区党组织书记、副书记，居委会副主任及街道“两委”换届专班工作人员等，共计120余人参加。会议整体部署《石园街道社区“两委”换届工作实施方案》及人员分工，强调换届选举工作纪律。会后就社区党组织换届选举工作进行培训，对党组织换届选举各流程、环节进行详细解读，明确时间安排、重要环节、主要任务等，要求各社区党组织要进一步压紧压实责任，严格时间节点、细化工作流程，保质保量完成党组织换届选举工作。

（石园街道）

双丰街道办事处

【概况】 双丰街道办事处位于顺义新城马坡组团核心区，辖区面积29.49平方千米。双丰街道下辖马坡花园一区、马坡花园二区、富力湾、泰和宜园、新马家园、顺悦家园、顺兴家园、香悦东区、香悦西区、鲁能润园、金宝北区、花溪渡、鲁能溪园、中晟馨苑、北辰花园15个社区居委会及2个居委会筹备组。截至年底，辖区共有常住户27739户，常住人口52922人；流动人口12474人，户籍人口7897人；外籍人口162人。

（双丰街道）

【疫情防控】 年内，成立15个联防联控临时党支部，班子成员领衔“1办14组”靠前指挥，统筹“双报到”党组织、下沉干部、下派职工等力量，推进疫情防控工作；探索出“3+1”工作方法，通过3组人员负责登记、1组专业人员检测的设置，“党员干部+志愿者”合力协助医务人员完成61000名人员咽拭子采集；“暖心橙”志愿者负责代买代送使居民安心“宅”家，为鄂、冀返顺，境外抵顺的医护、空乘等集中观察人员送上鲜花、祝福卡和“九个一”温暖包。

（双丰街道）

【垃圾分类】 年内，落实“一线工作法”，班子成员深入社区，约谈物业，督促指导垃圾分类开展；成立垃圾分类和物业管理委员会工作专班，加强专业队伍建设，建立日检查、周通报、月调度工作机制；街道13个值班组同综合执法队组成“1+1”巡查组，每天巡查7个社区，两次值班巡查一轮，共办理案件73件；形成“一居一策”工作方案，别墅区采取农村管理模式，每户设桶分类投放，物业定时集中清运；小社区一人一站专人盯；大社区一人两站就近守；广大党员签订《垃圾分类承诺书》。15个社区1387名在职党员参与“我在双丰 我爱双丰——垃圾分类‘家’行动”。

（双丰街道）

【环境整治】 年内，以改善宜居环境，提升居民幸福指数为出发点，开展环境整治提升工作。全年累计整改市、区两级环境问题台账2100余处。提升美丽汇南侧背街小巷整体环境，获《北京日报》主办的“北京最美街巷”评选活动“入围奖”。完成街角绿地提升1处，粉刷新马家园、顺悦家园外围墙及栅栏共计2000余平方米，完成年度环境建设重点任务2项。

（双丰街道）

【党建工作持续加强】 年内，统筹协调街道党建协调委员会28家成员单位党组织以及街道24个基层党支部学习《北京市物业管理条例》，筑牢组织保障；成立新建业委会联合党支部、物管会联合党支部、物业企业（项目）联合党支部等8个党支部，党的组织与工作覆盖率100%；把党建引领贯穿物管会组建全过程，提前完成马坡一区、新马家园等12个社区的物管会组建任务，均实现双向进入、交叉任职。

（双丰街道）

【基层治理】 年内，一手抓防控、一手抓民生。“接诉即办”建立一周双调度机制，考核成绩全年3次进入全市前50名。新建提升基本便民商业网点13家，解决香悦四季住宅返水等问题，解决金宝花园南门东侧道路破损遗留问题。协调美丽汇“共享停车位”150个。为老幼病残家庭安装烟感报警器336个，为610名老年人配备一键呼设备，提升改造无障碍设施点位689处。开展便民服务进社区活动44场，惠及居民8000余人，3人入围顺义区道德模范候选人，街道治理成果经验在市区媒体报道433条。

（双丰街道）

【人大代表补选】 年内，北京市顺义区选举委员会双丰街道分会第111选区选举大会在双丰街道办事处和15个社区召开。本次补选双丰街道共设16个投票站（包括街道机关及15个社区），监票人全程监督保障投票选举依法、民主、有序进行，选民参选率99.81%，选民以无记名投票形式到站投票，正式代表候选人杜跃以99.95%的得票率当选顺义区第五届人民代表大会代表。

（双丰街道）

◆ 年内，双丰街道办事处完成顺义区第五届人民代表大会代表补选工作（双丰街道供图）

旺泉街道办事处

【概况】 年内，旺泉街道坚持以人民为中心的发展思路，坚持党建引领服务保障中心工作，街道社区两级党组织在疫情防控中，坚持做好数据摸排、卡口值勤、“3+2”管控、人员转运、核酸检测等各项工作。坚持做好统筹协调，全年拆违面积15000余平方米、新建便民网点11个、完成铁西路治理约486米、全年PM2.5平均浓度34微克/立方米、处理网格区域环境问题12349件，落实“吹哨报到”机制，解决顺义一中附属小学人行步道提升、违规排放污水、露天烧烤、违法占道经营等问题40余件。坚持民生导向，开展安全生产、综治维稳、垃圾分类、物业管理、社会保障等工作。

（旺泉街道）

【元旦期间安全检查】 元旦期间，为深刻汲取“12•3”京日东大食品有限公司燃气爆炸事故教训，根据市、区两级安全有关工作部署，旺泉街道采取“白天黑夜查”“四不两直检查”等方式，在辖区开展安全生产和消防安全隐患大排查、大整治。

（旺泉街道）

【反恐宣传】 1月6日，旺泉街道在铁十六局社区广场设立宣传点，开展《中华人民共和国反恐怖主义法》颁布实施四周年普法宣传暨反恐宣传公益广告推广活动。现场设置宣传展板区、反恐法讲解区、宣传品发放区并张贴公益广告海报。此次活动，共发放反恐防范宣传折页、反恐宣传手册、应对恐怖活动行为指南等反恐宣传品400余份，受众150余人。

（旺泉街道）

【服务职工】 1月14日，旺泉街道总工会在北京五智德胜餐饮服务有限责任公司召开专场职工沟通会。会上，工作人员重点对工会普惠制服务进行宣讲，对工会会员互助服务卡的办理方法、活动参与方法等问题进行解答，指导职工进行工会12351App的扫码注册。现场发放由街道总工会集中代办理的工会会员互助服务卡11张，宣传手册、折页等宣传材料60余份，接受职工咨询30余人次。

（旺泉街道）

【重要时间节点平安建设】 1月19日，旺泉街道安全科联合区交通支队、区消防支队，针对辖区内消防通道开展地毯式检查。检查中发现存在社区内部车辆占用消防通道的问题，现场由区交通支队对占用消防通道车辆进行处理，并向车主发放消防宣传资料。5月24日，为全面做好全国“两会”期间安全保障工作，旺泉街道相关领导以“四不两直”方式检查顺义油库、恒亮加油站、舒驰顺行洗车行等企业的安全保障和垃圾分类工作落实情况。7月7日，旺泉街道抽调城管分队、安全科、社区建设科、综治办、信息科等科室共40余名工作人员，在高考现场维持秩序。8月12日23时，北京市气象局发布暴雨橙色预警，旺泉街道相关科室工作人员、各社区工作人员实行24小时值守，冒雨对小区进行巡查，对易堵下水道、低洼地带等险段进行检查排除隐患。中秋、国庆期间，旺泉街道对辖区31家企业安全和疫情防控工作进行检查，共出动39人次、15车次，发现隐患31处，责令企业对隐患及时整改。

（旺泉街道）

【帮助农民工讨薪】 1月21日、22日，旺泉街道以“街乡吹哨 部门报到”工作机制，协同区人力社保局、区信访办、区住建委、仁和派出所等各相关部门，连续召开2次协调会，为82名进城务工人员讨回拖欠工资155万元。

（旺泉街道）

【联合检查】 2月23日，由旺泉街道办事处协同安全科、市场监管所、综治办、旺泉社区卫生服务中心等相关部门和相关社区负责人、包片民警对辖区计划开业的2家酒店开展联合检查。各业务检查部门对酒店消防安全、室内通风、疫情防控设施设备、日常清洁及预防性消毒、健康宣传、制度方案以及各项登记等情况进行逐一检查。检查中发现，2家酒店均存在防控方案职责分工不明晰、组织机构负责人不明确，对来访人员应急处置措施不准确等问题；其中一家酒店未设置普通垃圾与有害垃圾分别处置的垃圾桶。检查组现场要求迅速整改，并对2家酒店应急处置上报渠道、要求做进一步指示。

（旺泉街道）

【抗击疫情】 3月9日，旺泉街道办事处为辖区大龙物业、建升物业、万科物业、中建物业、顺宇物业、第一物业等18家物业企业发放口罩、消毒液、手套等防疫物资，共计发放消毒液220箱、口罩7500个、手套190盒（9500副）。6月16—18日，旺泉街道与旺泉社区卫生服务中心用48个小时，完成

2000余人咽拭子采集工作。12月25日，顺义区出现新冠肺炎确诊病例，旺泉街道办事处全体机关干部220余人分别编入医疗保障组、物资保障组、社区防控组、信息宣传组、督导检查组等13个工作组，开展核酸检测筹备工作。检测自25日晚21点至26日晚24点，共采集咽拭子30000余份。

（旺泉街道）

【环境整治】 3月25日，旺泉街道办事处相关领导对京承铁路（顺平路高架桥以南）沿线周边环境进行检查。检查中发现，铁路沿线存在枯枝杂草等易燃物以及居民私自圈地种菜等环境问题。3月26日，城建科工作人员到现场进行查看、摸排情况，并于3月27日对此处环境问题进行清理，清理工作从早8点至晚21点，共出动20余车次，清理人员6人，清理垃圾16车。

（旺泉街道）

【街乡吹哨，部门报到】 3月29日，旺泉街道结合“街乡吹哨，部门报到”工作机制，召集区文旅局、区应急管理局、区卫健委、顺义消防支队、胜利派出所、旺泉社区卫生服务中心在喆尚酒店召开现场会。随后对喆尚酒店开展联合检查，检查组从卫生防控、安全生产、消防应急等各方面进行检查，检查发现酒店内无复工安全生产培训记录等问题，检查组现场要求迅速整改，要求酒店强化消防安全责任意识，复工前应加强安全生产教育、做好培训记录，强化应急管理。

（旺泉街道）

【“黑车”专项整治】 4月13日，旺泉街道综治办、城建科、旺泉城管分队组成联合执法小组，对辖区重点地区石门地铁站周边黑车黑摩的占路揽客、机动车违章停车、无照游商占路经营等违法行为进行劝说和劝离，行动中，共出动街道工作人员8人，现场发现劝解教育黑车司机、违章停车9人，黑摩的5人。

（旺泉街道）

【防疫有我、爱卫同行】 4月18日，旺泉街道开展“周末卫生日”环境整治活动。区人大常委会副主任，天竺综保区管委会副主任，旺泉街道全体领导班子成员，机关、社区干部以及社区党员、在职党员、团员、志愿者、外籍居民、物业企业等力量共1000余人对辖区主干道路面、背街小巷、社区内楼道通道、公共宣传栏、非法小广告、卫生死角、乱堆乱放等环境问题开展集中整治，同时，各物业对楼道等公共区域进行消毒处理。

（旺泉街道）

【世界环境日】 6月5日，旺泉街道以“美丽中国，我是行动者”为主题，在辖区18个社区开展系列环境保护宣传活动。

（旺泉街道）

【幼儿园复园检查】 6月11日，旺泉街道办事处主管教育副主任带队到辖区公办幼儿园和社区办园点检查指导幼儿园复园前的准备工作。检查组一行实地查看学校门口测温设备、幼儿教学及活动室、卫生室、室内外隔离点、厕所、供水设备、消防设施、食堂等重点点位，并检查幼儿园大门安全防卫、防疫物资储备和垃圾分类落实等情况，社区建设科、安全科、综治办、市场监管所、旺泉社区卫生服务中心在检查中分别给出意见和建议。

（旺泉街道）

◆6月11日，旺泉街道办事处对辖区公办幼儿园和社区办园点开展幼儿园复园前准备工作指导检查（旺泉街道供图）

【送清凉】 端午节前，旺泉街道开展“送清凉”慰问行动。准备绿豆、花露水、藿香正气水、风油精等8种防暑降温物资6256份，王老吉、脉动等饮品780箱为辖区15个社区、3个临时党支部、各社区物业以及旺泉社区卫生服务中心的一线工作者和医务人员送去解暑降温慰问品。

（旺泉街道）

【“新时代文明实践基地”揭牌】 8月27日，旺泉街道“新时代文明实践基地——中科智慧科技馆”揭牌。实践基地设有智慧医疗、智慧生活、智慧交通、计算机发展史展览区、人工智能体验区和未来智慧空间等实践活动室和展区。

（旺泉街道）

【防汛社会动员演练】 9月10日，北京市突发事件防汛社会动员演练在旺泉街道办事处举办。本次演练以桌面推演形式进行，围绕北京市顺义区旺泉街道澜西园三区附近的七分干渠展开。模拟出现强降雨后，七分干渠水位急剧上涨，首都机场排水不畅，旺泉街道澜西园三区形成积水，一层房屋有被淹风险等情况。为做好首都机场排水保障工作和保护社区居民生命财产安全，需同步开展人员转移安置及现场排水等工作。旺泉街道防汛指挥部接到指示后，通过旺泉街道应急管理和安全工作联合会，组织辖区多支社会力量参与救援。演练设置前期准备、汛情来袭、抢险抢修、疏散集中、转移安置、突发处置、有序返家、消杀善后8个环节。共60余人参加演练。

（旺泉街道）

北石槽镇

【概况】 北石槽镇位于顺义区西北部，地处顺义、怀柔与昌平三区交界处。镇域面积32平方千米，下辖16个行政村，常住人口15000人，京密引水渠东西横贯全境9.2千米。年内，实现属地财税收入2.11亿元，同比下降28.9%；一般公共预算收入11881万元，同比增长58.5%；农民人均可支配现金收入28965元，同比增长3.98%。

（北石槽镇）

【文化设施建设】 年内，顺义区首家数字文化馆分馆在北石槽镇建成。北石槽分馆集教学、体验、娱乐为一体，建筑面积2000平方米，内设多功能厅、排练厅、钢琴室、3D视听体验馆、海洋活动体验馆、书画教室等，每周开放7天。

（北石槽镇）

【北石槽镇消防站获批复】 年内，北石槽镇消防站建设工程项目建设书（代可研报告）获批复。项目位于镇中心区地块规划二路与敬老院路交叉口处，总投资2023.52万元，占地面积4401平方米，建筑面积2696平方米，建设内容包括：消防站业务用房、附属用房、消防训练塔等建设工程，室外训练场、道路、绿化、给排水、燃气、电力、安防、照明等室外工程，以及红线外市政管线工程。

（北石槽镇）

【公厕改造工程】 年内，北石槽镇公厕达标改造提升工程完工。项目投资660万元，涉及全镇16个村、33座公厕，改造总面积1900平方米，改造内容包括更换门窗、装饰面砖、吊顶、卫生洁具，加装外墙保温、不锈钢防盗格栅窗，增加公厕规章制度牌、绿植架、装饰画、干手器、信息牌、标识灯箱等设施。所有公厕全部投入使用。

（北石槽镇）

【天北路北延道路工程】 年内，天北路北延道路工程北石槽段（一期）穿高铁梁下段施工一期项目总长约2.6千米，涉及2个行政村（南石槽村、北石槽村），被拆迁人共21户，前期完成20户地上物拆迁工作。

（北石槽镇）

【京沈客专后四电基础设施项目】 年内，京沈客专北石槽段站后四电（通信、信号、电力、电气化）基础设施项目完工。项目包括警务区、分区所、通信基站3处工程，其中，警务区、分区所工程位于东石槽村，占地5706平方米；通信基站工程位于中滩营村，占地面积1775平方米。

（北石槽镇）

【废弃坑塘变身党建公园】 年内，北石槽镇废弃坑塘变身党建公园。项目位于二张营村委会西侧，占地667平方米，原为废弃坑塘，实施绿化480平方米，修建“党旗”“中国梦”“不忘初心、牢记使命”塑雕3座、安装长椅7处、宣传栏12个。

（北石槽镇）

【民生建设】 年内，北石槽镇新装路灯234盏，其中新装背街小巷路灯109盏、联村路灯125盏，维修、更换休闲广场照明与破损路灯165盏，均与主次干道路灯的亮灯时间保持同步。实现村庄装灯率100%。

（北石槽镇）

【排水沟工程】 年内，北石槽镇启动农业基础设施排水沟工程。项目总投资139.88万元，位于南石槽村、良善庄村、东石槽村，建设内容包括硬化排水沟991米，开挖土方2807.25立方米，预制混凝土方砖2607.48平方米，硬化道路670米。

（北石槽镇）

【疫情防控】 年内，北石槽镇做好西赵各庄村疫情防控和服务保障工作。成立镇级前线指挥部，下设1办5组，80名机关干部、民警及保安24小时村口值守，72名机关干部、村干部、保洁及志愿者驻村工作，38名医护人员进村进行核酸采样，实现860名村民应检尽检、不落一人。依托村级网格化管理，5名村两委干部24小时驻扎村委会，每人分管5个小组长，各小组包片5～10户，统一采购、分时段取件、“零接触”配送，做好老弱病残孕幼关怀及紧急特殊情况处置，保障村民防疫物资及基本生活物资供应。对检测采样点、垃圾站点等重点区域、重点点位进行高标准环境消杀，做好生活垃圾分类、收运及设施防疫和消杀工作，针对医疗垃圾设专人看管实行24小时应急值守制度，由专业收运单位收运。循环播放广播稿、建立村民微信群，及时发布核酸检测通知、日常生活用品供应、慢性病用药等生活保障信息。

（北石槽镇）

【农村土地承包经营权证发放工作部署会】 8月25日，北石槽镇召开农村土地承包经营权证发放工作部署会。镇党委、镇政府相关领导，各村党支部书记，经管站负责人等参加。

（北石槽镇）

【幸福晚年驿站】 9月22日，西范各庄村幸福晚年驿站正式营业，驿站重点为老人提供医养结合、日间照料、助餐服务、健康指导、文化娱乐、心理慰藉等多项服务。

（北石槽镇）

◆年内，西范各庄村幸福晚年驿站开展“传承文明，巧手剪纸”主题活动（北石槽镇供图）

北务镇

【概况】 北务镇位于顺义区东南部，首都机场东侧。下辖15个行政村，镇域面积32平方千米，耕地面积1866.67公顷（28000亩）。镇内地势平坦，有龙塘路、木燕路等道路穿境而过，京平高速公路在北务设有出口。主要公交线路有顺18路、顺29路，S101路。年内，北务镇把疫情防控及相关服务保障工作作为主线，与扎实做好“六稳”工作，全面落实“六保”任务相结合，促进镇域经济事业保持稳定发展。属地财税收入34762万元，同比减少47.76%；一般公共预算收入完成8029万元，同比减少49.26%。

（北务镇）

【美丽乡村创建与规划】 年内，北务镇新农村办全面展开美丽乡村建设及村庄规划相关工作。共组织开展3轮美丽乡村规划、实施方案、深化设计汇报，对各村整治、建设重点进行整改规划，完成初步设计，准备开展一期工程建设。

（北务镇）

【基础设施建设与管理】 年内，完成取暖季浴室运行工作，取暖季前开展设备安检、浴室装修维护等，疫情期间按要求关闭，并对村民进行防控提示。对全镇太阳能路灯、节能灯、村级自行安装路灯进行梳理，制订全镇路灯整改方案，完成239盏连村路路灯的安装工作。

（北务镇）

【获评区“巾帼文明岗”】 年内，北务镇社会事务管理科在顺义区妇联开展的2019年度“巾帼心向党、建功新时代”巾帼建功创建活动中获评顺义区“巾帼文明岗”称号。

（北务镇）

【扫黑除恶】 年内，按照扫黑除恶专项斗争“六清”（线索清仓、逃犯清零、案件清结、伞网清除、黑财清底、行业清源）行动，建立健全遏制黑恶势力滋生蔓延的长效机制，分别在府前街、市场路、庄子村桥及15个村制作悬挂硬质条幅18条，利用公开栏、电子屏、宣传海报等形式开展宣传教育活动；利用举报箱、入户走访、村级每月定期上报，深入开展扫黑除恶线索摸排工作。

（北务镇）

【接诉即办】 年内，坚持以人民为中心的工作理念，在双闭环工作机制的基础上，探索建立三闭环工作机制。4月，成立便民电话专班，逐步建立完善各项规章制度，优化办事流程。全年共接诉日常类诉求1728件、新冠肺炎疫情诉求264件，疫情诉求48小时内全部办结，日常合理诉求解决率100%，疑难诉求定期调度。

（北务镇）

【30户家庭获得区级“最美农家”荣誉称号】 4月，北务镇妇联开展寻找“美丽农家”活动，30户家庭被授予顺义区“最美农家”荣誉称号。

（北务镇）

【五四青年节系列活动】 4月26日—5月6日，为纪念“五四运动”101周年，北务镇团委组织开展“青春心向党·建功新时代”系列主题活动。镇团委发动青年团员收看“让青春为祖国绽放”线上主题团日活动，开展“青春心向党”书法和摄影主题作品征集活动，开展“青春为民”志愿服务活动，北务青年也通过录制短视频表达对未来的期许。

（北务镇）

【垃圾分类】 5月1日—12月31日，北务镇共制作宣传展板40套，公示牌40套，条幅80个在各村主要街道、垃圾分类驿站进行安装宣传，发放各村、企业、商户宣传彩页5000份，垃圾分类条例5000本，制作垃圾分类广播音频在各村进行广播，利用村电子屏宣传。完成13个村17座垃圾房建设，全镇各村共规范4类垃圾分类驿站19处，规范镇中心区垃圾桶站7处，全部实现其他垃圾、厨余垃圾、可回收垃圾、有害垃圾、大件垃圾分类设置、分类收集，分类运输处置。

（北务镇）

【平原造林工程完工】 5月底，全镇共栽培落叶乔木5983株、常绿乔木580株、花灌木788株，同步修建作业道1295.5米、铺设管线2457米。北务镇2020年平原造林工程完成全年13.90公顷（208.6亩）工程任务。

（北务镇）

【庆祝建党99周年】 6月，北务镇创新开展“久久为功·党旗入户”系列活动，庆祝建党99周年。7月1日，北务镇组织广大党员观看《顺义脊梁》，开展“治理有我、健康强国”主题党日活动。7月7日，北务镇举行党委书记“七一”专题党课大会，与会党员观看纪录片《顺义脊梁》，随后镇党委书记以“‘不忘初心、牢记使命’在大事难事中强党性守纪律勇担当”为主题，为党员干部讲党课。

（北务镇）

【顺义区第十届“北务杯”京津冀邀请赛】 10月24日，北务镇在龙狮舞训练基地举办北京市第十二届体育大会风筝赛暨顺义区第十届“北务杯”京津冀邀请赛。共有来自京津冀的40支代表队参加，此次市级比赛项目包括龙类、硬翅类、板子类、盘鹰、软体类，区级比赛项目包括硬翅、软翅、板子、立体、自制类。北务镇队员在硬翅类、自制类2个项目中获一等奖，立体类、板子类2个项目中获二等奖，软翅类项目中获三等奖。

（北务镇）

◆10月24日，北务镇举办北京市第十二届体育大会风筝赛暨顺义区第十届“北务杯”京津冀邀请赛（北务镇供图）

【公共保障】 截至10月26日，共发布招聘信息37期，涉及用人单位327家次，提供岗位4952个。疫情缓解防控等级降为三级后，采取送岗位进村活动，联系9家企业开发岗位137个，连续3天走进道口村、南辛庄户村、庄子村，举办线下招聘会3场。公共法律服务站、村级公共法律服务室共接待群众156人次，解答法律咨询85人次，为16名群众提供法律援助，其中为12人免费代写法律文书，为4人进行法律援助诉讼案件的代理。挽回经济损失40余万元，累计发放城乡低保、各类补贴、医疗报销等款项共计386.13万元。累计发放优抚金、医疗报销、慰问金等共计254.52万元。为本镇符合条件的人员发放高龄津贴、老年人养老服务补贴、失能老人护理补贴共计446.4万元。稳步推进基层组织建设，发放区、镇两级农村社区建设试点镇级经费20万元。有序开展殡葬、慈善等民生工作，各类救助款项累计25.76万元。

（北务镇）

【“唱响新时代 舞动新北务”群众广场舞大赛】 10月30日，北务镇在北务村文化广场举办“唱响新时代　舞动新北务”群众广场舞大赛，全镇共有15支参赛队伍。大赛评选出北务村、庄子村、马庄村、王各庄村、郭家务村、林上村、东地村7支最佳表演队伍，道口村、陈辛庄村、仓上村、小珠宝村、南辛庄户村、珠宝屯村、闫家渠村、于地村8支优秀表演队伍。

（北务镇）

【消防宣传月】 11月1日，北务镇以“关注消防、生命至上”为主题，开展消防宣传月活动。自11月1日起，每日走访企业，宣传消防知识，检查企业消防安全责任制建立、应急预案及演练、消防器材维护、安全出口安全通道、消防教育培训、消防指示标识张贴等工作，发现隐患及时指出，并监督商家立即整改或限期整改。

（北务镇）

【全国卫生镇创建启动大会召开】 11月6日，北务镇召开全国卫生镇创建启动大会，班子成员及各科室负责人，各村党支部书记、卫生院院长参加会议。会议强调创建全国卫生镇的重要意义，成立专项领导小组，明确创建流程、创建目标，并就具体实施步骤和工作要求进行全面部署。

（北务镇）

【防范非法集资集中宣传活动】 11月6日，北务镇经济发展办组织开展以“守住钱袋子、护好幸福家”为主题的防范非法集资集中宣传活动。活动通过悬挂主题横幅、发放宣传单和宣传品、设置咨询台，向过往群众宣传和讲解非法集资的危害和相关法律法规，揭示非法集资的作案套路、特点，并介绍防范非法集资的有效措施。本次活动共向群众发放宣传资料200余份、接受群众咨询20余人次。

（北务镇）

【乡村公路大修工程全面完工】 11月底，北务镇乡村公路修整完工，工程自8月29日开工。修整范围包括珠宝屯北路、王各庄环村路、道口村路、于地西路、龙闫路5条道路，修整公路共6.43千米，工程解决公路道路破损、坑槽等问题隐患。

（北务镇）

【微型消防站拉动演练】 12月3日，北务镇组织全镇15个微型消防站在闫家渠村消防站院内开展应急拉动演练。北务镇消防中队对微型消防站人员进行集中专业培训指导，副镇长对各村杂草及可燃物湿化工作进行再部署。

（北务镇）

【法制宣传、法律服务进村庄活动】12月4日，北务镇市场所按照上级统一部署，与镇综治办、镇司法所、镇派出所、镇综合行政执法队一同在马庄村委会开展法制宣传、法律服务进村庄活动。活动中，为村民详细讲解国家宪法日的由来和《中华人民共和国宪法》相关知识，并发放宣传品400余份。

（北务镇）

【农村人居环境集中整治活动】12月14日，北务镇组织综合行政执法队、环境办和新农村办对北务村、闫家渠村问题突出点位集中开展农村人居环境联合整治，针对村内乱贴小广告、私设牌匾、乱堆乱放、白色垃圾裸露等问题进行全面清理。检查小组现场向各村环境负责人明确整改及日常维护标准，并在村内向居民宣传相关法规要求，鼓励群众参与维护并监督村庄环境整治工作。

（北务镇）

【空气污染检测设备巡查】 12月15日，结合近两月辖区TSP（总悬浮颗粒物）数值偏高的情况，副镇长带领环保科对TSP高值地点（道口村监测站、林上村监测站、闫家渠村监测站和于地村监测站）进行巡查，并对北京天睿畅达环保科技有限公司扬尘问题整改进行复查，督促其要高度重视市环保督查中指出的问题，采取有力措施将整改落实到位，避免扬尘问题再次发生。

（北务镇）

【北务镇疫情防控再部署工作会】 12月28日，北务镇疫情防控再部署工作会在机关多功能厅召开，明确一级防控措施标准。镇长、各包村领导、包村组长、疫情防控工作专班负责人参加会议。会议传达学习区级疫情防控相关会议最新要求和高朋书记讲话精神，会后，各包村工作组立即到村内传达最新会议部署要求，组织学习一级防控措施标准并要求各村严格落实，责任到人。

（北务镇）

北小营镇

【概况】 北小营镇位于顺义区东北部。东起木林镇、杨镇界，南起南彩界，西至牛栏山、马坡地区界，北至怀柔区杨宋、木林界。辖区总面积55.8平方千米。下辖17个村委会、2个社区居委会。年内，有户籍人口16210户、37958人，常住人口39606人，流动人口13169人，外籍人口11人。新出生362人，出生率0.98%；死亡344人，死亡率0.93%。有社区卫生服务中心1个、社区卫生服务站12个。有中学1所，小学2所，幼儿园2所。有养老机构1个。途经辖区公交线路14条。有为民服务大厅、文化中心。全年开展大气环境、小微水体、农村污水治理及镇域公厕、农村户厕改造，平原造林，街坊路新建修缮等重点工作。年内，属地财税收入完成6.28亿元，同比增长35.9%；一般公共预算收入完成1.71亿元，同比增长46.1%；全镇PM2.5年均浓度控制在36微克/立方米，达到区级任务要求。获得“北京市安全社区”“网络安全创新应用先进示范（车联网安全）”等荣誉称号。

（北小营镇）

【疫情防控】 年内，北小营镇各村（居）、各部门党员干部及志愿者在镇党委统筹部署下，在地区百姓紧密配合下，全面落实好卡口管理、社会面行业管控、大规模核酸检测及“速8”“北京金茂怡生园”集中隔离酒店服务保障等各项工作任务。

（北小营镇）

【复工复产服务到位】 年内，紧贴企业需求，推进惠企政策，协助9家企业做好《顺义区进一步强化疫情防控责任落实全力支持推动企业复工复产的意见》（简称“顺13条”）奖励政策申报工作。结合产业专项政策，兑现区级奖励资金1000余万元。

（北小营镇）

【村庄规划编制】 年内，17个村的《美丽乡村村庄规划》完成并取得区级批复，加快实施顺义新城SY00-3001、SY00-3002街区控制性详细规划编制工作。围绕村庄历史文化、群众实际需求和发展愿景，建设休闲农业精品线路特色村庄。

（北小营镇）

【产业结构优化】 年内，智能网联汽车测试场建设项目主体施工完成。北京沃芽科技有限公司、新石器龙码（北京）科技有限公司、北京智行者信息科技有限公司等智能网联相关项目落地，新的产业效应加速集聚，镇域产业结构不断优化。

（北小营镇）

【大气环境治理】 年内，通过重点区域治理、精细化管理，建立镇级裸露地面督查整治台账，强化辖区内在施工地的规范管理，实现执法检查常态化。全面整治餐饮油烟，80余家餐饮企业油烟净化器抽测合格，动态监测企事业单位餐饮油烟30余家。

（北小营镇）

【水环境治理】 年内，严格落实河长制，推进小微水体治理工作。全年清理雨污水管线2000余米，清理排水沟渠5000余米。箭杆河（北小营段）获评"2020年度北京市优美河湖"。前礼务、后礼务、北府、西乌鸡4个村的农村污水治理工程全面竣工，累计敷设主管线23390米、支管线31680米；新建检查井2804座、化粪池2492座，改善街面污水横流问题。

（北小营镇）

【村域环境建设】 年内，完成年度平原造林任务130.47公顷，累计完成五边绿化1.45公顷。实现留白增绿13810平方米。土地撂荒整治5.3公顷、休耕轮作40公顷。24座公厕升级改造达到市级三类标准，715户改厕任务完成。2020年农业综合开发项目及2019年"提升"项目竣工。街坊路新建修缮工程全面完工，新建路面1105平方米、修缮路面48814平方米，新增路灯280盏。

（北小营镇）

【疏解整治促提升】 年内，"疏解整治促提升"专项行动任务全面完成，拆除违法建设约249300平方米，建设提升基本便民商业网点2家。推进辖区内特殊用地复垦，加快完成通怀路项目一期拆迁工作，推动智能网联测试基地市政配套工程建设。

（北小营镇）

【垃圾分类】 年内，结合镇域实际，形成"户投、村收、镇运"的垃圾分类处理工作长效机制，19个村、社区共设立38处垃圾桶站，配备38名指导员、150名入户保洁员、470余名志愿者、26名楼门长，严格做好分类投放指导，实现垃圾分类精细化管理。新增5座生活垃圾分类驿站，永利社区、东乌鸡村被评为北京市生活垃圾分类第一批示范小区、村。

（北小营镇）

【社会治理】 年内，一是落实常态化疫情防控措施要求，完成重大活动、节日期间服务保障任务，推动液化石油气、建设工程等重点领域安全生产专项治理，检查生产经营单位3197家次，排查并整改隐患4861项，全年安全生产零事故。二是东乌鸡村、榆林村、水色时光花园社区被评为北京市综合减灾示范社区，镇级安全生产检查队被评为"北京市青年安全示范岗"，镇级消防安全工作被评为区级优秀。三是强化信访责任机制，定期召开专题会议，有效排查化解矛盾纠纷。四是开展反邪教、反诈骗、反恐等主题宣传教育活动及扫黑除恶专项斗争和禁毒整治行动。

（北小营镇）

【精准帮扶】 年内，完成张家口市沽源县闪电河乡黑山嘴村、丰源店乡太平沟村和万全区洗马林镇洗马林村走访对接及帮扶资金拨付等对口帮扶任务，为3个帮扶受援地捐赠建设物资及疫情防控资金123万元、消费扶贫302.3万元。加大帮扶力度，在用足政策帮扶的基础上增加投入10万余元，为辖区内低收入农户参保商业意外医疗保险，形成多层次帮扶效果，实现100%脱低。

（北小营镇）

【接诉即办】 年内，组建7×24小时市民服务热线专班，固定工作人员，对全镇诉求快速响应、精准派单。接办群众诉求9453件，诉求响应率100%，全年"三率"平均综合成绩从上年度的76.2分提升到95.6分。推动"接诉即办"向"未诉先办""主动治理"转变，依托网格化综合管理平台，处置问题14995件，做到"小事不出村、大事不出镇"。

（北小营镇）

【民生保障】 年内，稳定镇域就业形势，全年新增城镇就业人员952人，第二、第三产业就业率保持95%。规范劳动用工11家，接待劳动争议案件43件、协商调解案件37件，涉及劳动者90人、金额170万元。推进养老设施建设，镇级养老照料中心正式挂牌运营。坚持住有所居，协助完成公租房申请150户，4户危房改造工程全部开工，167户抗震节能农宅建设通过验收。落实各项社会救助政策，做好做实兜底救助改革试点工作。

（北小营镇）

【体育公园开放】 5月1日，北小营镇与金茂北京国际社区合作打造的13000余平方米的BLOCK 30 PARK体育公园对外开放。公园规划设计一条长约400米的跑道，跑道内西侧是篮球、羽毛球运动场地，中间区域是乒乓球、器械运动区，东侧是开放的草坪，东北侧设置24小时售卖机、瑜伽冥想空间、桌游吧等共享集装箱创意市集。

（北小营镇）

【SD008路公交车开通运营】 5月30日，北小营镇金茂北京国际社区往返地铁俸伯站的SD008路公交车开通运营。

（北小营镇）

【“7·31”强降雨应对】 7月31日，北小营镇突遭暴雨袭击，1小时内降水量148.8毫米，为全市降雨量最大的镇。镇、村（居）迅速启动汛期防汛应急预案，对强降雨后的积水点进行强排险，对河道、排水沟、马路边沟进行清理，共出动车辆26台次，出动人员164人次，清理垃圾45车，疏通雨箅子141处，修复排水沟渠420余米，清理河道300余米，打捞杂物15吨。

（北小营镇）

【智能网联汽车测试场正式揭牌】 11月12日，北小营镇智能网联汽车测试场正式揭牌，成为本市第3个获批的自动驾驶车辆封闭测试场。

（北小营镇）

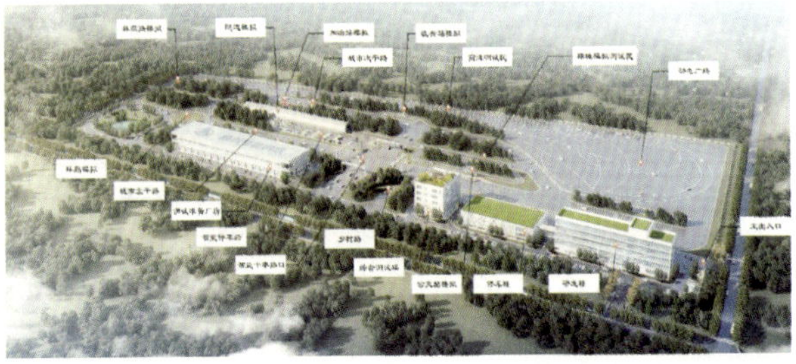

◈ 北小营镇智能网联汽车测试场全景图（北小营镇供图）

大孙各庄镇

【概况】 大孙各庄镇位于北京市顺义区东南部，西连北务镇，北靠张镇，东依平谷区马坊镇，南接河北省三河市高楼镇。大孙各庄镇总面积74.3平方千米，辖区东西长12千米，南北宽9.5千米，其中农业用地5112.84公顷（76692.6亩），工业用地1270.67公顷（19060.1亩）。下辖39个行政村，户籍人口23000人，镇政府驻地在大孙各庄村。年内，完成属地财税收入3.78亿元，同比增加3876万元，增长11.41%；实现一般公共预算收入1.26亿元，同比增加6447.78万元，增长104.45%。获评“北京市安全社区”荣誉称号。

（大孙各庄镇）

【建党99周年系列活动】 年内，向全镇1848名党员发放“荣誉杯”和“一封信”，进一步提升党员荣誉感、归属感和责任感。

（大孙各庄镇）

【疫情防控】 年内，充分发挥党组织和党员的战疫核心作用，150余名机关工作人员下沉到村，1600余名志愿者24小时接力值守，连续奋战，筑牢防控屏障。抓好常态化疫情防控，严守14个“护城河”卡口，优化各村出入口设置，及时排查、管控中高风险地区人员，持续加强冷链食品监管。

（大孙各庄镇）

【村党支部换届选举】 年内，全面推进村“两委”换届选举工作，召开党委专题会议研究部署，与现任党支部书记“一对一”谈话、入村走访，研判村内选情、谋划人员布局、制订应急方案。12月，调整村党支部书记4人，39个村基本确定“两委”意向人选。

（大孙各庄镇）

【政务服务】 年内，推进“政务服务+互联网”工作模式，精简申请材料、压缩办理时间，持续优化营商环境。坚持“日联系、周协调、月调度、季拜访”的工作机制，落实领导联系企业制度，加强与企业的走访互动，做好企业“属地服务生”。

（大孙各庄镇）

【优化市民热线服务】 年内，坚持接诉即办“一把手工程”，定期召开党委会、调度会，研究、协调、督办。建立“主要领导亲自抓、主管副职直接抓、包村干部协调抓、业务科室具体抓、村级干部兜底抓”工作制度。制定《村、科室市民热线工作考核办法》，每月按照诉求量、“两率”排名等情况进行考核。1—11月，受理市民热线诉求4412件，综合成绩由1月的94.86分提升至11月的98.32分，7次进入全市前100名，月均考核排名全市110名，全区月均综合排名第7名。

（大孙各庄镇）

【重点产业项目建设】 年内，加快推进京北（大孙各庄）智慧物流园建设。《规划综合实施方案》上报市政府审批；征地安置补偿协议签订完成，加快编制“一书四方案”；土地整治项目陆续进场施工。坚持集群发展，依托盒马、京东等项目，引进电子商务、物流科技创新及供应链金融等相关产业落户。新引进税源企业23家。

（大孙各庄镇）

【乡村振兴】 年内，与中国中建设计集团有限公司建立战略合作关系，谋划乡村振兴发展新思路。39个美丽乡村规划编制全部获得区政府批复。在全区率先完成农村饮用水计量收费工作，22个村污水改造工程全面推进。

（大孙各庄镇）

【生态环境治理】年内，深入推进“一微克”行动，1—11月PM2.5平均浓度39微克/立方米，同比下降4微克/立方米；持续强化土壤源头管控修复，改善土壤环境。全面落实“河长制”，健全完善长效管护机制。高标准完成矿山修复一期工程和34.11公顷（511.7亩）平原造林任务。

（大孙各庄镇）

【垃圾分类】 年内，开展“光盘行动”和爱国卫生运动，推动群众习惯养成和垃圾源头减量，厨余垃圾分出率日均21.31%。

（大孙各庄镇）

【疏解整治促提升专项行动】 年内，全镇涉及疏解整治促提升任务4项，其中占道经营整治、便民网点建设、规范劳动用工3项完成；拆违工作平稳有序推进，销账建设面积27.68万余平方米，销账率85.62%；销账占地面积46.05万余平方米，销账率113.92%。统筹利用腾退空间，建成村级“口袋公园”、停车场等便民利民场所。

（大孙各庄镇）

【社会保障】 年内，坚持全面建成小康社会“不落一人、不落一户”，对口帮扶单位河北省张家口市万全区高庙堡乡黑石堰村“脱贫摘帽”；通过促进就业、社会保障兜底等措施，全镇269户521人建档立卡低收入农户全部实现收入稳定不返低。

（大孙各庄镇）

◆9月，大孙各庄镇代表团赴河北省张家口市万全区高庙堡乡黑石堰村开展对口帮扶调研工作（大孙各庄镇供图）

【安全维稳】 年内，抓好信访维稳、安全生产、森林防火等工作，开展液化石油气专项整治，全镇未发生有影响的安全生产事故。

（大孙各庄镇）

【社会事业】 年内，镇文体中心、镇再生水厂建设进度过半，尹家府中心幼儿园完成立项批复，图书馆分馆、文化馆分馆建成并运营，新建尹家府公园具备开园条件，逐步推动安全校车普惠式发展，群众生活文娱更加便利丰富。

（大孙各庄镇）

【公共文化服务】 年内，以春节、元宵节、端午节等为重点，精心设计、深入开展传统节日“线上线下”活动，焕发广大群众爱党爱国爱社会主义的巨大热情。

（大孙各庄镇）

【区域发展规划研讨会】 4月20日，大孙各庄镇召开区域发展规划研讨会。会前，考察组及镇党委、镇政府相关领导一行到东华山村、北京绿奥蔬菜合作社实地考察，详细了解本地行政村、农业、林业及北京绿奥蔬菜合作社的发展、当前工作等情况，并考察合作社包装车间。会上，大孙各庄镇党委书记结合区规划介绍大孙各庄镇现状、资源优势以及未来发展愿景。随后，中国中建设计集团、中国农业大学规划设计院农业所、中国林业与环境促进会垃圾处理工作委员会、中国农业发展银行顺义支行领导分别介绍本单位业务、成功案例及自身优势，并对大孙各庄镇发展规划提出建议。最后，参会领导进行研讨洽谈，寻找合作意向，并确定下一步工作计划。

（大孙各庄镇）

【禁种铲毒宣传、踏查两不误】 5月，大孙各庄镇禁毒工作小组走进各村防疫站点、大棚种植地等区域开展禁种铲毒宣传及踏查工作。禁毒工作小组向全镇39个村发放禁毒宣传资料及禁种铲毒宣传海报100余张，主要张贴在各村村口、村委会宣传栏、村内人员密集区域、大棚等醒目位置。让大家详细了解毒品原植物罂粟、大麻的外观特征，提醒村民若遇到非法种植毒品原材料的情况要及时向公安机关举报，从而进一步提升村民拒毒防毒的意识和能力。根据镇域可能存在潜在的重点地区，深入蔬菜大棚、田间地头、河岸等可疑地区开展人力踏查，不放过一株一苗的原则，做到及时发现，及时铲除。经排查，未发现种植毒品原植物现象。

（大孙各庄镇）

【六五环境日宣传活动】 6月5日，镇环保督察科联合环境建设中心开展“美丽中国，我是行动者”主题宣传活动。活动现场，工作人员向群众发放垃圾分类知识手册、宣传海报、环保手提袋等宣传材料。同时，环保员对垃圾分类环保知识进行宣传讲解，倡导广大群众从身边小事做起，参与垃圾分类，践行绿色生活方式，用实际行动为美丽中国贡献力量。六五环境日宣传期间，全镇各村结合实际开展垃圾分类环保主题宣传活动。环保督察科日常检查巡查时，向企业宣传生活垃圾分类，督促企业切实履行环保主体责任。

（大孙各庄镇）

【获评北京市安全社区】 6月，大孙各庄镇获评北京市安全社区。北京市安全社区创建工作自2017年7月启动。同时，大孙各庄村、东华山村、东尹家府村、后岭上村、老公庄村、吴雄寺村获评北京市综合减灾综合示范社区。

（大孙各庄镇）

【“迎八一”系列慰问活动】 7月30日，大孙各庄镇召开“八一”座谈会，镇域相关领导，镇信息科、武装部、社保所工作人员及相关村书记参会，与驻地部队官兵代表及各村义务兵家属代表开展交流慰问，会议由镇党委副书记马亚峰主持。会上，镇党委委员、武装部长，驻地部队官兵代表，镇党委书记分别发言。大孙各庄镇社保所组织慰问镇域因公负伤退役军人活动，传达镇党委、政府对因公负伤退役军人的真诚问候及暖心关怀。镇四福庄、吴雄寺等村走访慰问各村退役军人，表达村党支部、村委会对退役军人的节日问候与祝福。镇各村包村干部和村书记走访慰问全镇义务兵家属，向他们对国家军队建设的支持表示感谢与敬意。

（大孙各庄镇）

【“家之陪伴，亲子课堂”系列活动】 8月，大孙各庄镇妇联依托镇域各村“儿童之家”开展“家之陪伴，亲子课堂”系列活动。活动通过带领镇域家庭学习亲子运动内容、进行亲子手工制作开展亲子教育，使家长掌握有效的陪伴方式。同时，普及垃圾分类知识，帮助镇域家庭了解垃圾分类的方法并进行现场实践，养成健康文明的生活习惯。

（大孙各庄镇）

【消防安全知识培训】 10月19—20日，大孙各庄镇组织宗家店村、小塘村、西辛庄村、小宋各庄村、南聂庄村等11个村开展消防安全知识培训活动。活动中，老师向镇域村民普及消防知识，并对发生火灾如何正确报警、家庭各类火灾的预防、如何使用灭火器进行火灾扑救、如何自救逃生等基本知识进行详细讲解。

（大孙各庄镇）

高丽营镇

【概况】 高丽营镇位于顺义西部，东邻南法信镇，南与后沙峪地区相连，西与昌平区小汤山镇接壤，北与赵全营镇为邻，处于临空经济区和温榆河绿色生态走廊的延展区域，是《北京城市总体规划（2016年—2035年）》《顺义新城规划（2005年—2020年）》确定的重点镇。辖区总面积61.1平方千米。下辖25个村和1个居委会。年内，有户籍人口12731户29864人，常住人口29864人，流动人口61216人，外籍人口35人；有汉族28466人，少数民族1398人；新出生265人，出生率0.89%；死亡281人，死亡率0.94%。有社区卫生服务中心2个、社区卫生服务站10个。中学1所，小学1所，九年一贯制学校1所，幼儿园5所。有养老机构1个。途经辖区公交线路12条，有为民服务大厅442.26平方米、地区文化中心15000平方米、有文化广场2处和图书室25个，绿化率40%。有序推进疫情防控、养殖地腾退、精准扶贫等重点工作，以养殖地腾退为突破口，拆除各类违法建设503000余平方米，累计向河北省张家口市万全区援助资金140万元，发动社会力量帮助万全区销售农产品累计9858万元。本年度，属地财税收入18.8491亿元，同比增长6.4%；一般公共预算收入5.6458亿元，同比增长36.3%。高丽营镇人民政府获评首都拥军优属、拥政爱民模范单位，高丽营镇一村获评第六届全国文明村镇，高丽营镇六村获评第二批国家森林乡村。

（高丽营镇）

【顺诚云计算数据中心获得CQC运维高等级认证】 1月10日，顺诚云计算数据中心获得CQC（中国质量认证中心）下发的数据中心基础设施运维评价证书。项目位于高丽营镇金马工业区，2019年6月正式投产使用，规划建设模块机房25个，标准机柜3600个，全年使用率60%，承接金山云、快手等多个大型互联网公司、运营商的上线业务。

（高丽营镇）

【北航天汇硬科技智造谷项目签约】 4月22日，顺义区举办重点项目云签约活动，北航天汇硬科技智造谷项目入驻高丽营镇金马工业区，总投资10亿元，由北京元航天汇智造谷科技产业有限公司打造，以航空航天、智能制造、人工智能等硬科技领域为主。截至10月底，项目引进企业包括吸力奇迹（北京）科技有限公司、北京艾肯拓科技有限公司、北京星河动力航天科技有限公司等共19家。

（高丽营镇）

【北京陆道培血液病医院正式开业】 6月28日，北京陆道培血液病医院在高丽营镇开业。医院位于高丽营镇顺于路120号，建筑面积50047.24平方米，设有床位200张，百级层流病房13间、ICU病房9间、VIP套房2间、单人病房22间、双人病房4间、三人病房64间。医院设立造血干细胞移植科、普通血液及免疫治疗科、医学检验科、影像科等10余个配套科室。

（高丽营镇）

【高丽营镇建设“樱花之园”】 7月17日，高丽营镇“樱花之园”游园步道建设项目开工。项目位于高丽营镇七村东北角，占地面积16589平方米，原为村民堆放杂物以及私种拾边地，东西紧邻村民住宅，经整体改造规划，建设为集生态、休闲、娱乐、体验和科普为一体的特色樱花主题公园。公园分为4个主题区，以樱花文化为主，在保留现有乔木的基础上充分利用乡土树种，以群樱景观贯穿整个园区。

（高丽营镇）

【金马文化创意产业园成为首批市级文化产业园区】 7月31日，2020年度北京市级文化产业园区拟认定名单公示，金马文化创意产业园成为首批市级文化产业园区。项目位于高丽营镇金马工业区南部，分布于顺于路两侧，投资9亿元，占地面积近180万平方米。打造“1+3”（做强一个传统优势文创产业、推动与三大产业业态融合）的文化创意产业发展格局。截至7月31日，吸引影视文化、艺术品研发设计、雕塑艺术、休闲度假等60余家文创企业入驻，文化创意产业增加值35亿元，占园区总产值的50%。

（高丽营镇）

【高丽营镇打造“白马书香街巷”】 8月6日，高丽营镇一村“白马书香街巷”正式开工建设。项目位于高丽营镇一村西街以及十字路往东延长线，紧邻白马路，全长1700米，在原有街巷基础上升级改造成镇级精品文化地标。该条街巷共有村民32户107人，获镇级家庭荣誉7户，镇级家庭卫生星级户30户，区级荣誉户2户，市级荣誉户10户，形成高品质、示范性的文化聚落。项目分为家庭建设、街巷建设和活动建设三部分，截至12月31日，街巷建设高下剧场已基本完工。

（高丽营镇）

◈ 年内，高丽营镇打造文化地标“白马书香街巷”（拍摄者：王秀君）

【动漫电影单元展】 8月26日，第十届北京国际电影节首届游戏动漫电影单元展“以光影之名，致竞新生”论坛在高丽营镇唐自头影视基地开幕。单元展共分“游戏动漫单元展行业论坛”和“明星电竞赛单元”两大部分。

（高丽营镇）

【高丽营镇腾退养殖地3483亩】 8月31日，高丽营镇三批次16个村的养殖地腾退工作完成，拆除历史遗留建筑物及附属设施面积45.3万平方米，腾退土地232.2公顷（3483亩），拆除养殖地历史遗留建筑物及附属设施和其他违法违建设施共计50.3万余平方米，完成全年拆违任务的98.5%。

（高丽营镇）

【华江文化集团10亿元项目落地高丽营镇】 9月8日，2020年中国国际服务贸易交易会文化服务专题（第十五届北京文博会）推介交易板块的“2020年第七届北京市文化融合发展项目合作推介会”举办，北京华江文化集团有限公司与北京顺义区高丽营镇政府就“华江文化IP授权产业园落地金马文化创意产业园”项目正式签约，签约金额10亿元。

（高丽营镇）

【夏县营村回迁房项目主体结构封顶】 9月10日，高丽营镇夏县营村棚户区改造土地开发项目完成主体结构封顶。项目用地位于高丽营镇夏县营村，东至火寺路，南至鑫通路，西至沿河路，北至鑫政路。项目规划面积6.4公顷，建筑面积约19.76万平方米，其中地上约11.53万平方米、地下约82300平方米，建设回迁安置房15栋，涉及居民1280户。截至年底，二次结构施工中，同时加紧装修完善样板房。

（高丽营镇）

【线上广场舞大赛】 9月30日，高丽营镇以“月圆京城，情系中华”为主题开展第七届高丽营镇群众广场舞大赛，活动以线上形式进行，来自各村（居）的18支广场舞代表队近400位村民参加。利用微信公众号、微博等新媒体加强宣传推广，促进村民文化素养和整体素质的提高。

（高丽营镇）

【南郎中村建筑垃圾处置站点启用】 10月29日，高丽营镇南郎中村原21800平方米建筑垃圾堆放点改建为建筑垃圾资源化处置站点，并正式投入使用，年处理能力可达30万吨。经处理后的再生骨料能够广泛应用于市政道路、海绵城市建设、透水铺装级配碎石垫层、河道治理工程等工程领域。

（高丽营镇）

【2家企业与顺义区文化创意产业促进中心正式签约】 11月2日，国家服务业扩大开放综合示范区中国（北京）自由贸易试验区国际商务服务片区顺义组团推介会召开。会上，位于高丽营镇金马文化

创意产业园的北京雅昌艺术印刷有限公司、北京华江文化集团有限公司与顺义区文化创意产业促进中心正式签约。

（高丽营镇）

【张喜庄村集体租赁房项目】 11月19日，张喜庄村集体租赁房项目取得施工准备函。项目总投资约6.6亿元，西至火寺路，北至寺上美术馆，东侧、南侧临近现状工业大院。项目规划总用地面积62282.61平方米，同步实施整理规划道路用地约1095平方米，绿化用地约6439平方米。总建筑规模约131090平方米，项目建设内容为集体土地租赁住房及配套幼儿园，正在进行土壤检测，建成后可提供成套住宅约980套。

（高丽营镇）

【西马各庄村污水管线工程完工】 11月25日，高丽营镇西马各庄村污水管线建设全部工程完工。项目全线总长4167米，检查井105座，一体化提升泵站2座。西马各庄村生活污水集中通过新建管线引入高丽营镇新城生态调水管理中心，进一步实现雨污分离。

（高丽营镇）

【8条村级路灯安装完成】 11月27日，高丽营镇8条村级路灯安装完成并投入使用。项目涉及张喜庄村、东马各庄村等6个村的8条村级公路的夜间照明提升，道路总长3844米，以40米一盏为标准，共计安装路灯104盏，维缮4.4千米乡村公路，惠及周边村民30000余人。

（高丽营镇）

【第三届“创意生活小镇·艺术进万家”活动启动】 12月3日，高丽营镇第三届“创意生活小镇·艺术进万家”活动在南郎中村启动，现场组织村民开展中华国粹之茶艺课程。同日一村、二村陆续组织开展茶艺课程。活动以艺术进社区、艺术进校园为主线，在全镇13个村及2个学校开展茶艺、插花、烘焙、手工皂制作、便民理发等十大类型104场活动，直接受益家庭1000余户，间接受益人数3000余人。

（高丽营镇）

【消防救援站揭牌投用】 12月17日，高丽营镇消防救援站正式揭牌启用。项目位于高丽营镇电管所南侧，按照一级普通消防站建设，占地面积5320平方米，建筑面积3796.61平方米，建筑高度15.6米，建筑层数地上3层，配备消防车5辆，消防指战员40人。

（高丽营镇）

后沙峪镇

【概况】 后沙峪镇位于顺义区西南部，东邻首都国际机场，南接朝阳区，西接昌平区，镇域总面积42.6平方千米，下辖16个行政村（其中12个已拆迁）、6个社区，是首都国际航空中心核心区的重要组成部分。年内，后沙峪地区党委、镇政府坚持以习近平新时代中国特色社会主义思想为指导，持续增强“四个意识”，始终坚定“四个自信”，坚决做到“两个维护”，把统筹推进疫情防控和经济社会发展作为工作主线，团结带领全镇党员干部群众，夺取疫情防控和全面建成小康社会“双胜利”，推动地区各方面工作平稳有序、稳中有进。全年完成属地财税收入16.16亿元；一般公共预算收入4.47亿元，同比增长10.3%，实现稳步增长，位居全区第4位。

（后沙峪镇）

【疫情防控】 年内，地区党委、镇政府迅速成立工作专班，制订工作方案，镇领导密集调度、果断部署，260名机关干部、196名村（社区）工作人员、1200余名志愿者奔赴防疫一线，第一时间摸清底数，开展防控工作。在全区率先提出疫情防控“八项举措”，率先实行村（社区）封闭管理，率先建立密接人员集中医学隔离观察点，率先同4家酒店签订框架合作协议。持续扩大监管范围，统筹做好45000余人次居家观察服务工作；成立4个商住小区防控工作组，与属地村委会、小区物业无缝对接；组建“涉外交流团队”，加强对辖区外籍人士的服务管理，实现属地管理、人员管控、场所和单位防控全覆盖。完成各省市转运专班、机场T3—D区转运专班、市级新国展转运专班以及隔离酒店密接、次密接人员和中风险地区来顺人员转运服务保障工作，累计服务1500余人。坚决防范新发地市场疫情传播风险，迅速行动，对全镇153家重点场所461个点位进行环境消杀和采样；昼夜奋战，开展隔离、排查、检测等工作。境外输入引发顺义区局部聚集性疫情后，后沙峪镇迅速反应、全员停休，即刻进入“应急状态”，扎实开展环境消杀、追踪排查、封控管理、核酸检测等工作，累计设置核酸检测点31个、检测通道173个，完成3次大规模以及重点人员核酸检测任务，累计采样超过25万余人；协调集中医学隔离酒店3家，提供酒店外围安全保障，累计入住1084人。实现“新冠肺炎疑似病例为零、确诊病例为零、无症状感染者为零”。

（后沙峪镇）

◆2月25日，后沙峪镇统筹推进新冠肺炎疫情防控和经济社会发展工作推进会召开（后沙峪镇供图）

【金融商务区建设进入新阶段】 年内，新引进国开制造、顺科投资、孚能科技等企业64家，全镇有金融类企业79家，累计注册资本244.6亿元，其中注册资本达到亿元以上企业33家。上海银行顺义支行、华旭金卡股份有限公司落户并正式营业。金融商务区管理服务中心办公室和沙盘设备装修安装完毕，进入调试阶段。

（后沙峪镇）

【复工复产】 年内，全力支持企业控疫情、稳增长，协调区级部门推动美驰低碳产业园、中建一局保障房顺利复工复产。盘活资源，夯实建成项目的经济指标落实，实现联东U谷蓝贝科技园、裕新特商业办公等新建成项目经济数据零突破，盘活闲置楼宇资源7000平方米。挖掘新增，狠抓新签约项目的潜在效益，协助建宏印刷办理多规合一相关手续，促进其尽快投产达产。

（后沙峪镇）

【营商环境持续优化】 年内，认真落实《进一步强化疫情防控责任落实全力支持推动企业复工复产的意见》《顺义区支持和鼓励非国有产权经营用房业主疫情期间减免中小微企业房租的实施细则》2个政策，为21家企业申请区级政策补助560余万元，为博润科技园、美驰低碳产业园主体企业申请房租减免补贴130余万元。主动为4个行业8家企业发放口罩、消毒酒精等防疫物资3000余件。安排空港医院上门为企业返京观察和复工在岗人员送医、送药。升级改造政务服务大厅，进一步优化办事流程，全年为10000余人次办理审批事项6828件，做到办事群众“最多跑一次”。成立商务楼宇管理服务中心，为商圈、楼宇企业和商户之间架起沟通的桥梁。

（后沙峪镇）

【大气污染治理】 年内，完成第二轮中央生态环境保护督察迎检工作。全年PM2.5平均浓度39微克/立方米，降尘量控制在6吨/（平方千米·月），完成区级任务指标。全力推动挥发性有机物减排，对416家上账汽修、家具、加工制造、印染、餐饮等涉气排污企业开展日常巡查；完成镇域内82家餐饮企业油烟在线监测设备的安装，确保油烟达标排放。细化扬尘管控措施，对36家施工工地严格落实“六个百分百”管控标准，对47处裸露土地摸排上账并督促负责人采取苫盖、绿化等抑尘措施。

（后沙峪镇）

【水环境治理】 年内，龙道河黑臭水体整治工程连续3年通过国家住建部验收。罗马湖获评“2020年度北京优美河湖”。严格落实“河长制”各项工作要求，认真做好河道日常保洁和沿线排污、违法建设等巡查工作，发现并整改入河排污、垃圾渣土、水面漂浮物等各类问题67个，累计清理河道垃圾1800立方米、漂浮物150000平方米，封堵、整治排污口4处，拆除违法建设2处。完成后马沟清淤销账、十三支干渠入温榆河口清淤、罗各庄村和西田各庄村污水管网铺设工程，水体质量和周边环境得到明显改善。

（后沙峪镇）

【城乡环境建设】 年内，西田各庄村、董各庄村先后通过美丽乡村市级验收；完成各类环境治理台账4120处，销账率100%。垃圾分类工作稳步推进，未拆迁村实现生活垃圾入户收集全覆盖，居民小区117个桶站提升任务完成，桶前值守率、厨余垃圾分出率指标稳步提升；引进“爱分类”进驻社区，累计注册7100余户，回收可回收物135000余千克，实现生活垃圾源头减量；镇环卫中心全面提质升级，垃圾转运站完成除臭密闭改造，增配专业垃圾运输车辆和压缩设备，垃圾运输能力和效率得到明显提高。建立后沙峪镇垃圾分拣中心，筛分混合垃圾19000余吨，处理大件垃圾478车次，彻底解决原董各庄垃圾暂存点长期挂账问题。

（后沙峪镇）

【“疏整促”专项行动】 年内，精准落实落细三年行动计划，按时完成7项区级目标任务，其中提前超额完成无证无照经营整治、占道经营、物业管理提升、城乡接合部整治4项任务，拆除违法建设192900余平方米，无新增违建。双裕北街1处违法建设腾退后改造的社区卫生服务站投入使用，方便周边居民就医；原同辉酒店1处违法建设腾退后改造的停车场投入使用，解决空港医院停车拥挤问题。

（后沙峪镇）

【地区综合承载力不断增强】 年内，双裕街（天北路—裕安路）道路完成可施工作业面下的市政管道工程；双裕北街西段（天北路—裕庆路）、裕丰路工程取得初步设计概算批复；裕航路工程取得立项批复；双裕花园老旧小区配电设施内线改造工程完成前期审批。国家残疾人冰上运动比赛训练馆投入使用，友谊医院顺义院区实现主体结构封顶，北师大附中顺义分校开工建设。兴裕、裕航城市森林公园建成并投入使用。完成43.93公顷（659亩）2020年新一轮百万亩造林绿化建设工程。温榆河公园一期工程完成地上物拆除工作。

（后沙峪镇）

【城乡精细化治理水平不断提升】 年内，充分运用“街乡吹哨、部门报到”工作机制，将服务保障民生与常态化疫情防控、落实物业管理相结合，投资220余万元为双裕花园小区安装视频监控系统、为金成裕雅苑社区装修办公用房、为双裕东区修缮出入口；19个小区物管会（业委会）完成组建及党组织覆盖工作，提前完成全年目标。深入落实《北京市文明行为促进条例》，广泛开展爱国卫生运动。镇综合执法中心坚持疫情防控和日常检查相结合，核查“三类”场所3747家，查处各类案件586件，开具整改通知书2000余份，规范各类问题1300余件，城乡环境更加规范有序。

（后沙峪镇）

【“接诉即办”】 年内，坚持“民有所呼、我有所应”，完善“日报表、周督办、月通报”工作机制，形成“人人会接办、事事有人管、未办有人督、领导协调推进”的良好局面，同时推动“接诉即办”向“主动治理、未诉先办”转变。全年共受理便民电话14000余件，接诉即办率（响应率、解决率、满意率）综合成绩96.36分，在全区排名第12位。坚持“未诉先办”，提前解决双裕东区楼顶漏水、蓝尚家园地下车库和董各庄村汛期积水等民生问题。

（后沙峪镇）

【“七有”“五性”】 年内，全力稳就业、保民生，对接线上平台，通过网络招聘方式帮助企业解决用工需求，登记招聘企业49个，采集岗位信息1616个，超额完成全年指标；通过调解、司法等途径为320余人解决劳动纠纷201件。投入近600万元用于医保报销和大病救助，累计发放各类救助资金767万余元。强化公共服务资源供给，后沙峪中心小学教学用房新建工程、第一幼儿园北园装修改造和清岚东区幼儿园扩班改造工程竣工并投入使用；北京四中顺义分校高考本科上线率100%，位居全区第1名；空港医院“互联网+护理服务”项目正式启动。铁匠营村棚户区改造项目实现住宅拆迁签约率、拆除率2个100%；马头庄村定向安置房项目地下车库完成结构封顶、西泗上村定向安置房项目完成勘察设计招投标。5家实体书店正式运营，1200平方米镇级文化活动中心投入使用。完成代表顺义区牵头12

家单位对口支援内蒙古自治区巴林左旗的各项工作。

（后沙峪镇）

【社会面和谐稳定】 年内，严格落实疫情防控、安全生产检查“双十六”条，先后开展液化石油气、用电安全、建设工程等领域专项治理，全面压实企业主体责任，扎实推进工业企业复工达产，累计检查各类企业3135家次，发现并消除隐患3383项，隐患整改率100%。加强安全文化建设，开展线上宣传培训23场。加大消防资金投入，为村（社区）配备消防车13辆、电动消防巡逻车10辆、洒水抑尘车2辆，全面提升村（社区）处置初期火灾能力。完成全国“两会”、第十六届北京国际汽车展览会等重大活动和节日期间服务保障任务。

（后沙峪镇）

李桥镇

【概况】 李桥镇位于顺义南端，东依潮白河，南接通州区，西邻首都国际机场，北接顺义区仁和镇，镇域总面积75.18平方千米，下辖31个行政村和3个居委会。有社区卫生服务中心1个，社区卫生服务站8个，村级卫生室14个。有中学2个，小学2个，公办幼儿园2个，镇办幼儿园4个。有地区文化中心70826平方米，有文化广场48处。年内，李桥镇完成属地财税收入14.6亿元；一般公共预算收入2.22亿元，同比增加1584万元，同比增长7.7%；农民人均所得30334元。镇政府获“首都全民义务植树”先进单位。顺沿特种蔬菜基地获第32届北京大兴西瓜节“保利建工杯”全国西甜瓜擂台邀请赛甜瓜组全国冠军。南庄头村获“国家森林乡村”称号。

（李桥镇）

【招商引资及重点项目推进】 年内，引入企业260余家，累计注册资金36亿元，其中注册资金亿元以上（含1亿）企业6家，注册资金5000万至1亿元企业18家。北京智祥万通科技有限公司，投资建设北京市顺义区李桥镇自动人脸识别系统设备研发生产基地项目，被列为区级重点项目。项目总投资1.7亿元，建设用地面积11788平方米，建设内容为研发厂房，研发办公。取得规划许可证后于7月份开始开工建设，截至年底，现场第二步土方完成90%，第二道锚杆完成80%，第三步土方完成20%；完成固定资产投资870万元，其中建安投资750万元。

（李桥镇）

【惠农政策】 年内，全镇816户种植户发放耕地地力保护补贴158.82万元，补贴面积352.93万平方米；补贴农户有机肥料5062.7吨；免费供应农户优质麦种118798.8公斤。

（李桥镇）

【民生保障】 年内，城乡居民养老保险新参保84人，领取养老金人员400余人，全年扣款人数7200余人，发放镇级养老补贴2159.38万元，各类人员死亡清算、账户继承及丧葬补助金2015.43万元。办理城乡居民医疗保险新参保816人次。死亡减员293人，涉及退费166人。更改定点医院1776人；手工报销（住院及门诊）涉及307人次208万余元；农缴户及无档户业务办理参保手续417人次，办理农缴户减员125人次，办理退休43人，死亡清算4人。7—12月，申请农业灵活就业人员221人次。完成“疏整促”规范企业劳动用工28家，处理讨薪事件56件，涉及156人次325万元。

（李桥镇）

【绿化美化创建】 年内，完成平原造林工程108.33万平方米。结合平原造林工程建设，完成“留白增绿”7400平方米。完成北庄头、苏庄、沮沟村、王家场4个村16346.67平方米的绿化美化创建工作，改善农村生态环境和村民生活质量。苏活社区被北京市政府、首都绿化委员会评为“首都绿化美化花园式社区”。成立北京顺义李桥集体林场，创新集体林业经营管理模式，推动平原生态资源规模化、精细化、专业化管理。

（李桥镇）

【规范村居管理规范化】 年内，制定《李桥镇村民代表会议监督检查办法》，建立健全监督检查机制，坚持由点及面，形成长效机制。建立《李桥镇社区居委会财务和合同管理制度（试行）》，做到账簿齐全、记账及时、民主管理、规范管理。完成社区挂牌规范工作，方便引导居民参与服务活动。

（李桥镇）

【助力文明城区创建】 年内，针对环境卫生、基础设施破损、城市社区（行政村）等问题整改285处（个），宣传创城知识覆盖19085人。结合贯彻落实《北京市生活垃圾管理条例》《北京市文明行为促进条例》，动员1612名文明实践志愿者进农村、进社区、进家庭宣讲，发放宣传资料30000余份，累计志愿服务时长2000余小时。

（李桥镇）

【“守护第一国门”行动】 年内，李桥镇开展“秋冬安全消隐，守护第一国门”安全隐患排查整治专项行动，检查生产经营单位4231家次，人均检查222次，开展各类安全检查专项行动9次。

（李桥镇）

【团委工作】 年内，43名青年志愿者参与疫情防控，协助村居值守卡口，宣传科学防疫知识，清洁消毒；动员青年志愿者参与创建全国文明城区工作，455名团员参与背街小巷整治、垃圾分类桶前值守、创城知识宣传等活动；联合镇社保所入户为13名毕业生团员送去招聘岗位信息，缓解疫情形势下大学生就业压力。

（李桥镇）

【妇女儿童工作】 年内，苏庄村“儿童之家”获评区级示范“儿童之家”。全年60户家庭获评区级“美丽农家”，6户家庭获评“特色家庭”，北庄头村高立军家庭获评“首都最美家庭”。

（李桥镇）

【城管执法】 年内，开展各类检查3441起，立案查处各类违法行为2250起。对商务楼宇、商场、餐馆“三类场所”进行疫情防控检查1342家，发现问题60家，公示3家。对848家社会单位及餐饮服务单位垃圾分类情况进行行政指导。

（李桥镇）

【土地执法】 年内，上账建筑面积涉及30个村718000余平方米，上账率154.17%，拆除面积47.08万余平方米，拆除率106.91%，销账面积35.09万余平方米。

（李桥镇）

【环境卫生保障】 年内，做好“两会”、国庆节、隔离酒店等环境卫生保障工作，对机场东路、四纬路（李桥段）、李天路、龙塘路（李桥段）、通顺路（李桥段）沿线及周边村庄进行环境整治。共清理乱堆乱放60余处、枯枝杂草300余立方米、暴露垃圾30余吨、非法小广告200余处，规范违规牌匾20余处。

（李桥镇）

【电子巡查全覆盖】 年内，李桥镇结合网格化管理，在潮白河、小中河、七分干渠等6条河道、38.69千米范围内的关键点位安装31个无线太阳能高清摄像头，率先在全区实现河道电子巡查全覆盖，进一步提升河道环境。

（李桥镇）

【垃圾分类】 年内，发放《一封信》和《承诺书》覆盖80000人，悬挂条幅42条、发放宣传册34400余本，开展各类垃圾分类宣传培训活动111场，通过各类媒体发布垃圾分类信息37条。同时，31个村、4个社区完成桶站提升改造、设施建设等工作，垃圾桶更新43035个。

（李桥镇）

【2020年寿星孝星评选】 年内，在由区老龄工作委员会办公室、区老龄协会主办的2020年顺义区“孝星寿星”评选活动中，李桥镇14人获评孝星，27人获评寿星。

（李桥镇）

【村级经济合同整改工作】 截至年底，完成整改1002份问题合同中的982份，其中解除重签、补签、收回土地399份，整改率98%。

（李桥镇）

【疫情防控】 1月22日，李桥镇成立新型冠状病毒感染的肺炎疫情防控专班。1月28日，实行村居封闭式管理。6月17日，防控措施升级，严格村居封闭式管理和健康监测，开展核酸检测工作，落实“应检尽检”“愿检尽检”，严格农贸市场、餐饮食堂等重点场所防控，严格落实“四方责任”，坚持单位和个人健康监测报告制度。

（李桥镇）

【疫情环境专项整治】 1—3月，各村居及周边村庄开展疫情防控专项整治工作。共出动人员2100人次，农用车200台次，挖掘机70台次，装载机85台次，清理乱堆乱放130余处、垃圾杂草1200余吨、非法小广告386处。

（李桥镇）

【农村经济】 1月1日—9月30日，开展村级组织负责人任期和离任经济责任审计，涉及31个村35人。9月，完成李桥镇26个村6709户确权农户土地承包经营权证书的发放工作。11月，完成李桥镇2018—2019年度农村集体资产清查工作。12月，完成李桥镇2020年度低收入农户监测调查工作。全镇23户低收入农户人均可支配收入26627.5元，同比增长15.09%。全部稳定脱低，脱低率100%。

（李桥镇）

【樱花园小区房屋产权置换】 3月29日，樱花园小区房屋产权置换正式启动，涉及4个小区（一区、二区、三区、六区）的92栋住宅楼，占地面积约36万平方米，建筑面积约43万平方米。置换地块位于北河村北，龙塘路南，平沿路东，沿沙路西。涉及北河村、沙浮村和吴庄村集体土地，面积约74.87万平方米，地上物包含非住宅约2.03万平方米，大棚面积5.81万平方米，共计110户。地块规划总建筑规模约106.24万平方米，其中产权置换房屋建设地块约60.42万平方米，资金平衡地块约45.82万平方米。9月28日，原址房屋产权置换签约正式启动；11月24日，置换项目安置地块（北河小区）的110户非住宅100%签约。12月26日，原址房屋产权置换签约期结束，累计签约2067户。

（李桥镇）

【顺沿特种蔬菜基地获甜瓜组全国冠军】5月28日，第32届北京大兴西瓜节“保利建工杯”全国西甜瓜擂台邀请赛在大兴区庞各庄镇西瓜小镇举办。李桥镇顺沿特种蔬菜基地代表顺义区受邀参加，共提交西瓜、甜瓜6类产品，其中基地培育的网纹甜瓜“维蜜2号”以97.4分的全场最高评分荣获甜瓜综合组全国冠军。小型西瓜“炫彩2号”获新品种奖。

（李桥镇）

【通顺路李桥段道路两侧景观提升工程】 7月8日，通顺路李桥段道路两侧景观提升工程启动，工程全长7.3千米，市、区两级投资11122.18万元。包括通顺路两侧绿化、栏杆、挡墙、标识牌工程、浇灌工程、电气工程、建筑立面改造。

（李桥镇）

【农残检测实验室共建项目签约】 7月23日，北京市农林科学院与李桥镇顺沿特种蔬菜基地签署共建“高标准农残检测实验室项目”协议，在种植技术、植保体系、农残检测等方面形成资源互补。

（李桥镇）

【百姓宣讲比赛】 8月28日，李桥镇举办2020年百姓宣讲比赛，各村居的18名宣讲员以讲述身边人、身边事的形式，宣讲身边先进典型和感人事迹，讲述李桥故事，传递正能量。

（李桥镇）

【环境保护建设】 8月，完成一般制造业退出工作任务，共协助1家企业办理退出；全年保持全镇散乱污动态清零，无新增复产现象。9月，完成第二轮中央环保督察迎检工作，制订《李桥镇生态环境保护督察迎检工作方案》，牵头、转办、处理信访案件130件（樱花园小区置换相关案件110件，属地案件20件）。督促1家企业完成土壤监测和对外公示工作。全年累计清理PM2.5高值点位1348处，PM2.5浓度全年累计均值40微克/立方米，比去年下降7%；降尘量全年累计均值5.7吨/（平方千米·月），比去年下降11%。

（李桥镇）

【李桥中心小学校荣获荣誉称号】 9月10日，顺义区举办以“立德树人奋进担当 教育发展托举希望”为主题的2020年教师节庆祝大会，李桥镇李桥中心小学校荣获“2020年顺义区教育系统先进集体”荣誉称号。

（李桥镇）

【“十月金秋”基层书法、美术、摄影作品展览】9月25日，李桥镇以“月圆京城 情系中华”为主题在李桥文化广场举办“十月金秋”基层书法、美术、摄影作品展览。此次展览共展出镇域内30名文艺爱好者的作品40余幅，顺义区评审组挑选出5幅优秀作品参加顺义区第二十七届“十月金秋”群众书法美术摄影优秀作品展。

（李桥镇）

【李桥镇第三届舞蹈大赛】 10月30日，李桥镇在综合文化中心举行“起舞焕芳华，奋进新时代”李桥镇2020年第三届舞蹈大赛。本次比赛共有全镇9支队伍的140余名舞蹈爱好者参与演出。

（李桥镇）

【“乐活·李桥”百姓大舞台文艺演出】 12月15日，李桥镇打造“乐”系列品牌活动之一——“乐活•李桥”百姓大舞台首场文艺演出在镇综合文化中心举办。

（李桥镇）

◆12月15日，“乐活·李桥”百姓大舞台首场文艺演出在镇综合文化中心举办（李桥镇供图）

李遂镇

【概况】 李遂镇位于顺义区南部、潮白河东岸，北与南彩、东与杨镇和北务接壤，西与仁和、李桥隔河相望。辖区总面积40.2平方千米，以农田生态系统为本底，潮白河滨水区域为重点，形成互为依托的平原生态格局，生态空间占镇域总面积的75%。年内，下辖16个行政村，户籍人口21731人，流动人口5888人。实现属地财税收入23458万元，一般公共预算收入8975万元，同比增收507万元，增长6.0%。

（李遂镇）

【疫情防控阻击战】 年初，率先建立起“147（成立1个领导小组，实行4项机制，落实7个全到位）”疫情防控工作体系。镇级工作专班24小时驻守集中隔离观察点，建立接转“零接触”、防护“双闭环”等机制，累计接待港澳台入境人员3104名、境外返京人员398人，实现入住客人“零病例”、工作人员“零感染”、酒店运行“零事故”、服务保障“零投诉”的“四零”目标，现场工作组获评市级抗疫先进集体。新发地疫情发生后，连夜开展重点行业、重点部位环境取样消杀，累计核实市、区两级大数据派单368人、主动排查151人，及时检测中高风险地区、重点行业群体12000例。年底境外输入引发顺义区局部聚集性疫情后，全镇迅速开展重点人员排查，主动排查480余人，连续实施全镇全员核酸检测和重点人群复检，累计采样42000余例。镇域2个集中隔离观察点分别接待密接人员414名、次密接人员86名。

（李遂镇）

【全力稳住经济基本盘】 年内，落实区级各项惠企政策，精准投送“服务包”，规模以上企业复工率100%。引进企业218家，吸引注册资金7亿元，新增税源企业6个，跟踪在谈项目3个，盘活闲置资产1处。国家食品安全风险评估中心和柳各庄村棚改回迁安置房等重点项目按计划加快推进，一般公共预算收入、工业产值、固定资产和建安投资等主要经济指标均实现正增长。

（李遂镇）

【生态环境持续改善】 年内，严格落实蓝天保卫战2020年行动计划，全力支持配合做好中央生态环保督察工作。PM2.5累计平均浓度38微克/立方米，同比下降4微克，降尘量5.6吨/（平方千米•月）。百万亩平原造林完成49.79公顷（746.9亩）。赵庄村获“国家森林乡村”称号。

（李遂镇）

【垃圾分类示范区验收】 年内，严格落实《生活垃圾分类管理条例》，实现生活垃圾入户收集全覆盖，140名收集员每日上门入户收集，6支社会化队伍负责农林废弃物、建筑垃圾、大件垃圾、厨余垃圾等分类收集清运消纳，厨余垃圾月均分出率25%以上，完成垃圾分类示范片区验收工作，率先实现建筑垃圾、农林废弃物 100% 不出镇。

（李遂镇）

【美丽乡村建设】 年内，全镇 15 个村（柳各庄棚改村除外）完成村庄规划编制及建设项目实施方案工作。镇再生水厂正式运行，4 个村污水治理工程投入使用，新建村级污水管线 64.7 千米、污水处理站 1 座。修缮乡村道路 2.61 千米、修补道路 1784.1 平方米，新装路灯 301 盏、更新路灯线路 4000 米。

（李遂镇）

【棚改项目稳步推进】 年内，倒排工期、每周调度，逐一化解矛盾，柳各庄村棚改转非安置工作取得进展，拆除 9 宗住宅和 2 宗非住宅，回迁安置房项目开工建设。

（李遂镇）

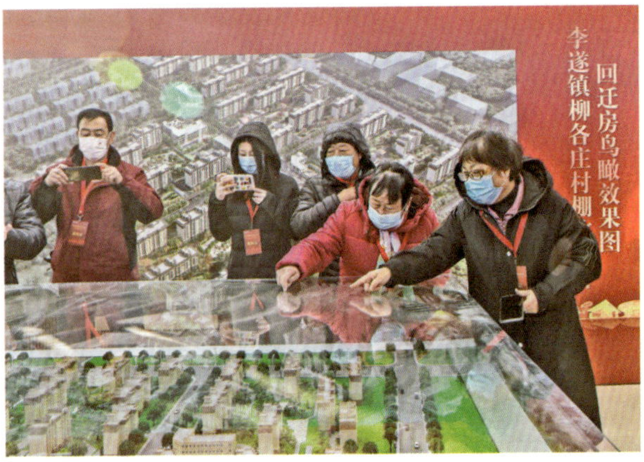

◈ 年内，柳各庄村棚改项目回迁安置房项目开工建设（李遂镇供图）

【精准帮扶】 年内，深入开展对口帮扶，对河北省张家口市万全区万全镇吴家庄村开展资金、物品双帮扶，落实帮扶资金 350000 元。持续强化镇内低收入农户帮扶，对 38 户边缘户建立“一户一策”帮扶工作台账，全镇实现 100% 脱低。

（李遂镇）

【“接诉即办”】 年内，实行副职领导日调度，主要领导周调度，严格落实领导包案的“四定三包”责任制，建立《李遂镇涉及民生重大事项“接诉即办”事前评估机制》，推动“接诉即办”向“未诉先办”转变。“接诉即办”综合考核排名 9 次进入全市前 100 名，其中 7 次跻身前 50 名，全年市级直派成绩位居全市第 25 名，综合成绩位居全区第 3 名。荣获北京市“接诉即办”改革工作“先进集体”称号。

（李遂镇）

【“七有”“五性”】 年内，新建实体书店 2 家，镇文体活动中心、文化馆、图书馆分馆通过验收，实现对外开放。支持地区教育事业发展，全年教育投入 159 万元，促进教学质量不断提高。实现城镇新增就业 325 人，超额完成年度目标任务。成立健康促进领导小组，完成宣庄户村和派出所健康社区和健康单位创建任务，完成陈庄村健康知识一条街建设工作。

（李遂镇）

【社会维稳】 年内，从严落实各项防控措施，完成全国“两会”、党的十九届五中全会等重要节点服务保障工作，聚焦社会面防控、反恐防恐、扫黑除恶等领域，强化大排查、大整治。落实信访矛盾排查化解长效机制，定期分析研判，全年调解矛盾纠纷 69 件次，全镇信访形势总体平稳有序。

（李遂镇）

【安全隐患综合整治】 年内，消防、防汛、食品药品等安全工作一体推进。累计开展领导带队检查、专项检查、联合检查。扎实推进燃气专项安全大排查，完成辖区 15 个村 4775 户居民燃气安全普查工作，荣获“北京市安全社区”称号，消防工作年度考核为“优秀”。

（李遂镇）

【村党组织换届选举】 年内，深入摸排选情，做好分析研判，精准施策，完成 16 个村党组织换届选举工作，选举产生新一届村党组织成员 56 人，实现班子学历水平、专业素质、整体功能、年龄结构“三升一降”。

（李遂镇）

龙湾屯镇

【概况】 年内，龙湾屯镇坚持稳中求进工作总基调，统筹推进疫情防控和经济社会发展，较好地完成年初确定的目标任务，实现“十三五”圆满收官，为“十四五”开好局奠定坚实基础。

（龙湾屯镇）

【疫情防控】 年内，第一时间成立镇疫情防控工作领导小组，统筹做好指挥调度工作。全镇党员、干部闻令而动，医务工作者、警务工作者逆行冲锋，全体村民主动配合，社会各界全力支援。全年未出现确诊病例、无症状感染者，做到疫情“零扩散”、人员“零感染”。

（龙湾屯镇）

◆2月3日，龙湾屯镇包村干部、村书记到欧菲堡酒庄了解员工返京情况（龙湾屯镇供图）

【产业发展】 年内，完成一般公共预算收入7812万元，同比增长228.3%；属地财税收入18337万元，同比增长53%，增幅均排名全区第1名。

（龙湾屯镇）

【营商环境】 年内，制定《龙湾屯镇领导走访企业方案》，班子成员走访企业34次，专题对接办结诉求3次，召开营商环境政策推介会3次。与中国交建京津冀区域总部、中国民族贸易促进会等16家央企、国企进行投资洽谈，引进北京华安润通国际物流有限公司、中海外业兴福盛农业科技发展（北京）有限公司等企业58家，注册资金8.1亿元。

（龙湾屯镇）

【重点项目】 年内，持续推进“疏整促”专项行动，治理违法建设96300平方米，留白增绿0.19公顷，规范劳动用工企业7家，新建基本便民商业网点3家。规范政府投资项目管理，完成项目预算、结算评审以及三方比价、招标代理41次。龙湾屯镇消防站及森林防火营房项目，月明涧、冷峪景观节点提升工程开工建设。柳庄户主题民宿群、浅山蜜塘奇妙乐园项目投入运营。

（龙湾屯镇）

【生态环境】 年内，抓好中央环保督察整改任务落实，督促15家餐饮企业完成油烟净化设备更新改造，PM2.5累计浓度28微克／立方米，排名全区第1名。深入落实“河长制”，清理违法种植7处，封堵南坞村入河排水口1处，安装小微水体公示牌10块。强化农业面源污染防治，推广节肥、节药行动；督促11块撂荒耕地恢复种植，提高土地利用效率。

（龙湾屯镇）

【人居环境】 年内，结合创建全国文明城区工作要求，扎实推进城乡环境建设，4月获评“首都城市环境建设样板单位”。深入开展月末清洁日、爱国卫生月主题活动，通过农村人居环境整治三年行动检查验收。全面推广垃圾分类，设置生活垃圾分类桶20000余个，聘请第三方公司负责大件废弃物收运，累计完成建筑垃圾资源化处置30万吨。

（龙湾屯镇）

【精准帮扶】 年内，深入开展对口帮扶，拨付帮扶资金20万元，通过832扶贫平台、消费扶贫中心购买农产品价值35.35万元。动员社会力量帮扶，10家企业为受援地捐款、捐物价值23万元。持续强化镇内低收入农户帮扶，落实9项帮扶举措，实现就业帮扶32人，发放各类补助12万元。精准识别帮扶对象，动态调整退出10户20人，增加3人，全镇低收入农户44户106人全部脱低。

（龙湾屯镇）

【“七有”“五性”】 年内，全面开展登记失业人员“一对一”就业援助服务，城镇登记失业人员就业率提升30%。保障群众住房需求，完成公租房、公租补贴、市场租房补贴申请38户。落实民政兜底保障，为11户生活困难家庭申请临时救助。优化镇村基础设施，完成29座公厕改造提升，安装连村路路灯 220 盏，启动 4 个村街坊路修缮工程。完成镇级文化馆改造工程，组织各类文体活动超过 80 场次。

（龙湾屯镇）

【“接诉即办”】 年内，坚持民有所呼、我有所应，完善便民电话日调度、周通报、月考核机制，确保 5000 余个群众诉求高效办结。全年“接诉即办”工作排名 6 次进入全市前 100 名，其中 2 次进入前 50 名。强化系统分析研判，推动“接诉即办”向“未诉先办”转变，提前介入解决问题 84 次。充分发挥人民调解作用，统筹整合村居法律顾问、公共法律服务、法律援助等资源，提高矛盾纠纷就地化解率，146 件矛盾纠纷在“家门口”化解。

（龙湾屯镇）

【安全风险防范】 年内，成立龙湾屯镇综合应急指挥中心，持续加大人力、物力、财力投入，完成国家森林草原防灭火指挥部联合督查迎检工作。坚决落实消防工作责任制，本年度消防安全工作被评为“优秀”。持续强化安全生产检查，整改各类安全隐患 3631 处，建立液化石油气台账 5838 户。统筹开展禁毒铲毒、防恐防爆、扫黑除恶等工作，加大防范非法集资宣传力度，完成十九届五中全会等重大活动安全服务保障任务。

（龙湾屯镇）

马坡镇

【概况】 马坡镇位于北京市东北郊，毗邻奥林匹克水上公园，地处顺义新城核心区，101 国道、京承铁路贯穿全境。镇域面积 35.1 平方千米，人口 22000 人。年内，全镇完成属地财税收入 10.8 亿元，同比增长 8.3%；实现一般公共预算收入 2.26 亿元。农民人均所得 34000 元，同比增长 2%。全镇下辖 21 个行政村，8 个村完成回迁，1 个村拆迁完毕等待回迁，剩余 12 个村为实施乡村振兴战略的规划保留村。本年度，获评北京市安全社区、北京市第二次污染源普查表现突出集体、北京市劳动监察工作先进单位、首都双拥工作模范单位、首都森林城镇、首都全民义务植树先进单位等荣誉称号。

（马坡镇）

【基层党组织建设多措并举】 年内，组织引导各村（社区）设置党员先锋岗、党员承诺墙，基层支部堡垒作用在疫情防控工作中充分发挥；洛娃日化、亿都川等“两新”党组织转产，生产防疫口罩、消毒液等防疫产品为全区疫情防控提供物资保障。以书面述职、远程测评等方式，高质量完成基层党组织书记述职评议考核工作；以云调度方式，指导各支部开展“党务公开”、党支部规范化建设等工作；强化党建促进物业“三率”提升的引领力，西马坡物业服务中心完成独立建支，佳和宜园物管会、泰和宜园物管会组建，同步成立功能型党支部，实现党组织 100% 全覆盖。

（马坡镇）

【疫情防控】 年内，成立疫情防控工作领导小组，镇级防疫专班 8 个工作组高效运转、密集调度，抗疫一线 45 个基层党组织、24 个“党员先锋岗”主动向前，67 名村级网格员、470 余名在职党员、800 余名志愿者及全镇百姓紧密配合、“接力抗疫”。局部聚集性疫情处置到位，13 个村、3 个社区全面封闭式管理，全镇所有村（社区）恢复卡口设置。全面有序开展核酸检测，用时半天完成 18 个核酸检测点的布置筹备工作，引导群众参与核酸检测，完成核酸检测采样 89000 人次。严格重点人群隔离管控，落实“14+7”隔离观察；落实“3+2”要求，用好智能门磁、摄像头、监控等技术手段为居家观察人员代买日常生活用品，通过“零接触”方式配送到家；及时清运隔离人员、居家观察人员生活垃圾，由专人负责消毒、收集；对出现发热等症状人员的生活垃圾，单独按照医疗废弃物收集处理；严格管控社区（村）内游戏厅、网吧、棋牌室等文化娱乐场所及公共活动场所，每日对社区（村）开展 2 次全覆盖消毒；通过电子屏、宣传横幅、“新城马坡”官方微信公众号等平台，加强宣传提醒，引导居民强化防护意识。

（马坡镇）

【复工复产有序推进】 年内，落实疫情防控属地责任，实地调研走访企业 40 余家；落实企业“服务包”

制度，协助31家企业申报《进一步强化疫情防控责任落实全力支持推动企业复工复产的意见》（“顺13条”）政策扶持资金1078万元，协助4家企业32人申报“高精尖企业高级管理人员支持政策兑现”925500元。指导企业严格按照市区两级防疫要求，实现镇域内近500家企业疫情防范“零风险”。全面深入开展企业摸排检查，跟踪指导企业集中观察员工1480人。坚决执行复工审核程序，56家规模企业全部恢复正常工作生产。

（马坡镇）

【新型产业结构加快构建】 年内，按照分区规划和产业定位，着力引进总部型、生产服务型、智能制造、高科技企业入驻，共引进企业40家、企业信息源45个，引进中天慧谷等亿元项目5个，新增北京京环特装贸易有限公司等纳税额在100万元以上的企业5家，其中北京奕承科技有限公司智慧环保设备研发生产暨总部基地项目总投资4亿元，建筑面积30000平方米，主要用于开发智慧环保设备新技术、新产品。

（马坡镇）

【营商环境】 年内，深入企业内部走访调研，了解企业发展状况，向企业传达市、区最新扶持奖励政策，对接企业诉求12条，召开政策推送会8次，举办招商引资会议5次，推送惠企政策54次。

（马坡镇）

【大气污染防治不断增强】 年内，专人24小时对镇域内的空气污染物数值进行实时监测，根据报警点位精准查处污染源。采取临时覆盖、长期绿化、硬化、铺装等多种方式抑制扬尘污染，苫盖村民自建房施工原材料、裸露土地、空闲地等150余处。推行马坡镇大气污染防治环保管家机制，全面建立马坡镇污染源电子围栏及电子标签，实现空气质量自动监测网络全覆盖，全年PM2.5平均浓度36微克/立方米，完成区级任务指标。

（马坡镇）

【水环境治理持续开展】 年内，镇、村级河长累计巡河3106人次，巡河总里程14000千米。加快推进南陈路排水改造、农村污水治理等工程，新建污水管线4061米，从源头消除小微黑臭水体，获评北京市第二次污染源普查表现突出集体。

（马坡镇）

【森林生态系统不断完善】 年内，占地9.47公顷（142亩）的马坡城市森林公园开园。推进实施绿化美化建设项目，马坡城市森林公园成为镇域首个区级“互联网+全民义务植树”基地。完成2020年新一轮“百万亩造林”任务，腾退土地79.67公顷（1195.1亩）全部用于平原造林，森林覆盖率由41.5%提升至43.5%，获首都森林城镇、首都全民义务植树先进单位。

（马坡镇）

◆10月1日，马坡城市森林公园开园（马坡镇供图）

【垃圾分类】 年内，厨余垃圾分出率从0.25%提升至16%，全区唯一的厨余垃圾就地化处理设备正式投入使用，日处理厨余垃圾2.3吨。

（马坡镇）

【“疏整促”专项行动】 年内，坚持疏解整治与优化提升同步推进，查处无证无照经营7户，新建便民服务网点4家；严厉打击违法建设，拆除违建99宗、205200余平方米；全面治理非法盗采加工砂石土方现象，关停非法加工经营砂石土方场所10家，全部实现两断三清、场清地平。

（马坡镇）

【新城建设】 年内，启动镇域规划编制工作，聘请北京汉通建筑设计有限公司专业规划编制团队，为新城地块量身打造规划设计。完善回迁社区基础设施配套，佳和宜园、泰和宜园改造工程如期完工。

（马坡镇）

【乡村建设】 年内，坚持“规划先行”原则，因地制宜、一村一策，12个自然村的村庄规划和美丽乡村建设实施方案全部取得区政府批复。加快推进新民居改造工作，完成新民居改造实施方案及户型图设计工作。加大人居环境整治力度，集中力量解决农村私搭乱建、乱堆乱放等突出问题，出动施工16000人次，“拔钉子”2处，清理垃圾1161处。

（马坡镇）

【“接诉即办”】 年内，强化未诉先办、主动治理，全心全意解决群众身边的操心事、烦心事、揪心事，马坡镇智慧平台PC端和手机App正常运行，全年累计受理服务热线10379件，及时受理率、按时办结率均为100%。

（马坡镇）

【地区安全形势】 年内，坚持将日常安全检查与疫情防控工作相结合，开展液化石油气、用电安全、涉爆粉尘等专项检查30余次。联合区应急局、区消防支队、区住建委、镇文教办、城管、市场监督等部门开展联合执法26次。全年检查企业824家3886次，整改隐患4918项，覆盖率、整改率均为100%。推动辖区310家小微企业完成安全风险评估工作，完成15家企业风险评估核查工作。打赢扫黑除恶专项斗争收官战，排查450人、5件线索，均未发现涉黑涉恶情况。马坡镇获评北京市安全社区，荆卷村获评北京市综合减灾示范社区。

（马坡镇）

【路网建设】 年内，强化公路建设，投资902.22万元翻修秦武姚村等4条公路，进一步提升镇域道路路网水平，镇级道路综合路获评“北京市最美乡村路”。

（马坡镇）

【就业保障】 年内，举办线上招聘会9场，提供50余个工种1600多个岗位，初步达成意向521人。组织召开惠企政策宣讲2次，指导10家企业为180名员工申请返岗交通补贴共计41367.25元。建立2020届114名应届高校毕业生台账，深入企业挖掘岗位，应届高校毕业生实现100%就业。全力做好根治欠薪工作，划分9个三级网格，配置22名网格员，实现检查复查无死角、全覆盖。规范劳动用工企业33家，涉及劳动者人数1855人；受理投诉87件，涉及劳动者408人、劳务费用5000余万元。获评北京市劳动监察工作先进单位。

（马坡镇）

【退役军人优抚工作】 年内，完成24个村、居退役军人服务站建站挂牌，并建立退役军人台账，确保各项抚恤金及时发放，优抚政策宣传贯彻落实到位。受理退役军人保险接续申请32人次，直接服务退役军人140余人次。获评首都双拥工作模范单位荣誉称号。

（马坡镇）

【对口帮扶】 年内，向河北省张家口市沽源县西辛营乡五合庄村等地拨付对口帮扶资金共计358.8万元，其中防疫专项帮扶资金150000元。

（马坡镇）

【民生工程】 年内，全区最大的鑫绿都超市入驻本镇，建筑面积2300平方米，配备车位150余个，可惠及周边近10000名居民。完成智慧社区建设，全镇11个村（不含西丰乐村）、4个社区的门禁系统、车辆道闸系统全面升级。全面推进“雪亮工程”建设，在全镇范围内安装高清治安监控摄像头1729个。

（马坡镇）

木林镇

【概况】 木林镇位于顺义区东北部。辖区总面积85.35平方千米。下辖26个村委会。年内，有户籍人口17163户、36473人，常住人口10000人，流动人口3200人。有社区卫生服务中心1个、社区卫生服务站15个。小学3所，幼儿园6所。有养老机构1个。有为民服务大厅120平方米、镇文化中心3332平方米、有文化广场27处。营商环境进一步优化，新引进注册项目51家，注册资金3.18亿元。全年完成属地财税收入2.94亿元，降幅持续收窄；一般公共预算收入1.21亿元，同比增长78.6%。年内，木林镇获评“北京市安全社区”。

（木林镇）

【疫情防控】 年内，第一时间成立疫情防控工作领导小组，对防控各环节进行周密安排和精心部署。140余名机关干部，110余名村“两委”干部，500余名在职党、团员，700余名志愿者，构建横向到边、纵向到底的疫情防控网络，实现地区“零感染”“无病例”。建立应急响应、分析研判、每日报告三项机制，守护好村庄、住户、返京人员三道防线，压紧压实“四方责任”，筑牢疫情防护墙。各村、各单位主动作为，控制卡口数量，配强值守力量，严格执行进出管理。“人防＋技防”双管齐下，关心关爱居家健康监测人员生活，累计完成居家观察4402人次。结合防控形势变化，多渠道宣传防控知识，引导居民做好个人防护、参与疫情防控。参与新国展集散点服务保障、转接在鄂返顺人员直达社区、支援区内镇街开展核酸采样。开展校园防疫服务保障，3所小学和5个幼儿园开学复课。坚持应检尽检，在北京清华长庚医院、丰台区妇幼保健计划生育服务中心、门头沟区医院和京顺医院、区医院、空港医院等力量帮助下，完成64778人次核酸采集，结果均为阴性。集中采购医用外科口罩、红外线额温枪、消毒液等防疫物资，发放至卡口、企业、学校、商铺等重点场所，满足一线使用需求。党员、群众及各类团体捐款40余万元。走访慰问困难群体522人次，发放口罩、香皂等防护物资325份。严厉打击哄抬物价、囤积居奇等违法行为，确保市场供应充足、价格稳定。

（木林镇）

【谋划布局引领发展】 年内，完成第七次全国人口普查登记，为推动高质量发展提供科学准确的统计信息支持。镇域规划编制思路成形，为未来发展指明方向。系统总结“十三五”以来发展经验，准确把握发展阶段性特征，精心谋划“十四五”发展思路、目标定位、重点任务，凝心聚力将木林打造成一产、三产深度融合的山水田园康旅小镇，推动产业结构优化整组，力促实现转型升级。

（木林镇）

【预留空间持续发展】 年内，拆除违法建设272000余平方米，疏解一般制造业企业3家，建设提升基本便民商业网点2家。完成国有资产清查自查和795份涉地农村集体经济合同清理。稳步推进养殖地整治，收回土地341.25万平方米。

（木林镇）

【项目带动高质量发展】 年内，东沿头村集体土地建设租赁住房项目和卫生院改扩建项目均取得乡村建设规划许可证，有序推进开工手续办理。两路拆迁工作分步实施，木孙路拆迁完成98.5%、通怀路（非宅）拆迁完成86.9%。

（木林镇）

【基础保障全面覆盖】 年内，救助城乡低保、特困、低收入家庭5604人次共计649.81万元。完成城乡劳动力就业824人、城乡就业困难人员就业470人、规范用工单位15家。强化动态管理，开展走访监测，309户562人低收入户全部稳定脱低，疫情期间未反弹。全镇人均可支配现金收入23450元，同比增长5.9%。深入开展对口帮扶，提供帮扶资金60万元，采购贫困地区农产品180余万元。

（木林镇）

【社会服务日益完善】 年内，李各庄学校与光明小学成立“顺义区光明小学教育集团”，促进城乡义务教育一体化发展。完成15541人次城乡居民医保缴费和37.5万余元医疗费用手工报销，减轻居民医药负担。发放助残补助124.45万元，申领辅助器具105人次。投资1268.02万元完成贾茶路、韩孝路等6条道路共8.08千米大修工程，养护乡村公路121.33千米。

（木林镇）

【文体事业纵深推进】 年内，对接区级文化资源，文化馆分馆和图书馆分馆相继建成开放，提升文化发展综合水平。5个村级文化活动中心和10处户外健身场完成改建提升，满足居民场地使用需求。成立篮球、跑步、象棋、舞蹈协会，会员超过600人。举办一批具有木林特色的品牌赛事和文化活动，体育特色镇建设成效显著，文化事业蓬勃兴旺。

（木林镇）

【污染防治行动】 年内，“散乱污”企业实现动态清零，118块裸露地块完成治理，PM2.5年均浓度降至35微克/立方米，平均降尘量降至5.5吨/（平方千米·月）。深入落实河长制工作，清理河道沟渠31.53千米，确保河道清洁畅通。沙坑生态修复治理工程完成75%，9处沙坑有7处完成治理。

（木林镇）

【人居环境持续优化】 年内，抓落实盯整改，市、区环境问题台账100%完成销账。坚持人居环境常态化保持，1500余处市、区农村人居环境检查台账完成销账，6500余处自查问题完成整改。全镇实现垃圾分类负责人主体责任全覆盖，生活垃圾分类基本类别全覆盖，生活垃圾分类投放、收运、处理系统全覆盖。投资1300余万元完成56座公厕改造，提高群众生活便利性。

（木林镇）

【绿化美化】年内，完成平原造林58.71公顷（880.7亩）、平原造林养护移交427.07公顷（6406亩）。完成五边绿化2.46公顷（36.9亩）、留白增绿6.37公顷（95.55亩）。木孙路、通怀路工程移栽树木380余棵。

（木林镇）

【浅山开发】 年内，疫情封山期间，强化浅山运维管理，每日开展巡查维护，确保路线畅通、设施安全。“十一”期间，浅山景区接待游客超过17000人次，为常态化疫情防控形势下推动浅山旅游积累宝贵经验。舞彩浅山龙林沟域环境提升工程（六期）完工、百草湖生态景观提升工程取得项目建议书批复。

（木林镇）

【安全发展理念】 年内，加大隐患排查治理力度，检查企业3010家次，整改安全及消防隐患1538项。强化瓶装液化石油气安全管理，检查宅基地和出租房11000家次，更换燃气软管和减压阀8294户。开展高压线下隐患消除工作，修剪线下树木16700余棵。森林防火关口前移，森林消防队24小时驻守浅山林区巡逻值守，连续19年未发生森林火灾。

（木林镇）

【依法行政】 年内，推进综合行政执法改革，镇综合行政执法队全年完成“三类场所”疫情防控、街面秩序、燃气安全、垃圾分类、施工工地及渣土车辆执法检查9300余次，立案查处820起，4次季度考核均位列全区镇街第1名。扎实开展司法工作，实现矫正帮教管控到位、人民调解应调尽调、法治宣传日益创新、服务水平稳步提升、依法治镇落地见效。围绕“公正信访、阳光信访”要求，提高信访工作透明度，接待来访群众436批次，即时受理率、办结率均为100%。开展信访矛盾纠纷排查化解18次，将矛盾解决在萌芽状态。

（木林镇）

【群众办事更加便利】 年内，坚持疫情防控和政务服务“两手抓”，全镇112个事项纳入不见面审批服务，累计网上办理业务2800余次，提高办事便捷性。政务服务大厅完成改造升级，编制政务服务手册，绘制办事流程图，更新标识导识，配备值厅员，设立帮办代办服务窗口。

（木林镇）

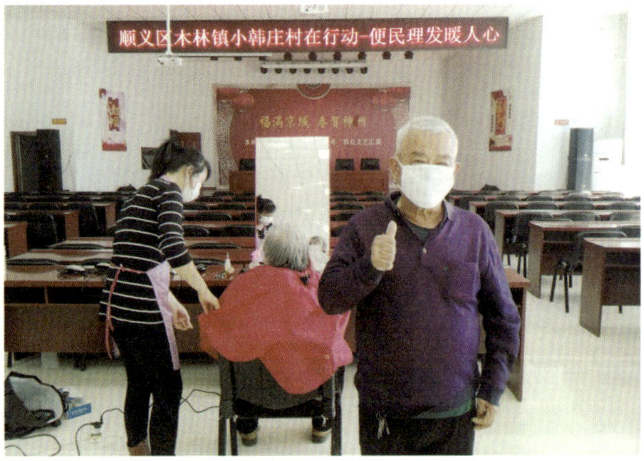

◈2月22日，小韩庄村“为民服务解难题”，主动为村民组织免费便民理发活动（木林镇供图）

南彩镇

【概况】 南彩镇是顺义新城31、32街区所在地，也是轨道交通15号线俸伯站和915公交总站所在地，与顺义城区一河相隔，京平快速、顺平、顺密等多条市级公路穿境而过。镇域面积57.6平方千米，辖

26个行政村和1个社区。南彩镇始终坚持以“转变发展方式，扩充经济总量，优化产业结构，促进经济发展”为目标，以二、三产业基地为平台，推进镇域经济快速发展，逐步形成以汽车配件、高档门窗、航空配件、医疗器械为主导的产业格局，第三产业在镇域经济中的比重不断增加，社会各项事业保持平稳较快增长。

（南彩镇）

【“接诉即办”】 年内，共受理群众诉求9595件，镇街直派系统响应率100%、解决率95.87%、满意率96.69%，平均综合成绩97.17分，全市排名49名，环比提升190名，进步幅度进入全市前10名；结合区级转派系统综合得分排名全区第6名，环比提升18名。

（南彩镇）

【街乡吹哨，部门报到】 年内，全镇向上级职能部门“吹大哨”20次，解决问题12个；各村（居）“吹小哨”302次，解决问题287个；职能科室、包村干部向村居“领哨”150余次，解决问题130个。

（南彩镇）

【惠老资金发放】 年内，按时完成各类人员统计、汇总及高龄津贴发放工作，共发放区级老龄津贴11088人次556700元。为具有本市户口且符合条件的困难老年人、失能老年人和高龄老年人进行补贴申请及资金发放1424人次，补贴38.85万元。申请及初审失能护理补贴残疾人及失能老人5358人次，发放补贴264.29万元。申请及初审高龄老人津贴12579人次，发放补贴190.23万元。

（南彩镇）

【全镇养老服务体系完善】 年内，洼里村养老驿站竣工。驿站实行综合服务，服务于驿站所在村、周边村老人，生活困难群体，残疾群体，空巢群体，将困境儿童、残疾人纳入服务对象。同时完成南彩镇养老照料中心挂牌工作。11月1日，南彩镇敬老院正式移交第三方公司乐家居家养老服务中心运营，同时加挂南彩镇养老照料中心牌子。

（南彩镇）

【温馨家园管理工作】 年内，通过温馨家园服务群，以及各村（居）委会残疾人服务群，以线上形式开展疫情防控知识宣传、传统文化教育、心理咨询、法律咨询、技能培训等活动，惠及3000余人次；组织残疾人在温馨家园开展各类线下活动，惠及2000余人次。职康站提供康复指导、康复锻炼和辅具展示及辅具租借等服务，学员进步显著、效果明显。

（南彩镇）

【残疾人就业】 年内，为42名符合条件的残疾人申请自主创业就业社会保险补贴，共计341167.05元；为195名残疾人申请城乡居民养老保险补贴；为1名自主创业残疾人发放创业补贴15147元；为13名残疾人进行就业需求登记并组织镇域内有就业需求的劳动年龄段内残疾人参加线上招聘会3次；组织15名就业年龄段残疾人开展技能提升培训。

（南彩镇）

【持续打击环境违法行为】 年内，开展日常巡查、检查，对存在问题的商户、企业下达告知单，并责令其停业整顿，对不配合整改的商户、企业，由环保办牵头开展联合执法，全年共检查企业5200余家次，下达执法文书967份，监督指导企业整改。共清退非法加工、废品回收、养殖场30余家。

（南彩镇）

【招商引资】 年内，有307家企业完成工商注册手续，其中，注册资金1亿元以上企业5家，注册资金3000万元以上企业21家（含1亿元企业）。清科世纪（北京）科技有限公司引进企业167家，包含上市企业9家，瞪羚企业3家。本年度项目信息源、引进项目、新增税源企业、推送惠企政策等招商引资任务全部超额完成。

（南彩镇）

【疏解整治促提升】 年内，聚焦提质增效，坚定有序推进“疏解整治促提升”专项行动。建设提升基本便民商业网点19家，疏解一般制造业企业4家；规范劳动用工37家；拆除违法建设433900平方米，腾退土地面积54公顷；利用10000余平方米腾退空间，争取区级投资674.79万元，在后俸伯、柳行两村建设文化健身广场和便民停车场；申报九王庄、坞里、洼里等村便民停车场和文化健身广场项目。

全面梳理镇域文、教、体、卫等各类资源，申报区级项目8个，共涉及资金2.3亿元。其中，洼里、前郝家疃幼儿园建设项目，均取得施工许可证。

（南彩镇）

【第七次人口普查】 年内，全面有序开展第七次全国人口普查工作，镇人普办严格按照市、区两级的统一部署，强化4个环节，共登记人口91930人，实现户籍人口、出生人口、死亡人口“零差错”。

（南彩镇）

【代表桥梁纽带作用】 年内，新增水屯、洼里2家人大代表联络站，改建后俸伯、东江头为代表联络站，进一步完善河北村人大代表之家，“四站一家”全部制度上墙，落实代表走访选民、向选民述职、接待选民、听取选民意见和建议等工作。

（南彩镇）

【法律宣传】 年内，设立法制宣传站，共发放法律知识读本1900余份，法制宣传折页1500余份，法制环保袋3100余个，现场解答法律咨询80余人次，现场悬挂法制宣传标语4条，村级司法行政宣传栏张贴法制挂图240余张。此外，包括“6·26”禁毒日，“九九”老年节，“12·4”宪法日特定的法制宣传活动日，司法所与相关科室联合开展法律宣传活动。

（南彩镇）

【社区教育显成效】 年内，为2个村居举办饮食健康讲座，为5所村办园家长举办亲子绘本共读讲座，为2所学校开展花草种植培训，参与人员约900人次。建立2个社区教育特色项目：河北村民俗园文化艺术培训项目、华橄国际文化体育发展有限公司（东江头橄榄球训练基地）项目；建立1个市民终身学习示范基地：东江头村橄榄球训练基地。

（南彩镇）

【宣传阵地建设】 年内，推进创建公共文化服务示范区工作，申报区财政局村级文化室升级改造项目，14个村综合文化室施工部分全部完成，硬件水平显著提升；不断提升镇级综合文化中心服务水平，在区级每月督查中创建达标率由37.35%提升至90.48%。全力推进实体书店建设，完成5家实体书店创建任务。完成5套健身器材安装、1片笼式足球场地建设工作。

（南彩镇）

【文明创建“走实”】 年内，组织召开不同层面、不同角度创城工作专题会，重点汇总、分析、研究实地检查中的短板、共性问题，完成区级创城督查68期、整改问题1162个。联合路星党支部在M15号线俸伯站开展文明路口引导“百日大战”志愿活动，引导行人养成文明出行习惯。在主干线两侧及公园、广场安装广告牌式公益广告70个、景观小品3个，营造“人人皆知、人人参与”的创城浓厚氛围。

（南彩镇）

【重点时期服务保障】 年内，全镇发动治安志愿者1161人，村级巡防队642人，全面开展服务保障工作。服务保障期间，针对各类重点人员及时启动管控措施，组建镇级督导检查工作小组，对各村（居）工作开展情况进行检查，未发生有影响案（事）件。

（南彩镇）

【疫情防控】 年内，组织动员村级防控力量1100余人，下沉机关干部127名，分组轮流值勤，全天卡口值守，筑牢村（社区）疫情防控的铜墙铁壁。全力做好居家观察人员服务保障工作，落实“一对一”管控，妥善安置返京人员31000人次，完成居家观察29000人次。建立“一套机制、两个突出、三项服务”工作法，全力做好瑞麟湾、速8酒店集中隔离点服务保障工作，选派副职领导及业务骨干47人到点常驻，累计接待服务密接人员512人、境外返京人员1367人，从接入、隔离、转运到解除，实现“零差错”。

（南彩镇）

【经济运行】 年内，走访企业，解读政策、解决困难，做好“服务生”、制好“服务包”，共走访企业110家次，推送惠企政策68家次。拓宽招商引资渠道，与第三方专业机构合作，引进企业167家，其中上市企业9家、瞪羚企业3家。全镇有上市企业13家，数量同比增长225%。

（南彩镇）

【营商环境持续优化】 年内，以“互联网+政务服务”为突破，开通微信办理便捷通道，全年微信办件580余件，切实做到“工作不断、标准不降、服务不减”。全面推行早晚“弹性办”、午休“不停办”和周末“接续办”的延时服务机制。协助40余家企业申请顺义区国家高新技术企业、科技研发项目、新三板企业改制挂牌等各类奖励资金2720万元；协助4家企业32人申请“高精尖”企业高级管理人员奖励110万元；协助9家企业申请公租房30套。

（南彩镇）

【深入开展脱低增收】 年内，组织开展小营村稳就业专场招聘会，提供就业岗位220个、达成就业意向41人。对接市政控股，共同实施农业绿色产业项目，建设塑料大棚19个，村集体年增收32万元，解决村内就业5人。在低收入农户帮扶工作的收官之年，全镇低收入农户人均可支配收入达到23456元，同比增长26.85%，超出低收入标准线12296元，通过区级部门验收。全镇170户379人全部脱低摘帽。

（南彩镇）

【垃圾分类】 年内，全面落实《北京市生活垃圾管理条例》，将农村保洁员、街巷长、农村环境专员225人纳入垃圾分类指导员队伍共同参与。强化保洁员入户收集，垃圾桶站由原来的150余个优化到35个，解决垃圾混倒混放问题。配发村民户用垃圾桶48000个、分类垃圾桶1800个。成立建筑垃圾、植物垃圾、大件垃圾、装修垃圾清运队伍，编织垃圾分类完整服务链条，实现垃圾分类管理责任人主体责任全覆盖，生活垃圾分类基本类别全覆盖，生活垃圾分类投放、收运、处理系统全覆盖。

（南彩镇）

◆5月，柳行村开展垃圾分类大讲堂活动（南彩镇供图）

【人居环境】 年内，完成市、区两级环境问题台账整治工作，累计整改市、区级台账4185处，整改率100%。通过美丽乡村绿化美化建设项目，村庄绿化增加40000平方米。全镇26个村全部通过北京市农村人居环境整治综合验收，完成10个村美丽乡村迎检验收工作。全年人居环境市级检查平均成绩排名全区第6名，其中5月市级人居环境考核取得全区第3名。

（南彩镇）

【森林覆盖率不断提升】 年内，成立三级网格队伍，划分2个片区、11个中队、26个小组，完成平原造林任务。完成西江头、望渠2个村“首都绿色村庄”创建、南彩十一中学1个“花园式单位”创建，全镇有“首都绿色村庄”10个。

（南彩镇）

【安全生产】 年内，聚焦行业特性，累计开展有限空间、危险化学品、高空作业等30项专项行动，着力提高安全红线意识、安全管理能力及安全治理水平。开展“一企一标准、一岗一清单”编制工作，有195家企业完成编制工作。联合区燃气公司对全镇9570户居民和662家使用液化石油气的企业开展用气安全隐患大检查工作，完成镇域全部居民户更换合格燃气管、阀工作。

（南彩镇）

【物业管理委员会建立】 年内，落实《北京市物业管理条例》，推进“红色物业3+X”专项行动，彩丰社区物业管理委员会组建。

（南彩镇）

【就业保障】 年内，完成城镇劳动力就业989人，完成全年任务的116%；完成城乡就业困难人员就业720人，完成全年任务的129%。开展网络专场招聘会5场，拓岗419个。

（南彩镇）

【民生工程】 年内，完成5.52千米公路大修及两座桥梁改造工程；新装、更换LED路灯538盏；完成后俸伯、北彩等5个村农田排水系统清淤工作，清理沟渠3530米，修建管涵3处；完成望渠村街道排水工程项目建设，新建盖板方沟2446米、边沟护砌 598 米；新建太阳能浴室 9 座；开展饮用水计量收费工作，更换水表 11000 块。

（南彩镇）

【水屯村兴旺街创建“美丽街巷”】 年内，培养农村居民健康生活方式和行为习惯，助力“美丽乡村”建设，选树水屯村兴旺街作为区级首批创建“美丽街巷”。镇、村两级妇联组织坚持党建引领，采取“三上三下”工作模式，了解民意并调动妇女群众参与积极性；围绕村风、民风、家风建设，开展系列妇女儿童活动 20 余场；“以点带面”“示范引领”，到区外学习“美丽庭院”创建先进经验；“留白增绿”、鲜花点缀，对整体街面粉刷、装点。历时 7 个多月，水屯兴旺街通过区级验收。

（南彩镇）

【区镇人大代表补选】 11 月 17 日，区镇人大代表补选工作正式启动，严格按照《中华人民共和国选举法》《中华人民共和国地方各级人民代表大会和地方各级人民政府组织法》和《北京市区、县、乡、镇人民代表大会选举实施细则》的有关规定，在镇第 26、27 选区完成南彩镇第十七届人民代表大会镇级代表补选工作，在顺义区第 16 选区完成顺义区第五届人民代表大会区级代表补选工作。此次区镇人大代表补选共涉及 6 个村委会，9000 余名选民参加。

（南彩镇）

南法信镇

【概况】 南法信镇东与仁和镇隔小中河相望，南与首都机场相邻，西邻后沙峪镇，北与马坡镇接壤。南北延伸 8.5 千米，东西宽约 3 千米，总面积 20.6 平方千米。下辖 1 个居委会，16 个行政村，其中整建制村 9 个，拆迁村 7 个，完成回迁村 7 个。全镇常住人口 53810 人，流动人口 45247 人，外籍人口 80 人；新出生 329 人，出生率 0.6%；死亡 120 人，死亡率 0.2%。有南法信镇卫生院 1 所，社区卫生服务站 5 个。南法信镇中学 1 所，小学 1 所，幼儿园 1 所。途经辖区公交线路 22 条，有地铁 M15 号线贯穿其中。有为民服务大厅 500 平方米、地区文化中心 1400 平方米、文化广场 1 处，绿化率 40%。年内，地区属地税收实现 29.63 亿元，同比降幅由低谷时期的 42.1% 收窄至 16.6%；一般公共预算收入实现 2.37 亿元，同比降幅由低谷时期的 16.3% 收窄至 12.2%。工业总产值完成 15 亿元；居民人均可支配收入（人均所得）29285 元。

（南法信镇）

【春运安保会】 1 月 22 日，南法信镇召开春节期间城市运行服务保障工作部署会。全体领导班子成员出席，各村（居）党支部书记、包村干部、机关科室、双管单位、城市运行服务保障相关单位负责人参加。会上，部署便民电话及社会面防控相关工作，环保工作，安全生产及消防安全工作，社会面维稳及治安防控工作，“煤改气”运行及河长制工作和环境卫生工作。

（南法信镇）

【大年三十坚守一线】 1 月 24 日，南法信镇党员干部 80 余人坚守一线。领导班子成员带队，全体包村领导、包村干部、各职能科室、相关部门，全部下沉一线，到全镇各重点企业单位、村（居）检查安全保障工作。

（南法信镇）

【违法建筑拆除】 4 月 22 日，南法信镇拆除 5 处 8376 平方米违法建设。“吹哨”区城管执法局、顺义公安分局治安支队、区网信办、区信访办、区司法局、市规划自然委顺义分局，对东海洪村 3 处、西海洪村 2 处违法建设进行依法拆除。

（南法信镇）

【生态环境治理】 4 月 26 日，南法信镇联合区生态环境局共同治污。执法人员分为 7 组，对辖区餐饮、施工工地、生产型企业、汽修企业等 6 类 100 余家企业进行环境执法检查，查找各类污染源，精准扫除污染“顽疾”。

（南法信镇）

【对接座谈会】 5 月 8 日，顺义・中关村信息谷创新中心政企银对接座谈会在南法信镇举办。此次活动由区投资促进服务中心、金融服务办公室、南法信镇人民政府联合主办，北京中关村信息谷资产管理有限责任公司承办。中科希达（北京）科技有限公司、北京尚隐科技有限公司等12家科技企业负责人先后发言，介绍企业发展、产品特色，表达落地需求，提出发展困难，并就智慧城市建设、跨越电商、投资基金等问题与政府部门、金融机构、服务机构进行沟通交流。

（南法信镇）

【复学复课保障】 5月31日，南法信镇全力做好辖区复学复课保障工作。地区党委、镇领导到南法信中学、小学检查复学复课准备工作。检查组一行详细听取学校负责人关于学校复学复课准备工作及疫情管理工作的汇报，并对入校人员登记、体温监测、返校师生风险排查、学校疫情防控应急预案等相关制度落实，教室、餐厅消毒及电子体温测量仪、口罩、医用酒精、喷雾器等疫情防控物资配备情况进行检查。

（南法信镇）

【“法律援助进军营”】 7月31日，南法信镇武装部、司法所携手北京双法律师事务所到北京陆军预备役高炮二团开展“法律援助进军营”活动。通过开展法律知识答题、现场法律咨询等活动，对广大官兵在生活和工作中遇到的军人待遇、婚姻家庭、抚养等问题进行解惑释疑。同时，工作人员为官兵送去《法律援助条例》《中华人民共和国宪法》等相关法律法规的知识手册。

（南法信镇）

【惠企稳岗座谈会】 8月28日，区人力社保局到南法信镇调研惠企政策落实情况。与辖区内同晖珠宝、嘉和一品、骏马客运等11家企业开展惠企稳岗座谈会。区人力社保局和南法信镇相关领导参加。会上，各企业负责人介绍企业的发展情况，就人员招聘、培训方案、技能培训补贴等内容进行现场咨询。区人力社保局和镇社保所现场对各企业提出的问题及申请政策情况等进行逐一解答，并解读市、区两级相关补贴政策。

（南法信镇）

【“光盘行动”宣传活动】 10月14日，南法信镇开展“光盘行动”宣传活动。市场监督管理所执法人员走进辖区大红果、绿谷渔阳等8家餐饮单位，向餐饮单位负责人及用餐顾客宣传“光盘行动”和使用“公筷公勺”的重要意义，引导餐饮商户为用餐群众提供小份饭菜、半份饭菜，倡导节俭美德。现场发放宣传手册及公勺公筷，倡导餐饮单位根据用餐人数、菜品数量，主动配备相应的公筷公勺。

（南法信镇）

◆10月14日，南法信镇开展“公勺公筷、光盘行动、文明用餐”宣传活动（南法信镇供图）

【冷链食品检查】 11月24日，南法信镇开展冷链食品专项检查行动。南法信市场监督管理所对辖区内的叮咚买菜、盒马生鲜库房等5家进口冷藏冷冻食品经营、储存单位进行检查，全力做好辖区内冷链食品疫情防控工作。检查中，执法人员重点对进口冷藏冷冻食品的进货查验验收、供货商资质文件等情况进行检查，并督导企业注册、使用《北京市冷链追溯平台》，如实上传进口冷藏冷冻肉类、水产品来源等追溯数据。

（南法信镇）

【12345便民电话会】 11月25日，南法信镇召开便民电话调度会。镇领导班子成员，各村居党支部书记，相关科室负责人50余人参加。会上，党委书记对近期便民电话情况进行整体调度，并结合实际案例听取相关责任人汇报案件的处理情况，对办理案件的村居、相关科室进行指导，要求找准矛盾根源，从源头上思考解决办法，快速、务实为群众解决诉求。

（南法信镇）

【冬季安全隐患工作会】 11月29日，建设领域安全隐患冬季专项整治工作部署会召开并开展施工安全专项检查。镇领导班子成员，各村居党支部书记，施工工地、重点企业、楼宇物业负责人50余人参加。会上，副镇长通报安全生产事故情况，并传达区级会议精神。会议结束后，镇领导分别带队到辖区施工工地开展施工安全专项检查。

（南法信镇）

【企业走访】 12月1日，南法信镇领导带队到日通国际物流（中国）有限公司、国航进出口有限公司走访服务，并分别与企业负责人围绕经济稳增长召开座谈会。会上，党委书记听取各企业发展战略、企业文化、生产管理、产品销售等情况，详细了解企业发展规划、发展需求，共同探讨如何解决企业发展中存在的困难和问题，并围绕企业的下一步发展给予建设性意见，提供最新政策的宣传和指导。

（南法信镇）

【疫情防控】 12月20日，南法信镇召开疫情防控工作部署会。镇全体领导班子成员，各村居党支部书记，第一书记，双管单位负责人40余人参加。会上，党委副书记部署各村居、商务楼宇、“六小门店”等疫情防控工作；党委组织委员对村居卡口值守、人员摸排、消毒消杀等方面进行提示。及时组建由120名镇机关、各村（居）党员干部组成的志愿服务队，分批次奔赴西杜兰及东海洪村2个封控村开展疫情防控工作。

（南法信镇）

牛栏山镇

【概况】 牛栏山镇位于顺义区北部，东隔潮白河与北小营镇相望，南与马坡镇为邻，西靠赵全营镇，北接怀柔区庙城镇，辖区总面积31.4平方千米。下辖20个行政村，6个居民委员会。年内，有户籍人口13757户30547人。有社区卫生服务中心1个，社区卫生服务站6个。有大学1所，技工学校1所，中学2所，小学3所，幼儿园4所。有养老机构1个。年内，坚持以人民为中心的发展思想，推进疫情防控和经济社会发展。实现属地财税收入25.17亿元，同比增长51.5%；一般公共预算收入5.90亿元，同比增长127.5%。获得“北京市扶贫协作奖组织工作奖”“北京市体育特色乡镇”“北京市控烟示范单位”等称号。

（牛栏山镇）

【疫情阻击战】 年内，牛栏山镇按照“外防输入、内防扩散”的要求，在各村（社区）设置卡口59个，设立临时党支部33个，1356名党员带领联防联控人员坚守岗位。对维尼纶北区和市场小区等未纳入村居管理的7处无隶属关系的集中居住片区，下沉机关骨干力量盯守。全年累计核酸检测68525份，结果均为阴性，未出现疑似、确诊、住院病例，实现全镇人民零感染。累计拨付疫情防控资金1135万元，向各村（居）发放各类防控物资。为规范防控资金和捐赠款物使用，2月1日制订《牛栏山镇应急采购内控管理办法》。实施“点对点”监测补货机制，增加便民服务网点，畅通供货渠道，满足居民的“菜篮子”“米袋子”等日常生活需求。

（牛栏山镇）

【招商引资】 年内，共引进企业160家，注册资金总额10.50亿元；盘活百强家具等闲置资源3处，约45000平方米。帮助企业申领区级扶持资金2500万元。利用区级简易低风险政策，协助闽京蒲企业园、京日东大、慧怡科技、韩江自动化等企业完成工业厂房、办公楼宇建设10000余平方米，累计拉动固定资产投资1.22亿元。

（牛栏山镇）

【安全风险防范化解】 年内，一是新建消防站挂牌成立并投入使用，升级微型消防站设备，17个未拆迁村“一大一小”2辆微型消防车、消防水池、水鹤全覆盖。二是对5849名用户和188家用气单位入户检查，为村民免费更换燃气胶管和减压阀5319套。

（牛栏山镇）

【精准扶贫】 年内，牵头顺鑫控股集团等8家成员单位对内蒙古自治区科左中旗开展对口帮扶，向科左中旗拨付财政资金共180万元，用于京蒙帮扶区级项目建设；采购扶贫产品价值503.28万元；捐赠专项帮扶资金100000元。科左中旗实现脱贫摘帽，本镇获得“北京市扶贫协作奖（组织工作奖）”“全区脱贫攻坚京蒙扶贫协作优秀单位”称号。

（牛栏山镇）

【生态环境治理】 年内，推进大气污染防治“一微克”行动，保持PM2.5平均浓度38微克/立方米。深化河长制工作，开展水污染治理，小中河排污口整治，污水全部接入市政管线，流入污水处理厂进行处理，全镇污水处理率100%。结合农村治污工程逐条施策，逐条治理，建立动态台账21处，销账率100%。推动平原造林任务，全年完成栽植面积41.55公顷（623.2亩）。

（牛栏山镇）

【基础设施建设】 年内，投资2000万元，用于农村基础设施建设。新建篮球场、健身广场3个，小型口袋公园1个，新增绿化面积约13200平方米，硬化路面约9760平方米，新增防汛排水管路约800延米，消除6户居民住宅周边安全隐患问题。全年修缮沥青混凝土路约67697平方米，新建沥青混凝土路约22824平方米，新增联村路灯269盏。

（牛栏山镇）

【城乡精细化治理】 年内，完成恒华安纳湖社区等4家物业提升工作。完善网格化城市服务管理机制，成立专职网格员队伍，全年共处置各类问题11282个。完成龙王头村、北军营村等7个村居的智慧平安小区建设工作。做好生活垃圾分类示范片区创建工作，实现“垃圾分类管理责任人主体责任全覆盖，生活垃圾分类基本类别全覆盖，生活垃圾分类投放、收运、处理系统全覆盖”，建立再生资源交投点30个，取缔再生资源违法经营场所7个，相各庄村建筑垃圾资源化处置场运转顺利，全年处置建筑垃圾30余万吨。

（牛栏山镇）

【“疏整促”专项行动】 年内，拆除违法建筑219200余平方米，疏解一般制造业3家，整治占道经营1家，完成留白增绿7.18公顷，规范劳动用工单位21家，新建便民商业网点4家。实现疏解整治与优化提升的统筹衔接，拆违、疏解腾退空间再利用。

（牛栏山镇）

【社会事业发展】 年内，二、三产业就业率97.5%。发放城乡无社会保障老年人生活补贴134.66万元，发放重阳节慰问金503200余元，进行大病支付二次报销118万余元，为29名群众申请因病致贫补贴。发展全民健身和社会体育事业，参与人数10000余人。

（牛栏山镇）

【“接诉即办”】 6月20日，出台《牛栏山镇关于进一步做好“12345”市民服务热线工作实施方案》，健全发现问题、解决问题的闭环管理机制，深化党建引领“街乡吹哨、部门报到”改革，提升社会治理水平。全年累计办理市民热线9563件，响应率100%，解决率94.18%，满意率95.3%。

（牛栏山镇）

【公厕升级改造完成】 8月7日，公厕升级改造工程完成，公厕等级达标率100%，共升级改造39座公厕，改造面积约2180平方米，包括室内外装修、给排水、电气工程等内容，并配备扶手栏杆、排风扇、防臭喷雾等设备。截至年底，全镇46座公厕全部达到三类标准。

（牛栏山镇）

【反电信诈骗宣传活动】 9月23日，牛栏山镇综治办、经贸科、派出所、工商所及相关部门在辖区内开展电信网络诈骗防范宣传工作。在安纳湖广场、牛栏山一中路口及北孙各庄村委会活动中心通过设立宣传展板、悬挂反电信诈骗主题横幅、发放宣传材料等方式开展宣传。工作人员通过结合真实案例，解析犯罪分子常用的诈骗手段，推广防范措施，提高群众的防骗意识。同时还利用农村广播进行播放，发布诈骗预警信息，确保做到宣传不留死角。活动中，发放防诈骗宣传材料500份，受教育群众300余人。

（牛栏山镇）

【第七次全国人口普查】 11月1日零时，全镇第七次全国人口普查登记工作正式启动。200余名普查员进行入户采集登记。共登记总户数30871户69937人，其中户籍人口30467人。抽中长表登记2097户6375人。共登记北京市就业人口职住情况调查表707户2111人。

（牛栏山镇）

【安全培训】 11月4日，牛栏山镇安全管理科联合镇消防救援站在北京永康格林科技有限公司开展灭火理论和“一警六员”（一警：一线社区民警，六员：多种形式消防队伍队员、村（居）委会工作人员、综治网格员、保安员、物业服务企业职员、消防安全重点单位工作职员）实操培训。培训过程中，消防员对干粉灭火器的使用、消火栓连接启动等进行讲解和演示。随后，学员结合消防知识和操作技能上场实践。

（牛栏山镇）

【牛栏山镇香醍漫步社区舞蹈队获奖】 12月1日，2020年首都市民系列文化活动第十五届“舞动北京”群众舞蹈大赛颁奖展演在北京地坛体育馆举行。牛栏山镇香醍漫步社区舞蹈队代表顺义区文化馆参加并荣获团体铜奖。

（牛栏山镇）

【防“艾”宣传】 12月1日，牛栏山镇联合北京工业大学耿丹学院开展“携手防疫抗艾 共担健康责任”宣传活动。活动以发放宣传折页、纪念品的形式向同学们宣传防艾知识，并号召大家在“携手防疫抗艾 共担健康责任”横幅上签名。此次宣传教育活动共发放宣传品500余份。

（牛栏山镇）

◆12月1日，牛栏山镇联合北京工业大学耿丹学院开展“携手防疫抗艾 共担健康责任”宣传活动（牛栏山镇供图）

仁和镇

【概况】 仁和镇位于顺义新城中心区的主城区组团，与首都国际机场零距离对接，101国道、六环路、地铁M15号线、京平（谷）快速路和京承铁路穿境而过，镇域面积54平方千米，辖23个行政村、3个社区居委会，户籍人口约41600人。年内，实现属地财税收入30.1亿元，一般公共预算收入7.8亿元，同比增长8.2%，位于全区各镇首位。

（仁和镇）

【疫情防控】 年内，新冠肺炎疫情防控工作按照“统一指挥、分工负责、分类指导、协同推进”的原则，开展各项防控工作。抽调机关60余名干部组成防疫工作专班，全年召开疫情防控会36次，落实疫情防控各项措施。动员村居、镇属企业、党员群众、志愿者等近10000人参与社会防控工作。筹建12个核酸检测点，完成约20万人次核酸检测任务。累计摸排重点人员100000户次，居家医学观察服务32000余人。开展进口冷链食品全链条监督检查，122家市场主体、205家冷冻库纳入台账管理，做到全程可追溯。

（仁和镇）

◆3月15日，仁和镇开展疫情防控隔离点检查防控工作（仁和镇供图）

【复工复产】 年内，仁和镇成立复工复产专项帮扶工作小组，召开座谈会30余次，协助企业解决融资难等问题40余件。为10余家企业申请开复工奖励、食宿住宿补贴114万元。引入23家企业入驻上市企业总部基地，其中14家为新三板挂牌上市企业。联东U谷、顺美产业园等6个项目全部实现封顶。临河棚改及C5的部分地块实现上市，高精尖产业发展新格局初步形成。

（仁和镇）

【营商环境】 年内，仁和镇政府按照“一企一策”原则，做好招商服务，实行企业包片服务制度，走访镇域内400余家重点企业，为13家规模以上企业送上“服务包”，为企业申请奖励补贴3000余万元。全年引进企业1900余家，注册资金总额100亿元，其中亿元以上企业10家。12家镇办企业实现税收1.8亿元。

（仁和镇）

【城市建设】 年内，按照“拆建并重、完善功能、提升品质”的思路，加强城市建设与管理。在做好疫情防控基础上，推动重点项目全面复工建设，沙坨村回迁房、临河村原址回迁房、东城区保障房均实现主体结构封顶。塔河村回迁房房本基本办理完成。太平村安置房项目A区实现开工建设，地下车库主体结构基本完成，局部楼体建至三层。仁和第一医院、仁和热力中心新建供热信息控制中心均实现主体结构封顶，港馨西区1号公建项目完成室内外配套设施安装。投资3000万元完成石门苑小区配电网改造。新建百姓休闲公园2处，新增便民商业网点8家，新建电动自行车充电车棚10处。

（仁和镇）

【民生保障】 年内，组织召开就业政策宣讲会3场，举办线上招聘活动12场，发布各类就业岗位4000余个，实现城乡劳动力就业1386人。投资400余万元关心关爱80周岁以上老人，走访慰问低保、特困等优抚对象。帮助10名残疾人就业。投资700万元对梅沟营养老院进行装修，2021年投入使用，可提供床位100余张。开展对口帮扶，拨付西藏自治区尼木县帮扶资金140万元，动员社会力量购买消费扶贫产品600多万元，对口帮扶地区实现脱贫摘帽。

（仁和镇）

【“接诉即办”机制完善】 年内，为提高12345市民服务热线“接诉即办”工作成效，采用“末位”点名制和“专题”会商制，每周通报上周“三率”成绩排名情况，研判难点问题，层层压实责任，诉求响应率100%，解决率和满意率提升，全市排名平均稳定在100名左右。疫情期间依托综合执法指挥中心平台，实现疫情相关诉求“24小时办结”。

（仁和镇）

【社会事业】 年内，实施“文化＋教育”双轮驱动，开展线上线下活动34场，参与群众超过10000人。开展第三届“仁和榜样”颁奖典礼暨“文化铸魂”成果展示活动。建成9家实体书店。复兴村龙舟队连续9年夺得顺义区龙舟赛冠军。推进农民市民化进程，开展“仁和大讲堂”进村（居）活动，完成培训171场。完成第七次人口普查工作。

（仁和镇）

【环境治理】 年内，完成拆除违法建设201200余平方米。投入2000余万元，提升5个未拆迁村人居环境，建设公厕9个，整修道路12条。建立农村生活垃圾收集投放站11个、社区规范化垃圾桶站300个、垃圾分类驿站10个，实现分类设施达标率100%，龙泉苑小区入选“北京市生活垃圾分类示范小区”。完成双兴北区等9个小区的物管会、业委会组建和港馨东区居委会建立工作。投资700万元实施太阳城、港馨东区、石景苑智慧平安小区建设。平原造林39.67公顷（595.1亩），治理裸地近66.67公顷（1000亩），清理散乱污企业20余家。全年PM2.5平均浓度38微克/立方米，同比下降13.6%。封堵整治排污口60余处，启动仁和二、三产业基地临时污水处理站提升改造工程。

（仁和镇）

【社会大局和谐稳定】 年内，落实首都机场周边三年行动计划，开展安全隐患综合整治，累计排查企业4140家次，发现整改安全隐患7472处。完成全国“两会”等重要节点维稳安保任务。

（仁和镇）

【作风建设】 年内，完成政务服务事项清单编制工作，建立“延时服务”的受理工作模式，开展“一窗式”办理，受理各类事项20659件。落实“三重一大”、政府议事规则等集体讨论制度，全年召开政府办公会18次，审议资金、协议等重大事项800余项。开展镇、村两级合同规范管理，累计审查政府合同401件、村级合同76件。办理人大代表建议2件，实现办结率和见面率100%。重点领域和全清单涉及公开事项120项，依申请公开8件。贯彻市、区两级警示教育大会精神，履行“一岗双责”，针对疫情防控、接诉即办、两个条例执行、村级“三资”管理、工程建设领域招投标等重点工作开展监督检查90次。开展25个村（居）廉洁监督室建设，围绕小微权力、监督、“三务”公开3张清单开展监督工作。

（仁和镇）

天竺镇

【概况】 天竺镇位于顺义区西南端，东邻顺义区仁和办事处、李桥镇，南与朝阳区隔温榆河相望，西与后沙峪镇、空港街道办事处接壤，北界至南法信办事处。辖区总面积13.24平方千米。下辖4个自然村和3个社区居委会及6个拆迁村。户籍人口13539人，常住人口38825人，流动人口25286人，港澳台及外籍人口37人，新出生231人，死亡91人。有法人单位1668个，重点企业有中国新华航空集团有限公司、北京首都机场动力能源有限公司等。有医院1所，社区卫生服务中心1个，社区卫生服务站6个；中学1所，小学1所，幼儿园3所；有为民服务大厅、地区文化中心、文化广场各1个；途经辖区公交路线10余条。年内，完成属地财税收入9.99亿元，同比降低57.1%；一般公共预算收入2.58亿元，同比下降48.4%。被市委、市政府授予“抗击新冠肺炎疫情先进集体”“抗击新冠肺炎疫情先进基层党组织”称号。荣获北京市2019—2020年度“接诉即办”改革工作先进集体。

（天竺镇）

【新型冠状病毒肺炎疫情防控】 年内，针对新冠疫情召开调度会44次，200多名领导干部，118名村（社区）工作人员，400余名保安、保洁参与防控。设置核酸检测采样点2处，22名天竺卫生院医务人员投入采样工作，3202名重点人群“应检尽检”。在全区率先实施村居出入证“多色”分类闭环管理，设立卡口，划分网格，领导包片、干部包楼包户，探索居家观察人员解除流程并在全区推广。动员46家酒店集中有序管控，协调21家酒店完成涉鄂返京、服务新国展、境外返顺、涉新发地、航空公司机组等人员的隔离观察任务。将社会单位纳入全镇防控体系，对辖区内“三类场所”“七小场所”和企事业单位大院摸排建账，严格落实“四方责任”。将13家出租公寓3000余租户，参照村居模式纳入防控范围，杜绝管理漏洞。累计完成16000余人次的居家观察人员管控，4100人次集中观察，6000余人次航空机组人员集中隔离。12月，境外输入病例引发顺义区局部疫情后，勘察确定 8个采样点，全员核酸检测46000人，筛查重点人群重点地区返京人员354人。

（天竺镇）

【地区经济发展】 年内，纳入北京自贸试验区国际商务服务片区建设，天竺规划建设面积4平方千米。加速重点项目落地，全年引进企业281家，亿元以上项目11个，盘活闲置资产3处，引进高新技术企业8家，高新技术企业累计25家。中国石油化工股份有限公司天然气分公司、北京司拓民航科技有限责任公司落地，韩博仕健康医疗城建设进展顺利。天竺黄花梨艺术馆开馆。

（天竺镇）

【企业复工复产】 年内，向重点企业推送顺义区惠企政策，帮助21家企业申报1100余万元扶持资金，协助12家小微企业申报融资需求，协调商务楼宇减免房租540余万元。

（天竺镇）

【营商环境优化】 年内，政务大厅实行“早晚弹性办”“中午不间断”“周六不休息”延时服务，设立“表扬台、曝光台”，举办重点企业专场早餐会，建立走访企业服务台账，对接洽谈企业115家。

（天竺镇）

【城乡环境治理】 年内，出台《天竺镇人居环境整治规范》，出动2800余人次清理乱贴乱挂12000处，生活垃圾14000处2700吨，美丽乡村绿化美化1.62公顷长效养护考核达标。落实《北京市生活垃圾管理条例》，党员带头参与宣传、桶站值守、引导劝导等志愿服务活动。在希望家园社区率先设置垃圾分类驿站，逐步全面推广。放置4类分类垃圾桶800余个，发放户用分类垃圾桶13800余个，厨余垃圾分出率22.5%。岗山路环境提升工程完工，整修路面680平方米，清运渣土2000立方米，绿化补植3000立方米，铺设人行步道680米，设置机非隔离护栏1271米，新建657.5米景观围墙，完善排水系统，新建2座欧式公交站台，规范周边交通及停车秩序。花园西街国际化社区健身步道西延工程完工，绿化美化4133平方米，设立景观墙1280米，铺设健身步道3001平方米，人行道6052平方米，新建公交站4座。

（天竺镇）

【生态环境保护】 年内，开展餐饮、汽修、工地等重点企业和重点部位污染源监管治理，实现PM2.5平均浓度39微克/立方米，降尘量6.0吨/（平方千米·月），动态达到年度任务目标。新一轮百万亩造林工程及“疏整促”绿化项目，工程进度及完成率均排名全区第1名，留白增绿0.27公顷，战略留白增绿77.97公顷。污水治理和水环境质量，完善《天竺镇河长制工作实施方案》，细化管理考核办法，聘用专业管护队伍对河道开展清理清运。楼台村治污工程主管道8554米完工，路面恢复，1座提升泵站投入运营。投资650万元完成楼台村饮水管网设施改造和饮水井建设工程。

（天竺镇）

【社会安全稳定】 年内，注重消防生产安全，全年对有限空间、建筑工地、危险化学品、液化石油气等开展专项检查350次，检查出租房屋13650户，为楼台村出租房屋安装简易喷淋1000个，智能烟感报警器501个。开展应急演练、实操实训，提升处置突发事件能力。完成北京市安全社区复评工作。天竺镇安全科普教育基地被评为综合类二级公共安全教育基地。完成全国“两会”、首届HICOOL全球创业者峰会暨创业大赛、中国国际服务贸易交易会等重大活动服务保障任务。实施蓝天苑、蓝海苑、天裕昕园、天竺家园、楼台村智慧平安小区建设，提升辖区技防水平。化解信访矛盾，严格落实“三到位一处理”原则，接待群众来信来访总量307批次，同比下降43%。

（天竺镇）

【“疏整促”专项任务】 年内，整治城乡接合地区4个村，拆除违法建设12处，消除各类安全隐患774处，实现无证无照商户动态清零，全年拆除大鹏物流等违法建设89000余平方米，超额完成任务。

（天竺镇）

【“接诉即办”】 年内，将“接诉即办”向“未诉先办”深化转变。坚持民有所呼、我有所应，落实“日分析，周调度，三次见面咨询办”。利用多网融合，“街乡吹哨、部门报到”工作机制，打破工作壁垒，补短板，合力破解难题。全年受理便民电话交办单5215件，群众诉求“三率”（响应率、解决率、满意率）综合成绩全区排名第1位、全市排名第2位。

（天竺镇）

【扶贫攻坚】 年内，深化“5+5+N”大扶贫工作模式，牵头15家单位代表顺义区对口帮扶张家口市沽源县，落实“谋计划、定项目、重监管”要求，剩余1426名建档立卡户全部脱贫摘帽，带动沽源县20523名建档立卡贫困户受益。天竺镇拨付扶贫资金147万元，发动食堂及企业参与消费扶贫采购受援地产品价值427万余元。结成镇村、企业、社会组织、学校、医院对子131个，完成国家扶贫考核工作。

（天竺镇）

【棚户区改造】 年内，顺义区天竺综保区围网建设棚户区改造项目于8月27日启动，涉及天竺镇杨二营村、二十里堡村、小王辛庄村。8月31日，棚改项目开始入户调查登记。10月21日—11月1日，天竺镇北三村503宗住宅全部完成签约、交房、拍号选房及拆除工作。11月21日，117宗非住宅全部完成签约补偿协议。出台《天竺镇严肃纪律加强督查确保棚改顺利进行意见》，与公职人员及村两委成员签订《棚改廉政承诺书》，与棚改三方人员签订《非公人员廉政承诺书》，棚改项目实现零违纪、零信访、零舆情、零事故。

（天竺镇）

◆10月28日，机关干部协助北三村拆迁百姓搬家（天竺镇供图）

【教育事业】 年内，完成天竺一小学生食堂建设、天竺中学学生食堂装修改造和薛大人庄村办幼儿园装修改造工程。表彰60名大学新生并发放奖学金747000余元。

（天竺镇）

【社会保障及民生】 年内，举办2020年金秋专场招聘会，现场接待咨询300余人次，96人达成就业意向。超额完成全年城乡劳动力就业指标417人、城乡就业困难人员就业指标345人。开展居家养老模式，南竺果香老年餐厅运营。解决遗留不动产权证办理问题，由北京恒信诚业房地产经纪有限公司负责翠竹新村小区1128户2824套回迁房产权证办理工作。

（天竺镇）

【社区建设】 年内，实施《提升物业服务水平三年行动计划》，完善《天竺镇物业服务企业综合评价暂行办法》，在全区首创物业管理考核模式，物业管理委员会组建率、服务覆盖率、党组织覆盖率均为100%。

（天竺镇）

【对外交流】 9月22日，与团市委国际部共同开展“社会治理 青春先行”中外青年云对话之“文化传承·青年担当”中秋线上交流活动。30名天竺青年与10名马尔代夫青年在两国传统文化习俗、文化传承、青年担当等方面进行交流分享。

（天竺镇）

杨 镇

【概况】 杨镇位于顺义区潮白河以东，是顺义东部九镇中心，镇域面积96平方千米，下辖42个行政村和4个居委会；顺平路、白马路、木燕路纵贯杨镇区域。年内，杨镇始终坚持以人民为中心的发展思想，统筹推进疫情防控和经济社会发展，着力提高“四个服务”水平，认真抓好“三件大事”，坚决打赢“三大攻坚战”，立足承接中心城区适宜功能疏解的新市镇功能定位，全镇党员干部全力以赴战疫情、稳增长、惠民生，着力提升地区综合承载力，加快新市镇发展步伐，全镇经济社会保持良好发展态势。

（杨镇）

【“积极抗疫 安心陪伴”专业心理咨询服务平台】 年内，杨镇联合北京城市学院开通“积极抗疫 安心陪伴”专业心理咨询服务平台。平台由北京城市学院社会工作专业骨干力量组成，专门为杨镇地区抗疫一线医护人员、村居群众及企业职工提供疫情期间心理咨询。咨询采取微信线上咨询方式，咨询人员通过“积极抗疫，安心陪伴”微信小程序进行预约，提交个人信息及心理困扰等，由城市学院专业人员在预约的时间为其提供心理咨询服务，缓解群众因疫情造成的孤独、焦虑等心理状态。

（杨镇）

【北京金恒丰科技有限公司转产口罩】 疫情防控期间，位于杨镇工业区内的北京金恒丰科技有限公司，抽调骨干力量组建口罩生产团队，并注册成立北京华纳医疗器械有限公司，设计日产口罩120万只。

（杨镇）

【双阳南区老旧小区改造项目正式开工】 年内，双阳南区老旧小区改造项目正式开工。项目以双阳南区马路为界，分为2个标段，一标段建筑总面积

61185.38平方米、二标段建筑总面积138240.88平方米，分别由中北华宇建筑工程公司、北京顺义建筑企业集团公司负责施工。改造内容包括原坡屋面重做保温层、防水层，所有楼进行节能工程、安防工程以及给排水工程等。

（杨镇）

【21千米乡村公路大修工程完工】 年内，杨镇共实施17条乡村公路大修工程，总里程21.57千米，包括破罗口中路、破罗口北路、罗昌路、别庄北三路、良别路、东曹路、张家务村环路、周庄北街、周庄南街、周庄中心街、大东路、曾大路、仙泽园南路、环库路、王辛庄环路、高各庄环路、井上村中街；涉及破罗口、别庄、大曹庄、张家务、周庄、大三渠、三街、沙子营、王辛庄、井上10个村，工程由8月下旬开始进场，11月底完工。

（杨镇）

【物管会组建】 年内，通过微信群、入户宣传等多种方式向小区居民宣传、解读《物业管理条例》，鼓励广大业主参与物管会的组建。深入业主家中，详细了解候选人的日常表现，确保人选遵纪守法、责任心强，具备任职条件。按照《杨镇组建小区物业管理委员会工作方案》及相关法律法规要求，张贴报名公告，确保提名人、物管会人选、委员分工等事项均在小区显著位置进行公示。在双阳南区、阳州鑫园、顺鑫澜庭和顺鑫朗郡组建4家物管会，超额200%完成物管会组建任务，全区排名第1名，党组织覆盖率100%。

（杨镇）

【2019年“提升”项目开工】 年内，杨镇2019年“提升”项目开工。项目主要建设内容为张家务村、徐庄村周边环境改造提升，利用村内现有空闲地块，拆除原有棚子、挡墙后，实施园林绿化以及电气线路改造工程等。项目总占地面积30900平方米，总投资763.46万元。

（杨镇）

【田家营村幸福晚年驿站改建工程完工并投入使用】 年内，田家营村幸福晚年驿站改建工程完工并投入使用。驿站利用村委会原办公用房改建而成，占地面积1053平方米，建筑面积450平方米，改建工程于5月份开工，建有日间照料场所、食品简加工工作间、老年餐厅、棋牌室及心理慰藉室，为老人提供日间照料、就餐、健康指导等服务，服务田家营及周边村庄2000余名老人。

（杨镇）

【杨镇三所幼儿园新建、改扩建工程封顶】 年内，杨镇中心幼儿园改扩建工程、杨镇中心幼儿园小店分园改扩建工程、杨镇第三幼儿园沙岭分园新建工程均实现主体结构施工完成，二次结构施工进行中。其中中心幼儿园总建筑面积5692平方米，总投资3086.94万元，共建设3层12个幼儿园班级；小店分园总投资2179.1万元，总建筑面积4042平方米，共建设3层9个班级；沙岭分园总投资2481.14万元，总建筑面积4640平方米，共建设2层12个班级。

（杨镇）

【双阳公园提升改造工程开工】 年内，杨镇双阳公园提升改造内容包括绿化工程、庭院工程、给排水工程、电气工程等，涉及对现绿化植物进行合理改造、设计一条主环路慢跑道、修复更新破损路面、增加运动健身设施等内容，项目总投资900余万元。

（杨镇）

【“疏整促”任务提前超额完成】 年内，全镇承担疏整促任务指标10项，其中拆违任务量全区第2名，留白增绿和疏解一般制造业任务量全区第1名，累计拆除违建43.23万余平方米，销账率全区排名第3名；提升便民商业网点3家、完成留白增绿6.98公顷，均超额完成任务。

（杨镇）

【垃圾分类】 年内，5个小区桶站提升完成率100%，各村建立垃圾分类桶站36个，配备分类垃圾桶21266个，全镇菜田废弃物集中收集、无害化处理，建筑垃圾资源化处理厂投入使用。

（杨镇）

【7个村级文化活动中心升级改造完成】 年内，杨镇村级文化活动中心升级改造工程包括安乐庄、沟东、沙子营、松各庄、齐家务、周庄、别庄、沙岭8个村，项目总金额850余万元，改造内容包括活

动室房屋装修、购置设施设备等。项目于5月底陆续开始实施，除沙岭村文化活动中心新建项目因手续审批问题未开工外，其他村完成村级文化活动中心升级改造及验收。文化活动中心对群众免费开放。

（杨镇）

【新市镇规划编制】 年内，结合新的发展机遇，立足杨镇特色历史文脉，在新市镇规划上构建“共享融合环、多彩五家园”的镇区整体空间结构，通过1个共享融合环，串联科教共享家园、文化传承家园、美丽宜居家园、创新创业家园、智能制造家园5个宜居宜业的幸福家园，实现杨镇作为新市镇在顺义区乃至北京市域范围的特色功能节点作用。

（杨镇）

【织密织牢疫情防控安全网】 1月，镇党委政府密集调度，班子成员分区划片全部下沉一线督导。组建防控专班并设立15个工作组，成立44个联防联控临时党支部，171名包村干部、184名“两委”和1200余名党群志愿者形成联防联控、群防群控的强大合力。各村（社区）逐一敲门入户调查，加大对外出返京人员的排查登记，加强进出路口管控。

（杨镇）

【杨镇新版镇志村史出版】 6月，杨镇新版镇志村史经过多轮补充修改成册，首批300套印发镇域内各单位。新版镇志深入挖掘京东古镇历史文化，从唐代已成聚落的村庄、古庙民俗、红色基因、改革发展记录至镇域发展现状，全面收集镇村自然、政治、经济、文化、社会等方面的历史与现状。新版村志修编覆盖全镇42个村，其中文化、民俗、文物等方面着重展现村庄特色，挖掘曾庄大鼓、一街龙灯会等非遗财产。

（杨镇）

【新发地疫情防控】 新发地疫情暴发后，杨镇摸排关联人员459人。紧急抽调机关科室部门骨干力量，成立多支工作组，明确任务分工，仅用1天1夜在工业区内新建10000余平方米核酸检测集中采集点，18天内完成重点行业、重点人员采样15000人次，外环境采样1000件。

（杨镇）

【棚改非住宅项目奖励期内100%签约】 8月1日，杨镇召开棚改项目非住宅动员会，杨镇棚改项目非住宅拆迁工作正式启动。17天内完成近500户认定、政策宣讲、公示复核及预约签约工作；8月18日，启动奖励期，同步启动档案审核，最终实现奖励期第15天放款，20天内完成497户占地面积102.19万平方米、建筑面积30万余平方米的非住宅搬迁工作。

（杨镇）

【全国第七次人口普查】 11月1日起，全镇333名普查指导员和普查员们正式开始入户登记工作。全镇登记31400户101508人。12月，进行比对复查，查漏补缺，补登980人。完成对长表登记就业人员进行行业职业编码。

（杨镇）

【2020年平原造林工作】 截至11月底，全镇2020年76.3公顷（1144.5亩）的平原造林任务全部完成，千亩以上造林进度全区排名第2名。共栽植灌木、落叶乔木等苗木约83900株，地被近16万平方米。

（杨镇）

【携手城市学院打造文化名镇】 12月10日，叶盛兰大剧院在北京城市学院顺义主校区揭幕。叶盛兰大剧院由北京城市学院发起，北京京剧院等单位配合和支持成立。北京京剧院梅兰芳京剧团在叶盛兰大剧院举行叶派经典剧目《吕布与貂婵》的揭幕专场演出。

（杨镇）

◈12月10日，“叶盛兰大剧院”在北京城市学院顺义主校区揭幕（杨镇供图）

【疫情应对】 12月，顺义区局部聚集性疫情发生后，杨镇立即进入紧急状态，全员停休；12月28日，5个小时内完成41个集中采集点设置，11个小时内完成60000余人核酸检测，点位设置数和集中采样量均占当天全区20%，并承担河东九镇到过重点地区人员检测任务；截至年底，累计完成核酸检测13.8万余人次。连续3次紧急抽调机关干部驰援高丽营、天竺开展核酸检测，累计完成采样近7000份。

（杨镇）

张 镇

【概况】 张镇位于顺义区东北部，辖区总面积53.45平方千米，下辖29个村委会，2个社区居委会。有医院1所，社区卫生服务站8个，村级卫生室15个。有中学1所，小学1所，公办幼儿园1园3址。有养老机构2个。途经辖区公交线路9条。年内，实现属地财税收入13433.49万元，同比增加4433.54万元，增长49.26%；实现一般公共预算收入6507万元，同比增加4150万元，增长176.1%。农户人均所得24337元。获评北京市安全社区和首都拥军优属、拥政爱民模范单位光荣称号。

（张镇）

【疫情防控】 年内，张镇政府成立疫情防控临时党支部33个，涉及党员417人次；成立党员先锋队1支，设置党员先锋岗45个；106名机关党员干部下沉到村、社区，139名在职党员、106名志愿者回村报到参与疫情防控工作。

（张镇）

【接诉即办】 年内，张镇政府成立工作专班、制定工作方案、明确办理流程，建立包片领导及主管领导、包村居干部及科室负责人、村居党组织书记三级联动机制，全面规范派发、响应、回复、回访、反馈全闭环工作流程。每日主要领导逐一对未解决或不满意工单进行督导，每周党委会固定调度，每月总结经验查找不足，形成“日调度、周分析、月通报”的工作机制，现场分析问题、制订方案，逐一做好督导落实，着力解决重点难点问题，形成为民服务的工作合力。

（张镇）

【民兵训练】 年内，按照区武装部通知要求，张镇8名民兵高炮分队骨干参加由区武装部统一组织的为期9天（10月15—23日）的军事训练任务。通过这次民兵集训，张镇民兵在开展的6项军事训练科目中，获得4项第1名、2项第2名。张镇武装部获评军事训练先进单位，周凯、杨海发、温博文、张润达4名民兵分别被评选为“军事训练先进个人”。张镇武装部被区武装部评为2020年民兵基层建设先进单位。

（张镇）

【助力企业发展】 年内，组织召开财源建设调度会5次，并联合经济发展办、市场管理所、税务所对北京博创凯盛机械制造有限公司、北京吉盛机电设备有限公司等多家属地企业进行走访，了解企业诉求与实际困难，为企业申请政策支持，推进镇域企业发展，属地财税收入同比增长49.26%，同时推进新增税源项目落地。

（张镇）

【月末清洁日】 年内，张镇共开展12次月末清洁日活动，参加活动人数共计1720人，出动车辆186辆，清理卫生死角355处，清理垃圾270吨，清理小广告56处，擦拭公共设施41处。另外，组织31个村（居）开展5次灭鼠及灭蚊蝇消杀工作，参加活动志愿者1260人次，清理卫生死角260处，清理蚊蝇滋生地950处，使用灭蚊蝇药品360千克，发放宣传品980份，检查农贸市场2处，投放鼠药350千克，粘鼠板2100个。

（张镇）

【种养殖地腾退】 年内，依据区财政局、区园林绿化局、区规自分局、区农业农村局印发的《关于对各镇土地整理地块用于平原造林和复垦的奖励办法》及《顺义区耕地与永久基本农田保护激励管理办法》，制订《张镇人民政府农业用地地上物腾退工作方案》，明确非养殖用地、养殖用地、地上建筑物自拆等补助资金的申报、审核和资金拨付流程。镇、村通力配合，通过政策讲解、入户动员、“面对面”沟通等多项措施，各村农业用地地上物腾退工作稳步推进。

（张镇）

【美丽乡村规划】 年内，全镇29个村的美丽乡村村庄规划全部获得区级批复。在镇域总规方面，按区级相关文件要求，初步制定本镇于2022年完成镇国土空间规划编制工作的计划，通过与区级相关部门对接，此项工作提前启动，出台《顺义区张镇国土空间规划（2019年—2035年）工作计划》，基础数据调研进行中。

（张镇）

【住房保障】 年内，张镇张各庄村集体土地租赁住房项目施工建设中，地库结构完成80%，地下主体结构全部完成，地上主体结构完成60%。在保障性住房方面，全年全镇共办理公租房申请、变更、终止等业务53户家庭，服务大厅、办公电话接待政策咨询300余次。

（张镇）

【环境整治】 年内，发现并制止垃圾随意倾倒、随意张贴违法小广告等行为近1600次，上报信息40余篇，宣传引导群众2500余人次。保洁服务实施村级保洁、镇域道路保洁、连村路保洁、公厕保洁、建筑垃圾清运5个项目，平均每月清运建筑垃圾7000余吨、清除小广告14轮。共计修整主干路、连村路路肩、路边沟130余千米。春、秋季分别粉刷修剪树木36000余棵，并定期对各村边沟、花墙、路边杂草等进行清理，捡拾白色垃圾。整治连村路100余条和村内街道乱堆乱放600余处。

（张镇）

【垃圾分类】 年内，全镇发放20升分类垃圾桶20000余个，50升分类垃圾桶11000余个，240升分类垃圾桶1398个，电动三轮车87辆，发放横幅62个，发放宣传海报2000余张，宣传单10000余张，发放《北京市生活垃圾管理条例》1000余本。各村每户安装分类垃圾桶固定架8791个。各桶站集中点安装“垃圾分类公示牌”，引导村（居）民做好垃圾分类工作。为全力做好疫情防控工作，每日对生活垃圾桶、作业车辆、公厕、果皮箱等公共设施设备进行全面消杀。

（张镇）

【综合执法】 年内，张镇综合行政执法队组织、配合开展联合执法行动90余次，参与夜查360余次，出动人员1200余人次、车辆700余台次，解决各类问题500余个。在街面巡查、环境保障、专项行动中累计出动人员1000余人次、车辆600余台次，规范查处及督促整改各类问题400余个，发放各类宣传材料、法律文书等1200余份。

（张镇）

【社会救助】 年内，完成城乡社会救助对象医疗救助、教育救助、采暖补贴、临时救助等专项救助共计821人，发放救助金108.29万元。及时落实困境儿童生活费发放工作，每月为4名困境儿童发放生活费4555元。全年96人通过因病致贫医疗救助初审，将由第三方对上报材料进行入户调查。慈善助学、助老慈善医疗等慈善项目救助困难群众102人，发放救助金8.65万元。“共产党员献爱心”“爱心暖阳”等主题慈善捐款活动，累计接收捐款11.9万余元。2020年农房保险参保工作，全镇共有6597户参保，镇级补贴66800余元。

（张镇）

【为老服务】 年内，为89名低保、低收入和计生特殊家庭老人发放养老服务补贴215000余元，为461名60岁以上失能老人发放失能补贴168.6万元，为735名80岁以上老人发放高龄津贴97.06万元，为80岁以上老人发放重阳节慰问金41.25万余元。加快推动刘辛庄村养老服务驿站运营工作，与京宇轩（北京）养老服务有限公司签订运营协议，推动驿站的正式运营。继续以政府购买服务的形式，委托易来福居家养老服务有限公司为13名鳏寡孤独老人开展居家照料服务项目（居家照料、安全检查、健康监测、生活护理4项服务内容），并定期对服务情况进行监督和检查，确保服务工作落到实处。

（张镇）

【退役军人服务】 年内，及时对申报保险补缴的退役军人材料进行审核及系统录入，共上报完成35名符合条件的退役军人补缴手续。落实好市、区各项优待政策，按月做好优抚对象医疗票据二次报销工作，为本镇71名优抚对象按时报销优抚药费共计279564.97元。组织本镇79名优抚对象完成2020年度优抚对象免费体检工作。在春节、清明、八一等重要节日期间开展慰问走访活动，为本镇313名优抚对象及农籍老兵送去慰问品和慰问金，为自主就业退役士兵发放两节慰问金。11月4日，张镇人民政府被授予首都拥军优属拥政爱民模范单位。

（张镇）

【农村供水安全】 年内，按照“谁受益、谁管理”的管理原则，对全镇1个联村水厂和22个单村供水站进行饮用水安全自查3次，未发现隐患。同时协助各村办理取水许可证、卫生许可证和健康证。为保障联村水厂、各村供水站水质安全达标，委托专业机构定期对饮用水水质进行42项指标检测，检测结果均为合格。

（张镇）

【灶王文化节】 1月17日，由区委宣传部、区文化和旅游局共同指导，张镇人民政府主办的第四届北京·顺义张镇灶王文化节在莲花山滑雪场开幕。本届文化节历时3天，以“福满京城·春贺神州”为主题，在往届举办民间花会表演、非遗技艺展示的基础上，以冰雪冬奥为契机，推出灶王精品年画展、景泰蓝非遗体验和冰上体验活动。累计接待游客近10000人次，先后被中央电视台、北京电视台、《人民日报》《新京报》、光明网等国家级、市级媒体宣传报道，进一步传递“家和睦 爱传承”的灶王新春文化理念。

（张镇）

【安全社区】 6月18日，北京市应急管理局公布《北京市应急管理局关于公布2019年度北京市安全社区及北京市综合减灾示范社区名单的通知》，顺义区张镇人民政府获评北京市安全社区，张镇港西村、西营村、驻马庄村、永强家园社区、浅山香邑社区5个村（社区）获评北京市综合减灾示范社区。

（张镇）

【关爱少年】 10月18日，张镇团委联合石园街道团工委、龙湾屯镇团委组织精准帮扶青少年开展“快乐成长 安全相伴”青春助跑活动。在讲解员的引导下，孩子们观看交通安全事故案例、知识墙，参观安全工具、消防物资，亲身体验模拟心肺复苏、溺水施救等互动游戏。

（张镇）

◈10月18日，张镇团委联合石园街道团工委、龙湾屯镇团委组织精准帮扶青少年开展“快乐成长 安全相伴”青春助跑活动（张镇供图）

【2020百姓宣讲暨金秋系列活动】 10月26日，历时1个月的张镇新时代文明实践所2020百姓宣讲暨金秋系列活动落下帷幕。政策宣讲志愿服务队、文化惠民志愿服务队的宣讲员们组织文化活动25场次，文艺演出4场次，以现场宣讲结合变脸、魔术、杂技，快板等表演形式，带给村民精彩的演出，使政策宣讲深入人心。

（张镇）

【扬长文化节】 10月28日，张镇小学第六届“扬长文化节”开幕，此次文化节为期一周，设置诗歌朗诵、生本优质课堂评选、传统文化体验、才艺大比拼和“最美教室”评选等环节。

（张镇）

【安全生产】 11月25日，在区安全生产委员会办公室组织的2020年顺义区第五届有限空间大比武活动中，张镇安全生产检查队获得顺义区有限空间大比武应急组一等奖和有限空间作业大比武优秀组织奖。

（张镇）

【消防安全】 12月9日，区防火安全委员会考核组对张镇人民政府2020年度消防工作责任制开展考核巡查。考核组通过查阅资料，重点查看张镇消防工作会议部署、消防水源建设、电动自行车棚和集中充电设施建设等16大项工作开展及完成情况，实地检查浅山香邑社区消防主体责任落实情况，拉动良山村微型消防站和西营村微型消防站，检查微型消防站是否按标准配备人员、车辆、器材等，并现场对消防水鹤出水进行测试。考核组对张镇消防工作目标责任完成情况予以充分肯定。

（张镇）

【农产品安全】 12月17日，张镇农产品质量安全管理站工作人员在厂门口村煤改电服务中心院内组织开展“全力推进农产品合格证制度，让农业生产有迹可查，有据可依”主题宣传活动，活动通过发放宣传品及宣传册的形式向各村监管员及农业生产主体推广宣传农产品质量安全合格证制度。全年，对295户园林种植户、174户养殖户以及105户农业设施种植户全覆盖监督检查4次，每月对3家农兽经营点检查一次。为确保上市农产品的质量安全，责成第三方检测机构不定期地对本镇的农产品生产主体进行采样检测，累计完成6500个样品的检测任务，抽检合格率100%。通过市、区两级部门对张镇农产品质量安全管理站的现场等级评定，等级为优。

（张镇）

【全员核酸检测】 12月28日，张镇开展全员核酸检测工作，以张镇大集为中心检测点，驻马庄村、赵各庄村、大故现村等8个村为分检测点，开通27个检测通道，实现31个村（社区）检测工作全覆盖。190余名干部在36小时内，完成核酸检测点筹备搭建、物资调配、现场消杀、核酸检测系统录入、扫码验码，秩序引导、咨询答疑等各项工作。北京首钢医院77名医护人员12小时内完成20000余人次检测任务。

（张镇）

【党员志愿服务队】 12月31日，由22名青年机关干部组建的张镇党员志愿服务队，驰援高丽营镇西马庄村，22名队员被分成2个工作组，实行两班倒工作制，配合属地做好扫码登记等各项防控工作，并根据疫情防控工作进展的需要随时调配人员力量。

（张镇）

赵全营镇

【概况】 年内，完成属地税收13亿元，一般公共预算收入2亿元；固定资产投资30亿元，建安投资10.4亿元，工业总产值83.4亿元，三大经济增长支撑指标同比增幅明显。

（赵全营镇）

【局部疫情处置】 年底，为应对输入病例导致的顺义局部疫情，成立联庄村临时党支部，网格化管理责任到人，台账式记录事无巨细，32名巡查队员全天候巡逻，新安装22个监控探头实现村域全覆盖。外围设置6000米双重围挡，只保留1个出入口，28名民警、网格员、机关干部对外围点位和封控边界不间断巡逻，内外联动落实联庄村封控管理各项措施。

（赵全营镇）

【高精尖项目引进】 年内，奔驰新能源厂房升级改造完成，科净源总部、埃米空间、理工华创等企业完成落户，与SAP创新中心、海纳川产业园、阿吉斯、京东贸易结算中心等项目达成合作意向，从京外迁入伟铂供应链、瑞意康信2家企业。

（赵全营镇）

【地区综合承载力】 年内，委托专业第三方设计公司编制镇域国土空间规划，落实占补平衡41.2公顷（618亩）、完成平原造林187.07公顷（2806亩），补充腾退耕地200公顷（3000亩）。持续完善基础设施建设，投资2亿元实施镇域中心区域9条道路改造工程；投资2.5亿元实施新三板加速器配套设施提升项目，新铺设燃气管线6000余米。解决奔驰厂房周边排水问题，新增3个方向、6条排水通道入河，行洪能力150000立方米／小时。

（赵全营镇）

【生态环境持续改善】 年内，5个村污水治理工程投入使用，完成京沈客专沿线隐患整治任务166处，新建建筑垃圾暂存点4处，47座公厕升级改造完工，拆除私搭乱建2000余平方米，北郎中村和忻州营村获评“国家森林乡村”。

（赵全营镇）

【城市治理精细高效】 年内，纵深推进“疏整促”，拆除违法建设534600余平方米，拆除量位列全区第1名。开展垃圾分类，垃圾桶、集中点、收集站配备齐全，形成全过程闭环管理机制，厨余垃圾分出率23%，位列全区第3名。社区服务治理水平不断提升，党组织覆盖率100%，悦树汇、鸿堂苑物管会组建完成。

（赵全营镇）

【历史遗留难题化解】 年内，出台《赵全营镇政府养殖业清查清退一次性补偿协议书（2020版）》，打通司法诉讼解决途径，与16个历史遗留户签订协议。解决板西路、赵红路、板桥新苑等重点积水点位，保障汛期安全出行。

（赵全营镇）

【“七有”“五性”】 年内，支持脱贫攻坚，提供帮扶资金140万元，采购受援地农副产品价值420万元。健全社保体系，实现城乡劳动力就业556人，解决欠薪31起，规范劳动用工单位28家。延续全镇户籍人口“全家福”意外险，服务325人，出险160万元。新建燕华营养老服务驿站。新建或规范便民商业网点2个。

（赵全营镇）

【法治政府建设】 年内，政府法律顾问累计审查各类合同260余份，参与案件应诉75件。全年主动公开信息308条，受理政府信息公开申请9件。组织普法宣传活动24场，法律服务35场，普法受众17000余人次。

（赵全营镇）

【京沈客专赵全营段工程】 年内，京沈客专赵全营段工程包括对昌顺一二500千伏架空线及顺城500千伏单回路线路共计3条线路迁改。其中昌顺线路涉及东绛洲营、后桑园、豹房3个村庄新建塔基5座，拆除旧塔基2座和临时加固线塔2座；顺城线路涉及东绛洲营新建塔基3座。京沈客专塔基范围拆迁补偿、高压线线下拆迁补偿工作完成。

（赵全营镇）

【小程序助力核酸检测采样工作】 年内，镇政府开发“战‘疫’有我、守望全营”采样小程序，有效衔接前台样本采集、后台统筹调度及卡口实时放行，实现预约、验证、采样全流程信息化管控。小程序平台包含信息导入、采集登记、采集汇总和采集点管理4个板块，其中社区防控组根据前期排查名单，上传采样人员信息；卡口工作人员通过查看平台录入数据，核对人员信息；采样组依托平台现有人员数据，完成信息二次核验以及采样标识。各工作组协调联动，及时通知“应检未检”人员到场采样，确保做到“应检尽检、不漏一人”。

（赵全营镇）

【利民工程】 年内，针对板桥村板西路与昌金路交汇处因缺少地下排水管线，遇强降雨天气易出现积水、泡车问题，经过多次现场勘察，确定实施雨水改造工程，主要包括雨水管道铺设、桥涵拆除等内容。共铺设管道432米，拆除过路桥涵5座，恢复路面92平方米。

（赵全营镇）

【文化体育活动中心改造项目完工】 年内，文化体育活动中心改造项目完工。中心总面积2600平方米，设有图书室、音乐室、舞蹈室等功能场室，并配备相应运动设施和器材。图书室藏书约15000册，涉及文学、科学、农业等22类。

（赵全营镇）

【兆丰产业基地细胞基因工程获立项批复】 年内，兆丰产业基地细胞基因工程获立项批复。项目由北京怡和中源科技有限公司实施，总投资39600.57万元，用于建设细胞基因工程和体外诊断试剂盒生产总部基地，总体规划建设基因工程事业部、诊断试剂盒事业部、技术服务中心、技术研发中心、免疫细胞存储中心、检测中心和生物制品生产基地。项目地块性质为M4研发工业用地，占地面积19340平方米，地上建筑面积34812平方米，于6月8日取得国有土地使用权证，9月14日取得固定投资项目备案证明。

（赵全营镇）

【物管会组建】 年内，精心制订工作方案，组织具体业务科室、板桥居委会成立工作小组，聘请专业律师全程介入流程制定、阶段公示等环节并提出指导建议，确保物管会组建工作合理规范。召开组建协调会，针对组建过程中的重难点问题集中探讨解决措施，加快推进工作进度。加强精细化治理，监督指导社区物业做好园区绿化清洁、设施维护等服务内容。锦绣园、润景园等6个物业管理提升任务全部完成。

（赵全营镇）

【便民休闲体验场所新增1处】 年内，兰泊湾菌物博览园开园，位于北郎中花木中心核心区域，由北京兰泊湾农业发展有限公司和北京爱心家园健康管理公司合资成立。

（赵全营镇）

【3项措施推进镇域文化事业纵深发展】 年内，持续完善文化基础设施建设，镇级文化活动中心正常开放，村级文化站辐射率100%。推进实体书店建设，综合文化企业、文旅单位和人流量等因素，会同区级部门精心选定实体书店位置，建成书店3家，总占地面积21500平方米。深入挖掘拔河、剪纸以及“根祖绛州”等特色村庄文化内涵，举办拔河比赛，推介非物质文化遗产“郝氏水纹雨点剪纸”传人郝兰英成为顺义区唯一代表参加北京市第31届农民艺术节。

（赵全营镇）

【镇域人居环境整治】 年内，依托“月末清洁日”“党员回社区”动员包村干部、村两委下沉开展志愿服务；利用大喇叭、条幅等宣传方式调动村民积极性与参与度。联合环境、交通、派出所等部门开展环境秩序联合执法，重点围绕昌金路等主要路段的违停车辆、私搭乱建进行清理拆除。充分发挥物管会作用，会同城管部门对板桥社区及周边底商进行大规模巡查检查，督促落实“门前三包”等行为。走访单位32家，规范乱堆物料5起、违规广告牌匾1起。

（赵全营镇）

【3项措施根治欠薪】 年内，聚焦用工行为。实时更新合同签订、保险缴纳、工资发放等信息台账，有效掌握企业用工情况，完成2020年规范劳动用工专项行动任务28家，涉及劳动力2000人。聚焦隐患排查。制定镇域企业网格分布图，17名协管员“实名制”分区包片开展日常走访、政策宣传以及工资发放监管等工作，督促用人单位严格按照《工资表》《考勤表》《花名册》落实三方（发包方、承包方、分包方）审核确认备案机制，确保工资正常发放。共排查用人单位88家，消除隐患17个；解决欠薪事件31起，涉及金额350万元。聚焦群众诉求。密切关注接诉即办、信访等工作中群众反映工资拖欠相关诉求，及时调解劳动用工纠纷。受理网络欠薪投诉、督办件和信访件8件，办结率100% 。

（赵全营镇）

【安全生产专项治理】 年内，第一时间召开建设领域安全生产专项会议，安排部署全镇建筑领域安全隐患整治工作，狠抓责任落实。主要领导带队，围绕消防措施等落实情况对工业企业、仓储物流单位开展大检查。共发现问题55项，现场整改46项，责令限期整改9项。紧盯液化石油气重点领域，全方位开展隐患排查，建好问题台账，确保“销账式”整改到位，检查餐饮单位32家，企业食堂4家，液化石油气供应站1家，下发责改通知书11份，消除安全隐患5处。

（赵全营镇）

【3项措施改善“水环境”】 年内，制订水环境保护实施方案，强化源头管控，每月对水源保护井以及牤牛河、小中河等5条河流周边污染源开展全面巡检。共排查周边工业企业、餐饮单位、农业设施等单位100余家次，消除污染隐患3处。与专业第三方公司合作，采用微纳米曝气技术、种植水生植物等方法对河道进行全面治理，有效提升水体自净及生态修复能力。充分发挥3个临时污水处理站作用，安排专人做好站点日常管护。污水日处理量约8500立方米，同比去年增加1000立方米。

（赵全营镇）

【多点发力服务企业】 年内，邀请区级职能部门现场解读《顺义区进一步打好疫情防控阻击战支持企业“控疫情、稳增长”的若干措施》《进一步强化疫情防控责任落实全力支持推动企业复工复产的意见》和“高精尖产业发展”等惠企政策。

开展培训6次，涉及企业120家次。充分发挥纽带作用，会同区经信局等部门组织召开北京奔驰零部件供应商交流会，为企业与客户搭建沟通平台。走访北汽越野、威乐水泵等重点企业，了解经营现状、实际诉求以及发展规划，并依托“吹哨报到”帮助企业解决项目引进、产业对接、厂房选址、道路拓宽等各类难题，累计服务企业203次。

（赵全营镇）

◈年内，2020年赵全营镇重点企业年会召开（赵全营镇供图）

【冷库冷链管理强化】 年内，全面推广北京市冷链食品追溯平台，组织冷链食品生产经营单位开展学习培训4次，指导正确使用追溯平台，并督促做好经营范围、冷链品种以及站点（外设冷库）个数等数据录入更新，确保冷链食品来源可溯。及时完善经营主体台账，动员村两委、食品监督员深入摸排冷冻库及冷链食品情况，要求建立冷藏冷冻设备管理制度，并安排专人负责日常维护和消毒消杀。共涉及冷链单位12家，包括进口冷链单位1家。重点对餐饮单位肉类及水产品进行全方位监督检查，规范进货、收货流程，核实消毒证明、核酸检测证明等信息。共检查餐饮单位78家，发现并整改问题3项。

（赵全营镇）

【板桥卫生院多措并举改善就医环境】 年内，启动路面修缮工程。联合职能科室开展院内路面施工，统一规划车位，共施划停车位33个。规范楼层分区布局。将一层划为预防保健区域，涵盖儿保、妇保、体检、预防接种、留观等项目内容；二层作为中医特色门诊区域，提供诊疗、理疗等服务；三层原为行政区域，调整后作为患者住院区，可提供20～40张床位，主要为术后患者提供换药、康复等服务。加装楼层外挂电梯。服务范围辐射板桥新苑社区和西绛州营、东水泉等9个村庄群众。

（赵全营镇）

【3项措施优化基础设施建设】 年内，安排专人摸排辖区连村路路灯安装情况，定期巡查运行状态，结合实际增设路灯照明设施。完成前桑园、联庄、白庙等5个村庄138盏连村路路灯安装及验收。镇村联动，排查现有22座公共浴室电路设备、灭火器等安全隐患，明确村级责任人，新建稷山营和小官庄村太阳能浴室2座。联合煤改电服务中心对全镇公益设施煤改清洁能源开展有效管护，完成自筹款收缴及发放。

（赵全营镇）

【“接诉即办”助推小区车位降价】 1月7日，居民反映悦树湾、悦树汇花园小区内车位价格过高问题，镇政府“吹哨”，区住建委“报到”，组织板桥居委会、首创地产、小区物业以及部分居民代表召开协调会议，听取居民代表意见并协商调整车位价格，将原定价（不含管理费）15万元/个下调至13万元/个，预交付定金居民可再优惠10000元。

（赵全营镇）

【“接诉即办”协调解决工人讨薪】 1月17日，接到外地务工人员反映因发包方与总包方存在矛盾未能拿到工资问题后，立即会同区人力社保局，组织社保所、派出所等相关职能部门以及双方负责人、工人代表召开协调会议，讲解有关政策并安抚工人情绪。最终，在劳动监察员监督下26名工人全部领到工资，涉及金额464000余元。

（赵全营镇）

【“云签约”新增2个重点项目】 4月22日，顺义区采用网络云签约及视频同步转播的方式对25个重点项目进行签约。赵全营镇通过“线连线”“屏对屏”的形式，完成理工华创新能源研发产业化项目和埃米空间(顺义)新材料培育加速基地项目入驻。

（赵全营镇）

【第三届“农民丰收节”】 9月22日，以“欢庆丰收感恩党，团结一心迎小康”为主题的第三届“农民丰收节”开幕式在赵全营镇兴农天力农业园启动，活动为期3天。现场设立北区主会场与南区景观展示2个主要活动区域，展示面积约46.67公顷（700亩），包含儿童体验区、采摘区、美食区和景观区等区域。

（赵全营镇）

【真情暖夕阳】 10月22日，召开离退休老干部座谈会，向老干部们表达节日的问候和美好的祝愿，镇党委组织部长及30名退休老干部参加会议。10月25日，在六福全营养老服务中心举办主题为“九九重阳、敬老爱老”的文艺演出活动。

（赵全营镇）

【营商环境持续优化】 11月19日，赵全营镇联合区经信局组织召开顺义区“信用进园区”活动暨公益性信用修复培训会，区住建委、区卫健委、区生态环境局、区交通局、区应急局等职能部门业务负责人及镇京承汇产业园区、各重点领域40余家企业参加会议。

（赵全营镇）

【北京奔驰零部件供应商交流大会】 12月14日，北京奔驰零部件供应商调研北京奔驰顺义工厂暨政策推介会举行。北京奔驰采购部执行副总裁，区委常委、副区长参加。推介会由区政协副主席、投促中心主任主持。来自区经信局、发改委、金融办、规自分局、生态环境局、赵全营镇负责领导及北京奔驰180家产业链重点企业的230余名代表参会。

（赵全营镇）

荣誉

先进人物

全国先进人物

姓名	单位	荣誉称号	授予部门
蔡秀	顺义区人民法院	全国法院先进个人	中华人民共和国最高人民法院
朱建娜	顺义区人民法院	全国优秀法官	中华人民共和国最高人民法院
王丹宁	顺义区纪委监委	全国最美家庭	全国妇联
张义标	北京顺丰速运有限公司	全国劳动模范	中共中央、国务院

北京市先进人物

姓名	单位	荣誉称号	授予部门
宋素娟	顺义区法院	北京市审判业务专家	北京市高级人民法院
申泽岳	北京顺义燃气控股有限责任公司	北京市劳动模范	北京市政府
崔兰英	北京现代摩比斯汽车零部件有限公司	北京市劳动模范	北京市政府
赵保忠	张镇人民政府	北京市劳动模范	北京市政府
焦秀梅	双丰街道马坡花园第二社区	北京市劳动模范	北京市政府
绳桂玲	空港街道吉祥花园社区	北京市劳动模范	北京市政府
宋玉梅	北京燕京啤酒股份有限公司	北京市劳动模范	北京市政府
冯　川	中航荣欣投资有限公司	北京市劳动模范	北京市政府
张万立	北京城建北方集团有限公司	北京市劳动模范	北京市政府

续表

姓名	单位	荣誉称号	授予部门
冯　蓉	中科星图股份有限公司	北京市劳动模范	北京市政府
胡友情	北京英迈特矿山机械有限公司	北京市劳动模范	北京市政府
安国辉	李桥镇南庄头村	北京市劳动模范	北京市政府
牛成果	北京吉祥八宝葫芦手工艺品产销专业合作社	北京市劳动模范	北京市政府
赵永生	莱姆电子（中国）有限公司	北京市劳动模范	北京市政府
李永晗	北京威廉顺塑胶制品有限公司	北京市劳动模范	北京市政府
王　泽	北京顺鑫控股集团有限公司	北京市劳动模范	北京市政府
王全富	北京振邦保安服务有限公司	北京市劳动模范	北京市政府
李建军	北京中卓时代消防装备科技有限公司	北京市劳动模范	北京市政府
万　捷	北京雅昌艺术印刷有限公司	北京市劳动模范	北京市政府
王凤双	北京市顺义区疾病预防控制中心	北京市先进工作者	北京市总工会
胡玉娟	北京市顺义区妇幼保健院	北京市先进工作者	北京市总工会
蔡　秀	顺义区人民法院	北京市先进工作者	北京市总工会
	顺义区人民法院	首都最美巾帼奋斗者	北京市妇联
王丽英	顺义区人力资源和社会保障局	北京市先进工作者	北京市总工会
范鹏飞	北京市公安局顺义分局	北京市先进工作者	北京市总工会
丁小松	顺义区生态环境局	北京市先进工作者	北京市总工会
王秀华	顺义区司法局双丰司法所	北京市先进工作者	北京市总工会
景宝峰	顺义区纪委监委	北京市先进工作者	北京市总工会
孙显超	顺义区市场监督管理局	北京市先进工作者	北京市总工会
岳　超	中国共产党北京市顺义区委员会	北京市先进工作者	北京市总工会

续表

姓名	单位	荣誉称号	授予部门
郭媛媛	顺义区商务局	北京市先进工作者	北京市总工会
申　振	中国共产主义青年团北京市顺义区委员会	北京市先进工作者	北京市总工会
李志浩	顺义区城市管理综合行政执法局	北京市先进工作者	北京市总工会
王　东	顺义区城镇环境卫生服务中心	北京市先进工作者	北京市总工会
景向辉	顺义区人民政府招待所	北京市先进工作者	北京市总工会
马洪波	北京市潮白陵园	北京市先进工作者	北京市总工会
郭启志	顺义区园林绿化局	北京市先进工作者	北京市总工会
陈希胜	顺义区医院	北京市先进工作者	北京市总工会
任志梅	首都师范大学附属顺义实验小学	北京市先进工作者	北京市总工会
邱新萍	北京中医医院顺义医院	北京市先进工作者	北京市总工会
梁　博	北京市顺义牛栏山第一中学	北京市先进工作者	北京市总工会
蒋秀凤	北京市顺义区高丽营第二小学	北京市先进工作者	北京市总工会
范学智	北京市顺义区财政局	北京市先进工作者	北京市总工会
马　强	北京临空经济核心区管理委员会	北京市先进工作者	北京市总工会
张　江	北京市顺义区高丽营兽医卫生防检站	北京市先进工作者	北京市总工会
白　华	顺义区委社会工委区民政局	北京市人民满意的公务员	中共北京市委、北京市人民政府
李　娜	北京市顺义区财政局	首都最美家庭	北京市委宣传部、首都文明办、北京市妇联
王新明	北京市顺义区财政局	2019年度首都绿化美化先进个人	北京市人民政府、首都绿化委员会
张　霞	顺义区纪委监委	北京市三八红旗手	北京市妇联
吴红彦	北京华泰诺安探测技术有限公司	北京市三八红旗奖章	北京市妇女联合会、北京市人力资源和社会保障局、北京市总工会

续表

姓名	单位	荣誉称号	授予部门
黄　健	北京顺丰速运有限公司	北京市三八红旗奖章	北京市妇女联合会、北京市人力资源和社会保障局、北京市总工会
杨敬山	北京顺丰速运有限公司	“北京榜样”十大年榜人物	中共北京市委宣传部、首都文明办
周　洁	顺义区应急管理局	北京市安全生产先进个人	中共北京市委 北京市人民政府
赵正亮	顺义区应急管理局	北京市抗击新冠肺炎疫情先进个人	中共北京市委 北京市人民政府
张松涛	顺鑫控股集团	北京市扶贫协作奖——创新案例奖	北京市扶贫协作和支援合作工作领导小组办公室、北京市人力资源和社会保障局
杨志勇	顺鑫控股集团	北京市扶贫协作奖——突出贡献	北京市扶贫协作和支援合作工作领导小组办公室、北京市人力资源和社会保障局

先进集体

全国先进集体

单位	部门	荣誉称号	授予部门
顺义区人民法院		全国文明单位	中央文明委
燕京啤酒	内蒙古金川有限公司	国家级绿色工厂	国家工业和信息化部

北京市先进集体

单位	部门	荣誉称号	授予部门
北京市顺义区文化和旅游局		北京市模范集体	中共北京市委、北京市人民政府
科园信海（北京）医疗用品贸易有限公司	疫苗事业部	北京市模范集体	中共北京市委、北京市人民政府
北京汉飞航空科技有限公司	汉飞航空单晶涡轮叶片智能制造技术研发团队	北京市模范集体	中共北京市委、北京市人民政府
北京市顺义区人民检察院	第一检察部	北京市模范集体	中共北京市委、北京市人民政府
国家税务总局北京市顺义区税务局	第一税务所	北京市模范集体	中共北京市委、北京市人民政府

续表

单位	部门	荣誉称号	授予部门
顺义区发展和改革委员会	区域经济合作科	北京市模范集体	中共北京市委、北京市人民政府
区纪委区监委		北京市抗击疫情先进集体	中共北京市委 北京市人民政府
市政控股总部		首都文明单位	首都文明委
市政控股	排水公司	首都文明单位	首都文明委
市政控股	恒锋市政	首都文明单位标兵	首都文明委
北京临空经济核心区管理委员会	产业发展处	北京市三八红旗集体	北京市妇联
中国国际航空股份有限公司	地面服务部综合服务中心启航班组	北京市三八红旗集体	北京市妇联

统计资料

2020 年顺义区国民经济和社会发展主要指标统计表

项　目	计量单位	2020 年	2019 年	2020 年为 2019 年 %
基本情况				
土地面积	平方公里	1019.89	1019.89	100.0
街道办事处	个	6	6	100.0
建制镇	个	19	19	100.0
村民委员会	个	426	426	100.0
社区居委会	个	149	135	110.4
总户数	户	283824	281890	100.7
农业户	户	102860	103405	99.5
总人数	人	662075	655306	101.0
农业人口	人	242205	244171	99.2
非农业人口	人	419870	411135	102.1
常住人口	万人	132.4	125.7	105.3
地区生产总值	万元	18737372	19929973	94.1
第一产业	万元	157481	167105	86.3
第二产业	万元	5144120	5775585	88.2
第三产业	万元	13435771	13987283	96.7
地区生产总值构成				
第一产业	%	0.8	0.8	100.8
第二产业	%	27.5	29.0	94.7
第三产业	%	71.7	70.2	102.1
农业				
农林牧渔业总产值（现价）	万元	428571.8	433735.0	98.8

项　目	计量单位	2020 年	2019 年	2020 年为 2019 年 %
主要农副产品产量				
粮食	万吨	5.2	4.9	106.1
夏粮	万吨	2.3	2.1	109.5
秋粮	万吨	2.8	2.8	100.0
蔬菜	万吨	24.5	21.6	113.4
干鲜果	万吨	2.1	3.5	60.0
出栏猪	万头	12.8	15.3	83.7
出栏牛	万头	0.9	1.1	81.8
出栏羊	万只	4.9	5.0	98.0
出栏鸡	万只	32.8	36.6	89.6
出栏鸭	万只	51.8	116.1	44.6
鲜蛋	吨	2235.7	2741.1	81.6
# 鸡蛋	吨	2206.1	2718.9	81.1
鲜鱼	吨	—	4189.0	—
牛奶	吨	39356.1	38259.7	102.9
工业（规模以上）				
工业总产值	万元	14882333.0	16591531.3	89.7
工业主营业务收入	万元	16354556.0	18908351.8	86.5
工业利润总额	万元	-88039.0	987939.9	-8.9
外经·外贸				
三资企业签约项目	个	62	78	79.5
合同外资额	万美元	12824.6	130211.8	9.8
实际利用外资额	万美元	70270.4	91074.9	77.2
注册资本	万美元	17144.4	133973.6	12.8
投资总额	万美元	17144.4	226287.3	7.6
固定资产投资				

项　目	计量单位	2020 年	2019 年	2020 年为 2019 年 %
固定资产投资（不含农户）	万元	—	—	103.9
#房地产开发投资	万元	—	—	93.2
批发零售.住宿餐饮				
社会消费品零售额	万元	5624706.6	6377535.6	88.2
财政.金融				
地方财政收入	万元	3300272.0	2932071.0	112.6
#一般公共预算收入	万元	1709840.0	1657013.0	103.2
地方财政支出	万元	5899066.0	4407943.0	133.8
#一般公共预算支出	万元	3153583.0	3058742.0	103.1
各项税收	万元	4476839.7	5519593.3	81.1
各项存款余额	万元	27479645.4	24538148.6	112.0
#城乡居民储蓄余额	万元	11491473.3	9456204.3	121.5
各项贷款余额	万元	15017149.2	15048563.9	99.8
劳动工资				
年末从业人员人数	人	414895	441394	94.0
第一产业	人	1363	193	706.2
第二产业	人	125516	134996	93.0
第三产业	人	288016	306205	94.1
全年工资总额	万元	61687177.2	6477025.6	952.4
第一产业	万元	105411.6	3930.6	2681.8
第二产业	万元	15617472.5	1653829.1	944.3
第三产业	万元	45964293.1	4819265.6	953.8
教育				
学校数				
普通中学	个	34	33	103.0
职业中学	个	7	7	100.0

项　目	计量单位	2020 年	2019 年	2020 年为 2019 年 %
小学	个	50	50	100.0
在校学生数				
普通中学	人	26947	26387	102.1
职业中学	人	278	296	93.9
小学	人	53743	50409	106.6
毕业生数				
普通中学	人	8200	7676	106.8
职业中学	人	69	75	92.0
小学	人	6888	7164	96.1
文化体育				
文化馆．站	个	26	26	100.0
公共图书馆	个	1	1	100.0
公共图书馆藏书	万册	111.8	103.0	108.5
电影放映单位	个	415	407	102.0
农村放映单位	个	402	406	99.0
区级以上重点文物保护单位	个	8	3	266.7
卫生				
医疗卫生机构数	个	753	751	100.3
#医院及卫生院	个	221	219	100.9
医疗卫生机构实有床位数	张	4418	4508	98.0
#医院及卫生院实有床位数	张	4028	4118	97.8
卫生技术人员	人	11804	9290	127.1
#执业（助理）医师	人	4048	3967	102.0
每千人口拥有执业（助理）医师数	人	3.1	3.2	98.2
每千人口拥有医院及卫生院床位数	张	3.0	3.3	91.6

项 目	计量单位	2020年	2019年	2020年为2019年%
人民生活（抽样调查资料）				
全区居民人均可支配收入	元	41803	39948	104.6
城镇居民人均可支配收入	元	49749	47496	104.7
低收入农户人均可支配收入	元	—	16018	
全区居民人均消费支出	元	25743	25024	102.9
城镇居民人均消费支出	元	31813	30627	103.9
城市建设与环境				
全区公路总里程	公里	2936.1	2943.8	99.7
天然气管道供应	万户	26.0	26.1	99.6
天然气销售量	万立方米	56322.4	59466.1	94.7
林木绿化率	%	35.75	38.31	93.3
城镇污水处理率	%	99.0	99.0	100.0
能源消耗				
全区用电总量	万千瓦时	838879.82	791072.9	106.0
城乡居民生活用电	万千瓦时	228205.4	206060.3	110.7

注：1. 地区生产总值增速为现价增速，2018年不变价增速为6.1%；

2. 每千人口拥有执业（助理）医师数和拥有医院及卫生院床位数，人口按常住人口计算；

3. 工业（规模以上）、固定资产投资和批发零售．住宿餐饮部分的2020年及2019年数据均为1-12月定报数据；

4. 按照市局工作规定，全社会固定资产投资及其相关指标数据不予对外公布。

5. 劳动工资统计范围是扣除私营法人单位后的全部独立核算的法人单位。

附录

组织机构负责人名单

一、区委机关

（一）中国共产党北京市顺义区委员会

书　记　　高　朋

副书记　　孙军民（女，10月免）
龚宗元（12月任）
张　良

常　委　　宋建明
支现伟
禹学垠（5月免）
张金玲（女，9月任）
贺亚兰（女）
张晓峰
刘国强
张爱冬
徐晓俊（10月任）
王子利（5月免）
李增明（5月任）

（二）中国共产党北京市顺义区纪律检查委员会（北京市顺义区监察委员会）

书　记　　刘国强

副书记　　史卫东
荫春涛
张瑞英（女）

常　委　　张海涛
赵前程
王海涛
李德亮
杨立平（满族，1月任）

主　任　　刘国强

副主任　　史卫东
荫春涛
张瑞英（女）

委　员　　张海涛
王海涛
杨立平（满族）
张　霞（女）
杨东伟（女，3月任）

巡察办主任　　张瑞英（女）

（三）区委工作部门

办公室主任　　李　衍

保密委员会办公室（区国家保密局，设在区委办公室）主任　　孙　皓

档案局（在区委办公室加挂牌子）局长　　郝光保

机要局（区密码管理局，在区委办公室加挂牌子）局长　　郝光保

组织部部长　　禹学垠（5月免）
张金玲（女，9月任）

常务副部长（正处级）　　张友生

区公务员局（在区委组织部加挂牌子）局长　　刘红岩

宣传部部长　　贺亚兰（女）

分管日常工作的副部长（正处级）　　张海东

精神文明建设委员会办公室（设在区委宣传部）主任　　张海东

区人民政府新闻办公室（在区委宣传部加挂牌子）主任　　卢海珀（女）

区新闻出版局（在区委宣传部加挂牌子）局长　　刘金燕（女）

网信办（加挂区互联网信息办公室牌子）主任　　张　晖

政法委书记　　张晓峰

分管日常工作的副书记（正处级）　　王　江（11月免）
赵庆江（11月任）

统战部部长　　张爱冬

常务副部长（正处级）　　王振林

台湾工作办公室（挂区台湾事务办公室牌子，与区委统战部合署办公）主任　　皮志杰（女，5月免）

政府侨务办公室（在区委统战部加挂牌子）主任
于会婧（女）
民族宗教事务办公室（在区委统战部加挂牌子）
主任 金 良（回族）
研究室主任 张小军（4月免）
王秀刚（4月任）
区委改革办（设在区委区政府研究室）主任
张 良
务副主任 张小军（4月免）
分管日常工作的副主任 王秀刚（4月任）
直属机关工作委员会书记 李 衔
常务副书记（正处级） 赵金明
老干部局局长 赵庆江
机构编制委员会办公室主任 贾文禹

二、人大机关

北京市顺义区人大常委会

主 任 车克欣（女）
副主任 吴建国
盛德利
丁文强
张尚强（1月任）
白丽洁（女，不驻会）
办公室主任 朱新生
研究室主任 田晓丹（女）
代表联络室主任（市人大代表联络处处长）
杨卫民（女）
教科文卫体办公室主任 田庆江
农村办公室主任 李长勇
财政经济办公室（预算审查办公室）主任
范士永
法制办公室（备案审查办公室）主任
吕海燕（女，8月免）
李慧哲（女，10月任）

信访接待室主任 李赛楠 （女）

三、政府机构

（一）顺义区人民政府

区 长 孙军民（女，10月免）
龚宗元（12月任）
副区长 支现伟
徐晓俊（10月任）
赵为民
李向英（女）
李在东
刘 洋（2月任）
梁 斌（4月任）

（二）区政府工作部门

办公室主任 张尚强（2月免）
张小军（2月任）
政府对外联络办公室（在政府办公室加挂牌子）
主任 张尚强（2月免）
张小军（2月任）
政府外事办公室主任 梁志刚
应急管理局局长 张香东
发展和改革委员会主任 于长雷（4月免）
马 强（4月任）
教育委员会主任 武 捷（9月免）
冯江全（9月任）
政府教育督导室（在区教委加挂牌子）主任
武 捷（9月免）
冯江全（9月任）
科学技术委员会党组书记 刘振河
主 任 金泰希（女，朝鲜族，5月免）
市场监督管理局局长 胡小兵（9月免）
李 刚（9月任）
食品药品安全委员会办公室（在区市场监督管理局加挂牌子）主任 胡小兵（9月免）
李 刚（9月任）
知识产权局（在区市场监督管理局加挂牌子）局长 胡小兵（9月免）
李 刚（9月任）
民政局局长 李宝东
司法局党组书记 董国林
局 长 王雪岩（1月任）
财政局局长 范学智
人力资源和社会保障局局长 王文荣（女）
住房和城乡建设委员会主任 赵洪涛（4月免）

张春和（4月任）
住房保障办公室（在区住建委加挂牌子）主任
赵洪涛（4月免）
张春和（4月任）
房屋征收办公室（在区住建委加挂牌子）主任
赵洪涛（4月免）
张春和（4月任）
城市管理委员会主任　郝蔚泉
城乡环境建设委员会办公室（在区城管委加挂牌子）主任　郝蔚泉
交通局局长　郭崇峰
农业农村局局长　黄海鹏
商务局局长　杨登科
粮食和物资储备局（在区商务局加挂牌子）局长
杨登科
文化和旅游局局长　申志红（女）
卫生健康委党组书记、主任　董杰昌（8月免）
党组书记　王新兵（10月任）
主　任　于宝鑫（8月任）
医疗保障局局长　赵靖宇
审计局党组书记　曾中坚
局　长　王　民（11月任）
生态环境局局长　陈　笛
统计局局长　岳彩华（女，9月免）
武　捷（9月任）
水务局局长　马卫国
经济和信息化局局长　兰雄景（畲族）
大数据局（在区经济和信息化局加挂牌子）局长
兰雄景（畲族）
制造业创新发展办公室（在区经济和信息化局加挂牌子）主任　兰雄景（畲族）
体育局局长　李　成
园林绿化局党组书记　田法德（9月免）
赵海波（9月任，12月免）
刘晨光（12月任）
局　长　于宝鑫（8月免）
赵海波（9月任，12月免）
刘晨光（12月任）
绿化委员会办公室（在区园林绿化局加挂牌子）
主任　于宝鑫（8月免）
赵海波（9月任，12月免）
刘晨光（12月任）
信访办公室主任　王　辉
人民防空办公室主任　刘海丰
政府国有资产监督管理委员会主任
耿　超（9月免）
蒙连胜（10月任）
金融服务办公室主任　王　卿（女）
城市管理综合行政执法局局长　王忠诚
政务服务管理局局长　姜惠琴（女）
退役军人事务局局长　李正义
北京临空经济核心区管委会工委书记
支现伟
工委副书记、副主任（正处级）
马　强（4月免）
黄永志（4月任）
北京顺义绿色生态产业功能区管理委员会（推进浅山区建设办公室）主任　张文生
中关村科技园区顺义园管理委员会（科技创新产业功能区管委会）工委书记　支现伟
工委副书记、副主任（正处级）
张建国

四、政协机关

政协北京市顺义区委员会

主　席　周颖博
副主席　闫志广（9月免）
单成刚
郭振江
刘　静（女，不驻会）
金泰希（女，朝鲜族，不驻会，5月免）
杨凤辉（不驻会）
秘书长　张希德（11月免）
王　颀（11月任）
办公室主任　王学武
专委会工作一室主任　单晓梅（女）
专委会工作二室主任　刘　峰
专委会工作三室主任　徐晓武
专委会工作四室主任　李国印（1月免）

	秦拥军（1月任）
专委会工作五室主任	张存忠（11月免）
	王　江（11月任）
专委会工作六室主任	王海荣（女）
研究室主任	解长春（5月免）
	皮志杰（5月任）

五、综保区机关

北京天竺综合保税区管理委员会

主　任	孙军民（女，10月免）
	龚宗元（12月任）
常务副主任	宋建明
副主任	张　征（女）
	宋　鹏
	张志刚
	满群杰
办公室主任	袁日晨（满族）
政策法规处处长	张廷军（11月免）
规划建设处处长	赵志齐（10月免）
	刘　哲（11月任）
经贸发展处处长	郑晓辉（女，满族）
保障处处长	赵习文
信息处处长	王永宝
党群工作处处长	刘相宏

六、群众团体

总工会主席	丁文强
共青团顺义区委员会书记	刘　琳（女）
妇女联合会主席	王新兵（女）
残疾人联合会理事长	王晓东（12月免）
	李　黎（土家族，12月任）
工商业联合会主席	王庆国
党组书记、常务副主席	王　颀（11月免）
	黄学英（女，11月任）
红十字会会长	李向英（女）
党组书记、分管日常工作的副会长（正处级）	袁树旺
文学艺术界联合会主席	姜　蒙
科学技术协会主席	鲍晓芹（女，9月免）
	田法德（9月任）

七、政法军事

北京市公安局顺义分局局长	赵为民
政　委	沈仲岳
检察院检察长	张　豫
法院院长	李旭辉
武装部部长	王子利（5月免）
	闫勇辉（5月任）
政　委	李增明

八、镇、街道办事处

（一）街道办事处

光明街道	工委书记	李　黎（土家族，11月免）
		刘　琳（女，11月任）
	办事处主任	陈志勇
胜利街道	工委书记	王洪涛（12月任）
	办事处主任	王洪涛（5月免）
		雷　雨（5月任）
石园街道	工委书记	徐志国
	办事处主任	饶党辉
旺泉街道	工委书记	黄学英（女，11月免）
		宋　森（11月任）
	办事处主任	周国忠（11月任）
双丰街道	工委书记	赵靖宇（5月免）
		杜　跃（5月任）
	办事处主任	任海军（5月免）
		周　健（5月任）
空港街道	工委书记	衣　晶（女）
	办事处主任	赵长松

（二）镇（地区）

仁和镇（地区办事处）		
	党委书记	刘　洋（9月免）
		胡小兵（9月任）
	镇长（主任）	李光明（10月免）
		周靖慧（11月任）
马坡镇（地区办事处）		
	党委书记	贾　睿
	镇长（主任）	高福良
牛栏山镇（地区办事处）		
	党委书记	王鉴远

镇长（主任）　王永生

赵全营镇

党委书记　陈　红

镇　　长　张　敬（11月免）

刘川海（11月任）

高丽营镇

党委书记　王海松

镇　　长　王秀刚（4月免）

张　涛（4月任）

北石槽镇

党委书记　胡小刚（11月免）

乔　龙（11月任）

镇　　长　黄海厚

南法信镇（地区办事处）

党委书记　黄永志（10月免）

李光明（10月任）

镇长（主任）　王　雪

后沙峪镇（地区办事处）

党委书记　冯江全（11月免）

李　强（11月任）

镇长（主任）　李　强（11月免）

孔祥伟（11月任）

天竺镇（地区办事处）

党委书记　李子腾

镇长（主任）　周靖慧（11月免）

郭小军（11月任）

李桥镇

党委书记　张春和（4月免）

于长雷（4月任）

镇　　长　乔　龙（11月免）

南彩镇

党委书记　赵海波（11月免）

张　敬（11月任）

镇　　长　夏自景

杨镇（地区办事处）

党委书记　李　莉（女）

镇长（主任）　何长华

张镇

党委书记　刘晨光（11月免）

李　浩（11月任）

镇　　长　张　涛（4月免）

姚国柱（11月任）

北小营镇

党委书记　欧阳华洲（10月免）

胡小刚（10月任）

镇　　长　孙海江（10月免）

冯　健（10月任）

木林镇

党委书记　李　刚（11月免）

王忠诚（11月任）

镇　　长　李　浩（11月免）

李　芒（11月任）

龙湾屯镇

党委书记　张国宇

镇　　长　李　杜

李遂镇

党委书记　朱新生（1月免）

李泽钧（1月任）

镇　　长　赵　楠

北务镇

党委书记　马占磊

镇　　长　聂树生

大孙各庄镇

党委书记　李志刚

镇　　长　安建军

九、事业单位

区委党校校长　张　良

分管日常工作的副校长　张　洁（女）

行政学院分管日常工作的副院长　张　洁（女）

档案馆馆长　柳亚辉

农村合作经济经营管理站站长　王猛元

党史地方志办公室主任　焦庆海

地震局局长　孙雪松

投资促进中心党组书记　李晓军（女）

局　　长　杨凤辉

汉石桥湿地自然保护区管理办公室党组书记

牛玉江

主　　任　蔡春轶（女）

机关事务管理服务中心主任　韩立稳
政府招待所所长　蒲朝夕（女，苗族）
长青林场场长　李瑞军
市场经营管理中心主任　申志勇
房屋征收事务中心主任　王建军
北京天竺保税区综合服务中心主任
陈　光
新城建设管理委员会办公室主任　陈向东
北京空港建设管理服务中心主任　魏　伟
融媒体中心主任　宋　森（11月免）
杨进军（11月任）
园林服务中心党组书记　王振军
主　　任　周　鑫（女）
种植业服务中心主任　史长生
农机服务中心主任　冉京山
城镇环境卫生服务中心主任　王华雄
教育研究和教师研修中心主任　张　海
牛栏山第一中学校长　张华礼
总部企业和临空经济高端人才服务中心主任
董敬红（女）
信息中心主任（副处级）　韩瑞军
文化创意产业促进中心主任（副处级）
郭文超
住房保障事务中心主任（副处级）
张存江（7月免）
李晓霞（10月任）
城市管理指挥中心主任（副处级）
彭荣强（10月免）
邱广宝（12月任）
社区教育中心主任（副处级）　李建军
卫生监督所所长（副处级）侯　宁
疾病预防控制中心主任（副处级）
李印东（12月免）
陈雪清（女，12月任）
区医院党委书记（副处级）　黄建柏
区医院院长（副处级）　王　飞（1月免）
赵跃华（11月任）
中医院党委书记（副处级）　魏　青
妇幼保健院党委书记（副处级）
张树海（4月免）
人力资源公共服务中心主任（副处级）
陈静华（女，1月免）
劳动服务管理中心主任（副处级）
梁　勇
社会保险事业管理中心主任（副处级）
李　军（1月任）
劳动人事争议仲裁院院长（副处级）
李　栋
物价检查所所长（副处级）　王玉红（女，1月免）
新农村建设服务中心主任（副处级）
刘　琪（3月免）
王旭冉（9月任）

十、企业单位

北京燕京啤酒集团公司党委书记、董事长
赵晓东（9月免）
耿　超（9月任）
北京顺义市政控股有限责任公司党委书记、董事长
李守义
经　理　杨学文
北京市顺建工程有限公司党委书记、董事长
张殿友
经　理　郭舫军
北京市顺义区供销合作社党委书记
申志勇
北京顺义商业集团有限公司党委书记、董事长
张福海
北京顺鑫控股集团有限公司党委书记、董事长
王　泽
经　理　李颖林
顺义区国有资本经营管理中心党委书记、经理
赵柏青
北京顺义金融控股有限责任公司董事长　赵柏青
经　理　董文利
北京综合保税区开发管理有限公司党委书记、董事长　杨文科
经　理　杨继军
北京天竺空港经济开发公司党委书记、董事长
卞云鹏（10月免）

赵志齐（10 月任）

经　理　　　　　　石振东

北京顺义文化旅游投资集团有限公司党委书记、董事长　　　　　　任建军

北京顺义科技创新集团有限公司党委书记、董事长　　　　　　赵洪峰

经　理　　　　　　蒙连胜（10 月免）

北京大龙控股有限公司党委书记、董事长

马云虎

经　理　　　　　　杨祥方

北京顺义建设投资服务有限公司党委书记、董事长　　　　　　刘福海

经　理　　　　　　姚仕松

北京市燕顺保障性住房投资有限公司经理

李文江

北京顺义新城发展有限公司党委书记、董事长

宋学农

经　理　　　　　　纪品良

顺义物业公司整合重组筹备组组长

杨学文（10 月任）

十一、双管单位

北京市规划和自然资源委员会顺义分局局长

杜井龙

北京市路政局顺义公路分局党委书记

赵兴利

局　　长　　　　　李泽钧（7 月免）

刘元则（7 月任）

国家税务总局北京市顺义区税务局联合党委书记、局长　　　　　　胡永进（满族）

国家统计局顺义调查队队长　孙洪博

北京市顺义区经济社会调查队队长

贾思华

北京市顺义区烟草专卖局局长

刘向宇（10 月免）

洪伟峻（10 月任）

北京市共青林场场长　　　律　江

北京市顺义区气象局局长　韩晓峰

北京市顺义区邮政局局长　贾小燕（女）

北京农业生态工程试验基地党委书记、主任

张　涛（女）

十二、临时机构

新国际展览中心项目领导小组办公室主任

李晓勇

创新型产业集群和“2025”示范区领导小组办公室主任　　　　　　兰雄景（畲族）

“实施乡村振兴战略推进美丽乡村建设”工作领导小组办公室主任　　　　李　岩

樱花园置换工作领导小组办公室主任

魏　伟

顺义区2020年国民经济和社会发展统计公报

2020年，在市委、市政府和区委、区政府的坚强领导下，顺义区上下坚持以习近平新时代中国特色社会主义思想为指导，统筹推进疫情防控和经济社会发展，主动服务首都“四个中心”功能建设，着力提高“四个服务”水平，认真抓好“三件大事”，坚决打好“三大攻坚战”，加快提升顺义新城综合承载力，真抓实干推动高质量发展，多措并举增进民生福祉，积极推动经济社会保持稳中向好。

一、综合经济

经济运行：初步核算数据显示，全区实现地区生产总值1873.7亿元，按可比价格计算（下同），比上年下降5.9%。其中，第一产业增加值15.7亿元，比上年下降13.7%；第二产业增加值514.4亿元，比上年下降11.8%；第三产业增加值1343.6亿元，比上年下降3.3%。三次产业结构由上年的0.8：29.0：70.2调整为0.8：27.5：71.7。

图1 2016-2020年地区生产总值及增长速度

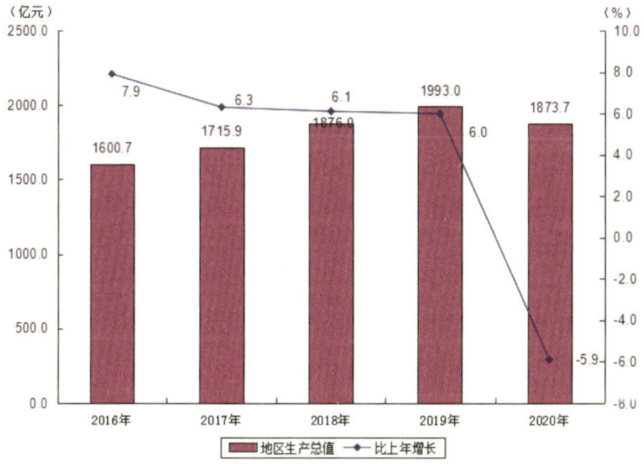

表1 2020年地区生产总值

指标名称	绝对数（亿元）	比上年增长（±%）	比重（%）
地区生产总值	1873.7	-5.9	100.0
按产业分：			
第一产业	15.7	-13.7	0.8
第二产业	514.4	-11.8	27.5
第三产业	1343.6	-3.3	71.7

财政：全区完成一般公共预算收入171.0亿元，比上年增长3.2%。其中，国内增值税44.6亿元，比上年下降27.3%；企业所得税18.5亿元，比上年下降22.3%。全区完成一般公共预算支出315.4亿元，比上年增长3.1%。其中，用于教育、社会保障和就业、卫生健康支出分别比上年增长9.7%、19.9%和18.1%。

图2 2016-2020年一般公共预算收入及增长速度

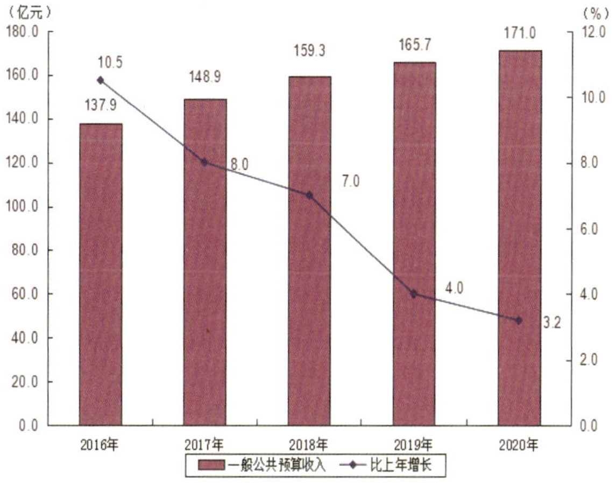

二、农业

全区实现农林牧渔业增加值16.7亿元，比上年下降9.3%，占全区地区生产总值的0.9%。

全区完成农林牧渔业总产值42.9亿元，比上年下降1.2%。其中，农业产值15.4亿元，比上年下降2.9%；林业产值10.2亿元，比上年下降20.2%；牧业产值13.5亿元，比上年增长3.8%；渔业产值0.4亿元，比上年下降36.4%；农林牧渔专业及辅助性活动产值3.4亿元，比上年增长1.8倍。

表2　2020年农林牧渔业总产值

指标名称	产值（亿元）	比上年增长（±%）
农林牧渔业总产值	42.9	-1.2
其中：农业	15.4	-2.9
林业	10.2	-20.2
牧业	13.5	3.8
渔业	0.4	-36.4
农林牧渔专业及辅助性活动产值	3.4	180.8

全区共有观光园68个，比上年增加2个；实现总收入1.1亿元，比上年下降41.1%；累计接待游客59.1万人次，比上年下降62.8%。乡村旅游农户（单位）115个，实现总收入0.07亿元，比上年下降56.3%；接待游客14.6万人次，比上年下降69.6%。设施农业实现产值10.4亿元，比上年增长6.0%。种业实现收入3.7亿元，比上年下降17.1%。

三、工业和建筑业

工业：全区实现工业增加值473.4亿元，比上年下降12.3%，占全区地区生产总值的25.3%。

全区规模以上工业企业实现工业总产值1488.2亿元，比上年下降10.3%；实现工业销售产值1433.5亿元，比上年下降13.1%；实现工业出口交货值78.2亿元，比上年下降16.6%。产销率为98.9%。

全区规模以上工业企业完成营业收入1635.5亿元，比上年下降15.7%；实现利润总额-8.8亿元，比上年下降109.0%；税金及附加40.9亿元，比上年下降27.6%；应交增值税34.3亿元，比上年下降1.3%。

从全区规模以上工业企业主要产品产量看，完成钢材184.3万吨，比上年增长8.5%；金属切削机床823台，比上年下降20.6%；饮料酒90121.0万升，比上年下降9.9%；汽车39.7万辆，比上年下降25.0%。

表3 2020年规模以上工业企业主要产品产量

产品名称	单位	产量	比上年增长（±%）
小麦粉	吨	11709	-29.6
鲜、冷藏肉	吨	136871	-33.0
饮料酒	千升	901210	-9.9
白酒（折65度，商品量）	千升	278983	-8.0
啤酒	千升	622227	-10.7
服装	万件	789	-12.6
家具	万件	202	-19.5
钢材	吨	1843329	8.5
金属切削机床	台	823	-20.6
数控金属切削机床	台	385	-29.6
金属成形机床	台	453	0.7
汽车	辆	397135	-25.0
其中：基本型乘用车（轿车）	辆	282069	-30.6
运动型多用途乘用车（SUV）	辆	115066	-3.9
新能源汽车	辆	3973	18.7
改装汽车	辆	2024	-20.7
移动通信手持机（手机）	万台	0	-100.0

建筑业：全区实现建筑业增加值79.6亿元，比上年下降8.7%，占全区地区生产总值的4.2%。

全区具有资质等级的总承包和专业承包建筑业企业完成建筑业总产值586.8亿元，比上年增长20.2%。其中，在本市完成150.0亿元，比上年下降18.3%；在外埠完成436.8亿元，比上年增长43.4%。本年新签合同额522.8亿元，比上年增长32.0%。

四、交通运输、仓储和邮政业

全区实现交通运输、仓储和邮政业增加值

425.5 亿元，比上年下降 9.0%，占全区地区生产总值的 22.7%。

全区规模以上交通运输、仓储和邮政业企业实现营业收入 1889.8 亿元，比上年下降 14.1%；从业人员 12.4 万人，比上年增长 3.4%。

五、金融

年末全区金融机构人民币各项存款余额 2748.0 亿元，比上年增长 12.0%。其中，单位存款（对公存款）余额 1147.6 亿元，比上年增长 2.7%；城乡居民储蓄存款余额 1149.1 亿元，比上年增长 21.5%。

金融机构人民币各项贷款余额 1501.1 亿元，比上年下降 0.2%。其中，短期贷款余额 430.3 亿元，比上年下降 14.6%；中长期贷款余额 1059.8 亿元，比上年增长 10.4%；其他贷款余额 10.2 亿元，比上年下降 74.3%。

六、固定资产投资和房地产开发

固定资产投资：全区固定资产投资（不含农户）比上年增长 3.9%。其中，基础设施投资比上年增长 25.6%。分产业看，第一产业投资比上年增长 12.3%；第二产业投资比上年增长 47.4%；第三产业投资比上年下降 0.3%。

房地产开发：全区房地产开发投资比上年下降 6.8%。其中，住宅投资比上年增长 0.7%；办公楼投资比上年下降 61.2%；商业营业用房投资比上年下降 41.4%。

年末全区房屋施工面积 1157.1 万平方米，比上年增长 3.2%；房屋竣工面积 93.1 万平方米，比上年下降 36.3%；商品房销售面积 85.4 万平方米，比上年下降 4.4%；商品房销售额 283.5 亿元，比上年下降 0.6%。

保障性住房建设：全区共有保障性住房项目 30 个，完成投资比上年增长 11.0%。保障性住房施工面积 486.5 万平方米，比上年下降 0.1%；竣工面积 17.3 万平方米，比上年下降 64.1%；新开工面积 64.4 万平方米，比上年增长 184.9%；销售面积 18.0 万平方米，比上年下降 53.6%。

七、市场消费

全区实现社会消费品零售总额 562.5 亿元，比上年下降 11.8%。其中，限额以上单位通过公共网络实现零售额 190.9 亿元，比上年增长 50.5%，占全区社会消费品零售总额的 33.9%。

图 3　2016-2020 年社会消费品零售总额及增长速度

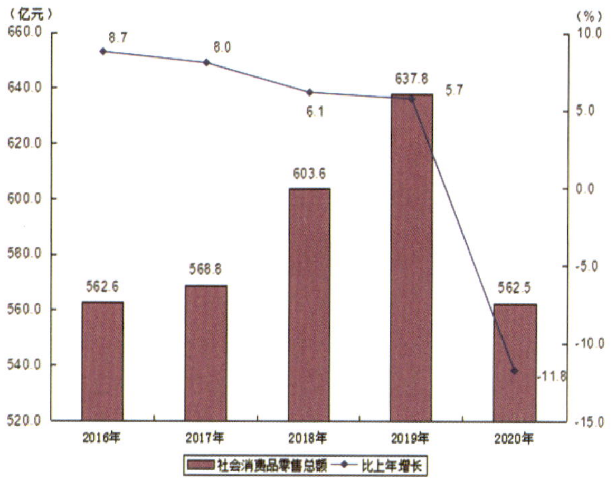

八、对外经济

全区新批三资企业 62 家，比上年减少 16 家。合同外资额 1.3 亿美元，比上年下降 90.0%；实际利用外资 7.0 亿美元，比上年下降 22.8%。

九、城市建设、能源和环境

道路建设：年末全区公路里程 2936.1 公里，比上年末减少 7.7 公里。其中，高速公路里程 91.2 公里，比上年末减少 0.1 公里。

公共交通：年末全区客运车辆 2384 辆，比上年减少 946 辆；客运收入 1.5 亿元，比上年减少 74.3%。

能源：全区天然气销售量 56322.4 万立方米，比上年下降 5.3%。年末实有燃气用户 26.0 万户，比上年下降 0.3%。全区燃气管道长度达到 2311.3 公里，比上年增长 4.2%。

环境：全区污水处理率 95.1%，比上年提高 2.1 个百分点。其中，农村污水处理率 77.6%，比上年提高 0.04 个百分点。

区域环境噪声平均值 50.0 分贝，比上年下降 2.3 个百分点；交通干线噪声平均值 67.5 分贝，与上年基本持平。

细颗粒物（PM2.5）年均浓度值 35.0 微克 / 立方米，比上年下降 14.6%；可吸入颗粒物（PM10）年均浓度值 56.0 微克 / 立方米，比上年下降 12.5%；二氧化硫（SO2）年均浓度值 3.0 微克 / 立方米，比上年下降25.0%；二氧化氮（NO2）年均浓度值25.0微克/立方米，比上年下降19.4%。

十、人民生活、就业和社会保障

人民生活：全区居民人均可支配收入达到41803元，比上年增长4.6%；其中，城镇居民人均可支配收入49749元，比上年增长4.7%。全区居民人均消费支出25743元，比上年增长2.9%；其中，城镇居民人均消费支出31813元，比上年增长3.9%。

图4 2016-2020年城镇居民人均可支配收入及增长速度

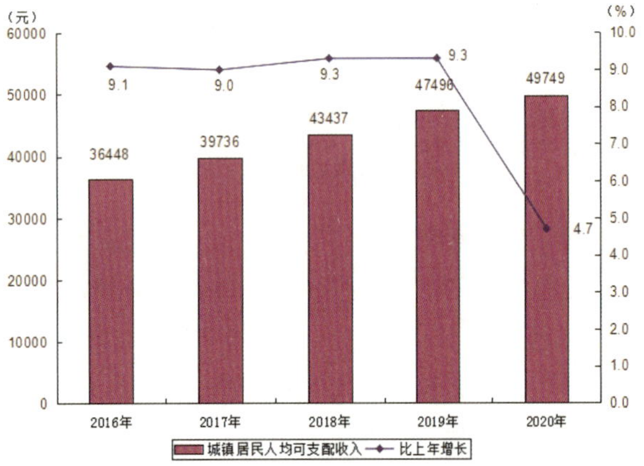

就业：年末全区实有城镇登记失业人员3994人，比上年末增加851人。城镇登记失业率1.8%。职业技能培训人员总量19.2万人次，职业技能鉴定总人数146人次。

社会保障：年末全区共有各种社区服务机构534个，其中社区服务中心39个。

十一、教育、文化、卫生、体育

教育：全区幼儿园106所，招生12785人，在校生32365人，毕业生8972人；小学50所，招生11120人，在校生53743人，毕业生6888人；普通中学34所，招生9239人，在校生26947人，毕业生8200人；各类职业中学7所，招生78人，在校生278人，毕业生69人；特殊教育学校2所，招生99人，在校生301人，毕业生35人。

文化：年末全区有公共图书馆1个，总藏数111.8万册，比上年增加8.8万册。

卫生：年末全区共有卫生机构753个，其中医院22个。卫生机构实有床位4418张，其中医院3456张。

年末全区卫生技术人员达到9338人，比上年末增加48人。其中，执业（助理）医师4048人，注册护士3552人。

体育：全区运动员共获得比赛奖牌257枚，其中金牌58枚，银牌93枚。

公报注释：

1.2020年数据均为初步统计数。

2. 根据国家统一要求，依据第四次全国经济普查结果对地区生产总值和社会消费品零售总额历史数据进行了修订，图中相关数据为修订后数据。

3. 三次产业划分依据国家统计局2018年修订的《三次产业划分规定》，行业划分执行《国民经济行业分类》（GB/T4754-2017）。

4. 规模以上工业企业是指年主营业务收入2000万元及以上的全部法人工业企业；限额以上批发和零售业单位是指年主营业务收入2000万元及以上的批发业、年主营业务收入500万元及以上的零售业单位（包括法人单位、产业活动单位和个体经营户）；规模以上交通运输、仓储和邮政业企业是指年营业收入合计2000万元及以上的法人单位。

5. 公报中部分数据合计数或相对数由于计量单位取舍不同而产生的计算误差，均未作机械调整。

资料来源：

本公报中财政数据来自顺义区财政局；存贷款数据来自中国人民银行营业管理部；合同外资额、实际利用外资数据来自顺义区商务局；道路建设数据来自顺义区公路分局；公共交通数据来自顺义区交通局；天然气主要数据来自顺义区城市管理委员会；水资源、污水处理数据来自顺义区水务局；环境数据来自顺义区生态环境局；就业数据来自顺义区人力资源和社会保障局；社区服务机构数据来自中共北京市顺义区委社会工作委员会北京市顺义区民政局；教育数据来自顺义区教育委员会；文化数据来自顺义区文化和旅游局；卫生数据来自顺义区卫生健康委员会；其他数据来自顺义区统计局、顺义区经济社会调查队和国家统计局顺义调查队。

索 引

说 明

1. 本索引为主题词索引，又称内容分析索引。主题词（标目）以《北京顺义年鉴（2021）》正文中出现的专业名词或名词词组、机构名称、会议名称、活动名称、文件名称等为主。

2. 本索引按汉语拼音音序排列。以汉字打头主题词按首字的音序、音调依次排列，音序相同时，则以第二个字排序，以阿拉伯数字和英文字母开头的排在索引的最前面。

3. 本索引的文字部分为主题词，主题词之后的阿拉伯数字表示所在正文中的页码（地址项），数字之后的小写英文字母（a，b）分别表示该页的左、右栏，主题词后有多个页码的，表示该主题词均在这些位置出现。

4. 特载、大事记、人物 荣誉、统计资料、附录及正文中的表格、图片等内容不在索引范围内。

数字索引

汉语拼音索引

A

B

C

D

E

F

G

H

J

K

L

M

N

P

Q

R

S

T

W

X

Y

Z